招标采购
合规实务丛书

招标
投标

法律解读与风险防范实务

白如银 著

第二版

中国法制出版社
CHINA LEGAL PUBLISHING HOUSE

再版说明

承蒙读者朋友厚爱，拙著《招标投标法律解读与风险防范实务》一书自 2019 年 3 月出版以来，多次加印，在京东、当当、天猫等网店收获“体系完整”“逻辑清晰”“内容翔实”“案例丰富”“实操性强”等好评。大家的认可和接受，也激励我持续关注国家最新立法动态、最新司法观点和最新管理实践，并将它们及时补充进来，使这本书的内容更加实用、更加丰富。

本次修订是基于以下原因：一是法律调整。最主要的是《中华人民共和国民法典》于 2021 年 1 月 1 日起正式实施，《中华人民共和国民法通则》《中华人民共和国合同法》《中华人民共和国民法总则》等法律废止，与其配套的司法解释也发生了大幅调整，如与招标投标活动相关的《最高人民法院关于适用〈中华人民共和国合同法〉若干问题的解释(一)》《最高人民法院关于适用〈中华人民共和国合同法〉若干问题的解释(二)》及《最高人民法院关于审理建设工程施工合同纠纷案件适用法律问题的解释》《最高人民法院关于审理建设工程施工合同纠纷案件适用法律问题的解释(二)》均已废止，新颁布了《最高人民法院关于审理建设工程施工合同纠纷案件适用法律问题的解释（一)》(法释〔2020〕25 号)。另外，国务院及相关部委修订了《中华人民共和国招标投标法实施条例》《政府采购信息发布管理办法》等，出台了《优化营商环境条例》《房屋建筑和市政基础设施项目工程总承包管理办法》等，还颁布了一些规范性文件。根据这些立法、政策调整，参照《招标投标法注释书》对本书进行了全面修订。二是读者建议。本书出版后，不少读者就书中内容提出一些好的意见或建议，也贡献了一些最佳实践案例和经验做法；同时，司法审判出现了新的裁判观点，招投标行业也涌现了一些管理创新成果，借此机会，一并择要吸纳，以便更好地满足不同受众需求。另外，增删了个别案例、修订了个别错误，根据权威裁判和修法趋势也调整了个别观点（如中标合同的成立时点）。

特此说明，并再次感谢读者朋友们对这本书的厚爱。

何红锋

2022 年 7 月

序 言

招标投标作为一种通过竞争机制实现资源配置的常用交易方式，其交易过程法律要求严格、规范性强，从招标、投标、开标、评标、定标到签订合同的所有环节，都必须严格按照法律法规和招标文件规定的程序、规则进行操作。此外，招标项目往往涉及公共安全和社会公共利益，牵涉众多的利益相关方，其招标过程和中标结果也广受社会各界关注。

作为招标采购业界的从业人员，在从事招标采购活动中，既要考虑到招标人采购目标和合理需求的实现，又要严格遵循法律法规的规范和要求操作，法律风险始终存在于招标投标活动的全过程，甚至向前延伸到招标方案的策划阶段，向后延展到中标合同的履约阶段。

一直以来，招标采购业界缺少一本全面、系统地分析研究招标投标法律风险的专业书籍。在招标投标实践中，不同主体基于不同考量或出于不同立场，就同一法条存在不同解读、对同类案件处理不同的情况较为普遍。有必要为各方主体提供一本全面、系统、专业的法律实务操作指南，帮助从业人员准确运用相关法律解决实践问题，有效管控招标采购过程中的法律风险。

今年春节过后，本书作者白如银先生对我说，他想写一本关于招标投标法律风险防范方面的专业书籍。对此动议，我深表赞同。尽管对他著书一事早已知晓，但在11月底有幸先一睹其所著的《招标投标法律解读与风险防范实务》一书书稿时，还是大为惊讶：一则惊异于本书篇幅之大、内容之全。全书九章47节共60多万字，分为194个专项，并融入了200来个案例，涵盖了招标投标基础知识、招投标各阶段的法律实务、异议（质疑）投诉的处理和招标投标法律责任等内容，可谓是招标投标法律风险防范知识的大荟萃。二则惊羡于作者本书对一些专业问题的独到视角。如关于《招标投标法》与《政府采购法》同根同源且立法渐有趋同的判断，关于招标投标活动的公开原则应以“公开为原则，不公开为例外”的诠释，关于“其他组织”和“非法人组织”内涵的解读等，无不溢显出一位专业法律人士对法律条文的熟练掌握和法理的精准把握。三则惊叹于作者长期的坚持、辛勤和努力。白如银先生是我多年的好友，多年来一直笔耕不辍，常有佳作问世。他本职是在一家大型央企从事法律工作，平时工作十分繁忙，家中还有两个年幼的孩子，能在繁杂的工作和生活之余，写出如此精良的专业书籍，实在难能可贵，也令我敬佩不已。

读完书稿，作为一名正在从事招标采购工作，且热爱着这个行业的从业人员，我从中领悟良多，也深信本书能给其他从业人员带来专业知识的启迪和享受。

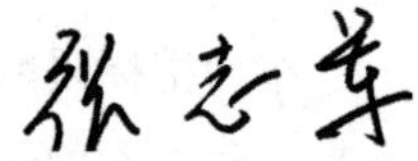

2018 年 12 月于上海

目录 Contents

第一章　招标投标基础知识

第二章 招标阶段法律实务

第三章 投标阶段法律实务

第六章 定标阶段法律实务

第七章　合同订立与履行阶段法律实务

第八章 招标投标中的异议、质疑和投诉

第九章 招标投标中的法律责任

1

第一章

招标投标基础知识

第一节 招标投标概述

一、招标投标的起源与发展

“凡是有竞争的存在，就有招标投标介入的可能性和必要性。”招标投标作为一种极具竞争性的交易方式，起始于英国，并逐渐为西方发达国家最先在政府采购或公共采购领域所采用。随后，招标的重要性和优越性日益为更多国家和国际组织所认可，它们纷纷通过立法在货物采购、工程承包领域推行招标投标制度，也逐渐推出了一些公认的国际规则，如联合国《政府采购协议》《联合国贸易法委员会货物、工程和服务采购示范法》（后修订更名为《联合国国际贸易法委员会公共采购示范法》）以及《国际复兴开发银行和国际开发协会信贷采购指南》（以下简称《世界银行贷款采购指南》）、《亚洲开发银行贷款采购指南》等。

我国招标投标活动雏形产生于清朝末期，但发展缓慢。中华人民共和国成立初期，实行高度集中的计划经济体制，企业经营活动依靠行政指令，招标投标一度被中止。党的十一届三中全会之后，实行改革开放政策，揭开了招标投标发展历史的新篇章。国家利用国际金融组织和外国政府贷款完成的一些大型项目，按照贷款方要求，采用了国际或国内竞争性招标方式。

1980 年 10 月 17 日，国务院在《关于开展和保护社会主义竞争的暂行规定》中，首次提出对一些适宜于承包的生产建设项目和经营项目试行招标投标，自此招标活动从建设工程开始试点，逐步推广到了机电设备进口、科研课题、出口商品配额分配等领域。1985 年，国务院成立中国机电设备招标中心，主要城市也建立招标机构，招标投标工作正式被纳入政府职能。

2000 年 1 月 1 日,《招标投标法》[①] 正式施行，确立了招标投标基本法律制度，与国际经济接轨，改变了我国国家机关、事业单位、社会组织和国有企业的采购方式，推动招标投标制度进入了一个新的发展时期，促进了社会主义市场经济的发展。随后，与之配套的《招标投标法实施条例》及相关部门规章、地方性法规、政府规章及一系列规范性文件纷纷出台，建立了比较完善的招标投标法律体系，以规范我国境内的所有招标投标活动。与此同时，以《政府采购法》为统领的政府采购法律体系也建立了起来，其中，为适应政府采购管理需要，也规定了一些招标投标规则，仅规范政府采购项目。招标投标制度已逐步涉足我国国民经济各个领域，除广泛应用于工程以及与工程有关的设备、材料、勘察、设计、监理外，还扩大到项目选址、融资、咨询、代建，以及教材、药品采购等领域。同时也应用于国有企业产权转让、商业用房出租、特许经营权出让、广告招商、国有土地使用权出让等出售标的的情形，[②] 尤其是对使用政府资金、国有资金和涉及公共利益的工程、货物和服务采购实行强制招标制度，有力地维护了国家利益、社会公共利益和招标投标当事人的合法权益，推动了招标投标制度的规范发展，提高了经济效益，促进了市场经济建设。

二、对“招标投标”概念的理解

《招标投标法》对“招标投标”没有明确定义，实践中存在认识上的争议。“招标投标”可以作为一个整体概念来理解，是指招标人利用竞争机制，事先提出货物、工程或服务交易的条件和要求，邀请众多投标人参加投标，招标人按照

① 为行文简化需要，本书引用的法律、行政法规名称皆为简称，主要有:《中华人民共和国招标投标法》简称为《招标投标法》,《中华人民共和国民法典》简称为《民法典》,《中华人民共和国政府采购法》简称为《政府采购法》,《中华人民共和国刑法》简称为《刑法》,《中华人民共和国公司法》简称为《公司法》,《中华人民共和国民事诉讼法》简称为《民事诉讼法》,《中华人民共和国建筑法》简称为《建筑法》,《中华人民共和国立法法》简称为《立法法》,《中华人民共和国招标投标法实施条例》简称为《招标投标法实施条例》,《中华人民共和国政府采购法实施条例》简称为《政府采购法实施条例》。

② 白如银编著:《招标投标法注释书》，中国民主法制出版社 2021 年版，第 3 页。

规定程序评审，并从中择优选择交易对象的一种成熟、规范和科学的市场交易行为。具体来讲，它是由招标人或招标人委托的招标代理机构通过招标公告或投标邀请书，发布招标信息与要求，在同等条件下邀请潜在的投标人参与竞争，并按照规定的程序和办法，通过对投标竞争者的报价、质量、工期和技术水平等技术、商务或价格因素进行评审比较和综合分析，从中择优选定中标者，并与其签订合同，以达到资源优化配置的目的。

“招标”与“投标”又可以作为一对相互对应的概念，是站在招标人（买方、发包方）或投标人（卖方、承包方）的不同角度赋予“招标投标”的不同称呼。招标是招标人根据自己的需要，发出招标公告或投标邀请书，提出招标项目和条件，邀请若干投标人同时投标，最后由招标人通过对各投标人响应的交易条件及履约能力等因素进行综合比较，确定其中条件最佳的投标人为中标人，并与之订立合同的过程。投标是投标人根据招标文件的要求编制投标文件，响应招标人的要求，递交投标文件参与竞争谋求中标并最终获取招标项目的过程。

（一）招标作为一种交易行为，既可以是采购行为，也可以是出售行为

招标的本质在于招标人公布标准和交易条件，邀请投标人投标，而投标人按照这些标准和条件，提出报价，供招标人选取和确定中标人。[①] 招标常用于采购活动，但同时也作为一种出售行为，在商业用房招租、特许经营权出让、广告招商、国有土地使用权出让等情况下广泛应用。招标投标也是政府采购的主要方式，根据《政府采购法》第二条第四款规定，以合同方式有偿取得货物、工程和服务的行为，包括购买、租赁、委托、雇用等，都可以进行招标，这里也并不仅限于采购行为。

本书主要将招标投标作为一种采购方式来阐述。

（二）招标投标也可以作为行政许可的手段

实际上，招标投标除是一种市场交易方式外，在行政许可领域也有应用。

① 曹富国：《中国招标投标原理与适用》，机械工业出版社 2002 年版，第 2 页。

《行政许可法》第五十三条规定："实施本法第十二条第二项所列事项的行政许可的，行政机关应当通过招标、拍卖等公平竞争的方式作出决定。但是，法律、行政法规另有规定的，依照其规定。行政机关通过招标、拍卖等方式作出行政许可决定的具体程序，依照有关法律、行政法规的规定。行政机关按照招标、拍卖程序确定中标人、买受人后，应当作出准予行政许可的决定，并依法向中标人、买受人颁发行政许可证件。行政机关违反本条规定，不采用招标、拍卖方式，或者违反招标、拍卖程序，损害申请人合法权益的，申请人可以依法申请行政复议或者提起行政诉讼。"第十二条规定："下列事项可以设定行政许可：……（二）有限自然资源开发利用、公共资源配置以及直接关系公共利益的特定行业的市场准入等，需要赋予特定权利的事项……"

已经有越来越多的行政管理领域的行政法规、部门规章和规范性文件规定，实施有限自然资源开发利用、公共资源配置以及直接关系公共利益的特定行业的市场准入，需要赋予特定权利的事项（如出租汽车的车辆经营权、增量配电项目的投资运营权、风电项目的投资权）的行政许可事项，行政机关应当参照《招标投标法》规定的程序通过招标等公平竞争的方式作出行政许可决定。[①]

采取招标投标方式作出行政许可决定，有利于增强行政机关的行政决定程序的规范性、透明度，建立公平竞争的公共管理秩序，防范暗箱操作、权力寻租，增强行政行为的公信力，促进资源配置的效益。

当然，作出行政许可决定所实施的招标投标活动，不属于民事行为，而是行

---

①《巡游出租汽车经营服务管理规定》（2021 年修正）（交通运输部令 2021 年第 16 号）第十三条规定："国家鼓励通过服务质量招投标方式配置巡游出租汽车的车辆经营权。县级以上地方人民政府出租汽车行政主管部门应当根据投标人提供的运营方案、服务质量状况或者服务质量承诺、车辆设备和安全保障措施等因素，择优配置巡游出租汽车的车辆经营权，向中标人发放车辆经营权证明，并与中标人签订经营协议。"国家发展改革委、国家能源局《有序放开配电网业务管理办法》（发改经体〔2016〕2120 号）第七条规定："符合条件的市场主体依据规划向地方政府能源管理部门申请作为增量配电网项目的业主。地方政府能源管理部门应当通过招标等市场化机制公开、公平、公正优选确定项目业主，明确项目建设内容、工期、供电范围并签订协议。"国家能源局、国家海洋局《海上风电开发建设管理办法》（国能新能〔2016〕394 号）第十五条规定："鼓励海上风电项目采取招标方式选择开发投资企业……"

政行为。因此，如果行政许可申请人也就是投标人认为行政机关违反法律规定，不采用招标方式，或者违反招标投标程序，损害申请人合法权益的，可以依法申请行政复议或者提起行政诉讼。

相关案例 1-1　**出租汽车经营权招标纠纷**[①]

某市运管局就本市71台出租汽车经营权进行招标，发布了出租汽车经营权出让项目招标文件。某出租车公司认为招标文件中设置的考评项目不合理，客观上存在定向招标；评分标准存在不公平、不合理，对投标企业注册资金与车辆规模和办公用房的评分分值计算显失公平，设定不合理条件限制或排斥该公司，侵犯其公平竞争权，故提起行政诉讼，请求法院撤销本项目的招标文件。

法院审理后认为：（一）关于市运管局发布招标文件的行为是否具有可诉性。通过招标的方式作出行政许可决定是《行政许可法》第五十三条规定的行政许可的特别程序。发布招标文件的行为是整个行政行为的必经程序，也是一个独立的具体行政行为。出租车公司是在某市从事出租汽车客运的企业，是本次招标的投标人，市运管局发布招标文件的行为对其权利义务产生了实质性影响，与其有法律上的利害关系。因此，市运管局发布招标文件的行为具有可诉性。

（二）市运管局发布的招标文件是否违法。（1）根据《招标投标法实施条例》第十六条规定，招标文件的发售期不得少于5日，但本案中招标文件仅规定了4天发售期，明显低于法律规定的最低期限，应当认定市运管局程序违法。（2）《招标投标法》第十八条第二款规定："招标人不得以不合理的条件限制或者排斥潜在投标人，不得对潜在投标人实行歧视待遇。"第二十条规定："招标文件不得要求或者标明特定的生产供应者以及含有倾向或者排斥潜在投标人的其他内容。"《招投标法实施条例》第三十二条规定："招标人不得以不合理的条件限制、排斥潜在投

① 本书案例素材均来源于中国裁判文书网，后文均一一标注案号。本案为张家界市中级人民法院张家界安某出租车有限公司、张家界飞某出租汽车有限公司与张家界市道路运输管理局出租汽车经营权出让招标纠纷一案一审行政判决书（2014）张中行初字第27号。

标人或者投标人。招标人有下列行为之一的，属于以不合理条件限制、排斥潜在投标人或者投标人：……（二）设定的资格、技术、商务条件与招标项目的具体特点和实际需要不相适应或者与合同履行无关；（三）依法必须进行招标的项目以特定行政区域或者特定行业的业绩、奖项作为加分条件或者中标条件……”本案中市运管局招标文件评分办法中规定“注册资本达到500万元及以上的计5分；达到100万元及以上低于500万元的计2分；低于100万元的不计分”“投标人或其控股公司参与某市出租汽车新能源建设的计15分；没有参加的不计分”。以上评分内容、标准违反了上述法律、行政法规的强制性规定，显失公平、公正，有倾向性地偏向部分投标人，排斥其他投标人。应当认定市运管局的招标文件有违法之处，构成行政行为违法，应予撤销，并依法修改招标文件后重新招标。

综上，法院判决撤销市运管局发布的招标文件，责令该局重新作出具体行政行为。

三、招标投标的主要特点

招标投标是市场经济中富有竞争性的一种交易方式，也是订立合同的一种特殊程序，与竞争性谈判、询价、单一来源采购一样，都属于常见的采购方式，相对而言具有如下特点。

（一）程序公平规范

招标投标活动有计划、有组织地进行，招标投标程序、规则和条件由招标人事先制定并公布，对招标投标双方都具有约束力，当事人不得随意变更。从招标、投标、开标、评标、定标到签订合同的整个招标投标活动的所有环节，都必须严格按照法律法规和招标文件规定的程序、规则开展。所有感兴趣、满足采购基本条件的供应商、承包商和服务商都可以投标，并且地位一律平等，不允许招标人歧视、偏袒任何投标人。评标应按事先公布的评标标准和方法进行。投标报价是一次性的，并且不允许招标人与投标人进行实质性谈判。所有这些措施保证了招标投标程序的完整、规范、公平。

（二）信息公开透明

招标投标程序在公开情况下进行，公开发布招标公告，公开邀请投标人，公开开标，招标项目情况、投标人资格条件、招标程序、评标标准与方法、中标条件、中标结果、合同条款等招标投标信息完全公开，将招标采购行为置于社会监督之下，可以防止不正当交易，确保招标投标程序公开、公平，结果公正。

（三）竞争充分

招标投标是一种引发竞争的缔约程序，在合同订立过程中引入竞争机制，充分体现了竞争的平等、正当和合法等基本原则，也促使整个合同订立过程更加公平、更体现效率。招标人通过一整套严格的程序和规则，可以最大限度地吸引和扩大投标人的竞争，从而使招标人有可能以更低的价格、更优的条件采购到所需的工程、货物或服务，更充分地获得市场利益，最终实现其采购的经济效益目标。

（四）公正客观

招标投标全过程自始至终按照事先规定的程序和条件，本着公平竞争的原则进行。任何有资格有能力的潜在投标人均有权参加投标，招标人不得有歧视、偏袒行为。评标委员会也必须按照事先确定的评标标准、方法，公正客观地评价每一个投标人，从中择优选出最符合采购条件的中标人，确保最终结果公正。

（五）一次性报价

招标采购不存在也不允许买卖双方多次谈判讨价还价，投标人只能一次性报价，一旦开标就不允许以任何理由更改，杜绝投机取巧、徇私舞弊、恶意串通和不正当交易等行为，并以此报价作为签订合同的基础。在递交投标文件后到定标之前，招标人不得与投标人进行实质性谈判，定标之后也不允许招标人和中标人签订违背合同实质性内容的其他协议，杜绝通过“黑白合同”修改价格。

（六）投标报价保密

投标人只能在不知竞争对手报价的情况下，根据自己的实力、情报及以往经验进行独立分析和判断，采取适当的投标策略确定自己的报价和投标方案，并且在开标前高度保密，同时招标人也不得向他人透露报价。

基于以上特点，招标投标制度对于寻找供应商，促进市场竞争，发现市场价格，保证招标人获取最大限度的竞争效益，保障投标人享受公平、公正的待遇，提高采购的透明度，杜绝腐败，有着极为重要的意义。

四、招标投标的作用

（一）确立竞争的规范准则

竞争必须遵循一定的规范准则或者说是“游戏规则”进行，可以有效解决无序竞争问题。招标投标作为一种竞争方式，也有其自成一体的竞争规则和程序，必须依次经过招标、投标、开标、评标、定标和订立合同等基本程序，每一环节都有具体操作方法，并有相应的措施和手段保障招标投标过程的公开、公平，构建了充分竞争的交易机制，培育了公平竞争的市场环境，有利于促进统一、开放、竞争、有序的市场体系建设。

（二）扩大竞争范围

最大化、最充分的竞争，可以使招标人获得尽可能大的市场利益。采用招标投标方式采购，招标人预先通过媒体公告招标信息，广泛吸引有兴趣的投标人参加投标，增加了竞争主体，扩大了竞争范围，有利于竞争机制的充分发挥，减少采购成本，提高技术、质量，最终能节约整体投资。

（三）促进技术进步和管理提升

投标人为了中标，会千方百计加大投入，学习先进的管理制度和管理经验，研发或引进先进的生产技术，提高设备装备水平、产品技术含量和施工工艺，不断提高工程、货物和服务质量，推动管理创新和技术革新，提高企业竞争力。

（四）提供正确的市场信息

市场竞争最终总是围绕着价格进行，招标投标方式提供了一种较为充分竞争的市场环境，其结果不仅使招标人采购到的标的价廉物美，而且每一次招标投标的结果都传递了比较真实的价格信息。因此，运用招标投标方式进行采购，不仅符合市场经济的竞争原则，同时还促进了竞争，规范了市场交易双方的行为，最终促进了社会资源的优化配置。

（五）预防职务犯罪和商业贿赂等违法犯罪行为

招标投标活动的最大特点是公开、公平、公正，招标投标活动的每一个步骤都按法定的、公开的规则和程序进行，招标投标活动全部环节依法接受有关行政监督部门的监督、社会监督，招标投标当事人之间也形成了相互监督和制约机制，所有这些制度设计都有利于预防职务犯罪和商业贿赂等违法犯罪行为的发生。

五、招标投标与其他交易方式的区别

在一些特定情况下，招标投标并不一定是最佳的采购方式，还可选择《政府采购法》规定的单一来源采购、竞争性谈判、竞争性磋商、询价等其他采购方式。

（一）招标投标与单一来源采购的比较

招标投标有其固有的缺陷，主要是程序繁杂、费时长、费用高。因此，有些标的物价值较低或时间紧迫的采购项目，不适宜采用招标投标方式，更适合采用单一来源采购方式。

单一来源采购属于“一对一”直接交易采购方式，是指采购人在适当的条件下向单一供应商直接进行采购。根据《政府采购法》第三十一条的规定，单一来源采购主要适用于以下情形：（1）只能从唯一供应商处采购；（2）发生了不可预见的紧急情况不能从其他供应商处采购；（3）必须保证原有采购项目一致性或者服务配套的要求，需要继续从原供应商处添购，且添购资金总额不超过原合同采购金额百分之十。单一来源采购有程序简便灵活、耗时短、交易成本低等优点，但容易被人操控，不宜监督，而且缺乏竞争性，个别情况下可能会增加采购成本。

（二）招标投标与竞争性谈判、竞争性磋商的比较

竞争性谈判和竞争性磋商两种采购方式在流程设计和具体规则上既有联系又有区别：在“明确采购需求”阶段，二者关于采购程序、供应商来源方式、磋商或谈判公告要求、响应文件要求、磋商或谈判小组组成等方面的要求基本一致；在“竞争报价”阶段，竞争性磋商采用了类似公开招标的“综合评分法”，区别于竞争性谈判的“最低价成交”。之所以这样设计，就是为了在需求完整、明确的基础上实现合理报价和公平交易，并避免竞争性谈判最低价成交可能导致的恶性竞争，将政府采购制度功能聚焦到“物有所值”的价值目标上来，达到“质量、价格、效率”的统一。

竞争性谈判是指采购人制定采购文件邀请多个供应商分别按照采购文件进行谈判，以在规定时间内提交的报价文件为基础进行评审比较并确定最终成交对象的交易方式。根据《政府采购法》第三十条的规定，竞争性谈判主要适用于以下情形：（1）招标后没有供应商投标或者没有合格标的或者重新招标未能成立；（2）技术复杂或者性质特殊，不能确定详细规格或者具体要求；（3）采用招标所需时间不能满足用户紧急需要；（4）不能事先计算出价格总额。

竞争性磋商是指采购人通过组建竞争性磋商小组与符合条件的供应商就采购货物、工程和服务事宜进行磋商，供应商按照磋商文件的要求提交响应文件和报价，采购人从磋商小组评审后提出的候选供应商名单中确定成交供应商的采购方式。根据《政府采购竞争性磋商采购方式管理暂行办法》（财库〔2014〕214号）第三条规定，竞争性磋商主要适用于：（1）政府购买服务项目；（2）技术复杂或者性质特殊，不能确定详细规格或者具体要求的项目；（3）因艺术品采购、专利、专有技术或者服务的时间、数量事先不能确定等原因不能事先计算出价格总额的项目；（4）市场竞争不充分的科研项目，以及需要扶持的科技成果转化项目；（5）按

照招标投标法及其实施条例必须进行招标的工程建设项目以外的工程建设项目。

与招标投标方式相比，竞争性谈判、竞争性磋商采购方式有以下优势：（1）不存在程序复杂的准备招标文件、评标等环节，采购人可以直接与供应商进行谈判、磋商，大大缩短采购周期；（2）省去大量的开标、投标环节，减少工作量，有利于提高效率，减少采购成本；（3）程序灵活，采购人可以根据情况就采购项目的实质性内容进行多次谈判、磋商，而不受一次性报价、采购过程中不得进行实质性谈判等限制，直到最终取得最理想结果。

与招标投标方式相比，竞争性谈判、竞争性磋商也存在着一定的局限性：（1）竞争性谈判、竞争性磋商具有较强的主观性，评审过程也难以严格控制，容易导致不公正交易，甚至滋生腐败；（2）多轮次的谈判、磋商，也容易造成供应商任意抬高价格；（3）采用竞争性谈判、竞争性磋商无法像招标投标方式在供应商之间进行广泛、充分的竞争，不能最有效地节约成本；（4）不是一次性报价，参与竞争、磋商的供应商容易串通舞弊。因此，必须严格限制其适用条件，规范其采购程序。竞争性谈判、竞争性磋商一般要经历组建谈判小组（磋商小组）、制定采购文件、确定邀请参加谈判（磋商）的供应商名单并向其提供采购文件、组织谈判（磋商）和确定成交供应商等程序。

（三）招标投标与询价的比较

所谓询价，俗称“货比三家”，是指采购人向多个选定的供应商（通常不少于 3 家）发出询价通知书，然后对其提出的一次性报价进行比较并确定最终交易对象的采购方式。根据《政府采购法》第三十二条的规定，这种方式适用于采购价值比较小、价格变化幅度不大、货物规格或标准统一的设备材料。采取询价方式采购的，一般应遵循成立询价小组、向供应商发出询价通知书、被询价的供应商一次性报价、比较报价、确定成交供应商等程序。

与招标投标方式相比，询价采购存在着程序简便、工作量小、时间快捷、采购成本低等优势，但也有一些缺点，主要是：（1）侧重于比较报价，对技术条件等实质性内容的评价不够，有“重报价、轻技术”倾向；（2）在采购程序中人为操作的空间较大，易产生不正当交易或腐败现象。

（四）招标与议标的比较

我国 20 世纪 80 年代开展的招标投标活动，很大比例都是议标。国际上招标采购方式除了公开招标、邀请招标，也包含议标。所谓议标，是采购人和供应商之间通过一对一谈判而最终达成交易，实现采购目的的一种采购方式。考虑到议标通常是在非公开状态下进行谈判的，实践中存在的问题比较多，我国《招标投标法》没有规定议标方式。[①]

议标与招标的区别在于：（1）程序不同。招标投标活动程序繁杂严苛，评标中不允许评标委员会成员与投标人直接接触，投标时间截止后不允许招标人和投标人对合同进行实质性谈判，而议标对程序没有特别要求，既可以一对一逐个谈判，又可同时与所有竞争者谈判。（2）竞争方式不同。招标具有采用书面方式、一次性报价、秘密评标等特点，而议标则不具有这些明显的特点。（3）对谈判的限制不同。谈判运用于议标采购的全过程，招标则严格限制谈判。议标由于不具有公开性和竞争性，易产生幕后交易，滋生腐败，难以保障采购质量。

不同的采购方式各有其适用范围，各适用于不同的采购项目，并非招标投标方式无一例外适合于所有情形，“一招就灵”，也并非只要采用招标投标方式就能实现程序最规范、结果最公正、防范不正当交易最有效等目标。实际上，对于法律法规允许的采购方式，在符合法律规定的情形下，根据采购项目特点和实际需求“对症下药”选择合适的采购方式，是确保采购程序合规、采购结果公正、采购目标实现的基础和前提。

相关案例 1-2　失败的研究项目采购案例

某单位为了适应改革需要，拟邀请一家单位承接一项管理咨询项目，为其研

① 来源：中华人民共和国全国人民代表大会常务委员会公报 1999 年 5 期，第 442—446 页。

究关于适应该项改革政策给本行业带来的变革及由此产生的新兴业务领域的适应性策略制订一套改革实施方案。在国内，尚没有有影响力的研究成果。该项目采购内容仅仅提出了该管理咨询项目的初步框架性构想和总体目标，没有提出具体的课题研究大纲。经研究决定采用招标方式采购，有该行业知名的大学研究团队和研究机构，也有专门的管理咨询公司参加投标。经过评审，各投标人提出的研究方案不一，初步观点也不一致，差别较大。某管理咨询公司的研究方案虽然评分靠后，但最终由于其报价最低、评审得分最高而中标。中标之后，项目业主与其在签约谈判时发现该公司研究团队答非所问，对该领域知识并不精通，尤其对新的政策理解似是而非，遂对其研究能力产生了质疑。该咨询公司也如实说明，其主要开展内部培训，没有本行业相关研究成果，只是想用低价竞争试一试，也没想到会中标，经过技术沟通感受到了研究难度，如果招标人补偿其投标成本，其可以放弃中标资格。

评析：招标方式比较适合采购需求明确、采购标的具有竞争条件、采购时间允许的项目。对于采购需求、技术方向、研究大纲不明确，有一定研究难度的管理咨询项目、科技研发项目，更需要采购人和供应商进行充分的技术沟通交流，在此基础上才有可能促使采购人和供应商都明晰采购需求、确定研发内容，圆满地实施采购项目、实现采购目的。该类项目采用招标投标并不是合适的采购方式，《招标投标法》《政府采购法》也并未要求必须招标。在评审时也应当以技术方案作为首要评审因素，对于价格不宜过于关注。因此，此项目更适合采取竞争性磋商或者单一来源采购方式邀请本行业有权威性的研究团队承担。

第二节　招标投标的基本原则

法律原则有助于法律主体准确地理解和适用法律条文，确保依法合规从事法律行为；也可以在因没有具体条文导致适用法律困难时，直接适用该法律原则来处理现实存在的问题，对法律条文起到了补充的作用，招标投标活动是竞争性缔约的民事活动，首先应遵循《民法典》规定的基本原则，包括平等原则、自愿原则、公平原则、诚信原则、守法与公序良俗原则以及绿色原则。[①]《招标投标法》第五条规定，招标投标活动应当遵循公开、公平、公正和诚实信用的原则。《政府采购法》第三条也规定，政府采购应当遵循公开透明原则、公平竞争原则、公正原则和诚实信用原则。二者对招标投标活动基本原则的规定是一致的，可以简称“三公一诚信”原则，该原则贯穿于招标投标活动全部环节，是招标人、投标人的行为准则，招标投标当事人必须严格遵守、规范操作。招标人、投标人、招标代理机构以及行政监督管理部门在处理招标投标中的具体问题或者法院在处理相关案件时，有具体法律条文的，应适用具体条文；无具体法律条文的，可以依据《招标投标法》的上述基本原则来处理。

一、“三公”原则

（一）公开原则

公开是公平、公正的前提和基础，只有实现了公开，公平和公正才有了依托，才有可能实现。公开原则，就是要求招标投标活动具有较高的透明度，使每一个投标人获得同等、充分的信息，使所有符合条件且感兴趣的潜在投标人都有机会参与投标竞争，做到公开透明，以便接受监督。

招标投标活动应遵循公开原则，其基本要求是如下。

1. 招标信息要公开。关键是要做到充分公开，不得搞人为封锁，这样竞争才能更加充分。表现在：招标人采用公开招标方式的，应当面向公众发布招标公告；需要进行资格预审的，应当发布资格预审公告；采用邀请招标方式的，招标人应当向 3 个以上的特定法人或者其他组织发出投标邀请书。招标人应按照招标公告或投标邀请书中载明的时间和地点向潜在投标人提供招标文件。招标文件应当载有为潜在投标人作出投标决策、进行投标准备所必需的资料，以及其他为保证招

① 白如银编著:《招标投标法注释书》，中国民主法制出版社 2021 年版，第 48 页。

标投标过程公开、透明的有关信息。招标人对已发出的招标文件进行必要的澄清或者修改的，应当以书面形式通知所有招标文件收受人。

2. 公开开标。招标人应当按照招标文件载明的时间和地点公开开标，所有投标人均可参加开标仪式；开标时，经投标人或者其推举的代表对投标文件的密封情况查验无误后，由工作人员对投标截止时间前收到的所有投标文件当众拆封，以唱读方式报出各投标人名称、投标价格等投标文件中的主要内容，并做好记录，存档备查。

3. 公开评标标准和办法。评标标准和办法应当在招标文件中载明。

4. 中标结果要公开。评标结束，依法必须招标的项目应公示中标候选人。确定中标人后，招标人应当向中标人发出中标通知书，并同时将中标结果通知所有未中标的投标人。政府采购货物和服务项目要求对中标结果进行公示。

此外，广义的“公开”还包括招标投标法律法规与政策公开以及招标投标纠纷案件查处过程和处理结果等信息公开。

当然，公开不是绝对的，招标投标过程中还必须严格做好必要的保密工作。“以公开为原则，不公开为例外。”为了保证招标投标活动公平、公正进行，《招标投标法》多处规定保密事项，如对潜在投标人数量和名称、评标委员会成员、标底、评标过程等可能影响公平竞争的信息进行保密，是招标人及相关人员的法定义务。泄密会大大增加投标人从事串标、围标、舞弊、行贿等违法行为的可能性。潜在投标人名单在投标截止前应当保密。标底在开标前应严格保密。评标委员会成员名单和评标意见对外应当保密。对投标文件以及评标中获悉的国家秘密及投标人的商业秘密应当保密。招标人、招标代理机构、评标委员会、招标监督部门的有关人员同样负有保密的义务，不得透露对投标文件的评审和比较、中标候选人的推荐情况以及与评标有关的其他情况，不得擅自对外公开上述资料。

（二）公平原则

公平原则，应当包括不同投标人之间的公平竞争和招标人与投标人双方之间的公平交易这两个方面的内容。一方面，在招标投标活动中，招标人给予所有投标人平等的机会，使他们享有同等权利和公平的待遇，承担相应义务，招标人不得特意照顾或者有意排斥某一个或几个潜在投标人或投标人[①]，主要强调机会平等。《招标投标法》第六条规定，依法必须进行招标的项目，其招标投标活动不受地区或者部门的限制。任何单位和个人不得违法限制或者排斥本地区、本系统以外的法人或者其他组织参加投标，不得以任何方式非法干涉招标投标活动。《政府采购法》也规定，任何单位和个人不得采用任何方式，阻挠和限制供应商自由进入本地区和本行业的政府采购市场。所有投标人平等参与竞争。招标人要严格按照公开的招标条件和程序操作，同等地对待每一个投标人，对所有投标人适用相同的评标标准和招标投标程序，不得厚此薄彼。对所有投标人设置的资格条件是平等的，不搞差别待遇或设置技术壁垒。投标人也不得以不正当的手段参加竞争，不得弄虚作假、串通投标，不得向招标人及其工作人员行贿、提供回扣或给予其他好处。

另一方面，招标投标活动属于平等民事主体之间的缔约活动，招标人和投标人地位平等、权利义务对等，任何一方不得向对方提出不合理要求，不得将自己的意志强加给对方。招标人应当维持当事人之间的利益均衡，在主导交易过程、制定交易规则和合同条款时，不宜凭借市场优势转嫁其法定义务和法定责任，不得将本应由己方承担的交易风险和履约风险强加给对方。[②]如不得要求工程承包人垫资承揽工程，不得无正当理由擅自终止招标，不得要求潜在投标人在购买招标文件时就提交投标保证金，不得在招标文件中对投标人设置不合理的违约责任，不得规定投标人购买招标文件后不参加投标的将丧失投标保证金，等等。

（三）公正原则

公正原则，要求招标投标活动严格按照事先公开的条件和程序进行，招标人对所有投标人一视同仁，评标时按事先公布的程序和标准进行，不歧视任何一方，确保实现招标结果公正，投标人合法权益得到保护。

---

① 毛林繁、李帅锋编著：《招标投标法条文辨析及案例分析》，中国建筑工业出版社 2013 年版，第 28 页。

② 白如银主编，张志军、沈磊副主编：《招标投标焦点难点探析》，中国电力出版社 2017 年版，第 19 页。另参见张志军：《试论招标投标活动中的公平原则》，载《招标与投标》2015 年第 4 期。

该原则要求:（1）评标委员会成员应由招标人从评标专家库中依法选定且不得与投标人有利害关系，以保证评审结果公正、合理。（2）评标工作应保密进行，免受投标人围猎和外界干扰。评标委员会成员的名单、评标地点、投标人的名称、数量以及标底或其他可能妨碍公平竞争的信息，都应对外保密。（3）评标委员会不得以任何明示或暗示的方式，使某些投标人以澄清方式改变投标文件实质性内容。（4）评标委员会必须严格按事先规定的统一的评标标准和方法，对所有投标人提交的投标文件进行评审，应严格依据招标文件约定和《招标投标法》规定的条件否决投标。（5）招标人必须在评标委员会推荐的中标候选人范围内依照定标原则确定中标人，并与之按照招标文件和中标人的投标文件订立合同。

二、诚实信用原则

诚实信用原则是市场交易的帝王规则，也是市场经济的基石，是指招标投标当事人都应以诚实、善意的态度依法行使权利，履行义务，不得有欺诈、背信的行为，不得损害对方、第三人和社会利益。从这一原则出发，《招标投标法》规定了招标投标当事人不得规避招标、串通投标、弄虚作假、骗取中标、转包、违法分包等诸多义务。例如，招标人不得以任何形式搞虚假招标；投标人递交的投标资格证明材料和投标文件的各项内容都要真实、可信；订立合同后，各方都应依法全面履行合同。违反诚实信用原则，给他人造成损失的，要依法承担赔偿责任。

违反诚实信用原则，实施串通投标、虚假投标、贿赂中标等违法、违约行为的，《招标投标法》《民法典》等规定了法律责任，招标人、投标人也可以根据招标文件的规定追究对方责任。

为了维护诚实信用原则，《招标投标法实施条例》第七十八条规定:“国家建立招标投标信用制度。有关行政监督部门应当依法公告对招标人、招标代理机构、投标人、评标委员会成员等当事人违法行为的行政处理决定。”该条确立了招标投标信用制度，通过建立招标投标违法行为记录公告制度、失信联合惩戒机制等，加快推进社会信用体系建设，进一步促进招标投标市场健康有序发展。

（一）招标投标违法行为记录公告制度

2008 年 6 月 18 日，国家发展改革委等十部委发布《招标投标违法行为记录公告暂行办法》。主要规定有：

1. 公告的对象。对招标投标活动当事人（招标人、投标人、招标代理机构以及评标委员会成员）的招标投标违法行为记录（指有关行政主管部门在依法履行职责过程中，对招标投标当事人违法行为所作行政处理决定的记录）进行公告。

2. 公告的事项。对招标投标违法行为所作出的以下行政处理决定应给予公告:（1）警告;（2）罚款;（3）没收违法所得;（4）暂停或者取消招标代理资格;（5）取消在一定时期内参加依法必须进行招标的项目的投标资格;（6）取消担任评标委员会成员的资格;（7）暂停项目执行或追回已拨付资金;（8）暂停安排国家建设资金;（9）暂停建设项目的审查批准;（10）行政主管部门依法作出的其他行政处理决定。

3. 公告的内容。公告的内容是被处理招标投标当事人名称（或姓名）、违法行为、处理依据、处理决定、处理时间和处理机关等。

4. 公告期。违法行为记录公告期限为 6 个月。依法限制招标投标当事人资质（资格）等方面的行政处理决定，所认定的限制期限长于 6 个月的，公告期限从其决定。

5. 公告的作用。公告的招标投标违法行为记录应当作为依法必须招标项目资质审查、招标代理机构选择、中标人推荐和确定、评标委员会成员确定和评标专家考核等活动的重要参考。

（二）失信惩戒机制

为了落实《国务院关于建立完善守信联合激励和失信联合惩戒制度加快推进社会诚信体系建设的指导意见》（国发〔2016〕33 号）等文件精神，推进社会信用体系建设、健全守信激励失信约束机制，国家出台对违法、失信企业实行联合惩戒、限制投标的一系列政策，促进招标投标公平竞争。如根据《建筑市场信用管理暂行办法》第十四条规定，下列情形的建筑市场各方主体，列入建筑市场主体“黑名单”:（1）利用虚假材料、以欺骗手段取得企业资质;（2）发生转包、出借资质，受到行政处罚;（3）发生重大及以上工程质量安全事故，或1年内累计发生2次及以上较大工程质量安全事故，或发生性质恶劣、危害性严重、社会影响大的较大工程质量安全事故，受到行政处罚;（4）经法院判决或仲裁机构裁决，认定为拖欠工程款，且拒不履行生效法律文书确定的义务。该办法规定，对被列入建筑市场主体“黑名单”和拖欠农民工工资“黑名单”的建筑市场各方主体，在市场准入、资质资格管理、招标投标等方面依法给予限制。国家发展改革委会同国家相关部委印发了《关于对违法失信上市公司相关责任主体实施联合惩戒的合作备忘录》《关于对安全生产领域失信生产经营单位及其有关人员开展联合惩戒的合作备忘录》《关于对环境保护领域失信生产经营单位及其有关人员开展联合惩戒的合作备忘录》等一系列文件，对违法、失信企业作为供应商参加政府采购活动和工程建设项目投标活动进行限制。

2016年8月30日，最高人民法院、国家发展改革委等部委发布《关于在招标投标活动中对失信被执行人实施联合惩戒的通知》（法〔2016〕285号），决定在招标投标活动中对失信被执行人实施联合惩戒。主要规定有：

1. 联合惩戒对象。联合惩戒对象为被人民法院列为失信被执行人的下列人员：投标人、招标代理机构、评标专家以及其他招标从业人员。

2. 失信被执行人信息查询内容及方式。最高人民法院将失信被执行人信息推送到全国信用信息共享平台和“信用中国”网站，并负责及时更新。招标人、招标代理机构、有关单位应当通过“信用中国”网站（www.creditchina.gov.cn）或各级信用信息共享平台查询相关主体是否为失信被执行人。投标人可通过“信用中国”网站查询相关主体是否为失信被执行人。

3. 联合惩戒措施。

一是限制失信被执行人的投标活动。依法必须进行招标的工程建设项目，招标人应当在资格预审公告、招标公告、投标邀请书及资格预审文件、招标文件中明确规定对失信被执行人的处理方法和评标标准。在评标阶段，招标人或者招标代理机构、评标专家委员会应当查询投标人是否为失信被执行人，对属于失信被执行人的投标活动依法予以限制。两个以上的自然人、法人或者其他组织组成一个联合体，以一个投标人的身份共同参加投标活动的，应当对所有联合体成员进行失信被执行人信息查询。联合体中有一个或一个以上成员属于失信被执行人的，联合体视为失信被执行人。

二是限制失信被执行人的招标代理活动。招标人委托招标代理机构开展招标事宜的，应当查询其失信被执行人信息，鼓励优先选择无失信记录的招标代理机构。

三是限制失信被执行人的评标活动。依法建立的评标专家库管理单位在对评标专家聘用审核及日常管理时，应当查询有关失信被执行人信息，不得聘用失信被执行人为评标专家。对评标专家在聘用期间成为失信被执行人的，应及时清退。

四是限制失信被执行人招标从业活动。招标人、招标代理机构在聘用招标从业人员前，应当明确规定对失信被执行人的处理办法，查询相关人员的失信被执行人信息，对属于失信被执行人的招标从业人员应按照规定进行处理。

（三）信用记录查询及使用机制

2016 年 8 月 1 日，财政部发布《关于在政府采购活动中查询及使用信用记录有关问题的通知》（财库〔2016〕125 号）。主要规定有：

（1）查询渠道。各级财政部门、采购人、采购代理机构应当通过“信用中国”网站（www.creditchina.gov.cn）、中国政府采购网（www.ccgp.gov.cn）等渠道查询相关主体信用记录。

（2）采购人或者采购代理机构应当在采购文件中明确信用信息查询的查询渠道及截止时点、信用信息查询记录和证据留存的具体方式、信用信息的使用规则等内容。采购人或者采购代理机构应当对供应商信用记录进行甄别，对被列入失信被执行人、重大税收违法案件当事人名单、政府采购严重违法失信行为记录名单及其他不符合《政府采购法》第二十二条规定条件的供应商，应当拒绝其参与政府采购活动。

（3）两个以上的自然人、法人或者其他组织组成一个联合体，以一个供应商的身份共同参加政府采购活动的，应当对所有联合体成员进行信用记录查询，联合体成员存在不良信用记录的，视同联合体存在不良信用记录。

（4）各级财政部门应当在评审专家选聘及日常管理中查询有关信用记录，对具有行贿、受贿、欺诈等不良信用记录的人员不得聘用为评审专家，已聘用的应当及时解聘。依法自行选定评审专家的，采购人或者采购代理机构应当查询有关信用记录，不得选定具有行贿、受贿、欺诈等不良信用记录的人员。

（5）采购人委托采购代理机构办理政府采购事宜的，应当查询其信用记录，优先选择无不良信用记录的采购代理机构。

国家出台一系列规定，建立招标投标信息共享、联合惩戒制度等，其目的就是联合行动、综合施策，完善招标投标与市场的联动机制，推动诚信体系建设，维护市场经济秩序。

第三节 招标投标的主体和客体

一、招标投标主体

一般而言，招标投标作为一种交易方式，必然包括交易双方主体，即招标人和投标人。在委托招标的情况下，还有招标代理机构，这三者共同构成了招标投标法律关系的基本主体。《政府采购法》第十四条也规定政府采购当事人是指在政府采购活动中享有权利和承担义务的各类主体，包括采购人、供应商和采购代理机构等，在采用招标方式采购时，也就是“招标人”、“投标人”和“招标代理机构”。

（一）招标人

1.“招标人”的含义

《招标投标法》第八条规定：“招标人是依照本法规定提出招标项目、进行招标的法人或者其他组织。”因《民法典》已将民事主体分为法人、非法人组织和自然人，且法人分类更为细致，故《招标投标法》对于“招标人”和“投标人”等参与市场竞争的主体也应按此重新定义。因此，招标人就是采用招标方式进行货物、工程或服务采购的法人或非法人组织。其中，货物采购项目的招标人，通常为货物的买方；工程建设项目发包的招标人，通常为建设工程项目的投资人即项目业主、建设单位；服务项目的招标人，通常为该服务项目的需求方。政府采购项目的招标人是特殊的民事主体，仅指依法进行政府采购的国家机关、事业单位、团体组织。

2. 招标人的条件

招标人是提出招标项目进行招标的法人或者其他组织。所谓“提出招标项目”，是指根据实际情况和《招标投标法》的有关规定，提出和确定拟招标的项目，办理有关审批手续，落实项目的资金来源等。“进行招标”，是指提出招标方案，拟定或决定招标方式，编制招标文件，发布招标公告，审查潜在投标人资格，主持开标，组织评标，确定中标人等活动。这些工作既可由招标人自行办理，又可委托招标代理机构办理，招标代理机构代表了招标人的意志并在其授权范围内行事，视为招标人“进行招标”。

3. 招标人的分类

《民法典》将民事主体分为法人、非法人组织、自然人。“法人”是具有民事权利能力和民事行为能力，依法独立享有民事权利和承担民事义务的组织。法人可以依法设立分支机构；分支机构以自己的名义从事民事活动，产生的民事责任由法人承担；也可以先以该分支机构管理的财产承担，不足以承担的，由法人承担。“法人”不能仅仅理解为是“企业法人”，范围比较广泛，分为三类：一是营利法人，包括有限责任公司、股份有限公司和其他企业法人等；二是非营利法人，包括事业单位、社会团体、基金会、社会服务机构等；三是特别法人，包括机关法人、农村集体经济组织法人、城镇农村的合作经济组织法人、基层群众性自治组织法人。“非法人组织”是不具有法人资格，但是能够依法以自己的名义从事民事活动的组织，包括个人独资企业、合伙企业、不具有法人资格的专业服务机构等。结合《招标投标法》第二十五条规定，招标人必须是法人（含其分支机构）或非法人组织，自然人如实施招标不受《招标投标法》调整。

4. 招标人的权利与义务

招标人一般享有如下权利:(1)自行招标或者委托招标代理机构进行招标;(2)自主选择招标代理机构;(3)委托招标时，有权参与整个招标过程，其代表可以进入评标委员会;(4)自主决定对投标人进行资格审查;(5)拒绝非法干预招标的行为;(6)澄清、修改招标文件;(7)拒绝不符合要求的投标;(8)主持开标;(9)根据评标委员会推荐的中标候选人名单和评标报告确定中标人。

招标人主要履行下列义务:(1)公平对待投标人，不得侵犯投标人的合法权益;(2)保持招标具有竞争性;(3)委托招标时，应当向招标代理机构提供招标所需的有关资料并支付招标代理服务费;(4)依法编制招标文件，公开招标条件与要求;(5)依法组建评标委员会，保障其独立评标;(6)对招标投标信息保密;(7)中标人确定前不与投标人进行实质性谈判;(8)接受招标行政监督管理;(9)与中标人签订合同并全面履行。

(二)投标人

1.“投标人”的含义

《招标投标法》第二十五条第一款规定:“投标人是响应招标、参加投标竞争的法人或者其他组织。”其中，对招标公告或投标邀请感兴趣可能参加投标的法人或其他组织称为“潜在投标人”，响应招标并实际递交投标文件参加投标的潜在投标人称为“投标人”。因此，投标人和潜在投标人的共同点是都对招标信息感兴趣，其外在表现就是购买了招标文件，而二者的区别在于是否递交了投标文件。有时在不需要严格区分二者含义的情况下，也常把二者统称为“投标人”。

《招标投标法》将投标人主要规定为法人(含法人的分支机构)或者非法人组织，主要是考虑到招标项目一般为采购规模较大的建设工程、货物或者服务的项目，自然人条件有限，通常只有法人或非法人组织才能完成。当然，某些科研项目也允许自然人投标。

相关案例 1-3　自然人不是《招标投标法》上适格的“投标人”①

案涉所谓招标投标行为，其实质为竞价，不属于《招标投标法》及其实施条例调整范围。1.《招标投标法》第二十五条规定：“投标人是响应招标、参加投标竞争的法人或者其他组织。依法招标的科研项目允许个人参加投标的，投标的个人适用本法有关投标人的规定。”本条所列个人为对科研项目投标的个人，可作为投标主体参加科研项目投标活动，系对科研项目投标的特殊规定。本案不符合自然人作为投标人的法定情形。2.《招标投标法》第九条第二款规定：“招标人应当有进行招标项目的相应资金或者资金来源已经落实，并应当在招标文件中如实载明。”本案系发包人将鱼塘经营权出让，并不属于“招标人应当有进行招标项目的相应资金或者资金来源已经落实”的情况。3.《招标投标法》第二十七条第一款规定：“投标人应当按照招标文件的要求编制投标文件。投标文件应当对招标文件提出的实质性要求和条件作出响应。”可见，投标人往往要详细制作投标文件，需要付出智力成果。《招标投标法》第二条规定：“在中华人民共和国境内进行招标投标活动，适用本法。”依据前述分析，适用《招标投标法》及其实施条例是有限制条件的，即普通个人进行的商业竞价行为不能适用《招标投标法》及其实施条例的规定。堤闸管理处对外发包涉案对虾场水面，采用招投标合同的名称，其实质是商业竞价，应当以其实质确定合同的性质。故，案涉纠纷不能适用《招标投标法》及其实施条例。

政府采购的“供应商”是指向采购人提供货物、工程或者服务的法人、其他组织或者自然人，但政府采购工程招标项目的投标人只能是法人或者其他组织，不能是自然人。

2. 投标人的条件

《招标投标法》第二十六条规定：“投标人应当具备承担招标项目的能力；国

① 江苏省东台市人民法院（2017）苏 0981 民初 3976 号陈某均与某市堤闸管理处合同纠纷一审民事判决书。

家有关规定对投标人资格条件或者招标文件对投标人资格条件有规定的，投标人应当具备规定的资格条件。”投标人参加投标，必须首先具备圆满履行合同的能力和条件，包括与招标文件要求相适应的人力、物力和财力，以及招标文件要求的资质、工作经验与业绩等。投标人应当具备承担招标项目的能力，指投标人在资金、技术、人员、装备等方面，具备与完成招标项目的需要相适应的能力或者条件以及相应的工作经验与业绩证明。

国家有关法律法规或者招标文件对投标人资格条件有规定的，投标人应当具备规定的资格条件。例如，330kV 及以上电压等级的输变电工程施工项目的投标人，至少应当具备电力工程总承包一级资质或者送变电专业一级资质。不具备相应资格条件的承包商、供应商，不能参加有关招标项目的投标。招标人也应当按照法律和国家有关规定及招标文件的要求，对投标人进行资格审查。

相关案例 1–4　**投标人资格条件不合格的应当否决投标**[①]

商业公司就其商场环境系统中庭挑空吊饰制作、安装工程进行招标，要求参加投标的施工单位必须是建筑装修工程专业承包一级施工企业。装饰集团递交投标文件，该公司资质为设计甲级、施工二级。评标结束，商业公司向装饰集团子公司装修公司发出中标通知书。装修公司进行了深化设计方案、项目考察、样品打样及蓝色中庭制作等工作。后，商业公司电话通知项目暂停。双方并未按照中标通知书的期限签订建设工程合同，对此装修公司主张系因商业公司招标方案不完善，称待该公司深化设计完成后经商业公司确定，双方再签订书面合同。商业公司主张系因装修公司与投标单位装饰集团不一致，而装饰集团施工资质为二级，未达到招标文件所要求的专业承包一级资质，导致无法签订建设工程合同。装修公司诉至法院，请求判令商业公司支付项目暂停前的工程款 45.2528 万元。

法院认为：商业公司在涉案工程招标文件中明确要求投标人须持有建设行政

① 本案例素材来源于中国裁判文书网，（2016）京 01 民终 2354 号民事判决书。

管理部门颁发的建筑装修工程专业承包一级资质，而无论是投标的装饰集团还是实际施工的装修公司的资质均未达到上述要求，在不具备招标文件规定的投标人资格条件且投标人与实际中标人不符的情况下，商业公司向装修公司发出中标通知书的行为违反了《招标投标法》的规定，而双方基于该中标通知书所形成的事实合同应属无效。对于合同无效所造成的损失，违反招标文件发出中标通知的商业公司以及不具备投标人资格而以他人名义进行投标的装修公司均有过错，应当各自承担相应的责任，以双方各承担50%为宜。最终，法院判决商业公司赔偿装修公司商场环境系统中庭挑空吊饰制作、安装工程样品打样费用及蓝色中庭制作费15.1264万元。

政府采购货物和服务招标项目的投标人应当具备下列条件:（1）具有独立承担民事责任的能力;（2）具有良好的商业信誉和健全的财务会计制度;（3）具有履行合同所必需的设备和专业技术能力;（4）有依法缴纳税收和社会保障资金的良好记录;（5）参加政府采购活动前三年内，在经营活动中没有重大违法记录;（6）法律、行政法规规定的其他条件。这是对投标人的最基本的法定条件，另外，采购人也可以根据采购项目的特殊要求，设定供应商的特定条件，但不得以不合理的条件对供应商实行差别待遇或者歧视待遇。

3. 投标人的权利与义务

投标人享有的权利一般包括:（1）平等地获取招标信息;（2）自主投标;（3）对资格预审文件、招标文件提出异议，要求招标人或招标代理机构进行答复;（4）投标截止日前撤回或补充、修改投标文件;（5）依法分包;（6）参加公开开标，对开标提出异议;（7）对评标结果提出异议;（8）提起投诉，控告、检举招标过程中的违法行为。①

投标人主要履行下列义务:（1）按招标文件要求编制、递交投标文件，保证所提供的投标文件的真实性;（2）投标时间截止后不得改变、撤销投标文件;（3）对投标文件的有关问题进行澄清、说明;（4）按招标文件要求提交投标保证

① 王俊安:《招标投标案例分析》，中国建材工业出版社2005年版，第189页。

金;(5)被确定为中标人前不与招标人进行实质性谈判;(6)中标后按招标文件要求提交履约保证金，与招标人签订并履行合同;(7)不得串通投标、弄虚作假;(8)不得以行贿等手段骗取中标;(9)不得转包或违法分包合同;(10)不得恶意投诉。

(三)招标代理机构

1. 招标代理机构的含义

招标组织形式是依据招标投标活动实施主体而划分的，解决的是由谁具体组织招标投标活动的问题。招标组织形式有业主自行招标和委托招标两种做法。招标人不符合自行招标条件(主要是有编制招标文件、组织招标的能力和条件，即负责招标的人员应当有招标采购的知识和经验以及具备组织开标、评标的软、硬件条件，如具有开标大厅、隔离管理的评标场所、音像监控设备、视频传输系统、电子开标评标系统、专家身份验证设备、开评标专用工具等；有与招标采购项目专业性相适应的专业人员[①])的，必须委托招标代理机构实施招标。

《招标投标法》第十三条第一款规定:“招标代理机构是依法设立、从事招标代理业务并提供相关服务的社会中介组织[②]。”该规定有以下几层含义:

(1)招标代理机构是独立于政府和企业之外，接受招标人委托，以自己的知识、智力代招标人从事招标活动，提供招标服务的市场中介组织。在代理招标过程中，招标代理机构不仅要接受招标人和投标人的监督，还要接受国家法律法规和社会的监督，以及执业纪律和职业道德的约束。

(2)招标代理机构可以以多种形式存在，大多为公司制企业，自然人不能从事招标代理业务。

---

① 岳小川:《〈政府采购货物和服务招标投标管理办法〉解读》，经济科学出版社 2018 年版，第 21 页。

② 社会中介组织，也叫市场中介组织，指那些介于政府与企业之间、商品生产者与经营者之间、个人与单位之间，为市场主体提供信息、培训、经纪、法律咨询等服务，并在企业之间、政府与企业之间、个人与单位之间、国内与国外企业之间从事协调、评价、评估、检验、仲裁等活动，旨在激发市场活力的机构或组织。(见毛林繁、李帅锋编著:《招标投标法条文辨析及案例分析》，中国建筑工业出版社 2013 年版，第 57 页。)

（3）招标代理机构需依法登记设立。

（4）招标代理机构的业务范围就是从事招标代理服务，包括编制招标文件、审查投标人资格条件，组织开标、评标、定标，协调合同的签订和履行，提供与招标代理业务相关的服务。

（5）招标代理机构受招标人委托开展招标代理活动，其代理范围由招标人授权，其行为对招标人和投标人产生效力。

2. 招标代理机构的条件

根据《招标投标法》第十三条第二款规定，招标代理机构应当具备下列条件：

第一，有从事招标代理业务的营业场所和相应资金，以便开展招标代理业务。

第二，有能够编制招标文件和组织评标的相应专业力量，包括有熟悉招标业务所在领域的专业人员，有提供行业技术信息的情报手段及有一定的从事招标代理业务的经验，等等。

3. 投标代理机构的权利与义务

招标代理机构享有的权利包括：（1）组织招标投标活动；（2）依据招标文件规定，审查投标人的资格条件；（3）按照规定标准收取招标代理服务费；（4）招标人授予的其他权利。

招标代理机构主要履行下列义务：（1）全面履行招标代理合同，维护招标人和投标人的合法权益；（2）组织编制、解释招标文件；（3）受托办理招标、开标、评标等具体事务；（4）接受招标投标监督管理部门的指导、监督。

4. 招标委托代理关系的法律含义

招标代理属于委托代理的一种。《招标投标法》第十五条规定："招标代理机构应当在招标人委托的范围内办理招标事宜，并遵守本法关于招标人的规定。"招标人与招标代理机构之间是委托代理关系，具体表现是：

第一，招标代理机构应在招标人委托权限范围内，以招标人的名义，办理招标事宜，其代理活动的后果由招标人承担。

第二，没有得到招标人的委托或超过委托权限范围从事代理活动，或在代理权已被终止情况下作出的行为所产生的后果，招标人未追认的，由招标代理机构自行承担。

第三，招标代理机构应亲自行使代理权，善尽勤勉和谨慎的义务。未尽职责行使代理权、滥用代理权或无权代理，给招标人造成损失的，应依法承担赔偿责任。

第四，招标代理机构应当遵守《招标投标法》对招标人的规定，如《招标投标法》第二十二条第一款规定，招标人不得向他人透露已获取招标文件的潜在投标人的名称、数量以及可能影响公正竞争的有关招标投标的其他情况，对此招标代理机构也应遵守。

招标委托代理关系还有一定的特殊性，即招标代理合同性质带有部分中介合同的色彩。在招标代理合同中，招标代理机构不能以自己的名义与第三人订立合同，只能完全根据招标人的指示来办理招标事宜，为招标人和投标人之间订约提供服务。另外，允许招标代理机构向中标人收取招标代理服务费。

对于政府采购项目而言，采购代理机构是指集中采购机构和集中采购机构以外的采购代理机构。集中采购机构是设区的市级以上人民政府依法设立的非营利事业法人，是代理集中采购项目的执行机构。集中采购机构应当根据采购人委托制订集中采购项目的实施方案，明确采购规程，组织政府采购活动，不得将集中采购项目转委托。集中采购机构以外的采购代理机构，是从事采购代理业务的社会中介机构，也就是非由政府部门设立的招标代理机构，可以受采购人的委托承接未纳入集中采购目录的政府采购项目（分散采购项目）的招标代理业务。

二、招标投标客体

招标投标客体亦即招标投标“标的”，就是招标人采购的对象或者投标人竞卖的对象，通常可以将招标投标的标的分为货物、工程和服务三种。

《招标投标法》也区分三种不同的客体，将招标投标划分为货物招标、工程招标和服务招标（如勘察设计服务招标、监理服务招标等），但没有界定货物、工程和服务的概念。根据 1994 年版《联合国国际贸易法委员会货物、工程和服务采购示范法》第二条“定义”界定，“货物”系指各种各样的物品，包括原料、产品、设备和固态、液态或气态物体和电力，以及货物供应的附带服务，条件是那些附带服务的价值不超过货物本身的价值。"工程"系指与楼房、结构或建筑物的建造、改建、拆除、修缮或翻新有关的一切工作，如工地平整、挖掘、架设、建造、设备或材料安装、装饰和最后修整，以及根据采购合同随工程附带的服务，例如钻挖、绘图、卫星摄影、地震调查和其他类似服务，条件是这些服务的价值不超过工程本身的价值。"服务"系指除货物或工程以外的任何采购对象[2011年修订颁布的联合国《公共采购示范法》（以下简称《示范法》）不再定义货物、工程和服务，并不要求对何谓货物、工程和服务进行严格分类，因为《示范法》并未对货物、工程和服务规定不同的采购方法，而且在货物、工程和服务之间作严格区分往往不可能]。① 借鉴《联合国国际贸易法委员会货物、工程和服务采购示范法》，《政府采购法》第二条也将采购对象区分为工程、货物、服务三类，并且分别定义：货物，是指各种形态和种类的物品，包括原材料、燃料、设备、产品等；工程，是指建设工程，包括建筑物和构筑物的新建、改建、扩建、装修、拆除、修缮等；服务，是指除货物和工程以外的其他政府采购对象，这里的"服务"包括政府自身需要的服务和政府向社会公众提供的公共服务。这一定义即便用在其他招标项目背景下也是适当的。

从我国的招标实践看，货物主要指机电设备和大宗原辅材料，工程仅指施工，主要包括工程建筑物和构筑物的新建、改建、扩建、装修、拆除、修缮，服务主要包括工程勘察、设计、监理以及科研课题、软件开发、招标代理、承包租赁、设备监造等。

招标投标客体不同，招标文件的内容就会有实质性的差别，定标后要签订的合同以及招标人和中标人的权利义务也不同。比如，对于施工招标项目，更侧重于施工单位的资质、施工工期、施工组织设计、安全文明施工等内容，而对货物招标项目，则更侧重于产品的规格型号、质量、供货期以及技术参数等内容。

① 联合国维也纳办事处：《贸易法委员会公共采购示范法颁布指南》，经济科学出版社，2014年版，第57页。

第四节 招标的分类

一、强制招标和自愿招标

根据国家法律规定是否必须进行招标，招标可以分为强制招标和自愿招标。

（一）强制招标

强制招标，也就是依法必须招标，是指根据《招标投标法》规定的必须进行招标的项目范围而实施的招标。国家对强制招标项目有明确的限定范围，主要涉及关系社会公共利益、公众安全的项目，政府投资、国有资金投资或国家融资的项目以及使用国际组织或者外国政府贷款、援助资金的项目，在本章第八节有具体阐述。《招标投标法》的条款主要是针对强制招标项目规定的。

（二）自愿招标

自愿招标也称“非强制招标”“非依法必须招标”，是指对于强制招标范围以外的项目，法律没有强制规定必须通过招标方式采购，当事人可以自主选择采用招标方式采购而实施的招标。

（三）强制招标与自愿招标的比较

与自愿招标相比较，强制招标项目（也称“依法必须招标项目”）的招标程序与规则有着非常严格的限制，必须按照《招标投标法》规定的程序和条件进行招标，主要表现在：

（1）在禁止性规范上，依法必须招标项目，任何单位和个人不得采用化整为零或者以其他任何方式规避招标；不得违法限制或者排斥本地区、本系统以外潜在投标人投标，不得非法干涉招标投标活动。

（2）在招标组织形式上，依法必须招标项目，有权委托招标代理机构办理招标，也可以自行办理招标事宜；自行办理招标事宜的，还应当向有关行政监督部门备案。

（3）在招标公告发布媒体上，依法必须招标项目的招标公告应当通过中国招标投标公共服务平台或者项目所在地省级电子招标投标公共服务平台发布。

（4）在投标截止时间上，依法必须招标项目，自招标文件开始发出之日起至投标人提交投标文件截止之日止，最短不得少于20日。

（5）在评标委员会的组成上，依法必须招标项目，其评标委员会由招标人代表和有关技术、经济等方面专家组成，成员人数为5人以上单数，其中技术、经济等方面专家不得少于成员总数的三分之二，而且对专家的条件和选择渠道、选择方式做了强制性规定。

（6）在否决全部投标的处理上，依法必须招标项目，经评标委员会评审，认为所有投标都不符合招标文件要求的，可以否决所有投标，招标人应当依法重新招标。

（7）在行政监督上，依法必须招标项目，招标人应当自确定中标人之日起15日内，向有关行政监督部门提交招标投标情况书面报告。

（8）在法律责任方面，针对必须招标项目规定的法律责任条款比自愿招标项目更为广泛和严格，如对弄虚作假骗取中标行为应当承担行政处罚责任的规定、确定中标人前招标人与投标人进行实质性谈判应当承担法律责任的规定、所有投标被否决后招标人自行确定中标人应当承担法律责任的规定等，都只适用于强制招标项目，不适用于自愿招标项目。

综上，强制招标项目的程序要求比自愿招标项目更为严格，其中国有资金占控股或主导地位的强制招标项目适用最为严格的法律规定；而自愿招标项目则无上述这些强制性规定，招标人可选择更严格的规定，也可根据招标项目实际需求采取灵活措施，允许有一定的自由操作空间。

二、货物招标、工程招标和服务招标

根据招标采购对象的不同，招标分为货物招标、工程招标和服务招标。

（一）货物招标

货物招标是最普遍的一种招标类型，招标采购的“货物”既包括大宗原材料、大型成套设备，又包括单机设备以及日常办公用品、消耗品等，范围非常广泛。货物招标主要有三种类型，一是工程建设项目货物招标，二是机电产品国际招标，三是政府采购货物招标。

与工程招标和服务招标相比，货物招标具有以下特点：

第一，招标文件的技术部分主要规定采购内容、技术指标、技术参数、图纸、设计说明以及与采购内容有关的自然环境条件、地理位置情况等，商务部分主要包括招标投标规则和程序、合同条件、报价要求、付款计划和交货计划以及投标文件内容与格式要求、投标保函和履约保函格式等。

第二，由于货物种类繁多，所以货物招标的评标方法和合同内容也各不相同。如《工程建设项目货物招标投标办法》第四十四条规定：技术简单或技术规格、性能、制作工艺要求统一的货物，一般采用经评审的最低投标价法进行评标。技术复杂或技术规格、性能、制作工艺要求难以统一的货物，一般采用综合评估法进行评标。

（二）工程招标

工程招标是我国最早开展招标投标活动的领域之一。《招标投标法》的强制招标制度主要是针对工程招标而言的。

与货物招标、服务招标相比，工程招标的特点表现在：

第一，工程招标必须具备以下条件：工程项目已经列入计划或经批准，概算已经批准，建设用地征用完成，现场“三通一平”、施工图纸和技术资料等已经落实。

第二，工程招标中施工承包合同形式很多，主要有总价合同、总价加单价合同、单价合同和成本加酬金合同，业主应根据项目特点、技术指标和经济指标的研究深度，以及保证成本、工期和质量等要求决定合同形式。

第三，招标文件技术部分中技术规范、图纸以及工程量清单是其必备内容。

第四，工程招标一般进行标底的编制与报审。

第五，工程招标项目要组织投标人到施工现场考察，以便使投标人了解施工现场的自然条件、施工条件、周围环境和市场价格等。

（三）服务招标

服务招标是指将服务列为采购对象，采用招标方式进行采购。

与货物招标和工程招标相比，服务招标有以下四个特点：

第一，招标采购对象通常是无形商品，其质量和内容难以像货物和工程那样定量，一般很难精确描述其技术规格，有的服务项目涉及特定技术，往往与知识产权保护息息相关，只有一定范围的供应商才能满足要求。

第二，评审程序侧重于质量评价（主要由供应商的技术和专门知识决定），不宜偏重价格（往往同一项目投标报价差距很大）。

第三，服务招标通常难以事先确定具体的评标标准，评标时一般重点考虑投标人的资质、市场准入、技术力量构成、历史业绩和经验、财务状况等因素。

第四，招标文件一般涉及采购的服务项目内容、服务期限、服务成果的提交以及工作大纲、合同条件、项目背景材料、服务提供者的职责和义务等内容。

上述三类招标在招标程序、评标方法、定标原则以及相关要求等方面基本相同。

三、公开招标和邀请招标

根据招标人发布招标信息、邀请潜在投标人参与投标竞争的方式不同，招标分为公开招标和邀请招标。

（一）公开招标

公开招标，是指招标人以招标公告的方式邀请不特定的法人或其他组织参加投标竞争，招标人从中择优选择中标人的招标方式。公开招标方式是一种最能体现“公开、公平、公正”的特点，最大限度实现信息公开、充分竞争的招标方式，实践中被普遍采用。

（二）邀请招标

邀请招标，是指招标人以发送投标邀请书的方式邀请特定的法人或者其他组织参加投标竞争并从中选择中标人的方式。采用邀请招标方式的，应当向 3 个以上具备承担招标项目的能力、资信良好的特定的法人或者其他组织发出投标邀请书。

（三）公开招标与邀请招标的区别

1. 发布招标信息的方式不同。公开招标采用招标公告的形式发布，邀请招标采用投标邀请书的形式发布。

2. 选择的范围不同。公开招标针对的是一切潜在的对招标项目感兴趣的法人或其他组织，投标人数量事先无法确定；邀请招标针对特定的法人或其他组织，投标人数量事先确定。

3. 竞争的范围不同。公开招标中，投标人范围较广，竞争性体现得比较充分，招标人容易获得最佳招标效果；邀请招标中，投标人数量少，竞争范围有限，招标人拥有的选择余地相对较小。①

4. 邀请招标的竞争程度不如公开招标。公开招标是最具有竞争性、程序最规范严格的采购方式，可以最大限度地为一切有能力的潜在投标人提供一个平等的竞争机会，招标人也有很大的选择空间，因此《招标投标法》把公开招标作为招

① 国家计委政策法规司、国务院法制办财政金融法制司编著：《中华人民共和国招标投标法释义》，中国计划出版社 1999 年版，第 26 页。

标投标的首选方式。邀请招标由于参加人数是经过招标人选择产生的，且人数有限，可能会把许多有实力的竞争者排除在外，不能充分展开自由竞争。另外，由于投标人由招标人邀请，容易产生暗箱操作、虚假招标等弊端。

5. 招标程序大体相同，邀请招标比公开招标略为简化。一是邀请招标不像公开招标那样需要发布招标公告，而是直接向投标人发出投标邀请即可；二是邀请招标不需要资格预审（政府采购邀请招标项目有资格预审程序），邀请对象必须是具备承担招标项目的能力、资信良好的特定的潜在投标人，当然在评标中还可以进行资格后审。

6. 邀请招标比公开招标更容易获得交易成功。规范的邀请招标，招标人一般对所邀请对象都比较了解，邀请对象一般都能满足招标人的采购要求，而且接受邀请的投标人对中标都抱有很大希望，参加投标时比较愿意投入更多精力。[①]此外，邀请招标很少有投标人不足3人导致流标的情况。相比较而言，公开招标却有较多不确定的因素，投标人不足3人导致无法开标，招标失败的情形时有发生。

7. 邀请招标比公开招标略为节省时间和费用。公开招标虽然可以引导充分竞争，但是，由于参加竞争的投标人比较多，招标组织工作量特别是评标工作量增加，投标人中标的概率比较小，使得招标的社会成本加大。邀请招标由于程序上相对简化、投标人数少，招标投标时间缩短，因此相应地节省了一些时间和费用。

8. 公开的程度不同。公开招标中，所有环节都必须严格按照预先公布的程序、标准公开进行，大大减少了作弊的可能。相比较而言，邀请招标的公开程度逊色一些，产生不法行为的机会也就多一些。

根据《招标投标法》第十一条规定，依法必须招标的项目一般情况下必须公开招标，除非不适宜公开招标，经政府主管部门批准才可以进行邀请招标，并严格限制可以采用邀请招标的项目范围，主要限定于以下情形：（1）招标项目不使用国有资金，或者国有资金不占控股、主导地位；（2）项目技术复杂或有特殊要求，专业性较强，只有少量几家潜在投标人可供选择；（3）受自然地域环境限制，

---

① 林善谋编著：《招标投标法适用与案例评析》，机械工业出版社2004年版，第72页。

或建设条件受自然因素限制，如采用公开招标，将影响项目实施时机；（4）拟公开招标的费用与项目的价值相比“比例过大”，这里对“比例过大”的界定没有统一规定，需根据部门规章和项目实际核定，如《通信工程建设项目招标投标管理办法》规定采用公开招标方式的费用占项目合同金额的比例超过1.5%，且采用邀请招标方式的费用明显低于公开招标方式的费用的，可被认定为“比例过大”；（5）涉及国家安全、国家秘密或者抢险救灾，适宜招标但不宜公开招标；（6）其他法律、法规规定不宜公开招标。

邀请招标是基于对被邀请单位的认可和初选，被邀请的单位可以参加投标，也可以放弃投标机会而不参加投标，但受邀请的潜在投标人不能将其投标机会转让给其子公司、母公司或其他单位。

四、国际招标和国内招标

根据投标人地域不同，招标分为国际招标和国内招标。

（一）国际招标

国际招标是在世界范围内进行，面向国内外发布招标公告或发送投标邀请书，获悉招标信息后的国内外合格投标人均可以参与投标的招标方式。

（二）国内招标

国内招标是指在采购项目所在国家范围内，获悉招标信息或收到投标邀请书的国内合格的投标人均可以参加投标的招标方式。

（三）国际招标与国内招标的区别

国际招标与国内招标的原则、程序与要求基本一致，在具体规则与操作方面存在不同。

1. 招标项目资金来源不同。国际招标项目资金多来自国际金融组织与外国政府贷款或援助资金，国内招标人全部或部分使用国有资金或者自筹资金需进行国际采购；国内招标项目多是国内财政拨款或招标人自筹资金在国内采购。

2. 对投标人人数的限制不同。国际招标一般不限制投标人数量，即使只有一个投标人，只要其投标报价合理也是有效的，不重新招标；国内招标投标人少于3家时即不能开标，须重新招标。

3. 资格审查不同。国际招标资格审查只有资格条件要求，无资质要求；国内招标对资质、资格条件均有要求，而且一般资质比资格条件还重要。

4. 给予投标人编制投标文件的期限不同。国际货物招标项目投标文件编制时间一般30天以上，大型设备、成套设备45—60天，复杂的施工工程90天以上，用中、英文编写；国内招标文件编制时间要求不少于20天，用中文编写。

5. 投标截止和开标时间不同。国际招标的投标截止时间与开标时间一般有一天的时间间隔；而国内招标投标截止时间就是开标时间。

6. 评标机构不同。国际招标由业主和业主聘请的专家组成评标机构，不强调必须组织评标委员会；国内招标必须由招标人按法定方法选取专家与招标人代表共同组成评标委员会，且对评标专家有严格的资格要求。

7. 评标规则不同。国际招标项目评标时，只有一家或两家响应招标文件要求时，只要其投标价格合理，即应从中选择中标人，不能否决所有投标；国内招标项目评标时有效投标不足3家，如果不具有竞争性，则否决所有投标并重新招标。

8. 评标办法不同。国际招标一般采用最低评标价法，若使用综合评标法，应事先经商务部批准；国内招标多采用综合评标法。

9. 授予合同的条件不同。国际招标的中标人必须是满足适当能力和资格标准，其投标实质性响应招标文件要求，并且提供了最低评标价（对投标价格低于成本的情形并不限制）的投标人；国内招标的中标人必须能够最大限度地满足招标文件中规定的各项综合评价标准，满足招标文件实质性要求，并且经评审的投标价格最低（投标价格低于成本的除外）。

10. 定标办法不同。国际招标的中标人由业主确定；国内招标由招标人或授权评标委员会确定中标人。

另外，国际招标与国内招标在项目审批途径、投标保函、招标公告发布媒体、招标文件、评标专家的抽取办法、评标报告格式、中标结果通知等方面还存在一些差异。《招标投标法》第六十七条规定：“使用国际组织或者外国政府贷款、援助资金的项目进行招标，贷款方、资金提供方对招标投标的具体条件和程序有不同规定的，可以适用其规定，但违背中华人民共和国的社会公共利益的除外。”实践中，对于国际招标项目，要注意适用世界银行、亚洲开发银行等国际金融组织的招标采购规定，贷款方、援助方提出的要求或者《机电产品国际招标投标实施办法（试行）》的具体规定。

五、传统招标和电子招标

根据招标投标信息的传递手段和媒介不同，分为传统招标和电子招标。

（一）传统招标

传统招标最主要的特点是招标投标往来信息的传递和流转局限于纸质传媒和书面形式。

招标人一般在纸质媒体上对外发布招标公告，或以书面形式向潜在投标人发送投标邀请书。潜在投标人获取招标信息后，直接向招标人购买招标文件，以纸质投标文件形式投标。投标时间截止后，招标人组织现场开标、组织评标委员会评标。评标过程中，评标专家翻阅各家投标人的纸质投标文件，通过书面形式质询、答疑，并需填写各种书面评标表格，共同书面确认评标意见。定标采用会议形式。

传统招标方式越来越不适应当前信息化社会的发展和进步，具有一些显著的缺陷：传统招标中招标人通过纸质媒介对外发布招标公告，潜在投标人购买招标文件，编制、装订和递送投标文件不如借助网络操作便捷省时，且成本也相对高一些。

（二）电子招标

电子招标是指通过网络发布招标信息和招标文件、接受潜在投标人网上资格预审申请和投标报价、网上开标、局域网评标、定标以及公布中标结果和电子支付，实现招标投标的电子化、网络化采购作业方式。

电子招标一般借助电子招标采购系统这一平台操作。电子招标采购系统是在遵循现有招标投标相关法律法规的前提下，以信息技术为依托，通过互联网完成信息发布、招标文件下载、投标、专家抽取、开标、评标、定标、合同授予等全部招标投标活动的电子信息系统。电子招标相对于传统的招标方式，最主要的区别就是电子招标采取现代计算机网络技术，把招标项目的采购全过程借助计算机网络来进行，采购过程和相关数据、信息实现了电子化。

与传统招标方式相比，电子招标具有巨大的信息优势：

一是适应企业管理信息化需要和电子商务发展新形势，在公开网站上发布招标公告，信息发布范围可以到达任何网络所能涉及的角落，任何人均可随时接收招标信息且可随时反馈，从而利用网络开放性的特点，使招标项目容易形成最有效的竞争，可有效地保证招标采购质量。

二是通过网络实现招标投标信息实时传输，且实现电子化评标，对各种电子信息可迅速进行分析、整理和汇总，为评标工作提供捷径，体现了电子招标高效、便捷和低成本的特点，有利于缩短招标周期，降低招标投标成本，提高采购效率。

三是借助计算机控制招标投标业务流程，减少人为干扰操作，有利于规范招标程序的操作和监督，减少腐败和商业贿赂等不正当交易。

四是以电子文档替代纸质文档，促进资源节约和环境保护。

五是将招标采购过程和相关信息在网上公布，可以确保社会公众的知情权和监督权，便于发挥公众和社会监督的作用，增强招标投标活动的公平性、透明度和可信度，提高企业社会责任的认同度。

不论采取哪种方式，电子招标和传统招标都要严格遵循《招标投标法》的规定，遵循规定的法律程序，遵循公开、公平、公正和诚实信用原则，只是操作媒介、表现形式、技术要求有所不同。电子招标程序和技术要求，应更多适用《电子招标投标办法》。

六、总承包招标和两阶段招标

总承包招标和两阶段招标是近些年招标投标实践催生的特殊实现形式。

（一）总承包招标

近年来，工程总承包在国际工程承包界迅速普及，所占比例不断提高。我国在工程承包和管理方式方面也进行了变革，逐步与国际工程承包市场规则接轨，出台了一系列政策措施，鼓励工程建设项目实行总承包。《建筑法》第二十四条规定：“提倡对建筑工程实行总承包，禁止将建筑工程肢解发包。建筑工程的发包单位可以将建筑工程的勘察、设计、施工、设备采购一并发包给一个工程总承包单位，也可以将建筑工程勘察、设计、施工、设备采购的一项或者多项发包给一个工程总承包单位；但是，不得将应当由一个承包单位完成的建筑工程肢解成若干部分发包给几个承包单位。”

与总承包方式相对应，考虑到工程总承包的特点，招标投标制度也随之进行完善，《招标投标法实施条例》第二十九条规定了总承包招标的基本规则：“招标人可以依法对工程以及与工程建设有关的货物、服务全部或者部分实行总承包招标。以暂估价形式包括在总承包范围内的工程、货物、服务属于依法必须进行招标的项目范围且达到国家规定规模标准的，应当依法进行招标。前款所称暂估价，是指总承包招标时不能确定价格而由招标人在招标文件中暂时估定的工程、货物、服务的金额。”本条规定的总承包是指广义的总承包，包括设计承包、勘察承包和施工承包等单项总承包，当然也包括设计—施工总承包、设计—采购—施工总承包等狭义的总承包。①

招标人可以依法选择不同的总承包方式。但总承包招标中的服务不包括工程监理。《建设工程质量管理条例》第三十五条禁止建设工程监理单位与施工承

① 国家发展和改革委员会法规司、国务院法制办公室财金司、监察部执法监察司编著：《中华人民共和国招标投标法实施条例释义》，中国计划出版社 2012 年版，第 76 页。

包单位存在利害关系。2011 年 12 月，国家发展改革委等九部委发布了《标准设计施工总承包招标文件》；2019 年 12 月 23 日，住房和城乡建设部、国家发展改革委印发《房屋建筑和市政基础设施项目工程总承包管理办法》（建市规〔2019〕12 号），为工程总承包招标提供了操作方案。

何谓暂估价，国家标准 GB 50500—2013《建设工程工程量清单计价规范》定义为“招标人在招标文件中规定的用于支付必然发生但暂时不能确定价格的工程、货物、服务的金额”，与《招标投标法实施条例》的定义含义完全一致。实践中，暂估价的项目如果都不招标，容易导致规避招标或者不正当交易。因此，《招标投标法实施条例》强调达到规模标准的暂估价项目必须招标。执行该条款需注意：

第一，暂估价项目，总承包人不能再参加投标，主要还是从公正性考虑。如允许其投标，则其他投标人将处于劣势地位，限制了竞争，影响公正性。

第二，至于组织实施招标的主体，《招标投标法实施条例》没有规定，以总承包人组织招标为宜，也可以由发包人与总承包人联合实施招标。通常情况下，不建议由招标人单方实施，主要原因如下：一是合同法律关系发生质变。如招标人单方实施，则暂估价项目的合同签约方应当是招标人和暂估价项目的中标人。此时，暂估价项目相当于独立发包项目，即暂估价项目和原招标项目转变成了平行发包关系。二是项目管理关系混乱。如暂估价项目由招标人单方实施招标，总承包人不是暂估价项目的合同发包方，难以名正言顺地以项目总承包人的身份对暂估价项目实施管理。三是项目管理协调难度较大。退一步讲，即便招标人可以以权利义务概括转让的方式把合同主体转让给总承包人，也必须考虑总承包人对暂估价项目实施管理的想法、思路和条件，以征得其理解、配合和支持。否则，因缺少总承包人的认同与配合，项目管理难度、总包人与分包人之间的关系协调难度将加大，对招标项目能否按照预定计划正常实施的影响都非常大。

（二）两阶段招标

对于技术复杂或者无法精确拟定技术规格的项目，由于需要运用先进技术、新型材料设备或采用复杂的技术方案，招标人难以准确拟定和描述招标项目的性能特点、质量、规格等技术标准和实施要求，无法提出合适的采购条件、科学的技术参数，也就制定不出科学合理的招标文件，即使改成竞争性谈判也存在这些实际困难。在此情况下，可以将招标分为两个阶段进行。

《招标投标法实施条例》第三十条规定："对技术复杂或者无法精确拟定技术规格的项目，招标人可以分两阶段进行招标。第一阶段，投标人按照招标公告或者投标邀请书的要求提交不带报价的技术建议，招标人根据投标人提交的技术建议确定技术标准和要求，编制招标文件。第二阶段，招标人向在第一阶段提交技术建议的投标人提供招标文件，投标人按照招标文件的要求提交包括最终技术方案和投标报价的投标文件。招标人要求投标人提交投标保证金的，应当在第二阶段提出。"

实行两阶段招标，两个阶段的任务不同。第一阶段主要任务就是编制招标文件。招标人需要向至少 3 家供应商或承包人征求技术方案建议，在其参与下，经过充分沟通商讨，研究确定招标项目技术标准和要求，提出技术方案，在此基础上编制出包括技术方案在内的完整的招标文件。潜在投标人提出的技术方案建议不是其投标文件的组成部分，不对此进行评审，而是由招标人组织专家对这些建议的技术方案论证比较，与潜在投标人探讨会商，确定符合招标项目实际、满意可行的技术方案。第二阶段发售招标文件并组织投标、开标、评标、定标等工作。在此阶段，投标人按照招标文件的要求编制投标文件，提出投标报价，参与投标、开标、评标等阶段的工作，并且最终招标人和中标人签订合同。

实行两阶段招标应注意以下几点：

一是在第一阶段未提交技术方案建议的潜在投标人不能参加第二阶段投标。

二是参加第一阶段的潜在投标人可以放弃其投标权，不参加第二阶段投标，这属于其经营自主权。

三是投标保证金应在第二阶段与其投标文件同时提交，不能在第一阶段即要求提交。

四是招标人在第一阶段与投标人可以接触、探讨，第二阶段投标截止时间之后、定标之前不允许直接接触谈判。

五是参与第一阶段技术探讨的专家能否作为第二阶段的评标专家，现行法律法规未作限制。但为了增强评标委员会成员名单的保密性，也使评标专家在评标过程中做到客观、公正评标，不建议在第一阶段与投标人进行过技术探讨的专家作为第二阶段的评标专家，以免先入为主影响公正评标。

两阶段招标既解决了招标文件编制困难和不允许技术探讨交流的不足，满足了招标需要，也确保了一定程度的公开、公平和公正，对技术规格不确定的招标项目可以考虑适用。

第五节　招标投标的程序及法律性质

招标投标的目的在于通过竞争机制择优选择交易对象（中标人）并与之签订合同，其整个过程就是合同中“要约邀请—要约—承诺”的缔约过程。“程序先于权利”。根据《招标投标法》的规定，该合同订立过程必须经历“招标—投标—开标—评标—定标—签订合同”的完整程序，以严格规范的程序保障交易公平公正。从合同角度来说，招标投标过程既符合《民法典》规定的要约邀请、要约和承诺的一般法律特征，同时又具有一定的特殊性。

一、要约邀请阶段——招标

《民法典》中的要约邀请是希望他人向自己发出要约的意思表示。而招标是指招标人采取招标公告或者投标邀请书的形式，向法人或其他组织发出要约邀请以吸引其投标的意思表示，其直接目的就是邀请投标人投标，因此招标行为是要约邀请。在招标这一环节，所要经历的步骤一般有：组成招标机构、编制招标文件（需要标底的要确定标底）、发布招标公告或发出投标邀请、组织资格预审（如有）、通知合格的投标人并向其发售招标文件、组织现场踏勘、召开标前会议等。

发布招标公告和发送投标邀请书作为招标程序的开端，符合《民法典》对要约邀请法律内涵的界定，投标邀请拟邀请的不是1个，而是不少于3个投标人。招标人还需要编制、发售招标文件。招标文件中对招标项目进行详细阐述，并初步规定了双方的权利和义务，使投标人得以了解项目情况和交易条件，因此招标文件可以理解为投标邀请内容的具体化，也是要约邀请的有机组成部分。

虽然招标行为仅仅是要约邀请，招标人有权修改招标公告和招标文件，但鉴于招标行为的特殊性，《招标投标法》作出了有别于《民法典》中关于要约邀请的规定，表现在：

第一，对一般合同而言，要约邀请不是合同订立的必经阶段，尽管发出要约邀请，有“一对一”邀请，也有“一对多”邀请，但对招标项目而言，发布招标公告或者发送投标邀请书则是必经阶段，而且必须向3个及以上的潜在投标人发出投标邀请。根据《招标投标法》第十六条和第十七条规定，招标人采用公开招标方式，应当发布招标公告；招标人采用邀请招标方式，应当发出投标邀请书，并且对招标公告和投标邀请书的内容提出明确要求。

第二，一般合同订立中的要约邀请，因不能导致合同的直接成立，对要约邀请人没有法律拘束力，因此《民法典》没有对要约邀请作出明确的法律要求和限制。但是，《招标投标法》对招标人在要约邀请阶段的行为提出了一系列严格要求，一旦违反就有可能承担法律责任。例如，招标人不得以不合理条件限制或者排斥潜在投标人，不得对潜在投标人实行歧视待遇；招标文件不得要求或者标明特定生产供应者以及含有倾向或者排斥潜在投标人的其他内容；招标人对已发出招标文件进行必要澄清或者修改，应当在法定时间内以书面形式通知所有招标文件收受人，并不得在此过程中对投标人造成歧视。

第三，要约邀请的目的不是直接订立合同，因此一般合同订立过程中的要约邀请，其内容不明确不具体。但是，根据《招标投标法》的规定，招标人在要约邀请阶段，不仅要发布招标公告或者发送投标邀请书，而且要编制招标文件，由投标人领取。招标文件应当包括招标项目技术要求、投标人资格审查标准、投标报价要求和评标标准等所有实质性要求和条件以及拟签订合同主要条款，还有要约人和受要约人各自应负的法律责任。而且，招标人发出招标公告后，也不得擅自终止招标。因此，招标文件是具有一定法律约束力的要约邀请文件，是合同的有机组成部分。

二、要约阶段——投标

投标是指投标人响应招标，按照招标人提出的要求和条件，在规定的期限内向招标人提交包括合同主要条款在内的投标文件，表明其希望中标的的意思表示。依据《民法典》的规定，投标人获悉招标公告或收到投标邀请书后，向招标人领取招标文件，组织编制投标文件进行投标，其目的就是希望与招标人订立合同，其法律性质应为要约。

在这一环节，投标人所要经历的步骤因具体招标项目的特点和招标人的要求而定，主要有：购买招标文件、踏勘现场、办理投标保函、编制和递交投标文件等。

投标文件中包含将来拟订立合同的具体条款，只要招标人承诺（宣布中标）就可签订合同。作为要约的投标行为具有法律约束力，表现在各个投标人对自己的报价和承诺负责，在投标截止时间之后的投标有效期内，投标人不得随意修改投标文件内容或撤销投标文件。

《招标投标法》中关于投标行为的规定与《民法典》中关于要约的规定有三点不同：

一是《民法典》规定，要约到达受要约人时生效。而投标文件作为要约，生效时间为投标截止时间，即开标时。在招标文件所规定的投标截止时间前，效力还处于待定状态，投标人作为要约人可以处分投标文件的效力，如有权撤回或修改其投标文件。

二是《民法典》规定，要约可以撤回，撤回要约的通知应当在要约到达受要约人之前或者与要约同时到达受要约人。而《招标投标法》中规定投标人只要在投标截止时间前，书面通知招标人就可以撤回已提交的投标文件，也就是撤回要约。

三是《民法典》未直接规定要约可以补充、修改，实则依据该法，补充、修改要约相当于撤回原要约发出新要约。《招标投标法》中则明确规定投标人在投标截止时间前，可以补充、修改已提交的投标文件，补充、修改的内容为投标文件的组成部分，也就是说，以投标截止时间前的最后补充、修改过的版本作为要约。

递交投标文件截止时（包括投标文件的修改和撤回均应在这一时刻之前完成），要约生效。在提交投标文件至投标截止时间的期间内，投标可以撤回，且投标人并不丧失其投标保证金；而在投标截止时间至确定中标人的期间内，投标不可撤销，如果投标人撤销其投标文件，则丧失其投标保证金。投标要约生效后，遇有下列情形之一，投标失效，投标人不再受其约束：①投标人或投标文件不符合招标文件的要求而被拒绝；②投标有效期届满；③投标人未同意或未按招标人要求延展投标有效期；④招标人对投标文件作出实质性变更；⑤投标人终止，如死亡、解散、被撤销或宣告破产等。[①]

三、承诺阶段——开标、评标、定标、签订合同

要约（投标文件）生效之后，即进入招标人对要约进行论证评审，从中选择何种要约可以接受并最终作出承诺确定中标人。一般经历开标、评标、定标、签订合同四个阶段。

（一）开标

开标是招标的重要程序，就是招标人在规定的时间和地点，在招标人或招标代理机构的主持下和投标人的参与下，当众公开拆封投标文件（包括投标函件），宣布投标人的名称、投标报价的过程，这也是投标人发出的密封性要约在到达招标人后被招标人开启并知悉的过程。

开标由招标人组织，邀请各投标人参加，公开宣布各投标文件中的主要内容。开标应当在招标文件确定的提交投标文件截止时间的同一时间公开进行；开

① 王俊安:《招标投标案例分析》，中国建材工业出版社 2005 年版，第 163 页。

标地点应当为招标文件中预先确定的地点。从有任何一个投标人的投标文件被开封宣读之时起，就不能再允许任何投标人修改或撤销其投标文件。

（二）评标

评标就是招标人根据招标文件的要求，对投标人所报送的投标资料进行审查、比较和评价，对项目报价、质量、工期、技术规格等条件进行评比和分析，以便从中选出最满意的中标人的过程，这是对众多要约进行论证分析，遴选出最符合招标项目实际需求的意思表示人（要约人）的过程，是作出承诺的必经、前置程序。

评标阶段主要工作有：审查投标文件的响应程度、组织专家对投标文件进行比较和评审、要求投标人澄清、评审打分、提交评标报告以及公示中标候选人等。

评标是一件相当复杂的工作，它是由招标人依法组建的评标委员会负责，在严格保密的情况下进行的，主要是从技术、商务和报价的角度对每份投标文件进行分析比较，根据招标文件的要求择优作出决策。评标必须按照已制定且公开的评标标准和方法进行。

（三）定标

定标是指招标人依据评标结果最终确定中标人，或者评标委员会根据授权直接确定中标人的行为，也称“决标”。“确定中标人”不等于“确定合法的中标人”，只是说明招标人对评标委员会的建议作出了决定而已。招标投标活动的有效与否，与定标行为的合法性有关。主要步骤有：决定中标人、向中标人发出中标通知书、通知所有未中标的投标人、退还投标保证金等。

定标实际就是招标人经过评标程序从众多发出要约的人（投标人）中选出最优秀的意思表示人，接受要约、作出承诺的过程，是对评标结果的认可，又是订立合同的基础和前提。

第一，招标人作出承诺的方式是发出中标通知书。从合同意义上来说，中标通知书就是招标人对其选中的投标人的承诺，是招标人同意某投标人要约的意思表示。中标通知书发出时，即发生承诺生效的法律效力，对双方当事人都具有法律约束力。招标人不得改变中标结果，投标人不得放弃中标项目，否则应当根据《民法典》规定承担相应的法律责任，赔偿对方的损失。在确定中标结果和签订合同前，双方不能就合同的实质性内容进行谈判。

实践中经常是以招标代理机构名义发出中标通知书，不符合《民法典》由招标人发出中标通知书的规定，因为承诺人应当是受要约人，也就是招标人。如果中标人收到的中标通知书是以招标代理机构名义发出的，存在中标人否认其合法性的风险，除非在招标文件中招标人已明确授权招标代理机构有权以其名义发出中标通知书，且声明同意承担这一行为的法律后果。

第二,《招标投标法》中对于中标通知书的规定有两点不同于《民法典》中关于承诺的规定：一是《民法典》规定承诺通知到达要约人时生效；承诺通知可以撤回，撤回承诺的通知应当在承诺通知到达要约人之前或者与承诺通知同时到达要约人。而中标通知书发出后，承诺虽发生法律效力，但书面合同订立之前，合同是否成立，尚存在争议。有观点认为此时合同尚未成立，也有观点认为一旦发出中标通知书，合同即成立且生效，与之后是否签订书面合同没有关联，还有观点认为中标通知书发出之时成立预约，待双方签订书面合同时本约成立（对不同观点在第七章第一节有具体分析）。

（四）签订合同

签订合同习惯上也称“授予合同”，因为它实际上是由招标人将合同授予中标人并由双方签署的行为。签订合同是招标人与中标的投标人双方共同的行为，是对最优要约的认可，是对招标人作出的承诺的具体落实和固化，是招标投标活动的最终成果。一般，承诺生效即合同成立，招标项目另需订立书面合同。在这一阶段，通常先由双方进行签订合同前的谈判，就投标文件中已有的内容再次确认，对投标文件中未涉及的一些技术性和商务性的具体问题达成一致意见；双方达成一致意见后，由双方授权代表在合同上签署。为保证合同履行，签订合同后，按惯例中标人还应向招标人提供一定形式的履约担保。

相关案例 1–5 程序不完备被认定招投标行为无效案[①]

餐饮管理公司发布某单位食堂租赁经营项目招标公告载明：“1. 投标人资格：法人餐饮服务机构，注册资金 10 万元以上，具有独立法人资格，能独立承担民事责任，经营业绩良好的餐饮经营户。2. 报名时需提交资料：《营业执照》《税务登记证》《卫生许可证》复印件，押金 5 万元。”

丁某参加投标，在《投标一览表》中载明：“1. 如以上网点投标失败者，可全额退还所交押金（无银行利息）；2. 如中标，押金自动转为保证金（如自行放弃，不予退还）。”同日，丁某出具申请书一份，内容为“我自愿加入餐饮管理公司，申请做公司下属网点的管理部长”，餐饮管理公司盖章批准。后餐饮管理公司通知丁某协商签订合同等相关事宜，由于双方对有关合同条款分歧很大，未能签订合同。丁某要求退还 5 万元押金未果，故成讼。

法院认为：本案中餐饮管理公司采取的是公开招标的方式，但综观双方的招投标活动，并不符合《招标投标法》的相关规定，其招投标行为无效，理由如下：

第一，餐饮管理公司只发布了招标公告，没有编制招标文件，也没有向丁某发布相应的招标文件。

第二，餐饮管理公司发布的招标公告中明确了投标人资格为法人餐饮服务机构，注册资金 10 万元以上，具有独立法人资格，能独立承担民事责任，经营业绩良好的餐饮经营户，但在明知丁某是个人的情况下依然收取其报名资料费和押金，并允许其参与所谓的招投标活动。

第三，餐饮管理公司没有依法进行开标和评标活动，该公司称通知报名者进行了公开招标，并当场口头通知丁某中标，但其没有提供相应的证据予以证实。该公司辩称丁某出具的投标一览表就是投标文件，丁某出具了申请书就视为对中标者的通知。但餐饮管理公司没有向丁某发布相应的招标文件，投标一览表和申

---

① 本案例素材来源于中国裁判文书网，（2009）嘉秀商初字第 1188 号民事判决书，二审判决（2009）浙嘉商终字第 597 号维持原判。

请书均是餐饮管理公司事先印好的格式文本，也没有列明拟签订合同的主要条款，不符合《招标投标法》规定的投标文件和中标通知书的要件。从实质上看，该申请书只是一份意向性的文件，并不具有中标通知书的效力。双方也没有就承包食堂事宜签订具体的协议。

综上，餐饮管理公司所进行的招投标行为无效，双方没有就承包食堂事宜达成具体协议，餐饮管理公司所谓的投标文件即投标一览表中规定的条款对双方没有法律约束力，其辩称押金 5 万元是履约保证金的理由不成立，收取丁某押金 5 万元不予退还也没有相应的法律依据。故法院判决餐饮管理公司返还丁某押金 5 万元。

《民法典》规定了合同的订立必须经过要约与承诺两个阶段,《招标投标法》也规定了招标投标活动中合同订立的要约邀请、要约与承诺阶段，但二者也存在多处不同，遇到具体问题时应该按照这样的法律适用原则处理：就要约与承诺方面的规定,《民法典》与《招标投标法》是同位法中一般法与特别法的关系，按照“特别法优于一般法”的原理，在招标投标活动中，应该首先适用《招标投标法》，在《招标投标法》没有规定的情况下，再适用《民法典》的一般规定。

正确分析招标投标法律关系、处理好法律适用问题，对于防范招标投标法律风险具有重要的意义。

第六节 电子招标投标

一、电子招标投标的概念及意义

随着电子商务和互联网信息技术的迅速发展，电子招标投标形式应运而生，渐有取代传统纸质招标投标形式之势。电子招标投标是在互联网技术的基础上将电子商务平台和招标采购的标准流程相结合发展而来的，是借助互联网通过数据电文形式进行招标投标活动的贸易形式，是 B2B 电子商务的一种形式。[①]

《电子招标投标办法》确立了电子招标投标的程序性法律规范框架，正式明确了电子招标投标的法律效力。根据该办法规定，电子招标投标活动是指以数据电文形式（以电子、光学、磁或者类似手段生成、发送、接受或者储存的信息），依托电子招标投标系统完成的全部或者部分招标投标交易、公共服务和行政监督活动，明确数据电文形式与纸质形式的招标投标活动具有同等法律效力。

推行电子招标投标，有助于提高招标采购效率，节省招标采购成本，推进节能减排和绿色采购，促进招标采购活动公开、透明，最大限度地实现信息公开，改进政府监督、社会监督机制，避免和减少暗箱操作、权力寻租和腐败，进一步有效规范市场竞争公开、公平、公正和诚信秩序。

二、电子招标投标的法律依据

电子招标投标的实施，需要法律和技术两大支持性条件。招标投标为合同签约方式之一种，《招标投标法》强调须采用书面形式，招标人发出的招标公告、招标文件及其补遗或修改、澄清，投标人提交的投标文件及其修改或撤回以及澄清答复文件等法律文件，都应是书面形式。但书面形式不等同于纸质形式。不论是传统的以纸质文件为载体的招标投标，还是以电子数据文件为载体的招标投标，都符合《民法典》规定的“书面形式”要件，该法第四百六十九条规定：“当事人订立合同，可以采用书面形式、口头形式或者其他形式。书面形式是合同书、信件、电报、电传、传真等可以有形地表现所载内容的形式。以电子数据交换、电子邮件等方式能够有形地表现所载内容，并可以随时调取查用的数据电文，视为书面形式。”

《电子签名法》是电子商务的基础性法律，该法解释“数据电文”是指以电子、光学、磁或者类似手段生成、发送、接收或者储存的信息，包括电子数据交

---

① 朱中华：《最新招标投标法律实务操作》，中国法制出版社 2014 年版，第 312 页。

换、电子邮件、电报、电传或者传真等，并强调“数据电文不得仅因为其是以电子、光学、磁或者类似手段生成、发送、接收或者储存的而被拒绝作为证据使用”“可靠的电子签名与手写签名或者盖章具有同等的法律效力”。电子签名是运用电子密码技术，在数据电文中以电子形式所含、所附用于识别签名人身份并表明签名人认可其中内容的数据。电子签章是“模拟在纸质文件上加盖传统实物印章的外观和方式进行电子签名的形式”。根据《民事诉讼法》(2021年修正)第六十六条第一款规定，证据包括当事人的陈述、书证、物证、视听资料、电子数据、证人证言、鉴定意见和勘验笔录，赋予电子数据文件证据效力。这些法律解决了电子签名、数据电文、电子合同的法律效力以及电子档案的适格性等问题，赋予以数据电文形式进行招标投标与传统纸质方式进行的招标投标同等的法律效力，总体上确立了电子招标投标的合法性地位。

《招标投标法实施条例》第五条第二款提出“国家鼓励利用信息网络进行电子招标投标”，第一次确立了电子招标投标制度，《电子招标投标办法》规定了具体的操作程序。《计算机信息系统安全保护条例》《计算机软件保护条例》等相关法规为电子招标投标软件开发、系统安全运行提供法律基础，《信息安全技术、网络基础安全技术要求》(GB/T20270—2006)、《软件工程产品质量》(GB/T16260—2006)、《电子招标投标系统技术规范》等相关国家标准为制定电子招标投标技术规范提供技术保障。

因此，从立法来讲，电子招标投标已得到法律的完全支持，而且技术上也比较成熟，为电子招标投标的稳定快速发展奠定扎实基础。

三、电子招标投标文件的证据效力

《民事诉讼法》规定的证据包括“电子数据”。电子数据是指以电子形式存在的能够证明案件真实情况的数据或信息，可以表现为各种电子文档、电子记录、电子音视频等。在电子招标投标中，资格预审公告、招标公告或者投标邀请书，资格预审文件、招标文件及其澄清、补充和修改，资格预审申请文件、投标文件及其澄清和说明，资格审查报告、评标报告，资格预审结果通知书和中标通知书，合同以及各方之间的往来电子邮件、电子开标记录、评标记录等所有在电子招标投标过程中形成的、能够用以证明招标投标真实情况的数据电文，都属于电子招标投标文件。电子招标投标文件作为电子数据的一种，其作为证据的效力在《民法典》《民事诉讼法》等法律上已得到了确认。

然而，电子数据并非天然就是证据，必须在满足法定条件下才能作为民事证据。《电子签名法》第四条、第五条、第六条、第八条对数据电文作为电子数据证据提出了基本要求：一是可以随时调取，二是与纸质证据功能等同，三是符合原始性要求，四是符合真实性要求。从证据的认定角度而言，电子招标投标文件、电子签名、电子报价等数据电文应符合《电子签名法》的以上要求，方可作为电子数据证据使用，在此基础上的电子招标投标才具有合法性、有效性，因此固定电子招标投标文件证据效力极其重要。

技术上，必须充分利用第三方认证、权限控制、时间戳、安全规范等技术措施，确保招标投标主体身份和数据的真实性，实现电子签名、电子报价等数据电文满足《电子签名法》及 GB/T 25064—2010《信息安全技术、公钥基础设施、电子签名格式规范》要求，并注意参照 GB/T18894—2002《电子文件归档与管理规范》对电子招标投标文件进行归档管理。还可将电子招标投标中形成的电子数据证据予以公证。经公证的电子数据证据具有很高的法律效力，如无相反证据予以否定的情况下，在诉讼或仲裁中可直接采信。主要公证环节包括投标文件解密、检查投标人数、下载开标一览表、开标结果、评标打分表、评标报告等。

四、电子数据文件与纸质文件的效力优先认定

《电子招标投标办法》第二条第三款规定："数据电文形式与纸质形式的招标投标活动具有同等法律效力。" 一般招标文件都会要求规定纸质文件和电子文件应保持一致，但往往并未就电子招标文件与纸质文件的效力优先问题作出规定，当二者不一致时就难以判定以何为准，存在操作风险。以往，鉴于对电子文件安全性的顾虑，一般倾向于认可纸质文件或者以对招标人有利为标准采纳其中之一。对此，《电子招标投标办法》第六十二条规定："电子招标投标某些环节需

要同时使用纸质文件的，应当在招标文件中明确约定；当纸质文件与数据电文不一致时，除招标文件特别约定外，以数据电文为准。”但是《机电产品国际招标投标实施办法（试行）》第二十六条第三款规定：“招标人发售的纸质招标文件和电子介质的招标文件具有同等法律效力，除另有约定的，出现不一致时以纸质招标文件为准。”

实行电子招标投标，或者为评标方便，或者为归档要求，并不完全排除纸质文件的使用。在电子招标投标实施之初，同时要求提交纸质投标文件，以此作为辅助手段，有利于不熟悉电子投标业务的投标人进行投标，也有利于在招标投标交易平台出错时对照纸质文件进行纠错。因此，实行电子招标投标后，纸质形式的投标文件还有其存在的必要。电子招标投标单轨制运行有个普遍接受和适应的过程，对于一些金额较小、供应商多为小微企业、对电子招标投标业务不熟悉的项目，可采用电子文件与纸质文件双轨制运行，并可规定当二者不一致时以纸质文件为准；投标文件解密失败时可以以纸质投标文件进行补录作为补救方案，确保招标投标活动的顺利进行，减少招标投标总成本。待招标投标交易平台广泛运行，电子招标投标方法为供应商所普遍熟悉和熟练掌握之后，应实行电子招标单轨制运行，这样更符合国家推行电子招标投标的初衷。

招标人应当在招标文件中事先约定全部或部分采用电子招标投标交易形式，约定是否需要同时使用纸质形式辅助完成招标投标活动以及纸质文件和数据电文的优先次序。同时，采用电子文件和纸质文件招标投标的双轨制下，招标文件应明确二者不一致时以何为准，以电子文件效力优先为宜。招标文件虽然约定投标人应同时提交纸质投标文件，但并未载明未提交纸质投标文件将否决其投标的，投标人未提交纸质投标文件时应以电子文件为准进行评审，而不应否决该投标。建议时机成熟的项目实行电子招标单轨制运行，规定仅接受电子文件，拒绝接受纸质文件。

五、电子招标投标系统的三大平台

根据《电子招标投标办法》第三条规定，电子招标投标系统根据功能的不同，分为交易平台、公共服务平台和行政监督平台。三大平台相互支撑、相互补充，交易平台是基础，公共服务平台是枢纽，行政监督平台是手段，共同构成定位清晰、层次分明、功能互补、互联互通的电子招标投标系统架构。

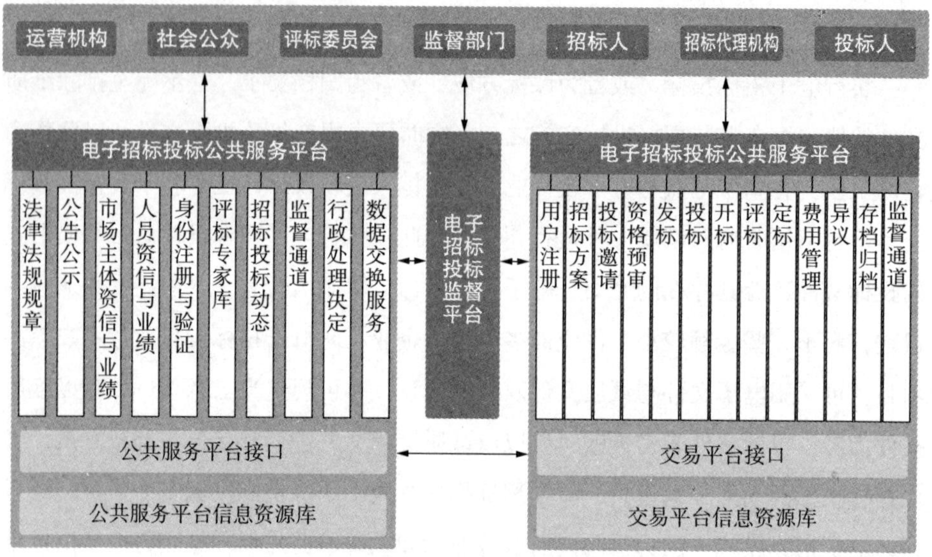

电子招标投标系统架构图

（一）交易平台

交易平台是以数据电文形式完成招标投标交易活动的信息平台，是电子商务的载体，与公共服务平台交换数据电文，通过监督通道与行政监督平台对接。

1. 电子招标投标交易平台的主要功能

（1）在线完成招标投标全部交易过程。

（2）编辑、生成、对接、交换和发布有关招标投标数据信息。

（3）提供行政监督部门和监察机关依法实施监督和受理投诉所需的监督通道。

电子招标投标交易平台应当具有使招标投标当事人在线进行招标投标活动的功能，包括编制和发布招标公告、资格预审公告、资格预审文件、招标文件，编制和提交资格预审申请文件、投标文件，开标，评标，公示中标候选人，公布中标结果、发出中标通知书，签订合同，异议、监督等。

2. 对电子招标投标交易平台的技术要求

一是电子招标投标交易平台应当在任一电子招标投标公共服务平台注册登记，并向电子招标投标公共服务平台及时提供信息。

二是电子招标投标交易平台应当按照标准统一、互联互通、公开透明、安全高效的原则和市场化、专业化、集约化的方向进行开发、建设和运营，具有多样性、竞争性、个性化特点。

三是电子招标投标交易平台应当按照技术规范规定，执行统一的信息分类和编码标准，为各类电子招标投标信息的互联互通和交换共享开放数据接口、公布接口要求。接口应当保持技术中立，与各类需要分离开发的工具软件相兼容对接，不得限制或者排斥符合技术规范规定的工具软件与其对接。

四是电子招标投标交易平台应当允许社会公众、市场主体免费注册登录和获取依法公开的招标投标信息，为招标投标活动当事人、行政监督部门和监察机关按各自职责和注册权限登录使用交易平台提供必要条件。

五是电子招标投标交易平台应当依照《中华人民共和国认证认可条例》等有关规定进行检测、认证。电子招标投标交易平台运营机构应当采用可靠的身份识别、权限控制、加密、病毒防范等技术，防范非授权操作，保证交易平台的安全、稳定、可靠。

3. 对电子招标投标交易平台建设运营的管理要求

依法设立的招标投标交易场所、招标人、招标代理机构或者其他依法设立的法人组织，可以按行业、专业类别建设和运营电子招标投标交易平台。国家鼓励电子招标投标交易平台平等竞争。设区的市级以上地方人民政府建立的统一规范的招标投标交易场所可以建设、运营适用于政府投资的房建和市政基础设施等类别的电子招标投标交易平台，但不得垄断。各个行业、专业的电子招标投标交易平台由招标人、招标代理机构、第三方相对集中建设、运营专业化的电子招标投标交易平台。招标投标行政监督部门及其下属单位不得建设、运营电子招标投标交易平台。招标人或其委托的招标代理机构有权自行选择电子招标投标交易平台，任何单位和个人不得为招标人或其委托的招标代理机构指定电子招标投标交易平台。

电子招标投标交易平台运营机构应当采取有效措施，验证初始录入信息的真实性，并确保数据电文不被篡改、不遗漏和可追溯。电子招标投标交易平台运营机构不得以任何手段限制或者排斥潜在投标人，不得泄露依法应当保密的信息，不得弄虚作假、串通投标，或者为弄虚作假、串通投标提供便利。

（二）公共服务平台

公共服务平台是满足交易平台之间信息交换、资源共享需要，并为市场主体、行政监督部门和社会公众提供信息服务的信息平台，是为所有电子招标投标交易活动的共同需求提供信息服务的枢纽。例如，提供招标公告、中标公示，市场主体身份认证、专家库管理、企业和从业人员资格、业绩、信誉、履约记录信息和市场要素价格信息的存档查询、统计分析服务等。设区的市级以上人民政府发展改革部门会同有关部门，按照政府主导、共建共享、公益服务的原则，推动建立本地区统一的电子招标投标公共服务平台，为电子招标投标交易平台、招标投标活动当事人、社会公众和行政监督部门、监察机关提供信息服务。

1. 电子招标投标公共服务平台应当具备的主要功能

（1）连接各级人民政府及其部门网站，收集、整合和发布有关法律法规及规范性文件、行政许可、行政处理决定、市场监管和服务的相关信息。

（2）连接电子招标投标交易平台，交互、整合和发布其依法公布的信息。

（3）连接本级人民政府及有关部门、招标代理机构依法设立的评标专家库，实现专家资源共享。

（4）支持不同电子认证服务机构数字证书的兼容互认。

（5）提供监督部门依法实施监督所需的监督通道。

（6）整合分析相关数据信息，动态反映招标投标市场运行状况、相关市场主体业绩和信用情况。

2. 对电子招标投标公共服务平台的技术要求

（1）电子招标投标公共服务平台应当开放数据接口、公布接口要求，与电子招标投标交易平台及时交换招标投标活动所必需的信息。

（2）电子招标投标公共服务平台应当允许社会公众、市场主体免费注册登录和获取依法公开的招标投标信息，为招标人、投标人、行政监督部门和监察机关按各自职责和注册权限登录使用公共服务平台提供必要条件。

（三）行政监督平台

行政监督平台是行政监督部门和监察机关在线监督电子招标投标活动的信息服务平台，对招标公告、招标文件等审核备案，对招标投标程序、投诉等实行全流程监督。监督平台上应当依法公布有关法律法规规章，行政监督的依据、职责权限、监督环节、程序和时限，信息交换内容方式和联系方式等相关内容。

行政监督平台由各级政府部门行政监督部门、监察机关结合电子政务建设和管理，具有区域或部门唯一性的特点。电子招标投标交易平台和公共服务平台应当向行政监督平台开放数据接口、公布接口要求，按有关规定及时对接交换和公布有关招标投标信息。

技术上，行政监督平台应当开放数据接口，公布数据接口要求，不得限制和排斥已通过检测认证的电子招标投标交易平台和公共服务平台与其对接交换信息。任何单位和个人不得伪造、篡改或者损毁电子招标投标活动信息。

六、电子招标投标各环节程序规范

在招标投标程序规范上，其基本流程与纸质招标投标形式相同，也有基于电子信息技术的特性，在一些环节上存在不同的程序规范。

（一）平台注册登记

招标人或者其委托的招标代理机构应当在其使用的电子招标投标交易平台注册登记，选择使用除招标人或招标代理机构外第三方运营的电子招标投标交易平台的，还应当与电子招标投标交易平台运营机构签订使用合同，明确服务内容、服务质量、服务费用等权利和义务，并对服务过程中相关信息的产权归属、保密责任、存档等依法作出约定。

电子招标投标交易平台运营机构不得以技术和数据接口配套为由，要求潜在投标人购买指定的工具软件。电子招标投标交易平台的运营机构，以及与该机构有控股或者管理关系可能影响招标公正性的任何单位和个人，不得在该交易平台进行的招标项目中投标和代理投标。

投标人应当在资格预审公告、招标公告或者投标邀请书载明的电子招标投标交易平台注册登记，如实递交有关信息，并经电子招标投标交易平台运营机构验证。

（二）电子招标

1. 资格预审公告、招标公告的发布。招标人或者其委托的招标代理机构应当在资格预审公告、招标公告或者投标邀请书中载明潜在投标人访问电子招标投标交易平台的网络地址和方法。依法必须进行公开招标项目的上述相关公告应当在电子招标投标交易平台和国家指定的招标公告媒介同步发布。

2. 资格预审文件、招标文件的提供。招标人或者其委托的招标代理机构应当及时将数据电文形式的资格预审文件、招标文件加载至电了招标投标交易平台，供潜在投标人下载或者查阅。数据电文形式的资格预审公告、招标公告、资格预审文件、招标文件等应当标准化、格式化，并符合有关法律法规以及国家有关部门颁发的标准文本的要求。除《电子招标投标办法》和技术规范规定的注册登记外，任何单位和个人不得在招标投标活动中设置注册登记、投标报名等前置条件限制潜在投标人下载资格预审文件或者招标文件。

在投标截止时间前，电子招标投标交易平台运营机构不得向招标人或者其委托的招标代理机构以外的任何单位和个人泄露下载资格预审文件、招标文件的潜在投标人名称、数量以及可能影响公平竞争的其他信息。

3. 资格预审文件、招标文件的澄清、修改。招标人对资格预审文件、招标文件进行澄清或者修改的，应当通过电子招标投标交易平台以醒目的方式公告澄清或者修改的内容，并以有效方式通知所有已下载资格预审文件或者招标文件的潜在投标人。

（三）电子投标

1. 资格预审申请文件、投标文件的编制和提交。投标人应当通过资格预审公告、招标公告或者投标邀请书载明的电子招标投标交易平台递交数据电文形式的资格预审申请文件或者投标文件。电子招标投标交易平台应当允许投标人离线编制投标文件，并且具备分段或者整体加密、解密功能。投标人应当按照招标文件和电子招标投标交易平台的要求编制并加密投标文件。投标人未按规定加密的投标文件，电子招标投标交易平台应当拒收并提示。

2. 投标文件的补充、修改或者撤回。投标人应当在投标截止时间前完成投标文件的传输递交，并可以补充、修改或者撤回投标文件。投标截止时间前未完成投标文件传输的，视为撤回投标文件。投标截止时间后送达的投标文件，电子招标投标交易平台应当拒收。

3. 投标文件的接收与确认。电子招标投标交易平台收到投标人送达的投标文件，应当即时向投标人发出确认回执通知，并妥善保存投标文件。在投标截止时间前，除投标人补充、修改或者撤回投标文件外，任何单位和个人不得解密、提取投标文件。

（四）电子开标

1. 在线开标。电子开标应当按照招标文件确定的时间，在电子招标投标交易平台上公开进行，所有投标人均应当准时在线参加开标，配合完成投标文件解密。

2. 投标文件的解密。开标时，电子招标投标交易平台自动提取所有投标文件，提示招标人和投标人按招标文件规定方式按时在线解密。解密全部完成后，应当向所有投标人公布投标人名称、投标价格和招标文件规定的其他内容。因投标人原因造成投标文件未解密的，视为撤销其投标文件；因投标人之外的原因造成投标文件未解密的，视为撤回其投标文件，投标人有权要求责任方赔偿因此遭受的直接损失。部分投标文件未解密的，其他投标文件的开标可以继续进行。招标人可以在招标文件中明确投标文件解密失败的补救方案，投标文件应按照招标文件的要求作出响应。

3. 开标记录公布。电子招标投标交易平台应当生成开标记录并向社会公众公布，但依法应当保密的除外。

（五）电子评标

1. 投标文件评审。电子评标应当在有效监控和保密的环境下在线进行。根据国家规定应当进入依法设立的招标投标交易场所的招标项目，评标委员会成员应当在依法设立的招标投标交易场所登录招标项目所使用的电子招标投标交易平台进行评标。电子评标为远程异地评标提供了必需的技术条件，也就是应具备视频、音频、第三方切入监控等设施完善的具备保密条件的会务平台，通过会务平台满足有效监控和远程异地评标等功能的实现。[①]

2. 投标文件澄清。评标中需要投标人对投标文件澄清或者说明的，招标人和投标人应当通过电子招标投标交易平台交换数据电文。也就是说，澄清、说明也需要使用与评标相同的交易平台实现与投标人交互信息数据。

3. 评标报告。评标委员会完成评标后，应当通过电子招标投标交易平台向招标人提交数据电文形式的评标报告。

4. 中标候选人公示。依法必须进行招标的项目中标候选人和中标结果应当在电子招标投标交易平台进行公示和公布。

（六）中标通知

招标人确定中标人后，应当通过电子招标投标交易平台以数据电文形式向中标人发出中标通知书，并向未中标人发出中标结果通知书。

（七）合同签订与履行

中标通知书下发后，招标人还有必要与中标人在线下就非实质性合同条件进行谈判。确定合同文本后，双方应当通过电子招标投标交易平台，以数据电文形

---

① 朱晋华、孙建文编著:《互联网＋电子招标采购实务教程》，电子工业出版社 2016 年版，第 129 页。

式签订合同。鼓励招标人、中标人等相关主体及时通过电子招标投标交易平台递交和公布中标合同履行情况的信息。

资格预审申请文件的编制、加密、递交、传输、接收确认、解密、开启、评审、发出结果通知书等，适用《电子招标投标办法》关于投标文件的规定。

（八）异议

投标人或者其他利害关系人依法对资格预审文件、招标文件、开标和评标结果提出异议，以及招标人答复，均应当通过电子招标投标交易平台进行。

第七节 招标投标法律法规体系

招标投标法有广义与狭义之分，狭义指《招标投标法》，广义还包括《招标投标法实施条例》在内的行政法规、部门规章、地方性法规、地方政府规章，其他法律法规中有关招标投标的规定以及涉及招标投标的规范性文件和司法解释，体系庞杂、数量众多，而且其中内容不一致的现象比较多见，应按照《立法法》的规定解决其适用问题。

一、招标投标法律体系基本框架

1999 年 8 月 30 日，第九届全国人大常委会第十一次会议通过了《招标投标法》，该法于 2000 年 1 月 1 日正式实施，标志着我国招标投标工作步入了法治轨道。

一是招标投标法是兼有市场管制和契约自由的法律。《招标投标法》遵照《民法典》中“要约邀请—要约—承诺”的基本原理，遵循合同自由原则，对招标投标活动进行顶层制度设计的同时，有大量的强制性程序规范，体现国家经济管制意图和产业政策的导向，以维护和保障交易秩序，促进经济社会协同发展。

二是《招标投标法》是一部兼有程序法和实体法的法律，更侧重程序法规范，规定了招标—投标—开标—评标—定标—签订合同的程序性规范，其核心是交易双方的要约邀请、要约和承诺必须在公开的程序和公平的条件下操作，最终实现最公正的结果。同时，该法还规定了法律适用范围、强制招标项目范围、招标投标活动中应当遵循的基本原则以及投标人资格条件、否决投标、串通投标、招标无效的认定等实体性法律规范，因此《招标投标法》也属于实体法。

招标投标参与人要把握这些基本特点，才能准确地理解和运用《招标投标法》，活学活用，解决实践中形形色色的法律问题。

《招标投标法》颁布以后，国务院各部委以及各省（自治区、直辖市）都陆续发布了本部门、本地区的招标投标实施办法或相关管理办法，如《工程建设项目招标范围和规模标准规定》（2000 年国家计委令第 3 号）（已废止）、《国务院办公厅印发国务院有关部门实施招标投标活动行政监督的职责分工意见的通知》（国办发〔2000〕34 号）、《工程建设项目施工招标投标办法》（2003 年国家发展改革委等七部委令第 30 号）、《工程建设项目勘察设计招标投标办法》（2003 年国家发展改革委等八部委令第 2 号）、《机电产品国际招标投标实施办法》（2000 年外经贸部令第 7 号）、《评标委员会和评标方法暂行规定》（2001 年国家发展改革委等七部委令第 12 号）、《评标专家和评标专家库管理暂行办法》（2003 年国家计委令第 29 号），等等。国家水利部、建设部、交通运输部、民航总局、铁道部、信息产业部等有关部委出台了一些行业的招标投标规定，如《水利工程建设项目招标投标管理规定》《建筑工程设计招标投标管理办法》等。各省（自治区、直辖市）也颁布了大量规范招标投标的地方性法规和政府规章，在各自行政区域内适用。

2011 年 12 月 20 日，国务院发布第 613 号令，颁布《招标投标法实施条例》，对《招标投标法》程序规定予以细化补充，对投诉与处理的规定进行扩充，补充规定了资格预审、投标人异议程序、投标保证金、电子招标、两阶段招标等内容。2013 年 3 月，国家发展改革委等九部委联合发布了第 23 号令，对招标投标规章、规范性文件进行清理，废止规范性文件 1 件、修改部门规章 11 件（如《工程建设项目施工招标投标办法》《工程建设项目勘察设计招标投标办法》）、规范性文件 1 件。之后，《机电产品国际招标投标实施办法》《工程建设项目招标范围和规模标准规定》等部门规章也进行了重大修订，并分别更名为《机电产品国际招标投标实施办法（试行）》（商务部令2014年第1号）《必须招标的工程项目规定》（国家发展改革委令第16号）。

《民法典》《刑法》《建筑法》等法律法规对招标投标活动亦有相应的规范，如对于招标人、投标人的法律主体资格及招标投标行为效力的认定需要根据《民法典》《建筑法》的相关规定来判定。

另外，最高人民法院颁布的司法解释也是我们处理招标投标实务常见问题的法律依据。例如，根据《最高人民法院关于审理建设工程施工合同纠纷案件适用法律问题的解释（一）》（法释〔2020〕25号）第一条规定："建设工程施工合同具有下列情形之一的，应当依据民法典第一百五十三条第一款的规定，认定无效：（一）承包人未取得建筑业企业资质或者超越资质等级的；（二）没有资质的实际施工人借用有资质的建筑施工企业名义的；（三）建设工程必须进行招标而未招标或者中标无效的。承包人因转包、违法分包建设工程与他人签订的建设工程施工合同，应当依据民法典第一百五十三条第一款及第七百九十一条第二款、第三款的规定，认定无效。"

另外，根据《招标投标法》第六十七条规定，使用国际组织或者外国政府贷款、援助资金的项目进行招标，贷款方、资金提供方对招标投标的具体条件和程序有不同规定的，可以适用其规定，但违背中华人民共和国的社会公共利益的除外。例如，《世界银行贷款采购指南》其中一些规定与我国《招标投标法》的规定有所不同。遇到这类不同规定时，在不违背我国社会公共利益的前提下，可以优先适用提供贷款或援助资金的有关国际组织或外国政府的规定。

截至目前，我国已经形成了比较系统完整的招标投标法律法规体系。

二、《招标投标法》的适用范围

（一）《招标投标法》同样适用于强制招标项目与自愿招标项目

《招标投标法》适用于强制招标项目，不存疑义。但是否仅适用于强制招标项目，是否对于强制招标项目之外的项目（也称"自愿招标项目"），即使招标，也不适用该法？

《招标投标法》第三条规定了强制招标制度及强制招标项目范围，这是该部法律的核心内容之一，也是最能体现立法目的的条款之一。但并不是说，《招标投标法》不适用于自愿招标项目。根据《招标投标法》第二条规定，凡在我国境内进行的招标投标活动，不论是属于法定强制招标项目，还是属于由当事人自愿采用招标方式进行采购的项目，其只要采用招标投标方式，即应适用《招标投标法》。

相关案例 1-6　《招标投标法》同样适用于非依法必须招标的项目[①]

2015 年 5 月 28 日，森林公园管理处委托招标公司发布公告对房屋进行招标出租，瑞某公司参与了项目投标。2015 年 6 月 15 日，瑞某公司接到招标公司电话通知，中标人为爱某公司，瑞某公司认为招标公司整个招标过程多处违法违规，构成串通投标不正当竞争，其中标结果不具备法律效力，应当依法确定为无效行为，由此提起诉讼。

本案争议焦点之一是涉案纠纷是否适用《招标投标法》的相关规定予以调整。法院认为，关于此焦点，《招标投标法》第二条作出了明确的规定："在中华人民共和国境内进行的招标投标活动，适用本法。"该规定可以理解为，对于法律规范中明确规定为必须招标项目的，当然属于接受《招标投标法》调整的项目，对于不属于必须招标项目的，如果当事人主动选择采用招标投标形式的项目，亦应适用《招标投标法》。本案中，根据《招标投标法》第三条的相关规定，森林公园管理处的西综合楼对外租赁项目并非必须采用招标投标形式的项目。森林公园管理处委托招标公司将西综合楼对外招租的过程中，招标公司在相关文件上虽使用了政府采购中竞争性谈判方式的一些术语，但结合案件事实，从范围、主体、程序等方面综合考量，整个招租过程实际系参照招标投标法采用招标投标形式进行的。故，本案纠纷属于在招标投标过程中产生的法律关系，应受招标投标法律调整。

① 本案例素材来源于中国裁判文书网，（2016）鲁 01 民终 2030 号民事判决书。

（二）按照区分管理原则，区别不同项目适用《招标投标法》

在适用《招标投标法》的时候，需要注意的一点是，我国对招标投标活动区分不同招标项目实行区别管理原则。《招标投标法》及其实施条例将招标项目划分为非依法必须招标的项目（自愿招标项目）、依法必须招标的项目（强制招标项目）以及国有资金占控股或者主导地位的依法必须进行招标的项目三类，逐层递进规定了越来越严格的程序规则和法律责任。

据初步统计，《招标投标法》及其实施条例中关于自愿招标项目的法条有 94 条，关于强制招标项目，也就是法条中带有“依法必须进行招标的项目”字样的法条共有 20 条，对招标人的限制趋严。如规定：对于依法必须进行招标的项目，其招标投标活动不受地区或者部门的限制，应当在国家指定媒介发布招标公告，自招标文件发出之日起至投标人提交投标文件截止之日止不得少于 20 日，评标委员会专家成员不得少于三分之二，所有投标被否决后应当重新招标，编制资格预审文件和招标文件应当使用标准文本等规定，都是专门针对强制招标项目的，不适用于自愿招标项目。对自愿招标项目就没有这些限制。

关于国有资金占控股或者主导地位的强制招标项目（可简称国资强制招标项目）的规定，在《招标投标法实施条例》中仅有 3 条，比强制招标项目规定更严，其内容是对国有资金占控股或者主导地位的依法必须进行招标的项目，应当公开招标（条例第八条），招标人应当组建资格审查委员会进行资格预审（条例第十八条），招标人应当确定排名第一的中标候选人为中标人（条例第五十五条）。

上述三类招标项目一层比一层范围小，法律限制一层比一层严，法律责任也明显不同。实践中，应严格区分不同项目，适用不同的法律规范。

相关案例 1–7　　招标人自行决定不招标

某市政府城市供水工程施工项目，预算 3000 多万元。招标人两次在本省日报和公共资源交易中心网站上发布招标公告，两次报名人数都不足 3 人。项目建设单位以两次招标都失败为由，根据《工程建设项目施工招标投标办法》第三十八条的规定，自行决定不招标。

本案例中的某供水工程属于依法必须招标的项目。根据《工程建设项目施工招标投标办法》第三十八条第三款规定：提交投标文件的投标人少于3个的，招标人应当依法重新招标。重新招标后投标人仍少于3个的，属于必须审批的工程建设项目，报经原审批部门批准后可以不再进行招标；其他工程建设项目，招标人可自行决定不再进行招标。可见，两次招标失败后，属于必须审批的工程建设项目，经审批后可不再进行招标，但招标人不能自行决定。本案项目属于必须审批的项目，因而工程施工项目因发布两次招标公告后投标人不足3人，招标人未经批准就自行决定不再进行招标，这是不妥的。项目审批部门进行把关的目的，就是防范规避招标。实际上，如前所述，因招标公告发布范围有限导致投标人不足3家，是造成这次招标失败的主要原因。因此，有关部门可责令建设单位重新招标，应依据《招标公告和公示信息发布管理办法》第八条规定，在中国招标投标公共服务平台或者项目所在地省级电子招标投标公共服务平台发布招标公告。

三、招标投标法律适用的基本规则

（一）招标投标领域法律效力的层级

除《招标投标法》《招标投标法实施条例》外，部门规章及各省、自治区、直辖市出台的众多地方性法规、政府规章以及各个层面出台的规范性文件林林总总。按照法律效力不同，招标投标的相关法律法规主要分为五个层级：

第一层级是全国人大及其常委会颁布的法律，如《招标投标法》《民法典》《建筑法》《政府采购法》等。

第二层级是国务院颁布的行政法规，如《招标投标法实施条例》《政府采购法实施条例》。

第三层级是地方性法规，如《浙江省招标投标条例》。

第四层级是部门规章和地方政府规章，如《工程建设项目施工招标投标办法》《评标委员会和评标方法暂行规定》《电子招标投标办法》等。

第五层级是规范性文件，如《必须招标的基础设施和公用事业项目范围规定》。

（二）法律适用原则

当不同层级法律规定对同一问题有不同规定时，如何适用法条来解决，这是经常遇到的问题。依据《立法法》，应当按照“上位法优于下位法”“新法优于旧法”“特别法优于一般法”的冲突解决规则来解决招标投标领域的法律适用问题。

1. 不同层级的法律冲突的解决

根据《立法法》第八十七条、第八十八条、第八十九条规定，宪法具有最高的法律效力，一切法律、行政法规、地方性法规、自治条例和单行条例、规章都不得同宪法相抵触。法律的效力高于行政法规、地方性法规、规章，也就是说《招标投标法》的效力高于《招标投标法实施条例》，后者是对前者的相关规定予以细化、补充完善。行政法规的效力高于地方性法规、规章，也就是说《招标投标法实施条例》的法律效力高于《工程建设项目施工招标投标办法》《工程建设项目勘察设计招标投标办法》《工程建设项目货物招标投标办法》等部门规章以及各省（自治区、直辖市）人大或人大常委会制定的地方性法规，这些部门规章的规定如果与前者相违背时，应适用前者的规定。针对不同的采购项目实际，如果部门规章、地方性法规对《招标投标法实施条例》没有涉及的事项进行明确规定的，从其规定。地方性法规的效力高于本级和下级地方政府规章，省、自治区、直辖市的人民政府制定的规章的效力高于本行政区域内的设区的市、自治州的人民政府制定的规章。这些也是在招标投标活动中，对同一事项出现不同层级的立法都有规定，且不一致时，如何适用法律的基本规则。

相关案例 1-8　　按照“上位法优于下位法”原则适用法律[①]

发电公司就电厂扩建项目（经国家发展改革委核准）设备招标，第一中标候选人向发电公司致函称其放弃第一中标候选人资格，第二中标候选人也被投诉不具备投标资格。发电公司决定根据《招标投标法实施条例》第五十五条规定重新招标。第三中标候选人认为《×× 市招标投标条例》第三十七条第二款规定“排名第一的候选人放弃中标或因不可抗力不能履行合同，或未依据招标文件在规定期限内提交履约保证金的，招标人应当确定排名第二的候选人为中标人。排名第二的候选人因前述原因不能签订合同的，招标人应当确定排名第三的候选人为中标人。排名前三名的中标候选人均不能签订合同的，应当重新招标”，根据该规定，在前两名中标候选人都不适合中标的情况下，发电公司应当确定其为中标人，因此起诉。

法院认为：本案应适用《招标投标法实施条例》第五十五条规定：“国有资金占控股或者主导地位的依法必须进行招标的项目，招标人应当确定排名第一的中标候选人为中标人。排名第一的中标候选人放弃中标、因不可抗力不能履行合同、不按照招标文件要求提交履约保证金，或者被查实存在影响中标结果的违法行为等情形，不符合中标条件的，招标人可以按照评标委员会提出的中标候选人名单排序依次确定其他中标候选人为中标人，也可以重新招标。”根据该条规定，第一中标候选人因故放弃中标，招标人可以依次确定第二或第三中标候选人替补中标，也可重新招标。招标人的做法并无不当。

本案中《×× 市招标投标条例》第三十七条与《招标投标法实施条例》第五十五条存在冲突，按照前者规定，第一名、第二名中标候选人不符合中标资格的，第三名中标候选人自然递补中标；但依据后者规定，第三名并不必然递补中标，招标人也可决定重新招标。按照“上位法优于下位法”的原则（《立法法》第八十八条明确规定行政法规的效力高于地方性法规、规章），因《×× 市招标投标条例》是地方性法规，《招标投标法实施条例》是行政法规，因此本案应优先适用《招标投标法实施条例》第五十五条规定，即招标人可以重新招标。

① 本案例素材来源于裁判文书网，（2014）渝一中法行终字第 00464 号行政判决书。

2. 相同层级的法律冲突的解决

相同位阶的法律规范针对同一问题的规定不一致时，适用“特别法优于一般法”“新法优于旧法”的法律适用规则处理。

根据《立法法》第九十一条、第九十二条、第九十四条、第九十五条规定，部门规章之间、部门规章与地方政府规章之间具有同等效力，在各自的权限范围内施行。例如，在强制招标项目之列的某省工程建设项目施工招标，既要执行《工程建设项目施工招标投标办法》，同时亦适用该省招标投标办法。

同一机关制定的法律、行政法规、地方性法规、自治条例和单行条例、规章，特别规定与一般规定不一致的，适用特别规定。例如，对于电子招标时开标、投标的一些具体程序规定，与传统招标方式要求不同（如传统招标项目开标时招标人可以不参与，但电子招标时必须投标人配合对其投标文件进行解密），对这项程序应遵从《电子招标投标办法》的规定，机电产品国际招标应优先适用《机电产品国际招标投标实施办法（试行）》；新的规定与旧的规定不一致的，适用新的规定，如国家发展改革委等九部委令第 23 号对 11 件部门规章进行修订，在实务中要注意执行这些修改后的规定。

地方性法规与部门规章之间对同一事项的规定不一致，不能确定如何适用时，由国务院提出意见，国务院认为应当适用地方性法规的，应当决定在该地方适用地方性法规的规定；认为应当适用部门规章的，应当提请全国人民代表大会常务委员会裁决；部门规章之间、部门规章与地方政府规章之间对同一事项的规定不一致时，由国务院裁决。

最高人民法院为适用相关法律规定颁布的《关于审理买卖合同纠纷案件适用法律问题的解释》及《关于审理建设工程施工合同纠纷案件适用法律问题的解释（一）》等司法解释，在法院处理相关招标投标争议时亦应适用，也是我们从事招标投标活动的法律依据。

面对实务中出现的具体问题，当法律、行政法规、规章乃至规范性文件都没有具体规定时，可依据《民法典》《招标投标法》等法律规定的自愿、平等、诚实信用，公开、公平、公正等基本原则以及交易惯例来分析和处理。

四、《招标投标法》与《政府采购法》如何适用

《招标投标法》与《政府采购法》均主要规范公共采购，也均属于全国人大常委会审议颁布的法律，其具有同等的法律效力。《招标投标法》第二条规定："在中华人民共和国境内进行招标投标活动，适用本法。"可以说，我国境内的所有招标投标活动都应当适用该法。《政府采购法》第二条第一款、第二款规定："在中华人民共和国境内进行的政府采购适用本法。本法所称政府采购，是指各级国家机关、事业单位和团体组织，使用财政性资金采购依法制定的集中采购目录以内的或者采购限额标准以上的货物、工程和服务的行为。"可以理解为，《政府采购法》适用于政府采购活动领域，政府采购方式有公开招标、邀请招标、竞争性谈判、竞争性磋商、询价、单一来源采购等，其中采用公开招标、邀请招标方式采购的，执行《政府采购法》及其配套法规、规章的规定还是《招标投标法》及其配套法规、规章的规定，存在一定交叉和疑惑。

从《立法法》上来说，《招标投标法》是规范招标投标活动的"一般法"，《政府采购法》对招标投标活动作出特殊规定，属于规范招标投标活动的"特殊法"，按照"特殊法优于一般法"的法律适用原则，政府采购项目招标投标活动优先适用《政府采购法》的规定。《招标投标法实施条例》第八十三条对适用政府采购法律法规的特别规定作出了明确规定，即"政府采购的法律、行政法规对政府采购货物、服务的招标投标另有规定的，从其规定"。当《政府采购法》及其配套法规、规章没有特别规定时，适用《招标投标法》的规定。

《政府采购法》关于招标投标的规定仅适用于政府采购货物和服务项目，不适用于政府采购工程项目。《政府采购法》第四条规定"政府采购工程进行招标投标的，适用招标投标法"，《政府采购法实施条例》第七条第一款规定"政府采购工程以及与工程建设有关的货物、服务，采用招标方式采购的，适用《中华人民共和国招标投标法》及其实施条例；采用其他方式采购的，适用政府采购法及本条例"，我们可以推导出：政府采购工程建设项目（含工程以及与工程建设有关的货物、服务）进行招标投标的，应适用《招标投标法》及配套的《招标投标

法实施条例》和相关规章。这里的“工程”不限于工程施工项目，而是指“建设工程，包括建筑物和构筑物的新建、改建、扩建、装修、拆除、修缮等”，“与工程建设有关的货物”（指构成工程不可分割的组成部分，且为实现工程基本功能所必需的设备、材料等，与工程无关、可以分割出来单独发挥作用的办公家具、空调设备、电器、窗帘等货物不在招标之列）和“与工程建设有关的服务”（指为完成工程所需的勘察、设计、监理等服务，该范围仅限于这三类，不宜扩大，如工程项目管理、造价咨询、招标代理、工程决算审计、项目建议书编制、可行性研究报告、环境影响评价报告、决算审计、物业管理等服务项目也均不在招标之列）。这与《招标投标法实施条例》第二条第二款规定的“工程”是一致的。政府采购与工程建设无关的货物或服务项目进行的招标投标活动，优先适用《政府采购法》《政府采购法实施条例》《政府采购货物和服务招标投标管理办法》。在这里，“货物，是指各种形态和种类的物品，包括原材料、燃料、设备、产品等”，“服务，是指除货物和工程以外的其他政府采购对象”。政府采购项目（也包括政府采购工程以及与工程建设有关的货物或服务项目）采用竞争性谈判、竞争性磋商、询价、单一来源采购等非招标方式采购的，自应适用《政府采购法》。

政府采购工程招标在招标投标环节优先适用《招标投标法》，包括应当依法招标的项目范围和规模标准、招标投标程序、合同签署、异议和投诉等内容，但在其他环节（如采购预算的编制、采购模式选择、采购资金的支付等），仍适用《政府采购法》。政府采购工程依法不是必须招标而是采用其他方式采购的，也仍旧适用《政府采购法》。另外，政府采购工程以及与工程建设有关的货物、服务，不管采用招标方式采购还是非招标方式采购，都应当执行政府采购政策。

《招标投标法》和《政府采购法》都规定了招标投标制度，其内容不完全一致，也有“二法打架、冲突”之说，但实际上内容“同根同源”，细究起来并无本质区别。《招标投标法》是通篇规定招标投标法律制度的法律，对于招标投标程序以及实体问题的处理，规定比较详细具体。相反，《政府采购法》是专门规定政府采购活动的法律，招标投标制度在该法中篇幅并不大，招标方式（含公开招标、邀请招标）也仅仅是法定的政府采购方式之一，其对招标投标法律制度的规定并不像《招标投标法》那么完善具体。因此，对于该法没有特殊、专门规定的内容，还是应当按照《招标投标法》来处理。《政府采购法》中的个别规定相对《招标投标法》而言更为细致具体，如《政府采购法》第七十三条规定：“有前两条违法行为之一影响中标、成交结果或者可能影响中标、成交结果的，按下列情况分别处理：（一）未确定中标、成交供应商的，终止采购活动；（二）中标、成交供应商已经确定但采购合同尚未履行的，撤销合同，从合格的中标、成交候选人中另行确定中标、成交供应商；（三）采购合同已经履行的，给采购人、供应商造成损失的，由责任人承担赔偿责任。”《招标投标法》及其配套行政法规、规章没有类似中标无效后区分不同阶段处理措施的精细规定，仅在《招标投标法实施条例》第八十一条笼统规定“依法必须进行招标的项目的招标投标活动违反招标投标法和本条例的规定，对中标结果造成实质性影响，且不能采取补救措施予以纠正的，招标、投标、中标无效，应当依法重新招标或者评标”。二者相较而言，《政府采购法》的规定可操作性更强。

近年来，招标投标法和政府采购法领域最新立法内容渐有趋同、靠近之势，如前所述的《政府采购法实施条例》第七条及《招标投标法实施条例》第二条关于“工程”定义的规定，还有关于以不合理的条件对投标人实行差别待遇或者歧视待遇的情形、联合体投标、对招标文件的澄清与修改、投标保证金、履约保证金的条款，均已经趋于一致，对政府采购工程以及与工程建设有关的货物、服务的招标投标活动的法律适用上就不再存在争议，自应适用《招标投标法》及其配套的法律规定。再观察 2017 年出台的《政府采购货物和服务招标投标管理办法》的规定，更是大量地直接借鉴照搬《招标投标法》《招标投标法实施条例》及相关部门规章的规定，如关于串通投标的情形、联合体投标、投标保证金、投标无效的情形、合同签署等法条已经实现两法规范的统一，弥合认识和操作上的分歧。

五、招标投标活动对《民法典》的适用

《民法典》与《招标投标法》共同规范招标投标活动，前者注重实体规范，后者注重程序规范。我们要在《民法典》的框架下，学习研究招标投标法律制度，也要依据《民法典》的规定来解决招标投标活动中出现的法律问题。

招标投标法律制度主要是建立在合同中“要约邀请—要约—承诺”的理论基础之上，本质上是缔结合同的过程，《民法典》《招标投标法》均应适用，但其也有与一般缔约方式不同的特殊性。

	《民法典》	《招标投标法》
要约邀请	“希望他人向自己发出要约的意思表示”。不具有约束性。	招标公告、投标邀请书，招标文件。具有约束性。
要约	“希望和他人订立合同的意思表示”。其生效采用到达主义。	投标文件。投标截止（与开标同一时间）后生效。
承诺	“同意要约的意思表示”。承诺到达后合同成立并生效。	中标通知书。双方还需签订书面合同。

对于招标投标程序的问题，适用《招标投标法》；但对于实体上的同一问题，是直接适用《招标投标法》还是《民法典》，要依据“特别法优于一般法”的原则来处理。相对《民法典》而言，《招标投标法》是特殊法，优先适用该法。对《招标投标法》中没有明确规定的问题，就需要依据《民法典》来处理，如对于强制招标项目未进行招标即直接采购，对于其签订的合同是否有效，在《招标投标法》上是没有规定的，只能依据《民法典》第一百五十三条第一款“违反法律、行政法规的强制性规定的民事法律行为无效。但是，该强制性规定不导致该民事法律行为无效的除外”的条款来判定。《民法典》第六百四十四条也明确规定：“招标投标买卖的当事人的权利和义务以及招标投标程序等，依照有关法律、行政法规的规定”，这里的“法律、行政法规”首先就是指《招标投标法》《招标投标法实施条例》。

第八节　强制招标制度

通过立法，对涉及公共利益、国家利益有关的经济活动进行必要的管制，是各国普遍采用的手段。对特定项目实行强制招标制度就是其中一种常见的法律管制手段。强制招标制度，要求一定范围内的工程、货物和服务项目，达到规定的规模标准的，必须以招标方式采购，这些项目习惯上称为“强制招标项目”。《招标投标法》也对强制招标项目作出严格规定。

一、实行强制招标制度的必要性

基于保证采购资金的有效使用和项目的公开进行，增加采购过程的公开性及结果的公正性，接受外部监督等方面的考虑，各国普遍对本国政府采购、公共投资采购推行招标投标制，要求政府投资项目、私人投资的基础设施项目必须实行竞争性招标；世界银行、亚洲开发银行等国际金融组织对使用其贷款资金进行的项目也要求必须采取竞争性招标方式，并将这一要求用法律形式固化下来，成为采购人的一项法定义务。在我国，由于工程建设资金主要来源于国有资金，必须发挥最佳经济效益，通过立法，把使用国有资金进行的建设项目纳入强制招标的范围，有利于提升资金使用效率，保护国有资产保值增值，培育公平公正的竞争环境，促进市场经济建设，所以在《招标投标法》中确立了强制招标制度，主要适用于工程建设项目，并逐渐向其他采购领域拓展。招标也是政府采购项目的首选采购方式。

二、工程建设项目强制招标的范围

规定强制招标制度，具有公开、规范、透明、效益等制度优势，但是程序繁杂、时间过长，在采购效率、成本等方面也有一定的劣势，因此强制招标的项目范围并不是越广越细就越好，要在充分考虑竞争性市场发展成熟度，考虑采购范围的规模和经济性，考虑采购的效率和成本，考虑平衡市场管制和赋予市场竞争自主权二者的关系，尊重市场配置资源的基础性作用，避免过多行政干预等基础上合理确定强制招标的项目范围。

《招标投标法》第三条第一款从项目性质和资金来源两个维度规定了在工程

建设项目领域的强制招标项目："在中华人民共和国境内进行下列工程建设项目包括项目的勘察、设计、施工、监理以及与工程建设有关的重要设备、材料等的采购，必须进行招标：（一）大型基础设施、公用事业等关系社会公共利益、公众安全的项目；（二）全部或者部分使用国有资金投资或者国家融资的项目；（三）使用国际组织或者外国政府贷款、援助资金的项目。"具有上述条件之一的就在强制招标项目范围之内，但此规定过于原则。准确界定强制招标项目，还要从以下几方面理解、把握：

（一）对"工程建设项目"的理解

《招标投标法实施条例》第二条中规定："招标投标法第三条所称工程建设项目，是指工程以及与工程建设有关的货物、服务。前款所称工程，是指建设工程，包括建筑物和构筑物的新建、改建、扩建及其相关的装修、拆除、修缮等；所称与工程建设有关的货物，是指构成工程不可分割的组成部分，且为实现工程基本功能所必需的设备、材料等；所称与工程建设有关的服务，是指为完成工程所需的勘察、设计、监理等服务。""工程"和"工程建设项目"有交叉，如何区分呢？简单来说，可以将工程的建设过程称为"工程建设项目"，工程建设形成的最终产品称为"工程"。根据《建设工程质量管理条例》和《建设工程安全生产管理条例》，"建设工程"是指土木工程、建筑工程、线路管道和设备安装工程及装修工程。也就是指所有通过设计、施工、制造等建设活动形成的有形固定资产，要避免对"工程"作扩大化理解①，如希望工程、信息化工程、产品研发工程，等等。

（二）"建设工程"范围大于"建筑工程"

建设工程一般是指整个建设项目，建设项目指在一个总体设计或初步设计范围内，由一个或几个单项工程所组成的经济上实行统一核算、行政上实行统一

---

① 国家发展和改革委员会法规司、国务院法制办公室财金司、监察部执法监察司编著：《中华人民共和国招标投标法实施条例释义》，中国计划出版社 2012 年版，第 5 页。

管理和建设的工程实体。一般以一个工厂、事业单位（学校、医院）为一个建设项目。建筑工程是建设项目的各个组成，包括民用建筑、工业建筑、文教卫生体育、市政公共设施、房屋建筑及附属设施，它是建设工程中需建筑的部分，如构筑物、建筑物。建筑按使用功能分别包括：（1）生产性建筑，如工业建筑（发电厂、炼油厂、造纸厂、纺织厂等）、农业建筑（粮库、灌溉站、饲养场、拖拉机站等）。（2）非生产性建筑，如居住建筑（住宅、宿舍、公寓等）、公共建筑（医院、影院、商场、宾馆、礼堂等）。简单来说，比如整个工厂的建设，从开工典礼至生产出成品宣布正式投产，这是一个工程的建设，这个工厂就是建设工程。而工程里的办公楼、职工宿舍、车间就是一个个建筑工程。①

（三）对“建设工程”的理解

《招标投标法实施条例》第二条中的“建设工程”，包括建筑物和构筑物的新建、改建、扩建及其相关的装修、拆除、修缮等。在“新建、改建、扩建”之后加上“及其”用词，也就是说只有新建、改建、扩建工程，以及与其直接相关的装修、拆除、修缮工程属于上述法条所规定的“建设工程”，单独实施的装修、拆除、修缮不在“建设工程”范围之内，也就不在强制招标范围之内。就此问题，国务院法制办秘书行政司《对政府采购工程项目法律适用及申领施工许可证问题的答复》（国法秘财函〔2015〕736号）有具体规定，明确“按照招标投标法实施条例第二条的规定，建筑物和构筑物的新建、改建、扩建及其相关的装修、拆除、修缮属于依法必须进行招标的项目。据此，与建筑物和构筑物的新建、改建、扩建无关的单独的装修、拆除、修缮不属于依法必须进行招标的项目”。

（四）工程招标项目具体范围和规模标准

上述应当招标的工程建设项目的范围仍然规定得过于原则，范围明显过大，需要立法进一步对项目范围进行细化，对项目规模标准予以划定。国家发展计划委员会于2000年5月1日发布了第3号令《工程建设项目招标范围和规模标准

① 朱建元主编：《招标师实务操作问答精选》，知识产权出版社2010年版，第10页。

规定》，对《招标投标法》第三条规定的三类项目具体范围和规模标准进行了界定和列举。解决了招标范围和规模标准的确定问题，促进了招标投标制度落地。但随着经济社会不断发展和改革持续深化，该规定在施行中逐步出现范围过宽、标准过低的问题，加重了市场主体负担。因此，国家发展改革委修订并报请国务院同意后发布了《必须招标的工程项目规定》（国家发展改革委第16号令），自2018年6月1日起执行。2018年6月6日，国家发展改革委又发布《必须招标的基础设施和公用事业项目范围规定》（发改法规〔2018〕843号），就《必须招标的工程项目规定》中"必须招标的大型基础设施、公用事业等关系社会公共利益、公众安全的项目的具体范围"进行了明确规定。

根据《必须招标的工程项目规定》《必须招标的基础设施和公用事业项目范围规定》，对《招标投标法》第三条中的工程建设项目必须招标的范围明确界定如下：

（1）全部或者部分使用国有资金投资或者国家融资的项目包括：①使用预算资金200万元人民币以上，并且该资金占投资额10%以上的项目；②使用国有企业事业单位资金，并且该资金占控股或者主导地位的项目。

（2）使用国际组织或者外国政府贷款、援助资金的项目包括：①使用世界银行、亚洲开发银行等国际组织贷款、援助资金的项目；②使用外国政府及其机构贷款、援助资金的项目。

（3）不属于上述（1）（2）项规定情形的大型基础设施、公用事业等关系社会公共利益、公众安全的项目，必须招标的具体范围包括：①煤炭、石油、天然气、电力、新能源等能源基础设施项目；②铁路、公路、管道、水运，以及公共航空和A1级通用机场等交通运输基础设施项目；③电信枢纽、通信信息网络等通信基础设施项目；④防洪、灌溉、排涝、引（供）水等水利基础设施项目；⑤城市轨道交通等城建项目。

（4）上述规定范围内的项目，其勘察、设计、施工、监理以及与工程建设有关的重要设备、材料等的采购达到下列标准之一的，必须招标：①施工单项合同估算价在400万元人民币以上；②重要设备、材料等货物的采购，单项合同估算价在200万元人民币以上；③勘察、设计、监理等服务的采购，单项合同估算价在 100 万元人民币以上。同一项目中可以合并进行的勘察、设计、施工、监理以及与工程建设有关的重要设备、材料等的采购，合同估算价合计达到前款规定标准的，必须招标。

2020 年 10 月 19 日，国家发展改革委办公厅印发《关于进一步做好〈必须招标的工程项目规定〉和〈必须招标的基础设施和公用事业项目范围规定〉实施工作的通知》（发改办法规〔2020〕770 号），就准确理解依法必须招标的工程建设项目范围提出具体指导意见：

（一）关于使用国有资金的项目。16 号令第二条第（一）项中“预算资金”，是指《预算法》规定的预算资金，包括一般公共预算资金、政府性基金预算资金、国有资本经营预算资金、社会保险基金预算资金。第（二）项中“占控股或者主导地位”，参照《公司法》第二百一十六条关于控股股东和实际控制人的理解执行，即“其出资额占有限责任公司资本总额百分之五十以上或者其持有的股份占股份有限公司股本总额百分之五十以上的股东；出资额或者持有股份的比例虽然不足百分之五十，但依其出资额或者持有的股份所享有的表决权已足以对股东会、股东大会的决议产生重大影响的股东”；国有企业事业单位通过投资关系、协议或者其他安排，能够实际支配项目建设的，也属于占控股或者主导地位。项目中国有资金的比例，应当按照项目资金来源中所有国有资金之和计算。

（二）关于项目与单项采购的关系。16 号令第二条至第四条及 843 号文第二条规定范围的项目，其勘察、设计、施工、监理以及与工程建设有关的重要设备、材料等的单项采购分别达到 16 号令第五条规定的相应单项合同价估算标准的，该单项采购必须招标；该项目中未达到前述相应标准的单项采购，不属于 16 号令规定的必须招标范畴。

（三）关于招标范围列举事项。依法必须招标的工程建设项目范围和规模标准，应当严格执行《招标投标法》第三条和 16 号令、843 号文规定；法律、行政法规或者国务院对必须进行招标的其他项目范围有规定的，依照其规定。没有法律、行政法规或者国务院规定依据的，对 16 号令第五条第一款第（三）项中没有明确列举规定的服务事项、843 号文第二条中没有明确列举规定的项目，不得强制要求招标。

（四）关于同一项目中的合并采购。16号令第五条规定的“同一项目中可以合并进行的勘察、设计、施工、监理以及与工程建设有关的重要设备、材料等的采购，合同估算价合计达到前款规定标准的，必须招标”，目的是防止发包方通过化整为零方式规避招标。其中“同一项目中可以合并进行”，是指根据项目实际，以及行业标准或行业惯例，符合科学性、经济性、可操作性要求，同一项目中适宜放在一起进行采购的同类采购项目。

（五）关于总承包招标的规模标准。对于16号令第二条至第四条规定范围内的项目，发包人依法对工程以及与工程建设有关的货物、服务全部或者部分实行总承包发包的，总承包中施工、货物、服务等各部分的估算价中，只要有一项达到16号令第五条规定相应标准，即施工部分估算价达到400万元以上，或者货物部分达到200万元以上，或者服务部分达到100万元以上，则整个总承包发包应当招标。

该通知提出要规范规模标准以下工程建设项目的采购，规定：“16号令第二条至第四条及843号文第二条规定范围的项目，其施工、货物、服务采购的单项合同估算价未达到16号令第五条规定规模标准的，该单项采购由采购人依法自主选择采购方式，任何单位和个人不得违法干涉；其中，涉及政府采购的，按照政府采购法律法规规定执行。国有企业可以结合实际，建立健全规模标准以下工程建设项目采购制度，推进采购活动公开透明。”该通知还提出要严格执行依法必须招标制度，明确：“各地方应当严格执行16号令和843号文规定的范围和规模标准，不得另行制定必须进行招标的范围和规模标准，也不得作出与16号令、843号文和本通知相抵触的规定，持续深化招标投标领域‘放管服’改革，努力营造良好市场环境。”

三、准确理解强制招标制度的几个问题

（一）强制招标制度普遍适用于工程建设项目但又不限于此

《招标投标法》第三条重点规定了工程建设领域强制招标的项目范围，但是强制招标的范围并不局限于工程建设项目领域，根据该条第三款规定：“法律或

者国务院对必须进行招标的其他项目的范围有规定的，依照其规定。”也就是说，法律或者国务院也可以对必须进行招标的其他项目的范围作出具体规定；强制招标的范围不限于工程建设项目。实际上，现行法律法规已将强制招标的范围扩大到科研课题、特许经营权、药品采购、城市基础设施投资、机电产品国际采购等领域，如原建设部发布的《前期物业管理招标投标管理暂行办法》（建住房〔2003〕130号）第三条规定：“住宅及同一物业管理区域内非住宅的建设单位，应当通过招投标的方式选聘具有相应资质的物业管理企业；投标人少于3个或者住宅规模较小的，经物业所在地的区、县人民政府房地产行政主管部门批准，可以采用协议方式选聘具有相应资质的物业管理企业。国家提倡其他物业的建设单位通过招投标的方式，选聘具有相应资质的物业管理企业。”《城镇燃气管理条例》第十四条第一款规定：“政府投资建设的燃气设施，应当通过招标投标方式选择燃气经营者。”

根据《机电产品国际招标投标实施办法（试行）》第六条规定，通过招标方式采购原产地为中国关境外的机电产品，属于下列情形的必须进行国际招标：（一）关系社会公共利益、公众安全的基础设施、公用事业等项目中进行国际采购的机电产品；（二）全部或者部分使用国有资金投资项目中进行国际采购的机电产品；（三）全部或者部分使用国家融资项目中进行国际采购的机电产品；（四）使用国外贷款、援助资金项目中进行国际采购的机电产品；（五）政府采购项目中进行国际采购的机电产品；（六）其他依照法律、行政法规的规定需要国际招标采购的机电产品。已经明确采购产品的原产地在中国关境内的，可以不进行国际招标。

招标投标是政府采购项目的主要采购方式。根据《政府采购法》第二条、第二十七条、第二十九条至第三十二条规定，各级国家机关、事业单位和团体组织，使用财政性资金采购依法制定的集中采购目录以内的或者采购限额标准以上的货物、工程和服务项目，分别达到国务院或省、自治区、直辖市人民政府规定的数额标准的，采用公开招标方式，符合下列情形之一的货物或者服务，可以依法采用邀请招标方式采购：（一）具有特殊性，只能从有限范围的供应商处采购的；（二）采用公开招标方式的费用占政府采购项目总价值的比例过大的。符合下列情形之一的货物或者服务，可以依法采用竞争性谈判方式采购：（一）招标后没有供应商投标或者没有合格标的或者重新招标未能成立的；（二）技术复杂或者性质特殊，不能确定详细规格或者具体要求的；（三）采用招标所需时间不能满足用户紧急需要的；（四）不能事先计算出价格总额的。符合下列情形之一的货物或者服务，可以依法采用单一来源方式采购：（一）只能从唯一供应商处采购的；（二）发生了不可预见的紧急情况不能从其他供应商处采购的；（三）必须保证原有采购项目一致性或者服务配套的要求，需要继续从原供应商处添购，且添购资金总额不超过原合同采购金额 10% 的。另外，采购的货物规格、标准统一、现货货源充足且价格变化幅度小的政府采购项目，可以依法采用询价方式采购。也就是说，对政府采购货物和服务项目，国家或地方分别制定公开招标的数额标准，达到该数额标准的项目，应当公开招标，但因特殊情况需要采用公开招标以外的采购方式的，应当在采购活动开始前获得设区的市、自治州以上人民政府采购监督管理部门的批准。

根据《国务院办公厅关于印发中央预算单位政府集中采购目录及标准（2020 年版）的通知》（国办发〔2019〕55 号），政府采购货物或服务项目，单项采购金额达到 200 万元以上的，必须采用公开招标方式。政府采购工程以及与工程建设有关的货物、服务公开招标数额标准按照国务院有关规定执行。各省、自治区、直辖市人民政府也规定了本省（自治区、直辖市）政府采购货物、服务项目公开招标的采购限额标准，如《上海市财政局关于发布〈上海市 2019—2020 年政府采购集中采购目录和采购限额标准〉的通知》（沪财采〔2018〕25 号）规定，本市政府采购货物或服务类项目公开招标数额标准为 400 万元，政府采购工程以及与工程建设有关的货物、服务，其公开招标数额标准按照《必须招标的工程项目规定》（国家发展改革委令第 16 号）执行。

相关案例 1-9　公开招标项目不得采用竞争性谈判方式采购[①]

项目业主某区园林局委托招标公司就城区道路整治项目通过竞争性谈判方式

① 本案例素材来源于中国裁判文书网，（2014）民一终字第 302 号民事判决书。

选择施工单位，《竞争性谈判文件》载明：本工程估算投资约2.2亿元，通过竞争性谈判确定中标人；本工程采用二次报价的方式进行，即在第一轮公开报价后，将竞标人的竞标文件交由谈判小组，先对各竞标人的资格审查和技术部分进行审查，审查合格的，由谈判小组所有成员集中与单一竞标人分别就价格等进行谈判，谈判结束后，由参与谈判的各竞标人在规定时间内进行最后报价，以此报价作为评分依据。

2011年3月24日，铺道工程公司等3家公司参加了竞争性谈判。经过两轮报价（谈判），评标专家最终认为铺道工程公司满足招标文件的要求，推荐其为中标候选人。2011年4月8日，某区园林局向铺道工程公司发出《中标通知书》，确定铺道工程公司为中标人。2011年4月10日，某区园林局与铺道工程公司签订了《工程合同》，约定由铺道工程公司承担某城区道路整治项目工程的建设工作；工程估算投资约为2.2亿元。后，铺道工程公司按约履行，2012年4月28日工程通过竣工验收交付使用。

按照《工程合同》的约定，某区园林局应当于2013年4月28日前支付工程合同款。因某区园林局未能履行上述支付义务，铺道工程公司提起诉讼，请求法院判令某区园林局立即向铺道工程公司支付工程合同款98690466.15元以及自2013年4月29日起至工程合同款付清之日止的资金占用损失。

法院经审理认为：（一）《工程合同》属无效合同。理由：本案争议的某区城区道路整治项目属于采用国家财政资金投入、关系公共利益的基础设施建设且总投资额远远超过3000万元，故依据《工程建设项目招标范围和规模标准规定》（2018年6月1日起执行《必须招标的工程项目规定》和《必须招标的基础设施和公用事业项目范围规定》），依法必须采取招标方式确定建设单位。但从本案项目竞标报价过程来看，采用了《政府采购法》中规定的竞争性谈判方式。根据《政府采购法》第二十七条规定，因特殊情况需要采用公开招标以外的采购方式的，应当在采购活动开始前获得设区的市、自治州以上人民政府采购监督管理部门的批准。而并无证据证明本案项目已经获得政府批准可以采取竞争性谈判方式确定实施单位。因此，因某区园林局将本应采取招标方式的项目通过竞争性谈判方式选定铺道工程公司为中标人，但并未举示已获得政府采购监督管理部门批准的相应证据，故《工程合同》无效。

（二）某区园林局应向铺道工程公司支付工程合同款及资金占用损失。理由：虽然《工程合同》无效，但根据《最高人民法院关于审理建设工程施工合同纠纷案件适用法律问题的解释》第二条［现《最高人民法院关于审理建设工程施工合同纠纷案件适用法律问题的解释》（一）第二十四条］规定，建设工程施工合同无效，但建设工程经竣工验收合格，承包人请求参照合同约定支付工程价款的，应予支持。本案中，根据《工程合同》的约定，某区园林公司应向铺道工程公司支付工程合同款98690466.15元。且因某区园林局未在2013年4月29日前向铺道工程公司支付该款，应当向铺道工程公司承担资金占用损失。

综上，法院判决：某区园林局支付铺道工程公司工程合同款98690466.15元，并以该金额为基数，自2013年4月29日起至前述款项付清之日止，按照中国人民银行同期同类贷款利率向铺道工程公司支付资金占用损失。

（二）不在强制招标项目范围内的采购项目也可以招标

不在《招标投标法》、其他法律以及行政法规、部门规章规定的必须招标的项目范围之内的采购项目（亦简称为“非强制招标项目”），不要求必须招标。采购人可以根据市场竞争状态、项目特点、采购目标等因素自主决定是否采用招标方式采购，这属于采购人的经营自主权，法律不予干涉。常见的采购方式有公开招标、邀请招标、竞争性谈判、询价、单一来源采购、竞争性磋商、反向竞拍等。如果采购人选择以招标方式采购的，应当遵照《招标投标法》的规定执行。

相关案例 1-10　**非强制招标项目可自主选择采购方式**①

建筑公司与制造公司签订《建设工程承包合同》，约定：制造公司（民营企

① 本案例素材来源于中国裁判文书网，（2013）鄂荆州中民一初字第00007号民事判决书。

业）经议标将其新建厂房工程发包给建筑公司施工。工程完工后，建筑公司办妥房产证，但制造公司未支付工程款余款。建筑公司起诉，请求法院判决《建设工程承包合同》合法有效，制造公司向其支付工程款及逾期损失。

法院认为：根据《招标投标法》第三条及《工程建设项目招标范围和规模标准规定》第二条规定，案涉工程为新建厂房，并不属于关系社会公共利益、公众安全的基础设施或公用事业项目，不属于依法必须进行招标的工程建设项目（2018 年 6 月 1 日起执行《必须招标的工程项目规定》和《必须招标的基础设施和公用事业项目范围规定》）。双方签订的《建设工程承包合同》《补充协议》是双方的真实意思表示，未违反法律、行政法规的强制性规定，制造公司也未提交证据证明存在《合同法》第五十二条（现《民法典》第一百五十三条、第一百五十四条）规定的合同无效情形之一，因此前述合同、协议合法有效。制造公司未按合同约定支付欠付工程款构成违约，应当按约定支付利息。综上，法院判决:《建设工程承包合同》合法有效；制造公司向建筑公司给付工程款 819 万元及 654 万元的逾期利息。

（三）强制招标项目不招标的法律后果

对于列入强制招标项目范围内的项目，非有法定情形，必须通过招标方式采购。强制招标的项目不招标的，视为“规避招标”，应承担相应法律责任。《招标投标法》第四十九条规定:“违反本法规定，必须进行招标的项目而不招标的，将必须进行招标的项目化整为零或者以其他任何方式规避招标的，责令限期改正，可以处项目合同金额千分之五以上千分之十以下的罚款；对全部或者部分使用国有资金的项目，可以暂停项目执行或者暂停资金拨付；对单位直接负责的主管人员和其他直接责任人员依法给予处分。”《民法典》第一百五十三条第一款规定:“违反法律、行政法规的强制性规定的民事法律行为无效。但是，该强制性规定不导致该民事法律行为无效的除外。”《最高人民法院关于审理建设工程施工合同纠纷案件适用法律问题的解释（一）》（法释〔2020〕25 号）第一条第一款规定:

“建设工程施工合同具有下列情形之一的，应当依据民法典第一百五十三条第一款的规定，认定无效：……（三）建设工程必须进行招标而未招标或者中标无效的”。因此，强制招标的项目，未经招标即发包的，该民事行为无效，所签合同亦无效。

相关案例 1-11　强制招标项目未招标所签订合同无效①

2011 年 4 月 21 日，某县人民政府与实某集团达成协议，同意由实某集团代建廉租住房、公共租赁住房和限价商品住房，实某集团将其作为国际时代项目工程组织开发。

2011 年 6 月 1 日，建筑公司给实某集团出具投标保证金约定确认书，载明建筑公司就国际时代项目工程施工投标并交纳投标保证金 10 万元。6 月 17 日，双方签订《工程施工协议书》，约定实某集团确保将其开发的国际时代小区五标段 6 栋楼施工工程承包给建筑公司；建筑公司支付给实某集团履约保证金 500 万元；如实某集团不能让建筑公司在 8 月 15 日前正式开工建设，则无条件退还 500 万元，如不能返还则按每日万分之六支付违约金；若实某集团收到保证金后无法提供本项目工程给建筑公司承包施工或由第三方施工，视为严重违约，应返还建筑公司履约保证金并支付履约保证金 10% 的罚金。施工协议签订后，建筑公司向实某集团支付了 500 万元，后实某集团因故未能进行协议所涉工程项目的开发，建筑公司亦未能施工，实某集团将该 500 万元退还给建筑公司。建筑公司起诉要求实某集团支付违约金。

法院认为：（一）关于《工程施工协议书》的效力问题。根据双方所签施工协议约定的工程内容及规模，该建设工程项目属于必须招投标的工程范围。案涉工程公开招标，发布了招标公告，建筑公司交纳了投标保证金，但是无证据表明其提交了投标文件，也没有开标、评标等程序，没有发出中标通知书，签订的《工程施工协议书》也没有在相关部门备案，由此分析案涉工程实质上并未进行招投

① 本案例素材来源于中国裁判文书网，（2014）青民一终字第 64 号事判决书。

标。此外，《工程施工协议书》由实某集团“确保”建筑公司承包工程、“甲方无法提供本工程给乙方承包施工或发生本项目工程及所属地块由第三方施工……”的约定，也说明没有进行招投标即签订施工协议。综上，案涉工程为必须进行招投标的工程，但双方未经过招投标程序即签订了《工程施工协议书》，违反了法律强制性规定中的效力性规定，协议应为无效。

（二）关于建筑公司要求实某集团支付违约金、罚金的请求能否成立的问题。因《工程施工协议书》无效，导致违约条款亦无效，其后果是在当事人之间产生返还财产及赔偿损失的请求权，不存在追究违约责任的问题，建筑公司不能主张违约金、罚金。协议无效后实某集团已经返还了500万元保证金，但其自2011年6月即占用建筑公司500万元至2012年9月才陆续还清，由此确实会产生占用资金的损失，且实某集团在协议无效的问题上有较大过错，由其赔偿一定的费用较为合理，故酌情认定实某集团赔偿建筑公司占用资金的经济损失20万元。

综上，法院判决实某集团赔偿建筑公司经济损失20万元，驳回其他诉讼请求。

（四）施工总承包单位工程分包应否招标

关于分包项目是否需要招标，目前我国法律、行政法规没有明确的强制性规定。有个别省市出台了地方性规定要求一定规模的分包项目需要招标，如《重庆市房屋建筑和市政工程施工分包招标投标管理办法》、已失效的《北京市建设工程施工分包招标投标管理办法》。

应否招标，我们可以从以下几方面分析：

第一，《招标投标法》建立的工程建设项目强制招标制度，主要针对工程建设单位发包工程。工程承包单位承揽工程后再作为招标人分包，也不符合《工程建设项目施工招标投标办法》规定的“工程施工招标人”和《建筑法》规定的“建设单位”的条件，该办法也没有规定分包工程必须招标。

第二，《建筑法》只规定工程建设单位发包工程需要招标，未规定工程承包单位分包工程需要招标。《建筑法》第十九条规定：“建筑工程依法实行招标发包，对不适于招标发包的可以直接发包。”第二十一条规定:“建筑工程招标的开标、评标、定标由建设单位依法组织实施，并接受有关行政主管部门的监督。”第二十二条规定:“建筑工程实行招标发包的，发包单位应当将建筑工程发包给依法中标的承包单位。建筑工程实行直接发包的，发包单位应当将建筑工程发包给具有相应资质条件的承包单位。”这些条款都只是规定了发包工程需要建设单位依法招标。《建筑法》第二十九条第一款规定“建筑工程总承包单位可以将承包工程中的部分工程发包给具有相应资质条件的分包单位”，但是本条和该法其他条款以及其他建筑法规和规章均没有规定工程分包也必须要招标。

第三,《招标投标法实施条例》第二十九条第一款只是规定:“......以暂估价形式包括在总承包范围内的工程、货物、服务属于依法必须进行招标的项目范围且达到国家规定规模标准的，应当依法进行招标。”并未要求暂估价部分以外的工程分包也应当招标。

第四,《房屋建筑和市政基础设施项目工程总承包管理办法》(建市规〔2019〕12号)第二十一条明确规定:“工程总承包单位可以采用直接发包的方式进行分包。但以暂估价形式包括在总承包范围内的工程、货物、服务分包时，属于依法必须进行招标的项目范围且达到国家规定规模标准的，应当依法招标。”《国务院办公厅关于促进建筑业持续健康发展的意见》(国办发〔2017〕19号)也规定:“除以暂估价形式包括在工程总承包范围内且依法必须进行招标的项目外，工程总承包单位可以直接发包总承包合同中涵盖的其他专业业务。”

综上，工程承包单位分包工程(暂估价项目除外)不在依法必须招标项目之列，可以自行决定采用招标方式或竞争性谈判等非招标采购方式确定工程分包单位。承包人中标后，如要求其对工程分包再履行招标程序，不符合当前政府部门“放管服”改革、放宽强制招标项目范围的初衷，实则也干涉承包人的经营自主权，影响其工期。

实践中，投标人可以通过竞争性谈判等方式确定分包人，或通过与分包人组成联合体形式投标，这样就可以事先与该分包人确定附以其中标为生效条件的分包合同，将该分包合同附在投标文件中参与投标，这样招标人已经掌握分包情况，也有利于招标人、投标人控制分包风险。

相关案例 1-12　　中标人分包工程及采购设备是否还需要招标

关于中标人分包工程及采购设备应否招标问题的两例裁判观点：

（2018）最高法民终1108号民事裁定书：最高人民法院认为，《招标投标法》第三条规定了必须进行招标的项目，本案项目系该条第（一）项“大型基础设施、公用事业等关系社会公共利益、公众安全的项目”情形，须进行招投标。案涉《总承包合同》是西部中某公司经招投标程序后签订的，符合上述法律规定。案涉分包合同没有超出总包合同的内容，不改变总承包人的责任，西部中某公司作为承包人对发包人桂某公司就案涉项目的工程质量负责，分包合同不经招投标签订，并不影响保障工程质量、维护公共利益的立法目的实现。

（2012）成民终字第5947号民事判决书：成都市中级人民法院认为，本案中，某科大综合实验楼工程系国家100%投资工程建设项目，建设资金来自国家灾后重建资金，某科大已依照招标程序将其综合实验楼工程总体发包给某工业公司。而案涉《买卖合同》是某工业公司作为承包人为履行其与某科大之间的《建设工程施工合同》所进行的采购行为，工程必须进行招标并不等同于工程施工中所需的材料也必须进行招标；且某科大与某工业公司签订的《建设工程施工合同》第三部分专用合同条款约定，案涉某科大综合实验楼项目所需的设备、材料均由承包方自行提供，发包方并不负责采购，故某工业公司购买上述设备、材料依法不属于必须进行招标的项目。

四、强制招标制度的例外

“没有没有例外的法律规定”，凡是法律都会有例外规定。同样，《招标投标法》中也有一些例外规定，如属于前述规定范围内的依法必须招标的项目，如出现客观上不可能或者不适宜进行招标的特殊情形之一的，也可以不进行招标。

（一）《招标投标法》规定的可以不招标情形

根据《招标投标法》第六十六条规定，涉及国家安全、国家秘密、抢险救灾或者属于利用扶贫资金实行以工代赈、需要使用农民工等特殊情况，不适宜进行招标的项目，按照国家有关规定可以不进行招标。

其中，涉及国家安全和国家秘密的项目，其本身有保密性要求，客观上不允许将项目的相关情况予以公开让社会公众普遍知晓，故这类项目显然不适宜采用招标方式。

抢险救灾项目时限性强，特别强调采购效率，强调对社会公共利益的及时救济，故不适宜采用招标方式。类似也有其他因采购任务紧急来不及正常办理招标手续，采购效率是第一位的考虑因素，这种情形下通常也可不进行招标。

扶贫资金中的以工代赈资金用途是特定的，只能用于向参加有关项目建设的贫困地区的农民群众支付劳动报酬。使用以工代赈资金建设的项目，应按规定使用特定贫困地区的农民工，不能通过招标投标方式选择其他人中标承包。

相关案例 1-13　涉密工程建设项目不适宜进行招标的可以不招标①

招标公司接受某机关委托就涉密工程某宾馆翻建工程项目邀请招标，其发布的《灯具采购及安装招标文件》规定：不接受逾期送达或不符合规定的投标文件；投标人须具有国家相关部门认定的设计、制造与招投标设备相同、相近设备资质，并具有生产、销售与本项目类似设备的业绩。

招标人向照明公司、灯饰公司及安装公司 3 家均递交了投标文件。经评标委员会评审，由于安装公司的投标文件中存在不合格文件，未能通过初步评审，导致有效投标人不足 3 家，评标委员会否决了全部投标，第一次招标失败。第二次招标时，仍邀请上述 3 家公司投标。2013 年 10 月 21 日投标截止时，照明公司未按时递交投标文件，实际投标人不足 3 家。招标人决定改采用竞争性谈判方式

① 本案例素材来源于裁判文书网，（2014）海民初字第 5740 号民事判决书。

采购。招标公司再次邀请此3家公司参与竞争性谈判，均提交了相应文件。竞争性谈判小组推荐照明公司为第一成交供应商。2013年11月8日，招标公司向照明公司发出《签约通知书》。灯饰公司认为照明公司规模太小，不具有履约能力，且第二次招标故意迟到，与招标公司之间弄虚作假、串通招投标；招标公司擅自变更采购方式违法，给其造成严重损害，请求法院判令照明公司中标无效，并赔偿其直接经济损失5万元。

法院认为：第一，灯饰公司主张照明公司在没有投标权利、不符合中标条件的情况下参与了第二次投标和竞争性谈判并中选，招标公司同意照明公司参与第二次投标和竞争性谈判并确定其为成交供应商，二者存在串通行为。对此照明公司、招标公司均予以否认。法院注意到，灯饰公司主张照明公司两次报价差异大，对照明公司资质、经营能力提出质疑，认为其没有投标权利，但未提交充分证据予以证明。照明公司在第二次投标中迟到，但亦没有证据显示系故意所为。相关法律法规中并未规定递交投标文件迟到会影响投标权利。因此，灯饰公司主张照明公司有不正当竞争行为，缺乏事实和法律依据。第二，本案证据显示，涉案项目经两次招标、一次竞争性谈判及确定成交单位等程序，招标公司均按照招标人的意见执行。至于灯饰公司提出变更招标方式，非招标公司行为，且因涉案项目为涉密工程，非必须要招标的项目，并无法律法规明确规定此类项目变更招标方式需要履行相关强制性要求。另外，灯饰公司也未能提交证据证明照明公司与招标公司存在串通行为。故灯饰公司主张招标公司存在不正当竞争行为，亦缺乏事实和法律依据。综上，法院判决驳回灯饰公司的全部诉讼请求。

（二）《招标投标法实施条例》规定的可以不招标情形

根据《招标投标法实施条例》第九条第一款规定，有下列情形之一的，可以不进行招标：

1. 需要采用不可替代的专利或者专有技术。专利（含发明专利、实用新型专利和外观设计专利）或者专有技术（又称“技术秘密”或者“技术诀窍”）具有独占性，决定了特定的专利或者专有技术只能由1家或少数几家特定的单位提供，即使通过招标也无法吸引广泛的竞争，一般无法通过招标选择项目供应商或承包人。

2. 采购人依法能够自行建设、生产或者提供。此处的“采购人”可以是符合民事主体资格的法人、非法人组织，包括其分公司，但不包括采购人的母公司或子公司，而且该采购人自身具有工程建设、货物生产或者服务提供的资格和能力（如具有相应工程施工企业资质、装备、人员等），但是法律有限制性规定的除外（如承包工程施工的企业不得同时承担工程监理服务）。

3. 已通过招标方式选定的特许经营项目投资人依法能够自行建设、生产或者提供。特许经营项目，是指政府将公共基础设施和公用事业的特许经营权出让给投资人并签订特许经营协议，由其组建项目公司负责投资、建设、经营的项目，如依据《市政公用事业特许经营管理办法》和《经营性公路建设项目投资人招标投标管理规定》进行市政公用事业和经营性公路等的特许经营。这种情形有两点需要注意，一是特许经营项目的投资人是通过招标而不是竞争性谈判、单一来源等非招标方式确定的。二是特许经营项目的投资人（而非投资人组建的项目法人）依法能够自行建设、生产和提供。

4. 需要向原中标人采购工程、货物或者服务，否则将影响施工或者功能配套要求。这是规定了原中标项目可以不进行招标而继续追加采购的情形，应当正确把握以下三个方面：一是原项目是通过招标确定了中标人，因客观原因需要向原合同中标人追加采购工程、货物或者服务。二是如果不向项目原中标人追加采购，必将影响工程项目施工或者产品使用功能的配套要求。三是原项目中标人必须具有依法继续履行新增项目合同的资格和能力。[①] 还有一点需要注意，影响施工的追加合同是在原合同履行中的新增项目，影响功能配套要求的合同可能是在原合同履行中的新增项目，也可能是原合同已经结束后的新增项目。[②]

5. 国家规定的其他特殊情形。除上述国家法律、行政法规已列举的不适宜招标的项目外，全国人民代表大会及其常委会制定的法律、决议，国务院制定的行

① 国家发展和改革委员会法规司、国务院法制办公室财金司、监察部执法监察司编著:《中华人民共和国招标投标法实施条例释义》，中国计划出版社 2012 年版，第 29 页。

② 李显冬主编:《〈中华人民共和国招标投标法实施条例〉条文理解与案例适用》，中国法制出版社 2013 年版，第 52 页。

政法规、决定、规范性文件以及国务院有关部门制定的规章等对于不适宜招标的项目可不进行招标。另有规定的，按这些规定执行，但不包括地方政府的规定，因其不属于国家层面的规定。

（三）部门规章规定的可以不招标情形

对于本应依法必须招标的项目有特殊情况又可以不招标的具体情形，部门规章针对不同类别的采购项目也另有更具体的规定。

例如，《工程建设项目勘察设计招标投标办法》第四条规定："按照国家规定需要履行项目审批、核准手续的依法必须进行招标的项目，有下列情形之一的，经项目审批、核准部门审批、核准，项目的勘察设计可以不进行招标：（一）涉及国家安全、国家秘密、抢险救灾或者属于利用扶贫资金实行以工代赈、需要使用农民工等特殊情况，不适宜进行招标；（二）主要工艺、技术采用不可替代的专利或者专有技术，或者其建筑艺术造型有特殊要求；（三）采购人依法能够自行勘察、设计；（四）已通过招标方式选定的特许经营项目投资人依法能够自行勘察、设计；（五）技术复杂或专业性强，能够满足条件的勘察设计单位少于三家，不能形成有效竞争；（六）已建成项目需要改、扩建或者技术改造，由其他单位进行设计影响项目功能配套性；（七）国家规定的其他特殊情形。"

相关案例 1-14　追加工程设计项目可不招标

某道路工程项目在施工过半时，需调整部分原设计，增加新建内容，追加投资 5000 多万元。建设单位以原设计单位继续设计更有利于项目实施，可以减少设计收费为由，提出追加项目的设计不招标的申请，有关部门予以核准。相应地，与原来施工、监理以及设备材料供应商签订的合同也直接予以变更。

经有关部门核准后某道路工程追加项目设计不招标是正确的。《工程建设项目勘察设计招标投标办法》第四条第（六）项规定，已建成项目需要改、扩建或者技术改造，由其他单位进行设计影响项目功能配套性的，可以不进行设计招标。虽然本项目不是已建成项目，但根据实际情况，可适用该条规定，而且已经报请有关审批部门核准。

本案的复杂性在于，原设计单位不是通过招标投标选择的，这能否成为要求追加项目必须进行招标投标的理由？笔者认为，并非当然成为理由。如原设计单位能胜任设计工作，履约良好，原设计费用没有高于市场价，可以继续由其完成追加项目的设计工作。否则，建设单位可以考虑招标选择新设计单位。应当注意的是，由原设计单位继续完成追加设计任务，一般情况下设计质量和收费等不能高于原先承诺的合同条件。否则，有可能性质发生改变，构成规避招标。另外，对于追加项目部分的施工、监理以及设备材料采购等项目，未经原核准部门核准同意不招标，如果达到招标规模标准的，应当依法公开招标，直接与原承包商（供应商）变更合同是没有依据的。

《工程建设项目施工招标投标办法》第十二条规定："依法必须进行施工招标的工程建设项目有下列情形之一的，可以不进行施工招标：（一）涉及国家安全、国家秘密、抢险救灾或者属于利用扶贫资金实行以工代赈需要使用农民工等特殊情况，不适宜进行招标；（二）施工主要技术采用不可替代的专利或者专有技术；（三）已通过招标方式选定的特许经营项目投资人依法能够自行建设；（四）采购人依法能够自行建设；（五）在建工程追加的附属小型工程或者主体加层工程，原中标人仍具备承包能力，并且其他人承担将影响施工或者功能配套要求；（六）国家规定的其他情形。"

《机电产品国际招标投标实施办法（试行）》第七条规定："有下列情形之一的，可以不进行国际招标：（一）国（境）外赠送或无偿援助的机电产品；（二）采购供生产企业及科研机构研究开发用的样品样机；（三）单项合同估算价在国务院规定的必须进行招标的标准以下的；（四）采购旧机电产品；（五）采购供生产配套、维修用零件、部件；（六）采购供生产企业生产需要的专用模具；（七）根据法律、行政法规的规定，其他不适宜进行国际招标采购的机电产品。招标人不得为适用前款规定弄虚作假规避招标。"

第九节　招标投标法律风险概述

招标投标活动本身就是一系列复杂、特殊的企业经营行为、法律行为的组合，其牵涉的法律主体和法律关系众多。有行政监督部门与招标人、投标人之间的行政管理关系，有招标人与投标人之间的民事交易关系，有招标人与招标代理机构之间的民事代理关系，其法律责任相应也呈多样性。招标投标程序比较烦琐，涉及要约邀请、要约、承诺、中标与签订合同等采购程序。可以说，招标投标每一个细节、每一个步骤都有风险与之相伴，稍有不慎，就可能会出现经营上的失误甚至触及法律的“雷区”和纪律的“红线”，给企业带来重大损失甚至灭顶之灾。

一、招标投标风险的表现

招标投标风险主要表现为决策风险、技术风险、自然环境风险、政策社会风险、企业运营管理风险、市场风险、组织协调风险以及法律风险等，这些风险大多都是可以预测、预防和控制的。如果企业忽视上述风险，缺乏有效应对措施，则将可能承担不利后果。

（一）决策风险

企业因不熟悉国内外宏观经济政策以及经济运行情况、本行业现状、国家产业政策、市场对本企业产品或服务的需求、企业主要客户、供应商、竞争对手的有关情况以及与主要竞争对手的实力差距，对本企业发展战略和规划、投融资计划、经营目标等信息掌握不全面、不准确或不及时引起的在招标或者投标中作出决策时失误，导致不利后果发生，如对未核准、资金不到位的项目进行招标，不论对于招标人还是投标人都有很大风险。

（二）技术风险

技术方案是招标的先决条件，没有一个完整可行的技术方案，就无从谈及招标，因此招标之前应尽量完善技术方案，避免因技术上的不确定性带来的风险。采购结果与采购预期目标差距较大的失败案例比比皆是，主要原因就是技术方案不合理或有遗漏、错误导致的。

（三）自然及环境风险

自然及环境风险，包括洪水、地震、火灾等不可抗力以及不明的水文气象条件、复杂的工程地质条件等影响项目实施的风险因素。特别是建设工程项目招标，起草招标文件时应充分考虑这些自然因素，并要求投标人予以关注和重视，在投标时应充分考虑招标项目涉及的相关因素。例如，因强降雨航班取消导致的不能及时赶到投标地点导致的投标失败即常见情形。

（四）政策社会风险

主要是由于国家产业政策调整、发生重大社会事件等影响招标投标活动顺利进行的外在因素，如某工程招标工作已经开始，但此时国家要求主设备必须实现国产化或者国产化率达到一定比例，导致已经进行的招标必须中止或变更引起的损失，或者拆迁赔偿难度大等直接导致项目搁置、延期甚至取消等潜在风险，这样的风险往往是难以预防的。

（五）运营管理风险

企业组织效能、管理理念、企业文化、人员结构与素质、业务流程等因素直接决定着企业的经营管理水平，决定着招标或投标工作的效率与结果，如在决定是否投标时如果企业管理效率低、内部各组织间互相推诿扯皮，管理环节多，极容易贻误时机而失去投标机会或者不能编制出高质量的投标文件。人力资源也是企业的重要资源，其中参与招标投标活动的人员形形色色，招标人、招标代理机构或者投标人的人员在招标投标过程中违规操作难以避免，直接影响招标投标的公正性和合法性，最终也极有可能影响招标项目的正常实施。

（六）市场风险

市场竞争状况、市场营销策略、材料设备的市场供求关系及价格变化、主要客户、主要供应商的信用情况都直接影响着招标的成败，如在招标中遇设备材料价格上涨，就将直接增加招标项目成本，因此应采取适当的招标投标策略。

（七）组织协调风险

招标投标工作需要招标人事前周密安排，需要招标人与投标人的通力协作，招标方案设计合理、招标投标程序设置规范，将增加招标投标的成功概率，反之则影响招标工作效率和项目进展。

（八）法律风险

主要表现在招标人或投标人不熟悉国内外与本企业或招标项目相关的社会、法律环境或影响企业的法律法规和政策而导致招标投标工作的失误；因招标投标法律法规的不确定性或者变动导致的风险、招标人或投标人未完全依照招标投标法律法规规范操作导致的风险、政府部门的不作为或者非法干预导致的风险等，都将直接影响着招标投标活动的合法性和程序的规范性。另外，招标结束后签订的合同是全面反映招标投标结果最重要的法律文件，在起草合同时就应注意全面考虑招标项目风险因素，做到条款完备、表述清晰、权责明确，否则可能因合同内容的不完备、不尽合理而给招标人或投标人带来重大损失。

招标投标工作中时时处处都有可能发生风险。存在风险并不可怕，关键是招标人、投标人要对收集、掌握的各类信息进行必要的筛选、提炼、对比、分类、组合，以便进行风险评估，进而采取各种预防措施防范风险扩大或者带来损失和不利影响。

二、招标投标主要环节的法律风险

招标投标需要经过招标、投标、开标、评标、定标和商签合同等几个环节。这些程序有的由招标人或投标人单方面组织进行，有的则由招标人和投标人双方共同参加，协作完成。招标投标过程中各个环节都潜藏着法律风险，稍有不慎，就极有可能违反招标投标法律法规，严重的将影响招标投标活动的顺利进行和招标项目的进度，给招标人或者投标人带来一定经济损失。

（一）招标阶段的主要法律风险点

招标是招标人希望他人根据公开的招标文件向自己投标的意思表示，是招标人单独所作的行为。

从发出招标公告开始至投标截止时间为止，这段时间属于要约邀请阶段，招标人需要发布招标公告、发售招标文件，并在不违背诚实信用原则的前提下，可以对招标文件进行补充、修改，甚至撤销招标公告，此时潜在投标人已经为投标做了准备，招标人因此如给潜在投标人造成损失的，无须承担违约责任，但可能产生缔约过失责任。根据《民法典》第五百条规定，当事人在订立合同过程中如果假借订立合同，恶意进行磋商，故意隐瞒与订立合同有关的重要事实或者提供虚假情况，或有其他违背诚实信用原则的行为给对方造成损失的，应当承担损害赔偿责任。因此，招标阶段，招标人是否承担法律责任，关键在于招标人是否有违背诚实信用原则的行为，主要是招标人在招标公告、招标文件中如果有倾向性或限制性条款，将可能侵害潜在投标人的合法利益，由此导致被投诉甚至要承担相应的法律责任。

（二）投标阶段的主要法律风险点

投标是投标人响应招标，向招标人提交投标文件，希望中标的意思表示，是投标人单独所作的行为。

投标是不可撤销的要约。在投标有效期内，投标文件是不允许撤销的，如果投标人此时撤销，必然给招标人带来风险，甚至导致招标工作被迫停止（如因某一投标人撤销投标文件，不足 3 家投标而导致招标失败）。投标人对其投标行为要慎重决策，认真制作投标文件，按规定地点与时间投标，特别是要注意响应招标文件的各项要求，防止投标无效、失标等风险。投标人为了谋求中标，经常发生串标围标、低价抢标后抬高报价的行为，给招标人造成很大损失，对此招标人要积极采取防范对策。投标文件的内容就是潜在的合同内容，不允许投标人也不允许中标人在此过程中出尔反尔，作实质性变更。这些都给招标投标当事人带来一定风险，招标人和投标人都应予以重视。

（三）开标阶段的主要法律风险点

开标是招标投标的重要程序，就是招标人在规定的时间和地点，在招标人或招标代理机构的主持下，邀请各投标人参加，当众公开拆封投标文件（包括投标函件），宣布投标人的名称、投标报价及投标保函等投标文件主要内容的过程。

开标由招标人组织。开标仪式应当在招标文件确定的提交投标文件截止时间的同一时间公开进行；开标地点应当为招标文件中预先确定的地点。开标需要公布所有已接收的投标文件。若有一个投标人的投标文件被开封宣读之后，就不能再允许投标人改变其投标。但实践中经常发生招标人不在事前规定的地点和时间开标，可能导致部分潜在投标人不能在投标截止时间前到指定地点递交投标文件而失去投标资格，也存在开标程序不规范等问题。

（四）评标阶段的主要法律风险点

评标就是招标人根据招标文件确定的评标标准和方法，对所有投标人所报送的投标文件进行审查和比较，对项目报价、质量、工期、技术参数等条件等进行评审、分析和比较，以选出最满意的中标人的过程。

评标过程必须在保密环境下开展，要求评标委员会必须客观公正地评价每一份已经开标的投标文件，对所有投标人一视同仁，不得有倾向性或者违反公平、公正原则的行为，否则导致评标结果不公。评标过程中经常出现不按既定评标标准和方法评标、评委偏袒或倾向于某一投标人，违规评标、错误否决投标、评标人干预评标等违纪违规行为，损害招标人或投标人利益。

（五）定标阶段的主要法律风险点

定标是指招标人在评标的基础上，根据评标报告推荐意见最终确定中标人，或者评标委员会根据授权直接确定中标人的行为，也称“决标”“授标”，这也是招标人的单独行为。

定标的结果是招标人向中标人发出中标通知书，双方都有义务按照招标投标结果签订合同。招标人把自己确定中标人的决定书面通知投标人，对中标的投标人而言是自己希望中标的愿望得以实现，即为“中标”。“确定中标人”不等于“确定合法的中标人”，只是说明招标人对评标委员会的选择符合招标要求的条件最优者（未必是报价最低者）作为中标人的建议作出了决定而已，招标投标活动的有效与否，与定标行为的合法性有关。在这一环节，主要存在定标迟延、违规定标、逾期发出中标通知书等问题，影响招标投标活动的有效性。

（六）合同订立阶段的主要法律风险点

签订合同习惯上也称“授予合同”，因为它实际上是由招标人将合同授予中标人并由双方签署的行为。签订合同是招标人与中标的投标人双方共同的行为。这一阶段，放弃中标、拒绝签约、转包、违法分包的现象时有发生，损害另一方当事人利益。

如前所述，招标投标过程（合同签订之前）就是要约邀请—要约—承诺的过程，招标人或投标人因违反诚实信用原则的行为必然导致缔约过失责任的承担。招标代理机构如果违规操作，对招标人要承担违约责任，对投标人也要承担侵权责任。可以说，招标投标过程主要是一个法律程序运转过程，必须严格按照法定程序规范操作，否则每个环节隐含的法律风险都将有可能变为现实，严重的将导致招标无效、投标无效、评标无效、中标无效并承担法律责任等后果。

2

第二章

招标阶段法律实务

第一节　招标项目应满足的先决条件

《招标投标法》第九条规定："招标项目按照国家有关规定需要履行项目审批手续的，应当先履行审批手续，取得批准。招标人应当有进行招标项目的相应资金或者资金来源已经落实，并应当在招标文件中如实载明。"《招标投标法实施条例》第七条规定："按照国家有关规定需要履行项目审批、核准手续的依法必须进行招标的项目，其招标范围、招标方式、招标组织形式应当报项目审批、核准部门审批、核准。项目审批、核准部门应当及时将审批、核准确定的招标范围、招标方式、招标组织形式通报有关行政监督部门。"据此可知，招标项目依法应具备的先决条件为：一是需要履行项目审批、核准手续的项目必须取得审批、核准文件；二是落实项目资金；三是报请核准招标方案。落实这些先决条件，是招投标活动合法有序开展的基础和前提。

一、项目审批、核准

（一）投资项目实行审批、核准或备案制度

我国对投资项目实行审批、核准或备案制度，这是一种行政许可，目的是确保投资项目符合国家法律法规、政策以及国家、行业发展规划。根据《国务院关于投资体制改革的决定》（国发〔2004〕20 号）规定，使用政府性资金投资建设的项目适用审批方式；对于企业不使用政府投资建设的项目，区别不同情况实行核准制和备案制。

关于需要审批的政府投资项目，按照《政府投资条例》（国务院令第 712 号）《中央预算内直接投资项目管理办法》《国家发展改革委关于审批地方政府投资项目的有关规定（暂行）》（发改投资〔2005〕1329 号）以及各地方政府出台的政府投资项目审批管理的有关程序和要求执行。

2016年11月30日，国务院发布第673号令《企业投资项目核准和备案管理条例》，这是我国固定资产投资领域第一部行政法规，专门规范政府对企业投资项目的核准和备案行为，事业单位、社会团体等非企业组织在中国境内投资建设的固定资产投资项目也适用本条例，但通过预算安排的固定资产投资项目除外。根据该条例规定，政府对关系国家安全、涉及全国重大生产力布局、战略性资源开发和重大公共利益等项目，实行核准管理，具体项目范围以及核准机关、核准权限依照政府核准的投资项目目录执行。目前，比较新的规定是国务院发布的《政府核准的投资项目目录（2016年本）》（国发〔2016〕72号）。企业投资建设目录以内的项目适用核准方式，由政府主管部门核准项目申请报告，如火电站（含自备电站）项目由省级政府核准，风电站项目由地方政府在国家依据总量控制制定的建设规划及年度开发指导规模内核准，核电站项目由国务院核准；目录外的项目，实行备案管理。事业单位、社会团体等投资建设的项目，也按照本目录执行。外商投资项目实行核准制。

（二）履行批准、核准程序后再行招标

招标项目需要事先报经审批、核准的，必须在项目主管部门批准、核准之后方可实施招标。《招标投标法》第九条明确规定，招标项目按照国家有关规定需要履行项目审批手续的，应当先履行审批手续，取得批准。在取得批准后，才可以招标。对于开工有要求的，还必须履行开工手续。实践中强制招标项目，以及虽然不属于强制招标项目，但属于政府平衡建设和生产条件的项目或者国家限制发展的项目，也需要按照规定办理报批手续。审批主要内容是立项（可行性）审批、投资规模审批、资金来源审批、安全性审批、环境保护审批等。

《招标投标法》第三条规定的依法必须招标的工程建设项目，都属基础设施、公用事业等关系社会公共利益、公众安全的项目，全部或者部分使用国有资金投资或国家融资的项目，都是关系国计民生的重要项目，根据国家有关规定需要立项审批或核准，而且审批、核准工作应当在招标前完成。一般来说，这些项目主要报国家发展改革委和地方各级发展改革委等部门审批，有些重大项目还需报国务院批准。而且一般在办理项目审批、核准之前还要先取得环境保护、水利、国

土资源、规划等部门审核同意的支持性文件。

《政府核准的投资项目目录（2016 年本）》规定了政府核准的投资项目的 12 类具体项目范围（农业水利、能源、交通运输、信息产业、原材料、机械制造等）以及核准机关、核准权限。比如，有关能源项目的核准权限分别是：

水电站：在跨界河流、跨省（区、市）河流上建设的单站总装机容量 50 万千瓦及以上项目由国务院投资主管部门核准，其中单站总装机容量 300 万千瓦及以上或者涉及移民 1 万人及以上的项目由国务院核准。其余项目由地方政府核准。

抽水蓄能电站：由省级政府按照国家制定的相关规划核准。

火电站（含自备电站）：由省级政府核准，其中燃煤燃气火电项目应在国家依据总量控制制定的建设规划内核准。

热电站（含自备电站）：由地方政府核准，其中抽凝式燃煤热电项目由省级政府在国家依据总量控制制定的建设规划内核准。

风电站：由地方政府在国家依据总量控制制定的建设规划及年度开发指导规模内核准。

核电站：由国务院核准。

电网工程：涉及跨境、跨省（区、市）输电的 ±500 千伏及以上直流项目，涉及跨境、跨省（区、市）输电的 500 千伏、750 千伏、1000 千伏交流项目，由国务院投资主管部门核准，其中 ±800 千伏及以上直流项目和 1000 千伏交流项目报国务院备案；不涉及跨境、跨省（区、市）输电的 ±500 千伏及以上直流项目和 500 千伏、750 千伏、1000 千伏交流项目由省级政府按照国家制定的相关规划核准，其余项目由地方政府按照国家制定的相关规划核准。

煤矿：国家规划矿区内新增年生产能力 120 万吨及以上煤炭开发项目由国务院行业管理部门核准，其中新增年生产能力 500 万吨及以上的项目由国务院投资主管部门核准并报国务院备案；国家规划矿区内的其余煤炭开发项目和一般煤炭开发项目由省级政府核准。国家规定禁止建设或列入淘汰退出范围的项目，不得核准。

煤制燃料：年产超过 20 亿立方米的煤制天然气项目、年产超过 100 万吨的煤制油项目，由国务院投资主管部门核准。

液化石油气接收、存储设施（不含油气田、炼油厂的配套项目）：由地方政府核准。

进口液化天然气接收、储运设施：新建（含异地扩建）项目由国务院行业管理部门核准，其中新建接收储运能力300万吨及以上的项目由国务院投资主管部门核准并报国务院备案。其余项目由省级政府核准。

输油管网（不含油田集输管网）：跨境、跨省（区、市）干线管网项目由国务院投资主管部门核准，其中跨境项目报国务院备案。其余项目由地方政府核准。

输气管网（不含油气田集输管网）：跨境、跨省（区、市）干线管网项目由国务院投资主管部门核准，其中跨境项目报国务院备案。其余项目由地方政府核准。

炼油：新建炼油及扩建一次炼油项目由省级政府按照国家批准的相关规划核准。未列入国家批准的相关规划的新建炼油及扩建一次炼油项目，禁止建设。

变性燃料乙醇：由省级政府核准。

招标人必须坚持先审批、核准后再招标，对于依据国家有关规定应批准、核准而未经批准、核准的项目，或违反审批、核准权限批准、核准的项目均不得进行招标。《工程建设项目申报材料增加招标内容和核准招标事项暂行规定》第六条规定："经项目审批、核准部门审核、批准，工程建设项目因特殊情况可以在报送可行性研究报告或者资金申请报告、项目申请报告前先行开展招标活动，但应在报送的可行性研究报告或资金申请报告、项目申请报告中予以说明。项目审批、核准部门认定先行开展的招标活动中有违背法律、法规的情形的，应要求其纠正。"因此，如果确实需要加快进度或者急需建设的项目，应当抓紧向项目审批、核准部门提出可以先行招标采购或者采取其他采购方式的申请，经批准后实施。对于依据国家有关规定应审批、核准而未经审批、核准的项目，或违反审批、核准权限审批、核准的项目，均不得进行招标。对于国家未规定必须进行审批、核准的项目，招标人可以自行决定何时招标。

相关案例 2–1　“未批先招”引起赔偿案

某化工厂新建厂房招标，有 4 家建筑公司按要求制作了投标文件。在递交投标文件当天，化工厂工作人员告知各投标人，因该项目临近市区，存在环境污染的重大隐患，市政府相关部门不同意在原定地点建化工厂，该项目核准手续未通过，因此化工厂决定停止建设厂房，终止招标。双方由于投标成本承担问题产生争议，6 家建筑公司起诉化工厂要求赔偿损失。

法院认为，《招标投标法》第九条第一款规定：“招标项目按照国家有关规定需要履行项目审批手续的，应当先履行审批手续，取得批准。”但本案招标人在招标过程中隐瞒了项目未获核准即开展工程招标的事实，违反了诚实信用原则，存在重大过失，应承担缔约过失责任。《合同法》第四十二条（现《民法典》第五百条）规定：“当事人在订立合同过程中有下列情形之一，给对方造成损失的，应当承担损害赔偿责任：（一）假借订立合同，恶意进行磋商；（二）故意隐瞒与订立合同有关的重要事实或者提供虚假情况；（三）有其他违背诚实信用原则的行为。”《工程建设项目施工招标投标办法》第七十二条规定：“招标人在发布招标公告、发出投标邀请书或者售出招标文件或资格预审文件后终止招标的，应当及时退还所收取的资格预审文件、招标文件的费用，以及所收取的投标保证金及银行同期存款利息。给潜在投标人或者投标人造成损失的，应当赔偿损失。”据此，法院判决招标人化工厂除应退还 4 家建筑公司的投标保证金、招标文件购买费用外，还应赔偿 6 家单位的实际经济损失。

（三）未批未核先招的法律风险

在招标实践中，因为项目审批、核准手续十分繁杂，过程漫长，一些工程建设项目未经批准或核准即开始办理招标或者开工建设。在项目审批、核准前开始实施招标，即“未核先招”，属于违反法律规定的行为，招标人可能因工程未获审理、核准或审批、核准内容与招标内容有差异，导致最终无法与中标人签订合同以及在招投标过程中被项目管理部门查处责令改正而予以行政处罚、叫停违规的招标活动等法律风险。例如，国家环保部门就曾多次查处未经环评审批擅自开工的电厂、钢铁厂等建设项目，责令立即停止建设，已建成投产的，责令停止生产，并处以高额罚款。招标人应当自行承担因项目未经审批、核准带来的法律责任，如因项目停建要求设备生产商退货或与施工、监理方终止合同，招标人应赔偿中标人的损失，还可能承担相应的行政责任。

招标项目应当审批、核准但未经审批、核准，对投标人也有很大风险，因此投标人应了解项目背景及相关法律法规，重点审查招标项目是否需要办理审批、核准手续以及是否已经过核准，以此决定是否投标并采取相应的投标策略。

二、审核招标内容

《招标投标法实施条例》第七条规定了需要审批、核准的依法必须招标项目应办理招标内容审批、核准手续。结合《国务院关于投资体制改革的决定》《企业投资项目核准和备案管理条例》等规定来看，对政府实行审批制和核准制的项目，需要审批、核准招标内容（以下统称审核招标内容）；对实行备案制的项目不再审核招标内容；审核的招标内容为招标范围、招标方式和招标组织形式。具体程序和要求按照《工程建设项目申报材料增加招标内容和核准招标事项暂行规定》办理。

（一）在招标之前依法办理招标内容审批、核准手续

审核招标内容，是国家对强制招标项目的招标活动实施监管的一种主要途径。审核招标内容的项目限于需要履行审批、核准手续的依法必须进行招标的项目。不属于依法必须招标的项目，即使是在审批类或核准类范围内的项目，也不需要审核招标内容；不需要审批、核准的项目，即使属于依法必须进行招标的项目，也不需要审核招标内容。

1. 审核招标内容的办理时间

《工程建设项目申报材料增加招标内容和核准招标事项暂行规定》就招标内

容核准有具体规定，即依法必须招标项目中凡应报送项目审批、核准部门审批或核准的，应把招标内容作为附件与可行性研究报告或者资金申请报告、项目申请报告一同报送，这样符合项目管理实际，有利于简化审批环节，提高审批效率。项目审批、核准部门对招标范围、招标组织形式、招标方式等内容提出是否予以审批、核准的意见。当然，招标内容也可分阶段报送，招标内容在可行性研究报告或者资金申请报告、项目申请报告时还无法明确时，为了不影响可行性研究报告审批或核准资金申请报告、项目申请报告，招标内容可结合后续的其他审批、核准环节进行核准；对于因特殊情况需在报送可行性研究报告或者资金申请报告、项目申请报告前开展招标活动的，经项目审批、核准部门批准、核准，也可先行开展招标投标活动。

2. 核准招标事项的责任分工

审批、核准招标事项，按以下分工办理：（1）应报送国家发展改革委审批和国家发展改革委核报国务院审批的建设项目，由国家发展改革委审批；（2）应报送国务院行业主管部门审批的建设项目，由国务院行业主管部门审批；（3）应报送地方人民政府发展改革部门审批和地方人民政府发展改革部门核报地方人民政府审批的建设项目，由地方人民政府发展改革部门核准。（4）按照规定应报送国家发展改革委核准的建设项目，由国家发展改革委核准；（5）按照规定应报送地方人民政府发展改革部门核准的建设项目，由地方人民政府发展改革部门核准。项目建设单位在招标活动中对审批、核准的招标范围、招标组织形式、招标方式等作出改变的，应向原审批、核准部门重新办理有关核准手续。如发现有漏项，可以立即补报。招标内容经核准后，才能进行招标。

3. 核准招标事项的办理程序

《国家发展改革委办公厅印发关于我委办理工程建设项目审批（核准）时审核招标内容的意见的通知》（发改办法规〔2005〕824号）规定审核招标内容的程序为：（1）各有关司局审批、核准项目可行性研究报告、项目申请报告或资金申请报告时，按规定会签其他有关司局的，有关司局会签时应一并对相关招标内容提出会签意见。（2）招标内容核准后，对招标内容的核准意见应包含在对可行性研究报告、项目申请报告或资金申请报告的批复中，具体内容按照本意见第四条的规定确定。（3）有关司局审核招标内容后，应将包括招标内容核准意见的可行性研究报告、项目申请报告或者资金申请报告批复文件抄送投资司和稽察办。（4）项目建设单位在招标活动中对招标内容提出变更的，应向原审核招标内容的司局重新办理有关招标内容核准手续。

对于需要地方人民政府发展改革部门审批、核准的项目，需要报请审核招标内容的，按照该部门的规定办理。

审批、核准部门审核的招标内容既是招标人开展招标工作的依据，也是有关行政监督部门依法对招标人的招标投标活动实施监督的依据。因此，根据《招标投标法实施条例》第七条规定，项目审批、核准部门应及时将其审核确定的招标内容通报有关行政监督部门。

（二）依法确定招标内容

1. 需审核的招标内容

需要核准的招标内容相对比较简单，主要包括：（1）招标范围，包括建设项目的勘察、设计、施工、监理以及重要设备、材料等采购活动是否进行招标，是全部进行还是部分进行招标。（2）招标组织方式，是指自行招标还是委托招标。（3）招标方式，是公开招标还是邀请招标。（4）说明相关内容，包括不采用招标采购的理由，招标项目（包括分项）估算金额，已经开展的招标活动的情况等，其中拟自行招标的，还应按照《工程建设项目自行招标试行办法》规定报送书面材料；拟采用邀请招标的，应对采用邀请招标的理由作出说明。

2. 审核招标内容存在的问题

（1）缩小招标范围规避招标。一是片面强调夸大国家安全、国家秘密因素，错误地把防险防灾项目当成抢险救灾项目，将其纳入不招标范围。二是应当招标但不进行招标，直接指定项目承包单位，或以自建自用、影响功能配套性等为由规避招标。三是肢解项目，将依法必须招标的项目化整为零、不合理细分标段或分段实施，使其达不到招标规模标准。根据《招标投标法》第四十九条规定，必须进行招标的项目而不招标的，将必须进行招标的项目化整为零，或者以其他任何方式规避招标的，责令限期改正，可以处项目合同金额千分之五以上千分之十以下的罚款；对全部或者部分使用国有资金的项目，可以暂停项目执行或者暂停资金拨付；对单位直接负责的主管人员和其他直接责任人员依法给予处分。

（2）招标组织形式选择不当。对于复杂的工程项目招标，应当委托专业的招标代理机构，但在不具备自行招标条件的情况下仍选择自行招标而未委托招标，在后续招标活动中又难以胜任，影响招标活动的规范性，进而影响到招标质量和项目的顺利实施。

（3）招标方式选择不当。应当公开招标的项目未经审批即采用邀请招标方式。虽然《招标投标法》对邀请招标方式的适用情形作了规定，但是可操作性不强，内容也不够具体，因而一些采购项目本应采用公开招标方式，也千方百计寻找理由或借口规避，变相进行邀请招标。还有的招标人主要开展施工招标或者部分项目的监理、设计招标，而大多数的勘察、设计、监理、设备材料采购项目，以工期紧迫为由，提出邀请招标、直接发包甚至不招标的意见，这些都是违反《招标投标法》规定的错误做法。根据《招标投标法实施条例》第六十四条规定，招标人依法应当公开招标而采用邀请招标的，由有关行政监督部门责令改正，可以处10万元以下的罚款。

《工程建设项目申报材料增加招标内容和核准招标事项暂行规定》第十三条规定："项目建设单位在报送招标内容中弄虚作假，或者在招标活动中违背项目审批、核准部门审核、批准事项，由项目审批、核准部门和有关行政监督部门依法处罚。"因此，存在上述问题，可能导致招标内容核准无效或产生一定法律责任。

3. 依法申请审核招标内容

（1）依法确定招标范围

我国对特定项目实行强制招标制度，凡属《招标投标法》第三条规定的强制招标项目，即在中华人民共和国境内进行下列工程建设项目包括项目的勘察、设计、施工、监理以及与工程建设有关的重要设备、材料等的采购，必须进行招标：①大型基础设施、公用事业等关系社会公共利益、公众安全的项目；②全部或者部分使用国有资金投资或者国家融资的项目；③使用国际组织或者外国政府贷款、援助资金的项目，达到《必须招标的工程项目规定》要求，且不属于可以不招标的项目，招标人必须严格实施招标，防范和规避招标风险。

相关案例 2-2　以两次招标失败为由要求不招标

2006年7月，依法必须招标的某工程施工招标中，招标人两次在网站发布招标公告，报名人数都不足3人。项目单位以两次招标都失败为由，自行决定不招标。有人遂向行业监督部门投诉。根据《工程建设项目施工招标投标办法》第三十八条第三款规定，提交投标文件的投标人少于三个的，招标人应当依法重新招标。重新招标后投标人仍少于三个的，属于必须审批的工程建设项目，报经原审批部门批准后可以不再进行招标；其他工程建设项目，招标人可自行决定不再进行招标。可见，两次招标失败后，属于必须审批的工程建设项目，经审批后可不再进行招标，但招标人不能自行决定。而本案招标人未经批准就自行决定不再进行招标，是不符合规定的。

任何单位和个人不得将依法必须进行招标的项目化整为零或者以其他任何方式规避招标，否则根据《招标投标法》第四十九条规定将依法追究其法律责任。因此，对于招标投标法律规定的应当招标的项目必须要纳入招标范围，不能游离于法律强制性规定的规范与监督范围之外。对于依法必须招标项目以外的工程及相关设备、材料的采购，采购人可以根据采购项目的实际情况，自主决定采用竞争性谈判、询价、单一来源采购等方式。

相关案例 2-3　后补招标程序

某供热工程项目施工单位进场施工时间为5月4日，开标、评标时间为5月5日，中标通知书发出时间为5月9日，而且3家投标人的报价都仅相差几百元。因工程需要采购设备，建设单位直接与厂家签订了设备采购合同，后发现此项设备金额较大，属必须招标项目，遂决定补办招标手续，委托招标公司组织设备招标，最终确定已签约的卖方为中标人。

本案例中，评标尚未进行，“中标人”已经确定，属于典型的“明招暗定”。

目前，虽然一些工程建设任务重、时间紧，但不能以此为由边施工边招标，单纯追求“程序合法”而补办招标手续，这是违反《招标投标法》规定的。本案例中还可以看出施工招标中另一个比较普遍的现象——施工企业之间陪标。陪标表现主要是多份投标文件内容、格式似曾相识甚至直接抄袭、报价差距很小，也有陪标单位不按评标办法制作投标文件故意出错而自动放弃中标机会。

另外，项目单位还应注意工程建设项目分包（如总承包商对外采购货物，或将施工项目对外发包）在一般情况下不要求招标，但某些情况下应进行招标，如《工程建设项目货物招标投标办法》第五条、第二款第三款规定，工程建设项目招标人对项目实行总承包招标时，未包括在总承包范围内的货物达到国家规定规模标准的，应当由工程建设项目招标人依法组织招标；工程建设项目招标人对项目实行总承包招标时，以暂估价形式包括在总承包范围内的货物达到国家规定规模标准的，应当由总承包中标人和工程建设项目招标人共同依法组织招标；双方当事人的风险和责任承担由合同约定。

（2）依法确定招标组织形式

招标组织形式分为自行招标和委托招标。对于依法必须招标的项目，只有经项目审批、核准部门审查招标人报送的书面材料，核准招标人符合法律规定的自行招标条件的，招标人才可以自行办理招标事宜。

根据《招标投标法》第十二条第二款规定，招标人如自行办理招标必须具备两个条件：一是有编制招标文件的能力，二是有组织评标的能力。二者缺一不可，否则必须委托招标代理机构办理招标事宜。对于“编制招标文件和组织评标”能力的认定标准，《工程建设项目自行招标试行办法》第四条规定了5项：

一是具有项目法人资格（或者法人资格）。这里，项目法人是我国推行的建设项目法人责任制中由投资方选派的代表，是具有民事权利能力和民事行为能力，依法独立享有民事权利和承担民事义务，并以建设项目为目的，从事项目管理的组织，也称“项目业主”，对项目的筹划、资金筹措、建设实施、生产经营、债务偿还和国有资产的保值增值等全过程负责，并承担投资风险。[①]

二是具有与招标项目规模和复杂程度相适应的工程技术、概预算、财务和工程管理等方面专业技术力量。

三是有从事同类工程建设项目招标的经验。

四是拥有3名以上取得招标职业资格的专职招标业务人员（注：招标职业资格已经取消，故该条件不适用）。

五是熟悉和掌握招标投标法及有关法规规章。

与自行招标相比，委托招标有其优越性，最主要原因是招标代理机构的专业性，委托招标有利于规范招标投标活动，而且委托招标也是一种分权，通过权力制衡，体现了法律对招标人权利加以限制的取向，更有利于防范违法行为，增强招标的公正性。很多要求自行招标的项目业主，本意并非节省投资，而是想利用自行招标带来的便利，搞暗箱操作、虚假招标。

相关案例 2-4　　自行招标内容是否需要备案

被告某公司办公大楼招标，原告某建筑公司中标，双方签订了合同，随后原告做好施工准备，搭建了临时设施，与相关供应商签订了材料供应合同。但不久被告就以招标程序不合法为由要求终止合同。后双方几经交涉未果，原告向法院提起诉讼，请求判令被告赔偿临时设施费、人工费、预期利润及其他损失。被告称，由于招标项目未办理相关审批手续，且原告未按约定在接到中标通知书后交付保证金、出具保函，故合同无效。原告认为招标项目不属于强制招标项目，被告可以不向有关部门备案，招标程序合法，因此合同有效，被告违法解约，应承担违约责任。

本案中的项目为非强制招标项目，依照《招标投标法》的规定，招标人不需要向有关行政监督部门办理申请自行招标、招标情况书面报告的备案手续，同时

① 唐广庆编著：《工程建设项目招标投标与合同管理实践1000问》，机械工业出版社2011年版，第369、372页。

这种备案不是登记，更不是《民法典》规定的生效登记。退一步讲，即使这种备案是生效登记，也不会影响合同的效力。再退一步，即使未办理生效登记，同样根据法律规定，在一审法庭辩论终结前当事人办理好登记、批准手续的，法院应当认定合同生效。因此本案中合同有效。还要注意，《招标投标法》对强制招标项目与自愿招标项目有不同规定，实务中切勿混为一谈。

（3）依法正确选择招标方式

招标方式有公开招标和邀请招标。应当公开招标的项目，“公开招标为原则，邀请招标为例外”，只有满足一定条件且经审批同意方可采用邀请招标方式。不在公开招标范围内的强制招标项目和自愿招标项目的招标方式由招标人自主决定。

《招标投标法》第十一条规定国家重点项目和省、自治区、直辖市人民政府确定的地方重点项目原则上应当公开招标；《招标投标法实施条例》第八条补充规定，国有资金占控股或者主导地位的依法必须进行招标的项目，应当公开招标；但有下列情形之一的，可以邀请招标：①技术复杂、有特殊要求或者受自然环境限制，只有少量潜在投标人可供选择；②采用公开招标方式的费用占项目合同金额的比例过大。至于国有资金占控股地位，是指国有资金出资额占 50% 以上股份，或者出资额即使不足 50%，但所享有的表决权已足以对股东会、股东大会的决议产生重大影响。国有资金占主导地位，是指虽达不到控股，但在出资比例中占据了主导地位，能够主导或者支配公司决策的情形。①

招标人必须对邀请招标方式的适用范围严格把关，防范各种规避公开招标行为的发生。由于邀请招标的竞争性不如公开招标，因此原则上一律公开招标，如确需采用邀请招标方式的，须报项目审批部门批准，并须邀请 3 家以上符合招标项目要求的合格投标人，保证有一定的竞争性。

① 何红锋主编：《招标投标法实施条例条文解读与案例分析》，中国电力出版社 2015 年版，第 41 页。

相关案例 2-5　　不合理的监理资质要求

某公司在本市报纸发布一项房屋建筑工程监理招标公告，要求投标人必须具有甲级监理资质。该工程为依法必须招标的项目，具有乙级监理资质的企业也可以承揽。只有1家企业（本市唯一具有甲级资质的房屋建筑工程监理公司）递交了资格预审申请文件。由于合格投标人不足3人，招标失败。招标人以甲级监理企业太少，重新公开招标还会失败，工期太紧，项目即将开工等为由，未经项目审批单位同意直接决定采用邀请招标方式。

本案公开招标失败的原因是对监理企业资质提出了过高要求，公告范围过窄，导致合格投标人过少，依法应当重新公开招标，而且应修改招标公告，降低资质要求，可在全国范围内发布招标公告。其邀请招标的理由不能成立，工期紧不能成为邀请招标的理由。另外，该项目如采用邀请招标的，必须报经项目审批部门审批同意。

工程项目工期紧迫不能成为邀请招标的理由。按道理，由于客观原因造成项目工期紧迫，没有充分时间进行公开招标，当然可以进行邀请招标，甚至可以不招标，如抢险救灾项目。但很多项目造成工期紧迫往往不是由于客观原因，而是人为因素，或者是因为招标人没有制订好招标计划，在项目前期工作中没有安排招标所需要的必要时间；或者是根本就不存在工期紧迫，而是招标人以此为借口达到规避公开招标的目的。实际上邀请招标与公开招标相比，在程序和时间耗费上并无明显区别，邀请招标节省时间的理由并不充分，这种情况下招标人真正的意图往往是规避公开招标，以便掌控评标结果，达到“意向中标人”中标的目的。有些项目如果待招标项目范围和具体内容确定后再组织招标，确实时间紧，难以满足项目需要，可以在坚持招标投标制度的前提下，尝试采取单价合同招标等其他措施或者报请不招标。

相关案例 2–6　**工程项目采用单价合同招标**

某供水工程建设项目，为招商引资需要，必须马上开工，但项目的前期工作还没有完全到位，刚刚完成初步设计，依法还不具备招标条件，经有关部门特批采用单价合同招标办法。招标文件只向投标者提供主要分项工程工作项目一览表、工程范围及必要的说明，只要求投标人报出表中各项目的单价即可，将来施工时按实际工程量计算。

此种单价合同招标并不同于工程量清单招标，后者从性质上看仍属于总价合同，而且工程量十分明确。按照《招标投标法》，此种操作办法并不允许，但在特殊情况下经项目审批单位批准也可采用，当然也要注意到采用该办法合同管理难度大，而且很容易带来超概算的问题。

“议标”“沿用招标成果”实际上就是一对一的谈判，竞争性、程序性程度远不如公开招标和邀请招标，不是法定招标方式，必须招标的项目不能以“议标”“沿标”方式规避。议标曾经作为一种招标方式在实践中被广泛使用，但《招标投标法》立法未采用这种方式。实际上，议标就是通过谈判方式签约。对于非强制招标项目，招标人有权自行选择议标等采购方式，但此采购活动不适用《招标投标法》的规定来调整，应当适用《民法典》的一般规定。[①]

相关案例 2–7　**强制招标项目不得采取议标方式**[②]

最高人民法院在审理湖北楚某建筑工程有限公司襄阳分公司、旺某集团襄阳东湖国际酒店有限公司建设工程施工合同纠纷一案时，就案涉工程施工合同是否属于无效合同的问题，该院认为，根据《招标投标法》第三条“在中华人民共

① 白如银编著：《招标投标法注释书》，中国民主法制出版社 2021 年版，第 137 页。

② 本案例素材来源于中国裁判文书网，（2019）最高法民申 343 号民事裁定书。

和国境内进行下列工程建设项目包括项目的勘察、设计、施工、监理以及与工程建设有关的重要设备、材料等的采购，必须进行招标:（一）大型基础设施、公用事业等关系社会公共利益、公众安全的项目”之规定，涉案施工合同约定的建设工程包括酒店、公务楼、球馆、会展中心及16栋别墅等附属工程，建筑面积约100000平方米，属于大型城市旅游基础设施，工程的发包必须进行招标。根据《最高人民法院关于审理建设工程施工合同纠纷案件适用法律问题的解释》第一条［现最高人民法院关于审理建设工程施工合同纠纷案件适用法律问题的解释（一）第一条］之规定:“建设工程施工合同具有下列情形之一的，应当根据合同法第五十二条第（五）项的规定，认定无效:……（三）建设工程必须进行招标而未招标或者中标无效的”，涉案合同应认定无效。楚某建筑襄阳分公司作为专业建筑公司，对上述建设工程必须进行招投标应当是明知的，却与旺某襄阳东湖酒店公司在没有进行招投标的情况下通过议标签订建设工程施工合同，故一、二审判决认定双方对于合同的无效均有责任并无不当。

（三）严格执行项目审批、核准部门已审核的招标内容

项目建设单位在招标活动中，对项目审批部门核准的招标范围、招标组织形式、招标方式作出改变的，应向原审批部门重新办理有关核准手续。如发现有漏项，可以立即补报。项目建设单位在报送招标内容中弄虚作假，或者在招标投标活动中违背项目审批部门核准事项的，按照国务院办公厅《关于国务院有关部门实施招标投标活动行政监督的职责分工的意见》（国办发〔2000〕34号），由项目审批部门和有关行政监督部门依法处理。

三、落实项目资金

招标项目所需的资金是否落实，不仅关系到招标项目能否顺利实施，而且对投标人关系重大。

在实践中，投标人为获得招标项目，通常进行了大量的准备工作，在资金上也有较多投入，但工程项目因资金不到位而招标人先行招标，中标后如果没有资金保障，势必造成不能开工或者工程开工后因资金短缺使工程长期搁置，或者竣工后因不支付工程款项而引发纠纷，损害投标人的利益。如果是涉及大型基础设施、公用事业等工程，还会给公共利益造成损害，造成社会资源极大的浪费。

相关案例 2–8　　项目资金未落实即招标将承担法律责任[①]

2012 年 10 月，油田医院就其污水处理站扩建工程委托招标代理公司对外招标。2012 年 10 月 31 日，招标代理公司向包括环保科技公司在内的受邀投标商发出招标文件，其中规定确定中标供应商后，招标代理公司必须 7 日内向中标供应商发出中标通知书，中标供应商在成交后 10 日内无正当理由拒签合同的，采购人不予退还投标保证金。环保科技公司参加投标并交纳了投标保证金 30 万元。评标委员会确认环保科技公司为第一中标候选人，但招标人一直未发中标通知书。

2013 年 5 月 12 日，招标代理公司向环保科技公司发出通知书，载明：油田医院污水处理站扩建改造工程项目于 2012 年 11 月 9 日确定贵公司为第一拟中标供应商，但由于采购人对本项目的资金未落实到位，因此取消该项目成交结果及项目采购，现无息退还投标保证金。其间，油田医院将涉案工程发包给其他公司施工。

环保科技公司认为油田医院的行为违反招投标相关法律规定，使其不能享有合同权利，故诉至法院。

法院认为：招标人在发布招标公告或者发出投标邀请时，应该具有合法的招标资格，主要包括项目已经法定部门审批或核准，资金已经到位等基本条件。油田医院作为招标人，对外发出招标文件后，经过竞标环保科技公司被确定为第一

① 本案例素材来源于中国裁判文书网，（2014）东商终字第 138 号民事判决书。

中标候选人，但油田医院却以资金未落实到位为由取消项目，并将工程发包给投标人以外的供应商，严重违背了诚实信用原则，应当承担缔约过失责任。双方尚未签订合同，环保科技公司请求赔偿可得利益损失，不符合法律规定，不予支持。环保科技公司按油田医院要求参加了涉案项目的投标并交纳了投标保证金，油田医院应返还投标保证金占用期间所产生的孳息。

综上，法院判决油田医院支付环保科技公司投标保证金利息损失10125元（按中国人民银行同期同类存款利率计算），驳回其他诉讼请求。

（一）落实项目资金后方可招标

招标投标活动首要坚持的原则就是诚实信用，招标人在招标时必须有与项目相适应的资金保障，并且应当在招标文件中明确载明，如实告知潜在投标人招标项目是否有足够的资金予以保障。招标项目如缺乏与项目相适应的资金保障，带给投标人的风险是很大的，也违反了民事活动应遵循的诚实信用原则。

根据《招标投标法》第九条第二款规定，招标人在招标时必须确定拥有相应的资金或者有能证明其资金来源已经落实的合法性文件（如银行已承诺贷款的文件）为保障，并应当将资金数额和资金来源在招标文件中如实载明。从实践看，招标项目的资金来源一般包括：国家和地方政府的财政拨款、企业的自有资金及包括银行贷款、发行债券、股票在内的各种方式的融资以及外国政府和有关国际组织的贷款、援助资金等。招标人不得就项目资金来源提供虚假说明，这是招标人进行招标并最终完成招标项目的物质保证。

投标人在投标时应注意审查招标项目的资金来源情况，以便决定是否投标或者采取相应的报价策略（如存在风险时可以提高报价，风险太大时可以决定放弃投标）。

（二）纳入资本金制度的固定资产投资项目招标前应落实资本金

《国务院关于固定资产投资项目试行资本金制度的通知》（国发〔1996〕35

号）规定对于一些固定资产投资项目，国家试行资本金制度。投资项目资本金指在投资项目总投资中，由投资者认缴的出资额，可以用货币出资，也可以用实物、工业产权、非专利技术、土地使用权等出资。对纳入资本金制度的投资建设项目，必须首先落实资本金才能进行招标、建设。还根据不同行业和项目的经济效益等因素规定了资本金占总投资的比例。此后，国务院对该比例进行了调整，依据《国务院关于调整固定资产投资项目资本金比例的通知》（国发〔2009〕27号）、《国务院关于调整和完善固定资产投资项目资本金制度的通知》（国发〔2015〕51号）和《国务院关于加强固定资产投资项目资本金管理的通知》（国发〔2019〕26号），目前，各行业固定资产投资项目的最低资本金比例为：城市和交通基础设施项目：城市轨道交通项目20%，港口、沿海及内河航运项目20%，机场项目25%，铁路、公路项目20%、房地产开发项目：保障性住房和普通商品住房项目20%，其他项目25%、产能过剩行业项目：钢铁、电解铝项目40%，水泥项目35%，煤炭、电石、铁合金、烧碱、焦炭、黄磷、多晶硅项目30%、其他工业项目：玉米深加工项目20%，化肥（钾肥除外）项目25%、电力等其他项目20%。其中，公路（含政府收费公路）、铁路、城建、物流、生态环保、社会民生等领域的补短板基础设施项目，在投资回报机制明确、收益可靠、风险可控的前提下，可以适当降低项目最低资本金比例，但下调不得超过5个百分点。实行审批制的项目，审批部门可以明确项目单位按此规定合理确定的投资项目资本金比例。实行核准或备案制的项目，项目单位与金融机构可以按此规定自主调整投资项目资本金比例。资本金以外的项目资金，可通过银行贷款、发行企业债券等其他方式融资解决。只有招标项目的项目资金或资金来源已经落实，方可申请项目核准、办理招标。

按照投资项目性质，规范确定资本金比例。适用资本金制度的投资项目，属于政府投资项目的，有关部门在审批可行性研究报告时要对投资项目资本金筹措方式和有关资金来源证明文件的合规性进行审查，并在批准文件中就投资项目资本金比例、筹措方式予以确认；属于企业投资项目的，提供融资服务的有关金融机构要加强对投资项目资本金来源、比例、到位情况的审查监督。

（三）招标项目还需具备法律法规规定的其他条件

某些项目还需具备法律法规或规章规定的其他条件，如《工程建设项目施工招标投标办法》第八条规定："依法必须招标的工程建设项目，应当具备下列条件才能进行施工招标：（一）招标人已经依法成立；（二）初步设计及概算应当履行审批手续的，已经批准；（三）有相应资金或资金来源已经落实；（四）有招标所需的设计图纸及技术资料。"

当然，并非每一个招标项目都需要满足招标项目三项先决条件方可组织招标。《招标投标法》规定的重点是依法必须招标项目，对其进行了严格的法律规制，包括对实施招标前期应当履行相关批准、核准手续等提出了明确的要求，是为了推动招标项目顺利实施，保障社会公共利益。对于非依法必须招标项目而言，确保有相应资金或资金来源已经落实来保障项目实施，也应是其必备条件，这也是诚实信用原则的基本要求。

第二节　招标代理

《招标投标法》第十二条规定："招标人有权自行选择招标代理机构，委托其办理招标事宜。任何单位和个人不得以任何方式为招标人指定招标代理机构。招标人具有编制招标文件和组织评标能力的，可以自行办理招标事宜。任何单位和个人不得强制其委托招标代理机构办理招标事宜。依法必须进行招标的项目，招标人自行办理招标事宜的，应当向有关行政监督部门备案。"招标应由招标人发起、组织，招标人也可以委托专门的从事招标代理业务的机构组织招标活动。对于国家发展改革委审批、核准的强制招标的工程建设项目，招标人可以自行组织招标，不符合自行招标条件的，应当委托招标代理机构。招标代理机构的代理行为后果均由招标人承受。

一、委托招标的优势

招标组织形式有业主自行招标和委托招标两种做法。与自行招标方式相比，委托招标的优势在于：

一是招标代理机构利用其特有的专业化和信息优势，以其专业服务对规范招标活动程序、确保招标质量，提高招标效益起到积极作用，可以为业主寻求到质量更优、价格更低、服务更好的工程、产品与服务的提供商。

二是由于招标代理机构承接多项招标采购业务，容易形成规模效应和良好品牌形象，这就无形之中吸引更多投标人参与竞争，增强了投标人的竞争性，引导其作出对招标人更有利的报价，还可以规避自行招标中出现纰漏造成招标失败导致的风险。

三是在有招标代理机构参与的情况下，招标代理机构既要满足招标人的委托要求，也要相对独立、严格依法组织招标活动，在一定程度上与招标人之间形成相互制约机制，招标人违法违规操作行为将大大减少，可以保证招标工作更加公平、公正。

当前，由于招标投标工作越来越趋于专业化，程序比较烦琐，环节多，组织工作繁杂，招标人难以应付招标中繁杂的工作，以委托专门的招标代理机构办理招标事宜为妥，当然也要考虑招标代理成本与采购项目规模的匹配性问题。

二、委托招标的常见问题

第一，选择的招标代理机构不合适。招标人不重视招标代理机构选择以及委托的招标代理机构不完全具备与招标项目特点相适应的能力和条件、服务不规范、人员配备不足、业务不精通，难以胜任招标工作甚至无序竞争、违规操作，影响了招标服务质量和招标投标活动的法律效力。

第二，没有代理合同即开展招标代理工作，或者虽然招标人与招标代理机构签订招标代理合同，但是合同内容简单、不规范或者存有漏洞。如代理权限和责任划分不清，仅简单地规定招标代理机构负责组织评标活动，却没有规定定标的权限等涉及招标人实质性权利的内容，招标代理机构如不规范操作极易损害招标人利益，如招标代理机构在代理合同未作规定的情况下自行定标，或者在合同规定的权限外采取某种行为以应对招标活动中出现的特殊情况，引起投标人的不满，产生纠纷，最终直接影响中标结果，使招标工作难以如期完成。因此，为了防范招标代理工作中存在的风险，避免招标代理纠纷的发生，期待招标人与招标代理机构能依法规范签订招标代理合同并严格遵守。

第三，对于招标代理服务费，招标人或者招标代理机构规定由中标人支付招标代理服务费，以此作为招标条件时，因无法与投标人约定，直接规定于招标文件之中，可能存在收费标准过高的问题，还有招标代理机构存在既向招标人也向中标人收费的现象。在招标文件中规定由中标人支付招标代理服务费时，未明确规定支付额度，或者根本不明确由谁支付招标代理服务费，投标人编制投标报价时未考虑摊入此项费用，而在定标后却要求中标人支付，从而双方引发争议。另外，一个项目有几个标段，是分别按各标段的中标金额计费还是按所有标段的中标金额之和计费，如果招标文件中没有明确，操作中容易产生歧义，导致投标人投诉或质疑招标人。

第四，实践中存在违规收取“中标服务费”的情况。一是错把招标代理服务费修改为中标服务费；二是故意设置中标服务费，在收取招标代理服务费外再从中标人处收取招标代理服务费性质的“中标服务费”；三是招标人考虑到自行招标项目收取招标代理服务费不合适，遂改向中标人收取“中标服务费”，前一种做法变换叫法容易引人误解，建议修改；后两种做法属于违规行为，应予纠正。

第五，招标代理机构及其工作人员违反招标投标法律法规和职业道德，损害招标人或者投标人利益，如招标代理机构泄露应当保密的与招标投标活动有关的情况和资料，招标代理机构与招标人、投标人串通损害国家利益、社会公共利益或者他人合法权益，都有可能影响中标结果，导致招标无效等严重的法律后果。

三、招标代理机构的选择

《招标投标法》第十三条规定："招标代理机构是依法设立、从事招标代理业务并提供相关服务的社会中介组织。招标代理机构应当具备下列条件：（一）有从事招标代理业务的营业场所和相应资金；（二）有能够编制招标文件和组织评标的相应专业力量。"《招标投标法实施条例》第十三条规定："招标代理机构在招标人委托的范围内开展招标代理业务，任何单位和个人不得非法干涉。招标代理机构代理招标业务，应当遵守招标投标法和本条例关于招标人的规定。招标代理机构不得在所代理的招标项目中投标或者代理投标，也不得为所代理的招标项目的投标人提供咨询。"

（一）招标人应当选择精通招标业务、经验老到、信用良好的招标代理机构

至于招标代理机构的选择方式，尚没有明确法律规定，可采用直接委托的方式确定代理机构，采用招标方式确定招标代理机构也未尝不可。在选择招标代理机构时，应对招标代理机构的实力、业绩等进行综合评价，选择既具有较高业务能力，又具有良好执业道德的招标代理机构。

招标代理机构作为受托人处理招标事务，如违法代理，按照《民法典》有关民事代理的规定依法处理。招标代理机构无代理权限或者超越代理权限承担招标业务且招标人不予认可的，在法律上属于无权代理行为，如果招标人明知道或者应当知道招标代理机构无权代理而默认其代理行为的，则按照《民法典》的规定由无权代理机构和招标人承担连带责任；如果招标代理机构弄虚作假，则招标人对投标人不承担责任，招标代理机构责任自负。

实践中也存在招标人同时委托两个招标代理机构联合从事同一项目的招标业务，根据民法上关于可同时委托两人以上办理同一受托业务的规定，法律并不禁止该种做法，但是对于一般性的招标项目，招标代理服务费相对较低，技术和管理简单，不会出现很大的风险，即使出现风险，招标代理机构也能承受和处理，故无须联合代理招标，这样不利于招标工作的整体协调。只有在招标项目特别复

杂、规模和投资巨大、技术标准要求很高，招标任务负担重，一家招标代理机构单独招标难以胜任等情况下，才可以考虑联合代理招标。

（二）招标人应与招标代理机构签订书面的招标代理合同

代理权是招标代理的基础。被代理人的授权，是代理机构进行代理行为的前提和依据。招标人与招标代理机构之间是民事代理合同关系。招标代理机构可代理招标人编制招标方案、招标公告（投标邀请书），编制资格预审文件和招标文件并发售和澄清，接收投标文件，组织开标、评标，协助签订中标合同等业务。《招标投标法实施条例》第十四条规定："招标人应当与被委托的招标代理机构签订书面委托合同。合同约定的收费标准应当符合国家有关规定。"

1. 招标代理合同的内容

招标代理机构应当与招标人依法签订书面形式的招标代理委托合同，有利于明确双方权利义务，督促各方全面如实履约，确立解决争议的证据，有利于第三人知悉招标代理双方当事人代理关系的存在，确保招标行为的可信度，还有助于行政监督部门对招标代理活动进行监管。

招标代理合同应明确委托招标范围、招标代理服务内容、履约期限、收费标准、支付方式等事项。应当在招标代理书面合同中具体、明确规定招标代理机构在招标、投标、开标、评标、中标、签订合同等环节的职责、权限。招标代理合同应当做到条款完备、内容严谨、权利义务明确。

2. 签订招标代理合同应注意的事项

（1）明确合同双方的权利。应重视的条款有：

第一，招标人有权确定招标采购需求，审定资格预审文件或招标文件中的主要条款，而且也应该重点审查这些条款。

第二，招标人有权要求招标代理机构提交详细的招标组织与实施计划和方案并监督其严格按计划实施。

第三，招标人有权监督招标代理机构依法招标，要求招标代理机构在出现非正常情况或重大问题时及时向招标人汇报，而不得擅自决定。如查实招标代理机构确有超越招标代理合同且未征得招标人同意从事招标代理活动的，有权单方终止招标代理合同，并追究招标代理机构的责任。

第四，招标代理机构有权在受托范围内运用其专业知识独立表达意思，在招标投标过程中不受任何非法干扰；同时在遵守国家相关法律法规的前提下，有权拒绝招标人的不合理要求。

第五，招标代理机构有权取得相应招标代理服务费。

第六，招标代理机构在招标代理过程中遇有不明事项，有权要求招标人及时明示、答复。

（2）明确合同双方的义务。应重视的条款有：

第一，招标人应当按照合同约定向招标代理机构提供与招标项目有关的资料，并对其完整性、准确性负责。

第二，招标人应当在合同约定的时间内，对招标代理机构草拟的各类招标采购法律文件有义务确认，对招标代理机构书面提交并要求答复的事宜有义务及时作出书面答复，还有义务确认中标结果、澄清和修改招标文件、答复质疑等。

第三，招标人应做好配合协助工作，授权熟悉招标项目的代表与招标代理机构保持联系，代表招标人负责及时处理各种问题。

第四，招标代理机构应按合同约定的范围认真负责地承办招标业务，负责编制招标公告、招标文件并提交招标人确认，负责发布招标公告、发售招标文件，组织开展开标、评标活动，督促、组织签订合同，保证招标投标程序的合法性与规范性，不得有违法违规行为侵害招标人和投标人的合法权益。

（3）明确合同双方的责任。应重视的条款有：

第一，由于招标人的原因，致使招标失败或重新招标，应由招标人承担招标失败或重新招标的责任。

第二，招标代理机构在履行招标代理合同约定义务的过程中，由于招标人的主观干预，给招标代理机构造成损失及责任的，由招标人承担。

第三，招标代理机构对招标人或第三人所提出的问题不能按时核实答复，导致合同不能全部或部分履行的，招标代理机构应承担责任。

第四，由于招标代理机构不当代理或表见代理给招标人造成损失的，招标代理机构应当予以赔偿，具体赔偿金额在合同中约定。

相关案例 2-9　　招标代理机构被索赔

某局域网横向传输网专线线路租用项目招标公告规定投标截止时间为 8 月 21 日 9 点。但在 8 月 16 日，招标代理机构发现招标文件中有一项实质性要求可能产生歧义，于是对招标文件进行修改。8 月 21 日，开标、评标活动如期举行。有投标人提出质疑，认为不满足应当在投标截止时间 15 日前修改招标文件的要求，行为违法。招标代理机构遂决定终止招标，重新组织公开招标。10 月 21 日，第二次招标结束，排名第一的 B 公司中标，第一次招标排名第一的 A 公司则位居第二。A 公司投诉，认为由于招标代理机构违反程序否决投标，重新招标后泄露了其优惠报价和先进的技术方案，使其在第二次招标中无法体现优势而不能中标，要求赔偿其第一次如果中标可得的 70 万元利润。

投标人参与投标需要投入大量成本，参与两次投标，投标成本势必成倍增加。本案例中，由于招标代理机构失误，导致否决投标，应赔偿投标人的投标成本损失。另外，由于第一次开标时已公布各投标人的投标报价方案，第二次招标时各投标人必然都会考虑其他投标人第一次投标信息并适当调整其投标策略，改变原竞争格局和优势地位难以避免。投标人如有充足理由，可以要求赔偿其实际损失。

（4）招标代理机构应当在招标人的委托权限内办理招标事宜。招标代理机构应当与招标人签订书面的招标代理合同，在合同约定的授权范围内从事招标代理业务，并按照国家有关规定收取费用；超出合同约定实施代理的，依法承担民事责任。招标人对招标代理机构的授权是招标代理机构办理招标事务的基础，代理权限的范围即代理机构以被代理人名义进行活动的全部业务范围。根据《招标投标法》第十五条规定，招标代理机构应当在招标人委托的范围内办理招标事宜。如果招标代理机构超过招标代理合同授权范围从事代理权以外的行为，根据《民法典》的规定，除非事后获得招标人认可，否则由此发生的法律后果由招标代理机构自行承担。因此，在招标代理合同中，应当尽量充分考虑各种可能发生的情况，将代理权限范围规定得更加具体、明确，以保证招标人和招标代理机构都能够在合同规定范围内履行各自的职责。

《招标采购代理规范》第4.1.1项规定了招标代理服务范围主要包括：（1）拟订招标方案；（2）编制资格预审文件；（3）发布资格预审公告；（4）发售资格预审文件；（5）对资格预审文件进行必要的澄清与修改；（6）接收资格预审申请文件；（7）组织资格审查；（8）向申请人告知资格审查结果；（9）编制招标文件；（10）发出投标邀请书或发布招标公告；（11）发售招标文件；（12）组织潜在投标人踏勘现场；（13）组织召开投标预备会；（14）对招标文件进行必要的澄清与修改；（15）收取投标保证金；（16）接收投标文件；（17）组织开标；（18）组织评标；（19）评标结果公示；（20）协助定标；（21）发出中标结果；（22）协助签订合同；（23）退还投标保证金；（24）编制招标投标情况报告；（25）招标资料收集及移交；（26）协助处理异议；（27）协助处理投诉；（28）合同咨询及其他服务①。

招标人可选择招标代理机构对招标项目实行全过程代理，也可对招标项目实行部分代理，仅委托招标代理机构负责办理部分环节、特定范围的招标采购事宜，如编制资格预审文件、编制招标文件等。具体代理范围在招标代理委托合同中作出明确具体约定。

四、招标代理服务费

（一）招标代理服务费的交纳主体

招标代理服务费是指招标代理机构接受招标人委托，提供招标代理服务所应当收取的费用、报酬，主要是从事编制招标文件（包括编制资格预审文件和标底），审查投标人资格，组织投标人踏勘现场并答疑，组织开标、评标、定标，以及提供招标前期咨询、协调合同的签订等业务所收取的费用。

招标代理合同是双务合同、有偿合同，招标代理机构接受招标人的委托，提

① 参见中国招标投标协会推荐性行业标准ZBTB/T A01—2016《招标采购代理规范（2016年版）》第4.1.1项。

供招标代理服务，有权收取招标代理服务费。根据原国家计委颁布的《招标代理服务收费管理暂行办法》（计价格〔2002〕1980 号）和《国家发展改革委办公厅关于招标代理收费有关问题的通知》（发改办价格〔2003〕857 号）规定，招标代理服务费应由招标人支付，也可以参照中介合同向双方收取报酬的做法，约定向中标人收取全部或部分招标代理服务费。[①] 目前，前述两文件均已经废止，但是招标代理服务费由招标人支付或由中标人支付的习惯做法得以沿用。因此，招标人应当支付招标代理服务费，招标人与招标代理机构也可以在招标代理合同中约定由中标人支付招标代理服务费，并应在招标文件中规定招标代理服务费的标准和支付办法。如果由招标人支付，招标文件中可以不载明，或在招标文件的报价说明部分明确告知投标报价不含招标代理服务费，招标代理机构就不应当再向中标人收取。

如果招标人决定由招标代理机构向中标人收取，由于招标人或者招标代理机构无法与投标人事先约定，只能由招标人事先在招标文件中规定由中标人支付招标代理服务费以及收费标准、时间，以此作为招标条件，如果投标人不同意就不要投标。当然，如果招标文件中没有载明，投标人即可认为是由招标人支付，投标报价中就不含招标代理服务费，招标代理机构也无权在定标后向中标的投标人收取此项费用。

综上，招标代理服务费可以由招标人支付，也可由中标人支付，具体收取方式在招标代理委托合同中约定。招标代理服务费由中标人支付的，收费金额（或收费的计算方法）、收取时间等需在招标文件中进行明示。

投标人往往将招标代理服务费会反映在投标报价中，除非其为了降低投标价格，提高中标概率，自行承担此项费用。建议由招标人按照“谁委托谁付费”原则直接支付招标代理服务费比较合适，理由如下：第一，招标人可以把招标代理服务费计入工程前期费用中，并不会增加工程费用；第二，招标人支付招标代理服务费时，可以依据招标代理合同，用此费用作为经济手段制约招标代理机构，便于其按招标代理机构的服务态度和服务质量支付费用，督促其提高服务水平。

---

① 林善谋：《招标投标法适用与案例评析》，机械工业出版社 2004 年版，第 89 页。

如由中标人支付，招标人就失掉了这种制约手段。

如果必须由中标人支付时，应在招标文件的“投标人须知”中明确：中标人须向招标代理机构按招标文件规定的收费标准交纳招标代理服务费；为了增强约束性，有的招标文件还会规定，中标人拒绝交纳招标代理服务费的，招标人有权从其投标保证金中扣除该笔费用。

只有招标人委托招标代理机构进行招标时，才能收取招标代理服务费。在中标人支付因招标代理产生的费用时，有时可能以“中标服务费”名义取代，实际上就是招标代理服务费。招标人自行招标时不得收取“中标服务费”。

（二）招标代理服务费的计费标准

1. 招标代理合同应明确规定招标代理服务费

招标代理费已实行市场调节价，由招标人与招标代理机构协商确定计费标准。招标代理服务费原实行政府指导价，原国家计委印发的《招标代理服务收费管理暂行办法》（已废止）（计价格〔2002〕1980 号）规定了招标代理服务收费实行政府指导价，按中标金额计费，并明确了收费标准，采用差额定率累进法计算，且允许在 20% 的范围内上下浮动；还规定对招标文件的收费应仅限于补偿编制及印刷方面等成本支出，招标人不得通过出售招标文件谋取利益。《国家发展改革委关于降低部分建设项目收费标准规范收费行为等有关问题的通知》（已废止）（发改价格〔2011〕534 号）设置了招标代理服务收费的最高限额。

2014 年 7 月 10 日，国家发展改革委发布《国家发展改革委关于放开部分建设项目服务收费标准有关问题的通知》（发改价格〔2014〕1573 号），决定“放开除政府投资项目及政府委托服务以外的建设项目前期工作咨询、工程勘察设计、招标代理、工程监理等 4 项服务收费标准，实行市场调节价。采用直接投资和资本金注入的政府投资项目，以及政府委托的上述服务收费，继续实行政府指导价管理，执行规定的收费标准；实行市场调节价的专业服务收费，由委托双方依据服务成本、服务质量和市场供求状况等协商确定……上述规定自 2014 年 8 月 1 日起执行”。该通知调整了招标代理服务收费制度，对非政府投资项目的招标代理服务收费实行市场调节价，终结了已实行 12 年的政府指导价政策。

2015 年 2 月，国家发展改革委发布《关于进一步放开建设项目专业服务价格的通知》（发改价格〔2015〕299 号），再次放宽招标代理费政策，包括政府采购在内的招标代理费价格都完全实行市场调节价，要求招标代理服务合同双方依据委托服务内容范围、质量、专业难度、服务成本和市场供求状况等平等协商，并在委托合同中明确服务费用项目、费用计算办法与标准、收取方式与时间。

市场调节价是指由经营者自主制定，通过市场竞争自发形成价格，属于经营价格行为，政府不进行直接管理。招标代理收费调整为市场调节价，符合法律规定也适应市场竞争需要。一些小型工程、服务和小额货物招标代理收费标准偏低，而招标程序是固定的，且手续烦琐，招投标全过程成本难以降低，导致招标代理机构承接这些招标代理项目的收费往往入不敷出。相反，一些大额招标项目或者大批量集中采购项目一次招标代理服务费用动辄达数百万元甚至上千万元，但其平均成本大幅下降，利润非常高，不尽合理。

况且，每个招标项目难易程度不同，每个招标代理机构的成本控制能力也不同，如用比较固定的政府指导价来限制招标代理服务费，掩盖了企业的实际成本和管理能力，妨碍了招标代理机构的公平竞争。可是，根据《价格法》关于政府指导价适用有一定强制性的规定，提高或降低收费标准涉嫌价格违规，故招标代理服务费不能根据市场竞争现状超出基准价与浮动幅度进行适应性调整。如果为市场调节价，这些问题就会通过市场竞争机制得以解决。

2. 招标代理服务费实行市场调节价的影响与对策

招标代理服务费调整为市场调节价的政策，各方面当事人都有个适应和调整的过程。以往，招标人和招标代理机构都已经习惯于直接应用原有收费标准并在浮动幅度内适当调整后确定收费额度或比例，这在法律禁止擅自调整政府指导价的情况下，招标代理费的协商和计算工作格外简单。但是，招标代理费仅仅依据招标项目金额的大小来计算，而不是综合考虑招标代理服务的技术含量、工作量以及服务质量等因素，这样计算出来的金额不能完全涵盖招标代理的真实成本。调整为市场调节价后，招标代理机构可根据项目不同和市场竞争态势进行测算，计算出合理的报价，会促进市场竞争更加充分，更有利于激发招标代理市场的活力。

招标代理服务费已成为招标人选择招标代理机构的主要考量因素。市场竞争主要就是价格的竞争。招标代理机构应当首要以业务精通、服务优质、风险可控、价格合理等作为竞争的砝码参与市场角逐，在拓展服务内容、提升服务质量，增强核心竞争力方面下功夫，以积累竞争优势，增强自身竞争力，在市场中立于不败之地，而不能为了获得招标代理业务，就大打价格战压低招标代理服务费参与竞争，破坏市场竞争秩序。招标人在选择招标代理机构时，不能过分看重中招标代理服务费价格，招标代理机构的能力、质量、信誉、资质、业绩、评价等都应纳入评价范围。

3. 协商招标代理费应考量的因素

取消政府指导价后，为了防控招标代理服务市场竞争乱象，引导招标代理机构依法公平竞争，中国招标投标协会发布了《关于贯彻〈国家发展改革委关于进一步放开建设项目专业服务价格的通知〉的指导意见》（发改价格〔2015〕299号），出台了推荐性行业标准 ZBTB/T A01—2016《招标采购代理规范（2016 年版）》，提出招标代理服务应当遵循公开、公正、平等、自愿、有偿的原则。招标代理机构和招标人应根据招标代理业务性质、委托招标代理业务范围、委托招标项目的技术复杂程度、招标代理服务成本投入、代理服务质量与专业深度、市场物价水平和服务供需状况等因素协商确定招标代理服务费①。

该标准还对招标代理服务费的计取方法提出指导意见，供招标人和招标代理机构选择适用。主要内容是：

（1）招标代理服务费的构成

招标代理服务费由常规招标代理服务费、增值招标代理服务费和招标代理额外服务费三部分组成。

招标代理常规服务费是指招标代理机构从事法律法规规定的招标代理常规业务所收取的费用，招标代理常规业务包括编制招标文件（包括编制资格预审文件），组织审查投标人资格，组织潜在投标人踏勘现场并答疑，组织开标、评标、定标，以及提供招标前期咨询、协调合同的签订等服务。

① 参见中国招标投标协会著：《招标采购代理规范》，机械工业出版社 2016 年版。

招标代理增值服务费是指招标人和招标代理机构在签订招标代理委托合同时约定的，且属于招标代理常规业务之外的其他增值服务所收取的费用，如工程量清单、标底或最高投标限价编制费，协助签订合同的服务费，合同咨询及其他专业服务事项的费用，以及招标代理机构应招标人要求提供的其他差异化服务费等。

招标代理额外服务费是指在招标代理委托合同签订之后，招标代理机构按招标人要求提供的，且属于委托合同约定服务范围内容之外的其他额外服务所收取的费用。

对三类招标代理服务费包括的工作范围以及计算规则，该标准均有详细规定。

（2）禁止价格违法行为

招标代理机构应按照本规范要求或招标人提出的其他技术、质量要求，如期保质地完成招标代理服务工作，不得出现以下扰乱正常市场秩序和价格机制的行为：一是通过故意减少服务内容、降低服务质量等手段压低服务费价格；二是以明显低于成本的报价甚至零报价、变相赠送等手段进行恶性竞争；三是通过串通报价等不正当手段承揽代理业务；四是巧立名目强制收费等价格失信行为。

4. 未约定招标代理服务费标准时的解决方案

招标代理合同如果没有明确约定招标代理服务费标准的，应根据《民法典》的规定确定收费标准。合同条款应当包含价款或者报酬条款，招标代理服务费或者计算标准也应当在招标代理合同中约定清楚。合同中没有约定招标代理服务费的，应当按照《民法典》中合同漏洞的填补规则来确定具体计算标准。根据《民法典》第五百一十条、第五百一十一条第（二）项规定，合同生效后，当事人就价款或者报酬没有约定或者约定不明确的，可以协议补充；不能达成补充协议的，按照合同相关条款或者交易习惯确定；按照该方法仍不能确定的，按照订立合同时履行地的市场价格履行。如果约定招标代理服务费参照执行原政府指导价的，则应执行原《招标代理服务收费管理暂行办法》规定的计算标准。

相关案例 2-10　**未事前约定招标代理服务费有风险**[①]

招标公司与电气公司建立口头形式的建设工程招标代理合同关系，由招标公司为电气公司的厂房及附属用房项目提供施工、监理服务招标代理。后招标公司按合同完成邀请招标、编制招标文件、开标、评标等事宜。电气公司也发放了中标通知书，并与中标单位分别签订了施工合同及监理合同，但未向招标公司支付代理费用。招标公司起诉称，其依约定完成了招标代理工作，电气公司应支付施工、监理招标代理费及其利息。

法院认定：招标公司与电气公司之间存有事实上的委托合同关系，双方约定由招标公司为电气公司提供工程施工及监理招标代理服务。该口头协议系双方当事人的真实意思表示，且不违反法律法规的强制性规定，故合法有效。合同履行过程中，招标公司依据电气公司的委托履行了组织审查投标人资格、开标、评标、定标等合同义务，完成了合同约定的委托事项。电气公司已与中标单位签订了施工及监理合同，其应及时足额向招标公司支付报酬。因招标公司未提供充分证据对己方诉讼请求中的代理费数额予以佐证，双方亦未就费用是否协商确定达成一致，法院将依市场价格对报酬价款酌情予以确定。招标公司主张电气公司应向其支付利息，因未提供证据对双方之间存有合法有效的付款期限约定予以证实，双方之间即属不定期债权债务，电气公司应在招标公司完成委托事务的合理期间内向招标公司支付报酬，即应在招标公司提交的中标通知书的发放日期后的两个月内向招标公司支付报酬，其在未支付时即应承担利息损失。

综上，法院判决电气公司给付招标公司报酬 65178 元，并按照中国人民银行同期同类贷款利率偿付自中标通知书发放之日始至本判决确定给付之日止本金 65178 元的利息。

实践中，一个项目划分为若干标段招标，应分别签订合同，如果由招标人支付的，最好按批次或按项目计费，可以节省招标成本；如果由中标人支付，那应

① 本案例素材来源于中国裁判文书网，（2009）二中民终字第 17310 号民事判决书。

该按照每个标段的合同金额分别计收招标代理服务费，这样容易操作。

（三）依法规范“中标服务费”

国家并未规定可以收取“中标服务费”，实践中存在违规收取中标服务费的行为，应当纠正。如果名为“中标服务费”实为招标代理服务费的，应当为其正名。

法律也不允许以收取“中标服务费”的名义向招标人和中标人收取双份招标代理服务费，或者招标人在自行招标时以“中标服务费”的名义收取实质意义上的招标代理服务费，这些都是违反法律规定的行为，应予以取消。

五、招标代理机构的执业纪律

（一）招标代理机构应当遵守公正、独立、勤勉的基本义务

招标代理机构应遵守国家相关法律法规、遵守相关规章制度，依法招标，对招标人和投标人诚实守信、尽职尽责，恪守公平、公正的原则，应当尊重同行，同业互助，公平竞争。招标代理工作人员自身要勤于学习，不断提高职业素质和执业技能，廉洁自律，自觉维护职业形象，不得从事与招标代理从业人员身份不符或可能损害职业形象的活动。

相关案例 2-11　招标活动违法招标代理机构受处罚

××省财政厅2018年3月2日政府采购信息公告（第7号）载明：某政府采购项目中存在以特定行政区域及特定行业的业绩作为加分条件、以不合理条件限制或者排斥潜在供应商、评审标准中的分值设置未与评审因素的量化指标相对应、签订委托代理协议时间滞后、评审过程不规范、中标（成交）公告的发布日期与中标（成交）通知书发出日期不一致、信息公告内容不完整、保证金逾期退还、档案资料保存不完整、内部管理不规范等问题。根据《政府采购法实施条

例》第十三条、第二十条、第三十一条、第三十四条、第四十三条、第六十八条和《政府采购法》第五条、第二十条、第七十一条、第七十八条以及《财政部关于进一步规范政府采购评审工作有关问题的通知》第三条的规定，本机关决定对本项目招标代理机构作出警告处分，在一年内禁止代理政府采购业务的处罚。

根据《民法典》和《招标投标法》等有关法律规定，招标代理机构在招标代理活动中不得有下列行为：（1）与所代理招标项目的招标投标人有隶属关系、合作经营关系以及其他利益关系；（2）从事同一招标项目的招标代理和投标咨询活动；（3）超越招标人委托的代理范围开展招标代理业务；（4）明知委托事项违法而进行代理；（5）采取行贿、提供回扣或者给予其他不正当利益等手段承接招标代理业务；（6）未经招标人书面同意，转让招标代理业务；（7）泄露应当保密的与招标投标活动有关的情况和资料；（8）与招标人或者投标人串通，损害国家利益、社会公共利益和他人合法权益；（9）对招标人以弄虚作假方式隐瞒真相；（10）擅自修改经招标人同意的招标文件；（11）利用执业便利为自己或他人谋取不正当利益或向招标人或相关当事人索取约定服务费之外的不正当利益；（12）法律、法规和规章禁止的其他行为。

（二）招标代理机构应当依法开展招标代理业务

《招标投标法实施条例》第十三条规定："招标代理机构在招标人委托的范围内开展招标代理业务，任何单位和个人不得非法干涉。招标代理机构代理招标业务，应当遵守招标投标法和本条例关于招标人的规定。招标代理机构不得在所代理的招标项目中投标或者代理投标，也不得为所代理的招标项目的投标人提供咨询。"

第一，招标代理机构的招标代理权受法律许可和招标人委托范围的限制。根据《民法典》第一百六十二条关于"代理人在代理权限内，以被代理人名义实施的民事法律行为，对被代理人发生效力"的规定，招标代理机构应当在招标人委托的职责范围内，以招标人的名义依法办理相关招标事宜，其行为后果由招标人承担。未取得招标代理权或者超越代理范围承担招标代理业务且招标人未承认的，其招标代理行为无效。

第二，招标代理机构在招标人委托权限内，有权依法自主开展招标代理业务，不受任何单位和个人的非法干涉。尤其是任何单位和个人都不得非法限制外地和外部门招标代理机构依法开展招标代理业务，包括招标人在内的任何单位和个人不得授意或者强令招标代理机构从事违法违规行为。

第三，招标代理机构以招标人的名义办理招标事宜。《招标投标法》及配套立法中关于招标人的规定，自动适用于招标代理机构，如资格预审文件和招标文件发售期不得少于 5 日；不得以不合理的条件限制或者排斥潜在投标人，资格预审文件和招标文件不得含有倾向或者排斥潜在投标人等违法内容；不得向他人透露已获取招标文件的潜在投标人的名称、数量以及可能影响公平竞争的情况；应当保证评标在严格保密的情况下进行；不得与投标人串通投标；应当接受有关行政监督部门的监督管理等。

第四，依据利益回避原则，招标代理机构不得从事自己代理和双方代理的行为。比如，在所代理的招标项目中以自己的名义参与投标或者代理他人投标，接受委托编制标底或最高投标限价的招标代理机构不得参加受托编制标底或最高投标限价项目的投标，也不得为代理项目的投标人编制投标文件或者提供咨询，这些都不符合民法上代理权行使的要求，根据《民法典》的规定，该类行为无效。

第三节　招标公告

招标公告是招标人以公告方式邀请不特定的法人或者其他组织参加投标的意思表示。公开招标项目，招标人必须编制、发布招标公告，以便启动招标投标程序，使潜在投标人了解招标项目及有关要求，获取参加投标竞争的机会，形成竞争局面，招标人可以从中择优选择中标人。

一、招标公告的编制

招标人或其委托的招标代理机构应当保证招标公告内容详细、真实、准确和完整。根据《招标公告和公示信息发布管理办法》第五条规定，依法必须招标项目的资格预审公告和招标公告，应当载明以下内容：（一）招标项目名称、内容、范围、规模、资金来源；（二）投标资格能力要求，以及是否接受联合体投标；（三）获取资格预审文件或招标文件的时间、方式；（四）递交资格预审文件或投标文件的截止时间、方式；（五）招标人及其招标代理机构的名称、地址、联系人及联系方式；（六）采用电子招标投标方式的，潜在投标人访问电子招标投标交易平台的网址和方法；（七）其他依法应当载明的内容。《电子招标投标办法》第十七条也明确要求"招标人或者其委托的招标代理机构应当在资格预审公告、招标公告或者投标邀请书中载明潜在投标人访问电子招标投标交易平台的网络地址和方法……"

政府采购货物和服务招标项目的公开招标公告应当包括以下主要内容：（一）采购人及其委托的采购代理机构的名称、地址和联系方法；（二）采购项目的名称、预算金额，设定最高限价的，还应当公开最高限价；（三）采购人的采购需求；（四）投标人的资格要求；（五）获取招标文件的时间期限、地点、方式及招标文件售价；（六）公告期限；（七）投标截止时间、开标时间及地点；（八）采购项目联系人姓名和电话。2020 年 3 月 18 日，为规范政府采购公告和公示信息发布行为，提高政府采购活动透明度，财政部办公厅印发了《政府采购公告和公示信息格式规范（2020 年版）》（财办库〔2020〕50 号），提供了政府采购意向公告、资格预审公告、招标公告、竞争性谈判（竞争性磋商、询价）公告、中标（成交）结果公告、更正公告、终止公告、合同公告、公共服务项目验收结果公告、单一来源采购公示、投诉处理结果公告、监督检查处理结果公告、集中采购机构考核结果公告 13 类公告和公示信息范本，其中招标公告包括项目基本情况、申请人的资格要求、获取招标文件、提交投标文件截止时间、开标时间和地点、公告期限、其他补充事宜和联系方式七部分内容。

招标人必须保证公告内容真实、准确、完整，足以让潜在投标人从中至少能获悉招标项目概要、对投标人的资格要求以及申请投标的途径和方法等信息。招标公告的内容越详细越好，有利于潜在投标人对是否购买招标文件参与投标作出准确的判断。越来越多的招标公告直接规定了标段划分、投标人资格条件、是否接受联合体投标、是否允许分包等内容。

实践中，一些招标公告内容不齐全，将应当无偿公开的实质性内容放在“招标文件”内（如在公告中标明“详见招标文件”字样）并随招标文件的出售对外公开，或者注明详见某收费网站，使得招标公告变相地成了能出售的“招标文件”或网站收费的广告，体现出“市场价值”，潜在投标人无法从公告中直接了解到招标项目具体情况。从立法本意来说，招标公告应免费向潜在投标人提供，不得收费或者变相收费；招标公告内容应全面、完备，不得在发布时有所保留，更不能采取各种方法达到营利目的。

为了提高效率和透明度，投标邀请书也必须载明必要的招标信息，使投标人能够确定招标人提出的条件是否为其所能接受，并了解如何参与投标。投标邀请书所载内容与招标公告基本相同，只不过邀请对象是确定的。

二、招标公告的发布

招标人应当依法发布招标公告，招标公告的内容和发布招标公告的媒介应当符合规定。《招标投标法》第十六条第一款规定：“招标人采用公开招标方式的，应当发布招标公告。依法必须进行招标的项目的招标公告，应当通过国家指定的报刊、信息网络或者其他媒介发布。”《招标投标法实施条例》第十五条第一款、第三款规定：“公开招标的项目，应当依照招标投标法和本条例的规定发布招标公告、编制招标文件……依法必须进行招标的项目的资格预审公告和招标公告，应当在国务院发展改革部门依法指定的媒介发布。在不同媒介发布的同一招标项目的资格预审公告或者招标公告的内容应当一致。指定媒介发布依法必须进行招标的项目的境内资格预审公告、招标公告，不得收取费用。”

（一）招标公告发布环节存在的不规范现象

1. 违法发布招标公告。第一，依法必须招标的项目不在指定媒介发布招标公告，有意缩小公告发布范围，或者招标公告中有关获取招标文件的时间和办法等规定明显不合理，招标公告含有虚假内容，致使部分潜在投标人无法获取招标信息，也就没有投标机会，以此达到虚假招标或限制、排斥潜在投标人的目的。根据《招标投标法》第五十一条和《招标公告和公示信息发布管理办法》第十八条规定，违法发布招标公告情节严重的，招标无效，必须重新招标。

相关案例 2-12　　只在招标人网站发布招标公告

某依法必须招标的工程项目招标，招标人希望 A 单位中标，但如果通过正常途径进行招标，招标人无法掌控招标结果，于是利用公告发布这一环节，将招标公告只发布在招标人网站和本地某一发行量不大且不知名的报纸上，结果投标人数量过少，实力也比较弱，而某外地潜在投标人 B 公司通过其他途径得知信息后也来参加投标。定标结果是招标人事先内定的 A 单位中标，B 公司就以招标人违法发布招标公告为由四处投诉，要求认定中标无效，重新招标。

本案中招标公告发布行为违法，没有在指定的媒体上发布，限制和排斥了潜在投标人，按照《招标投标法》第五十一条规定，招标人可能要承担行政处罚的责任。

第二，发布招标公告时间过短，受众范围有限，发布招标公告后随即限期发售招标文件，致使部分潜在投标人无法知晓招标信息，难以获取或根本无法获取招标文件，可能存在排斥潜在投标人的目的。

2. 发布招标公告存在的不规范问题。主要是一些招标投标网站通过采用会员制的办法，只向注册缴费的会员单位提供完整的招标公告内容，而非会员单位不能及时获知完整内容或者迟延若干天后才能获得，这样往往造成一些企业不能及时了解招标公告内容而失去投标机会。

相关案例 2–13　　利用网站漏洞发布招标公告

某项目于2011年4月20日在某网站发布施工招标公告，要求4月25日前报名，而该网站的招标信息只有7天后即4月26日才向非会员单位提供。反映出当前一些网站发布招标公告存在着问题，这些网站通常采取会员制办法提供招标公告，会员单位能即时获取，而非会员制单位只能在若干天后才能获取。

这种做法不符合规定。无论根据原来的《招标公告发布暂行办法》还是现行的《招标公告和公示信息发布管理办法》的规定，不论网站是否为经营性，只要其是政府指定的，其提供的招标公告信息就必须免费。指定网站可利用被指定优势，开发相关招标服务业务，如中标情况公示、招标项目介绍、招标知识咨询等，获得合法回报。本案例中，如网站不予以纠正，向行政监督部门投诉，可视情况取消其发布招标公告资格，并依据《招标公告发布暂行办法》第十七条规定（自2018年1月1日起按照《招标公告和公示信息发布管理办法》执行），予以处罚。

也有因工作失误等原因，在两个以上媒介发布的同一招标项目招标公告的内容不一致，或者公开发布的招标公告内容存有错误，致使潜在投标人无所适从或者按照错误的内容准备投标。

另外，邀请招标发布招标信息的方式是向特定对象发送投标邀请书。实践中存在为了形式上满足向3个以上潜在投标人发出投标邀请的条件，向不满足招标项目需要的供应商发出投标邀请来凑数，或者故意邀请不符合条件的供应商而不邀请更有实力的潜在投标人投标，来应付招标或陪衬已经内定的个别符合条件的投标人，这样是滥用权利，违反了招标的本质要求。

对于上述行为，潜在投标人可以向国家发展改革委和有关行政监督部门投诉，查证属实的，可以视情节依照《招标投标法》第四十九条、第五十一条的规定予以处罚。因此，招标人应严格防范因上述招标公告发布行为不规范带来的法律风险。

（二）招标人应当严格依法发布招标公告

1. 发布公告的媒介由国务院发展改革委或地方政府主管部门指定

依法必须进行招标的项目必须通过国家发展改革委或地方政府指定的媒介发布招标公告，其他公开招标的项目虽然法律并没有作强制性规定，也应当在有影响力的公开发行的报纸、信息网络或其他媒介上发布招标公告。招标公告的发布应当充分公开，公告期限必须合理，任何单位和个人不得非法限制招标公告的发布时间、地点和范围，以便最大范围地让潜在投标人都有机会得悉招标信息扩大竞争，防止人为缩小公告范围和期限。

根据《招标投标法》和《关于国务院有关部门实施招标投标活动行政监督的职责分工的意见》（国办发〔2000〕34 号）的规定，原国家发展计划委印发的《关于指定发布依法必须招标项目招标公告的媒介的通知》（计政策〔2000〕868 号）（已废止），依法确定《中国日报》《中国经济导报》《中国建设报》和中国采购与招标网（以下简称“三报一网”）为发布依法必须招标项目招标公告的媒介，其中国际招标项目的招标公告应在《中国日报》发布，招标人应至少在一家指定的媒介发布招标公告。并同步印发《招标公告发布暂行办法》（国家发展计划委第 4 号令），明确了发布招标公告的行为规范。同时，各省区市也普遍确定了本地区相关纸质或网络信息发布媒介。

为贯彻落实党的十九大精神，深化招标投标领域“放管服”改革，进一步规范招标公告和公示信息发布活动，增强招标投标活动透明度，保障公平竞争市场秩序，依据国家发展和改革委员会、中华人民共和国工业和信息化部、中华人民共和国财政部、中华人民共和国住房和城乡建设部、中华人民共和国交通运输部、中华人民共和国铁道部、中华人民共和国水利部、国家广播电影电视总局、中国民用航空局令第 23 号《关于废止和修改部分招标投标规章和规范性文件的决定》，废止了《招标公告发布暂行办法》，出台了新的《招标公告和公示信息发布管理办法》（国家发展改革委第 10 号令），自 2018 年 1 月 1 日起施行。《招标公告发布暂行办法》和《国家计委关于指定发布依法必须招标项目招标公告的媒介的通知》同时废止。

《招标公告和公示信息发布管理办法》改变了以纸质媒介为主的招标公告发布制度，依托电子招标投标系统发布招标公告和公示信息，适应了近年来我国“互联网+”招标采购快速发展的新形势，规定依法必须招标项目的招标公告和公示信息应当统一在“中国招标投标公共服务平台”或者项目所在地省级电子招标投标公共服务平台（如北京市指定“北京市公共资源交易服务平台”为发布媒介）发布。2018年1月1日起，“三报一网”以及地方政府指定的发布媒介等都将不再承担发布媒介的职能。《电子招标投标办法》第十七条也明确要求“依法必须进行公开招标项目的上述相关公告应当在电子招标投标交易平台和国家指定的招标公告媒介同步发布”。

《招标公告和公示信息发布管理办法》还要求省级电子招标投标公共服务平台应当与“中国招标投标公共服务平台”对接，按规定同步交互招标公告和公示信息。对依法必须招标项目的招标公告和公示信息，发布媒介应当与相应的公共资源交易平台实现信息共享。“中国招标投标公共服务平台”应当汇总公开全国招标公告和公示信息，以及该办法规定的发布媒介名称、网址、办公场所、联系方式等基本信息，及时维护更新，与全国公共资源交易平台共享，并归集至全国信用信息共享平台，按规定通过“信用中国”网站向社会公开。

对于政府采购货物和服务招标项目，根据《政府采购信息发布管理办法》（财政部令第101号）规定，中央预算单位政府采购信息（包括公开招标公告、资格预审公告、单一来源采购公示、中标（成交）结果公告、政府采购合同公告等政府采购项目信息，以及投诉处理结果、监督检查处理结果、集中采购机构考核结果等政府采购监管信息）应当在中国政府采购网发布，地方预算单位政府采购信息应当在所在行政区域的中国政府采购网省级分网发布。除中国政府采购网（http：//www.ccgp.gov.cn）及其省级分网（如http：//www.ccgp-shaanxi.gov.cn）外，政府采购信息可以在省级以上财政部门指定的其他媒体同步发布。发布主体应当确保其在不同媒体发布的同一政府采购信息内容一致。在不同媒体发布的同一政府采购信息内容、时间不一致的，以在中国政府采购网或者其省级分网发布的信息为准。同时在中国政府采购网和省级分网发布的，以在中国政府采购网上发布的信息为准。招标公告的公告期限为5个工作日，自省级以上财政部门指定的媒体最先发布公告之日起算。

依法必须招标项目的招标公告和公示信息除在指定发布媒介发布外，招标人或其招标代理机构也可以同步在其他媒介公开，并确保内容一致。其他媒介可以依法全文转载依法必须招标项目的招标公告和公示信息，但不得改变其内容，同时必须注明信息来源。

对于非依法必须招标项目发布招标公告和公示信息，采取招标人自愿原则，由招标人及招标代理机构依据相关法律法规要求，自行决定在“中国招标投标公共服务平台”发布，也可在其他媒体发布。

2. 增加公告受众范围

为了防止围标，应尽可能增加招标公告的受众范围，招标公告的公开方式必须保证足以在一个较大范围内产生竞争。如首次发布招标公告后，投标申请人数量过少不足以形成竞争格局的，应分析其根源所在，进一步修改完善招标公告后再行发布。而且基于招标投标活动应有的公开性，招标公告的公开方式必须能够达到相应的公开要求，能够为招标投标活动的充分竞争提供基本的信息，而不能有所隐瞒。

3. 指定媒介发布公告应当免费

根据《招标公告和公示信息发布管理办法》的规定，发布媒介应当免费提供依法必须招标项目的招标公告和公示信息发布服务，并允许社会公众和市场主体免费、及时查阅前述招标公告和公示的完整信息。网站如果采取收费的做法，违反招标公告充分披露的要求，不符合《招标公告和公示信息发布管理办法》，由相应的省级以上发展改革部门或其他有关部门根据有关法律法规规定，责令改正；情节严重的，可以处 1 万元以下罚款。招标人也不得利用网站的这种违法行为来达到限制和排斥潜在投标人的目的，否则招标人也应当承担责任。

4. 招标人或其委托的招标代理机构应当依法发布招标公告

根据《招标公告和公示信息发布管理办法》的规定，依法必须招标项目的招标公告和公示信息有下列情形之一的，潜在投标人或者投标人可以要求招标人或其招标代理机构予以澄清、改正、补充或调整：（1）资格预审公告、招标公告载明的事项不符合该办法第五条规定（依法必须招标项目的资格预审公告和招标公告应当载明的内容要求），中标候选人公示载明的事项不符合该办法第六条（依法必须招标项目的中标候选人公示应当载明的内容要求）规定；（2）在两家以上媒介发布的同一招标项目的招标公告和公示信息内容不一致；（3）招标公告和公示信息内容不符合法律法规规定。招标人或其招标代理机构应当认真核查，及时处理，并将处理结果告知提出意见的潜在投标人或者投标人。

如有下列行为之一的，由有关行政监督部门责令改正，并视情形依照《招标投标法》第四十九条、第五十一条及有关规定处罚：（1）依法必须公开招标的项目不按照规定在发布媒介发布招标公告和公示信息；（2）在不同媒介发布的同一招标项目的资格预审公告或者招标公告的内容不一致，影响潜在投标人申请资格预审或者投标；（3）资格预审公告或者招标公告中有关获取资格预审文件或者招标文件的时限不符合招标投标法律法规规定；（4）资格预审公告或者招标公告中以不合理的条件限制或者排斥潜在投标人。

5. 应邀请有履约能力的潜在投标人

为了防止在邀请招标中招标人有可能故意邀请一些不符合条件的法人或其他组织作为其内定中标人的陪衬，搞虚假招标，《招标投标法》第十七条明确要求，招标人采用邀请招标方式的，应当向 3 个以上具备承担招标项目的能力、资信良好的特定的法人或者其他组织发出投标邀请书，招标人应严格执行上述规定，不得规避。但是对于所邀请的对象如何产生没有规定，招标人的自由度较大，可以自主决定邀请的对象，只要是 3 个及以上招标人认为具备承担招标项目的能力、资信良好的潜在投标人即可。

对于政府采购货物和服务招标项目而言，对招标人确定邀请投标人的权利进行了严格法律限制，即邀请对象必须从符合相应资格条件的供应商中随机抽取产生，而不是由招标人直接指定。根据《政府采购货物和服务招标投标管理办法》第十四条规定，采用邀请招标方式的，采购人或者采购代理机构应当通过以下方式产生符合资格条件的供应商名单，并从中随机抽取 3 家以上供应商向其发出投标邀请书：（1）发布资格预审公告征集；（2）从省级以上人民政府财政部门建立的供应商库中选取；（3）采购人书面推荐。采用前述第一项方式产生符合资格条件供应商名单的，采购人或者采购代理机构应当按照资格预审文件载明的标准和方法，对潜在投标人进行资格预审。采用前述第二项或者第三项方式产生符合资格条件供应商名单的，备选的符合资格条件供应商总数不得少于拟随机抽取供应商总数的两倍。随机抽取是指通过抽签等能够保证所有符合资格条件供应商机会均等的方式选定供应商。随机抽取供应商时，应当有不少于两名采购人工作人员在场监督，并形成书面记录，随采购文件一并存档。投标邀请书应当同时向所有受邀请的供应商发出。

第四节　资格审查

投标人的投标是否真实或其是否具有履行合同的能力，直接关系到招标项目能否得以顺利实施。因此，招标人有必要根据招标项目要求，对潜在投标人或投标人进行资格审查。以开标为界点，资格审查可分为资格预审与资格后审两种。对潜在投标人数量过多或者大型复杂等单一特征明显的项目，以及投标文件编制成本高的项目，进行资格预审，可以有效降低招标投标的社会成本，提高评标效率。

一、资格审查方式

（一）资格预审

资格预审，是招标人在发出投标邀请书或者发售招标文件前，通过审查潜在投标人的资格条件，确定合格投标人名单的一种资格审查方式，也就是招标人通过发布资格预审公告，向不特定的潜在投标人发出投标邀请，由招标人或者由其依法组建的资格审查委员会按照资格预审文件确定的审查方法、资格条件以及审查标准，对资格预审申请人的经营资格、专业资质、财务状况、类似项目业绩、履约信誉等条件进行评审，以确定通过资格预审的申请人。解决的是招标人将邀请谁参加投标、给谁投标机会的问题。

根据《国际复兴开发银行贷款和国际开发协会信贷采购指南》（以下简称《世界银行贷款采购指南》）规定，通常对于大型或结构复杂的工程，或者在其他准备详细的投标文件成本很高不利于竞争的情况下，诸如专为用户设计的设备、工业成套设备、专业化服务，设计和施工合同或者管理承包合同等，对投标人进行资格预审是必要的。《联合国贸易法委员会公共采购示范法颁布指南》第十八条“资格预审程序”中也载明：“资格预审程序的目的是在早期查明具有履行合同的适当资格的供应商或承包商。这种程序可能对于采购复杂或高价值货物、工程或服务特别有用，甚至对于价格较低但专业性较高的采购也是可取的。”①

采用资格预审主要为了解决投标人过多、招标成本过高、评标时间过长“三过”问题，可使评标工作得以集中精力用于评审和比较投标文件的实质性响应；也在一定程度上减少了实力不足的投标人进行恶意低价夺标情况出现的可能性，降低了恶性竞争②。未通过资格预审的申请人，不具有投标的资格。

根据《政府采购货物和服务招标投标管理办法》第十四条规定，政府采购货物和服务项目如果采用邀请招标方式的，采购人或者采购代理机构应当通过发布资格预审公告征集、从省级以上人民政府财政部门建立的供应商库中选取和采购人书面推荐3种方式确定受邀请的供应商名单，并从中随机抽取3家以上供应商向其发出投标邀请书，如果采取发布资格预审公告征集方式产生符合资格条件供应商名单的，采购人或者采购代理机构应当按照资格预审文件载明的标准和方法，对潜在投标人进行资格预审。在这种情形下，资格预审是招标投标的必经前置程序。政府采购货物和服务项目采取公开招标方式的，可以选择进行资格预审，也可以资格后审。

对于其他招标项目，采用邀请招标方式的，如何确定3个以上合格的潜在投标人名单，《招标投标法》及其配套立法都没有明确规定，也没有限定必须采取资格预审方式，招标人自主权比较大，当然也可以借鉴政府采购货物和服务邀请招标项目采取的通过资格预审确定受邀请的潜在投标人名单的方式。

---

① 参见：中国招标投标协会编：《中国招标采购常用法规》第1037页，中国计划出版社2008年版。

② 陈川生、朱晋华编著：《招标代理与企业招标指南——〈招标采购代理规范〉解读》，中国建筑工业出版社2016年版，第62页。

（二）资格后审

资格后审是开标后由评标委员会在比较和评审投标人的投标文件时对投标人是否具有履行合同能力所进行的审查，解决的是谁的投标资格符合招标文件要求的问题。

资格后审与资格预审的区别

资格审查对比项目	资格预审	资格后审
审查时间	在发售招标文件之前	在开标之后的评标阶段
评审人	招标人或资格审查委员会	评标委员会
评审对象	申请人的资格预审申请文件	投标人的投标文件
审查方法	合格制或有限数量制	合格制
审查依据	资格预审文件	招标文件
审查结果	是否属于合格投标人，是否有权投标	是否属于合格投标人，其投标是否应被否决
目的	解决的是招标人将邀请谁参加投标、给谁投标机会的问题	解决的是谁的投标资格符合招标文件要求的问题
适用前提	必须发布资格预审公告、资格预审文件	不发布资格预审公告、资格预审文件
优点	避免不合格的申请人进入投标阶段，节约社会成本；提高投标人投标的针对性、积极性；减少评标阶段的工作量，缩短评标时间，提高评标的科学性、可比性	减少资格预审环节，缩短招标时间；投标人数量相对较多，竞争性更强；提高串标、围标难度
缺点	延长招标投标的过程，增加招标人组织资格预审和申请人参加资格预审的费用；通过资格预审的申请人相对较少时，容易串标	投标方案差异大，会增加评标工作难度；在投标人过多时，会增加评标费用和评标工作量；增加社会综合成本

续表

资格审查对比项目	资格预审	资格后审
适用范围	比较适合于技术难度较大或投标文件编制费用较高，或潜在投标人数量较多的招标项目	比较适合于潜在投标人数量不多，具有通用性、标准化的招标项目

（三）资格审查方式的选择

招标人应根据招标项目实际选择合适的资格审查方式。一般情况下，对于竞争性强、潜在投标人较多，对潜在投标人不熟悉，或者技术特别复杂或者具有特殊专业技术要求的招标项目，建议采用资格预审的办法，可以事先了解投标人的情况，吸引确实具有相应的财力、技术和经验，信誉良好的投标人参与投标，抑制资格条件不符合要求、无竞争力的投标人，降低招标投标风险，减少招标人的招标成本和不合格潜在投标人的投标成本，缩减评标工作量和评审费用，缩短采购周期，提高招标工作效率。实行资格预审的，经资格预审合格的投标人，才能购买招标文件正式投标。

是否采取资格预审，主要与招标项目的标的额大小、市场竞争激烈程度，以及标的技术复杂性、招标人对标的要求偏好有较强关联，但不能变相把资格预审作为限制过多潜在投标人投标的主要手段。

实践中存在招标人直接选定或采取抽签、摇号等方式随机确定资格预审通过名单的办法，实际上以不合理条件限制或者排斥潜在投标人，不符合规定，因为这样不符合招标投标公平、择优的初衷，不是科学的办法。

当招标项目规模不大、对技术没有特别要求，采用资格后审和相应的评标方法能选择出合格投标人的，完全可以采取资格后审办法；对于潜在投标人比较熟悉的常规性项目，也可采用资格后审的办法，这样反而有利于提高招标工作效率、降低招标成本，也有利于规避资格预审中存在的种种问题。

对于邀请招标项目，在评标时也要对投标人的资格进行资格后审，一旦发现资格和业绩达不到招标文件中规定的资格条件时，招标人有权淘汰其投标。

实行资格后审的，在招标公告发布后，有兴趣和自认为有能力的投标人都可以领购招标文件，并在限期内递交投标文件，招标人按规定在开标后，再组织评标委员会，根据招标文件对其资质、业绩、信誉以及技术能力和财务状况等资格评审因素进行综合评审后确定投标是否有效。

（四）资格预审后还可进行资格后审

通过资格预审的是否不能再资格后审，对此没有限制性规定。当然，通过资格预审的潜在投标人在投标之前其资格条件难免会发生变化，投标人是否仍满足招标文件规定的投标人资格条件存在一定变数。即使某潜在投标人通过资格预审，一般也可以在开标之后的评标阶段再对其进行资格后审，且有时候非但多余而且非常必要，如通过资格预审的潜在投标人在开标前又发生了资质、履约能力等方面的重大变化，就有必要重新审核其投标资格。此时的审查内容可以相对简化。因此，对于通过资格预审后又发现存在问题的投标人，招标人有权而且应当重新审查其投标资格。

资格审查是招标人的一种权利，贯穿于招标投标活动的全过程。招标人不仅可以进行资格预审，也可以进行资格后审；不仅招标人（或委托的招标代理机构）可以审查，评标委员会也可以进行审查；不仅评标过程中可以审查，中标候选人推荐出来后，仍可以进行审查；不仅招标过程中可以审查，合同履行过程中仍可以审查（如审查出来存在问题，可以追究其法律责任）。

相关案例 2–14　　**资格审查纠纷**[①]

某小水电工程施工招标项目要求投标人必须有成功完成两个类似招标项目建设的经验。一个潜在投标人有建成投运一个、在建一个的经历和业绩，在建的即将竣工。该投标人经业主同意，参加了投标并顺利通过了资格预审，被确定为第

① 该案例素材来自林善谋著：《招标投标法适用与案例评析》，机械工业出版社 2004 年版，第 102 页。

一中标候选人。后有人举报该投标人。招标人又组织了资格审查，取消了该投标人的中标候选人资格。该投标人不服，认为其已告知招标人实际情况，招标人也已对其进行过资格审查，就不能出尔反尔再对其资格进行审查。招标人也认为投标人陈述有理，决定还是让该投标人中标。

本案例中的做法有损于招标人的利益，对其他投标人也不公平，如果投标人业绩不符合要求，招标人完全可以取消其投标资格，法律并未限制资格预审后不得再次审查。

当然，资格预审后再进行资格后审，前后两次审查的侧重点不同。在已经办理资格预审的情况下，判断该投标人资格是否合格的依据是资格预审申请文件，评标中的资格审查主要是检查资格预审前后的一致性，核对在资格预审后至开标期间是否发生变化导致其投标资格发生变化。资格后审的审查则是依据招标文件对其投标文件全面审查其投标资格合格与否[①]。

《政府采购法实施条例》第二十一条规定，“已进行资格预审的，评审阶段可以不再对供应商资格进行审查”，其意思是原则上经过资格预审后一般不再进行资格后审，但并没有禁止，几其还规定：“资格预审合格的供应商在评审阶段资格发生变化的，应当通知采购人和采购代理机构”，意味着当资格预审合格的供应商在评审阶段资格发生变化的，就有必要进行资格后审。当然，如果在资格预审阶段潜在投标人有弄虚作假等行为在评标阶段才发现的，也应进行资格后审，并未禁止。

（五）招标人组织严格审查投标资格

招标人应组织业务能力强的专家按照招标文件规定的资格审查标准严格审查投标资格，通过一次性审查即可选出合格投标人，杜绝少数滥竽充数、没有竞争力的投标人乘虚而入或者挂靠、借用资质等假冒现象。

---

① 李显冬主编：《〈中华人民共和国招标投标法〉条文理解与案例适用》，中国法制出版社 2013 年版，第 86 页。

资格审查通常包括以下两部分的内容：一是对投标人的投标主体资格的合法性审查，二是对投标人顺利完成招标项目能力的审查。

二、资格预审

（一）资格预审方法

资格预审方法有合格制和有限数量制两种。

一般情况下，应当采用合格制，凡符合资格预审文件规定资格审查标准的申请人均通过资格预审，即取得相应投标资格。

当潜在投标人过多时，可采用有限数量制。招标人在资格预审文件中应规定资格审查标准和程序，明确通过资格预审的申请人数量N个，并应明确第N名得分相同时的处理办法。资格审查委员会按照资格预审文件中规定的审查标准和程序，对通过初步审查和详细审查的资格预审申请文件进行量化打分，按得分由高到低的顺序确定通过资格预审的申请人。

一般来说，有7—15家投标是比较适中的，既具有充分的竞争性，也可有效防范串标、围标。例如，《水运工程建设项目招标投标管理办法》（2021年版）第二十六条规定，采用有限数量制数额不得少于7个。通过资格预审的申请人不得超过资格预审文件中“资格审查办法”规定的数量。资格审查委员会完成资格预审申请文件的审查，确定通过资格预审的申请人名单后，向招标人提交书面审查报告。

（二）资格预审程序

资格预审一般按以下程序进行：

1. 编制资格预审文件

资格预审文件是告知申请人资格预审条件、标准和方法，资格预审申请文件编制和提交要求的载体，是对申请人的主体资格、履约能力进行评审，确定通过资格预审申请人的依据。

对依法必须进行招标的项目进行资格预审时，招标人应使用国家发展改革委会同有关行政监督部门制定的标准文本，根据招标项目的特点和需要编制资格预审文件。例如，《标准施工招标资格预审文件》（2007 年版）规定了工程建设项目施工招标的资格预审文件内容，主要包括资格预审公告、申请人须知、资格审查办法、资格预审申请文件格式以及项目建设概况等章节，具体项目可参照该标准文本编制资格预审文件。

《政府采购货物和服务招标投标管理办法》第二十一条规定资格预审文件应当包括以下主要内容：（1）资格预审邀请；（2）申请人须知；（3）申请人的资格要求；（4）资格审核标准和方法；（5）申请人应当提供的资格预审申请文件的内容和格式；（6）提交资格预审申请文件的方式、截止时间、地点及资格审核日期；（7）申请人信用信息查询渠道及截止时点、信用信息查询记录和证据留存的具体方式、信用信息的使用规则等内容；（8）省级以上财政部门规定的其他事项。

2. 发布资格预审公告

《招标投标法实施条例》第十五条规定："……招标人采用资格预审办法对潜在投标人进行资格审查的，应当发布资格预审公告、编制资格预审文件。依法必须进行招标的项目的资格预审公告和招标公告，应当在国务院发展改革部门依法指定的媒介发布。在不同媒介发布的同一招标项目的资格预审公告或者招标公告的内容应当一致。指定媒介发布依法必须进行招标的项目的境内资格预审公告、招标公告，不得收取费用。编制依法必须进行招标的项目的资格预审文件和招标文件，应当使用国务院发展改革部门会同有关行政监督部门制定的标准文本。"采取资格预审的，应以资格预审公告代替招标公告。

公开招标的项目，应当发布资格预审公告。对于依法必须进行招标项目的资格预审公告，应当在国家或地方政府部门指定的媒体发布。资格预审公告的发布媒体与招标公告的发布媒体相同。如果招标人同时在多个媒体发布公告，各媒体公告的内容应当一致。

根据《招标公告和公示信息发布管理办法》第五条规定："依法必须招标项目的资格预审公告和招标公告，应当载明以下内容：（一）招标项目名称、内容、范围、规模、资金来源；（二）投标资格能力要求，以及是否接受联合体投标；

（三）获取资格预审文件或招标文件的时间、方式；（四）递交资格预审文件或投标文件的截止时间、方式；（五）招标人及其招标代理机构的名称、地址、联系人及联系方式；（六）采用电子招标投标方式的，潜在投标人访问电子招标投标交易平台的网址和方法；（七）其他依法应当载明的内容。”

依据《标准施工招标资格预审文件》（2007年版）规定，资格预审公告一般规定招标条件、项目概况与招标范围、申请人资格要求、资格预审方法、资格预审文件的获取、资格预审申请文件的递交、发布公告的媒介以及联系方式等内容。

政府采购货物和服务招标项目的资格预审公告应当包括以下主要内容：（1）采购人及其委托的采购代理机构的名称、地址和联系方法；（2）采购项目的名称、预算金额，设定最高限价的，还应当公开最高限价；（3）采购人的采购需求；（4）投标人的资格要求；（5）公告期限；（6）获取资格预审文件的时间期限、地点、方式；（7）提交资格预审申请文件的截止时间、地点及资格预审日期；（8）采购项目联系人姓名和电话。而且，资格预审公告的公告期限为5个工作日。

3. 发售资格预审文件

招标人应当按照资格预审公告规定的时间、地点向申请投标的潜在投标人发售资格预审文件。资格预审文件的发售期不得少于5日。政府采购货物和服务招标项目资格预审文件的提供期限自资格预审公告发布之日起计算不得少于5个工作日；提供期限届满后，获取招标文件或者资格预审文件的潜在投标人不足3家的，可以顺延提供期限，也可以重新进行资格预审或重新招标，并予公告。重新招标或重新进行资格预审一般基于以下原因：（1）招标文件或资格预审文件存在不合理之处，如规定的资格条件太高、技术需求不合理、评标办法不合理、招标文件售价过高或资格预审文件没有免费提供等；（2）招标文件或资格预审文件存在违法规定；（3）招标公告或资格预审公告没有被供应商看到①。

---

① 岳小川著：《〈政府采购货物和服务招标投标管理办法〉解读》，经济科学出版社2018年版，第41页。

一般要求潜在投标人到指定地点购买资格预审文件。采用电子招标投标的，根据《电子招标投标办法》第十八条、第二十条规定，招标人或者其委托的招标代理机构应当及时将数据电文形式的资格预审文件、招标文件加载至电子招标投标交易平台，供潜在投标人下载或者查阅；除该办法和技术规范规定的注册登记外，任何单位和个人不得在招标投标活动中设置注册登记、投标报名等前置条件限制潜在投标人下载资格预审文件或者招标文件。为方便异地申请人参与资格预审，一般也可以通过邮购方式获取文件，此时招标人应在公告内明确告知在收到申请人邮购款（含手续费）后的规定日期内寄送，招标人不承担邮件延误或遗失的责任。

资格预审文件的售价应当合理，收取的费用应当限于补偿印刷、邮寄的成本支出，不得以营利为目的。除招标人终止招标外，资格预审文件售出后，不予退还。但政府采购货物和服务招标项目的招标人或者采购代理机构应当按照招标公告、资格预审公告或者投标邀请书规定的时间、地点提供招标文件或者资格预审文件，提供期限自招标公告、资格预审公告发布之日起计算不得少于 5 个工作日，而且资格预审文件应当免费提供，不得收取任何费用。

4. 资格预审文件的澄清、修改

资格预审申请人通过仔细阅读和研究资格预审文件，对不明白、不理解的意思表达，模棱两可或错误的表述，或遗漏的事项，可以向招标人提出澄清要求，但澄清要求应当在资格预审文件规定的时间内，以书面形式发给招标人。

招标人认真研究收到的所有澄清问题或者自行发现资格预审文件中存在的问题、疏漏而进行澄清、修改的，应在规定时间内以书面形式将资格预审澄清文件发放给所有获取资格预审文件的申请人，但不指明澄清问题的来源。资格预审文件的澄清、修改内容可能影响资格预审申请文件编制的，招标人应当在申请人须知规定的提交资格预审申请文件截止时间至少 3 日前，以书面形式通知所有获取资格预审文件的申请人；不足 3 日的，招标人应当顺延提交资格预审申请文件的截止时间。申请人应在收到澄清文件后，在规定的时间内以书面形式向招标人确认已经收到。

资格预审申请人或者其他利害关系人对资格预审文件有异议的，应当在提交资格预审申请文件截止时间2日前向招标人提出。招标人应当自收到异议之日起3日内作出答复；作出答复前，应当暂停实施招标投标活动。

5. 编制并提交资格预审申请文件

申请人应严格按照资格预审文件要求的格式和内容，编制、签署、装订、密封、标识资格预审申请文件。

鉴于资格预审的重要性并考虑编制资格预审申请文件所需合理的工作量，给予投标人编制资格预审申请文件的时间应当合理，这样既规避了招标人自身利用缩短编制资格预审申请文件期限的办法来变相地排斥部分潜在投标人，剥夺其投标机会的风险，也能保证潜在投标人有足够时间提供满足要求的资格预审申请文件和证明文件，更好地响应招标，增强投标的竞争性。但依法必须进行招标的项目，提交资格预审申请文件的截止时间，自资格预审文件停止发售之日起不得少于5日。政府采购货物和服务招标项目提交资格预审申请文件的时间自公告发布之日起不得少于5个工作日。

相关案例2-15　规定的提交资格申请文件时间不合理

招标人某公司因建设某项目需要采购一批金具设备，委托某招标公司，于2007年9月28日在该公司网站发布资格预审公告，规定：本次招标资格审查方式为资格预审方式，请有兴趣参加本项目的潜在投标人提交符合上述各项要求的相关资料，于9月30日17：00前递交给某招标公司，招标人将组织对投标人的资格条件逐项进行审查，审查结果将通知合格的投标人，对未通过审查的不予通知，不负责解释，审查通过的潜在投标人方可购买招标文件。

本案中，9月28日发布资格预审公告，就要求9月30日前提交资格预审文件，时间太短，可能一些潜在投标人在这么短的时间内根本就来不及编制和向招标人递交投标资格预审申请文件从而失去投标机会，对投标人尤其是外地潜在投标人是不公平的，招标人也可能错过选择更优中标人的机会。

资格预审申请文件实际上也是投标文件的一部分，对于资格预审文件的要求，如果现有法律法规没有明确规定的，可以参照投标文件的相关规定来处理。比如，资格预审申请文件也应当按照投标文件的要求签字盖章；应当在资格预审文件中明确规定的递交时间、地点按时递交资格预审申请文件；在资格预审申请文件提交截止时间过后不再受理该项目的资格预审申请；资格预审申请文件的提交截止时间即为资格审查委员会开始评审的时间。

《招标采购代理规范》第 6.5.3 项即规定："出现下述情况之一的资格预审申请文件，招标代理机构应拒收：（1）未按照资格预审文件要求密封；（2）逾期送达或未送达指定地点。因密封不合格而被招标代理机构拒收的资格预审申请文件，经申请人再次封装，并在资格预审文件规定的递交截止时间前递交的，招标代理机构须按本项规定重新检查并接收符合要求的申请文件。"①

领购资格预审文件的潜在投标他人少于 3 个的，可相应顺延资格预审公告时间和资格预审文件提供时间，以吸引更多潜在投标人参与投标。参考《招标采购代理规范》第 7.2 条规定，对于招标人而言，可要求潜在投标人在收到投标邀请书后予以回函，确认其是否参与投标。通过资格预审的潜在投标人确认参与投标的少于 3 个的，对其原因进行分析并提出应对措施，可重新组织资格预审，或直接采用资格后审方式编制招标文件、发布招标公告进行招标。

根据《政府采购货物和服务招标投标管理办法》第十八条规定，政府采购货物和服务招标项目的招标文件、资格预审文件提供期限届满后，获取招标文件或者资格预审文件的潜在投标人不足 3 家的，可以顺延提供期限，并予公告。

相关案例 2–16　　延期报名公告

某招标项目招标资格预审公告期满，已过资格预审申请材料提交截止时间，潜在投标人不足 3 家。业主又发布了一次延期报名公告，认为这样做没有违反法

① 参见中国招标投标协会推荐性行业标准 ZBTB/T A01—2016《招标采购代理规范（2016 年版）》第 6.5.3 项。

律法规禁止性规定。

笔者认为，在资格预审期间，招标人预见到购买资格预审文件或提交资格预审申请的潜在投标人不足3家可能招标失败的，可以延长资格预审公告的时间，以便争取更多的潜在投标人参加资格预审。但应注意的是，由于资格预审延期，原计划的购买招标文件、投标截止、开标和定标等时间也应相应延期。

6. 组建资格审查委员会

国有资金占控股或者主导地位的依法必须进行招标的项目，招标人应当组建资格审查委员会审查资格预审申请文件。资格审查委员会及其成员应当遵守《招标投标法》及其实施条例有关评标委员会及其成员的规定。即资格审查委员会由招标人熟悉相关业务的代表和不少于成员总数三分之二的技术、经济等专家组成，成员人数为5人以上单数。其中招标人代表应具有完成相应项目资格审查的业务素质和能力，人数不能超过资格审查委员会成员的三分之一；有关技术、经济等方面的专家应当从事相关领域工作满8年并具有高级职称或者具有同等专业水平，不得少于成员总数的三分之二。与申请人有利害关系的人不得进入资格审查委员会，已经进入的应当更换。资格审查委员会成员的名单在审查结果确定前应当保密。

对其他招标项目，招标人可以自行审查资格预审申请文件，可以由其委托的招标代理机构，也可以由其组建的资格审查委员会审查资格预审申请文件。

7. 评审资格预审申请文件，编写资格审查报告

招标人或资格审查委员会应当按照资格预审文件载明的标准和方法，对资格预审申请文件进行审查，确定通过资格预审的申请人，并提交书面资格审查报告。

（1）初步审查的考量因素

初步审查的因素主要有：申请人名称、申请函签字盖章、申请文件格式、联合体申请人等内容是否符合资格预审文件的要求。上述因素只要有一项不合格，就不能通过初步审查。

详细审查是对通过初步审查的申请人的资格预审申请文件进行进一步审查。主要审查营业执照、企业资质等级、生产许可、安全生产许可证、质量管理、财务状况、类似项目业绩、信誉、项目经理和技术负责人的资格、联合体申请人等内容是否满足资格预审文件规定的实质性要求，特别注意是否存在对申请人的限制情形。

（2）对资格预审申请文件的澄清、说明

在审查过程中，可以书面形式要求申请人对所提交的资格预审申请文件中不明确的内容、明显文字错误等进行必要的澄清或说明。申请人的澄清或说明采用书面形式，并不得改变资格预审申请文件的实质性内容。申请人的澄清和说明内容属于资格预审申请文件的组成部分。

（3）资格预审报告

招标人或审查委员会按照上述规定的程序对资格预审申请文件完成审查后，确定通过资格预审的申请人名单，并向招标人提交书面审查报告。资格审查报告一般包括以下内容：1）基本情况和数据表；2）资格审查委员会名单；3）澄清、说明、补正事项纪要等；4）审查程序和时间、未通过资格审查的情况说明、通过评审的申请人名单；5）评分比较一览表和排序；6）其他需要说明的问题。通过详细审查申请人的数量少于3个的，对于依法必须进行招标的项目，招标人应分析具体原因，采取相应措施后，重新组织资格预审或不再组织资格预审而采用资格后审办法直接招标。

8. 确认通过资格预审的申请人

采取合格制的，满足详细审查标准的申请人，通过资格审查，获得投标资格。采取有限数量制的，通过详细审查的申请人超过3个但没有超过资格预审文件规定数量的，不再进行评分，均通过资格预审；通过详细审查的申请人数量超过资格预审文件规定数量的，资格审查委员会应按资格预审文件规定的评审因素和评分标准进行评审，并依据规定的评分标准进行评分，按得分由高到低的顺序进行排序，确定资格预审文件规定数量的申请人通过资格预审。当最后一位排序有多人排名并列时，按资格预审文件规定的办法确定通过资格预审的申请人。

9. 资格预审结果通知

招标人根据资格审查报告确认通过资格预审的申请人，并向其发出投标邀请书（代资格预审通过通知书），邀请其购买招标文件和参与投标，并要求申请人确认是否参加投标。同时，招标人还应向未通过资格预审的申请人发出资格预审结果的书面通知。

需要注意的是，通过资格预审的申请人名单应当保密，不应公示通过资格预审的申请人名单和数量。实行电子招标投标的，在投标截止时间前，电子招标投标交易平台运营机构不得向招标人或者其委托的招标代理机构以外的任何单位和个人泄露下载资格预审文件、招标文件的潜在投标人名称、数量以及可能影响公平竞争的其他信息。

通过资格预审的申请人名单，一般由招标人根据审查报告和资格预审文件审定确认。未通过资格预审的潜在投标人均被淘汰，招标人不必详细说明资格审查不合格的原因，被淘汰者也无权查询其理由。资格审查合格的潜在投标人方可购买招标文件。资格预审不合格的潜在投标人不得参加投标。资格预审合格的投标申请人不足 3 个的，招标人应当依法重新招标。

相关案例 2-17　不告知未通过资格预审的潜在投标人

某工程建设项目采购设备招标资格预审公告中载明：资格预审结束后，招标人仅以书面方式通知通过资格预审的潜在投标人，对于未通过资格预审的潜在投标人，招标人不予通知且不告知未通过的理由。由此引起部分未通过资格预审的潜在投标人的质疑。

根据《工程建设项目货物招标投标办法》第二十条规定，经资格预审后，招标人应当向资格预审合格的潜在投标人发出资格预审合格通知书，告知获取招标文件的时间、地点和方法，并同时向资格预审不合格的潜在投标人告知资格预审结果。因此，经资格预审后，招标人应当向资格预审合格的潜在投标人发出合格通知书，告知获取招标文件的时间、地点和方法，并同时向资格预审不合格的潜在投标人告知资格预审结果。招标人应及时通知潜在投标人资格预审结果是一种惯例，但招标人无须为此提出证据或解释未通过预审的理由和原因。因此，本案例中招标人不通知资格预审结果的做法是不对的。

（三）资格预审申请人遵守投标人的相关法律规定

根据《招标投标法实施条例》第四十三条规定，在资格预审过程中，资格预审申请人应遵守投标人的相关法律规定，主要包括：

一是资格预审申请人享有潜在投标人或投标人的参与资格预审活动、组成联合体参加资格预审、对资格预审活动提出异议和投诉等权利。

二是资格预审申请人负有应当具备承担招标项目所需的资格和能力，不得与其他资格预审申请人和招标人串通，不得以他人名义或者以其他弄虚作假的方式编制提交资格预审申请文件，根据资格审查委员会的要求对资格预审申请文件中含义不明确的内容或者明显的文字错误进行必要的澄清和说明，发生合并、分立、破产等重大变化时书面告知招标人等义务。

三是资格预审申请人违反《招标投标法》，有相互串通或者与招标人串通参与资格预审，以向招标人或者资格审查委员会成员行贿的手段谋取通过资格预审，以他人名义提交资格预审申请文件或者以其他方式弄虚作假谋取通过资格预审，捏造事实、伪造材料或者以非法手段取得证明材料进行投诉给他人造成损失等违法行为时，应当按照《招标投标法》规定的投标人串通投标、行贿、弄虚作假、恶意投诉的相关法律责任条款，来追究其法律责任[①]。

三、资格后审

《招标投标法实施条例》第二十条规定："招标人采用资格后审办法对投标人进行资格审查的，应当在开标后由评标委员会按照招标文件规定的标准和方法对投标人的资格进行审查。"采用资格后审办法的，资格后审是评标工作的一项重

① 国家发展改革委法规司、国务院法制办公室财金司、监察部执法监察司编著：《中华人民共和国招标投标法实施条例释义》，中国计划出版社 2012 年版，第 114 页。

要内容。因此，对投标人资格要求的审查内容、标准和方法、程序等内容均在招标文件中规定，并由评标委员会在初步评审阶段进行评审。

（一）资格后审的审查主体是评标委员会

资格后审是相对于资格预审而言的，应当在开标后由评标委员会根据招标文件规定的标准和方法进行资格审查。资格审查一般都涉及技术、管理、经济、财务甚至法律等方面的专业问题，资格后审由依法组建的评标委员会负责，有利于招标人公正、科学和客观地选择符合其在招标文件中设定的标准和要求的投标人，减少审查工作的随意性，规范资格后审活动；有利于将资格审查与评标结合考虑，避免将其人为地分割为两个部分影响工作效率。

（二）资格后审的标准和方法应当在招标文件中载明

在招标文件中载明资格后审的标准和方法是公开原则的要求，有利于加强社会监督和当事人之间的相互监督，有利于评标委员会统一评审规则，从而保证资格后审结果的公正和公平。资格后审作为评标工作的一部分由评标委员会负责，评标委员会应当遵守《招标投标法》第四十条和《招标投标法实施条例》第四十九条规定，并按照招标文件规定的标准和方法进行评审。

对于资格后审项目，即使潜在投标人数量过多，也不能采取抽签、摇号等博彩性方式淘汰潜在的投标人，不得在资格审查时采用有限数量制评审方式对投标人的数量进行限制，否则违反《招标投标法》第十八条第二款中“招标人不得以不合理的条件限制或者排斥潜在投标人，不得对潜在投标人实行歧视待遇”的规定。对于投标人过多、评标工作量过大的招标项目，以规范组织有限数量制的资格预审为宜。

四、资格审查的标准

（一）不合理的投标资格审查条件

资格审查应当公开、公平。投标资格条件是招标公告、资格预审公告和资格预审文件或招标文件中的核心内容，是资格审查的主要评审因素。

实践中存在通过设置不合理的资格审查标准限制、排斥竞争的情况或者设置的投标人资格条件含有倾向性或不合理条件，排斥潜在投标人。常见情形有：（1）量身定做投标资格条件，如设置只有很少几家潜在投标人符合要求的资格条件；（2）没有合理理由提出苛刻的售后服务要求，或强求供应商在采购人所在地要有售后服务点，变相地排斥外地供应商参与当地采购活动的权利；（3）以只有使用外国商品才能满足业务工作需求为借口载明拒绝采购国货的条款，违反国家产业政策，侵害国内供应商的权益；（4）设置不合理的资格要求，排斥潜在投标人，如没有合理理由要求投标人的经营规模或注册资本金要达到一定限额，过分强调业绩，剥夺了潜在投标人参与投标竞争的权利；（5）提出不合理的交易条件限制潜在投标人参与竞争，如供货期或工期要求紧，付款方式不明确或者不公平。

相关案例 2-18 **“限制性条款”实例**[①]

1. 某设备（未列入国家强制性认证产品目录）采购招标项目要求提供某单位（也参加投标）出具的质量检测报告，该检测单位为减少竞争，拒绝为其他投标产品检测。结果，6 家投标人中只有该检测单位的关联企业实质性符合招标文件要求。

2. 某设备招标提出特殊售后服务要求，即“一年内如果出现损坏、丢失，中标人必须在两天内免费更换”，导致 7 家供应商报名，3 家实际购买招标文件，但仅有 1 家当地供应商投标，其他外地供应商都不符合招标文件要求。

3. 某公司广告牌招标项目，要求供应商必须有本公司类似工程项目中标业绩。共有 9 家供应商报名，经资格预审只有 1 家承接过该公司广告牌工程，其余 8 家供应商被拒之门外。

4. 某计算机采购项目，要求成交供应商必须在合同签订之日起 5 日内交货，5 家报名的供应商中只有 2 家表示能够满足要求，而另外很有实力的 3 家供应商

---

① 部分案例素材来自张栋天著：《供应商如何突破“技术壁垒”》，载中国政府采购网 http://www.ccgp.gov.cn/cgzn/gys/11523.shtml，最后访问时间 2022 年 5 月 10 月。

都表示不能满足要求。

5. 某采购项目规定的付款方式为:“经验收无质量问题,首付合同总价的30%,余款两年内付清”,结果这种不明确的付款方式令供应商知难而退。

6. 某设备采购项目在“技术规格”一栏中明确要求是“国外知名生产厂家原装产品或在国内投资组装”,意味着国产自主品牌设备,都不具备投标资格。

招标采购的关键是秉承公开、公平、公正的原则,采购到最符合招标人利益和技术要求合格、性价比最佳的产品,人为设置不合理的投标条件往往违反上述原则。本案例中采用量身定做投标条件、提出不合理的售后服务条件、业绩、工期要求和不确定的付款条件,限制国内产品投标,这些门槛设定违背了招标投标惯例和公平竞争原则。

有的招标人通过资格审查特别是资格预审暗箱操作,不合理地排斥潜在投标人,明招暗定,达到围标串标的目的。也有的招标项目资格预审时,不按照规定发布资格预审公告或者公告中问题重重。例如,资格预审公告含有倾向性内容,要求外地企业投标必须有高于本地企业的资质或具有当地项目经历和业绩,设置不合理条件,限制外来企业投标;资格预审公告仅在当地报纸发布,导致部分潜在投标人虽知悉招标项目但无法参加资格预审而失去投标资格。再如,资格预审自公告发布到资格预审文件提交截止时间过短,部分潜在投标人根本没有足够时间编制与递交资格预审文件,招标人难逃排斥潜在投标人参与竞争的嫌疑。

相关案例 2-19

排斥投标①

某企业工程招标,只想让几个关系好的施工单位来参加投标,于是该企业在资格预审时对所有报名的单位进行评分。由于资格预审的程序、评审方式不公开,又是采用打分的方式进行,个人操作的空间很大,最后该企业只让跟自己关

① 该案例选自曹玉斌著:《工程招投标十大不规范揭秘》,载《广东建设信息》2005 年第 3 期。

系好的几个施工单位通过了资格预审。

招标人可以对潜在投标人的资格进行审查，但是应当将审查程序、审查标准在招标文件中明确规定。本案例中招标人暗箱操作，对潜在投标人实行歧视待遇，明显违法。

另外，对于依法必须招标的项目，除了投标人过多、竞争过度，招标人为了提高采购效率，降低采购社会成本而采用有限数量制的资格预审方式以限制投标人数量的做法，得到了招标投标法的认可，已载入《标准施工招标资格预审文件》等标准文件中，其他情形下限制投标人数量没有法律依据和合理性。《工程建设项目施工招标投标办法》第二十条中明确规定“任何单位和个人不得以行政手段或者其他不合理方式限制投标人的数量”。

（二）依法合理设定投标资格审查条件

招标人要增强法治意识，严格遵守招标投标法律法规。招标公告、资格预审公告、资格预审文件或招标文件对投标人资格条件的规定要符合招标项目实际需求和对投标人资格条件的有关法律规定。在资格设定、业绩和工期（供货期）要求、付款方式、验收标准及售后服务等条款的设置上，要力求科学、合理且具有可操作性，不得对投标人的资格条件特别是“限制性条款”作出不合理或带有倾向性限制，否则将严重影响招标投标活动的正常开展。在招标公告发布之前应严格审查其合法、合理性。潜在投标人对于不合理、妨碍公平竞争的“限制性条款”有权依法提起异议、质疑、投诉，招标人对于潜在投标人的异议、质疑应认真研究处理，保证招标公告的公正性，切实维护广大潜在投标人的合法权益。

相关案例 2-20　因招标公告内容对“投标人”的限制引起的投诉

某公司在一土建工程设计招标公告中表述“欢迎各潜在供应商参加”，并规定“购买招标文件时，请携带企业营业执照正本查验”。有一家投标商携带事业单位法人证书及相关材料来购买招标文件，招标代理公司工作人员以其未提供“企业营业执照”为由拒绝卖给其招标文件，该投标商随即投诉。

投标人可以是法人或其他组织，法人包括营利法人（如有限责任公司、股份有限公司和其他企业法人）、非营利法人（如事业单位、社会团体、基金会、社会服务机构）和特别法人（如机关法人、农村集体经济组织法人、城镇农村的合作经济组织法人、基层群众性自治组织法人）。其中事业单位法人是指为社会公益目的，由国家机关举办或者其他组织利用国有资产举办的，依法取得法人资格的，从事教育、科技、文化、卫生等活动的社会服务组织。随着事业单位改革的深化，事业单位已逐渐走向社会参与市场竞争。《事业单位法人证书》是事业单位取得法人资格的法律证明文件。

本案例中，只要该事业单位具备承担上述工程设计能力和相关资质条件的，就应允许其参加投标。招标公告内容无形中限制了事业单位参与市场竞争的权利，应予修改。

1. 招标人应当设置合理的资格审查标准

资格审查标准一般是必要合格条件，即潜在投标人必须满足所有条件才能通过审查成为合格的投标人，该审查标准应遵循公平、公正、科学择优的原则。

第一，资格预审条件标准过低，投标人数量过多，将增加评审工作量，且投标人的技术能力和财务水平可能参差不齐，将为项目实施埋下隐患；标准过高，必然限制竞争，可能出现投标人数不足法定数量，导致招标失败。因此，招标人应谨慎对待资格预审条件和评标标准的设定，应通过切实的市场调查分析，充分了解市场情况，合理设定资格条件或划分标段实行招标。

第二，资格审查标准应平等地适用于所有潜在投标人，招标人不得规定任何并非客观上合理的标准、要求或程序，限制、排斥潜在投标人或者投标人，如故意提高技术规格要求，限制竞争。招标人也不得对潜在投标人或者投标人实行歧视待遇。任何单位和个人不得以行政手段或者其他不合理方式限制投标人的数量。

无论是资格预审还是资格后审，投标人都必须至少具备下列条件:（1）具有独立订立合同的民事权利;（2）具有圆满履行合同的能力，包括专业、技术资格和能力，资金、设备和其他物质设施状况，管理能力，经验、信誉和相应的从业人员;（3）以往具有承担类似项目的业绩;（4）经营正常，财务状况良好，没有处于被责令停业，投标资格被取消，财产被接管、冻结，破产等状态;（5）在最近几年内（如最近三年内）没有骗取中标和严重违约及重大工程（设备、服务）质量问题等违约违法行为或犯罪行为。此外，如果法律法规对投标资格条件另有规定的，资格审查标准不得低于该规定，如 330kV 以上电压等级输变电工程施工项目，投标人必须达到电力工程施工总承包一级企业资质或送变电专业承包一级资质。投标人应提交资格审查文件，招标人应按照既定的审查标准作出审查决定，并应告知投标人审查结果。

相关案例 2-21　以集团公司资质投标①

某单位大楼项目招标，要求投标人必须具备一级施工资质。某省建筑集团公司下属具有独立法人的某建筑公司，只有二级施工资质，但以具有一级资质的集团公司名义参加投标，并中标。有人投诉该公司不具备投标资格，应当取消其中标资格。该公司辩称其不是投标人，集团公司才是投标人，是集团公司中标后由其具体负责项目实施。

本案中投标人实际是某建筑公司，其具有独立的法人资格和资质，某建筑公司以集团公司名义，构成以他人名义投标行为，应当承担中标无效等法律后果及相应的法律责任。

2. 公平设定资格条件

在满足项目要求的前提下，要使尽可能多的投标人符合资格条件参与投标竞争。在设置资格条件时，应注意:

① 该案例素材来自林善谋著:《招标投标法适用与案例评析》，机械工业出版社 2004 年版，第 106 页。

（1）设定的投标人资质、业绩、信誉、职业人员等资格能力条件要符合法律法规和项目的实际要求。

参考《招标采购代理规范》“工程分则”第 6.1 条规定，投标人的信誉一般包括投标人履行合同的市场信誉情况和银行资信状况。[①] 招标人可要求潜在投标人或投标人在投标文件中提供指定年份经营活动中发生的工程重大安全和质量事故，违法犯罪行为记录及有关行政处罚等相关情况的声明和证明材料，包括法院或仲裁机构作出的判决、裁决、行政机关的处罚决定等法律文书；银行在规定期限内出具的资信状况证明等。资格审查委员会或者评标委员会可以据此评审判定潜在投标人或投标人的信誉状况，如果没有提交或者提供虚假资料的，都可能因投标文件内容不全或弄虚作假认定其资格预审不合格或否决其投标。根据《国家发展改革委办公厅 市场监管总局办公厅关于进一步规范招标投标过程中企业经营资质资格审查工作的通知》（发改办法规〔2020〕727 号），企业依法享有经营自主权，其经营范围由其章程确定，并依法按照相关标准办理经营范围登记，以向社会公示其主要经营活动内容。招标人在招标项目资格预审公告、资格预审文件、招标公告、招标文件中不得以营业执照记载的经营范围作为确定投标人经营资质资格的依据，不得将投标人营业执照记载的经营范围采用某种特定表述或者明确记载某个特定经营范围细项作为投标、加分或者中标条件，不得以招标项目超出投标人营业执照记载的经营范围为由认定其投标无效。招标项目对投标人经营资质资格有明确要求的，应当对其是否被准予行政许可、取得相关资质资格情况进行审查，不应以对营业执照经营范围的审查代替，或以营业执照经营范围明确记载行政许可批准证件上的具体内容作为审查标准。

（2）设定的资格、技术、商务条件应与招标项目的具体特点和实际需要相适应，与合同履行相关。在满足项目要求的前提下，要使尽可能多的投标人参与投标。不应要求投标人具有不必要、超出项目实际需要的资格条件，也不应将与招标项目无关的资格证书作为投标人必须具备的资格。依法必须进行招标的项目不得限定潜在投标人或者投标人的所有制形式或者组织形式。

---

① 参见中国招标投标协会推荐性行业标准 ZBTB/T A01—2016《招标采购代理规范（2016 年版）》第 6.1 条。

相关案例 2–22 投标人资格条件应符合市场上通行的交易规则[①]

省教育技术中心发布了采购数码摄像机的招标公告，供应商资格条件为："为保证设备为正品行货，中标供应商需提供原厂货物证明及售后服务承诺函原件。"

数码科技公司为中标供应商，并与省教育技术中心签订《政府采购协议供货合同》，约定：省教育技术中心向数码科技公司采购 S 品牌数码摄像机 2 台；产品的服务标准，与供方中国总部对外公众网站上公布的标准或消费者协会的规定相一致，若未公布标准的，以其他各类产品应依据招标文件中销售服务相关条款的标准提供服务。2013 年 12 月 19 日，数码科技公司交付了摄像机后，省教育技术中心要求其交付原厂售后服务承诺函。数码科技公司为此打电话到产品厂家设在本市的维修服务站，该公司客服代表表示产品保修只需凭产品发票及随机的保修卡就可享有一年的保修服务，不向客户开具原厂售后服务承诺函。

2014 年 4 月 10 日，省教育技术中心发函催告数码科技公司在 5 个工作日内提供原厂售后服务承诺函，逾期则退还货物并解除供货合同。数码科技公司仍未能提供，为此省教育技术中心出具《解除合同通知函》，并拒绝付款。数码科技公司向法院起诉，要求判令省教育技术中心支付货款 112768 元及违约金 5638.4 元。

法院认为，首先，省教育技术中心的招标公告要求中标供应商需提供原厂货物证明及售后服务承诺函原件，其目的是让供应商承诺提供正品行货，以保证其招标的产品能获得有效的质量保障和售后服务。只有具备提供正品行货能力的供应商才可投标，且中标后应提供相应的书面文件以证明其供货符合上述要求。但是，招标人应遵循公平、公正、诚实信用原则，对于投标人应提供的证明文件，应以市场上通行的交易规则为限，并与招标人的实际需要相适应。即设定该资格条件，是为了实现其合同目的，而不是用于限制潜在投标人。招标人不能要求供应商提供客观上不存在的书面证明，如果不可能获得相应的书面文件，而供应商提供可替代的且不妨碍采购人实现合同目的的有效证明，也应接受。

其次，数码科技公司提供了其电话咨询生产厂家的客服热线电话记录，证实

① 本案例素材来源于中国裁判文书网，（2014）穗中法民二终字第 1730 号民事判决书。

生产厂商不会提供“原厂售后服务承诺函”。省教育技术中心应当遵循公平、公正、诚实信用原则处理该项采购。判断的标准应为：对方提供的摄像机是否为正品行货，是否可以实现其合同目的（实现采购并能获得有效的质量保障和售后服务）。而数码科技公司已提供了完整包装的产品并承诺可在验收后开具发票，省教育技术中心完全可以通过验收方式核实其是否为正品行货，事后也可凭所附保修卡及发票享受售后保修服务，且该中心自己也不否认数码科技公司提供的产品为正品行货。故省教育技术中心要求数码科技公司提供产品流通市场并不通行的原厂售后服务承诺函，不符合上述公平、公正及诚实信用原则的要求。

由于在合同履行过程中，并没有发生省教育技术中心可据以行使约定或法定的合同解除权的事由，故该中心发出的《解除合同通知函》不具法律效力。因此，省教育技术中心以对方没有提供原厂售后服务承诺函为由拒绝接受履行，已构成违约，数码科技公司要求省教育技术中心继续履行合同，给付迟延履行违约金，可予以支持。

综上，法院判决省教育技术中心向数码科技公司支付货款 70857.6 元以及违约金 5638.4 元。

（3）国家行政机关根据行政许可设置和颁发的资格、资质和认证应当作为投标人必须具备的资格条件，如国家和地方药监部门颁发的药品生产许可证、住房城乡建设部门颁发的各类建筑业企业资质、国家市场监督管理总局颁发的 CCC 认证、国家有关行政部门颁发的建造师、监理工程师职业资格证书等，都可以作为相关招标项目投标人或其从业人员的资格条件。规定投标人必须具有某种资格、资质证书时，应当明确颁发相应证书的机关名称和资格、资质的级别及有效范围。国家已经停止实施或已经废止的资格、资质（如已取消的物业服务企业资质、城市园林绿化企业资质、计算机信息系统集成企业资质等）不应再设置为投标人的资格条件。

（4）国际公认的标准和认证，如 FDA 认证、CE 认证、ISO9001 质量管理体系认证、ISO14001 环境管理体系认证、OHSAS18001 职业健康安全管理体系认证、信息软件开发集成能力成熟度认证（CMMI）等认证证书都可以根据招标项目的具体特点和实际需要选择性地作为投标人的资格条件，但应保证投标人的足够数量，以避免因这些限制条件而造成投标人竞争不充分。

（5）投标人的资格条件应当准确、清晰、无歧义，避免提出概念含糊、模棱两可、无法衡量的要求。

3. 资格审查时应公平地对待所有潜在投标人，不得利用资格预审排斥合格的潜在投标人

资格审查可能导致投标人失去就某一项目投标或中标的资格，如果招标人滥用这种权利，就会侵害投标人的合法权益，违背招标投标的“三公”原则。《招标投标法》第十八条第二款规定：“招标人不得以不合理的条件限制或者排斥潜在投标人，不得对潜在投标人实行歧视待遇。”因此，招标人应严格依据招标文件规定的资格条件，同等对待每一个潜在投标人，采用同一资格审查标准进行审查，不得偏袒或歧视某一个投标人。

相关案例 2-23　区别对待的资格预审

（1）某工程公开招标的资格预审文件中有如下表述：有兴趣参加本项目的投标申请单位可对上述七个合同段中的任何一个或几个提出资格预审申请，但外地企业不论其通过几个标段的资格预审都只许投 1 个标，本市企业和对本市建设有突出贡献的企业允许投 2 个以上标。（2）某单位通信光缆招标，在资格预审文件中规定：“本次招标不接受除某品牌外其他品牌光纤的报价。”

允许本地企业可以投多个标段，但限制外地企业只能投一个标段，这样的规定明显照顾和保护本系统和特定投标人，歧视和限制外地投标人。以公开方式进行招标，凡有能力承担项目的承包商，都应有同等机会投标。上述条件剥夺或限制了外地承包商投标中标的机会，违反了《招标投标法》第三十一条关于招标人“不得限制投标人之间的竞争”的规定，因而是不能接受的。《招标投标法》第二十条规定：“招标文件不得要求或者标明特定的生产供应者以及含有倾向或者排斥潜

在投标人的其他内容。”本案例中招标人指定品牌，直接通过资格预审程序就不合理地将潜在投标人排斥在投标大门之外的做法，明显不合法。

资格预审的目的是审查潜在投标人是否具备投标资格，投标资格虽是实质性内容，但是投标资格与投标资格证明材料并不能等同，投标资格证明材料有偏差、错误的，在资格预审中也应当允许潜在投标人澄清、补正，不宜过于苛刻。因为资格审查的关键是确认投标人是否具有投标资格，补正这些偏差并不影响招标投标活动的公正性。

相关案例 2-24　　法人代表签名瑕疵

在某办公楼招标项目资格预审中，A公司的“法人代表”姓名将“萧”写成“肖”，与营业执照载明的不一致，为此招标人作出了拒绝其申请的决定。该申请者不服，向有关部门投诉。经有关部门处理，业主取消了拒绝其申请的决定。

本案例中，A公司的法人代表姓名将“萧”写成“肖”，不属实质性错误，完全可以要求投标人澄清、补正。

4. 注意审查联合体的投标资格

联合体各方之间是合伙法律关系，各方对外承担连带责任。《招标投标法》对联合体各方的资格要求如下：第一，联合体各方均应满足国家有关规定或者招标文件提出的资格条件，具备承担招标项目的能力；第二，同一专业的单位组成的联合体，按照资质等级较低的单位确定资质等级；第三，联合体参加资格预审并获通过的，其组成的任何变化都必须在提交投标文件截止之日前征得招标人的同意。如果变化后的联合体，含有事先未经过资格预审或者资格预审不合格的法人或者其他组织，或者使联合体的资质降到资格预审文件中规定的最低标准以下的，招标人有权拒绝。

相关案例 2-25　　联合体一方不合格未能通过资格预审

某施工项目招标，资格预审采用评分法，低于最低总分得分和每项最低得分的不得通过资格预审。资格预审中的一个申请者，是由两个国内企业组成的联营体。其中一家企业的财务总额大于6000万元，但没给出最近在手合同的情况；曾作为联合体的成员承担过此类超过2000万元的合同，但它在项目中所承担的工程量比例并没有说明。联合体主办人在工程上有良好的经验记录，而在房屋建筑工程中仅有分包记录，且有一项不良记录。最后该联合体未能通过资格预审。

该联合体未能通过资格预审的真正原因是，联合体的一方，项目经验得分未能达到最低控制分，以及存在不良履约记录，只能视为没有承担项目的能力。

5. 招标人要严格审查，特别注意招标人提供虚假的资格预审申请资料

投标人提交虚假的资格预审资料，企图蒙混过关取得投标资格，有的招标文件仅要求潜在投标人提交资质证书、业绩证明复印件，如果投标人有意提供虚假资料，招标人在资格预审时很难发现；或者在评标办法规定投标人的业绩在评标中所占权重较大时，为增加中标机会，有些投标人就在投标文件中随意增大工程规模，甚至伪造有关业绩证明材料，由此对评标工作产生误导的现象常有发生。有的招标文件规定投标报名时潜在投标人必须提交资质原件接受预审，在评标时还要求投标人再次提交资质资格文件原件接受审查，这样的重复审查，徒增负担。对于能够通过网站等公开渠道方便、快捷地查询相关资质证书、营业执照、实验报告信息的，均可以不要求提交原件，只需要提交复印件或者网站查询办法，评标委员会自行查询核实，可保证查询结果真实可靠，也让虚假材料无处遁形。

相关案例 2-26　　伪造投标资料

招标人在某施工招标项目投标资格预审时发现如下问题：

A 建设公司提交的某会计师事务所出具的审计报告存在问题。

B建筑工程公司所提交业绩资料中，某办公楼装饰装修工程项目施工许可证编号（2012年第069号）与发证时间（2013年2月28日）不一致。

C公司提交的承揽某公司项目的合同复印件内容不全，且签约时间不同的多份合同文件中单位公章文字方向以及签约人笔体等基本一致。

后经电话及书面查证，查实上述材料均系伪造，决定取消上述企业投标资格。

审查投标人的投标资格时，应当要求递交资质和业绩证明资料原件核对，或者通过实地调查等方法调查核实，这样才能有效防范以虚假资料企图通过资格审查的行为。

审查资格时，招标人一定要注意审查潜在投标人所提交的资质业绩证明原件与复印件是否一致，剔除企图以虚假材料蒙混过关的潜在投标人。首先，应当要求潜在投标人在递交投标资格预审文件的同时提交资质业绩证明材料原件，招标人或招标代理机构在收取资格审查文件时直接核对后还给投标人，否则如不要求提供原件仅依据复印件审查是不可能排除虚假资料的，即便对其资质业绩产生怀疑也难以有十足把握确认为虚假行为。还可以在招标文件中明确注明“提交虚假材料的一律按照否决投标处理，即使中标后才发现的也将取消其中标资格，并且视情节取消其今后一定时期内的投标资格”，对投标人起到警示作用，如果确实发生类似问题也有了明确的操作依据。

第五节 招标文件

招标文件是招标投标活动中重要的法律文件，是招标人依据招标项目的特点和实际需要编制的，向投标人提出招标要求（至少包括招标项目的采购内容、技术要求、报价要求、评标标准和方法以及合同条件），指导投标人编制投标文件的法律文件，其功能在于阐明需要采购货物、服务或工程的性质，提出技术标准和合同条件，通报招标投标程序与规则，使投标人能够在共同的程序和条件上进行投标，不仅可以提高招标效率，也可以保证招标投标过程的客观和公平性。招标文件既是招标人招标、评标、定标的依据，投标人准备投标文件和参加投标的依据，也是发包人和中标人签订合同的基础。招标文件在程序上对双方都具有法律约束力。

一、招标文件的编制

（一）关于招标文件的基本法律要求

《招标投标法》第十九条规定："招标人应当根据招标项目的特点和需要编制招标文件。招标文件应当包括招标项目的技术要求、对投标人资格审查的标准、投标报价要求和评标标准等所有实质性要求和条件以及拟签订合同的主要条款。国家对招标项目的技术、标准有规定的，招标人应当按照其规定在招标文件中提出相应要求。招标项目需要划分标段、确定工期的，招标人应当合理划分标段、确定工期，并在招标文件中载明。"这是关于招标文件内容的规定。参考《招标采购代理规范》第 7.1.4 项的内容，编制招标文件应当注意以下方面：①

1. 公开、公平、公正和诚实信用原则也是编制招标文件的基本原则

招标文件不得违反法律法规的规定，不得存在不公平、不公正的条款，避免出现招标文件发售、澄清和修改、投标文件准备时限少于法定时限等情况，避免出现通过设定与招标项目具体特点和实际需要不相适应的资格条件要求、以特定行政区域或者特定行业的业绩、奖项作为评标加分条件或中标条件以排斥潜在投标人等问题。例如，《招标投标法》第二十条就明确规定："招标文件不得要求或者标明特定的生产供应者以及含有倾向或者排斥潜在投标人的其他内容。"

2. 招标文件内容应符合招标项目实际

招标人或招标代理机构应充分了解和动态掌握招标项目的市场竞争情况，针

① 参见中国招标投标协会推荐性行业标准 ZBTB/T A01—2016《招标采购代理规范（2016 年版）》第 7.1.4 项。

对项目实际特点，在保证充分竞争及科学择优的基础上，拟定投标人需满足的资格条件和评标办法，应当根据实际需要编制招标文件。

实践中，有的招标文件内容脱离项目特点和需要，故意抬高项目的技术标准，或提出与项目实际不符的资格条件，如6层以下建筑工程，需要房屋建筑工程施工总承包企业具有三级资质即可，但有些项目提出需要二级甚至一级资质，这些做法涉嫌排挤有资格承接项目的投标人。对此，《招标投标法实施条例》第三十二条先是强调："招标人不得以不合理的条件限制、排斥潜在投标人或者投标人"，紧接着又明确规定："设定的资格、技术、商务条件与招标项目的具体特点和实际需要不相适应或者与合同履行无关"或"依法必须进行招标的项目以特定行政区域或者特定行业的业绩、奖项作为加分条件或者中标条件"的，属于"以不合理条件限制、排斥潜在投标人或者投标人"，可根据《招标投标法》第五十一条处罚。当然，招标人可以根据奖项的级别、业绩的多少给予不同的加分，但不得根据奖项、业绩的地域或者行业区别进行加分（含折价等优惠措施）。

3. 招标文件应载明招标人对投标人的所有实质性要求和条件

具体而言，招标文件一般载明招标的资金来源，投标人的资格要求和资格审查标准，招标文件和投标文件的澄清程序，投标文件的内容、使用语言要求，投标报价的具体项目范围及使用币种，投标保证金的收取与退回，投标的程序、截止日期、有效期，开标的时间、地点，投标文件的修改与撤回，评标的标准、程序以及定标原则、中标候选人的确定规则和中标公示、合同条件等内容。

《工程建设项目施工招标投标办法》《工程建设项目勘察设计招标投标办法》《工程建设项目货物招标投标办法》《机电产品国际招标投标实施办法（试行）》等部门规章也分别对施工招标、勘察设计招标、货物招标项目的招标文件的内容作出具体规定。

《机电产品国际招标投标实施办法（试行）》第二十一条规定机电产品国际招标项目的招标文件的编制应当符合下列规定：

（1）对招标文件中的重要条款（参数）应当加注星号（"*"），并注明如不满足任一带星号（"*"）的条款（参数）将被视为不满足招标文件实质性要求，并导致投标被否决。

构成投标被否决的评标依据除重要条款（参数）不满足外，还可以包括超过一般条款（参数）中允许偏离的最大范围、最多项数。

（2）招标文件应当明确规定在实质性响应招标文件要求的前提下投标文件分项报价允许缺漏项的最大范围或比重，并注明如缺漏项超过允许的最大范围或比重，该投标将被视为实质性不满足招标文件要求，并将导致投标被否决。

（3）招标文件应当明确规定投标文件中投标人应当小签的相应内容，其中投标文件的报价部分、重要商务和技术条款（参数）响应等相应内容应当逐页小签。

（4）招标文件应当明确规定允许的投标货币和报价方式，并注明该条款是否为重要商务条款。招标文件应当明确规定不接受选择性报价或者附加条件的报价。

（5）招标人设有最高投标限价的，应当在招标文件中明确最高投标限价或者最高投标限价的计算方法。招标人不得规定最低投标限价。

（6）招标文件应当明确规定评标依据以及对投标人的业绩、财务、资信等商务条款和技术参数要求，不得使用模糊的、无明确界定的术语或指标作为重要商务或技术条款（参数）或以此作为价格调整的依据。招标文件对投标人资质提出要求的，应当列明所要求资质的名称及其认定机构和提交证明文件的形式，并要求相应资质在规定的期限内真实有效。

（7）招标人可以在招标文件中将有关行政监督部门公布的信用信息作为对投标人的资格要求的依据。

（8）招标文件内容应当符合国家有关安全、卫生、环保、质量、能耗、标准、社会责任等法律法规的规定。

（9）招标文件允许联合体投标的，应当明确规定对联合体牵头人和联合体各成员的资格条件及其他相应要求。

（10）招标文件允许投标人提供备选方案的，应当明确规定投标人在投标文件中只能提供一个备选方案并注明主选方案，且备选方案的投标价格不得高于主选方案。

（11）招标文件应当明确计算评标总价时关境内、外产品的计算方法，并应当明确指定到货地点。除国外贷款、援助资金项目外，评标总价应当包含货物到达招标人指定到货地点之前的所有成本及费用。其中：

关境外产品为：CIF 价＋进口环节税＋国内运输、保险费等（采用 CIP、DDP 等其他报价方式的，参照此方法计算评标总价）；其中投标截止时间前已经进口的产品为：销售价（含进口环节税、销售环节增值税）＋国内运输、保险费等。关境内制造的产品为：出厂价（含增值税）＋消费税（如适用）＋国内运输、保险费等。有价格调整的，计算评标总价时，应当包含偏离加价。

（12）招标文件应当明确投标文件的大写金额和小写金额不一致的，以大写金额为准；投标总价金额与按分项报价汇总金额不一致的，以分项报价金额计算结果为准；分项报价金额小数点有明显错位的，应以投标总价为准，并修改分项报价；应当明确招标文件、投标文件和评标报告使用语言的种类；使用两种以上语言的，应当明确出现表述内容不一致时以何种语言文本为准。

《政府采购法实施条例》第十五条规定："采购人、采购代理机构应当根据政府采购政策、采购预算、采购需求编制采购文件。采购需求应当符合法律法规以及政府采购政策规定的技术、服务、安全等要求。政府向社会公众提供的公共服务项目，应当就确定采购需求征求社会公众的意见。除因技术复杂或者性质特殊，不能确定详细规格或者具体要求外，采购需求应当完整、明确。必要时，应当就确定采购需求征求相关供应商、专家的意见。"

《政府采购货物和服务招标投标管理办法》第二十条规定政府采购货物和服务招标项目的招标文件应当包括以下主要内容：（1）投标邀请；（2）投标人须知（包括投标文件的密封、签署、盖章要求等）；（3）投标人应当提交的资格、资信证明文件；（4）为落实政府采购政策，采购标的需满足的要求，以及投标人须提供的证明材料；（5）投标文件编制要求、投标报价要求和投标保证金交纳、退还方式以及不予退还投标保证金的情形；（6）采购项目预算金额，设定最高限价的，还应当公开最高限价；（7）采购项目的技术规格、数量、服务标准、验收等要求，包括附件、图纸等；（8）拟签订的合同文本；（9）货物、服务提供的时间、地点、方式；（10）采购资金的支付方式、时间、条件；（11）评标方法、评标标准和投标无效情形；（12）投标有效期；（13）投标截止时间、开标时间及地点；（14）采购代理机构代理费用的收取标准和方式;（15）投标人信用信息查询渠道及截止时点、信用信息查询记录和证据留存的具体方式、信用信息的使用规则等;（16）省级以上财政部门规定的其他事项。对于不允许偏离的实质性要求和条件，采购人或者采购代理机构应当在招标文件中规定，并以醒目的方式标明。

4. 招标文件中应当包括招标人就招标项目拟签订合同的主要条款

《民法典》第四百七十条规定:“合同的内容由当事人约定，一般包括以下条款:（一）当事人的名称或者姓名和住所;（二）标的;（三）数量;（四）质量;（五）价款或者报酬;（六）履行期限、地点和方式;（七）违约责任;（八）解决争议的方法。当事人可以参照各类合同的示范文本订立合同。”这是对合同基本内容的要求。因项目不同，合同的内容会有很大的差异。招标文件中的合同条件是要约邀请，构成投标人提出要约的合同基础。因此，招标文件中合同条件的拟定须尽可能详细、准确，可参照国家工商总局会同有关部门出台的合同示范文本起草，如住房和城乡建设部、国家工商总局 2017 年 9 月 22 日共同发布了 2017 年版的《建设工程施工合同（示范文本）》（GF—2017—0201）（建市〔2017〕214 号）。

国家发展改革委牵头编制的《标准施工招标文件》等标准招标文件中也有完整的合同文本，适用于强制招标项目。《招标投标法实施条例》第十五条第四款规定:“编制依法必须进行招标的项目的资格预审文件和招标文件，应当使用国务院发展改革部门会同有关行政监督部门制定的标准文本。”对依法必须进行招标的项目，其招标文件强制使用标准文本，这样有助于统一不同行业的招标投标活动规则，有助于《招标投标法》的落地实施，也有助于规范招投标活动。目前，国家发展改革委等部委联合颁布了《标准施工招标文件》《标准施工招标资格预审文件》《标准设计施工总承包招标文件》《简明标准施工招标文件》《标准设备采购招标文件》《标准材料采购招标文件》《标准勘察招标文件》《标准设计招标文件》《标准监理招标文件》等标准文本。《〈标准施工招标资格预审文件〉和〈标准施工招标文件〉暂行规定》第二条也明确规定:“本《标准文件》适用于依法必须招标的工程建设项目。”另，机电产品国际招标文件应采用商务部颁布的《机电产品采购国际竞争性招标文件》范本编制，虽然不是国家发展改革委牵头制定，但在实践中得到广泛应用。从长期来看，应用标准文本是大势所趋。这些标准文本所附的合同条款属招标文件的有机组成部分，应一体适用。

5. 招标人应当合理划分标段并在招标文件中载明

标段的划分，是指招标单位依据招标项目的特点、规模和专业的复杂程度、技术要求、潜在投标人状况、自身的管理能力等因素将一项工程、服务或货物招标项目分成几个单独标来进行招标。对于工程勘察设计、施工、监理等项目习惯称为“标段”，对于货物或服务项目习惯称为“标包”。

标段划分合理与否，对招标活动和项目管理影响很大，但在实践中存在划分标段不合适，从而影响招标项目的正常进行。过多的标段划分也影响工程管理效率。实务中还存在以不合理的标段划分方法排斥潜在投标人的违规行为。

相关案例 2-27　　错误划分标段

某单位在一次变电站二次保护设备采购招标中，将功角测量装置及振荡解列装置划分在一个标包中采购，结果在五个投标人的投标文件中，三家投标的设备中缺少振荡解列装置，不能满足招标文件要求，评标委员会经讨论决定否决投标后，剩余两家价格太高，又不具有竞争性，最后决定否决全部投标，重新招标。

本案例中，由于对设备的生产和市场充分调研、了解不够，很少有厂家能够同时生产出满足招标文件要求的两种设备，导致招标失败。因此，合理划分标段，有利于顺利开展招标投标活动，完成招标任务。

招标人划分标段应当做到：

第一，划分标段应根据项目特点、引导适度竞争（考虑市场供应情况、潜在投标人数量等因素）、减少合同管理成本等因素而确定。标段划分既要满足招标项目技术、管理需要，又要遵守《招标投标法》等法律规定。

划分标段的因素很多，主要有：法律法规（如不能化整为零规避招标）、工程承包管理模式（如总承包和平行发包划分标段不同）、工程管理力量（如管理能力较强的，标段可以划分大一些）、竞争格局（标段小竞争性就强，反之竞争性弱），技术层面包括工程技术关联性、工程计量关联性、工程界面关联性，关联性较紧的不宜划分为不同标段，另外还要考虑工期和规模的要求①。如《国务院南水北调办关于进一步规范南水北调工程施工招标标段划分的指导意见》（国调办建管〔2008〕113号）规定：（1）枢纽建筑物单个施工标段招标概算一般控制在3亿元以上。招标概算3亿元以下的建筑物与渠道（河道、箱涵）组合分标：中线渠道工程单个施工标段长度宜在10km以上，招标概算控制在2.5亿元以上；中线天津段箱涵工程单个施工标段长度宜在3km以上，招标概算控制在1.5亿元以上；东线渠道（河道）工程单个施工标段长度宜在10km以上，招标概算控制在1亿元以上。（2）单个设计单元工程划分为1个施工标段，招标概算规模仍不能达到上述要求的，划分为1个施工标段。

一般情况下，对大型工程和特殊工程项目或大规模采购项目才有必要划分标段，工程招标划分标段主要考虑工程量的大小、技术复杂程度、工程进度、投标人的施工能力、工期要求等因素；货物招标标段划分主要考虑招标项目的规模、采购货物的品种、数量和供货周期、货物的质量要求、投标人的产能、货款的来源、市场的供应情况、供货地点、供货时间等因素，将招标项目分为若干标段或标包，有利于加快项目进度，发挥各承包商的优势，降低工程造价。对一般工程项目，要避免任意肢解工程。

相关案例2-28　A—B—C输电线路工程施工招标划分标段

750千伏A—B—C输变电工程，是实施“西电东送”战略的主通道。该工程跨越三个省，将新建750千伏C变电站、B开关站，扩建750千伏A变电站；新建750千伏A—B—C双回线路，工程总投资为30多亿元，获得国家发展改革委核准，审定该工程项目招标采取公开招标的方式。

① 陈川生、朱晋华编著：《招标代理与企业招标指南——〈招标采购代理规范〉解读》，中国建筑工业出版社2016年版，第57页。

三个变电站项目的设计、施工、监理及设备材料采购，均分三个标段分别进行招标。新建750千伏A—B—C双回线路工程，分三个标段招标，由三个设计单位分段设计。施工招标时，根据设计区段及同口径概算估算价等实际情况划分18个施工标段，不允许联合体投标，采取无标底价招标，设定每标段的最高限价，采取总价与单价相结合的方式签订施工合同。本项目共有33家单位参加投标。每个投标人最多中一个标段，通过招标择优选定了18家施工单位。最终，工程进展顺利，如期竣工。工程监理及主要设备材料也均通过招标方式采购。

对于工程量大、技术复杂的招标项目，划分合同标段十分必要。对于工程项目，可以将工程设计、施工、监理、设备供应等分专业或分阶段招标，也可以某一专业的项目（如施工、监理）分成若干标段进行招标，标段的划分要适当、合理，足以吸引多个具有竞争性的潜在投标人的投标兴趣，可以允许他们根据自己的选择对单个标段或组合多个标段投标。如本输电线路施工招标项目工程量浩大，投资高，工期较紧，故为了确保工期和质量，主要考虑工程量、工期要求、送变电施工市场结构及市场竞争性、工程跨越区域范围大的特点等因素，根据设计区段及工程概算等实际情况相对平均地划分了18个施工标段。

第二，标段划分应合理，各标段大小应适宜，且必须在招标文件中明确载明，以便潜在投标人抉择可投标段和投标报价。

划分标段（标包）主要是处理管理成本和交易成本的关系。一般如果允许可中多个标段时，投标人会考虑为获得整个合同提出总体优惠条件，这是法律所允许的，对招标人也是有利的。《评标委员会和评标方法暂行规定》第三十九条规定："对于划分有多个单项合同的招标项目，招标文件允许投标人为获得整个项目合同而提出优惠的，评标委员会可以对投标人提出的优惠进行审查，以决定是否将招标项目作为一个整体合同授予中标人。将招标项目作为一个整体合同授予的，整体合同中标人的投标应当最有利于招标人"。相反，标段如果划分过细过小，相对而言会增加项目总体成本。

另外，划分标段也要考虑项目与合同管理问题，过多的标段在增加合同数量的同时，也会增加业主管理工作量，影响工期，同时还会增加招标成本和人为干预因素。当然如果不划分标段，有能力的潜在投标人数量过少，甚至无人投标，不能引起充分竞争，容易导致招标失败。

相关案例 2-29　打捆分包失误案

某道路施工项目，划分标段过少，导致许多中小企业没有投标资格。大公司中标后，因其施工任务饱和，遂层层分包给下属企业，导致施工管理难度加大。而且由不同承包商施工，也给监理带来很大困难，最后项目无法在规定的工期内完成，此外还带来其他问题，使业主蒙受较大损失。

对于大型、复杂工程项目，因地制宜划分标段是很有必要的，可以确保有足够数量的投标人参与投标竞争，有利于招标人从中获得最大竞争效益。

第三，禁止利用划分标段限制或者排斥潜在投标人。《招标投标法实施条例》第二十四条规定：“招标人对招标项目划分标段的，应当遵守招标投标法的有关规定，不得利用划分标段限制或者排斥潜在投标人。依法必须进行招标的项目的招标人不得利用划分标段规避招标。”标段划分既要满足招标项目技术经济和管理的客观需要，又要遵守《招标投标法》等相关法律法规规定。招标人不得利用标段划分实现非法目的。

《民法典》第七百九十一条第一款和《建筑法》第二十四条均规定，招标人划分标段时，不得将应当由一个承包人完成的建筑工程支解成若干部分分别招标发包给几个承包人投标。招标人不得利用划分标段限制排斥潜在投标人或者规避招标。一是通过规模过大或过小的不合理划分标段，保护有意向的潜在投标人，限制或者排斥其他潜在投标人。二是通过划分标段，将项目化整为零，使标段合同金额低于必须招标的规模标准而规避招标；或者按照潜在投标人数量划分标段，使每一潜在投标人均有可能中标，导致招标失去意义。这些规避招标的行为大多数为了实现非法交易，必须严格禁止。

（二）招标文件常见法律问题

1. 招标文件内容不合法

主要是招标文件规定的投标人资格条件不合理，或者设置歧视性条款，限制、排斥竞争，妨碍潜在投标人公平参与投标竞争。

（1）通过设置限制性、倾向性条件，限制、排斥外地企业投标。明确要求外地企业必须具有高于本地企业的资格条件；降低资质条件使本地企业能够参加投标，从而选定本地企业中标；要求外地企业具有当地的经历和业绩，或根据地方限制竞争性的政策文件限制外地企业的进入和竞争（如要求外地企业在本地必须设立分公司、办理“入省备案”手续才能参与本地项目招标），等等。

需要注意的一个问题是，当前一些地方实行保护主义，对招投标市场竞争过度干预，对本地企业和外地企业在经济上实行差别待遇，构成行政性垄断行为。在招标投标领域的表现形式就是地方政府出台一些有利于“保护地方”、限制公平竞争的监管政策。

一是保护方式已经由直接限制产品流通发展到更多地以“软”形式设障，强令或变相强令本地企业只能销售、购买、使用本地产品，只能接受本地企业提供的服务，或规定在“同等”条件下优先向本地供应商采购。

二是地方封锁日趋隐蔽，对进入本地的产品采取歧视性政策设置关卡，如外地产品进入本地时经常遇到多头检验、重复检验，市场监督管理、食品卫生等执法部门对外地企业和产品超严执法，阻扰外地产品正常经营。在工程、服务招标中设置所谓的备案登记手续，保护本地企业，排斥外地企业。

三是地方市场保护呈现“合法化”趋势，如采用制定地方性法规、规章或者出台政策文件的方式，制定有利于本地企业、妨碍外地企业和产品的技术标准、认证制度、卫生检验检疫制度或者投标资格，或只给本地企业某些优惠和补贴，使外地企业与本地企业的竞争不处于同一起跑线上。

四是一些地方出台的政策本身并无优先采购本地产品的意思，但实际效果却和保护地方企业大同小异，如出台规定实行各级干部包扶企业的办法，执行该政策隐含着借助行政权力优先推广采购本地产品之意，达到变相扶持本地产品参与市场竞争的目的。

这些地方政策文件明显违背招标采购的目标和宗旨，剥夺外地企业公平竞争的权利，妨碍招标人自主选择权，破坏市场竞争格局。

（2）招标文件未公开载明投标资格审查标准、对投标人资格设置不合理条件或量身定做招标规则。如指定产品、设备的品牌、型号、原产地、供应商、代理商，为投标人指定设备型号、分包队伍，要求投标人必须具备较高的资质等级，增加不必要的资格准入条件，提出过高的业绩要求，拔高市场准入门槛，或与投标人串通提出某些特殊要求，阻碍市场竞争。

相关案例 2-30　设计单位倾向性选择供应商①

某次设备采购中，招标文件中技术部分由设计单位编制，设计单位在招标文件中的产品名称后标注了“编码号”，且声明“编码号”是国家标准，不是某企业专有。在投标截止时间前无任何供应商对此提出异议或质疑。但在评标过程中，评委发现“编码号”实则为A供应商专有。由于该设备无技术专利，全国有几十家生产商，除“编码号”外，其他供应商都满足项目要求，且A报价高于其他供应商20%以上。

依据法律规定，除有特殊要求外，设计单位不得指定生产厂、供应商。此案中的设计单位把专有特征说成国家标准，其实已构成倾向性选择，违背了对招标人应该承担的瑕疵担保义务。

（3）设置不合理的商务或技术条件。例如，将某投标人独有的或者比较有优势的技术因素确定为招标文件的重要技术参数或者提高其所占技术条款的权重，使该投标人在竞争中获得比较优势。

《招标投标法》第十八条第二款明确规定招标人不得以不合理的条件限制或

① 该案例来自宋晓杰著:《一起设计单位倾向性选择供应商案例》，载《政府采购信息报》2006年8月17日。

排斥潜在投标人，《招标投标法实施条例》第三十二条对此予以细化，规定招标人有下列行为之一的，属于以不合理的条件（指违反法理、事理的条件，也就是违反了公开、公平、公正和诚实信用原则设置的旨在限制投标人竞争的条件[①]）限制、排斥潜在投标人或者投标人：

一是就同一招标项目向潜在投标人或者投标人提供有差别的项目信息，常见情形是招标人单独或分别组织投标预备会或现场踏勘介绍不同情况，对资格预审文件或招标文件的澄清、修改内容仅告知部分投标人，或者单独将一些信息只告知部分潜在投标人。

二是设定的资格、技术、商务条件与招标项目的具体特点和实际需要不相适应或者与合同履行无关，典型表现形式是招标人内定中标人后以“量体裁衣”“量身定做”的手法设置特定的资格、技术或商务条件，对投标人的公平竞争作出限制。如根据《政府采购货物和服务招标投标管理办法》第十七条规定，采购人、采购代理机构不得将投标人的注册资本、资产总额、营业收入、从业人员、利润、纳税额等规模条件作为资格要求或者评审因素，也不得通过将除进口货物以外的生产厂家授权、承诺、证明、背书等作为资格要求，对投标人实行差别待遇或者歧视待遇，这条规定源于《政府采购促进中小企业发展管理办法》，主要是落实政府采购扶持中小企业政策需要。

三是依法必须进行招标的项目以特定行政区域或者特定行业的业绩、奖项作为加分条件或者中标条件。如果设置的业绩、奖项是与招标项目本身相关的普遍存在的业绩或奖项是允许的，如规定取得省部级及以上（未限定特定行政区域）建筑工程奖，但不能限定为取得“鲁班奖”“飞天奖”等限定特定行政区域的奖项。

四是对潜在投标人或者投标人采取不同的资格审查或者评标标准，对相同情形不作相同结果的“判定”，由此直接对部分投标人构成歧视性待遇。

五是限定或者指定特定的专利、商标、品牌、原产地或者供应商。有些项目，如果必须引用某一品牌或者某一供应商的技术标准才能准确清楚地说明招标

① 毛林繁、李帅锋编著：《招标投标法条文辨析及案例分析》，中国建筑工业出版社 2013 年版，第 73 页。

项目的技术要求的，则应当在引用的品牌或技术标准名称前加上“参照或相当于”的字样。如果仅凭书面方式不能准确描述采购需求时，可以考虑要求投标人提供样品作为判定是否满足采购需求的依据。

《政府采购货物和服务招标投标管理办法》第二十二条规定：“采购人、采购代理机构一般不得要求投标人提供样品，仅凭书面方式不能准确描述采购需求或者需要对样品进行主观判断以确认是否满足采购需求等特殊情况除外。要求投标人提供样品的，应当在招标文件中明确规定样品制作的标准和要求、是否需要随样品提交相关检测报告、样品的评审方法以及评审标准。需要随样品提交检测报告的，还应当规定检测机构的要求、检测内容等。采购活动结束后，对于未中标人提供的样品，应当及时退还或者经未中标人同意后自行处理；对于中标人提供的样品，应当按照招标文件的规定进行保管、封存，并作为履约验收的参考。”

六是依法必须进行招标的项目非法限定潜在投标人或者投标人的所有制形式或者组织形式。所有制形式包括公有制（含全民所有制、集体所有制）、私有制和混合所有制，强制招标项目不能限制所有制形式，如不能规定只允许国有企业投标。组织形式包括法人，还有非法人组织。强制招标项目不能只允许企业法人投标。非依法必须招标的项目，则不受上述限制。

七是以其他不合理条件限制、排斥潜在投标人或者投标人。处理前六种常见情形外，实践中只要违反了公开、公平、公正和诚实信用原则实际排斥、限制投标人竞争的，都属于此类行为。

根据国家发展改革委等八部门部门联合印发的《工程项目招投标领域营商环境专项整治工作方案》（发改办法规〔2019〕862号）规定，在招投标法规政策文件、招标公告、投标邀请书、资格预审公告、资格预审文件、招标文件以及招投标实践操作中，对不同所有制企业设置的各类不合理限制和壁垒常见情形有：（1）违法设置的限制、排斥不同所有制企业参与招投标的规定，以及虽然没有直接限制、排斥，但实质上起到变相限制、排斥效果的规定。（2）违法限定潜在投标人或者投标人的所有制形式或者组织形式，对不同所有制投标人采取不同的资格审查标准。（3）设定企业股东背景、年平均承接项目数量或者金额、从业人员、纳税额、营业场所面积等规模条件；设置超过项目实际需要的企业注册资本、资产总额、净资产规模、营业收入、利润、授信额度等财务指标。（4）设定明显超出招标项目具体特点和实际需要的过高的资质资格、技术、商务条件或者业绩、奖项要求。（5）将国家已经明令取消的资质资格作为投标条件、加分条件、中标条件；在国家已经明令取消资质资格的领域，将其他资质资格作为投标条件、加分条件、中标条件。（6）将特定行政区域、特定行业的业绩、奖项作为投标条件、加分条件、中标条件；将政府部门、行业协会商会或者其他机构对投标人作出的荣誉奖励和慈善公益证明等作为投标条件、中标条件。（7）限定或者指定特定的专利、商标、品牌、原产地、供应商或者检验检测认证机构（法律法规有明确要求的除外）。（8）要求投标人在本地注册设立子公司、分公司、分支机构，在本地拥有一定办公面积，在本地缴纳社会保险等。（9）没有法律法规依据设定投标报名、招标文件审查等事前审批或者审核环节。（10）对仅需提供有关资质证明文件、证照、证件复印件的，要求必须提供原件；对按规定可以采用"多证合一"电子证照的，要求必须提供纸质证照。（11）在开标环节要求投标人的法定代表人必须到场，不接受经授权委托的投标人代表到场。（12）评标专家对不同所有制投标人打分畸高或畸低，且无法说明正当理由。（13）明示或暗示评标专家对不同所有制投标人采取不同的评标标准、实施不客观公正评价。（14）采用抽签、摇号等方式直接确定中标候选人。（15）限定投标保证金、履约保证金只能以现金形式提交，或者不按规定或者合同约定返还保证金。（16）简单以注册人员、业绩数量等规模条件或者特定行政区域的业绩奖项评价企业的信用等级，或者设置对不同所有制企业构成歧视的信用评价指标。（17）不落实《必须招标的工程项目规定》《必须招标的基础设施和公用事业项目范围规定》，违法干涉社会投资的房屋建筑等工程建设单位发包自主权。（18）其他对不同所有制企业设置的不合理限制和壁垒。

《政府采购法实施条例》第二十条也规定了招标人或者采购代理机构有下列情形之一的，属于以不合理的条件对供应商实行差别待遇或者歧视待遇：（1）就同一采购项目向供应商提供有差别的项信息；（2）设定的资格、技术、商务条件与采购项目的具体特点和实际需要不相适应或者与合同履行无关；（3）采购需求中的技术、服务等要求指向特定供应商、特定产品；（4）以特定行政区域或者特定行业的业绩、奖项作为加分条件或者中标、成交条件；（5）对供应商采取不同的资格审查或者评审标准；（6）限定或者指定特定的专利、商标、品牌或者供应商；（7）非法限定供应商的所有制形式、组织形式或者所在地；（8）以其他不合理条件限制或者排斥潜在供应商。该条款与《招标投标法实施条例》的上述规定是一致的。

相关案例 2-31　禁止以不合理的条件对供应商实行差别待遇或歧视待遇①

2015 年 11 月 23 日，项目管理公司接受开发区集体资产经营公司委托，对开发区职业技术学校暖通项目进行公开招标。家用设备公司认为招标文件有两条评分项（一是“投标产品核心部件为进口的有 1 个得 1 分，国产的 1 个得 0.5 分”；二是“投标人必须具有 2012 年以来已完工取得竣工验收报告的政府采购项目业绩，并对此进行评分”）实行差别待遇，就此提出质疑。

因未收到项目管理公司的答复，家用设备公司于 2015 年 12 月 8 日向开发区财政局提出投诉。该局受理后于 2016 年 1 月 19 日作出《政府采购供应商投诉处理决定书》驳回了家用设备公司的投诉。家用设备公司不服，于 2016 年 2 月 3 日向市财政局申请行政复议。4 月 26 日市财政局通知机电工程公司作为第三人参加行政复议。同年 4 月 28 日，市财政局作出行政复议决定，认为投诉属实，招标文件前述内容对部分供应商实行歧视待遇、限制竞争，责令开发区财政局重新作出投诉处理决定。开发区财政局据此重新作出投诉处理决定，认定本次招标活动无效，要求重新招标。在这期间，项目管理公司完成招投标活动。中标人机电工程公司不服行政复议决定，诉至法院。

法院认为，关于“投标产品核心部件为进口的有 1 个得 1 分，国产的 1 个得 0.5 分”评分项的合法性问题。根据《政府采购法实施条例》第二十条第（二）项规定，设定的资格、技术、商务条件与采购项目的具体特点和实际需要不相适应或者与合同履行无关的，属于以不合理的条件对供应商实行差别待遇或者歧视

① 本案例素材来源于中国裁判文书网，（2017）苏 05 行终 50 号行政判决书。

待遇。本案中的招标文件对进口核心部件与国产核心部件设置不同的评分分值，但招标人未能说明进口核心部件更契合采购项目的实际需要，不能证明所有进口核心部件质量等方面均优于所有国产核心部件，故本评分项设置违法。

关于招标文件中工程业绩项目评分限定以2012年以来竣工验收报告为准的政府采购项目业绩进行评分的合法性问题。政府采购市场仅是整个竞争市场的一部分，其业绩不能充分体现潜在供应商的竞争实力，本评分项有利于已有政府采购项目业绩的供应商，而不利于未有政府采购项目业绩的供应商，限制了充分竞争，具有固化供应商范围的不利影响，属于《政府采购法》第二十二条第二款所指“以不合理的条件对供应商实行差别待遇或者歧视待遇”，应予纠正。

综上，市财政局所作出的行政复议决定认定事实清楚，证据充分，程序合法，适用法律正确。法院判决驳回机电工程公司的诉讼请求。

需要说明的是，政府采购是公共财政支出的重要方面，也是政府调控经济的有效手段，其资金规模庞大，采购的商品种类繁多，对社会生产具有重要影响和引导作用。通过制定政府采购政策实现国家的经济社会目标，是世界各国的通行做法。我国《政府采购法》也不例外，列出了政府采购政策在购买国货、支持中小企业等方面的社会发展目标[①]，其目的是促进社会的公平、协调发展。故此，《政府采购法》第九条规定：“政府采购应当有助于实现国家的经济和社会发展政策目标，包括保护环境，扶持不发达地区和少数民族地区，促进中小企业发展等。”《政府采购法实施条例》第六条规定：“国务院财政部门应当根据国家的经济和社会发展政策，会同国务院有关部门制定政府采购政策，通过制定采购需求标准、预留采购份额、价格评审优惠、优先采购等措施，实现节约能源、保护环境、扶持不发达地区和少数民族地区、促进中小企业发展等目标。”因此，对于政府采购招标项目（包括政府采购工程及与工程建设有关的货物、服务招标项目在内），为了在招标投标活动中落实节约能源、保护环境、扶持不发达地区和少

① 财政部国库司、财政部政府采购办公室、财政部条法司、国务院法制办公室财金司编著：《〈中华人民共和国政府采购法实施条例〉释义》，中国财政经济出版社2015年版，第22页。

数民族地区、促进中小企业发展等政府采购政策①，需要通过制定采购需求标准、

① 政府采购政策要点：

《政府采购促进中小企业发展管理办法》（财库〔2020〕46 号）规定：（1）采购人在政府采购活动中应当合理确定采购项目的采购需求，不得以企业注册资本、资产总额、营业收入、从业人员、利润、纳税额等规模条件和财务指标作为供应商的资格要求或者评审因素，不得在企业股权结构、经营年限等方面对中小企业实行差别待遇或者歧视待遇。（2）采购限额标准以上，200 万元以下的货物和服务采购项目、400 万元以下的工程采购项目，适宜由中小企业提供的，采购人应当专门面向中小企业采购。（3）超过 200 万元的货物和服务采购项目、超过 400 万元的工程采购项目中适宜由中小企业提供的，预留该部分采购项目预算总额的 30% 以上专门面向中小企业采购，其中预留给小微企业的比例不低于 60%。预留份额通过下列措施进行：①将采购项目整体或者设置采购包专门面向中小企业采购；②要求供应商以联合体形式参加采购活动，且联合体中中小企业承担的部分达到一定比例；③要求获得采购合同的供应商将采购项目中的一定比例分包给一家或者多家中小企业。（4）对于经主管预算单位统筹后未预留份额专门面向中小企业采购的采购项目，以及预留份额项目中的非预留部分采购包，采购人、采购代理机构应当对符合本办法规定的小微企业报价给予 6%—10%（工程项目为 3%—5%）的扣除，用扣除后的价格参加评审。适用招标投标法的政府采购工程建设项目，采用综合评估法但未采用低价优先法计算价格分的，评标时应当在采用原报价进行评分的基础上增加其价格得分的 3%—5% 作为其价格分。接受大中型企业与小微企业组成联合体或者允许大中型企业向一家或者多家小微企业分包的采购项目，对于联合协议或者分包意向协议约定小微企业的合同份额占到合同总金额 30% 以上的，采购人、采购代理机构应当对联合体或者大中型企业的报价给予 2%—3%（工程项目为 1%—2%）的扣除，用扣除后的价格参加评审。适用招标投标法的政府采购工程建设项目，采用综合评估法但未采用低价优先法计算价格分的，评标时应当在采用原报价进行评分的基础上增加其价格得分的 1%—2% 作为其价格分。组成联合体或者接受分包的小微企业与联合体内其他企业、分包企业之间存在直接控股、管理关系的，不享受价格扣除优惠政策。价格扣除比例或者价格分加分比例对小型企业和微型企业同等对待，不作区分。具体采购项目的价格扣除比例或者价格分加分比例，由采购人根据采购标的相关行业平均利润率、市场竞争状况等，在本办法规定的幅度内确定。

《关于政府采购支持监狱企业发展有关问题的通知》（财库〔2014〕685 号）规定：监狱企业视同小型、微型企业，享受预留份额、评审中价格扣除等政府采购促进中小企业发展的政府采购政策。

《节能产品政府采购实施意见》（财库〔2004〕185 号）规定：政府采购应当优先采购节能产品，逐步淘汰低能效产品。

《关于环境标志产品政府采购实施的意见》（财库〔2006〕90 号）规定：政府采购应当优先采购环境标志产品，不得采购危害环境及人体健康的产品。

《关于调整优化节能产品、环境标志产品政府采购执行机制的通知》（财库〔2019〕9 号）规定：一、对政府采购节能产品、环境标志产品实施品目清单管理。财政部、发展改革委、生态环境部等部门根据产品节能环保性能、技术水平和市场成熟程度等因素，确定实施政府优先采购和强制采购的产品类别及所依据的相关标准规范，以品目清单的形式发布并适时调整。不再发布“节能产品政府采购清单”和“环境标志产品政府采购清单”。二、依据品目清单和认证证书实施政府优先采购和强制采购。采购人拟采购的产品属于品目清单范围的，采购人及其委托的采购代理机构应当依据国家确定的认证机构出具的、处于有效期之内的节能产品、环境标志产品认证证书，对获得证书的产品实施政府优先采购或强制采购。……五、加大政府绿色采购力度。对于已列入品目清单的产品类别，采购人可在采购需求中提出更高的节约资源和保护环境要求，对符合条件的获证产品给予优先待遇。对于未列入品目清单的产品类别，鼓励采购人综合考虑节能、节水、环保、循环、低碳、再生、有机等因素，参考相关国家标准、行业标准或团体标准，在采购需求中提出相关绿色采购要求，促进绿色产品推广应用。

预留采购份额、价格评审优惠、优先采购等措施扶持特定的供应商，这是在更大范围内实现公平正义的需要。招标文件中如根据《政府采购促进中小企业发展暂行办法》等法律法规约定了政府采购政策具体内容的，并不构成“以不合理条件限制、排斥潜在投标人或者投标人”。

相关案例 2-32　违反政府采购政策受处罚

财政部政府采购信息公告（第 583 号）载明：某招标代理机构代理的部分政府采购项目中存在采购文件设置经营年限、注册资金等不合理的限制条款、采购文件未载明给予小微企业产品价格扣除的情形。上述行为违反了《政府采购法》第二十二条，《政府采购法实施条例》第二十条，《政府采购促进中小企业发展暂行办法》第三条、第五条的规定。根据《政府采购法》第七十一条、《政府采购法实施条例》第六十八条第（三）项的规定，决定对该招标代理机构作出警告的行政处罚。

财政部政府采购信息公告（第 591 号）载明：某招标代理机构代理的部分政府采购项目中存在采购文件将国务院取消的资格认证作为资格条件、采购文件未列明政府强制或优先采购节能、环境标志产品要求的情形。上述行为违反了《政府采购法》第二十二条、《政府采购法实施条例》第二十条、《政府采购促进中小企业发展暂行办法》第三条、《节能产品政府采购实施意见》《财政部 环保总局关于环境标志产品政府采购实施的意见》《国务院办公厅关于建立政府强制采购节能产品制度的通知》的规定。根据《政府采购法》第七十一条、《政府采购法实施条例》第六十八条第（三）项的规定，决定对某招标代理机构作出警告的行政处罚。

另外，《电子招标投标办法》第五十四条也规定，招标人或者电子招标投标系统运营机构存在以下情形的，视为限制或者排斥潜在投标人，依照《招标投标法》第五十一条规定处罚：（1）利用技术手段对享有相同权限的市场主体提供有差别的信息；（2）拒绝或者限制社会公众、市场主体免费注册并获取依法必须公开的招标投标信息；（3）违规设置注册登记、投标报名等前置条件；（4）故意与各类需要分离开发并符合技术规范规定的工具软件不兼容对接；（5）故意对递交或者解密投标文件设置障碍。

2. 招标文件内容不合理、不规范

（1）招标条件脱离招标项目实际。如不考虑正常的生产、建设周期而提出不合理的工期（供货期）要求，缩短法律限定的投标文件编制时间，设置苛刻的付款方式，提出根本难以满足的特殊服务要求和技术参数，规定“一边倒”的违约责任等，易引发争议，也为履行合同留下隐患。

相关案例 2-33　招标文件编制时间不符合规定

2013 年 7 月 3 日，A 公司发布办公楼土建工程公开招标公告。7 月 10 日 14 时开标。根据评标结果，B 公司中标。就在 B 公司与 A 公司准备签订合同时，A 县建设局于 8 月 11 日向双方发出《通知》，以招标文件从发出之日到报名截止时不足 20 天为由，认定本次招标结果无效。B 公司不服，将建设局起诉到法院。

法院认为，根据《工程建设项目施工招标投标办法》第七十三条第一款规定，依法必须招标的项目，自招标文件开始发出之日起至提交投标文件截止之日止，少于二十日，只有情节严重的，才能宣布招标无效。本次招标活动从招标文件发出之日到报名截止之日共 16 天，A 公司的招标活动确有不妥之处，但尚未达到情节严重的程度，由此被告认定原告的中标结果无效不当，遂作出一审判决，撤销 A 县建设局的《通知》。

本案中，从出售招标文件至投标截止时间不足 20 天，A 公司确实违规，但是因为法院认为尚未达到“情节严重”的情形，故没有确认招标无效。当然，行政执法部门仍可以采用罚款或通报等其他方式对这种违规行为进行处罚。

（2）评标办法和评标标准不公开。招标文件没有明确规定评标标准和评标办法而是事后制定或者规定的内容不合理，或者只规定“采用经评审的最低投标价法”或“采用综合评标法”但不具体，为暗箱操作留下余地，如重技术评标标准、轻商务评标标准甚至取消商务评标标准，评标标准和方法含有倾向性内容，妨碍了公平竞争。

相关案例 2-34　因评标引起的纠纷

某软件开发项目共有A、B、C、D四家公司投标。定标后，未中标的D公司投诉提出招标文件只规定“本项目采用综合评分法评标”，但是对具体如何打分却只字未提，其中价格分标准，是在评标过程中由评标委员会临时商定的，属于违法行为。经核查，监管部门支持了投诉人主张，并作出相应处罚决定。

根据《招标投标法》第十九条和第四十条规定，招标人应当根据招标项目的特点和需求编制招标文件，在招标文件中明确规定评标标准和方法，评标委员会成员必须按照招标文件规定的评标方法和评标标准进行评标。本案例中，招标人在开标后，才要求评标委员会确定价格分的打分标准，确实违法。而且，价格得分往往是决定投标成败的关键，开标后再决定价格分在总分中所占比例，容易被评标委员会随意调整，评审结果无疑也偏离了客观性和科学性。

（3）招标文件忽视对合同条件的规定。只是原则性地列出主要条款或者列出的合同内容不符合项目需要，导致在后续与中标人签约时增加谈判难度或者无法通过谈判更改既定合同条款内容，引发合同法律风险。

3. 招标文件内容不准确、不详尽

如招标文件功能描述不准确，技术指标、质量要求、验收标准不明确，将影响投标人的正常报价和投标策略，最终影响招标项目顺利实施。

相关案例 2-35

隐瞒重要情况的招标文件[①]

在某水电工程地质勘察中，业主发现地质情况复杂，为了防止承包商提高投标报价，于是隐瞒部分地质报告。随招标文件提供给投标人的地质报告给人的印象是“地质情况不复杂”，造成承包商的错觉。结果在施工中出现了十分复杂的地质条件，中标承包商的原施工方案无效，必须实施新方案。原施工计划出现了重大调整，工期大幅度拖延。业主引用招标文件及合同文件中“承包商应对业主所提供的水文和地下情况资料的理解自行负责”的规定，不同意承担工期和费用的赔偿。承包商则引用合同中“在施工过程中，承包商在现场遇到了一个有经验的承包商无法预见的自然条件或外界障碍，经工程师证明，业主应支付因此条件而加给承包商的额外费用”的约定予以反驳。

本案中，业主的行为违反了诚实信用的原则。向投标人提供全面、真实、准确的招标项目情况是招标人的基本义务，招标人应承担因所提供资料缺乏真实准确性给投标人造成的损失。

招标文件是招标投标活动的“指挥棒”，是决定招标成败的关键文件。《招标投标法实施条例》第二十二条规定，潜在投标人或者其他利害关系人对招标文件有异议的，有权在投标截止时间 10 日前提出；招标人在对收到的异议作出答复前，应当暂停招标投标活动。也就是说，如果潜在投标人认为招标文件违反公开、公平、公正和诚实信用原则，违反相关法律法规的规定，存在排斥潜在投标人的情况的，可以提出异议，此时招标人必须暂停招标活动并查实答复。另，根据《招标投标法实施条例》第八十二条规定，如果依法必须招标项目的招标文件违反法律规定，对中标结果造成实质性影响，且不能采取补救措施予以纠正的，招标、投标、中标无效，应当依法重新招标或者评标。也就是说，招标文件如果存在错漏之处，直接影响招标活动的顺利进行，甚至可能导致招标失败、推倒重来。

---

① 该案例素材来自王俊安著:《招标投标案例分析》，中国建材工业出版社 2005 年版，第 18 页。

此外，招标文件内容不规范，招标文件范本不尽统一，语言含糊、意思不明确或者有明显错误、遗漏甚至不符合法律规定，都可能影响投标人准确理解招标文件内容。国际招标项目没有指定投标文件采用的语言种类、翻译费用的承担以及如果存在两种语言应以何种语言为准等问题，将加大招标工作难度，出现语言不通以及两种语言内容不一致无法确定以何种语言为准而出现分歧与争议等问题，影响招标效率和质量，也为后续合同签订与履行带来困难。如果招标投标活动中各环节时间安排不合理，也会影响招标投标活动顺利开展。

相关案例 2–36　**招标采购时间安排不当**①

某设备采购项目，7 月 27 日发标，售出招标文件 3 份，但只有 A 公司一家投标。根据《招标投标法》规定重新组织招标。第二次招标于 8 月 5 日发标，又有六家公司购买招标文件，但除 A 公司外，其余厂家都表示由于交货期距投标截止时间不足一个月，难以满足此要求，不能参加投标。但是由于急需该设备，招标人只好与 A 公司直接签订合同，设备价款高于市场价 20%。另一技改项目，2005 年 4 月就选定了施工和设备的中标商，项目进入实施阶段。2006 年 2 月，供货商提供的设备运抵项目所在地，而此时土建工程还在进行，预计 2006 年年底才有望全面完工，因此业主不得不另租仓库把设备束之高阁。

上述案例都是因招标时间计划没有协调好，导致额外成本支出。前者是由于招标人安排招标时间太晚导致供货期比较紧张，只能压缩招标至供货之间的时间，进而导致供应商无法满足招标要求而放弃投标，只能与满足供货期要求的 A 公司定向采购。后者是由于没有统筹考虑好各项进度要求造成项目成本增加，如仓库租用费、设备保管费以及设备损坏的风险。有时候也存在土建已经完毕，但是设备、材料因招标过于迟延而迟迟不能到达现场安装，直接影响项目进度。

① 该案例素材来自林善谋著:《招标投标法适用与案例评析》，机械工业出版社 2004 年版，第 59 页。

（三）依法合规编制招标文件的管理对策

招标文件质量的好坏，不仅影响招标工作质量，而且影响到合同履行的效果。因此，招标人必须把好招标文件的质量关，应严格依据法律法规和招标项目实际组织编制招标文件，确保内容合法、合规、严谨、详尽，并准确反映招标项目实际需求。

1. 推进招标文件规范化、标准化建设

对于依法必须招标的工程建设项目，必须采用国家发展改革委等部门编制的《标准施工招标文件》《标准施工招标资格预审文件》等标准文件。对于其他招标项目，招标人可按照管理精益化要求，加强招投标基础工作，制定、推行各类招标项目的招标文件范本。招标文件范本应根据不同采购项目的特点分别设定投标人资格条件和合同文本，分类别、分专业制定相对固定、科学的评标办法和评标标准，力求条款完善、内容合法、格式规范、切合实际。编制具体项目招标文件时不能简单套用范本，而是要充分结合招标项目实际和特点，对专业性强的采购项目可邀请专家咨询论证，必要时邀请潜在投标人论证，确保招标文件既能通过使用范本实现规范化，也要有针对性地适应招标项目的个体需求。

2. 坚持公平公正、无倾向性和无歧视准则编制招标文件

招标文件应注意按最基本的技术能力和业绩要求对投标人资格作出规定。不得设置不合理的“技术壁垒”，不得以不合理的条件限制或排斥潜在投标人，制定商务条件、技术规格和合同条款时不得对任何潜在投标人实行歧视待遇，妨碍或者限制公平竞争。

第一，招标文件设置的投标人资格条件应当具有针对性和必要性。针对招标项目的实际需求制定招标文件，投标人资格条件应当是实施招标项目必须具备的条件，尽量减少特殊条件要求。不得有针对某一潜在的投标人或排斥某一潜在投标人的规定，不得量身定制投标人资格条件（如必须在本地或本单位有业绩），招标文件中的必备内容特别是其中的技术规格和投标人的资格条件，不得含有倾向性或者排斥潜在投标人的内容，不得设定妨碍或者限制投标人之间公平竞争的条件，否则影响招标行为的公正性，削弱投标的竞争程度，影响招标质量。

相关案例 2-37　　采购国外品牌产品的问题

某设备招标，招标人在招标文件中明确规定所采购的设备必须是技术先进、性能好、质量保证，售后服务及时的进口产品或者国内合资企业产品。许多国内生产厂商提出这些设备国内厂家就能生产，而且质量能够保证，何必要采购国外品牌的产品？招标人答复是为了保证整个项目的安全稳定运行，决定采用质量过硬的国外产品。另外，还提出必须含有A公司三年以上的供货业绩。

根据《招标投标法》第十八条第二款规定："招标人不得以不合理的条件限制或者排斥潜在投标人，不得对潜在投标人实行歧视待遇。"本案例中招标文件明确规定采购进口产品或者合资企业产品，显然违反上述规定。即使是国际招标项目，也不能排除国内投标人而只允许外国投标人投标。因此，招标文件不得指定或变相指定产品品牌或供应商，也不得指明或变相指明采购进口产品；产品技术指标、参数应当符合国家强制性标准，不得以某个品牌或某种产品的技术指标、参数作为技术评标标准。另外，本案例招标文件中关于投标人业绩条件的规定，并无特殊理由，这是对合格投标人的不合理限定，实际已经限制了有资格投标的供应商甚至可能已指定厂家。

第二，招标文件不得指定特定的厂家或产品。招标项目的技术规格除有国家强制性标准外，一般应当采用国际或国内公认的标准，不得要求或标明某一特定的生产厂家、承包商或注明某一特定的商标、名称、专利及原产地等。技术规格或其他内容如确实无法准确描述的，可以注明"相当于"或"同等品"等字样，禁止提及特定专利、商标、型号、原产地或生产厂家，或者虽然没有指明特定的厂家或产品，但暗含排斥潜在投标人的内容。如果代理商投标，则根据《工程建设项目货物招标投标办法》第三十二条规定，一个制造商对同一品牌同一型号的货物，仅能委托一个代理商参加投标，否则应作否决投标处理。

相关案例 2-38　　招标文件的倾向性

在一次服务器采购项目招标中，招标人已经在招标文件中列出技术参数，又担心一些小品牌厂商参与投标，于是在招标文件的补充说明中提出“采购 ×× 品牌 ×× 型号服务器”这一要求，引起了评标专家的激烈争论，认为标书补充文件具有明显的倾向性，不符合规定。招标公司工作人员解释，补充文件中的表述只是打个比方，目的是作为参考，并不具有倾向性。

根据《招标投标法》第二十条规定，招标文件不得要求或者标明特定的生产供应者以及含有倾向或者排斥潜在投标人的其他内容，而本案例中的招标文件直接提出采用某某品牌设备，明显含有倾向性。如果仅供参考，在招标文件中注明“供应商产品的主要技术参数和性能应具有和 ×× 品牌 ×× 型号服务器一样的品质和功能”即可。

但对于政府采购货物和服务招标项目而言，《政府采购货物和服务招标投标管理办法》第三十一条规定：“采用最低评标价法的采购项目，提供相同品牌产品的不同投标人参加同一合同项下投标的，以其中通过资格审查、符合性审查且报价最低的参加评标；报价相同的，由采购人或者采购人委托评标委员会按照招标文件规定的方式确定一个参加评标的投标人，招标文件未规定的采取随机抽取方式确定，其他投标无效。使用综合评分法的采购项目，提供相同品牌产品且通过资格审查、符合性审查的不同投标人参加同一合同项下投标的，按一家投标人计算，评审后得分最高的同品牌投标人获得中标人推荐资格；评审得分相同的，由采购人或者采购人委托评标委员会按照招标文件规定的方式确定一个投标人获得中标人推荐资格，招标文件未规定的采取随机抽取方式确定，其他同品牌投标人不作为中标候选人。非单一产品采购项目，采购人应当根据采购项目技术构成、产品价格比重等合理确定核心产品，并在招标文件中载明。多家投标人提供的核心产品品牌相同的，按前两款规定处理。”

第三，为了规避招标文件中的倾向性问题，招标人应掌握相关产品的技术参数构成和主要指标，必要时开展市场调研，针对档次相当的同类工程、货物或服务，制定基本相同且必须满足的主要技术指标。在招标文件中，当关键性指标确定以后，非关键性指标不宜确定得过细，以免产生技术倾向（倾向于某制造商的技术标准）。对主流产品的市场情况要跟踪了解，及时掌握最新动态。对某些专业性很强、金额比较大、较为复杂的项目，在发出招标文件前，邀请应用性和理论性兼具的该领域专家把关审定，排除倾向性指标。

第四，对于招标文件中的歧视性条款，投标人可提出异议和投诉。实践中，招标人通过在招标文件中设置歧视性条款（主要是投标资格条件），排斥潜在投标人，这些规定违反法律规定，自始无效，投标人的投标不因达不到歧视性条款的要求而无效，评标委员会在评标时也不应当将这样的条款作为评判的依据和标准。投标人一旦发现歧视性条款，有权直接向招标人提出异议，要求招标人澄清和修改；若招标人拒绝修改或拒不采纳投标人的意见，投标人有权向有关行政监督部门投诉要求处理。同时也要注意，在招标文件中提高投标人资格条件以解决投标人过多的办法是合法可行的，并不构成排斥和限制投标人，只要这种做法不是针对特定对象，目的不是恶意为限制或排斥某一类潜在投标人，就是非歧视，公平、公正、合理的。

第五，坚持以法律法规为基本遵循编制招标文件，坚决杜绝地方保护政策的不利影响。我国实行社会主义市场经济，必须在全国范围内建立起统一、开放、竞争、有序的大市场。招标人在当地实施招标活动，在严格执行国家的有关法律法规和政策规定，依法规范实施招标活动的同时，也要积极采取措施努力减少地方保护政策的不利影响，依法合规开展招标投标活动，创造公开、公平、公正的招标投标环境。

一是贯彻落实市场监管总局、国家发展改革委、财政部、商务部、司法部发布的《公平竞争审查制度实施细则》（国市监反垄规〔2021〕2号），依法制定设置投标人资格条件，做到以下几点：（1）不得设置不合理和歧视性的准入和退出条件；（2）未经公平竞争不得授予经营者特许经营权；（3）不得限定经营、购买、使用特定经营者提供的商品和服务；（4）不得设置没有法律、行政法规或者国务院规定依据的审批或者具有行政审批性质的事前备案程序；（5）不得对市场准入负面清单以外的行业、领域、业务等设置审批程序，主要指没有法律、行政法规或者国务院规定依据，采取禁止进入、限制市场主体资质、限制股权比例、限制经营范围和商业模式等方式，限制或者变相限制市场准入；（6）不得对外地和进口商品、服务实行歧视性价格和歧视性补贴政策；（7）不得限制外地和进口商品、服务进入本地市场或者阻碍本地商品运出、服务输出；（8）不得排斥或者限制外地经营者参加本地招标投标活动（包括但不限于：不依法及时、有效、完整地发布招标信息；直接规定外地经营者不能参与本地特定的招标投标活动；对外地经营者设定歧视性的资质资格要求或者评标评审标准；将经营者在本地区的业绩、所获得的奖项荣誉作为投标条件、加分条件、中标条件或者用于评价企业信用等级，限制或者变相限制外地经营者参加本地招标投标活动；没有法律、行政法规或者国务院规定依据，要求经营者在本地注册设立分支机构，在本地拥有一定办公面积，在本地缴纳社会保险等，限制或者变相限制外地经营者参加本地招标投标活动；通过设定与招标项目的具体特点和实际需要不相适应或者与合同履行无关的资格、技术和商务条件，限制或者变相限制外地经营者参加本地招标投标活动）；（9）不得排斥、限制或者强制外地经营者在本地投资或者设立分支机构；（10）不得对外地经营者在本地的投资或者设立的分支机构实行歧视性待遇。

二是对涉及招标采购方面的地方政策规定，认真审视其“设定”的依据、目的和要求等，充分考虑该政策的公平合理性和公开透明度，对各种未经公开发布的地方政策规定，坚持不得作为评标依据，杜绝盲目执行地方保护政策倾向保护地方供应商利益的不规范、不公平行为而侵犯招标人自身的正当权益，或被投标人质疑其公平、公正性而引起的侵权法律风险。

三是依法广泛对外公开发布招标采购信息，扩大发布媒体的受众范围，不得有意隐瞒或封锁招标采购信息，最大限度地广泛吸引各地供应商参加投标，防止当地供应商“围标”或排斥外地供应商投标的不当行为发生。

四是对于本地企业联手串通投标、保护和垄断当地市场的非法行为，要申请招标监管部门严厉打击，消除不利影响，净化招标投标竞争秩序，促进诚信机制建设，推进招标投标活动依法合规开展。

3. 切合项目实际需求，有针对性地编制招标文件

第一，招标文件的编制必须以项目为依托，符合招标项目的特点和需要，全

面反映项目实际需求，不符合项目特点和需要的内容不应纳入招标文件。

第二，确保招标文件条款内容完整规范，可操作性强。招标文件的内容大致可分为四类：一是编写和提交投标文件的规定，载入这些内容的目的是尽量减少投标人由于不明确如何编写投标文件而处于不利地位或其投标遭到拒绝的可能性；二是投标文件的评审标准和方法，这是为了提高招标过程的透明度和公平性；三是合同条件，主要是商务性条款，有利于投标人了解中标后签订的合同的主要内容，明确双方各自的权利和义务；四是技术要求①。

招标文件应写明招标人对投标人的所有实质性条件和要求，包括招标项目的内容和技术要求，对投标人的资格条件要求、资格审查标准和投标报价格式，招标文件和投标文件的澄清程序，对投标文件的内容和格式要求，投标保证金，投标的程序、投标截止日期、投标有效期，开标时间、地点，投标文件的修改与撤回的规定，评标标准、方法以及合同条款等，必须一一详细说明，以构成竞争性招标的基础。

相关案例 2-39　经销商的投标资格应否限制

某招标公司受托招标采购一批传真机。供应商 H 在看到招标公告后购买了招标文件，经过精心准备后于投标截止时间前递交了投标文件，然而却被招标人以不允许经销商投标为由拒绝了，供应商 H 提出招标文件中并没有规定只允许生产厂家投标。

根据项目需要，招标人可以决定是否允许经销商、代理商投标，但应事先在招标文件中载明，明确告知潜在投标人。如果在招标文件中并没有对经销商、代理商参与投标进行限制，根据“法无禁止即自由”的原则，经销商有权决定是否参与投标，任何人都无权干涉或限制。因此，本案例中供应商 H 有权参加投标。

① 国家计委政策法规司、国务院法制办财政金融法制司编著:《中华人民共和国招标投标法释义》，中国计划出版社 1999 年版，第 48 页。

第三，招标文件商务部分应公布评标办法、评标标准以及否决投标认定标准和方法。

实践中，评标方法大多采用综合评分法，需要事先至少确定综合评分的主要评价因素及其比重或权值。评标标准是专家评审的主要依据，也是确定中标人的重要标准，因此评标标准必须公开、科学、合理。

首先，制定评分标准时，应通过市场调研、专家论证，只要能反映招标项目实际需求，体现投标人优势和特点的都应确定为评分因素。采用综合评分法时，主要因素包括价格、技术、财务状况、信誉、业绩、服务以及对招标文件的响应程度等，根据招标项目类型不同而各有侧重，如服务类项目就将企业的物质装备、人员状况、业绩作为重要评分因素。尽可能细化评分因素，便于专家评审，也可以将评标专家的自由裁量权限定在合理范围内。

其次，将评标总权重分配到各个评分因素上。权重分配最能反映出招标人的采购意向和偏好，将所有评分因素按重要性进行排序，一般将主要技术性能、质量、安全措施等对招标项目有重大影响的因素作为主要评分因素，其权重应该高些，反之作为非重要评分因素，减少得分权重。

最后，制定评分细则，明确规定各评标因素的得分值，如业绩因素应以一定期间内的实际销售额或合同件数的多少规定相应的得分，而不宜采用“好、一般、较差”等难以客观衡量的主观概念。对技术方案、现场答辩等无法描述或不易客观量化、细化的评分因素，应设定其最低得分值或评分区间，不宜采用“酌情评分”等含糊概念，将评委的自由裁量权控制在最小范围内。对不同评分因素的得分值应进行横向比较，对不合理的进行适当调整或者对评分因素的权重进行重新分配，保证各评分因素的分值相对合理。

相关案例 2-40　对“供应商的相关业绩较好”的理解

某设备采购定标结果出来之后，没有胜出的供应商A质疑招标文件评标标准之一“供应商的相关业绩较好”条款具有明显的歧视性和排他性。A对招标代理机构的质疑答复不满，又向当地政府监管部门投诉招标代理机构，当地监管部门对A的投诉理由予以支持。

招标投标活动应遵循公开透明、公平竞争的原则，招标文件中规定的“供应商的相关业绩较好”在量化指标上存在不足，难以衡量和评价，使得在招标工作中失去公平竞争的前提条件，如不当采用这样的评标标准，某些潜在的符合条件的供应商将可能被排斥在外。因此，招标文件中的评标标准应当明确具体、无歧义，并对任一投标人都是公平、透明的。

第四，招标文件中必须具备详尽的合同条件。一旦招标人对投标人的投标作出承诺，招标人和中标人就应当按照招标文件文件和投标文件承诺订立书面合同，不允许招标人再与投标人进行实质性谈判。合同文本内容要详尽，必须达到一旦定标无须再谈判就可立即依据此合同条件与对方签订合同的标准（当然允许双方就个别细小的操作性条款进行补充，如合同联系人、账号等），以防范合同条件不完备，定标以后在签约阶段再进行谈判甚至不得不改变实质性内容重新商谈、起草合同或者谈判失败、签约不能的风险。

第五，应合理安排招标投标活动各个环节的时间，否则也将影响招标项目的有序进行。同时，在招标采购中，要因地制宜，加强招标投标工作的计划性，根据不同项目背景及实际需求，按工程项目进度科学统筹，合理改进采购计划，既要提早做好招标项目计划的申报、审批及下达，给予招标充裕的时间，也要合理安排各合同标包的招标投标时间和顺序，从而择优选定供应商，有效降低招标风险和项目成本。

相关案例 2-41 **改进铁塔电缆采购方式**

某市城网改造项目，建设期三年，需要大量变压器等设备，其价格总体上呈下降趋势，为此业主单位决定在不影响工期的前提下按照工程项目需要分阶段招标，而不是一次性集中招标或减少招标次数招标，提前购置全部设备并部分闲置，这样节省了大量工程投资。另外，输电线路施工项目使用的铁塔、电缆，受钢铁价格波动的影响，各个阶段价格差距很大。为了控制造价，降低钢铁价格波动影响，改进招标采购技术，即通过招标方式选择供应商，由该供应商在一定时期内以固定价格提供铁塔、电缆，减少了风险。

上述做法很好地规避了招标合同价格受市场价格波动影响带来的风险。招标人要考虑市场供求情况以及价格变动趋势，视情况集中或分批招标。

此外，国际招标与国内招标项目有许多不尽相同之处，我们应注意这一点，对国际招标项目的招标文件应作出不同于国内招标项目的特别规定。一般情况下，必须在招标文件中指定投标文件采用的语言种类、翻译费用的承担以及如果存在两种语言应以何种语言为准，注意列明投标价格的币种以及不同币种间的汇率确定时间标准和兑换办法，减少招标障碍和项目风险。还有招标文件中有时规定如未提交财务报表就否决投标，这样的规定不符合国际惯例，一般国际招标都不要求提供财务报表，因此我们的招标文件应当尊重国际惯例，如未提供财务报表是不能否决投标的。

4. 依法严格设置否决投标条款，内容公开透明

公开性是设定否决投标条款的首要规则。否决投标条件和标准，都应在招标文件中详细列明，作为招标文件必备内容，便于投标人对照参考，也作为评标委员会评审的依据。招投标法律法规规定的关于否决投标的法定情形条款，招标人和投标人都应遵守，一般应载入招标文件，可以起到提醒投标人的作用。

《招标投标法实施条例》第五十一条规定了否决投标的主要情形："有下列情形之一的，评标委员会应当否决其投标：（一）投标文件未经投标单位盖章和单位负责人签字；（二）投标联合体没有提交共同投标协议；（三）投标人不符合国家或者招标文件规定的资格条件；（四）同一投标人提交两个以上不同的投标文件或者投标报价，但招标文件要求提交备选投标的除外；（五）投标报价低于成本或者高于招标文件设定的最高投标限价；（六）投标文件没有对招标文件的实质性要求和条件作出响应；（七）投标人有串通投标、弄虚作假、行贿等违法行为。"其中上述第（五）项、第（六）项情形均需要在招标文件中具体约定，并明确标注，

以免任意扩大或发生争议。部门规章对否决投标的情形另有具体规定。在招标文件中应明确标明什么是“实质性要求”、什么是“重大偏差”，以警示投标人提高投标文件质量，也可以为评标委员会认定投标有效与否提供具体评判标准。

法律也允许在不违反法律法规强制性规定的前提下，在招标文件中自行规定可以否决投标的约定情形（称“约定否决投标条款”），弥补法律空白。招标人在设定投标人资格条件时要注意与招标项目相匹配，不能随意拔高资格条件，不能搞差别待遇和地域、行业歧视。除《招标投标法实施条例》《评标委员会和评标方法暂行规定》和其他部门规章规定的“重大偏差”外，应慎重增加约定否决投标条款，在兼顾法律效力的基础上注意“合理性”，尽量降低投标难度，避免与一些真正有竞争力的投标人失之交臂，再者对投标文件过于苛求，也有排斥和歧视潜在投标人的嫌疑，是与《招标投标法》的立法目的相悖的。

招标文件中可以规定的约定否决投标条款常见情形包括：(1) 投标报价高于期望值（或最高限价）的；(2) 曾有过行贿、串标等不良行为记录的；(3) 主要技术参数不符合招标文件要求的；等等。如果设置约定否决投标条款的，必须在招标文件中明确规定，没有规定的不得作为评标依据。

5. 按照完整、规范、严谨、准确的要求编制招标文件

第一，确保招标文件的语言表述准确、用词精确，使用的术语要有明确的解释，条款理解不应该有弹性、不得有歧义，这样有利于投标人正确理解、作出更符合招标人要求的响应，同时也可有效防范投标人利用招标文件的错漏采取策略给招标人带来的风险，避免因对招标文件理解不一致而发生争议和纠纷。

第二，确保招标文件既要条款完备，也要整体结构完整、内容协调一致。招标文件所包括的投标须知、合同条件、技术条款、投标文件格式等部分内容虽相对独立、各有侧重，但相互之间又存在着必然联系，必须保持在整个招标文件中对同一对象的称谓、同一问题的描述说法一致，才能保证招标文件形成一个协调一致的有机整体。实践中，技术部分一般委托设计单位分专业编制，商务部分由招标人或招标代理机构编制，文字表述难免出现差异，必须做好统稿工作，防止出现矛盾或遗漏。

第三，确保招标文件内容与招标公告、资格预审文件的一致性。招标文件是

对招标公告、资格预审文件内容予以细化和延伸，二者内容应当前后一致，招标人不得在招标文件中随意更改招标公告、资格预审文件中已有明确规定的内容。实践中，由于修改或笔误等原因导致招标公告、资格预审文件和招标文件的规定不一致，应当按照“后者优先”原则处理，以招标文件内容为准。为避免这种情况，可考虑在招标文件的投标人资格条件表述中，以“详见招标公告”等方式，指引至招标公告中，以确保一致性。

相关案例 2-42　在招标文件中修改招标公告内容

某房屋建筑工程招标项目，招标人实行资格后审。该项目招标公告中要求投标人具有二级及以上建筑施工企业资质。随后，招标人发现潜在投标人过多，遂在招标文件中要求投标人必须是一级建筑施工企业，因此引起一些二级资质的施工企业的投诉。后经有关部门调查处理，要求招标人必须按招标公告内容修改招标文件。

投标人资格条件是招标文件的核心内容之一，在招标公告中已经明确规定的投标人资格等实质性内容，不得随意更改。

6. 建立招标文件集体会审制度

招标文件起草后应邀请技术、商务、法律等方面专家审查、论证，提高招标文件质量。论证的重点：

一是合法性论证，主要论证招标文件是否与相关法律法规相抵触，设定的投标人资格条件是否合适妥当、是否存在歧视性或差别待遇条款，是否存在指定厂家或品牌问题，投标、开标、评标和定标办法是否合规。

二是合规性论证，主要论证招标文件的内容和格式是否符合规范性的要求，招标文件是否标明实质性要求和条件，招标文件规定的各项技术标准是否符合国家强制性标准，招标文件是否规定了澄清或修改的截止时间，招标程序安排是否符合规定，等等。

三是合理性论证，主要论证招标文件的具体条款是否合理，评标方法和标准是否恰当，投标保证金是否合适，售后服务、合同条款是否合理，招标人和中标人之间的权利义务是否对等，等等。

相关案例 2-43　　指出下列招标文件条款中的错误之处

……

（三）投标文件质量

A. 投标单位可用墨水笔或圆珠笔填写投标单价、合价、总价。

B. 投标文件若有涂改，应由投标文件编制人签字证明。

C. 投标总价与工程量清单的总价不符时以工程量清单的总价为准。用数字表示的数额与用中文文字表示的数额不一致时，以数字数额为准。

（四）投标保证

A. 投标单位在领取招标文件后若中途退出投标，招标人有权没收其投标保证金。

B. 投标单位必须在规定日期将投标文件送到指定地点，逾期者，招标人有权取消投标资格，并没收其投标保证金。

C. 各投标单位的标书投送后，因故可撤回投标文件，并退回投标保证金。

（五）若投标人在投标后发觉有错误，可用书面或者口头更正，并在开标时递交或说明。

（六）投标文件的有效期始于投标人取得招标文件之日，有效期 30 天。

上述招标文件下划线部分的内容违反《招标投标法》或者规定不合理。

二、招标文件的发售

招标人向潜在的投标人提供招标文件的目的，是提出交易条件，方便投标人编写投标文件和了解招标程序和规则。招标人应根据招标公告规定的程序和要求，向响应招标公告要求，对招标项目感兴趣的所有潜在投标人提供招标文件，或者向响应其投标邀请书的投标人提供招标文件；如果采用资格预审程序，招标人应向已通过资格预审的所有投标人提供招标文件。

（一）关于发售招标文件的基本要求

《招标投标法实施条例》第十六条规定："招标人应当按照资格预审公告、招标公告或者投标邀请书规定的时间、地点发售资格预审文件或者招标文件。资格预审文件或者招标文件的发售期不得少于5日。招标人发售资格预审文件、招标文件收取的费用应当限于补偿印刷、邮寄的成本支出，不得以营利为目的。"这里强调三点：

一是招标人应当在招标公告（投标邀请书、资格预审文件）规定的时间和地点发售招标文件，投标人应当在此地点和规定的时间内购买招标文件。

二是招标文件的发售期不得少于5个自然日，这是一个最低期限，招标人应综合考虑节假日、文件发售地点、交通条件和潜在投标人的地域范围等情况，适当合理延长招标文件发售期，以吸引尽可能多的潜在投标人参与投标。

三是为减轻投标人负担，吸引更多的潜在投标人参与竞争，鼓励招标人或其招标代理机构免费发放招标文件，确需收取必要的成本费用的，也应当限于补偿印刷、邮寄的成本支出，不得以营利为目的。尤其是在电子招标的情况下，已经没有印刷、邮寄之说，招标人应当免费提供招标文件。

另，政府采购货物和服务项目招标文件的提供期限自招标文件开始发出之日起不得少于5个工作日。

（二）发售招标文件环节存在的常见问题

（1）在发售招标文件以及相关资料和有关解释中因工作疏忽或存在歧视性行为，向不同投标人提供的资料在内容、交付时间以及解释与答复的内容和时间等方面不一致，导致潜在投标人的信息不对称，偏袒个别投标人使其占有先天竞争优势，违反公平原则。

（2）招标文件发售地点与招标公告规定的地点不一致，或者发售时间过短，都影响投标人权益。

（3）招标文件售价过高，增加投标人负担，投标人对此也颇有微词甚至引发投诉。

相关案例 2-44　售价 1500 元的招标文件

某造价不到 300 万元的土建项目，招标文件每份售卖费 1500 元，60 多家施工队伍报名，收取售卖费近 5 万元归招标代理机构所有。有关部门认定这家招标代理机构存在通过售卖招标文件牟利的行为，遂作出相应的处罚。

招标代理机构从事招标代理业务，出售招标文件可以收取编制成本费，但收费应当合理，不得以营利为目的，仅能够用于“弥补招标文件印制成本费用”，本案招标代理机构以出售招标文件牟利，这是违反法律规定的行为。

（4）招标文件发售时间过短、时间安排不适当，如安排“十一”长假发售或者只发售一天，或者发售方式不符合要求，导致部分潜在投标人失去购买招标文件的机会，这种不符合常规的做法，本身就隐含着一种倾向性或具有排斥性。

（三）招标人应当严格依法发售招标文件

（1）招标人应确保提供给所有投标人的招标文件资料完全一致；对投标人提出的有关招标文件的任一合理要求的答复和招标文件的修改补充资料都应书面告知所有潜在投标人，但不指明其出处和来源。

（2）招标文件的发售地点应与招标公告中列明的地点相一致，招标人不得随意进行变更。如果确实因意外情况（如台风、地震等不可抗力因素），需要变更发售地点的，应及时在与发布招标公告相同的媒体上发布变更公告或书面通知潜在投标人。

（3）设置合理的招标文件发售时间。招标文件发售的起始时间，应以招标公告中确定的开始发售日期为准，文件发售时间可以与公告发布的时间不一致。招标文件发售的截止时间，相关法律法规中都没有明确规定，一般由招标人自行决定，大多规定建设工程勘察设计、施工、货物采购招标文件的发售时间至少为从招标文件发售之日起 5 日。

招标人应设置比较合理的招标文件发售时间，足以让外地潜在投标人有足够时间安排行程来购买到招标文件。政府采购货物和服务招标项目招标文件的提供期限自招标文件开始发出之日起不得少于 5 个工作日。尽管《机电产品国际招标投标实施办法（试行）》第二十六条第二款也规定："招标文件的发售期不得少于 5 个工作日"，但机电产品国际招标发售期都应当要长一点。招标文件售出后，不予退还，也不得擅自终止招标。而且该办法第二十七条进一步规定，招标公告规定未领购招标文件不得参加投标的，招标文件发售期截止后，购买招标文件的潜在投标人少于 3 个的，招标人可以依照本办法重新招标。重新招标后潜在投标人或投标人仍少于 3 个的，可以进入两家或一家开标评标；按国家有关规定需要履行审批、核准手续的依法必须进行招标的项目，报项目审批、核准部门审批、核准后可以不再进行招标。

（4）对于招标文件发售形式，纸制或电子文档均可。招标人应当制作书面招标文件，也可以在通过信息网络或者其他媒介发布电子招标文件，通过信息网络或者其他媒介发布的招标文件与书面招标文件具有同等法律效力。招标人如果同时采用两种形式发售招标文件，必须保持两种形式招标文件内容的一致性；出现二者内容不一致时以电子招标文件为准。但对于机电产品国际招标项目而言，除另有约定的，纸质招标文件和电子招标文件出现不一致时以纸质招标文件为准。

（5）规范招标文件售价。出售招标文件除收回招标文件编制成本外还另有重要作用，即通过发挥招标文件价格杠杆作用，来达到控制潜在投标人数量，引导符合招标人要求的潜在投标人投标的目的，实践中虽然有这样的做法，但是《招标投标法实施条例》第十六条第二款规定："招标人发售资格预审文件、招标文件收取的费用应当限于补偿印刷、邮寄的成本支出，不得以营利为目的。"因此，以招标文件免费提供为原则，采用电子招标方式时，招标文件应上传至电子招标交易平台供潜在投标人自行免费下载，招标人不应另行向潜在投标人收取任何其他费用。

发售纸质招标文件可以收取编制成本费，但收费应当合理，不得以营利为目的，仅能够用于"弥补招标文件印制、邮寄的成本费用"；对招标文件所附的设计文件，招标人可以向投标人酌收押金；对于开标后投标人退还设计文件的，招标人应当向投标人退还押金。因此，对招标文件的收费，只能相当于招标人印制、邮寄招标文件的成本，且必须避免收费过高而影响潜在投标人参与投标，招标人和招标代理机构均不得抬高招标文件售价来牟利。

外地潜在投标人购买招标文件需要招标人代为邮寄的，招标人可以根据邮政部门的收费标准适当收取一定的邮寄费用，但这一做法最好能在招标公告中事先规定。招标人发售招标文件等的费用，必须全部开具发票，防范投标人向税务部门投诉的风险。招标文件售后不退，投标人不得要求招标人退还其购买招标文件的款项。如果招标失败后重新招标的，原参与投标的投标人还需要重新购买招标文件。

（6）招标文件发售前，应允许供应商查看招标文件，以便潜在投标人自行确定是否有意向参加本次招标。采用邀请招标方式采购的，只有接到投标邀请书的供应商才有资格购买招标文件。采用资格预审方式的公开招标项目，只有通过投标资格审查的潜在投标人才有资格购买招标文件。

（7）发售招标文件环节也要注意保密。《招标投标法》第二十二条第一款规定："招标人不得向他人透露已获取招标文件的潜在投标人的名称、数量以及可能影响公平竞争的有关招标投标的其他情况。"也就是说，开标前，招标人不得向他人透露已获取招标文件的潜在投标人名称、数量以及可能影响公平竞争的有关招标投标的其他情况，这就意味着招标人在发售招标文件时也负有保密义务，尤其在登记投标人报名信息时，招标人应该对每一个购买招标文件的潜在投标人单独登记，不得将投标人信息登记在同一份表格中，以免后购买招标文件的投标人轻易获得已购买招标文件投标人的信息，这对先购买招标文件的投标人来说是不公平的，违反有关保密规定，也会为串通投标埋下隐患。

（8）正确处理未购买招标文件的潜在投标人可否参加投标的问题。对此问题，《招标投标法》及配套规定都没有作出明确的规定，因此应根据招标文件的具体规定来处理。如果招标文件明确规定不接受未购买招标文件的投标人的投标，则对未购买招标文件的投标人提交的投标文件，招标人有权拒绝接收；如果招标文件没有明确规定，则招标人应当接收该投标文件。例如，《机电产品国际招标标准招标文件（试行）（第一册）》第一章“投标人须知”中第2.1条明确规定：“投标人是响应招标、已在招标人或招标机构处领购招标文件并参加投标竞争的法人或其他组织。任何未在招标人或招标机构处领购招标文件的法人或其他组织不得参加投标。”

当然，遇到未购买招标文件的潜在投标人投标的情况时，招标人应对投标人获取招标文件的来源进行了解，如果是多家投标人共用一本招标文件，则有串通投标的嫌疑[①]。

三、招标文件的澄清与修改

（一）关于招标文件澄清与修改的基本法律规定

招标文件的澄清与修改内容是招标文件的重要组成部分。澄清是指在不改变原文件意思的基础上，对原文件表述不够清楚、不够准确、可能引起歧义的内容作出更加清晰和准确的描述。修改是指对原文件的内容作出改变[②]。《招标投标法》第二十三条规定：“招标人对已发出的招标文件进行必要的澄清或者修改的，应当在招标文件要求提交投标文件截止时间至少十五日前，以书面形式通知所有招标文件收受人。该澄清或者修改的内容为招标文件的组成部分。”《招标投标法实施条例》第二十一条也规定：“招标人可以对已发出的资格预审文件或者招标文件进行必要的澄清或者修改。澄清或者修改的内容可能影响资格预审申请文件或者投标文件编制的，招标人应当在提交资格预审申请文件截止时间至少3日前，或者投标截止时间至少15日前，以书面形式通知所有获取资格预审文件或者招标文件的潜在投标人；不足3日或者15日的，招标人应当顺延提交资格预审申请文

① 阳光时代律师事务所编著：《工程建设项目招标投标法律实务问题解答与案例评析》，中国建筑工业出版社2012年版，第71页。

② 岳小川著：《〈政府采购货物和服务招标投标管理办法〉解读》，经济科学出版社2018年版，第63页。

件或者投标文件的截止时间。”

这里主要强调两点：

一是招标文件的澄清与修改，适用于招标人对招标文件内容进行修改，对招标文件中的错误、遗漏、词义表述不清或比较复杂的事项进行说明，或者需要调整一些要求或者存在违法的规定，或者认为有必要回答投标人提出的各种问题，针对潜在投标人提出的疑问和异议，需要对招标文件作出修改和澄清等情形。

二是澄清或者修改必须在规定的时间前进行，也就是澄清或者修改招标文件可能影响投标文件编制时，必须在投标截止时间至少 15 日前以书面方式进行澄清或者修改，其他情形下则不受此时间限制。

（二）澄清、修改招标文件常见法律问题

一是澄清或修改招标文件的时间不符合要求。有的招标文件澄清、修改时间过于滞后，如投标截止日前一天进行澄清、修改，对影响投标文件编制的澄清或修改没有在投标截止时间至少 15 日前作出，常使投标人忙于应付。

相关案例 2-45　临时修改评审方法

某工程招标文件中已写明商务标的评分方式，但是在开标的时候，招标代理机构更改了商务标的评分方式，这样各家投标单位的报价得分肯定就和以前不一样，为此，投标人意见很大，扬言要投诉招标人。

依据《招标投标法》第二十三条规定，招标人对招标文件进行必要的澄清或者修改的，应当在投标文件截止时间至少 15 日前，以书面形式通知所有投标人，因此，招标文件的修改必须在投标截止时间 15 日之前发出修改通知，以便投标人作出响应。本案例中，在开标的时候，招标代理机构更改原招标文件规定的评标标准和方法，此做法违反法律规定，并且还有倾向性或者排斥其他投标人，有暗箱操作之嫌疑。

二是招标文件澄清或修改的内容不符合要求。有的招标人事无巨细，凡需调整的一律采用澄清或修改的方式处理，有的只关注细节却忽略了对诸如合同主要条款等实质性内容的澄清与修改，有的明知需要变动也将错就错、不再修改。

三是澄清或修改招标文件的方式不符合要求。规范的做法是一面发布修改招标文件的公告，一面以书面形式通知所有投标人，但实践中存在不发布修改公告或书面通知，而代之以口头或电话告知的做法，缺乏严谨性，或者不是通知所有投标人，而是有选择地通知，则是存在倾向性。

相关案例 2-46　　投标人没看到修改通知

某招标中心受托采购一批工程材料，在投标截止前3天，发现招标文件不完善，需要修改，于是以传真方式给各投标人发出修改招标文件的通知。某工程公司因其经理出差在外，没看到发至其办公室的通知，也就没有调整投标文件，因此出现重大偏差被否决投标。该公司认为虽然招标文件规定："投标截止日期前的任何时候，无论出于何种原因，招标代理机构可主动地或在解答投标人提出的澄清问题时对招标文件进行修改"，但修改应"以书面形式通知所有投标人"，且应取得投标人"回函确认"，因此招标中心违反上述程序规定，擅自修改招标文件的行为无效。

招标人对已发出的招标文件进行必要的澄清或者修改的，应当在招标文件要求提交投标文件截止时间至少15日前，以书面形式通知所有招标文件收受人，并且应向投标人索要回执，否则难以证明是否给投标人发送了澄清或修改文件。本案例中，某工程公司未回函确认，招标中心也无证据证明，其程序违法。另外，招标中心在投标截止前3天才修改招标文件也有所不妥，修改实质性内容后，应考虑推迟投标截止日期。

（三）依法规范澄清、修改招标文件

1. 做好基础工作，减少澄清或修改概率。第一，提高招标文件质量，力求准

确描述招标项目需求、质量标准、售后服务、合同主要条款等实质性内容，尽量从源头上减少澄清或修改的可能性。第二，明确规定投标人对招标文件的质疑和问询时间并尽量提前，做到既要留有足够的时间让投标人发现问题，也要避免无休止的澄清要求，对个别问题个别答复，对共性问题要向全体投标人作出澄清或修改。

2. 招标人有修改招标文件的权利。依据《民法典》，招标人提供的招标文件属于要约邀请的一部分，招标人拥有澄清与修改要约邀请的权利，也就是招标人有权对已经发出的招标文件进行澄清和修改。同时，为了满足招标需求，招标人修改招标文件也是必要的。

（1）澄清和修改必须采用书面形式。第一，在投标截止日期之前的任何时候，招标人如发现招标文件存在缺漏，或在组织答疑或现场考察时发现有必要对已发出的招标文件进行澄清或者修改的，都可以主动或者根据潜在投标人的澄清要求，修改招标文件，并以书面形式通知所有招标文件收受人。第二，招标人在投标预备会或者组织投标人现场踏勘，针对潜在投标人提出的问题予以口头澄清或者说明解释的相关内容，应当在事后整理形成书面澄清文件，作为招标文件澄清的一部分内容发送给潜在投标人。第三，澄清、修改的内容可以是对原招标文件商务或技术条件的修改、补充或者说明，可以是针对潜在投标人对招标文件提出异议之后的解释、补充或修改，也可以是对违反法律法规的招标文件内容的修改。

（2）澄清和修改必须提前一定时间。依法必须招标的项目，在投标截止时间15天前，招标人可以书面形式修改招标文件，并通知所有已购买招标文件的潜在投标人。如果修改招标文件的时间距投标截止时间不足15天，且影响了投标人对是否投标的判断或影响投标报价等投标文件实质性内容，则招标人应相应延长投标截止时间，以使招标文件修改满足在提交投标文件截止日15天前进行的法律要求，因为《招标投标法》第二十三条明确规定，招标人对已发出的招标文件进行必要的澄清或者修改的，应当在招标文件要求提交投标文件截止时间至少15日前，以书面形式通知所有招标文件收受人，而且法律并没有禁止招标人可以推迟投标截止日期。

有的澄清、修改，仅涉及非实质性内容的调整或者仅仅为程序性内容的修改（如投标文件接收地点的变更、接收时间的延后、开标程序的变更、投标截止时间的变更、密封条件的变更等），可能不影响投标文件的编制，为提高效率，就没有必要必须在投标截止时间 15 日前作出。

前述必须在投标截止时间至少 15 日前以书面方式进行的澄清或者修改，仅仅限定在可能影响投标文件编制的情形（如修改合同条件、技术参数、采购内容、项目组成内容、进度质量安全等商务条件、文件格式等）。投标人收到修改内容后，应在招标文件“投标人须知前附表”规定的时间内以书面形式通知招标人，确认已收到该修改，也可对“该修改是否影响投标文件编制”提出意见，如全部或者多数投标人提出“影响投标文件编制”，则招标人应当推迟投标截止时间。

相关案例 2–47　　修改招标文件的效力

某招标公司以公开招标方式采购电脑，招标文件声明投标截止时间为 5 月 26 日上午 10 点。5 月 18 日，该招标公司应招标人要求，向购买招标文件的潜在投标人打电话发出招标文件的“更正通知”，要求“投标的台式计算机主机箱通风口处须配备防尘罩”，各投标人均确认。5 月 26 日如期开标，A 公司代理的产品不满足更正后的要求被否决投标。A 公司提出质疑未果又投诉，称“更正通知”的发出时间是投标截止日前 8 天，与法律规定的 15 日相违背。

根据《招标投标法》规定，招标人对已发出的招标文件进行必要澄清或者修改的，应当在招标文件要求提交投标文件截止时间 15 日前，在有关媒体上发布更正公告，并以书面形式通知所有招标文件收受人。超出上述法定期限修改招标文件实质性内容的，除非相应推迟投标截止时间，否则若投标人不认可，该修改部分不能生效，本案例即如此。另外，本案例中招标公司电话通知招标文件的修改内容也是不合法的。

3. 要把握好澄清或修改的必要性和公开性。澄清或修改的内容应是对投标人的投标行为有实质性影响的部分，如不及时作出澄清或修改可能影响公正招标、引起误导或直接影响中标结果的内容，主要包括资格条件、招标标的、质量要求、评标标准和方法，售后服务以及付款方式等合同主要条款；对投标文件的用纸、字体等枝节性问题则没有必要作出澄清。另外，对招标文件进行澄清或修改必须坚持公开规范操作，招标人应向所有潜在投标人提供招标文件澄清或修改的全部内容，并保证不对部分投标人造成歧视，更不能仅透露给个别潜在投标人。

4. 澄清与修改要及时，招标文件的澄清应以书面形式发给所有购买招标文件的投标人，但不指明澄清问题的来源。招标人对招标文件的澄清与修改，旨在确保招标人对投标人提出的澄清请求作出及时的回应，便于投标人在编写投标文件时有足够时间予以考虑。对招标文件的修改必须在投标截止日前作出，并在此日期前通知所有投标人。招标人应在合理时间内，对在距投标截止日至少 15 日前收到的澄清请求作出答复，并将此种澄清以书面形式告知所有投标人，该澄清或修改的内容为招标文件的组成部分。如果澄清发出的时间距投标截止时间不足 15 日，招标人应相应延长投标截止时间；否则该澄清或修改的内容，如果投标人未予体现，招标人不能将此作为评标依据。

投标人在收到澄清文件后应于规定日期内，以书面形式给予答复确认，该答复作为招标文件的组成部分，具有约束力。

如果投标人在距投标截止日 15 日内提出了需要澄清或修改的事项，涉及实质性内容影响投标文件编制的，招标人应当澄清或修改招标文件内容，并相应顺延提交投标文件的截止时间；不影响投标文件编制的，招标人可以澄清或修改招标文件内容，且无须顺延提交投标文件的截止时间。

相关案例 2-48　**招标人修改招标文件应提前通知**[①]

广东省高级人民法院在审理北京金某天坛家具股份有限公司与深圳市中某招

① 本案例素材来源于中国裁判文书网，（2014）粤高法民二申字第 449 号民事裁定书。

标有限公司、深圳江某营销有限公司缔约过失责任纠纷一案时，就金某公司主张的江某公司滥用修改招标文件的权利，违反诚实信用原则，修改招标文件没有遵循公开原则，没有公开招标文件修改的动机、理由和依据，一切都是暗箱操作等问题，法院经审查认为，《招标投标法》第二十三条规定，招标人对已发出的招标文件有权进行必要的澄清或者修改，但应在招标文件要求提交投标文件截止时间至少十五日前，以书面形式通知所有招标文件收受人。《招标投标法实施条例》第二十一条规定，招标人可以对已发出的资格预审文件或者招标文件进行必要的澄清或者修改。澄清或者修改的内容可能影响资格预审申请文件或者投标文件编制的，招标人应当在提交资格预审申请文件截止时间至少3日前，或者投标截止时间至少15日前，以书面形式通知所有获取资格预审文件或者招标文件的潜在投标人；不足3日或者15日的，招标人应当顺延提交资格预审申请文件或者投标文件的截止时间。本案中某公司接受江某公司委托在原定开标日即2012年11月20日开标前通知金某公司将开标时间延期至2012年12月11日，并且在原定开标日后第二日书面通知投标人对招标文件内容作出调整，符合上述法律和法规规定，并无不当。尽管中某公司、江某公司在发出修改招标文件补充通知的当日未向金某公司解释修改招标文件的原因，但中某公司、江某公司在收到金某公司书面异议后，已在第三日即作出书面答复，告知修改招标文件是因为长某家具公司在2012年11月16日就招标文件中评审因素表要求和评分标准提出书面质疑而做了澄清和修改，中某公司、江某公司的行为亦符合《招标投标法实施条例》第二十二条招标人应当自收到投标人对招标文件异议之日起三日内作出答复的规定。且中某公司、江某公司解释未在招标过程中告知投标人具体的修改原因是因为根据招投标行业的惯例，不宜将投标人的情况及质疑情况告知其他投标人，也符合《招标投标法》第二十二条“招标人不得向他人透露已获取招标文件的潜在投标人的名称、数量以及可能影响公平竞争的有关招标投标的其他情况”的规定。

实行电子招标投标，招标人对资格预审文件、招标文件进行澄清或者修改的，应当通过电子招标投标交易平台以醒目的方式公告澄清或者修改的内容，并

以有效方式通知所有已下载资格预审文件或者招标文件的潜在投标人。

5. 招标人要对所有投标人提供相同的信息，方式上可以允许投标人现场勘查、组织标前会进行集体澄清，并应迅速地将澄清或修改文件以及相关会议记录提供给投标人。澄清的内容需采用书面形式。

根据招标项目情况，招标人可以组织潜在投标人踏勘，也可以不组织踏勘。现场踏勘，是指招标人组织购买招标文件的潜在投标人对招标项目现场履行条件进行实地踏勘和介绍，进而了解招标项目地质，交通，气候，环境，地上、地下障碍物，以及人文环境等信息，以便有针对性地提出项目履约方式、方法，制定投标策略投标等工作[①]。工程施工招标项目一般需要实地踏勘招标项目现场；货物和服务招标项目一般不组织踏勘现场。潜在投标人踏勘项目现场产生的疑问需要招标人澄清答复的，一般应当在招标文件规定的时间内向招标人提出。

踏勘现场投标人较多且集中，又不允许单独组织一个接一个地踏勘现场，因此在这种集体行动中难以对潜在投标人名称、数量完全保密，招标人只要做到不点名、不集中签到、不泄露潜在投标人名称、数量即可。

踏勘完现场后，招标人就应该向投标人发放招标文件的补遗，投标人发现需招标人对招标文件解释澄清的问题，应书面提交招标人，招标人可以随时解答，也可以在标前会上集中解答，为了保全证据，招标人的解答应采用书面形式。如果在标前会上对投标人有书面和即席提出问题的解答，在会后应以会议纪要的形式发给每个投标人，所有答复以书面文件为准。

相关案例 2-49　不得透露潜在投标人名称与组织投标人现场踏勘相矛盾

在一项公路建设工程施工招标项目中，招标人对于现场踏勘存有疑虑，因为《招标投标法》规定，招标人根据项目具体情况，可以组织潜在投标人踏勘项目现场，但不得向他人透露已获取招标文件的潜在投标人名单。可该项目都是公

① 毛林繁、李帅锋编著:《招标投标法条文辨析及案例分析》，中国建筑工业出版社 2013 年版，第 90 页。

路施工企业申请投标，相互都认识，只要组织现场踏勘，不可避免地都知道谁来投标，又不能单独组织现场踏勘，因为《工程建设项目施工招标投标办法》第三十二条规定招标人不得单独或者分别组织任何一个投标人进行现场踏勘，防止区别对待投标人，而且也浪费时间，二者自相矛盾，不知该如何操作。

《招标投标法》及其配套性文件确实存在上述矛盾的问题。招标人或招标代理机构组织投标人进行现场考察以及召开标前会是必需的，便于投标人了解项目现场情况以决定投标报价策略，所以不能因担心有可能透露潜在投标人情况而不组织现场考察。《招标投标法实施条例》第二十八条规定："招标人不得组织单个或者部分潜在投标人踏勘项目现场。"这是为了防止招标人向潜在投标人有差别地提供信息，造成投标人之间的不公平竞争。招标人组织全部潜在投标人实地踏勘项目现场的，应当采取相应的保密措施并对投标人提出相关保密要求，不得采用集中签到甚至点名等方式。本案例中只要组织踏勘现场，投标人了解竞争对手的情况就难以避免，只能要求招标人做到措施得当，不主动泄漏露投标人情况即可。

6. 招标人在回答投标人的问题时，只能针对具体问题作出明确答复，而不应提及或写明提问者的姓名，不得涉及问题的来源以保证公开竞争。《招标投标法》第二十二条第一款规定："招标人不得向他人透露已获取招标文件的潜在投标人的名称、数量以及可能影响公平竞争的有关招标投标的其他情况。"若在答疑文件中，写明了提问者的姓名，属于"向他人透露已获取招标文件的潜在投标人的名称"的行为，按照《招标投标法》的规定可能会受到警告、罚款的处罚，构成犯罪的，将被依法追究刑事责任，还会造成中标无效。《招标采购代理规范》第7.6.8项也规定："在招标文件的澄清或修改过程中，不得指明澄清问题的来源，不得泄露已购买招标文件的潜在投标人的名称、数量以及可能影响公平竞争的有关招标投标的其他情况。"①

7. 澄清招标文件的主体应当与出售招标文件的主体一致，不宜由招标人和招

① 参见中国招标投标协会推荐性行业标准 ZBTB/T A01—2016《招标采购代理规范（2016 年版）》第7.6.8 项。

标代理机构分头答复，更不得由招标人或招标代理机构内部不同部门分头答复，以保证澄清的内容一致。潜在投标人对招标文件提出的问题涉及技术标准和要求、设计图纸或工程量清单等内容的，需要设计单位代表或其他单位予以澄清或说明的，招标人应予以协调解决。

四、对招标文件内容的异议

招标文件应当体现招标投标活动应当遵循的公开、公平、公正和诚实信用原则，符合相关法律法规的规定，避免排斥潜在投标人。如果招标文件存在与法律规定不一致的内容，潜在投标人和利害关系人有权提出异议，要求招标人进行纠正，这是对招标活动合法性进行监督的一种有效方式。《招标投标法实施条例》第二十二条规定：“潜在投标人或者其他利害关系人对资格预审文件有异议的，应当在提交资格预审申请文件截止时间 2 日前提出；对招标文件有异议的，应当在投标截止时间 10 日前提出。招标人应当自收到异议之日起 3 日内作出答复；作出答复前，应当暂停招标投标活动。”

潜在投标人或者其他利害关系人认为招标文件中可能存在的限制或者排斥潜在投标人、对潜在投标人实行歧视待遇、可能损害潜在投标人合法权益等违反法律法规规定和“三公”原则的问题时，可以向招标人提出异议，要求招标人予以纠正，这是招标投标活动中允许投标人提出的三项异议制度之一，有利于督促招标人必须依法制定招标文件，公平公正地对待投标人。

（一）潜在投标人和其他利害关系人有权提出异议

潜在投标人就是对特定招标项目有兴趣，愿意参加竞争的法人、其他组织和自然人，此时还没有进行投标，与“投标人”有别。其他利害关系人是指投标人以外的，与招标项目或者招标活动有直接或者间接利益关系的法人、其他组织和自然人，主要是有意参加资格预审或者投标的潜在投标人，特定分包人和供应商等和投标人有共同的利益，与招标投标活动存在利害关系的法人、其他组织和自然人等。这些组织可能因不合法的招标文件内容侵犯其合法权益（如限制其投标资格、提出不合理的交易条件），而有权对招标文件内容提出异议。因为与自己的权益有直接或间接的利害关系，所以潜在投标人和其他利害关系人有主动进行监督、及时提出异议的动机，从而使得这种监督较为有效便捷。

为了督促及时提出异议，确保招投标活动的效率，对于提出异议的期限也作出明确限制，即资格预审申请人和潜在投标人等在获取资格预审文件和招标文件后，对招标文件存在违法性问题且有异议的，应当在投标截止时间 10 日前提出，以便招标人有足够的时间采取必要的措施给予纠正，尽可能减少对正常招标投标程序的影响，避免事后纠正造成损失过大。超出该时限提出异议的，招标人可以不予受理。

（二）对于招标文件的异议招标人应当在限期内予以答复

基于效率的考虑，对答复质量、答复形式未作统一要求，鼓励当事人以异议方式尽快消除分歧，不至于因对异议和回复的过多程序性要求导致过度拖延招投标活动。实践中异议和回复的形式可以由当事人根据具体情况在招标文件中事先给予明确，或者完全由当事人自主决定。异议的提出和答复应尽可能采用书面形式，并应当妥善保存备查。招标人对异议的答复构成对招标文件澄清或者修改的，招标人应当按照《招标投标法实施条例》第二十一条规定办理。

对于异议所反映的问题，招标人必须尽快进行核实，查实的采取必要措施给予纠正并回复异议人。为保障异议人的合法权益和招标项目的实施进度，招标人应当自收到异议之日起 3 日内必须作出答复，及时消除异议人的疑惑。异议人不满意的，可以根据《招标投标法实施条例》第六十条规定向行政监督部门提出投诉，以维护自己的合法权益。在作出答复前，应当暂停下一阶段的招标投标活动，其目的也是在于督促招标人及时回复异议，防止招标人故意拖延。

经过核实，招标文件确实存在排斥潜在投标人、对投标人实行歧视待遇的异议成立的，应当在规定的时间内作出回复，并不得组织开标活动；招标人修改招标文件，且修改内容影响投标文件编制的，招标人应当按照《招标投标法实施条例》第二十一条规定顺延提交投标文件的截止时间，修改内容不影响投标文件编制的，则不需要顺延提交投标文件的截止时间。有关招标文件的内容存在《招标投标法实施条例》第二十三条规定情形的异议成立而又未及时给予纠正以致影响潜在投标人投标的，招标人应当按照《招标投标法实施条例》第二十三条规定修改文件内容后重新组织招标。

（三）招标文件违法的应当修改后重新招标

《招标投标法实施条例》第二十三条规定："招标人编制的资格预审文件、招标文件的内容违反法律、行政法规的强制性规定，违反公开、公平、公正和诚实信用原则，影响资格预审结果或者潜在投标人投标的，依法必须进行招标的项目的招标人应当在修改资格预审文件或者招标文件后重新招标。"《政府采购货物和服务招标投标管理办法》第二十五条也规定："招标文件、资格预审文件的内容不得违反法律、行政法规、强制性标准、政府采购政策，或者违反公开透明、公平竞争、公正和诚实信用原则。有前款规定情形，影响潜在投标人投标或者资格预审结果的，采购人或者采购代理机构应当修改招标文件或者资格预审文件后重新招标。"

法律、行政法规的强制性规定，表现为禁止性和义务性强制规定，也即法律和行政法规中使用了"应当""不得""必须"等字样的条款。例如，《招标投标法》第二十三条和《招标投标法实施条例》第二十一条关于已发出的资格预审文件或者招标文件的澄清或者修改内容可能影响资格预审申请文件或者投标文件编制的，招标人应当在提交资格预审申请文件截止时间至少3日前，或者投标截止时间至少15日前通知所有资格预审文件或招标文件的收受人的规定；《招标投标法》第二十条和《招标投标法实施条例》第三十二条关于招标文件不得要求或者标明特定的生产供应者的规定，不得设定与招标项目的具体特点和实际需要不相适应或者与合同履行无关的资格、技术、商务条件，不得以特定行政区域或者特定行业的业绩、奖项作为加分条件或者中标条件的规定；《招标投标法实施条例》第二十六条关于投标保证金不得超过招标项目估算价的2%的规定。

所谓违反"三公"原则，是指资格预审文件和招标文件没有载明必要的信息，量身定做投标人资格条件和具体招标投标规则，针对不同的潜在投标人设立有差别的资格条件，提供给不同潜在投标人的资格预审文件或者招标文件的内容不一致，指定某一特定的专利产品或者供应者，限制、排斥外地或其他行业的企业投标，资格预审文件载明的资格审查标准和方法或者招标文件中载明评标标准和方法过于原则，自由裁量空间过大，使得潜在投标人资格审查标准和方法或者评标标准和方法倾向性明显，无法准确把握招标人意图，无法科学地准备资格预审申请文件或者投标文件，等等。

所谓违反诚实信用原则，是指资格预审文件和招标文件的内容故意隐瞒真实信息，典型表现是隐瞒工程场地条件等可能影响投标价格和建设工期的信息，恶意压低工程造价逼迫潜在投标人放弃投标或者以低于成本的价格竞标，从而影响工程质量和安全①。

招标文件违反法律和行政法规的强制性规定，违反公开、公平、公正和诚实信用原则，通过设定苛刻的资格条件，要求特定行政区域的业绩，提供差别化信息，隐瞒重要的信息等做法，是常见问题。其结果必然会影响潜在投标人投标，并且还有可能因投标人数量过少而导致招标失败。在投标截止时间之前发现的，招标人可根据《招标投标法实施条例》第二十一条的规定通过澄清、修改招标文件予以解决。例如，在投标截止时间之后自行发现或经潜在投标人对招标文件提出异议而核实的，招标人必须纠正招标文件中违反法律规定的相关内容后再重新招标。重新招标应当重新发布招标公告或者资格预审公告，不再进行资格预审的可直接发布招标公告后再继续组织招标。

---

① 国家发展改革委法规司、国务院法制办公室财金司、监察部执法监察司编著:《中华人民共和国招标投标法实施条例释义》，中国计划出版社 2012 年版，第 61 页。

3

第三章

投标阶段法律实务

第一节 投标人的主体资格

投标人是响应招标、参加投标竞争的法人或其他组织，只有具备投标主体资格的潜在投标人方可参加投标。在招投标实践中，针对具体招标项目，具备投标资格的潜在投标人也不一定都能参加投标。在招标活动中，经常会出现母子公司或同一母公司下多个子公司同时参加投标、总公司与分公司同时参加投标、企业的分支机构同时参加投标以及在招标投标过程中发生登记注册事项变更或企业改制等特殊情况，投标人如果未注意法律规定，很可能在评审中被认定投标资格不合格而否决投标，招标人有时也会因工作疏忽让不合格的投标人参加投标而影响招标投标的公正性，最终损害招标人的自身利益。

一、对投标人资格的限制性法律规定

（一）投标人应当具备法定或约定资格条件

《招标投标法》第二十六条规定："投标人应当具备承担招标项目的能力；国家有关规定对投标人资格条件或者招标文件对投标人资格条件有规定的，投标人应当具备规定的资格条件。"这是关于投标人资格的基本规定。具体分析来看：

1. 投标人应当具备承担招标项目的能力。这里指的是，投标人在资金、技术、人员、装备、业绩、信誉等方面，要具备与完成招标项目的需要相适应的能力或者条件。例如，高速公路建设施工项目的投标人，应当具备承担高速公路施工的相应能力。

2. 国家有关规定对投标人资格条件或者招标文件对投标人资格条件有规定的，投标人应当具备规定的资格条件。

我国对从事工程施工、设计、监理等业务实行严格的资质管理制度。按照《建筑法》的规定，从事建筑活动的建筑施工企业、勘察单位、设计单位和工程监理单位，按照其拥有的注册资本、专业技术人员、技术装备和已完成的建筑工程业绩等资质条件，划分为不同的资质等级，经资质审查合格，取得相应等级的资质证书后，方可在其资质等级许可的范围内从事建筑活动，如一级建筑施工企业可以作为高度200米以下的工业、民用建筑工程，高度240米以下的构筑物工程施工项目的投标人，而三级建筑施工企业只能作为高度50米以下的工业、民用建筑工程，高度70米以下的构筑物工程施工项目的投标人。

2004年5月10日，原建设部颁发的《关于外国企业在中华人民共和国境内从事建设工程设计活动的管理暂行规定》（建市〔2004〕78号），要求外国企业承担中华人民共和国境内建设工程设计，必须选择至少一家持有建设行政主管部门颁发的建设工程设计资质的中方设计企业进行中外合作设计，且在所选择的中方设计企业资质许可的范围内承接设计业务。所以，国外设计企业参加我国工程设计投标，应与国内具备相应资质条件的设计企业组成联合体参加投标。合作设计项目的工程设计合同，应当由合作设计的中方设计企业或者中外双方设计企业共同与建设单位签订。

对于货物招标项目，我国对国民经济有重要影响且有成熟的成品检验手段和国家标准的产品，实行生产许可证管理。对涉及人体健康或者安全、保护动植物生命或者健康、保护环境等方面的产品，实行强制性产品认证制度。此外，商用密码产品必须拥有国家密码管理局颁发的《商用密码产品型号证书》；列入国家依法管理的计量器具目录（型式批准部分）的计量器具应取得制造计量器具许可证；实行进网许可制度的电信设备必须获得工业和信息化部颁发的进网许可证等，这些产品必须取得许可证或经过认证，方可出厂、销售、使用。

一些服务项目也需要供应商具备相应行业服务业类的行政许可，如保安公司的保安服务许可证，会计师事务所、律师事务所的执业许可证等。

不具备相应的资格条件的承包商、供应商、服务商，不能参加有关招标项目的投标；招标人也应当按照法律和国家有关规定及招标文件的要求，对投标人进行必要的资格审查。不具备规定的资格条件的，不能投标，更不能中标。

随着国家简政放权行政审批制度改革和“放管服”的推进，原来一些资质、行政许可事项逐渐被取消，如原来熟悉的招标代理机构资格、计算机信息系统集成资质、园林绿化工程专业施工资质、物业服务企业资质等都已被废止，不能再设置这些已经取消的资格条件。

3. 设置的投标人资格条件要注意合理性，要考虑招标项目实际和市场竞争状况。实践中，当投标人过多，为了择优选择中标人，一些招标项目特意拔高资质等级，如对于房屋建筑工程，只需要房屋建筑工程三级企业资质即可，但考虑到竞争激烈，投标人过多，招标人规定投标人必须具有房屋建筑工程二级及以上企业资质方可投标，这具有合理性。而且，目前《招标投标法》及其配套规定也没有明确禁止这种做法。但是如果潜在投标人本来就不多，竞争不充分，如果招标人有意拔高资质等级，导致投标竞争不足，仅有极少数潜在投标人满足要求，或者投标人不足三家而采用非招标方式采购，此种情形下就存在以不合理条件限制、排斥潜在投标人或者有意规避招标，这需要结合不同项目来认定。

根据《政府采购法》第二十二条，《政府采购法实施条例》第十七条、第十九条规定，政府采购项目的供应商资格条件是：（1）具有独立承担民事责任的能力；（2）具有良好的商业信誉和健全的财务会计制度；（3）具有履行合同所必需的设备和专业技术能力；（4）有依法缴纳税收和社会保障资金的良好记录；（5）参加政府采购活动前三年内，在经营活动中没有重大违法记录（重大违法记录，是指供应商因违法经营受到刑事处罚或者责令停产停业、吊销许可证或者执照、较大数额罚款等行政处罚，其中"较大数额罚款"根据各地行政法规、部门规章认定。供应商在参加政府采购活动前 3 年内因违法经营被禁止在一定期限内参加政府采购活动，期限届满的，可以参加政府采购活动）；（6）法律、行政法规规定的其他条件。为证明供应商资格条件，供应商应当提供下列材料来证明：一是法人或者其他组织的营业执照等证明文件，自然人的身份证明；二是财务状况报告，依法缴纳税收和社会保障资金的相关材料；三是具备履行合同所必需的设备和专业技术能力的证明材料；四是参加政府采购活动前 3 年内在经营活动中没有重大违法记录的书面声明；五是具备法律、行政法规规定的其他条件的证明材料。采购项目有特殊要求的，供应商还应当提供其符合特殊要求的证明材料或者情况说明。

相关案例 3-1　供应商因其分公司有重大违法记录而无投标资格[①]

2016年6月，某项目管理公司受托就某市客运站委托经营项目进行招标，经过评审，确定了中标供应商为某客运公司。后，某投标人就客运公司的投标资格进行投诉，市财政局调查后作出《政府采购投诉处理决定书》，以客运公司参加本次政府采购活动前三年内在经营活动中有重大违法记录为由，确定客运公司无投标资格，本次招标活动废标。客运公司不服市财政局的投诉处理决定，向法院提起行政诉讼。

经查，2014年9月9日，客运公司的分支机构某公路客运总站所属一大型客车行至某收费站附近时发生侧翻，造成1人死亡、21人受伤的交通事故。市运输管理处对客运总站作出《交通运输行政处罚决定书》，认为："客运总站未检查出驾驶人员使用失效从业资格证驾驶营运车辆的违法行为。依据《道路旅客运输及客运站管理规定》第九十五条的规定，对客运总站处以15000元罚款，并责令改正。"省运输管理局作出《9·9事故通报》，要求："一是由市运输管理处依法吊销客运公司某客运班线经营许可，处以3000元的处罚；二是两年内暂停其新增客运班线经营许可……"2014年10月8日，客运公司又因擅自停运部分客运班次，被市运管处发文收回了该客运班线经营权。

法院认为，《政府采购法》第二十二条规定："供应商参加政府采购活动应当具备下列条件：……（五）参加政府采购活动前三年内，在经营活动中没有重大违法记录……"《政府采购法实施条例》第十九条第一款规定："政府采购法第二十二条第一款第五项所称重大违法记录，是指供应商因违法经营受到刑事处罚或者责令停产停业、吊销许可证或者执照、较大数额罚款等行政处罚。"客运公司的下属机构未检查出客车驾驶员使用失效从业资格驾驶营运，被行政主管部门罚款15000元，属于较重的违法行为。客运公司是企业法人，企业法人应对内设机构（包括从事经营的分支企业）的生产安全承担责任。客运公司聘用无从业资格的驾驶员驾车营运，并发生多人伤亡的交通事故，被省运输管理局在全省通报，属

---

① 本案例素材来源于中国裁判文书网，（2016）吉24行终138号行政判决书。

于重大违法记录。客运公司擅自停运客运班次，被明文收回客运班线经营权，即属于被吊销许可证的行为，也属于有重大违法记录。故市财政局作出的《政府采购投诉处理决定书》认定事实清楚，证据充分，适用法律正确。

综上，法院判决驳回客运公司的诉讼请求。

（二）避免利益冲突

《招标投标法实施条例》第三十四条规定："与招标人存在利害关系可能影响招标公正性的法人、其他组织或者个人，不得参加投标。单位负责人为同一人或者存在控股、管理关系的不同单位，不得参加同一标段投标或者未划分标段的同一招标项目投标。违反前两款规定的，相关投标均无效。"

本条是为了维护投标公正性而对投标人作出的限制性规定。防止招标人与投标人存在利益冲突以及投标人之间协同行动是维护投标公正性的必然要求，如果存在上述情形，就存在采取一致行动、串标围标的可能性，因此法律对此予以禁止。

1. 与招标人存在利害关系可能影响招标公正性

利害关系主要表现为有股权、债权、控制等关系，一方的行为足以干预、影响另一方的决策。实践中常见的是在母公司招标时，一般认为参股子公司可以投标，但是其全资或者控股子公司可否参加投标，存在一些争议。这里，母公司是指拥有另一公司一定比例以上的股份或通过协议方式能够对另一公司实行实际控制的公司。控股子公司是指一定比例以上的股份被另一公司所拥有或通过协议方式受到另一公司实际控制的公司，母公司对子公司的一切重大事项拥有实际上的决定权。子公司具有独立的法人资格，因而可以直接参与投标，其"利害关系"必然存在。这种情况下，如果允许有利害关系的法人或其他组织投标，可能影响招标公正性，对其他投标人不公平，会影响其市场生存能力。但是如果一律禁止投标，对这些潜在投标人也不公平。因此，法条规定即使投标人与招标人存在某种"利害关系"，但如果招投标活动依法进行、程序规范，该"利害关系"并不影响其公正性，就可以参加投标。也就是说，招标人对于其子公司和其他投标人一视同仁、公平对待，不存在偏袒的情形，子公司就可以投标。

2. 单位负责人为同一人的不同单位不得参加同一标段投标或者未划分标段的同一招标项目投标

单位负责人为同一人或者存在控股、管理关系的不同单位，可以在同一招标项目中参加资格预审，但招标人只能选择其中一家符合资格条件的单位参加投标。具体选择方法，招标人应当在资格预审文件中载明。单位负责人，是指单位法定代表人或者法律、行政法规规定代表单位行使职权的主要负责人。所谓法定代表人，是指由法律或者法人组织章程规定，代表法人对外行使民事权利、履行民事义务的负责人。例如，《公司法》规定，公司法定代表人依照公司章程的规定由董事长、执行董事或者经理担任；《全民所有制工业企业法》规定，厂长是企业的法定代表人；国家机关的最高行政官员是机关法人的法定代表人等。所谓法律、行政法规规定代表单位行使职权的主要负责人，是指除法人外，法律、行政法规规定的代表单位行使职权的主要负责人。例如，个人独资企业的负责人，依照《个人独资企业法》的规定，是指个人独资企业的投资人；代表合伙企业执行合伙企业事务的合伙人等[①]。

另外，同一公司下属的两家及以上子公司，或者同一个股东或相同的多个股东共同出资设立的两家或两家以上子公司，只要其单位负责人不是同一人，则都可以参加同一标段的投标或者未划分标段的同一招标项目的投标，相关法律法规并未禁止此种情形。

3. 存在控股或者管理关系的不同单位不得参加同一标段投标或者未划分标段的同一招标项目投标

所谓控股关系，根据《公司法》第二百一十六条规定，是指出资额占有限责任公司资本总额 50% 以上或者其持有的股份占股份有限公司股本总额 50% 以上；出资额或者持有股份的比例虽然不足 50%，但依其出资额或者持有的股份所享有的表决权已足以对股东会、股东大会的决议产生重大影响。所谓管理关系，是指不具有出资持股关系的其他单位之间存在的管理与被管理关系。存在控股或者管

① 国家发展改革委法规司、国务院法制办公室财金司、监察部执法监察司编著：《中华人民共和国招标投标法实施条例释义》，中国计划出版社 2012 年版，第 93 页。

理关系的两个单位，如母公司可以与其控股子公司，在同一标段或者同一招标项目中投标，容易发生事先沟通、私下串通等现象，影响竞争的公平公正性。因此有必要加以禁止[①]，但母公司的非控股的参股公司可以同时参加同一标段或者未划分标段的同一招标项目的投标。

相关案例 3-2　投标人之间存在股东交叉情形并不影响投标[②]

某政府采购设备招标项目，中标人为B公司。A公司向财政部门来函反映称：投标人B公司与C公司的股东、发起人均为甲，存在实际的关联关系，且两家的投标文件均由同一家公司制作，属于《政府采购法实施条例》第七十四条第（四）项规定的串通投标情形，B公司中标无效。

财政部门接到该举报，经查询全国企业信用信息公示系统，获悉：B公司的法定代表人为甲，注册资本为200万元，股东为甲、乙，分别出资101万元、99万元；C公司法定代表人、股东为乙，注册资本为300万元，乙100%出资。财政部门认为：《政府采购法实施条例》第十八条第一款规定："单位负责人为同一人或者存在直接控股、管理关系的不同供应商，不得参加同一合同项下的政府采购活动。"本案中，虽然C公司的法定代表人与B公司的股东为同一人，但是B公司与C公司的负责人不属于同一人，也不存在直接控股、管理关系，故不属于前述规定的禁止参加同一合同项下的政府采购活动的情形。另外，虽然B公司与C公司之间存在股东交叉的关系，但不属于《政府采购法实施条例》第七十四条规定的串通投标的情形，也不能仅凭两个投标人之间存在股东交叉的关联关系就认定其构成串通投标。而且，也未发现B公司与C公司的投标文件有雷同之处。

综上，财政部门认定A公司举报事项缺乏事实依据。

① 国家发展改革委法规司、国务院法制办公室财金司、监察部执法监察司编著：《中华人民共和国招标投标法实施条例释义》，中国计划出版社2012年版，第93页。

② 该案例素材来自中国政府采购网（http://www.ccgp.gov.cn）刊载的《案例二十五："法"眼看串标》。

4. 限制投标人参与投标的其他情形

为防止利益冲突，限制投标人参与投标不限于《招标投标法实施条例》第三十四条规定的三种情形，还有其他情形。例如，《招标投标法实施条例》第十三条第二款规定，招标代理机构不得在所代理的招标项目中投标或者代理投标，也不得为所代理的招标项目的投标人提供咨询。第二十七条第二款规定，接受委托编制标底的中介机构不得参加受托编制标底项目的投标，也不得为该项目的投标人编制投标文件或者提供咨询。第三十七条第三款规定，联合体各方在同一招标项目中以自己名义单独投标或者参加其他联合体投标的，相关投标均无效。

《电子招标投标办法》第二十三条也规定，电子招标投标交易平台的运营机构，以及与该机构有控股或者管理关系可能影响招标公正性的任何单位和个人，不得在该交易平台进行的招标项目中投标和代理投标。

只要存在前述依法不得同时投标的两家企业同时投标的情形，不论于何时发现，相关投标均自始无效，不能只对其中一家作否决投标处理而选择留下另一家作为有效投标。具体来说，在评标时，评标委员会应当否决其投标；中标公示后，招标人应当取消其中标资格；合同签订后，相关合同无效，应当恢复原状，不能恢复原状的中标人应当赔偿因此造成的损失。

另，《政府采购法实施条例》第十八条规定，单位负责人为同一人或者存在直接控股、管理关系的不同供应商，不得参加同一合同项下的政府采购活动。除单一来源采购项目外，为采购项目提供整体设计、规范编制或者项目管理、监理、检测等服务的供应商，不得再参加该采购项目的其他采购活动。

二、严格控制投标人资格

针对具体招标项目，招标人应严格审查投标人主体资格的合法性。

1. 甲、乙公司同时参加投标，其中甲公司是乙公司的股东，此时如果甲公司只是乙公司的参股股东，则甲、乙公司均为合格投标人；如果甲公司是乙公司的控股股东，则两公司的投标文件均作为否决投标处理。《工程建设项目货物招标投标办法》第三十二条规定，法定代表人为同一个人的两个及两个以上法人，母公司、全资子公司及其控股公司，都不得在同一货物招标中同时投标，招标人应拒绝此类投标，这是为了防止实质上一个法人单位投多个标，或者串标、围标而对其他投标人不公；但法律并未限制作为参股股东的母公司与其所投资的参股公司同时参加同一项目的投标。

2. 母公司与子公司均为独立企业法人，子公司只能用其自身的资质和业绩投标，如果子公司以其母公司名义参加投标，构成以他人名义投标行为，应当承担中标无效等法律责任。

相关案例 3-3

子公司受罚不影响母公司招标[①]

某项目招标中其他投标人投诉，第一中标候选人某公司在其他省施工中发生崩塌事故，并被处罚两年内不得参加任何投标。经有关部门调查，受处罚的不是某公司，而是其下属具有独立法人资格的某工程公司。本案经有关部门处理，认定某公司具有投标资格，招标程序中止后恢复正常。

本案的焦点在于，某公司是否应受下属企业接受的处罚的约束。根据企业法人独立承担民事责任的原理，答案显然是不受约束。因此，本案中有关部门的处理是正确的。需要特别说明的是，目前很多公司挂靠的公司、工程处不具有法人资格，其投标的法律责任由被挂靠公司承担。

另外，如果是分公司受到行政处罚，商业信誉、履约能力受到限制，则会影响其总公司的投标资格。

3. 同一个公司的若干个分支机构也不得参加同一招标项目的投标，防止产生“围标”现象。法人依法设立并领取营业执照的分支机构可以独立参与投标，而未领取营业执照的分支机构不可以独立参与投标。分支机构参与投标，法律虽不

① 该案例素材来自林善谋著：《招标投标法适用与案例评析》，机械工业出版社 2004 年版，第 107 页。

禁止，但分支机构不具备法人资格，或未获得独立资质，其投标行为的实质是代表所属法人投标，由此产生的法律后果，应由其所属法人承担。

基于此，如果允许法人与其分支机构同时投标，相当于同一法人提交了两个及两个以上投标，应属无效。对同一招标项目，同一法人只能有一个分支机构代表该法人投标，不得有同一法人的多家分支机构同时投标，否则也相当于一个投标人同时投多个标。分支机构投标需取得法人的授权。

目前，一些单位设置的办事处，如果属于依法设立并具有其所属法人的授权委托书，也可以参加投标。另外，法人（如母公司）可以用其分支机构（如分公司）的业绩投标，但不能用其子公司的资质和业绩投标。

相关案例 3-4　集团公司授权分公司参与投标

某个招标项目需要法人单位参加，并有一定资质要求。有一分公司不是法人单位，也无资质，但是有集团公司的授权书，授权该分公司全权代表集团公司参与该省内一切项目的投标、使用资质、签订合同的权利。

分公司参加投标，其实质是具有法人资格的总公司投标，其民事责任由总公司承担。本案例中，总公司授权分公司以总公司的名义去投标，该授权是有效的。

4. 根据《招标投标法》等有关法律规定，参考国家发展改革委颁布的《标准施工招标文件》，投标人不得存在下列情形之一：（1）为招标人不具有独立法人资格的附属机构（单位）；（2）为招标项目前期准备提供设计或咨询服务的，但设计施工总承包的除外；（3）为招标项目的监理人；（4）为招标项目的代建人；（5）为招标项目提供招标代理服务的；（6）与招标项目的监理人或代建人或招标代理机构同为一个法定代表人的；（7）与招标项目的监理人或代建人或招标代理机构相互控股或参股的；（8）与招标项目的监理人或代建人或招标代理机构相互任职或工作的；（9）被责令停业的；（10）被暂停或取消投标资格的；（11）财产被接管或冻结的；（12）在最近三年内有骗取中标或严重违约或重大工程质量问题的。如果上述法人或其他组织可以参加，难以保证实现招标的“三公”原则。

5. 一般货物招标中都要求经销商（销售代理人）提供生产厂商的资格声明，也就是代理人必须获得生产企业的特别授权书。因此，某销售企业参与投标，其被代理的生产企业即不得参与同一标的的投标；进而，同一个生产企业也不能授权两个及两个以上代理商作为投标人，对同一招标项目进行投标，否则如给予一个品牌的货物具有多次投标机会，造成同一品牌对招标项目的“围猎”，将导致其他品牌产品的竞争不公平。出现这种情形，应对这多家代理商的投标均予以否决。

再者，对同一招标项目，同一代理人只能代表一个生产企业进行投标，不能分别代表不同的生产企业进行投标，也不能代理多个不同品牌产品投标，防止围标现象发生，而且这种代理多家的情形实际上是一个投标人在一个标包中递交了多份内容不同的投标文件和投标报价，应否决其所有的投标。

6. 投标人在招标投标过程中如发生改制、名称变更时，原则上按照如下规则处理：

（1）在招标投标过程中仅发生名称变更、法定代表人（或负责人）变更、住所变更或者整体被他人兼并的，因其法律主体资格、资质、实力等均未发生变化，可以继续参加招标投标活动。

（2）在招标投标过程中如果与招标项目有关的许可证件、资质证书发生变更或者注册资本变更的，招标人需要重新审核是否还具备招标文件所规定的承担该招标项目的资格条件，如不具备的，取消其投标资格。

（3）在招标投标过程中实施企业改制的，第一，如与其他企业合并，因一般情况下企业实力增强，由合并后新成立的企业继续参加投标活动。第二，如属于企业分立，需要重新审核分离后企业是否符合招标文件规定的承担该招标项目的资格条件，如不符合，取消其投标资格，如满足各项要求，分立后新成立企业可以继续参加投标。第三，如属于企业直接变更组织形式（如非公司制企业变更为公司制企业，有限公司变更为股份公司）而其他注册登记事项未作变更的，由变更后的企业继续参加招标投标活动。

上述变更事项，均需要提供投标人所在地市场监督管理部门出具的证明文件，并经招标人严格审核确认；不能提供证明的，视为与原通过资格预审的投标人或原购买招标文件的投标人并非同一人，招标人有权拒绝其投标。

7. 工程前期设计、咨询单位不能参与后续的施工投标。《工程建设项目施工招标投标办法》第三十五条规定，“招标人的任何不具独立法人资格的附属机构（单位），或者为招标项目的前期准备或者监理工作提供设计、咨询服务的任何法人及其任何附属机构（单位），都无资格参加该招标项目的投标”。所以，如果为招标项目提供了设计咨询服务的设计、咨询单位，就不能再在该项目上参加施工投标，其原因是这些单位及其所属机构参与了招标项目的前期准备或者咨询服务，与招标人和监理工程师有了一定关系且了解更为详细的项目情况，若允许其投标，中标概率就高，对其他投标人是不公平的。

招标人为了加强工程管理，希望施工图设计和工程施工由同一家单位完成，则可以进行设计—施工总承包招标。

另外，工程设计单位如果具有工程监理相应资质等级，并且与所监理工程的施工承包单位没有隶属关系或者其他利害关系，则可以参与该工程监理招标项目的投标。

第二节　投标前期决策

投标人在招标投标活动前期的主要任务是收集招标项目信息，获取资格预审文件和招标文件，通过现场踏勘、搜集项目资料和技术情报，了解招标项目的背景和招标人的实际需求，研究招标项目的经济性、可行性并作出是否投标的决策。投标决策的正确与否，关系到能否中标和中标后的经济效益，关系到投标人的发展前景。受各种因素影响，投标决策面临着对招标项目了解不深、对招标文件研究不透、对自身竞争实力把握不客观而导致投标竞争不利，产生机会成本，增加额外负担等风险，投标人应当遵从《招标投标法》的规定，行使法律赋予的权利，纠正、防范各类风险，作出正确的投标决策。

一、投标决策的常见法律风险

一是投标人由于自身过错失去投标机会，如投标人超过发售时间未能获取资格预审文件、招标文件而失去投标资格。

二是投标人因工作疏忽未按照要求在指定时间参加现场踏勘或对资格预审文件、招标文件内容提出异议，导致对招标文件理解有偏差。

三是投标人未认真研究资格预审文件、招标文件，未能准确把握其实质性要求，导致编制的资格预审申请文件或投标文件存在偏差，未能通过资格审查或者投标文件因存在重大偏差被否决投标。

四是投标人投标决策中判断投标与否或选择投标项目、标段错误，参加不具备优势的项目的投标，致使其在投标中处于竞争劣势，无缘中标。

二、投标人科学作出投标决策

（一）组建投标团队，开展市场调研

投标人应成立经验丰富的投标团队，大力开展市场调研，决定是否投标。投标人应根据招标项目特点，抽调市场营销、技术、财务、合同管理等方面专业人员组成强有力的投标团队，全面收集与招标项目相关的技术、经济情报资料，深入研究招标项目背景、自身实力和市场竞争情况等影响投标决策的各种因素和风险，准确把握招标采购实际需求和招标人的重点关注点，客观衡量自己的优劣势、机会、收益与成本，再决定是否参与投标。实践中，为了帮助别人“陪标”、遇到项目就想试一试撞大运的盲目投标以及“重在参与”式的投标都是不可取的。是否投标，必须在经过深入的市场调研、自身实力评估等基础上慎重决策。

（二）选择合适的投标项目

作为投标人来说，并不是每标必投，需要研究抉择投不投标和如何才能中标。影响投标决策的因素很多，需要投标人广泛、深入调查研究，认真做好市场

预测和市场定位，分析招标项目的成本、利润，才能作出正确决策。

首先，投标与否，取决于主观因素，即投标人的实力，主要表现在技术、经济、管理和信誉四个方面。最基本的要求是要审视是否满足招标文件中的投标资格条件。因投标人的资格条件不合格将导致否决投标，这是基于对投标人人员配备、技术实力、资质、业绩经验等方面的评审判定其不具备承担招标项目的能力，此时不满足《招标投标法》第二十六条规定的"投标人应当具备承担招标项目的能力；国家有关规定对投标人资格条件或者招标文件对投标人资格条件有规定的，投标人应当具备规定的资格条件"的基本要求，因此投标人是不适格的，也不符合合同上当事人具有相应缔约能力签订合同方为有效的原则。如不满足招标文件规定的资格条件，则可以放弃投标。

其次，影响投标决策的主要是客观因素，包括项目、业主、竞争对手以及合同风险等情况。通常情况下，对下列招标项目应放弃投标：(1）本单位营业范围之外的项目；(2）合同条件要求苛刻（如付款进度滞后，需要前期垫付大量资金），自身无力承受的项目；(3）项目规模、技术要求超过本单位技术等级的项目；(4）本单位生产任务饱满，招标项目的盈利水平较低或风险较大的项目；(5）本单位技术水平、业绩、信誉，明显不如竞争对手的项目①。

最后，不宜以低于成本价竞标。

（三）科学选择标段

对于同一项目，允许投多个标段时，投标人要科学选择所投标段数量以及投哪些标段。有实力的投标人可多选，投标覆盖面大，操作灵活性强，也能提高中标率，但也不宜太多，应考虑自身实力和优势，有所侧重、择优选择，否则在限定时间内投标文件编制任务重，影响投标文件质量，提高管理成本，反而降低中标率，一般以 3—5 个标段为宜。有些招标项目，招标人如果考虑项目进度、履约能力和维持竞争等因素考虑，在招标文件中限定了投标人可中标段数量的，投标人在决策时必须考虑这个因素，优选所投标段。

---

① 关清杰著：《施工企业投标决策研究》，西南交通大学 2005 年硕士学位论文，来源于中国知网。

（四）检查招标文件的完备性

实践中，有时发现投标人的投标文件缺少内容或者对招标文件的实质性要求响应不全面，存在缺漏项或者重大偏差，究其原因，其中一些就是因为没有吃透招标文件的内容，对其中重点条款疏忽或理解有误，未能正确、全面理解掌握导致的。因此，建议投标人获取招标文件后，首先应认真检查招标文件的完备性，全面分析、准确掌握招标文件内容。

1. 检查招标文件的组成是否完备

一般招标文件由招标公告（投标邀请函）、投标人须知、技术条件、投标报价要求、合同文本、评标标准和方法、投标文件格式及招标投标活动相关程序和规则等内容组成。投标人如发现招标文件缺页或附件不全，应及时要求招标人补正，以免据此编制出内容不健全的投标文件，而在投标竞争中“出局”。

2. 掌握招标文件对投标文件的核心要求

一要掌握投标文件的构成。一般招标文件要求投标人投标必须提交投标函、法定代表人授权委托书、投标报价表、技术协议、服务承诺、技术和商务响应偏差表及其他说明和资料等内容。

二要掌握对投标文件的编制要求。主要包括投标文件应按照招标文件中规定的统一格式编制，投标文件应包括正本、副本并注明“正本”或“副本”字样，投标文件必须由法定代表人或其授权委托人签署，投标文件包装封口处应有投标人授权代表的签字及投标人单位公章，开标一览表（或投标函、投标报价表）应单独密封等。这些看似“小节”，实则影响投标文件的效力。因为根据《招标投标法实施条例》第三十六条、第五十一条规定，不按照招标文件要求密封的投标文件，招标人应当拒收；投标文件未经投标单位盖章和单位负责人签字，未按照规定的格式、内容和要求编制的，评标委员会应当否决其投标。

三要掌握应当提交的资格证明文件名录。资格证明文件是投标人提交的证明其有资格参加投标和中标后有能力履行合同的文件，一般包括企业法人营业执照、税务登记证、组织机构代码证、行政许可证件、实验报告、业绩合同证明材料、银行资信证明文件、资质证书等。

四要掌握投标文件递交方式（直接送达、邮寄送达或其他招标人允许的方式）以及递交投标文件的截止时间和具体地点要求。

五要掌握对投标文件修改、补充和撤回的要求。招标文件一般规定修改、补充和撤回投标文件，应当在提交投标文件截止时间之前完成。

六要掌握招标文件对投标文件相关内容格式的要求，如招标文件规定的投标函、分项报价表、授权委托书、银行保函、商务和技术偏差表等格式，一般不允许投标人在编写投标文件时作出修改。

3. 详细研究招标文件中的关键词和实质性内容

一要准确了解现场踏勘（或标前答疑会）时间及地点、投标时间及地点、开标时间及地点等，防范疏忽大意失标。

二要对招标文件中的“投标人资格条件”条款逐条认真阅读，防止忽视主要内容或者理解错误。

三要对招标文件中的商务条件和技术指标逐项研究领会，综合分析企业目标、企业自身的经营状况、技术条件、市场优势等多方面因素，客观衡量自己是否符合投标资格条件，是否具备承接招标项目或提供符合招标文件要求的产品或服务的能力。

四要明确投标保证金的形式、金额、交纳时间与地点等。

五要明确招标文件澄清和修改的时间、方法等事项。

六要在分析自身资质资格、技术条件、财务能力等各方面因素后选择合适的投标方案，如对于大型、复杂工程，若单独完成有困难或者不具有竞争力的，可以选择合适的分包商或者以联合体方式参加投标。

4. 认真参加现场踏勘

《招标投标法》第二十一条规定，招标人根据招标项目的具体情况，可以组织潜在投标人踏勘项目现场。现场踏勘是招标人组织投标人对项目实施现场的经济、地理、地质、气候等客观条件和环境进行的现场调查。工程建设项目投标人的报价一般是在现场踏勘的基础上编制的，因此投标人应实地踏勘，全面调查了解工程现场及其周围的政治、经济、地理等情况，获取有用信息并据此作出投标策略。尤其是对于地质条件较复杂的工程，这样作出的投标决策才更符合项目实际情况，可以有效降低投标、履约风险。投标人在现场踏勘中有疑问的，应当以书面形式或在招标人安排的投标预备会上提出澄清要求。

5. 代理投标时事先取得原厂商的投标授权文件

如果投标时采购其他厂商的设备或者采用其他厂商技术，还需要事先取得原厂商投标授权文件。在决定是否投标前，投标人应着手与原厂商沟通，力争取得其授权，商定可能给予的价格及重要商务条件，获取技术支持。招标文件规定“如果是代理商投标，应提供原厂商的代理证书或投标授权书”的，投标人须满足这一要求，否则其投标将可能被拒绝。

相关案例 3–5　　投标产品授权

A 公司代理 B 公司产品报名参加某项目投标，在开标前数日，B 公司向招标机构提交一份不予授权 A 公司代理其产品的声明。开标日，A 公司仍然参加投标，并在投标书中随附了一份 B 公司于早些时候向其出具的授权文件。评委会遵照“只依据招标文件、投标文件，而不寻求外部证据”的原则，判定 A 公司投标有效。

B 公司在开标日前提交的不予授权 A 公司代理其产品的声明与其在此前作出的授权书意思相反、内容矛盾。在本次招标中，A 公司在其投标文件中提交相关证明材料以证实其已经取得 B 公司授权，且这一授权在有效期内。B 公司与招标人及招标机构并无权利义务关系，其不予授权的声明对招标人并无任何约束力，最终能否提供 B 公司产品的责任在 A 公司，相关的风险和利益判断由 A 公司作出。

6. 投标人应适时提出异议

通过研究资格预审文件、招标文件和现场踏勘，投标人对于招标文件中含糊不清、自相矛盾或遗漏的问题，或对资格预审文件、招标文件内容有不同意见或者异议的，可以根据《招标投标法实施条例》第二十一条、第二十二条规定，在资格预审文件规定的提交资格预审申请文件截止时间 2 日前或招标文件规定的提交投标文件截止时间3日前，以书面方式向招标人提出，请求澄清或修改资格预审文件、招标文件。这有利于双方加强沟通，对于招标人也是有利的，可以尽早发现错误予以更正，确保招标活动顺利进行。招标人安排标前会议的，投标人应积极参加此会议，获取相关信息、提出澄清要求，防止因对招标文件理解有误出现重大偏差而其投标被否决。

投标人在标前会议或以书面形式提出异议时，应直截了当提出问题，言简意赅，不要论述或表达出本单位的实际想法和投标意向、方案等，防止其他投标人从中窥探出本单位的意图和商业秘密。

决策就会有风险。面对投标竞争的机会，投标人应当开展实地调查、市场调研和项目经济性研究，全面了解招标项目，仔细研究招标采购条件，客观评价自身优势，准确评估项目经济效益，审慎作出投标决策，精心制订投标方案，有充分的准备，方可能防范法律风险，减少决策失误，增加中标的概率。

第三节　投标文件

投标文件是投标人按照招标文件要求编制的对招标文件提出的要求和条件作出实质性响应的法律文书。投标人将投标文件提交给招标人时，即产生合同上要约的效力。根据《招标投标法》第二十九条规定，投标人在投标截止时间前，可以补充、修改或者撤回已提交的投标文件，并书面通知招标人，补充、修改内容为投标文件组成部分。在投标文件的编制、递交、补充、修改或者撤回等环节都有可能存在法律风险。

一、投标文件的编制

编制投标文件是投标工作的主要内容。投标文件是招标人选择中标人的重要依据，是事关投标人能否中标的关键要件，投标文件中的失误将直接导致投标失败。因此，投标人必须按照招标文件的要求认真编制投标文件，投标文件应当对招标文件提出的实质性要求和条件作出响应，避免在投标中失标。

（一）投标文件常见法律风险点

投标文件内容常见法律风险，主要是投标人因对招标文件实质性要求没有完全响应导致投标文件有瑕疵、投标无效或投标被否决的风险。

1. 投标文件格式与封装不符合招标文件要求。实践中，投标文件制作不当，或马虎了事，不认真制作，导致否决投标的情形经常发生，如投标文件未按招标文件规定格式制作，投标文件的关键内容字迹模糊、无法辨认，投标单位名称与资格预审时不一致，投标文件正本没有法定代表人或被授权人的签字或逐页小签，签章不全，投标文件的包装不符合招标文件要求，诸如此类的细节问题都有可能导致投标无效。如果是国际招标项目，投标文件语言语种也要注意符合招标文件要求，这样才不至于失去交易机会。照抄原来相同情况、类似项目的投标文件，或者因为粗心有许多业绩内容过时、错误而没有及时发现、修改，这些情况下都很可能因此导致投标文件有错误而被否决投标。

2. 提交营业执照、资质文件、业绩等证明文件资料不全导致否决投标或者影响评审得分。例如，没有法人授权书以及财务审计报告而被认定为无效投标文件；借用他人资质证明文件，提交虚假资料或者投标文件中有虚假内容，不但可能被招标人否决投标，而且可能被禁止以后若干年时间内的投标资格，得不偿失，损失更大。投标文件不能充分表述本公司的业绩，甚至将获得的重要奖项、承建的大型重要项目都没有列明，导致业绩部分得分不高；不重视对“技术措施”的表述，如忽视对拟派出的项目负责人和主要技术人员简历、业绩和拟用于本项目设备名称、性能的详细介绍，以至于技术分值不高而失标；不重视对投标文件中细小项目的制作和检查验收，导致投标文件不合规而失标。还有，投标文件出现漏项（如报价、供货范围不齐全），也极有可能被否决投标。

3. 投标文件内容达不到招标文件要求。招标文件中包括商务和技术两个部分，大多数投标人认为技术部分是关键部分，故精力都花在技术部分，对商务部分不重视，在一些细节方面容易出现常识性错误或者偏差，有些还是重大偏差，如提交的质量体系认证证书、安全生产许可证等资格证明文件过期等，直接导致否决投标，根本不能进入详评阶段。另外，因不了解招标项目所在地法律制度和习惯，在投标活动或者投标文件中容易出现不合法的情形，由此可能导致投标失败。还有，一味地迎合招标人的要求，不注意采取适当措施保护自己的知识产权或者为了增强竞争力，在投标文件中主动地泄露自己的商业秘密或技术诀窍等内容，给自己造成损失。技术部分也常常存在一些表述错误，重点不突出的情况直接影响评审得分。

4. 投标报价失误。报价过高，超出最高投标限价，将被直接否决投标；如超出业主的预算或者与标底相差太远，中标的机会就会大大减少；投标报价过低，又会使投标人利润减少甚至亏损。还有未经允许在投标文件中包含两种方案或者提交两个报价，或者在允许提交两种方案或两份报价时未指明以哪种方案或报价优先，这样往往都按否决投标处理。

（二）投标文件格式与内容存在偏差引起的法律后果

1. 投标文件密封不合格的法律后果

投标文件如果不按照招标文件密封的，根据《招标投标法实施条例》第三十六条规定，招标人应当拒收。根据《电子招标投标办法》第二十六条规定，投标人未按规定加密的投标文件，电子招标投标交易平台应当拒收并提示。

2. 投标文件内容存在偏差的法律后果

投标文件内容上的偏差，按其是否满足招标文件的实质性内容，区分为细微偏差和重大偏差，其法律后果不同。

（1）投标文件内容存在细微偏差的，可以澄清

《评标委员会和评标方法暂行规定》第二十六条规定："细微偏差是指投标文件在实质上响应招标文件要求，但在个别地方存在漏项或者提供了不完整的技术信息和数据等情况，并且补正这些遗漏或者不完整不会对其他投标人造成不公平的结果。细微偏差不影响投标文件的有效性……"也就是说，虽存在"偏差"，但并不影响设备、工程或服务项目的总体质量、性能、安全性和项目实施进度等实质性要求，投标文件仍具有法律效力，这属于"细微偏差"。

此情形下，投标文件因存在一定瑕疵，一般评标委员会都会要求投标人对其进行澄清、补正，如补充作出承诺、更正错误表述、提供辅助性说明资料等。如果确实不能补正或者投标人拒绝补正的，将可能降低评标委员会作出的评价。《评标委员会和评标方法暂行规定》第二十六条规定："……评标委员会应当书面要求存在细微偏差的投标人在评标结束前予以补正。拒不补正的，在详细评审时可以对细微偏差作不利于该投标人的量化，量化标准应当在招标文件中规定。"

因此，对于细微偏差，招标人要求澄清的，评标委员会应当按照澄清函要求及时澄清答复，答复的内容应符合招标人要求；客观上确实不能满足招标人要求的，也应实事求是地提出。澄清答复如有虚假内容的，将会因其失信行为承受更为严厉的惩罚。拒不按照要求对投标文件进行澄清、说明或者补正的，招标人不但可以作出不利于该投标人的量化和评审结果，根据《评标委员会和评标方法暂行规定》第二十二条规定，评标委员会还可以否决其投标。

（2）投标文件内容存在重大偏差的，其投标将被否决

凡是未能对招标文件作出实质性响应，都被视为重大偏差。《招标投标法实施条例》第五十一条规定了否决投标的常见情形，即①投标文件未经投标单位盖章和单位负责人签字；②投标联合体没有提交共同投标协议；③投标人不符合国家或者招标文件规定的资格条件；④同一投标人提交两个以上不同的投标文件或者投标报价，但招标文件要求提交备选投标的除外；⑤投标报价低于成本或者高于招标文件设定的最高投标限价；⑥投标文件没有对招标文件的实质性要求和条件作出响应；⑦投标人有串通投标、弄虚作假、行贿等违法行为。《评标委员会和评标方法暂行规定》《工程建设项目施工招标投标办法》等部门规章、地方性法规、政府规章和招标文件也都规定了一些可以否决投标的具体情形。

归纳起来，因投标文件不合格导致否决投标主要是以下两类情形：

一是因投标文件格式不合格导致否决投标，这是因为如授权委托书无效、投标文件重要内容缺失、投标单位没有签字盖章等问题，投标文件缺少基本构成要件，无法证明投标人意思表示的真实性与合法性，难以认定为合格、有效的"投标"，将直接导致投标文件无效，该要约也就无法律约束力。

二是因投标文件存在重大偏差导致否决投标，也就是投标文件提出的技术、

商务以及报价等方面的响应、条件达不到招标文件的实质性要求，不能满足招标人的采购需求或者超出招标人的承受能力范围，如报价超过最高投标限价，或者限制招标人的权利等。从合同上讲，合同是双方当事人意思表示一致的结果，是就双方权利义务关系协商一致的协议。如果投标人提出的交易条件与招标人的要求存在"重大偏差"，双方就难以达成"一致"，这样的投标无法促成交易。是否构成"重大偏差"，主要看与招标文件存在偏差的内容，是否影响投标文件效力、限制招标人权利、给招标人增加额外负担等。

（三）精心编制投标文件

投标人应提高投标文件的编写质量，真正体现出自身整体实力和竞争优势，最大限度地满足招标文件的基本要求。投标文件必须符合招标文件格式与内容要求，保证资格证明文件齐全、有效，全面响应评标方法规定的各项评价项目及因素，增加中标概率。

投标人编制投标文件时应注意以下几点：

1. 投标人应当在招标文件中为投标人预留的编制投标文件的时间内完成编写工作

招标人应当确定投标人编制投标文件所需要的合理时间；其中，依法必须进行招标的项目以及政府采购项目招标，自招标文件开始发出之日起至投标人提交投标文件截止之日止，最短不得少于20日，但最长不得超过投标文件限定的时间，必须在投标截止时间之前完成。对于机电产品国际招标，给予投标人编制投标文件的时间应该更长一些。其他招标项目也应给予合理的编制投标文件的时间。一旦逾期也就超过了投标截止时间，投标文件就无处可递交。

2. 投标文件应逐条响应招标文件的实质性要求，且内容完备、格式准确，防范投标无效情形

第一，根据《招标投标法》第二十七条、第三十条的规定，投标人应当按照招标文件的要求编制投标文件，投标文件应当对招标文件提出的商务、技术等方面的实质性要求和条件逐项作出应答。

投标文件不得修改招标文件后作出响应，不得遗漏或者回避招标文件提出的

要求，不得提出任何附带条件或者给招标人增加负担。投标应答中不能只说“满足”“完全满足”或“基本满足”，除仅表述类似“是”与“否”的二选一条款外，对其他内容应注明满足到什么程度，尽量量化或详尽描述，如关于技术参数的响应要确定具体参数值或者参数范围。还应注意按照招标文件规定的商务、技术条款偏差表格式填写不符合项。

《机电产品国际招标投标实施办法（试行）》第三十四条还明确要求：“投标人对加注星号（“*”）的重要技术条款（参数）应当在投标文件中提供技术支持资料。技术支持资料以制造商公开发布的印刷资料、检测机构出具的检测报告或招标文件中允许的其他形式为准，凡不符合上述要求的，应当视为无效技术支持资料。”

对于非实质性要求如有偏差，在投标文件中可以明确提出，但对于招标文件标注不得有偏差的条款或者重要条款，投标人必须仔细核对、据实慎重填写，如果对于重要技术参数或者商务条件、最高投标限价要求等确实不满足的，可以放弃投标，否则其投标将会被否决，徒增投标成本。

第二，投标人要保证严格按照招标文件中规定的投标文件的格式要求编制投标文件，内容资料齐全、真实，资格证明文件完整、有效。

联合体投标的，应当附共同投标协议，由不同资质的供应商组成联合体的，要针对各自承担的项目提交相应的资格证明文件。

要特别注意细节，如按招标文件要求排版印刷、签署印章、密封、包装，提交法定代表人出具的有效授权委托书等。投标文件中的“小问题”也可以构成投标无效，如招标文件要求提供涉及国家机密的计算机信息系统集成甲级资质证书，但因工作人员的疏忽提交了已经过期的资质证书而被否决投标。

还要注意投标文件的语言，国内招标一般要求中文，国际招标项目招标文件会规定“投标语言”要求，如“投标文件用中文和英文，两种文字不一致时，以中文为准”，对这些要求，投标文件必须使用招标文件规定的语言表述，否则可能被否决投标。当然，招标文件有时也允许图纸、实验报告、说明书等技术文件可以使用外文，如未特别说明，投标人仍应当在外文技术资料之后附有中文译本。

综上，投标人应认真研读招标文件，对其“实质性要求”应准确理解、全面响应，要特别关注招标投标法律法规以及招标文件中关于“重大偏差”“否决投标”的条款，防范因具备其中一条情形而导致其投标被否决。

相关案例 3-6　报价漏项

在某工程施工项目招标中，某投标文件在工程量清单中缺少青苗赔偿报价，但在总报价中却含有此项费用 525000 元。投标人在开标后发现了错误，要求修改，但遭到业主拒绝。该投标人按单价修正后的总价最低，被选为中标人。中标后，该投标人要求按投标文件报的总价与业主签订合同，业主不允，坚持按照原价计算修改总价。双方发生争议，诉至法院，最后法院判决业主胜诉。

投标报价总价与单价不一致的，按单价进行修正。而且，在工程量清单招标中，招标文件一般都规定分项未报价的，视为含在其他项的单价中。因此，此漏项不属于可以澄清的细微偏差，而是不能补正的遗漏。本案中，投标人只能对自身的失误负责，要么撤标、放弃中标，承担相应法律责任；要么以失误的投标报价与业主签订合同，承担因报价无效造成的损失。

第三，投标人应独立自主编写投标文件，切忌抄袭他人投标文件。

《招标投标法实施条例》第三十九条、第四十条规定了串通投标的认定情形，其中规定“不同投标人的投标文件异常一致或者投标报价呈规律性差异”，“不同投标人的投标文件载明的项目管理成员为同一人”，“不同投标人的投标文件由同一单位或者个人编制”等情形，均被视为投标人相互串通投标，这主要依据投标文件的内容雷同来判断。对于这些串通投标行为，《招标投标法实施条例》第六十七条规定中标无效；构成犯罪的，依法追究刑事责任；尚不构成犯罪的，依法给予行政处罚，招标人也有权拒绝投标人在一定期限内的投标资格。

第四，做好投标文件复查工作。

为预防投标文件出现差错，在投标前，可采取多人、多轮全面审查措施，消除误差，如对计算数量如工程量、单价、总价要认真核对，减少偏差项。

实行电子招标投标的，根据《电子招标投标办法》第二十六条规定，电子招标投标交易平台应当允许投标人离线编制投标文件，并且具备分段或者整体加密、解密功能。投标人应当按照招标文件和电子招标投标交易平台的要求编制并加密投标文件。

选择适合的报价方法，增强竞争力，投标人应认真研究招标文件，全面考虑招标项目条件，仔细计算工作量，考虑期望的利润值和承担风险的能力，根据自身条件和竞争程度，采取适当的投标报价技巧，制定合适的投标报价，避免报价失误不能中标，或者低价中标损害招标人利益。

实践中，投标报价技巧主要有：

第一，不平衡报价法，是在保持投标总价不变的前提下，适当调整工程内部各项目单价，达到既不提高总价又不影响中标，在结算时能获取更多利益的报价方法，一般对实施可能性大的项目调高单价，反之则调低单价；对难以准确计算工程量的项目调高单价，反之则调低单价；对前期实施的项目调高单价，反之则调低单价；对实际工程量会增加的项目调高单价，反之则调低单价。也有将结算金额大的单项工程工期尽量往前提以便尽早获取最大额的工程款等其他做法。

需要注意的是，一般招标文件会对投标人的不平衡报价的做法提出预防措施，如评标办法将报价合理性作为评分因素，在评标时由技经方面专家重点审核，对于低于成本价的也会被否决投标。

相关案例 3-7　**不平衡报价**

某工程施工项目，投标厂家多，竞争激烈，只有低价才有可能中标。某工程公司经现场勘察、分析图纸后，发现工程量清单中的土石方量严重偏低，故决定适当调高土石方工程部分的单价，对其余项目单价调低（但在总价中并不明显），结果以600万元中标。施工过程中，业主对土石方工程量大幅度调整，竣工结算时仅该项就结算到300万元。

本案例中投标人合理运用不平衡报价策略，合理低价中标、高价结算，最终获得更大利润。但需要注意的是，一般招标文件评标细则都将报价合理性作为评分因素，故此投标人调整的单价必须合理，否则可能在评标中得分较低甚至被否决投标。

第二，多方案报价法，即按照业主要求按某一招标方案报价后，可以再提出几种参考报价或者在投标致函中另行提出有吸引力的报价建议。此时，也要注意招标文件是否不允许提交备选方案，防范被否决投标的风险。

第三，突然降价法，即在投标截止时间以前的最后时段，在投标补充文件内写明降低报价或报价系数，可以给竞争对手以措手不及，也可以用来及时修改已递交投标文件中的失误或计算错误。

第四，优惠取胜法，即投标人不变更报价，但向业主提出缩短工期、提高质量、降低支付条件，提出新技术、新方案等优惠条件，提高竞争力。

一般来讲，应根据市场竞争的态势进行竞争性报价，处于明显竞争优势地位的要敢于报高价。下列情况下可考虑适当调高总价：a. 施工条件差（如高空作业多、施工交通条件差）的工程；b. 专业要求高的技术密集型工程（如大型水电站等）而投标人有类似业绩，声望较高时；c. 总价低的小工程，以及自己不希望做而被邀请投标时，不便于不投标的工程；d. 业主对工期要求急；e. 邀请招标项目；f. 业主支付条件不理想的[①]。处于竞争不利地位的，定价可偏低些，但不宜低于成本价竞标。下列情况下总价应低一些：a. 施工条件好的工程，工程相对简单、工程量大而一般企业可以承担的工程；b. 投标人开拓市场、积累经验和业绩，或者暂时经营困难急需承揽业务的；c. 正在实施该项目，实施后续项目可利用现有设备、劳务，成本相对较低的；d. 投标对手多，竞争激烈时；e. 业主支付条件好。

对于大型、复杂工程中不是本单位业务专长的部分，可选择合适的分包商进行分包，既能保证质量和工期，又能降低造价，分散风险。《评标委员会和评标方法暂行规定》第三十九条就规定："对于划分有多个单项合同的招标项目，招标文件

① 颜忠云著：《论招标投标制中存在的问题及对策》，载《邵阳学院学报（社会科学版）》2004 年第 3 期。

允许投标人为获得整个项目合同而提出优惠的，评标委员会可以对投标人提出的优惠进行审查，以决定是否将招标项目作为一个整体合同授予中标人。将招标项目作为一个整体合同授予的，整体合同中标人的投标应当最有利于招标人。”因此，招标文件已明确投标报价最高限额的，投标报价不得突破，否则其投标无效。

3. 投标有效期应当符合招标文件要求

投标有效期是投标人按照招标文件要求提出的表明其投标不可撤销的一个期间，是招标人对投标人发出的投标要约作出承诺的期限，也是投标人就其提交的投标文件承担相关义务的期限。

约定投标有效期，可以约束投标人在投标有效期内不能随意更改和撤销投标，如果在投标有效期内撤销投标，招标人有权不退还投标保证金并依法追偿所遭受的损失，以保护招标人的利益。也可以约束招标人的行为，督促其加快评标、定标和签约过程，避免或控制因招标人无限期拖延而给投标人增加的履约风险，以保护投标人的利益。

对于投标有效期的期限，现行法律没有规定。一般来说，投标有效期应满足招标人完成开标、评标、定标、订立合同等程序所需时间的需要。招标文件应根据招标项目的性质、规模、难易程度，设定合理的投标有效期，以能够完成招标活动、签订合同为宜，如规定投标有效期为投标截止时间后 90 日较为常见。投标人承诺的投标有效期不得短于招标文件要求，否则为重大偏差，将承担被否决投标的风险。

投标文件只在投标有效期内有效，如果期满后招标人才确定中标人的，则中标人有权决定是否签订合同。招标人要确保在投标有效期内完成招标工作，不能在投标有效期届满前完成招标的，根据《工程建设项目施工招标投标办法》第二十九条、《工程建设项目货物招标投标办法》第二十八条和《工程建设项目勘察设计招标投标办法》第四十六条等规定，在原投标有效期结束前，出现特殊情况的，招标人可以书面形式要求所有投标人延长投标有效期。同意延长其投标有效期的投标人，应相应延长其投标担保有效期或提供新的投标保证金。投标人的投标担保有效期如没有延长或者没有提供新的投标保证金，即视为拒绝同意延长投标有效期。投标人同意延长的，不得要求或被允许修改其投标文件的实质性内容，但应当相应延长其投标保证金的有效期；投标人拒绝延长的，其投标失效，但投标人有权收回其投标保证金。

4. 编制投标文件要特别注意细节

“细节决定成败”，投标人要注意招标人对投标文件的资料目录和顺序、投标报价表的格式、投标文件的格式和密封形式、投标文件的澄清形式以及投标保证金的金额和形式等内容的具体要求，防止不响应招标文件要求而被否决投标的风险。例如，注意语言要严密、精确；投标文件装订要用明显的标志区分投标文件的每个组成部分；要加盖投标人单位公章，不得有两份报价（招标人要求的除外），内容及附件资料齐全、真实，资格证明文件完整、有效，具有法定代表人授权委托书，提交的文件种类、数量等与招标文件要求相符，内容表述要详细，招标文件要求签署印章的地方要按规定签署；投标单位名称、法定代表人姓名应与营业执照一致；招标文件规定日期都以天数表述的投标文件就不能写成工作日，防止投标无效。

相关案例 3-8　　投标文件中的“小问题”

某采购项目招标文件中规定投标文件要“逐页小签”，而 H 公司的投标文件中有部分页面没有签字；招标文件要求小标题序号为（一）（二）（三），但 D 公司的投标文件中却是（1）（2）（3）；招标文件规定用纸是 A4-80g 的，但 F 公司投标时用的是 A4-70g 的纸，上述三家都被否决投标，但 3 家投标人都认为这些问题是小问题，不应该否决投标。

投标文件应对招标文件提出的要求和条件作出实质性响应。《招标投标法》规定供应商未“对招标文件作实质性响应”的，应该否决投标，但招标文件规定“实质性要求”时应该有个“度”。本案例中，招标文件将“逐页小签”“投标文件格式”“投标文件用纸”都规定为“实质性要求”，评委据此作出否决投标决定并无异议，但难免苛刻。同时建议投标人在投标前务必仔细阅读招标文件，对招标文件中的要求应做到正确理解、全面响应，特别是要注意细节，切勿因小失大。

另外，投标文件要干净整洁、装订整齐，目录准确，页码清楚，字迹端正、清晰，不得漏页、漏项，装订、排版好，使招标人能从投标文件的外观和内容上感觉到投标人工作认真、作风严谨，也可以增加评标的印象分、“卷面分”。投标人还应注意在投标文件中宣传自己的产品形象和企业形象，尽量详细描述投标产品情况或者投标方案，特别是突出展示自己产品或方案优于竞争对手的性能和特点。同时，还应将自身业绩、在其他项目中中标的情况、有关方面的评价、产品样本等有关材料充实到投标文件中，并分别配上详细介绍，以便向评委和招标人充分展示自己的实力。

相关案例 3-9　失效的资质证书

某单位进行网络安全信息系统项目招标，要求投标人具有涉及国家机密的计算机信息系统集成甲级资质。甲公司提交的涉密资质证书是国家保密局 2014 年颁发的，有效期三年，已经过期。甲公司解释是因为工作人员的疏忽，把已经过期的资质证书附在了投标文件中，并立即派人把有效期内的资质证书复印后提交给评标委员会。评标委员会认为，投标截止后不应再接受投标人改变投标文件实质性内容的补充文件，并以甲公司没有投标资格为由对甲公司的投标作否决投标处理。

为预防投标文件出现差错，在投标前，不要急于密封投标文件，可采取多人、多轮全面审查措施，另选派有经验的人员对照招标文件要求从头至尾反复审核，消除误差，尤其是要对计算数量如工程量、单价、总价认真核对，文字表述要准确无误，这是减少否决投标重要的环节。

相关案例 3-10　投标报错单价，未要求澄清带来的问题

有一公司已中标一通信线路工程项目，工程量清单中钢结构构支架计价单位为米，且在招标文件中规定由业主指定采购，暂定单价为 200 元 / 米，该公司投标人员在投标时错把公斤作为计价单位，预算时算为 6.5 元 / 公斤，导致填入工程量清单的单价为 6.5 元 / 米。这家公司在中标后才发现这个错误，不知如何纠正。

一般情况下，对实质上响应招标文件要求的投标文件中数量表述错误的修正原则是：第一，如果文字和数字不一致，则以文字为准。第二，单价和其工程量的乘积与该项目的合价不吻合时，应以单价为准，改正合价。但经发包人与投标人共同核对后认为单价有明显的小数点错位时，则应以合价为准，修改单价（修改小数点错位）。本案例中，投标报价错误，不属于上述范围，故这种错误是不能修改的，由此造成的损失，只能由中标人自行承担。

5. 投标人必须按照招标文件的要求进行密封，对加盖印章有要求的，一定要按招标文件要求加盖印章

投标文件商务标部分与技术标分别装订、分别密封，招标文件如对字号、行距、字体、纸张型号等有要求的，投标人在制作、装订和密封投标文件时要倍加小心，因未按招标文件要求进行制作、装订、密封的投标文件而被否决投标的情况很多，应引起高度重视。当一个招标文件分为多个标段（包）时，特别要注意不要错装、错投。在递送投标文件之前，应再次详细检查投标文件的内容是否完备、投标代表是否逐页小签、密封是否完整等，防止因小失大，因不注意细节导致投标无效。

相关案例 3-11　未按照招标文件要求封装投标文件

某公司检测中心用房建设项目监理招标，招标文件规定："为方便开标唱标，开标一览表正本应单独放在一密封信封中，封口处也应有投标单位法定代表人或授权代表的签字或投标单位公章。封皮上标明招标编号、招标项目名称、投标人名称，并注明'开标一览表'字样，投标时单独递交。投标人未按照招标文件要求封装的否决投标。"开标时，发现某投标人缺失"开标一览表"，故未在唱标环节公开其报价，该投标人称其"开标一览表"与商务投标文件一同封装。开标人

员查实确实如此，并在开标记录中予以记载。

为满足招标项目评审要求，招标文件可以对投标文件的封装提出明确要求，如要求投标人提供纸质或是电子版投标文件、需要提供几份、不同部分投标文件如何封装，并可将其作为实质性条件和要求，不满足该条件的，视为未对招标文件的实质性要求和条件进行响应，招标文件可以将此列为否决投标条件。比如，在一些招标项目中，由于投标人众多，为了节省开标时间、方便主持人唱标，招标人可以要求投标人把开标一览表和投标文件分开密封并作为实质性要求和条件。《招标投标法实施条例》第五十一条规定："有下列情形之一的，评标委员会应当否决其投标：……（六）投标文件没有对招标文件的实质性要求和条件作出响应……" 本案例中，投标人报价文件与商务文件一同封装，属于未响应招标文件实质性要求，依据招标文件规定应当否决该投标。

6. 经招标人同意方可提交备选投标方案

一个投标人原则上只能投一份投标文件，即"一标一投"，这是招标投标活动的惯例，但一些招标项目允许投标人提供两种投标方案。《评标委员会和评标方法暂行规定》第三十八条规定："根据招标文件的规定，允许投标人投备选标的，评标委员会可以对中标人所投的备选标进行评审，以决定是否采纳备选标。不符合中标条件的投标人的备选标不予考虑。"因此，招标人在招标文件中规定，投标人可以在主投方案外提一个可供选择的方案时，投标文件中方可提出两种方案，且必须明确主投方案和备选方案。

相关案例 3-12　　提交备选投标但未区分主选、备选投标报价①

某工程建设项目货物招标，招标文件规定："投标人除原投标文件外，允许投标人提出一个新的投标方案，但投标文件必须注明主投标方案和备选投标方案。"

① 该案例素材来自林善谋著：《招标投标法适用与案例评析》，机械工业出版社2004年版，第146页。

投标人A公司经过充分考虑，在主投标方案和报价的基础上对商务文件进行调整，降低了2个百分点作为备选投标报价，但由于工作失误，编制投标文件的工作人员忘记给备选投标方案及报价添加注明，致使评标委员会无法区分主投标报价和备选投标报价。

评析：根据《招标投标法实施条例》第五十一条、《工程建设项目施工招标投标办法》第五十条等规定，当招标文件允许投标人提交备选投标的，同一投标人可以提交两个以上不同的投标文件或者投标报价，但是需要主选方案及其报价和备选方案及其报价，以便于评标委员会区分从而只对主选方案及其报价进行评审。投标人如果未区分主选方案及其报价和备选方案，将影响评审工作。本案例中，招标文件允许投标人提交备选投标，也强调“必须注明主投标方案和备选投标方案”，A公司提交了两份投标文件，但未注明何为主选方案、主选投标报价，何为备选方案、备选投标报价，不符合招标文件要求，根据《招标投标法实施条例》第五十一条“有下列情形之一的，评标委员会应当否决其投标：……（六）投标文件没有对招标文件的实质性要求和条件作出响应”的规定，其投标应作否决处理。

对于存在细微偏差的投标文件，招标人不应否决投标；对于存在重大偏差的投标文件，招标人有权拒绝，招标文件也可以规定采用量化打分的处理方式对其给予一定“惩罚”。只有投标人按照招标文件的要求认真编制投标文件，其内容对招标文件提出的实质性要求和条件作出响应，才有中标的可能。

二、投标文件的送达

《招标投标法》第二十八条规定：“投标人应当在招标文件要求提交投标文件的截止时间前，将投标文件送达投标地点。招标人收到投标文件后，应当签收保存，不得开启。投标人少于三个的，招标人应当依照本法重新招标。在招标文件要求提交投标文件的截止时间后送达的投标文件，招标人应当拒收。”这确立了投标文件送达制度。《招标投标法实施条例》第三十六条也规定：“未通过资格预审的申请人提交的投标文件，以及逾期送达或者不按照招标文件要求密封的投标文件，招标人应当拒收。招标人应当如实记载投标文件的送达时间和密封情况，并存档备查。”只有投标人将投标文件按时送达给招标人，才能视为投标人提出了要约，表达了其希望与招标人签约的意思表示。

（一）投标人送达投标文件存在的法律风险

常见的是将投标文件送达的时间与地点搞错，或者递交对象错误，不能按照规定递交投标文件，递交投标文件迟延的，招标人拒绝接收；当投标地点与开标地点不一致时，将投标地点与开标地点相混淆，以为开标地点与投标地点一致，导致错把开标地点当成投标地点失去投标机会，上述情形下都将导致招标人拒绝投标人的投标。

（二）投标人防范送达投标文件失败导致失标风险的对策

1. 投标人应当在招标文件要求的提交投标文件的截止时间之前，将投标文件送达指定的投标地点，递交给招标人

在招标文件中通常就包含有递交投标文件的时间和地点，投标人不能将投标文件送交至招标文件规定地点以外的地方，否则因此会延误投标时间，或者超过投标截止时间投标的，招标人都将拒收，更不会进入开标、评标阶段。

《电子招标投标办法》第二十四条规定，投标人应当在资格预审公告、招标公告或者投标邀请书载明的电子招标投标交易平台注册登记，如实递交有关信息，并经电子招标投标交易平台运营机构验证。第二十五条规定，投标人应当通过资格预审公告、招标公告或者投标邀请书载明的电子招标投标交易平台递交数据电文形式的资格预审申请文件或者投标文件。

2. 注意投标截止时间和投标地点

投标截止时间是计算投标人准备投标时间、招标人对招标文件的澄清或修改行使时间的基准时间，是确定投标人的投标是否有效的时间，也是决定投标人是否可以补充、修改和撤回其投标文件的时间界限。投标文件应当在招标文件规定的投标截止时间之前送达。

投标人在投标时间上一定要留有余地，并充分考虑天气、交通等情况，最好提前送达，可以灵活掌握时间，如在开标前一个小时送达，使投标人根据情况，有机会临时改变投标报价，掌握报价的主动权。

如果招标人在招标文件发出后由于其他原因改变了原定的投标截止时间或投标地点的，送达投标文件的截止时间即为变更后的时间，投标文件应当在该投标截止时间之前送达到招标文件规定的地点或者之后变更的其他地点。

在投标截止时间之后送达的投标文件，招标人应当拒收或原封退回，不进入开标阶段。

3. 采用合适的送达方式

《招标投标法》没有明确送达投标文件的方式，实务中可以采取专人送达、邮寄送达方式，也可以采取数据电文方式，但投标人必须注意招标文件中有关送达方式的具体要求。当然递交投标文件的方式最好是直接送达或委托代理人送达，以便获得招标人或招标代理机构已收到投标文件的回执。招标文件允许以邮寄方式送达的，投标人必须留出足够的邮寄时间，保证投标文件能够在投标截止日期之前送达招标人指定的地点，而不是"以邮戳为准"。

4. 按照招标文件规定的投标形式投标，完善投标文件的签收与保存制度

投标形式分集中和非集中投标两种，采用集中投标能相互监督，透明度高，招标人应优先采用。

为了保护投标人的合法权益，招标人必须履行完备的签收、登记和备案手续。招标人收到投标文件后，应当签收，向投标人出具接收凭据。签收人要记录投标文件递交的日期和地点以及密封状况，签收人签名后应将所有递交的投标文件放置在保密安全的地方予以妥善保管，在开标前任何人不得开启投标文件。投标人少于3个的，不具备开标条件，应当重新招标。

投标文件如未按招标文件的规定密封的，招标人不予受理。待投标人按招标文件密封的规定，重新密封合格以后，在投标截止前再递交给招标人，否则只能放弃这次投标。

（三）投标人编写投标文件、参加招标投标发生的费用，应自行承担

招标投标活动会产生一定的交易成本。对于投标人而言，为了获得投标的机会，会组织相关人员搜集、分析采购信息，将产生交通、住宿以及人员工资等费用或者需要支付给中介机构咨询费、信息费；在投标过程中，要购买招标文件、制作投标文件、踏勘现场、办理投标保证金、参加投标等，这些活动还将发生交通费、住宿费、人员工资、印刷费、咨询费等费用，统称投标费用。

投标费用是投标人必要的管理成本，除非招标人在招标文件中明示其承担投标费用（工程建设项目设计、建筑工程方案设计招标项目一般会考虑对投标费用给予补偿）外，通常做法是以投标人自行承担投标费用为原则。例如，《标准施工招标文件》第1.5条规定："投标人准备和参加投标活动发生的费用自理。"

实践中，常见招标文件约定"投标人参加本次招标投标项目所支出的成本和费用，不论中标与否，均由其自行承担"，符合交易惯例。当然，法律也不禁止招标人对投标人的投标费用予以补偿。

三、投标文件的接收与拒收

招标人应当在规定的投标截止时间以前一段充足的时间（大型集中招标一般提前一天即开始接收投标文件）在投标地点接收投标文件。

（一）接收投标文件存在的法律风险

实践中，招标人接收投标文件也存在一些风险。常见的是，可能存在因疏忽大意接收不符合招标文件要求的投标文件的情形。还有招标人要求分两次递交不同部分的投标文件（如先技术文件后商务文件），虽然法律没有限制这样操作，但是这样容易导致个别投标人修改后提交的投标文件；也有的招标文件要求的开标地点与投标地点或者开标时间和投标截止时间不一致，不管基于什么考虑，这样无法满足法律规定的投标截止时间与开标时间一致的要求，给投标人也带来诸多不便甚至投标出现各种意外。

（二）招标人接收投标文件时应注意的事项

1. 招标人只能在招标文件规定的投标截止时间前接收投标文件

招标人可以在招标文件中规定一定期限的投标文件接收时间，该时间应足以保证在投标截止前，招标人能够顺利地接收每一份按时递交的投标文件。投标人由于通过邮寄出现延误或因为其他原因耽搁，未能在投标截止时间前将投标文件递交到指定地点的，招标人一律不得接收该迟到的投标文件。对于通过邮寄延误的投标文件，招标人应原封不动地退还给投标人。投标文件的接收地点也应与招标文件规定的地点相一致，招标人不得随意变更。接收时间和地点确实需要变更的，应提前发布变更公告并通知购买招标文件的所有投标人。

相关案例 3–13　　投标时的意外

某招标项目开标仪式，有6个投标人出席，共递交37份投标文件，其中有一个出席者同时代表两个投标人。招标工作人员通知此人，他只能投一份投标文件。另一名投标人晚到了10分钟，原因是门口警卫搞错了人把他阻拦了。随后警卫向他表示了歉意，并出面证实，业主认为纯属误会，决定接收其交来的投标文件。

案例中业主的做法是不对的。根据《招标投标法实施条例》第四十条规定，不同投标人委托同一单位或者个人办理投标事宜的，视为投标人相互串通投标。同一个投标人只能递交一份投标文件。一名投标代表同时递交多家投标人的投标文件并出席开标仪式的，按上述规定，属于串通投标行为，应当均予以接收，但须将该情况记录在开标记录中，提交评标委员会按“串通投标”处理。另外，在预定递交投标文件截止期及开标时间已过的情况下，不论何种原因，业主均应拒绝迟交的投标文件，因为开标时间已到，部分投标文件的内容可能已宣读，迟交投标文件的投标人有可能作有利于自己的修改。这样，对已在开标前递交投标文件的投标人不公平。

2. 招标人接收投标文件时应检查密封情况，核对投标保证金，审查、确认投标文件的效力

首先，应核对投标保证金是否按规定的金额和方式交纳。以电汇方式交纳投标保证金的，应请投标人出示相应的电汇凭证；投标保证金数额较大，不方便收取现金的，应事先在招标文件中约定投标保证金的形式；招标文件规定按不同的分包收取投标保证金的，应详细核对所投分包和投标保证金是否相符。

其次，应检查投标文件的密封情况。招标人应当如实记载投标文件的送达时间和密封情况，并存档备查。不密封的投标文件，招标人不得接收；一个招标项目分包较多的，应详细核对所投分包的具体情况。当然，密封存在微小偏差，且不影响信息保密的投标文件可以接收，但需要如实记录密封偏差情况，以便开标时鉴别。

最后，投标人提交投标文件后，招标人应进行登记，明确联系人和联系方式，以便在开标、评标过程中出现意外情况时，能够及时通知到投标人。

3. 招标人在接收投标文件时，必须注意投标人的数量

需要特别注意的是，在标包比较多的情况下，在投标截止时间已到时，如果发现有的标包投标人不足三家的情形，应立即终止对相关标包的招标活动，不予开标，但满足三家投标人的其他标包仍可以继续开标。另外，根据《工程建设项目货物招标投标办法》第三十四条等规定，招标人不得接受以电报、电传、传真以及电子邮件方式提交的投标文件及投标文件的修改文件。

4. 对于内容不全、投标保证金未提交或者不合格的投标文件也应当接收

至于投标文件是否合格、有效与否，交由评标委员会评审处理。

（三）对投标文件的拒收

《招标投标法实施条例》第三十六条规定："未通过资格预审的申请人提交的投标文件，以及逾期送达或者不按照招标文件要求密封的投标文件，招标人应当拒收……"因此，对以下不符合招标文件要求的投标文件，招标人应拒绝接收。

1. 逾期送达的投标文件

逾期送达是指投标人将投标文件送达招标文件规定地点的时间超过了招标文

件规定的投标截止时间。投标文件的逾期送达，无论是投标人自身原因导致的，还是不可抗力等客观原因导致的，招标人都应当拒绝接收。

2. 不按招标文件要求密封的投标文件

不按照招标文件要求密封的投标文件，如投标文件未密封，或密封处未加盖单位公章及法定代表人或委托代理人印鉴。密封投标文件的主要目的是防止泄露投标文件信息而导致串标，保护招投标双方当事人合法权益不受侵害。即使投标文件的密封情况与招标文件规定存在偏离，应当允许投标人在投标截止时间前修补完善后再提交，而不应将其扣留作为无效投标。

3. 未通过资格预审的申请人提交的投标文件

根据《招标投标法实施条例》第十九条规定，申请人未通过资格预审的，不具备投标资格，既没有必要也不应该再让其编制和提交投标文件。

上述属于法律明确规定的情形，但根据《招标投标法实施条例》及配套部门规章的规定，下列情形也应当拒收：

一是在两阶段招标中，第一阶段没有提交技术建议的潜在投标人的投标文件，应当拒收。因为《招标投标法实施条例》第三十条第三款规定："第二阶段，招标人向在第一阶段提交技术建议的投标人提供招标文件，投标人按照招标文件的要求提交包括最终技术方案和投标报价的投标文件。"也就是说，第一阶段没有提交技术方案的潜在投标人，没有对技术方案的编制作出贡献，招标人不会向其发售招标文件，其也不具备投标人的资格，即使提交投标文件，招标人也有权拒绝接收。

二是邀请招标项目中未收到投标邀请书的潜在投标人递交的投标文件。邀请招标中，由招标人自行确定邀请的对象并向其发出投标邀请函。未收到投标邀请函的潜在投标人，因其未在邀请之列，不具有提交投标文件的资格；受邀请的潜在投标人也不得将其"投标邀请函"转让给他人由其投标，否则其递交的投标文件，招标人有权拒绝接收。

三是未按照招标文件要求提交纸质或者电子投标文件，而是以电报、电传、传真以及电子邮件形式提交的投标文件。通常情况下，电报、电传、传真以及电子邮件形式的投标文件，其密封性难以防止投标文件信息内容的泄露，不能够满足招标文件的密封性要求，故招标文件一般规定接收纸质或者电子投标文件，对于超出这两种方式的其他形式的投标文件，招标人也有权拒绝接收[①]。

《电子招标投标办法》明确规定，投标人未按规定加密的投标文件，电子招标投标交易平台应当拒收并提示。投标截止时间后送达的投标文件，电子招标投标交易平台应当拒收。

另外，注意审查投标人的投标资格。公开招标项目中，投标人不能以他人的名义投标，否则在评标过程中，将被作为否决投标处理，中标的，也应被认定中标无效；中标被认定无效后，投标人给招标人造成损失的，依法承担赔偿责任。招标人在接收投标文件时，还要注意单独提交的投标委托书中载明的投标代表的代理权限，防止投标代表违法代理损害投标人和招标人的利益。

四、投标文件的补充、修改和撤回

《招标投标法》第二十九条规定："投标人在招标文件要求提交投标文件的截止时间前，可以补充、修改或者撤回已提交的投标文件，并书面通知招标人，补充、修改的内容为投标文件的组成部分。"补充是指对投标文件中遗漏或者不足的部分进行增补；修改是指对投标文件已有的内容进行修正；撤回是指收回全部投标文件放弃投标，或者以新的投标文件重新投标。《招标投标法实施条例》第三十五条规定："投标人撤回已提交的投标文件，应当在投标截止时间前书面通知招标人。招标人已收取投标保证金的，应当自收到投标人书面撤回通知之日起5日内退还。投标截止后投标人撤销投标文件的，招标人可以不退还投标保证金。"投标截止时间后则不允许补充、修改或撤回投标文件。

（一）投标人补充、修改和撤回投标文件的常见问题

主要存在投标人因不正确补充、修改或撤回投标文件而失去中标机会或者

---

① 刘营著：《中华人民共和国招标投标法实施条例实务指南与操作技巧》，法律出版社2013年版，第120页。

被没收投标保证金的风险。一是没有在投标截止时间之前补充、修改或撤回投标文件；二是补充、修改后的文件形式上不符合要求，如没有按照招标文件要求与原投标文件一样签字、盖章或密封。上述两种情形都可能被按照无效投标文件，或者投标文件未补充、未修改处理；撤销投标的，招标人有权不退还其投标保证金。

（二）投标人补充、修改和撤回投标文件的对策

1. 投标人只能在提交投标文件截止时间前补充、修改已提交的投标文件

第一，投标截止时间前应采取措施避免过多补充、修改投标文件。

在投标截止时间之前，投标人发现投标文件有遗漏或者错误时，可以补正、修改，但更多情况下是为了在激烈的竞争中取得竞争优势，在开标前突然递交投标函件修改投标报价，在技术、服务承诺方面提出更优惠条件，或者得悉投标人过少，竞争不充分时调高自己的报价、降低技术要求，这种做法完全合法、可行。但这种投标策略往往是基于其他投标情况而作出的，有时也会带来恶性竞争的副作用。

投标人应当基于企业自身状况慎重作出投标报价，避免在投标截止时间前对投标文件作过多的修改。而且，大多情况下是投标人准备几套备用报价，在投标现场通过各种手段得悉他人报价后立即修改自己的报价或者与其他投标人达成某种交易修改自己的报价，或者在发现投标人较少、竞争不激烈时相应调高报价；发现投标人较多、竞争激烈时相应调低报价甚至撤回投标文件。

因此，为了防止串通投标，保证投标文件的稳定性，根据《招标投标法》的规定，招标人首先要做到不向他人透露已获取招标文件的潜在投标人的名称、数量，以及可能影响公平竞争的有关招标投标的其他情况，在投标人不能得知其他投标人情况的前提下，其修改行为会得到很大程度的控制。在评标中也要对其价格和修改行为的合理性进行分析。

相关案例 3-14　开标前提交 5% 折扣优惠

某土建工程项目招标，一投标人提交了投标文件后，在投标截止期前 5 分钟又递交了一封按投标文件要求密封的信，在该补充信中声明："出于友好的目的，本投标人决定将工程量单价和总报价各下降 5% 。"但是招标工作人员认为，一个投标人不得递交两份投标文件，因而拒收该投标人的补充材料。

本案例中，投标人采用了突然降价法的策略。投标人先按正常情况报价，到投标快截止时再突然降价，此时竞争对手已没有机会再调整报价，从而获得竞争优势地位，这种做法并不违反《招标投标法》关于禁止修改投标文件的规定。《招标投标法》第二十九条规定，投标人在截止时间前，可以对所递交的投标文件进行补充、修改或者撤回，并书面通知招标人；补充、修改的内容应当按照招标文件要求签署、盖章，并作为投标文件的组成部分。因此，招标人工作人员的做法是错误的，因为投标人在投标截止时间之前所递交的补充投标资料与原已经递交的投标文件共同构成一份投标文件，而不是两份互相独立的投标文件，是有效的。对于投标人在投标截止期前修改的报价信在开标时应与原投标文件一起开读。

实行电子招标投标的，根据《电子招标投标办法》第二十七条规定，投标人应当在投标截止时间前完成投标文件的传输递交，并可以补充、修改或者撤回投标文件。投标截止时间前未完成投标文件传输的，视为撤回投标文件。投标截止时间后送达的投标文件，电子招标投标交易平台应当拒收。电子招标投标交易平台收到投标人送达的投标文件，应当即时向投标人发出确认回执通知，并妥善保存投标文件。在投标截止时间前，除投标人补充、修改或者撤回投标文件外，任何单位和个人不得解密、提取投标文件。

第二，投标截止时间后禁止补充、修改投标文件。

一是投标截止时间后，直至招标活动结束，即便延长投标有效期后，也不允许对投标文件的实质性内容补充、修改。

二是在投标失误的情况下，也不允许补充、修改投标文件，由此产生的风险，全部由投标人承担。

相关案例 3–15　投标截止后补充文件不得收取

一次IT产品采购招标项目开标会上，某品牌代理商未提供产品代理证书，该投标人解释说这是因工作疏忽造成的，并承诺很快就能取来代理证书。招标人和所有投标人协商，都认为这不是什么大问题，且只有3家投标，如果这家再排除，就会造成有效投标不足三家而不得不终止招标，对谁都不利，一致赞同让这家投标人速去取来有效代理证书。

上述行为实质上就是在投标截止后还补充投标文件，即便其他投标人都同意，也为法律所不允许。《招标投标法》第二十九条已经明确规定，投标人应当在提交投标文件截止时间前补充投标文件。在投标截止时间后补充的投标文件无效。因此，如果投标人在投标截止前提交的投标文件不响应招标文件实质性要求就应该判作无效标，而不应允许其进行补充，把无效投标文件变为有效投标文件。即便案例中的代理证书不是实质性要求，不至于被判作无效标，也不允许投标人提供有效的代理证书对其投标文件进行补充。

2. 投标截止时间前投标人可以撤回已经提交的投标文件

《招标投标法》第二十九条赋予了投标人在投标截止时间前撤回投标文件的权利。从合同订立的角度，投标属于要约。投标截止时间就是投标文件（要约）生效的时间，也是投标有效期开始起算的时间。潜在投标人是否作出要约，完全取决于自己的意愿。因此，在投标截止时间前，允许投标人撤回其投标，但投标人应当书面通知招标人，也就是说必须出具书面撤回通知，并且按照招标文件要求进行签字和盖章，确认无误后提交给招标人或招标代理机构。这与《民法典》第一百四十一条、第四百七十五条有关撤回要约的规定是一致的。投标保证金约束的是投标人的投标义务，在投标截止时间后生效。投标人撤回投标文件后，招标人应当退还其投标保证金。

相关案例 3-16　口头通知撤回投标无效[①]

某企业技术改造项目招标，某投标企业由于对招标项目的技术要求理解有错误，致使其投标价低于标底 100 万元。该投标企业在投标截止时间前口头通知招标人要求修改投标文件，但遭拒绝。开标后该投标企业取回了投标文件，招标人扣留了该投标企业的投标保证金。该投标企业不服，向法院起诉，要求招标人退还其投标保证金，但没有得到法院的支持。

本案例中，投标人口头要求修改投标文件，在开标后又撤销投标，均与《招标投标法》规定不符，因而其主张得不到法律保护，投标保证金将会被扣留。该投标人如有在投标截止时间前以书面形式提出修改投标文件或撤回投标文件要求的，就可以得到法院的支持。

对招标人而言，投标截止前投标人将已交的投标文件撤回不再投标是投标人的权利，招标人（包括招标代理机构）不能拒绝。但是，投标人不得通过口头声明或不办理任何手续即可以随便撤回，必须提交有投标人的法定代表人签字（如果单独提交投标授权书，则授权代表签字亦可）且加盖公章的书面通知，这是常规且必经程序。

另外，《工程建设项目施工招标投标办法》第五十一条规定："……评标委员会不得向投标人提出带有暗示性或诱导性的问题，或向其明确投标文件中的遗漏和错误。"也就是说，在有遗漏和错误的情况下，投标人要么选择撤回投标文件，承担投标保证金不予退还的损失和缔约过失责任；要么继续参加招标，或者被否决投标失去中标机会，或以不利的条件与招标人签订合同。投标截止时间以后才发现遗漏和错误，如果中标，该遗漏或错误给投标人带来的损失远远大于中标后可得利益的，那么撤销投标文件无疑是最符合投标人经济利益的，当然招标人有权不退还投标保证金并要求其承担其他损失，投标人可能还要承担商业信誉损失，影响今后投标的资格和形象，因此投标人要慎重决策。对此，招标人要根据

① 该案例素材来自林善谋著：《招标投标法适用与案例评析》，机械工业出版社 2004 年版，第 146 页。

投标人的抉择选项依法处理。

3. 投标截止时间后，投标人不得撤销投标文件

投标截止时间后，投标有效期开始计算，投标人向招标人发出的要约自此正式生效。在整个投标有效期内，投标人的投标文件对投标人具有法律约束力。根据《民法典》第四百七十六条有关承诺期限内要约不得撤销的规定，投标人不得在投标有效期内撤销其投标，也不得变更、修改其投标文件。投标人在投标有效期内如果撤销其投标文件，给招标人造成损失的，应当根据《民法典》第五百条规定，承担缔约过失责任。如果招标文件要求投标人递交投标保证金的，投标人在投标有效期内撤销投标可能付出投标保证金不予退还的代价；投标保证金不足以弥补招标人损失的，投标人依法还应对超出部分的损失承担赔偿责任。由于投标人撤销投标文件并不必然影响竞争，也不必然造成招标人损失，所以根据《招标投标法实施条例》第三十五条第二款规定，投标截止后投标人撤销投标文件的，招标人可以不退还投标保证金。是否退还由招标人在招标文件中明确。

相关案例 3–17　　投标中的不正当竞争

某工程建设项目施工公开招标，A 公司通过关系找到该工程项目主管李某，李某答应帮忙。通过资格预审的 7 家企业中，A 公司及其请来“捧场”的企业就占了 5 家。评标过程中，A 公司邀请的几家单位未认真制作投标文件，报价也高，没有竞争力；B 公司报价稍高，但其技术方案明显占优势，评标委员会推荐 B 公司为第一中标候选人，A 公司为第二中标候选人，但 B 公司尚不知情。李某将评标推荐情况告诉 A 公司，A 公司随即找到 B 公司，B 公司答应支持 A 公司中标，并向招标人发函要求撤销投标文件，招标人随后扣留了 B 公司的投标保证金，并决定 A 公司中标。作为补偿，A 公司赔偿 B 公司投标保证金损失并支付 80 万元的协助费。

为了达到围标和串通投标的目的，A 公司邀请了几家施工单位参加投标并让其故意提高报价，降低投标文件质量，并与 B 公司协商让其撤销投标文件，不再

参与竞争，该违法行为，破坏了招标投标中的公平、公正原则，损害了招标人或其他投标人的利益。另外，投标人在投标截止时间之后是不允许修改、撤销投标文件的。投标人撤销投标文件的，招标人可不退还其投标保证金。

第四节　联合体投标

联合体投标，是指两个以上法人或者其他组织组成一个联合体，以一个投标人的身份共同投标的行为，是一种能充分体现市场竞争者之间取长补短、优势互补，资源合理优化配置，体现市场经济既有竞争又有合作的运行机制的投标组织形式。组成联合体投标的目的是强强联合，取长补短，优势互补，增强投标竞争实力，减少联合体各方资金负担，分散投标风险，填补企业资源和技术缺口，保证项目进度和质量。联合体投标多见于工程施工招标中，货物招标和服务招标较少采用。《招标投标法》第三十一条鼓励和支持联合体投标，《房屋建筑和市政基础设施项目工程总承包管理办法》第十条也规定："工程总承包单位应当同时具有与工程规模相适应的工程设计资质和施工资质，或者由具有相应资质的设计单位和施工单位组成联合体。……设计单位和施工单位组成联合体的，应当根据项目的特点和复杂程度，合理确定牵头单位，并在联合体协议中明确联合体成员单位的责任和权利。联合体各方应当共同与建设单位签订工程总承包合同，就工程总承包项目承担连带责任"为联合体投标确立了行为规范、准则。

一、对联合体投标的法律分析

（一）联合体为合同型合伙

《招标投标法》规定投标人可以是法人、其他组织或者自然人，此外规定两个以上的法人或者其他组织可以组成一个联合体，以一个投标人的身份共同投标。这里“联合体”的法律性质为何，现行法律没有明确规定。

联合体的基本特点是，由多个法人或其他组织组成、内部按照联合体协议约定履行职责、对外承担连带责任。从本质上来讲，联合体符合“合伙”的法律特征。

合伙也可以分为组织型合伙和合同型合伙。组织型合伙是需要办理工商登记注册手续，并形成一个组织体的合伙，为持续型合伙，具有一定的稳定性、独立性、团体性和组织性，为独立的民事主体，如合伙企业。合同型合伙是根据合伙合同创立，并不进行工商登记注册，没有形成一个组织体的合伙，大多是偶然性、临时性的合伙，不能成为独立的民事主体，在性质上是一种合同关系。因此，联合体应为合同型合伙，因为相关法人或其他组织临时组成联合体，在发出中标通知书或者完成中标项目后该联合体即解散，不办理工商注册手续，相互之间的权利义务依据共同投标协议（合伙合同）确定，该合伙的运转依靠共同投标协议维系。

（二）联合体的组成形式

在组成联合体的形式上，可以是两个以上法人组成的联合体、两个以上其他组织组成的联合体，或者是法人与其他组织组成的联合体，但没有明确自然人之间或者自然人与法人或其他组织能否组成联合体。从合伙的角度来考量，既然合伙有自然人合伙，自然人组成联合体或者与法人、其他组织组成联合体也应当是允许的。

《招标投标法》主要限定投标人只能是法人或其他组织（依法招标的科技项目可以是自然人），那么联合体组成成员也只能是法人或其他组织。《政府采购法》第二十四条允许政府采购货物和服务项目招标组成联合体的成员可以是自然人、法人或者其他组织。

（三）联合体成员之间的法律关系

合伙合同是调整合伙关系、规范合伙人相互间的权利义务、处理合伙纠纷的基本法律依据，也是合伙得以成立的法律基础，此即合伙的契约性特性。联合体共同投标协议就是合伙合同，仅具有对内的效力，即只约束联合体组成成员，对内按照共同投标协议确定各成员之间的权利义务关系以及责任分担。

联合体对外（如对招标人）属于无限连带责任关系。联合体行为的法律后果，由联合体全体成员共同承担，权利人可以要求联合体成员中的一人、多人或全部承担法律责任，其中一人或多人承担责任后，可以向其他成员追偿。

（四）联合体牵头人的责任

根据合伙的法律规定，合伙事务可以由合伙人全体成员共同执行，也可以委托其中一人或数人执行，其执行合伙事务的行为，对合伙全体成员具有约束力。从这一点来看，联合体投标时可以全体成员共同执行全部招标投标事务，也可以指定其中一人或数人代表联合体处理招标投标事务，如参加资格预审、踏勘现场、提交投标文件、交纳投标保证金、参加开标、提出异议、签署合同等。招标人为了减少联络、协调等程序上的烦琐手续，提高效率，一般要求联合体指定牵头人代表所有成员办理投标事宜。牵头人必须持有联合体成员各方签署的授权委托书，这属于民事代理行为。牵头人在授权委托权限内处理招标投标事宜，其法律后果为联合体成员共同承担。

二、联合体投标的常见法律问题

一是投标人选择合作伙伴不当，影响联合体整体竞争实力，或者联合体资格条件不符合《招标投标法》和招标文件要求，失去投标资格或者在投标中削弱竞争优势。

二是个别投标人组成联合体的目的不是增强竞争实力，而是资质低的企业挂靠、“借用”高资质企业联合投标，以解决投标资格不合格的问题。

三是招标人强制投标人组成联合体投标。根据《招标投标法》第三十一条、第五十一条规定，招标人不得强制投标人组成联合体共同投标，不得限制投标人之间的竞争。招标人强制要求投标人组成联合体共同投标的，责令改正，还可以处以罚款。

四是招标文件规定不接受联合体投标，但投标人自行组成联合体投标。

五是投标文件中没有共同投标协议，或者共同投标协议内容有瑕疵，如协议中没有明确各成员的职责分工，在评审中共同投标协议因不符合招标文件要求导致其投标被否决。

六是联合体中标后，签订合同主体不规范，部分联合体成员未参加签约，导致合同不具有约束力。

七是投标人加入某一联合体投标后又单独或者与其他投标人组成联合体参与同一项目的投标，为法律所禁止，如有此情形，应当否决投标。

三、联合体投标法律风险防范对策

（一）选择合适的合作伙伴组成联合体

对于潜在投标人而言，衡量自身条件、实力等因素确实不具有竞争优势时，可以考虑邀请他人组成联合体投标，弥补自身的“短板”，增强竞争实力。组成联合体投标选择投标伙伴时，应考虑合作伙伴的资质等级、经营范围、行业优势、技术和经济实力、财务状况等因素，如果能够增强投标竞争实力的，则可以邀请他人在招标文件没有拒绝联合体投标的前提下组成联合体投标。

（二）联合体应具备招标文件要求的资格条件

根据《招标投标法》第三十一条规定，联合体各方均应具备承担招标项目的相应能力；国家有关规定或者招标文件对投标人资格条件有规定的，联合体各方均应当具备规定的相应资格条件。由同一专业的单位组成的联合体，按照资质等级较低的单位确定资质等级，其目的是防止资质较低的一方借用资质等级较高的一方的名义参加投标，在取得中标资格后自行实施中标项目的违规行为。

两个以上专业资质类别不同的单位组成的联合体，应当按照联合体的内部分工，各自按其资质类别及等级的许可范围承担工作。例如，某管网工程施工，要求市政公用工程施工总承包二级及以上资质和管道工程专业承包二级及以上资质，允许联合体投标，甲企业具有市政公用工程施工总承包二级资质，乙企业具有管道工程专业承包二级资质，二者可以组成联合体投标，如果乙企业只具有管道工程专业承包三级资质，则该联合体资格条件是不符合的。还有，如果甲企业本身具有市政公用工程施工总承包二级资质和管道工程专业承包二级资质，但其意向让只具有管道工程专业承包三级资质的乙企业承担相应管道工程，这时联合体的资质只能认定为市政公用工程施工总承包二级资质和管道工程专业承包三级资质，也不满足招标文件要求。

相关案例 3-18　　要求投标人具备不同资质

某工程设计项目招标，招标文件中要求投标人必须具备该类工程甲级设计资质，同时需要具备乙级勘察资质，还规定允许采用联合体投标。有两家单位（一家有甲级设计资质，另一家有乙级勘察资质）准备以联合体形式投标。

随着社会化大生产的发展，社会分工越来越细化，"小而全""大而全"的企业模式，已经不能完全适应形式多样的市场需求和激烈的市场竞争。对于复杂的工程项目，要求组成联合体投标，可以减少管理成本，协调工程进度，控制工程质量。本案例中，既具有甲级设计资质，同时具备乙级勘察资质于同一身的投标单位，可能不会太多，基于此，招标公告允许以联合体的名义投标，比较可行。如果招标人规定不允许联合体投标，则投标人就不能以联合体的名义投标。

另外，联合体通过资格预审，但是在招标投标过程中其组成成员的资格因某种原因不满足法律法规、招标文件要求的，其投标资格无效。

（三）招标人应综合考虑项目实际决定是否接受联合体投标

联合体投标有利有弊。对于大型复杂的项目，仅靠自身能力完成的投标人数量有限，如果交由多个潜在投标人组成联合体共同投标，有利于增强投标竞争力，分散风险，增强项目完成的可靠性，但是联合体投标也有一些缺陷。对此，招标人要在《招标投标法》的框架下设计好相关规则，运用好联合体投标制度，充分发挥联合体的综合实力，保障招标项目的顺利实施。

现行法律并无禁止联合体投标的规定。因此，招标人有权决定是否接受联合体投标，实践中会在资格预审公告、招标公告或者投标邀请书中明确规定“本次招标接受（或不接受）联合体投标”，《招标投标法实施条例》第三十七条对此也有明确要求。招标人应根据招标项目实际情况决策是否允许联合体投标。如果招标公告中明确规定“本次招标不接受联合体投标”的，投标人就不应组成联合体投标，否则因投标人资格条件不符合要求而导致投标无效，应予否决。

一般情况下，联合体投标会提高中标人的履约能力，降低风险，有利于保障招标人利益，因此应当允许联合体投标，如生产上、下游产品或提供上、下游服务的企业宜组成联合体投标，可以满足产品的配套性或服务的连贯性、协调性要求。对于对技术特别复杂的大型项目，允许联合体投标利大于弊。但联合体中标后，也会带来不符合资质或者资质较低的企业与其他企业联合中标后承揽全部或部分项目影响项目质量和进度、联合体内部发生矛盾直接影响项目顺利实施以及协调管理难度加大等问题。因此，联合体投标一般适用于大型建设项目和结构复杂的建设项目，《建筑法》第二十七条即有类似规定。

对于招标人而言，应充分考虑招标项目实际，看有无必要允许联合体投标。如果一个招标项目同时需要几个专业的承包商或者供应商实施，而且同时具备这几个专业条件的潜在投标人数量过少，不足以形成充分竞争时，可以分专业单独组织招标，也可以考虑允许满足相应资质要求的不同潜在投标人，组成联合体参加投标，这样不同专业的投标人强强联合，与分专业招标相比，更有利于协调项目实施进度，保证项目整体质量，减少项目管理环节，降低项目管理成本。

（四）是否组成联合体由投标人自主决定

联合体投标属于投标人自愿、共同的法律行为，有兴趣的法人或其他组织根据自身具备的资格、实力、专长，依据优势互补的原则，有权决定是否成立投标联合体。《招标投标法》第三十一条第四款明确规定：“招标人不得强制投标人组成联合体共同投标，不得限制投标人之间的竞争”，因此，是否组成联合体以及如何组成完全由投标人自己决定，招标人不得强迫和干涉。

招标文件并未明确是否接受联合体投标，但投标人组成联合体投标的，因现行法律规定并没有将其作为否决投标的条件，招标文件中也没有明确规定该项否决投标条件，则评标委员会因缺少否决投标的依据而无理由拒绝，不得否决该联合体投标；除非招标文件中规定联合体投标无效的，方可否决该联合体的投标。《政府采购货物和服务招标投标管理办法》第十九条对此明确规定："采购人或者采购代理机构应当根据采购项目的实施要求，在招标公告、资格预审公告或者投标邀请书中载明是否接受联合体投标。如未载明，不得拒绝联合体投标。"

相关案例 3-19　货物购置和安装可联合体招标[①]

某货物购置及安装招标，招标公告规定生产商或代理商均可投标，但都必须有安装资质。一家投标单位以自己的安装资质和生产商的授权书投标。投标文件中所有安装人员和安装方案都是生产厂家的，且里面有生产厂家对投标单位的授权，但仅仅是投标和签订合同，其他如安装和售后等均由厂家负责。这是否不符合招标文件中的实质性内容？

投标人应该具有履行合同的能力，合同由中标单位和建设单位签订，并不是生产商和建设单位签订，也理应由中标单位来履行业务。所以投标文件中所有安装人员和安装方案都是生产厂家的，"安装和售后等均由厂家负责"的内容都不符合招标文件要求，该投标人不属于一个合格的投标人。建议类似本案设备采购招标的情况，最好是对生产商进行招标，同时也允许销售代理商和生产商组成联合体投标，双方就采购合同约定的事项共同履行，并对招标人承担连带责任。这样也有利于解决销售代理商供货安装、原生产商提供售后服务的问题。

① 该案例参考改编自朱建元主编：《招标师实务操作问答精选》，知识产权出版社 2010 年版，第 86 页。

（五）联合体投标应提交合法有效的共同投标协议

合伙合同是合伙得以成立的法律基础，其订立方式既可以是书面协议，也可以是口头协议。联合体各方是由共同投标协议联结在一起的合同型合伙关系，根据《招标投标法》的要求，联合体投标的，联合体各方为共同投标需要签订共同投标协议，明确联合体内部分工以及权利义务关系、责任的承担，该协议作为投标文件有效组成部分一并提交给招标人。

按照《招标投标法实施条例》第十九条、第三十七条规定，招标人接受联合体投标并进行资格预审的，联合体应当在提交资格预审申请文件前组成。通过资格预审的联合体才有资格投标，联合体未参加资格预审或者资格预审未通过的，均不具有投标资格，而且在通过资格预审后联合体增减、更换成员的，不论变更后的联合体是增强还是削弱了竞争实力，其投标也无效。因此，联合体应在参加资格预审前签署共同投标协议随同资格预审申请文件提交招标人审查；实行资格后审的项目，将共同投标协议附在投标文件中一并投标即可。

共同投标协议的内容，一是约定各方承担与其经营范围对应的工作和责任；二是明确联合体一方为牵头人，接受联合体所有成员的授权，负责投标和合同的履行、项目的组织和协调等工作，向招标人提交由联合体所有成员法定代表人签署的授权书，负责以联合体各方或者联合体中牵头人的名义提交投标保证金，以联合体中牵头人名义提交的投标保证金，对联合体各成员具有约束力；三是约定联合体各方都应当按期完成所承担的项目任务，及时向牵头人及其他各方通报所承担项目的进展和实施情况，支持和配合联合体他方完成所承担的项目任务，服从牵头人统一协调以及保密等义务。共同投标协议有利于督促联合体各方增强责任感，既要依据联合体内部协议完成自己的工作职责，又要互相监督协调，保证整体工程项目保质保量完成。

相关案例 3-20　牵头人代表联合体投标、签订合同的行为约束各成员[①]

最高人民法院审理四川省冶金设计研究院（以下简称川冶设计院）、贵州省冶金建设公司（以下简称贵冶公司）建设工程施工合同纠纷一案时，就华某公司作为联合体牵头人代表联合体投标、签订中标合同的行为，其法律效力能否约束联合体其他成员的问题，法院认为：华某公司、川冶设计院和贵冶公司于2011年1月23日签订的《联合体协议书》已经人民法院生效判决确认有效，根据该协议第2条的约定，华某公司作为“联合体”牵头人“代表联合体各成员负责本招标项目投标文件编制和合同谈判活动，并代表联合体提交和接收相关资料、信息及指示，并处理与之有关的一切事务，负责合同实施阶段的主办、组织和协调工作”。在此约定的基础上，华某公司通过招投标程序与德某公司签订《工程总承包合同》，是代表“联合体”进行投标、缔约的行为。同时，结合德某公司于2011年1月24日向“华某公司（牵头人）、川冶设计院（成员单位）、贵冶公司（成员单位）组成的联合体”出具《中标通知书》的事实，表明作为合同相对方的德某公司对华某公司投标、缔约系代表“联合体”的事实也是知晓的。因此，原判认定《工程总承包合同》的承包方是华某公司、川冶设计院和贵冶公司，并无不当。同时，《联合体协议书》第4条约定作为“联合体”牵头人的华某公司“总体负责项目的合同签订、工程实施、工程管理及投产试生产等所有总承包工作”。结合该条对其他“联合体”成员内部职责分工的约定，川冶设计院负责“现场技术服务”，贵冶公司负责“项目的建筑、结构施工及机电设备安装调试”。可见，《联合体协议书》第4条是对“联合体”成员在工程具体实施过程中职责分工的约定，故华某公司有权在涉案工程施工过程中代表“联合体”对外签订合同。原判认定华某公司与唐某、王某池签订的《土建工程施工承包合同》应约束川冶设计院和贵冶公司，并无不当。川冶设计院和贵冶公司申请再审主张华某公司无权代表“联合体”对外签订合同，原判适用法律错误。但依据《联合体协议书》第2条、第4条的约定，华某公司有权在招投标程序以及工程具体施工过程

---

① 本案例素材来源于中国裁判文书网，（2018）最高法民申2076号民事裁定书。

中代表“联合体”对外签订合同，华某公司的代理具备合同依据，不属于无权代理。虽然本案中“联合体”投标、中标的行为因违反《招标投标法》第三十一条的规定属无效，华某公司单方与德某公司签订的《工程总承包合同》以及华某公司与唐某、王某池签订的《土建工程施工承包合同》均属无效，但不影响川冶设计院和贵冶公司依据《联合体协议书》就“联合体”的对外行为承担责任。

共同投标协议也有助于处理联合体内部关系。联合体内部关系是以共同投标协议为基础的合同关系。联合体各方根据共同投标协议的约定完成工作。一方如果违反共同投标协议则向他方承担违约责任[①]。因此，共同投标协议应对将来可能出现的问题及处理原则一并写明，联合体内部事务均依据共同投标协议加以解决。如果联合体一方对从招标人处取得的利益超过共同投标协议约定的他方应得的利益，则该方有义务向联合体他方返还；如果联合体一方对招标人履行的义务超过共同投标协议约定的他方应负的义务，则该方有权向联合体他方追偿。

联合体中标后，为完成中标项目，各方将按照约定共同出资、共同履约、共享利益、共担风险，同时就中标项目向招标人承担连带责任，招标人有权选择联合体中的任何一方或多方要求其承担部分或全部责任，联合体的任何一方均不得以共同投标协议的约定来对抗招标人。

（六）联合体成员不得单独或另外组成联合体投标

联合体对外须以一个投标人的身份共同投标，不能以其中一个主体或者两个以上主体的名义进行。联合体中标的，在中标后签署合同时，联合体各方均应参加合同的订立，共同与招标人签订合同，即联合体各成员都在同一中标项目合同中签字盖章，就中标项目向招标人承担连带责任。如果联合体各成员书面授权牵头人有权代表其他成员与招标人签订合同的，中标项目合同也可以仅有牵头人签字盖章即为有效，这也符合民事代理的法律规定。

联合体投标后，禁止以自己的名义单独投标或者参加其他联合体参与同一项

---

① 曹富国著:《中国招标投标原理与适用》，机械工业出版社 2002 年版，第 213 页。

目的投标，这是为了防止投标人在同一项目中利用不同组合实际上同时提交多份投标文件或者投标报价为手段，实现多次投标、“围标”的不公平竞争行为。根据《招标投标法实施条例》第三十七条规定，联合体各方在同一招标项目中以自己名义单独投标或者参加其他联合体投标的，相关投标均无效。当然，在不同项目、不同标段中，投标人可以分别组成不同的联合体投标或单独投标。

第五节 投标担保

招标人在招标文件中明确规定了投标有效期，投标人在此期间不得撤销其投标。例如，投标人撤销投标或中标后拒绝签署合同，招标人将因此遭受损失，包括重新招标的费用、采购迟延的损失和重新招标结果与前次招标结果的差价等。为规避这一风险，惩罚投标人的违规行为，维护招标人的利益，现行法律设置了投标担保制度。

一、投标担保制度

《招标投标法》没有规定投标担保，《招标投标法实施条例》借鉴《世界银行贷款采购指南》《亚洲开发银行贷款采购指南》和《联合国贸易法委员会公共采购示范法》等国际采购规则，确立了投标担保制度。

“投标担保”与“投标保证金”在词义上有一定区别，投标担保的范畴大，包括投标过程中使用的所有担保方式，如投标保函、投标保证金、专业担保公司的担保、定金等；投标保证金的范畴相对小些，一般使用现金、支票、银行汇票提供金钱担保。在一些部门规章和国家相关部委制定的招标文件示范文本中多用“投标担保”；“投标保证金”则大量出现于《工程建设项目施工招标投标办法》等部门规章和标准招标文件之中，且在实务中逐渐取代“投标担保”之义。投标担保制度的设立，既限制了没有经济实力的潜在投标人，又对违规行为明确了经济惩罚措施，有利于维护招标人的利益，保障招标投标活动顺利进行。

但是，在招标投标实践中，一些招标人、投标人对投标保证金在认识上还存在一些误区，执行中也存在一些突出问题。一是投标保证金被误用或者滥用，如要求潜在投标人在购买招标文件时即递交投标保证金以制约其必须投标，防范招标失败的风险；投标保证金收取标准过高，以此排斥、限制投标。二是投标人未按照招标文件要求提交投标保证金或有弄虚作假、串通投标行为而被否决投标。三是投标保证金管理不规范，如延期退还投标保证金、不退还投标保证金理由不适当，或挪用投标保证金。

二、投标保证金的含义与作用

《招标投标法实施条例》及《工程建设项目施工招标投标办法》《工程建设项目货物招标投标办法》等配套的部门规章和标准招标文件规定了“投标保证金”，以取代“投标担保”，且实务中已约定俗成，故本文也采用“投标保证金”之说。

投标保证金是投标人按照招标文件规定的形式和金额向招标人递交的，约束投标人在投标有效期内履行其投标义务的担保①，所担保的主要是合同缔结过程中招标人的权利。

设立投标保证金制度的目的，也可以从《招标投标法实施条例》第三十五条和第七十四条关于不退还投标保证金的条款中看出端倪，即保证在提交投标文件截止时间后投标人不修改、不撤销其投标文件，保证投标人被确定为中标人后按照招标文件和中标人的投标文件与招标人签订合同，也即投标人不得改变其投标文件的实质性内容或者放弃中标。投标人违反上述义务的，招标人可不予退还投标保证金，以此获得相应经济补偿。此外，投标保证金对约束投标人的违法投标行为，打击围标串标、挂靠、出借资质等违法行为也有一定的效果。

---

① 国家发展改革委法规司、国务院法制办公室财金司、监察部执法监察司编著:《中华人民共和国招标投标法实施条例释义》，中国计划出版社 2012 年版，第 66 页。

三、投标保证金的形式与法律性质

（一）投标保证金的常见形式

投标保证金可以是现金、支票、银行汇票、银行保函或者投标保证金保险等多种形式，也可以是招标人认可的其他合法担保形式。比如，以专业的担保公司提供的保证、抵押、质押等担保作为投标担保。

《政府采购法实施条例》第三十三条规定，政府采购项目投标保证金应当以支票、汇票、本票或者金融机构、担保机构出具的保函等非现金形式提交。投标人未按照招标文件要求提交投标保证金的，投标无效。

《机电产品国际招标投标实施办法（试行）》第二十三条规定，投标保证金可以是银行出具的银行保函或不可撤销信用证、转账支票、银行即期汇票，也可以是招标文件要求的其他合法担保形式。

（二）不同形式投标保证金的法律性质

提交的投标保证金的形式不同，其担保方式也不同。《民法典》第四百四十条规定："……下列权利可以出质：（一）汇票、支票、本票；（二）债券、存款单；（三）仓单、提单……"因此，以现金、支票等形式提交的投标保证金是一种特殊形式的质押；以专业担保公司出具的担保书作为投标保证金的，属于保证方式。根据《最高人民法院关于审理独立保函纠纷案件若干问题的规定》，以银行保函作为投标保证金的，属于开立人的承诺[①]。

四、投标保证金条款的设置

（一）招标人可要求投标人提交投标保证金

《招标投标法实施条例》第二十六条规定，招标人可在招标文件中要求投标

---

① 白如银主编，张志军、沈磊副主编：《招标投标焦点难点探析》，中国电力出版社2017年版，第110页。

人提交投标保证金。也就是说，投标保证金并不是投标文件不可或缺的组成文件，投标人是否提交投标保证金以及投标保证金的形式、有效期等内容，由招标人根据实际情况自行决定，并在招标文件中规定。这也符合国际惯例，如《联合国国际贸易法委员会公共采购示范法》《世界银行贷款采购指南》和《亚洲开发银行贷款采购指南》均规定了是否提交投标保证金由招标人自主选择。

对于投标人没有提交投标保证金，或者投标保证金的形式不符合要求，投标保函失效期限早于投标有效期、生效时间晚于投标截止时间或者附有其他限制性条件（如对兑现地域进行不合理限制）等情形，都可在招标文件中设定为否决投标条件。对于投标人开标后撤销投标、中标后不签订合同、签订合同时不能提交符合招标文件要求的履约保证金、串通投标或有其他违法行为等情形，招标人也可在招标文件中规定为不予退还其投标保证金的条款。

（二）招标文件应对投标保证金作出具体规定

招标文件要求投标人提交投标保证金的，招标文件应当对投标保证金的金额、形式、提交截止时间以及其他需要投标人注意的事项等提出具体要求。

如《联合国国际贸易法委员会公共采购示范法》第十七条第 1 项规定："1. 采购实体要求递交提交书的供应商或承包商提供投标担保的：（a）此种要求应当适用于所有供应商或承包商；（b）招标文件可以规定，投标担保出具人和（可能提出的）投标担保保兑人，以及投标担保的形式和条件，必须是采购实体所能接受的。……（f）采购实体应当在招标文件中具体说明对出具人以及对所要求的投标担保的性质、形式、数额和其他主要条款和条件的任何要求。……"

参考《招标采购代理规范》第 7.7.2 项规定，招标文件关于投标保证金的条款，需要关注以下因素：（1）采用现金、支票、汇票或转账等方式提交投标保证金的，招标文件应明确收取投标保证金的开户银行和账号名称，并要求依法必须招标项目的境内投标人的投标保证金应当从投标人的基本账户转出，金额不得少于招标文件规定金额，且在招标文件规定的提交截止时间前到达招标文件指定账号。（2）采用保函形式提交投标保证金的，招标文件应规定出具保函的机构（如金融机构、担保机构等）的级别和保函格式，并要求保函原件应单独密封，与投标文件一起递交。(3)招标人或委托招标代理机构应负责核对投标人的投标保证金实际到账或缴纳情况，出具投标保证金到账或缴纳明细表，交评标委员会确认①。

由于不同形式的投标保证金在接收、核对、退还等方面各有利弊，招标人可以在招标文件中限定投标保证金的形式。一般应选择风险小的方式，如现金、银行汇票、现金支票和银行保函等。由于现金存在点钞误时、假钞风险、退还保证金烦琐、涉嫌违反国家现金支付规定等问题，一般不提倡以现金形式提交投标保证金，以使用银行保函为宜。需要注意的是，各个银行的保函格式不同，其内部对于不同层级的分支机构开具保函的权限也不同。因此，招标文件中可以规定投标保函的格式以及开具保函的银行级别，如限定为地市级以上分行。

理论上，应当允许由专门担保公司或者有担保能力的法人、其他组织或自然人提供的保证、抵押、质押等担保作为投标担保，既不违反法律规定也能达到投标担保的目的。但实践中，考虑到审核前述担保事项的真实性和担保人的资信状况以及担保物资产价值评估及办理抵押、质押登记程序繁杂，工作量和风险都很大，影响招标项目进度，招标人不宜同意此种方式。

《招标投标法实施条例》第二十六条第二款规定:“依法必须进行招标的项目的境内投标单位，以现金或者支票形式提交的投标保证金应当从其基本账户转出。”也就是说，支票出票人应与投标人为同一人，以遏制围标串标行为，《招标投标法实施条例》第四十条第（六）项进一步规定“不同投标人的投标保证金从同一单位或者个人的账户转出”构成“串通投标”。

没有按照招标文件要求提供投标保证金或者所提供的投标保证金有瑕疵（如有限期短于投标有效期）的，将构成重大偏差，该投标文件将被否决。

（三）严格限制保证金类型

2016年6月23日，国务院办公厅印发《关于清理规范工程建设领域保证金

① 参见中国招标投标协会推荐性行业标准 ZBTB/T A01—2016《招标采购代理规范（2016年版）》第7.7.2项。

的通知》（国办发〔2016〕49号），规定全面清理各类保证金，对建筑业企业在工程建设中需缴纳的保证金，除依法依规设立的投标保证金、履约保证金、工程质量保证金、农民工工资保证金外，其他保证金一律取消。对取消的保证金，自该通知印发之日起，一律停止收取。转变保证金缴纳方式。对保留的上述4类保证金，推行银行保函制度，建筑业企业可以银行保函方式缴纳。对保留的保证金，要确保按时返还，未按规定或合同约定返还保证金的，保证金收取方应向建筑业企业支付逾期返还违约金。工程质量保证金的预留比例上限不得高于工程价款结算总额的5%。在工程项目竣工前，已经缴纳履约保证金的，建设单位不得同时预留工程质量保证金。2017年6月7日国务院常务会议确定，从2017年7月1日起，将建筑领域工程质量保证金预留比例上限由5%降至3%"。《建设工程质量保证金管理办法》（建质〔2017〕138号）也明确规定建设工程质量保证金总预留比例不得高于工程价款结算总额的3%。

相关案例3-21 **招标投标活动不能设置诚信保证金**①

2013年7月12日，安徽省芜湖市某航管理局与芜湖市政府第一招标采购代理处（以下简称代理处）签订一份《政府招标采购委托代理协议》，约定"芜湖市荆山桥改建工程"由代理处代理招标。2013年10月12日，中某上海局向代理处交付了投标保证金420万元和诚信保证金600万元。2013年11月14日，中某上海局与代理处盖章签署了《诚信保证合同》。双方依据《诚信制度》，对项目招标过程中应遵守诚信义务及诚信保证金的交纳和退还作了约定，并提交了投标文件。经评审中某上海局被评审为首选中标单位。公示期间，他人举报中某上海局中标项目经理在蚌埠市怀远县有在建项目。经调查核实后，代理处于2013年12月3日向中某上海局下达了54号函，认定中某上海局在投标过程中违反了《诚信制度》之规定，依据双方所签订的《诚信保证合同》，中某上海局的投标诚信

① 本案例素材来源于中国裁判文书网，（2017）最高法行申442号行政裁定书。

保证金不予返还，由代理处代缴国库。中某上海局对不予返还诚信保证金600万元的行为不服，提起诉讼。一审法院驳回中某上海局的诉讼请求。中某上海局不服，提起上诉。二审法院判决撤销芜湖市政府于2013年12月3日作出的不予返还中某上海局600万元投标诚信保证金的行为；责令芜湖市政府依法重新作出处理。芜湖市政府向本院申请再审。

最高人民法院再审审查认为：依照法律、法规、规章的规定实施行政管理，是行政机关依法行政的基本要求。对于政府招标活动中投标人弄虚作假行为的行政处理，应当依据《招标投标法》《招标投标法实施条例》等法律、法规、规章进行。本案没有证据证明不予退还诚信保证金在法律、法规、规章层面存在依据。再审申请人在向本院申请再审中提及的49号通知第一条亦规定："一、全面清理各类保证金。对建筑业企业在工程建设中需缴纳的保证金，除依法依规设立的投标保证金、履约保证金、工程质量保证金、农民工工资保证金外，其他保证金一律取消。对取消的保证金，自本通知印发之日起，一律停止收取。"对于取消的保证金，该通知第三条要求各地要抓紧制定具体可行的办法，于2016年年底前退还相关企业。诚信保证金欠缺法定依据，显然位处被取消之列。就本案而言，二审法院已判决撤销再审申请人于2013年12月3日作出的不予返还再审被申请人600万元投标诚信保证金的行为。在二审判决生效之后，再审申请人应当采取积极举措，以49号通知为指导，切实履行二审判决确定的义务。

另外，也有招标人为了制约通过资格预审的潜在投标人必须投标，防范其不投标导致投标人不足三家而招标失败给自己带来的损失，设置资格预审保证金，要求潜在投标人随资格预审申请文件一并提交，这种做法增加了潜在投标人负担，干预了潜在投标人的竞争自主权（投标人即便提交投标文件在投标截止时间之前也有撤回权），实质上也起不到确保招标成功的作用，这种做法没有合理性。同样，招标人也不能为了督促购买招标文件的潜在投标人必然投标，从而防止投标人不足三家致使招标失败，因此要求必须在投标截止时间之前若干天提交投标保证金。这些做法违反了民事活动的自愿原则。从责任均衡的角度来讲，招标失败的责任应由招标人自行承担，投标不能中标的责任由投标人承担，谁都不能保证通过招标投标就能选择出合适的交易对象。

（四）提倡使用工程投标保险

根据《国家发展改革委中国保监会关于保险业支持重大工程建设有关事项的指导意见》（发改投资〔2015〕2179号），为进一步降低投标单位投标成本，减轻投标单位负担，充分发挥社会信用等市场机制的作用，目前已开展工程建设项目投标保证金保险试点工作。

工程投标保证保险，是指保险公司向工程项目招标人提供的保证工程项目投标人履行投标义务的保险。当投标人未能按照投标文件要求规范履行投标义务而导致招标人无法按时签订工程合同时，由保险公司按照保险合同对招标人的损失承担赔偿责任。保险公司所提供的保险合同或保险单作为工程担保的形式之一，与投标保证金、银行保函、担保公司保函具备同等效力。各项保险在使用流程上与原投标保证金、银行保函使用流程保持一致。通过工程投标保证保险替代投标保证金，有利于减轻企业负担。投标人向保险公司办理投标保证金保险，可将保险公司所提供的保险单及相关附件作为投标保证金担保的形式之一，与投标保证金、年度投标保证金具备同等效力。

相关案例 3-22　投标保证保险性质属于投标保证金①

某发公司就连城县城镇供、排水基础设施建设项目发布的《招标文件》载明：投标保证金为40万元，投标保证金形式包括现金形式和保险公司出具的投标保证保险形式等。投标人存在下列情形之一的，其投标保证金将不予退还：……（3）投标人串通投标。某跃公司为参加案涉工程施工的招标向某友保险社投保投标保证保险，《某友相互建设工程投标保证保险条款》第五条约定：在保险期间

①本案例素材来源于中国裁判文书网，（2020）闽04民终742号民事判决书。

内，投保人在向被保险人招标建设工程投标的过程中，发生以下列明的保险事故，被保险人可向保险人提出索赔，保险人依据本保险合同的约定，在保险金额内承担损失赔偿责任:（1）从投标截止日起至投标文件有效期满前，投保人未经被保险人同意撤销投标文件;（2）投保人与其他投标人相互串通投标;（3）投保人弄虚作假行为;（4）中标后未按招标文件要求签署《建设工程施工合同》;（5）招标文件规定的其他有关投标实质性违约情形。2018 年 12 月 24 日，某友保险社为某跃公司出具《投标保证保险（凭证）》一份，载明：我方愿意无条件地、不可撤销地就投保人参加本项目投标，向被保险人提供投标保证保险。评标委员会经评审认定某跃公司和某利公司串通投标。某发公司向汇友保险社索赔，某友保险社作出了《拒绝赔偿通知书》，因而成诉。

法院认为，某发公司提供的证据可以相互印证，足以认定某跃公司与某利公司相互串通投标，符合《投标保证保险（凭证）》中承诺承担保险责任的情形，亦符合《某友相互建设工程投标保证保险条款》第五条关于投保人与其他投标人相互串通投标，保险人应在保险金额内承担损失赔偿责任的情形，某友保险社作为保险人应向被保险人某发公司支付投标保证保险金。某发公司主张某跃公司支付投标保证金，因《招标文件》中约定投标保证金可以以保险公司出具投标保证保险的形式，而某跃公司已向某友保险社购买投标保证保险，以投标保证保险的形式交纳了投标保证金，某发公司亦已接受，故某发公司的该诉讼请求没有事实与法律依据，不予支持。法院判决：某友保险社赔偿连发公司投标保证金 40 万元。

采用工程投标保证保险注意事项有:（1）投标保证金保险单承保金额须大于或等于所投项目保证金金额（年度保证金除外）。（2）保险形式分为单次投保和全年投保。单次投保为一项目一保单，保单须针对具体的项目。保单出具时间必须为项目保证金到账截止日之前，保单终止时间为投标有效期结束之后。全年投保即一年度一投保，对象为年度保证金单位。（3）投保单位须在项目开标截止时间前，递交投标文件的同时递交保单原件。（4）保费支付必须从投标单位的基本账户转入投保保险公司。（5）投标保证金保险合同范本必须向当地公共资源交易机构备案。

（五）注意审核投标保证金的合法性

归纳现行招标投标法律法规，评标时因投标保证金不合格导致其投标可以被否决的法律情形主要有：（1）投标人未按时提交投标保证金，投标保证金金额不足，或投标保证金有效期短于投标有效期；（2）投标保证金形式不符合招标文件要求，如要求提交现金或者银行保函但投标人提交银行汇票；（3）出具投标保函的银行不符合招标文件要求（如招标文件要求地市级分行以上银行）；（4）投标保函含有对招标人的支付要求进行抗辩或不合理的限制性条件（如对兑现地域进行不合理限制）；（5）依法必须进行招标的项目的境内投标单位，以现金或者支票形式提交的投标保证金未从其基本账户转出。在评标过程中，要注意核对提交的投标保证金是否存在上述情形，必要时应联系相关银行协助核实。对于保兑支票、电汇或者银行汇款单，需要联系银行验明真伪或者对账查明是否已经到账。

相关案例 3-23　有瑕疵的投标担保无效案

某一施工招标项目，招标文件中要求投标人在开标前提交投标担保（担保公司出具的保证书也可以），且招标文件中规定投标人未提交投标担保或投标担保有瑕疵的，按否决投标处理。A 投标人开标前在 B 担保公司按要求办理了投标担保。评标委员会经过评标，确认 A 投标人排名第一，但其提供的保证书的保证期限比投标有效期少一天，此时是否推荐 A 投标人为中标人发生重大分歧。

根据《工程建设项目施工招标投标办法》的规定，投标担保期限应当与投标有效期一致，才为有效的投标担保。本案例中，A 投标人提供的保证书有效期不符合要求，应否决其投标。

五、投标保证金的金额

投标保证金数量要适当，既要起到担保作用，又不至于过多增加投标人负担。《招标投标法实施条例》第二十六条规定，“招标人在招标文件中要求投标人提交投标保证金的，投标保证金不得超过招标项目估算价的 2%”。在此基础上，《工程建设项目施工招标投标办法》《工程建设项目货物招标投标办法》《工程建设项目勘察设计招标投标办法》还规定了施工、货物招标项目投标保证金最高不得超过 80 万元人民币，勘察设计招标的投标保证金最高不得超过 10 万元人民币。也就是说，工程建设项目的投标保证金金额受前述交纳比例及最高限额的双重限制。《房屋建筑和市政基础设施工程施工招标投标管理办法》也规定房屋建筑和市政基础设施工程施工招标项目投标保证金最高不得超过 50 万元。对其他招标项目，很少有对投标保证金具体金额的限制。

根据《政府采购法实施条例》第三十三条规定，政府采购货物和服务招标项目要求提交投标保证金的，投标保证金不得超过采购项目预算金额的 2%。根据《机电产品国际招标投标实施办法（试行）》第二十三条规定，机电产品国际招标项目要求投标人提交投标保证金的，投标保证金不得超过招标项目估算价的 2%。

从实际操作来看，招标人在招标文件中规定的投标保证金最好在上述范围内规定一个具体、固定的金额，而不是规定为一个基于投标报价的百分比，如规定“本项目投标保证金为 ×× 元人民币”，以规避投标报价泄露的风险，也可以防止调整投标报价导致投标保证金不足给投标人带来的可能被否决投标的风险。还可以分档计算投标保证金，如规定报价在某一范围内保证金多少，在此以上的一定范围内保证金多少。对投标人而言，其所提交的投标保证金应当高于或者至少等于招标文件规定的具体金额。

划分标段招标，如允许投标人可投多个标段的，应要求投标人按照所投标段分别提交投标保证金，不能只提交其中若干标段或一个标段的投标保证金，也不能将所有标段不加区分混合在一起提交一份投标保证金，以便将各自标段对应的投标保证金数额划分开来。

相关案例 3–24　未区分各标包投标保证金金额导致所有标包被否决

某设备招标文件规定未按招标文件要求提交投标保证金的，其投标将被否决。A 公司投了 4 个标包，合计提交了一份金额为 10 万元的投标保证金，但未列明各标包的投标保证金明细。将招标文件中规定的这 4 个标包的单项投标保证金金额相加计算，A 公司所投标包合计投标保证金应为 12 万元。经评标委员会讨论，决定否决其投标。

该案例中，A 公司提交的投标保证金金额不足，且未提交投标保证金明细，评标委员会无法判断各标包投标保证金的具体金额，难以区分各个标包投标保证金足够与否，只能否决其投标。招标人可以在招标文件中预先规定：如果允许投标人可投多个标包，但投标人未按照所投标包分别提交投标保证金而是将所有标包不加区分混合在一起提交一份投标保证金，难以区分各自标包对应的投标保证金数额，且该投标保证金金额不足以覆盖其所有全部标包的，按照其所投标包对应的投标保证金金额由小到大（或由大到小）分摊至其所能涵盖的标包，不能覆盖的标包的投标视为未提交投标保证金。

六、投标保证金有效期

投标保证金有效期，相当于担保期限，是指投标人向招标人承担的投标担保责任的期限。在这段时间内，投标人如未依法、准确履行投标义务，则需承担投标担保责任。

《FIDIC 招标程序》[①] 第 3.1.3 项建议："投标保证金的有效期应当等于投标有效期加上投标人按照合同条款的约定提交履约担保的时间。"投标保证金有效期应略长于投标有效期一段时间，以确保在投标有效期结束前中标人未与招标人签约或未按招标文件规定提供履约保证金时，招标人仍有机会扣留其投标保证金。

---

① FIDIC 是指国际咨询工程师联合会。

但是《招标投标法实施条例》侧重防范投标保证金被误用或者滥用的现象，规定投标保证金有效期应当与投标有效期一致，从提交投标文件截止之日起算。投标人提交的投标保证金有效期长于投标有效期的，对招标人的利益保护更为有利，该投标保证金有效。

当出现一些特殊情况，招标项目不能在原定投标有效期内完成的，招标人可以要求投标人延长投标有效期。如果投标人同意延长，则其投标保证金的有效期也相应延长。但投标人是否同意延长是自愿的而非强制性的，投标人同意延长的，可以书面形式向招标人作出回复。投标人也可以拒绝延长投标有效期，选择退出投标以规避风险，而不丧失其投标保证金。

七、投标保证金的提交与清退

（一）投标保证金的提交

1. 投标人可向招标人和招标代理机构提交投标保证金

招标文件应明确投标保证金接收单位，投标人应当向招标文件指定的接收单位交纳投标保证金。例如，招标文件未指定投标保证金接收单位，则只要是交付至招标人或招标代理机构的账户中，确保被招标人"实际控制"，能达到投标担保的目的，该投标保证金即为有效。《工程建设项目施工招标投标办法》第三十七条第三款规定，"投标人应当按照招标文件要求的方式和金额，将投标保证金随投标文件提交给招标人或其委托的招标代理机构"，允许投标人将投标保证金提交给招标人或其委托的招标代理机构。根据《民法典》关于民事代理的规定，招标代理机构是以代理人身份收取、管理投标保证金，相应权利义务仍属招标人。

招标人、招标代理机构均不得挪用投标保证金，否则应承担相应的法律责任。如果挪用于投资等其他目的，所获得的收益应当归投标人所有。

2. 投标人应在投标截止时间之前随同招标文件一并足额提交投标保证金

如果招标人要求在资格预审阶段、两阶段招标的第一阶段或者购买招标文件时即提交，都是不允许的。在投标截止时间之后补交投标保证金的，不予受理。投标人不按招标文件要求提交投标保证金（如投标人递交的投标保证金比招标文件规定数额少或有效期不足、未在投标截止时间前提交投标保证金）的，根据《评标委员会和评标方法暂行规定》第二十五条、《工程建设项目货物招标投标办法》第二十七条、《工程建设项目施工招标投标办法》第三十七条等规定，应作否决投标处理。

（二）投标保证金的清退

1. 终止招标后退还投标保证金

根据《招标投标法实施条例》第三十一条规定，招标人终止招标，如已经收取投标保证金的，应当及时退还投标保证金及银行同期存款利息。

2. 撤回投标文件后退还投标保证金

根据《招标投标法实施条例》第三十五条规定，投标人在投标截止时间前撤回已提交的投标文件，已收取投标保证金的，招标人应当自收到投标人书面撤回通知之日起 5 日内退还。

3. 定标后退还投标保证金

根据《招标投标法实施条例》第五十七条规定，招标人最迟应当在书面合同签订后 5 日内向中标人和未中标的投标人退还投标保证金及银行同期存款利息。

《政府采购货物和服务招标投标管理办法》第三十八条也规定："投标人在投标截止时间前撤回已提交的投标文件的，采购人或者采购代理机构应当自收到投标人书面撤回通知之日起 5 个工作日内，退还已收取的投标保证金，但因投标人自身原因导致无法及时退还的除外。采购人或者采购代理机构应当自中标通知书发出之日起 5 个工作日内退还未中标人的投标保证金，自采购合同签订之日起 5 个工作日内退还中标人的投标保证金或者转为中标人的履约保证金。采购人或者采购代理机构逾期退还投标保证金的，除应当退还投标保证金本金外，还应当按中国人民银行同期贷款基准利率上浮 20%后的利率支付超期资金占用费，但因投标人自身原因导致无法及时退还的除外。"

退还投标保证金时应计付利息，改变了以往无息退还投标保证金的通常做法。考虑到招标人不能挪用投标保证金投资经营受益，且投标保证金有效期与投标有效期（一般为 90 天，国际招标长些）一致，投标保证金在招标人处时间较短等因素，投标保证金的利率应当是活期利率。

招标文件可以规定，投标保证金的利息起算时间以投标截止时间为准，而不是以各个投标人提交投标保证金的实际时间（早于投标截止时间）为准，且对不同投标人的退还时间也相同。因为在投标人为数众多时，若按照各自不同时间分别计算投标保证金非常琐碎，尤其是一些企业集团集中招标如果分别计付利息更是非常低效率的事情，不符合效率与效益相匹配的原则。当然，投标保证金形式为银行保函、保证金保险、抵押的，不会产生银行利息。对于规模小、投标有效期短、投标保证金利息非常少的项目，可以事前在招标文件中规定退还投标保证金时不计付利息。

相关案例 3-25　逾期退还投标保证金被追责①

纸业公司拟就高档包装纸板和特种纸板项目一期工程进行公开招标，投标保证金 90 万元。招标文件第 3.7.4 条约定："未中标的投标单位的投标保证金将于招标人最终定标并签订合同后 30 日内无息退还。"装备公司参与了投标，并向纸业公司交纳投标保证金 90 万元，最终并未中标，纸业公司已于 2014 年 9 月 26 日与中标方签订合同，但未向装备公司退还投标保证金 90 万元。

装备公司起诉，请求法院判令纸业公司退还投标保证金 90 万元，并支付自与中标方签订合同的 5 日后至退还投标保证金之日的欠款利息。

法院认为，装备公司参与纸业公司建设项目的投标，并按招标文件的要求交纳投标保证金 90 万元，在确定未能中标后，纸业公司应向未中标的装备公司退还投标保证金。就投标保证金的退还时间，招标文件约定应于签订合同后 30 日内无息退还，但该约定违反《招标投标法实施条例》第五十七条第二款"招标人最迟应当在书面合同签订后 5 日内向中标人和未中标的投标人退还投标保证金及银行同期存款利息"的规定，应视为无效，纸业公司应于与中标方签订合同后 5

① 本案例素材来源于中国裁判文书网，（2015）曹民初字第 1483 号民事判决书。

日内（2014年10月1日前）向装备公司退还投标保证金及银行同期存款利息。装备公司未要求该期间的利息，属于其自行放弃权利；纸业公司未能在该期间内返还投标保证金，应自2014年10月2日起按中国人民银行发布的同期同类贷款利率向装备公司支付利息。

法院判决纸业公司向装备公司返还投标保证金90万元，并按中国人民银行同期同类贷款利率支付自2014年10月2日起至本判决指定的履行期间内实际履行之日止的利息。

（三）可以不退还投标保证金的情形

投标担保是为投标人不履行其投标义务时对招标人的权益提供保障。当投标人不依法承担投标义务时，招标人可以扣留该投标保证金。扣留投标保证金，目的就在于对失约的投标人予以惩罚，也是对招标人遭受的经济损失予以弥补。

不退还投标保证金应有适当理由。根据《招标投标法实施条例》第三十五条、第七十四条规定，投标保证金可以不退还的情形主要有：（1）投标截止后投标人撤销投标文件；（2）中标人无正当理由不与招标人订立合同；（3）在签订合同时向招标人提出附加条件；（4）不按照招标文件要求提交履约保证金。投标保证金是否退还取决于当事人意思自治，招标人对不退还投标保证金的情形另有要求的，应在招标文件中明确；未作规定的，招标人不得扣留其投标保证金。

除前述4种情形外，还可在招标文件中规定以下情形不退还投标保证金：（1）在提交投标文件截止时间后主动对投标文件提出实质性修改；（2）投标人串通投标、围标、弄虚作假、向评标委员会成员行贿或给予其他好处谋求中标或有其他违法行为；（3）投标人以非法手段影响评标；（4）投标人未按照招标文件规定交纳招标代理服务费。

由于投标担保是投标人向招标人提供的为了保护招标人的利益而设置的担保，受益人只能是招标人，因此当投标人违反招标文件规定而扣留的投标保证金，应归招标人所有，招标代理机构无资格扣留投标保证金。

八、年度投标保证金

《招标采购代理规范》中“企业集中采购分则”之“7.7 收取投标保证金”规定：“集中采购中，对于在一段时间内需要多次参与招标项目投标的投标人，为节约投标成本，提高招投标效率，避免多次办理递交投标保证金，按照自愿原则，可以由投标人预缴合理金额的投标保证金，并在一定期限内保证其投标行为。[①]”

目前，一些企业集团在集中招标采购活动中推行年度投标保证金方式，以适应集中招标采购工作提高采购效率、降低投标成本，为投标人参与集中招标提供便捷条件等现实需要，允许投标人可一次性提交固定金额的投标保证金，作为一定期限内（如 1 年）的投标保证金，而不必在每批次招标时均单独提交投标保证金。

对于适用年度投标保证金的项目，招标文件应对年度投标保证金作出如下规定：

第一，年度投标保证金自办理之日起生效，有效期至当年 12 月 31 日。投标人在该有效期内参加投标，其投标有效期如超过年度投标保证金的有效期，则年度投标保证金的有效期自动延至该次招标有效期结束日止。

第二，投标人在某一个或多个标包中发生导致投标保证金被扣减的情形时，按招标文件规定金额扣减年度投标保证金，被扣减的年度投标保证金即时失效。发生年度投标保证金被扣减后，投标人应在参加下一次投标前补足其年度投标保证金金额，否则因保证金无效而引起的后果由投标人负责。

第三，投标人在年度投标保证金的有效期限内，如果不再参加招标人集中招标项目的，可以申请退还年度投标保证金。

① 参见中国招标投标协会著，《招标采购代理规范》，机械工业出版社 2016 年版。

第六节 投标人数不足三家时的处理

投标人超过三个的，招标投标才有竞争性。因有意向投标的投标人本身就比较少而不足三家，开标前因投标人临时放弃投标、未按时投标、投标文件未按规定密封等原因造成投标被拒绝使得实际投标人不足三家的，不具备开标条件，如果招标人坚持继续开标、评标或者直接改变采购方式不重新招标的，都不符合规定。实践中，因投标人不足三个达不到开标条件而导致招标失败（俗称“流标”）的项目为数不少。招标失败，延长了采购周期，延误了项目实施周期，也无形中增加了采购成本和投标竞争成本，总体上会给造成社会资源的浪费。招标人应深入分析投标人不足三个导致流标的成因，采取有效对策，降低招标失败率，提高招标采购的效率效益。

一、投标人不足三个致招标失败的成因分析

（一）对竞争性不足的采购项目不当采用招标方式

招标仅仅是采购方式之一，除此之外还有竞争性谈判、竞争性磋商、询价采购、单一来源采购、逆向竞拍等方式。招标方式适用于采购要求确定、市场供应充足、市场竞争充分、供应商为数众多的项目，《招标投标法》规定招标方式强制适用于工程建设项目勘察、设计、施工、监理以及与工程建设有关的重要设备、材料的采购项目。《政府采购法》也将招标作为主要采购方式。一些采购项目如果不考虑招标的可行性，一概选用招标方式，必然会提高招标失败的概率。尤其是采购数量少、金额小，无法形成规模优势或市场竞争度不高的项目，难以吸引供应商兴趣，往往注定会招标失败（陪标串标则另当别论）。

（二）投标资格条件设置不合理限制市场竞争

一是对投标人应当具备的资格条件要求过高，使供应商望而却步。尤其是对标的额不大、技术要求简单的采购项目，过度拔高资格条件，如具有建筑施工企业三级资质即可承接的房屋建筑项目却要求一级资质企业投标，往往造成资质高的企业因项目规模小不予投标，资质低的企业却没有投标资格或挂靠高资质企业投标。

二是对采购项目专业规定不熟悉，提出不切合实际的投标资格条件。例如，《安全生产许可证条例》规定国家仅对矿山企业、建筑施工企业和危险化学品、烟花爆竹、民用爆破器材生产企业实行安全生产许可制度，有些招标文件却要求上述范围外的设备也必须提供生产许可证。还有的资格条件与采购项目无关，如采购印刷服务要求必须具有某行业的印刷经验，限制了供应商范围。

（三）采购条件不合理削弱了供应商投标积极性

一是投标资格条件或技术参数要求有明显的倾向性或排他性。一些招标文件提出的资格条件或技术参数“对号入座”，针对性较强，如明示或者暗示指定品牌或限定品牌范围，限定特殊技术规格参数，排斥了部分供应商的投标。

二是不合理的商务条件增加了投标人额外的负担或成本，使其失去投标意愿。如不合理的供货期、服务期，过于苛刻的付款条件，过于严谨烦琐的索赔程序、“一边倒”的违约责任条款，都会挫伤供应商的投标积极性。对于前期原材料资金投入较大的采购项目，招标文件规定招标人不支付或仅支付非常少的预付款，或者规定了比较滞后的付款日期，需要投标人前期自筹大量资金，一些投标人经权衡利弊就会放弃投标。

三是设定的最高投标限价不合理，低于正常的市场价格，可能突破供应商的承受能力，导致其不予投标。

（四）信息不对称导致供应商对招标项目不熟悉

招标公告媒体受众范围小、招标公告内容不规范、招标公告时间过短，都难以引起充分的市场响应。目前，招标公告发布平台主要为“中国招标投标公共服务平台”、项目所在地省级电子招标投标公共服务平台、地方的小众媒体或者招标人自己的网站。有的招标公告对采购项目的描述过于简单或者云里雾里，潜在投标人不能相对准确地衡量招标项目的规模、内容及具体采购条件，对招标项目没有完整的认知，就容易作出放弃投标的错误判断。

（五）电子招标投标的技术难度阻挡了供应商投标兴趣

招标人和投标人必须在电子招标投标交易系统上完成从供应商注册到投标、开标、评标、定标以至签约的全过程，每一步操作都通过信息系统在线操作。与以纸质投标文件投标相比手续烦琐，有一定技术难度，对于采购频次低、采购量小的项目，供应商不愿为了低概率中标项目而增加投入（如技术人员培训等）去参与投标。而且，因网络不通畅、操作不熟练还可能出现投标文件上传失败等不利结果。

二、投标人不足三个的法律后果

（一）投标人不足三个的，招标失败，应当重新招标或变更采购方式

招标方式以竞争充分为其显著特点。一般来讲，至少有三个以上供应商投标竞争方认为是有效的竞争，投标人过少发挥不了招标投标的应有优势。如果资格预审合格的潜在投标人不足三个或者投标截止时投标人少于三个的，《招标投标法》第二十八条第二款规定：“……招标人应当依拒收”，《招标投标法实施条例》第四十四条第二款也规定：“……不得开标；招标人应当重新招标”，《评标委员会和评标方法暂行规定》第二十七条补充规定，“招标人在分析招标失败的原因并采取相应措施后，应当依法重新招标”。也就是说，招标人不能开标，在正式开标前即可以宣布招标失败，投标文件也不能拆封，应原封不动地退回投标人，并重新招标。重新招标后投标人仍少于三个的，依法必须招标的项目，报有关行政监督部门备案后可以不再进行招标。

相关案例 3-26 "少于三家仍开标"被判无效

采购人某公司对所需工程设备进行公开招标，因当日天气恶劣原因，一些投标人未能按时赶到投标现场，只有某设备公司和某制造公司两家在投标截止时间之前递交了投标文件。招标人考虑到工期紧张，急需设备，故指示招标代理机构继续开标。经评审，某制造公司中标。某设备公司因未中标，以招标活动违反法律规定为由将招标代理机构和采购人诉至法院。

法院认为，招标投标活动必须以其程序合法为前提。本案中，投标截止日只有两个投标人提交了投标文件。由于投标人少于法定的三人，依法应当重新招标，但依旧继续唱标、定标等招投标程序，显然违反法律强制性规定，被告招标投标活动违法，招标程序无效。另外，本案中招标项目不属于依法必须进行招标的项目，根据合同自由原则，招标人有自主选择合同订立方式的自由，因此虽然招标活动无效，但被告无须重新进行招标。由于招标人存在过错，招标人应将其投标保证金利息、报名费和部分差旅费退还投标人某设备公司。

依据上述规定，投标人少于三个的，招标活动失败，招标人应分析招标失败的原因并采取相应措施后依法重新进行招标，但招标项目实际情况各有不同，如坚持不论招标失败原因一再重新招标，将增加采购成本，延误采购时间，而且可能造成一些本不适合招标的项目陷入一再招标失败的"死循环"。为了破解"死循环"难题，一些规章提出了解决对策，即依法必须招标的项目重新招标后投标人仍少于三个的，报经批准后可以不再进行招标；非依法必须招标项目本来就可以不招标，在招标失败后招标人可以自主选择其他采购方式。例如，《工程建设项目施工招标投标办法》第三十八条第三款规定："依法必须进行施工招标的项目提交投标文件的投标人少于三个的，招标人在分析招标失败的原因并采取相应措施后，应当依法重新招标。重新招标后投标人仍少于三个的，属于必须审批、核准的工程建设项目，报经原审批、核准部门审批、核准后可以不再进行招标；其他工程建设项目，招标人可自行决定不再进行招标。"《工程建设项目货物招标投标办法》第三十四条第三款规定："依法必须进行招标的项目，提交投标文件的投标人少于三个的，招标人在分析招标失败的原因并采取相应措施后，应当重新招标。重新招标后投标人仍少于三个，按国家有关规定需要履行审批、核准手续的依法必须进行招标的项目，报项目审批、核准部门审批、核准后可以不再进行招标。"其中，邀请招标项目由于投标人数量受到限制，也会发生招标失败的情形，重新招标时可以重新选择被邀请的投标人，也可以改为公开招标。

对于机电产品国际招标项目，当投标人不足3个时的处理方法与前述规定略有不同。《机电产品国际招标投标实施办法（试行）》第四十六条规定："……投标人少于3个的，不得开标，招标人应当依照本办法重新招标；开标后认定投标人少于3个的应当停止评标，招标人应当依照本办法重新招标。重新招标后投标人仍少于3个的，可以进入两家或一家开标评标；按国家有关规定需要履行审批、核准手续的依法必须进行招标的项目，报项目审批、核准部门审批、核准后可以不再进行招标。认定投标人数量时，两家以上投标人的投标产品为同一家制造商或集成商生产的，按一家投标人认定。对两家以上集成商或代理商使用相同制造商产品作为其项目包的一部分，且相同产品的价格总和均超过该项目包各自投标总价60%的，按一家投标人认定。对于国外贷款、援助资金项目，资金提供方规定当投标截止时间到达时，投标人少于3个可直接进入开标程序的，可以适用其规定。"

《政府采购货物和服务招标投标管理办法》第四十三条规定："公开招标数额标准以上的采购项目，投标截止后投标人不足3家或者通过资格审查或符合性审查的投标人不足3家的，除采购任务取消情形外，按照以下方式处理：（一）招标文件存在不合理条款或者招标程序不符合规定的，采购人、采购代理机构改正后依法重新招标；（二）招标文件没有不合理条款、招标程序符合规定，需要采用其他采购方式采购的，采购人应当依法报财政部门批准。"第四十四条进一步规定："公开招标采购项目开标结束后，采购人或者采购代理机构应当依法对投标人的资格进行审查。合格投标人不足3家的，不得评标。"

相关案例 3-27　投标人自找竞争对手

某设备采购招标项目，有四家供应商报名参加投标并购买了招标文件，但在投标时间截止前，C、D 两家供应商表示放弃投标，招标投标活动即将因投标人不足三家而失败时，招标人提出让参加投标的 A、B 两家供应商各自找一家供应商来参加投标，认为这样既可以让参与投标的供应商达到法定数量而使招标投标活动能顺利进行，而且供应商只要愿意去做，就说明他们认可这种做法，之后也不会有什么麻烦和投诉。A、B 两家供应商知道可以各自找一家供应商参与投标后，都欣然应允。于是此次招标得以顺利进行，最终 B 公司以最终报价比 A 公司少 6000 元而胜出。次日，未中标的 A 公司项目经理提出招标人的做法违法，供应商不足三家，招标投标活动应当立即停止，重新招标。此时，招标人很无奈，维持定标结果，A 公司肯定会投诉；取消定标结果，B 公司肯定不会罢休。

本案例中，招标人在供应商不足 3 家的情况下违规操作、继续组织招标投标的行为，即使投标人表示同意，也因违反了《招标投标法》第二十八条的禁止性规定而无效。而且，不足三家投标时，让供应商自找竞争对手参与投标，也很容易给供应商串通投标的机会，招标结果容易被其操纵，损害招标人利益，所以依法规范操作是最重要的。

（二）招标人与投标人的成本、损失自行承担

根据《招标投标法》的规定，购买招标文件的潜在投标人有权参与投标，也有权在投标截止时间前撤回其投标文件不再投标，或修改后再重新投标，并不强制其必须投标，这是投标人的自主权利，对招标人的开标成功与否并不承担责任和义务。因此，有些招标文件关于投标人若弃标导致提交投标文件的投标人少于三个不能开标，应承担由此造成招标失败给招标人带来的损失的规定，于法不符。当然，投标截止期后投标人不得修改或撤回投标文件，否则招标人有权不退还其投标保证金。

另外,《招标投标法》规定投标保证金在递交投标文件的同时交纳，若招标人规定提前交纳投标保证金（如在资格预审阶段或购买招标文件时就交纳投标保证金），如开标时某个投标人临时弃标导致不能开标，应由其以投标保证金承担由此造成的损失，这样的规定也于法不符。因为根据《招标投标法》规定，即使开标前投标人提交了投标文件和投标保证金，也有权在投标截止时间前撤回其投标文件和投标保证金，可修改再重新投标，也有权不再投标。当然，如果在投标截止时，投标人未能提交合格的投标保证金，其投标文件将作为无效投标文件而被拒绝。

招标人、投标人已发生的招标、投标成本以及因招标失败带来的损失由招标人、投标人自行承担，无论是招标人还是投标人都应考虑到这样的风险。

再者，招标失败时，招标人应立即退还投标保证金，因招标失败退还投标保证金的时间没有规定，但参照《招标投标法实施条例》第五十七条中招标成功的项目最迟在书面合同签订后 5 日内退还投标保证金的规定，以在投标截止时间之后 5 日内退还投标保证金为宜，且因投标保证金一般在投标截止时间之前才提交，投标截止时间之后很短的时间内予以退还，间隔时间过短，可不支付银行同期存款利息。

三、防范招标失败风险的对策

（一）针对不同项目的特性采取适当的采购方式

招标并非在任何情形下都是最佳的采购方式。是否采用招标方式，取决于以下因素：

1. 国家政策法规的管制约束

《招标投标法》第三条规定了必须招标项目的范围，对纳入依法必须招标范围和规模标准内的项目，必须招标，确保其合法性，但对于符合《招标投标法》第六十六条、《招标投标法实施条例》第九条规定可以不招标的项目，可在履行不招标审批、核准手续后选用其他采购方式。对于非依法必须招标项目，可根据采购项目的市场竞争态势自主选择招标或其他采购方式。而且，符合《招标投标法》第十一条和《招标投标法实施条例》第八条规定的依法必须招标的项目，也可以邀请招标，投标人范围确定，针对性强，其参与投标的积极性也较高。

2. 采购项目的特性

采购数量确定、技术规格明确是实施招标的前提条件。一般而言，对于技术规格可以客观比较、市场供应充分、具有一定采购规模的产品或者服务，适宜采用招标方式。如果不分析采购项目的特性，仅根据采购金额决定招标，则有可能市场竞争不充分而招标失败。因此，必须分析不同项目的特性，在不违反国家法律规定的情况下选用合适的采购方式。比如，科技、信息化或管理咨询项目，往往项目技术路线、项目成果不确定，技术要求也难以准确描述，如果招标，其失败率高或者招标结果与实际要求将会相差甚远，所以更适合竞争性磋商或单一来源采购。

3. 市场竞争态势

市场竞争充分是招标的必要条件。招标人分析潜在投标人所处行业的市场供应与竞争态势，方能选取正确的采购策略。如果市场供应能力不足，竞争不充分，供应商本来就少，可行的办法就是改变采购方式。

另外，对于适合于招标的项目，如果是因为投标文件迟延送达、未按规定标记密封等原因而被拒收导致投标人不足三个的，重新招标即可解决。

（二）合理确定投标人资格条件和采购要求

1. 投标人资格条件要适当

设定投标人资格条件时，需要分析其是否合理，重点考虑资质要求是否适当、业绩要求是否过高、是否需要进行试验报告、是否实行生产许可证制度等，每一项要求都要做到与法律规定相符，与招标项目实际需求相适应。必要时可加强市场调研，通过咨询供应商、政府主管部门、专业机构或者网络查询来确定投标人资格条件。

2. 关键技术参数要科学

要在完全满足项目实施、使用要求的情况下，对关键技术参数提出准确、合理的要求，避免技术“门槛”设置要求过高或存在歧视性。必要时可以进行技术考察，有利于制定出符合项目实际需求的技术文件。

3. 商务条款要合理

招标文件商务条款要符合市场规则，如付款条件应符合本行业交易惯例；项目实施期限应考虑实施项目的合理工期（服务期、制造周期、运输周期等）；合同条款应基本公平可行；制定的最高投标限价应科学合理。

要依靠专家把关评审招标文件，对投标人资格条件、技术参数要求及招标文件商务条款的科学性、合理性提出有价值的意见，有助于制定出采购要求合理、没有歧视性条款的招标文件，从而可吸引更多的供应商参与投标。

（三）完善资格预审公告或者招标公告内容并扩大公告范围

1. 资格预审公告或招标公告内容一定要完整、透明

资格预审公告或招标公告内容一定要完整、透明，以便潜在投标人较为全面地掌握招标项目信息，准确作出是否参加投标的决定。例如，《工程建设项目施工招标投标办法》第十四条规定了施工项目招标公告内容，其中对“招标项目的内容、规模、资金来源”“投标人的资质等级”等应全面、准确地描述清楚，有利于投标人准确判断项目规模、资格要求等因素积极参与投标。

2. 扩大招标公告范围，吸引更多潜在投标人参与竞争

增加招标公告发布的媒体范围和发布频次，延长招标公告发布时间，必要时也可有重点地联系竞争力强的供应商，尽可能广泛地发布招标信息，还可组织前期技术交流，让潜在供应商更多地了解项目的相关情况以及招标人的采购意图，争取更多潜在投标人参与投标。

（四）加强对供应商的技术支持与信息沟通

1. 强化电子招标投标交易系统技术支持

招标人要为投标人提供技术支持，协助其尽快熟悉电子招标投标交易系统功能及招标文件在线购买与下载、投标文件上传与解密等相关技术要求，提醒其加密、上传、解密投标文件。投标人要熟练掌握电子投标文件的加密、上传、解密等具体操作程序，避免投标文件上传、解密不成功给自己带来的投标失败风险。

2. 加强沟通交流

潜在投标人对招标文件提出的澄清要求，招标人应及时答疑解惑、纠正错误，完善招标采购要求，支持潜在投标人参与竞争。定标后，招标结果除按规定程序进行公示外，招标人也需要与未中标的投标人进行交流，友情提示其失误与不足，让投标人明白其竞争劣势所在，有机会改进完善，增强下次继续参与投标的积极性。

综上，招标人必须客观分析采购项目的实际需求，采取适当的采购策略，设定科学合理的采购条件，做好与供应商关系维护，培育公开、公平的竞争环境，这有助于增强采购项目的竞争性，有效地降低投标人不足三个而导致招标失败的发生，使招标项目得以顺利实施，切实提高招标采购的效率与效益。

第七节　串通投标

串通投标是指投标人通过一定途径，秘密伙同其他投标人共同商量投标策略，串通投标报价，排斥其他投标人参与公平竞争或损害招标人利益，以非法手段谋取中标的一种不正当竞争行为。串通投标严重违反了招标投标工作公平、公正、择优的原则，违背了招标投标目的，操纵市场价格，扰乱市场竞争秩序，侵害招标人或其他投标人的利益。

一、串通投标行为的认定

由于串通投标行为的隐蔽性，使得认定和查处工作难度较大。串通投标行为表现五花八门且花样不断翻新，具有很强的隐蔽性，除了参与串通投标的内部人掌握，外部人不易察觉，导致认定难、查处难。实践中很多串通投标行为是投标人之间内讧检举才揭发出来的。

（一）投标人相互串通投标

《招标投标法实施条例》第三十九条、第四十条在总结实践经验的基础上，对投标人相互串通投标行为的常见表现形式作了列举式规定。常见的串通投标情形为:（1）投标人之间协商投标报价等投标文件的实质性内容;（2）投标人之间约定中标人;（3）投标人之间约定部分投标人放弃投标或者中标;（4）属于同一集团、协会、商会等组织成员的投标人按照该组织要求协同投标;（5）不同投标人的投标文件由同一单位或者个人编制，实际不同电子投标文件通过同一台电脑制作、上传也属于此类情形;（6）不同投标人委托同一单位或者个人办理投标事宜，如同一个单位派人或者同一个人代表不同投标人购买招标文件、递交投标文件、踏勘现场、提出异议、澄清答复、领取中标通知书等，均属于此类情形;（7）不同投标人的投标文件载明的项目管理成员为同一人，需要核实劳动关系、社会保险登记信息或个人身份信息;（8）不同投标人的投标文件异常一致或者投标报价呈规律性差异，主要表现未投标文件错误表述、错误计算或者笔误雷同，投标文件内容整段整段内容一致，投标文件排版格式一致，投标报价呈等差数列或有规律性的百分比，等等;（9）不同投标人的投标文件相互混装，“你中有我，我中有你”;（10）不同投标人的投标保证金从同一单位或者个人的账户转出;（11）投标人之间为谋取中标或者排斥特定投标人而采取的其他联合行动。

相关案例 3–28　以合法形式掩盖非法目的的招投标中介合同无效[①]

工贸公司与环保工程公司签订了一份《合作协议书》，合作内容为工贸公司帮助环保工程公司获得某电厂扩建工程的电除尘器合同。该协议书约定：环保工程公司负责招标前期的技术交流、投标以及中标后的设备生产、安装调试、技术培训服务等工作；工贸公司负责该项目的商务运作，提供项目基本信息、

---

① 本案例素材来源于中国裁判文书网，（2015）宁民提字第 12 号民事判决书。

决策人信息，负责运作与项目业主及决策方的关系，以确保中标；双方互不承担对方在各自分工负责范围内产生的各类费用；工贸公司帮助环保工程公司获得项目合同后，环保工程公司需支付工贸公司咨询费128万元，并在业主支付预付款后一周内一次性支付。后环保工程公司中标该项目，并与某电厂签订了《电除尘器设备合同》，收到某电厂支付的10%预付款。因环保工程公司未按期支付该笔咨询费，引起诉讼，工贸公司要求法院判令环保工程公司支付居间服务费128万元。

法院认为，本案所涉及的某电厂扩建工程项目以招投标方式进行发包。《招标投标法》第五条规定："招标投标活动应当遵循公开、公平、公正和诚实信用的原则"；第三十七条第五款规定："评标委员会成员的名单在中标结果确定前应当保密"；第三十八条第二款规定："任何单位和个人不得非法干预、影响评标的过程和结果。"但工贸公司与环保工程公司在双方签订的《合作协议书》中却约定由工贸公司负责提供项目的决策人信息，负责运作与该项目业主及决策方的关系，以确保中标，该约定明显违反了招投标活动中要求遵循的公开、公平、公正和诚实信用的原则，属于以合法形式（中介服务）掩盖非法目的（串通投标），扰乱了正常的市场秩序，损害了其他招投标活动当事人的合法权益。工贸公司与环保工程公司在《合作协议书》中约定的中介活动符合《合同法》第五十二条（现《民法典》第一百五十三条、第一百五十四条）规定的"以合法形式掩盖非法目的"以及"违反法律、行政法规的强制性规定"的情形，应为无效合同，双方当事人对此均负有过错。综上，法院判决环保工程公司与工贸公司签订的《合作协议书》无效，驳回工贸公司的诉讼请求。

《政府采购货物和服务招标投标管理办法》第三十七条规定有下列情形之一的，视为投标人串通投标，其投标无效：（1）不同投标人的投标文件由同一单位或者个人编制；（2）不同投标人委托同一单位或者个人办理投标事宜；（3）不同投标人的投标文件载明的项目管理成员或者联系人员为同一人；（4）不同投标人的投标文件异常一致或者投标报价呈规律性差异；（5）不同投标人的投标文件相

互混装；（6）不同投标人的投标保证金从同一单位或者个人的账户转出。《政府采购法实施条例》第七十四条规定了下列恶意串通行为：（1）供应商直接或者间接从采购人或者采购代理机构处获得其他供应商的相关情况并修改其投标文件或者响应文件；（2）供应商按照采购人或者采购代理机构的授意撤换、修改投标文件或者响应文件；（3）供应商之间协商报价、技术方案等投标文件或者响应文件的实质性内容；（4）属于同一集团、协会、商会等组织成员的供应商按照该组织要求协同参加政府采购活动；（5）供应商之间事先约定由某一特定供应商中标、成交；（6）供应商之间商定部分供应商放弃参加政府采购活动或者放弃中标、成交；（7）供应商与采购人或者采购代理机构之间、供应商相互之间，为谋求特定供应商中标、成交或者排斥其他供应商的其他串通行为。上述规定与《招标投标法实施条例》第三十九条、第四十条、第四十一条的规定基本是一致的。

相关案例 3-29　高价反而中标

某公司档案室密集架招标，采购数量为 460m^3，预算为 39 万元，投标报价分别为 A 公司 29.86 万元、B 公司 59.17 万元、C 公司 42.98 万元、D 公司 57.93 万元。评标方法采用综合评分法，以所有报价的算术平均值作为评标基准值，报价等于评标基准值得基本分 40 分；投标报价每低于评标基准值 1%，在基本分上加 1 分，最多加 10 分，反之每高于评标基准值 1%，则在基本分基础上扣 1 分，扣完为止。按此评审方法，报价分的评标基准值为 47.49 万元，则 A 公司报价低 37.12%，报价得分为 50 分；B 公司报价高 24.59%，报价得分为 15.41 分；C 公司报价低 9.50%，报价得分为 49.5 分；D 公司报价高 21.98%，报价得分为 18.02 分。最终，A 公司虽然报价最低（比中标的 C 公司报价低 30.53%），但由于 B、D 两家公司高抬报价，完全抵消了 A 公司应有的报价优势，使 A 公司报价得分仅比 C 公司高 0.5 分，加上其他不利因素，A 公司未中标。

从本案例中不难看出，B、C、D 三家投标人认真研究评标办法并相应有策略地利用该规则串标，串标者的投标报价普遍都高而且有的很接近，只有事先设定的中标人的投标报价低一些，抬高报价分的评标基准值，最终使报价低的A公司丧失报价优势，中标价比预算高，招标人也蒙受了损失。

在电子招标投标情况下，可利用大数据等技术手段，通过开评标电子系统分析比对查出投标文件中的内容异常一致、同一单位或个人编制或办理投标事宜等串通投标行为。参照《福建省住建厅关于施工招标项目电子投标文件雷同认定与处理的指导意见》（闽建筑〔2018〕29号），常见的电子投标文件雷同情形有：

（1）不同投标人的电子投标文件上传计算机的网卡MAC地址、CPU序列号和硬盘序列号等硬件信息均相同的（开标现场上传电子投标文件的除外），应认定为《招标投标法实施条例》第四十条第（二）项"不同投标人委托同一单位或者个人办理投标事宜"的情形。

（2）不同投标人的已标价工程量清单XML电子文档记录的计价软件加密锁序列号信息有一条及以上相同，或者记录的硬件信息中存在一条及以上的计算机网卡MAC地址（如有）、CPU序列号和硬盘序列号均相同的（招标控制价的XML格式文件或计价软件版成果文件发布之前的软硬件信息相同的除外），或者不同投标人的电子投标文件（已标价工程量清单XML电子文档除外）编制时的计算机硬件信息中存在一条及以上的计算机网卡MAC地址（如有）、CPU序列号和硬盘序列号均相同的，应认定为《招标投标法实施条例》第四十条第（一）项"不同投标人的投标文件由同一单位或者个人编制"的情形。

（3）不同投标人的技术文件经电子招标投标交易平台查重分析，内容异常一致或者实质性相同的，应认定为《招标投标法实施条例》第四十条第（四）项"不同投标人的投标文件异常一致"的情形。

（4）投标人递交的已标价工程量清单XML电子文档未按照规定记录软硬件信息的，或者记录的软硬件信息经电子招标投标交易平台使用第三方验证工具认定被篡改的，评标委员会应当否决其投标。

相关案例 3-30　电子投标文件由同一人制作

2017 年 7 月 7 日，某省发展改革委接到关于某机场新建货运区及生产辅助设施工程公安业务技术用房室外附属工程招标涉嫌有串通投标行为的举报信。该委经调查查明：某建筑公司电子投标文件“文件创建标识码”与某市政环境工程公司的完全相同，均由同一人编制，存在串通投标的行为。该委认为：上述行为违反了《招标投标法》第三十二条：“投标人不得相互串通投标报价，不得排挤其他投标人的公平竞争，损害招标人或者其他投标人的合法权益”的规定，属于《招标投标法实施条例》第四十条：“有下列情形之一的，视为投标人相互串通投标：（一）不同投标人的投标文件由同一单位或者个人编制”规定的行为，已构成违法。遂依据《行政处罚法》第八条、《招标投标法》第五十三条规定，决定作出如下行政罚款：（1）对某建筑公司罚款 15289 元（按中标项目金额的千分之五计算）；（2）对参与本次投标活动的直接负责人和直接责任人分别处罚款 764.45 元（按单位罚款数额的百分之五计算）。

（二）招标人与投标人串通投标

《招标投标法实施条例》第四十一条列举了招标人与投标人串通投标的常见情形：（1）招标人在开标前开启投标文件并将有关信息泄露给其他投标人；（2）招标人直接或者间接向投标人泄露标底、评标委员会成员等信息；（3）招标人明示或者暗示投标人压低或者抬高投标报价；（4）招标人授意投标人撤换、修改投标文件；（5）招标人明示或者暗示投标人为特定投标人中标提供方便；（6）招标人与投标人为谋求特定投标人中标而采取的其他串通行为。

因《招标投标法实施条例》第十三条第二款中规定“招标投标法及其实施条例关于招标人的规定同样适用于招标代理机构”，故招标代理机构实施《招标投标法实施条例》第四十一条列举的相关行为，也构成串通投标行为。

很多情况下，招标人对招标投标管理不严格，也为串通投标创造了机会，提供了可能，主要表现在：一是招标公告信息发布范围较窄，受众有限，仅有当地少数供应商参与投标，容易“垄断”市场，相互串通；二是资格预审马虎，草率从事，借用资质投标等违法现象容易蒙混过关；三是招标投标保密性不够，投标人相互间掌握投标竞争者名单，无疑会增加串标的可能；四是评标不认真，有时即使发现串标，也会沉默不予处理；五是对串标行为打击不力，处理不及时，助长串标者有恃无恐。

二、串通投标的法律责任

串通投标行为在当前招投标实践中较为突出，不管是否中标，只要具有串通行为，就构成串通投标，为法律所禁止，情节严重的可能构成串通投标罪。《招标投标法》第五十三条不仅规定中标无效，而且要给予经济处罚以及追究行政责任或刑事责任，即投标人相互串通投标的，中标无效，还应接受罚款、没收违法所得、取消其一年至二年内参加依法必须进行招标的项目的投标资格并予以公告，直至由市场监督管理机关吊销营业执照等行政法律责任；构成犯罪的（如串通投标罪），依法追究刑事责任；给他人造成损失的，依法承担赔偿责任。

《招标投标法实施条例》第六十七条也明确规定中标无效，处以罚款；有违法所得的，并处没收违法所得；情节严重的，取消其一年至二年内参加依法必须进行招标的项目的投标资格，直至吊销营业执照；构成犯罪的，依法追究刑事责任；给他人造成损失的，依法承担赔偿责任。

另，《民法典》第一百五十四条明确规定“行为人与相对人恶意串通，损害他人合法权益的民事法律行为无效”，所以串通投标合同无效，合同无效后应当依据《民法典》第一百五十七条规定处理，即行为人因该行为取得的财产应当予以返还；不能返还或者没有必要返还的，应当折价补偿；有过错的一方应当赔偿对方由此所受到的损失各方都有过错的，应当各自承担相应的责任。

三、招标人防范投标人串通投标的对策

招标人、投标人参与招标投标活动，都应当将公开、公平、公正和诚实信用原则作为其基本行为准则严格遵循、规范操作。招标人（包括其委托的招标代理机构）不与投标人串通投标，投标人之间也不得相互串通。

（一）对串通投标行为按照投标无效处理并追究法律责任

确认投标人有相互串通投标行为的，招标人有权决定其投标无效，如果已经完成评标、定标程序且已通知有串通投标行为的投标人中标的，可宣布其中标无效，不退还其投标保证金，并可取消其在一定期限内的投标资格，同时向政府监督部门举报，追究其行政责任甚至刑事责任。如果因串通投标行为给招标人造成损害的，可以依法要求其承担赔偿责任。

投标人自身应当洁身自好，坚持诚实信用原则，不得与他人串通损害招标人或者其他投标人利益，也应坚决拒绝他人提出的合谋要求，否则就要承担法律责任。

投标人如果发现其他投标人有串通投标嫌疑，也应当及时向招标人或者招标监督管理部门举报或投诉，争取及时查处，防止损失扩大。

（二）招标人必须采取有效措施预防和控制串标行为，防范因串通投标损害自身利益

一是加强招标投标信息保密管理，对招标人内部意见、标底、投标人信息、投标文件、评标过程等做好保密，减少串标可能性。要做好报名保密工作，招标人要对报名情况严格保密，不能向任何投标人泄露报名信息，任何潜在投标人都不知道竞争对手是谁，使之不能轻易掌握串标范围，确定串标对象。也要做好招标投标过程中招标人就招标项目的内部讨论意见、其他投标人的投标信息和评标情况的保密。设置标底的，对该价格也必须严格保密，给不法串标者设置有效的障碍，从而充分实现公平竞争。

相关案例 3-31 **请人陪标**

某建设工程施工招标项目，某建筑公司想方设法拿到投标人名单后逐一达成私下交易，要求其他施工单位投标文件制作得马虎一些、报价高一些。评标中，除某建筑公司外，其他投标人的投标文件都未经认真制作，报价也比较高，最后评委推荐某建筑公司为中标候选人。

防范投标人串通投标的基本措施就是加强潜在投标人名单的保密，确保参与竞争人处于不确定状态，使投标人无法联络他人串标。

二是编制招标公告、资格预审文件、招标文件时增强其科学性和可操作性，尽量减少限制性条件，最大限度地降低准入门槛，扩大竞争性，增加入围投标人数量与地域范围。

三是坚持在国家指定媒体发布招标公告，并尽可能扩大招标公告发布媒体的层次和范围，适当延长招标公告时间和招标文件发售时间，最大限度地降低准入门槛，增加入围的投标人数量，降低中标概率，使更多潜在投标人参与竞争。

四是资格审查时认真把关。采取各种有效的手段和措施，包括查验资质原件、官网查询验证、实地考察、到当地市场监管和税务机关调查了解等，确保有关资质证明文件和资料的真实、合法性，并不得以不合理的条件排斥和歧视潜在投标人，扩大竞争范围，增强竞争性。资格审查中发现投标人之间有下列情形的，可以认定有串标嫌疑，应从严审核：a. 多个投标人属于同一母公司，或者一个母公司及其所属多个子公司全部参加同一项目投标的；b. 多个投标人是同一经销商下的分销商，或者是某一经销商及其多个分销商同时参加同一项目投标的；c. 多个投标人的负责人相互之间有直系亲属关系或交叉任职的；d. 多个投标人都从同一企业分立出来，且投标文件在很多方面相同和相近的。

五是在评标时严格把关，重点在投标文件内容、报价表中发掘线索，参与串标的投标人提供的报价表往往存在某种规律或联系，如投标人总报价相近，但其中分项报价不合理且无合理解释或者其中部分项目价格雷同但提不出计算依据或者主要材料设备价格极其相近的；或者不同投标文件中的投标报价出现明显相同的错误或疏忽的，串标嫌疑比较大。

相关案例 3-32　投标报价嫌疑大

某空调设备采购进行公开招标，共有五家单位投递了投标文件。评标过程中，评标专家发现五家供应商中，有四家投标报价基本一致，D公司和F公司的投标报价完全一样，且这两家投标文件中安全员、档案员姓名均一致，串标嫌疑很大。就此，评标委员会成员意见不一致，有的认为是很明显的串标行为，有的认为报价接近有可能是一种巧合，而两家共用同一个人做安全员、档案员也不能据此就认定这两家公司串标。

不同投标人在很小的报价范围内报价甚至报价相同不仅仅是一种巧合，串标的可能性很大，甚至连工作人员都是同一人，就更应该引起评标委员会的高度重视。根据《招标投标法实施条例》第四十条规定，不同投标人的投标文件载明的项目管理成员为同一人的，视为投标人相互串通投标。如评标专家依据现有证据还难以认定的，不急于继续评标，可以要求投标人澄清、解释，还可以请求行政监督部门查处。

在投标文件的评审过程中除了对各个投标人的投标文件独立进行纵向符合性评审，还应加强各投标人的投标文件之间的横向符合性评审，对各份投标文件进行横向相互检查比较，查找是否有串通投标线索。

从实践经验来看，投标文件内容如有以下特征，就有很大串标嫌疑：a. 几份投标文件有大量的文字抄袭，或者内容基本相同；b. 几家投标文件编制风格、排版体例类似，可找出几个关键相同点；c. 几家投标人虽然总报价不一致，但编制的报价预算资料大体相同，以及材料价格取定相同；d. 几份投标文件同时多次出现相同的错误。

六是提高招标过程的透明度，减少“暗箱操作”和操作中的漏洞，并依法规范开展招标投标活动，不给或少给串标者钻空子的机会，自觉抵制恶意串标行为。积极开展电子招标投标，这样招标人与投标人相互不见面，投标人之间也相互不见面，减少“围标”“串标”的机会。

七是加快信用体系建设，建立投标人诚信档案，制定诚信评价标准，对投标人的串标行为，除依据招标文件中的惩罚性规定处理（如不退还其投标保证金）外，将该行为列入不良记录名单，取消其一定年限的投标资格。

八是健全招标投标投诉举报制度，畅通投诉举报渠道。也可以回访投标落选者征询其意见，鼓励其举报违法违纪案件，积极提供线索和证据，在投标人中发现串标线索。对投诉事项，要认真调查核实，对违法行为要依法处理，并将处理结果以适当形式向社会公布曝光。必要时请政府主管部门或公安机关介入调查处理。

相关案例 3-33　　**来自串标者的投诉**

某单位办公楼装修工程招标项目，开标前招标公司接到投诉电话，称该项目有人陪标，搞串通投标。招标公司决定边开标、边查处这起投诉事件。通过耐心细致地比较、分析，发现有 4 家供应商存在串标嫌疑，投标文件核心内容一致，连字体、细微的工程预算，包括漏项和出错处都相同。经调查，串标事实得以证实，投诉人本人也在串标之列，因未得到事先商定的“出场费”起内讧转而投诉。

串通投标行为一般比较隐蔽，认定、取证难度相当大，很多都是投标人自身检举揭发的。招标人要畅通投诉渠道，接受来自各种途径的投诉信息，在组织评标时也要注意投标文件之间的横向评审，认真分析异同，发现线索。再隐蔽的串标总会留下蛛丝马迹，像本案例中的文件、格式等水平不高的串标行为就很容易被查实。

第八节　弄虚作假投标

弄虚作假是当前招投标活动中存在的突出问题之一。在市场经济诚信机制不完善的情况下，投标人利用招标人对相关信息掌握不对称的漏洞，为了追求经济利益，在自身资格条件不合格或者在投标竞争中不具有优势的情况下，就甘于冒险，以他人名义投标，或伪造、变造资格证明文件，弄虚作假，以达到提高投标竞争优势，谋取中标的目的。

一、弄虚作假投标的成因及表现形式

分析其成因，一是市场竞争激烈，特别是在工程建设领域，僧多粥少，投标人为了中标，往往不择手段，弄虚作假；二是行政管理条块分割，缺乏信息共享机制，市场信息难以方便快捷地获取并进行核实，使弄虚作假有机可乘；三是投标行为信用机制不健全，在一定程度上导致了投标人失信行为不能及时依法查处。

《招标投标法实施条例》第四十二条对弄虚作假投标行为进行界定，规定："使用通过受让或者租借等方式获取的资格、资质证书投标的，属于招标投标法第三十三条规定的以他人名义投标。投标人有下列情形之一的，属于招标投标法第三十三条规定的以其他方式弄虚作假的行为：（一）使用伪造、变造的许可证件；（二）提供虚假的财务状况或者业绩；（三）提供虚假的项目负责人或者主要技术人员简历、劳动关系证明；（四）提供虚假的信用状况；（五）其他弄虚作假的行为。"

根据前述法律规定，弄虚作假投标可以分为投标人以他人名义投标和资格证明文件造假两种行为。

二、投标人以他人名义投标

（一）禁止投标人以他人名义投标

使用通过受让或者租借等方式获取的资格、资质证书以他人名义投标，是典型的弄虚作假行为。对于“以他人名义投标”的含义，《招标投标法实施条例》第四十二条解释为“使用通过受让或者租借等方式获取的资格、资质证书投标的”，实质上就是“前期名义投标人”与“后期实际履约义务人”不统一，实际履约人借用名义投标人的资质证书、营业执照、业绩材料等以其名义参与投标，中标后由名义投标人签订合同，实际上投标、签约、履约都由实际履约人负责办理。

实践中，一些不具备相应施工资质的单位或个人挂靠其他有资质的施工单位投标，是比较常见的“以他人名义投标”行为。参照住房和城乡建设部印发的《建筑工程施工发包与承包违法行为认定查处管理办法》（建市规〔2019〕1号）第十条规定，存在下列情形之一的，属于挂靠：（1）没有资质的单位或个人借用其他施工单位的资质承揽工程的。（2）有资质的施工单位相互借用资质承揽工程的，包括资质等级低的借用资质等级高的，资质等级高的借用资质等级低的，相同资质等级相互借用的。（3）本办法第八条第一款第（三）至第（九）项规定的情形，有证据证明属于挂靠的，即一是施工总承包单位或专业承包单位未派驻项目负责人、技术负责人、质量管理负责人、安全管理负责人等主要管理人员，或派驻的项目负责人、技术负责人、质量管理负责人、安全管理负责人中一人及以上与施工单位没有订立劳动合同且没有建立劳动工资和社会养老保险关系，或派驻的项目负责人未对该工程的施工活动进行组织管理，又不能进行合理解释并提供相应证明的；二是合同约定由承包单位负责采购的主要建筑材料、构配件及工程设备或租赁的施工机械设备，由其他单位或个人采购、租赁，或施工单位不能提供有关采购、租赁合同及发票等证明，又不能进行合理解释并提供相应证明的；三是专业作业承包人承包的范围是承包单位承包的全部工程，专业作业承包人计取的是除上缴给承包单位“管理费”外的全部工程价款的；四是承包单位通过采取合作、联营、个人承包等形式或名义，直接或变相将其承包的全部工程转给其他单位或个人施工的；五是专业工程的发包单位不是该工程的施工总承包或专业承包单位的，但建设单位依约作为发包单位的除外；六是专业作业的发包单位不是该工程承包单位的；七是施工合同主体之间没有工程款收付关系，或者承包单位收到款项后又将款项转拨给其他单位和个人，又不能进行合理解释并提供材料证明的。该类情形一般属于违法分包行为，但根据实际情况有的表面上是分包、实际属于挂靠。实践中，挂靠的表现形式不断翻新，在认定是否属于“挂靠”行为时，需要结合个案的具体情况来具体判定。

以他人名义投标是一类非常典型的弄虚作假行为。《行政许可法》《建筑法》等相关法律均有资格和资质不能转让和出借的规定，这些属于法律规定的禁止性行为。《招标投标法》第三十三条规定：“投标人不得以低于成本的报价竞标，也不得以他人名义投标或者以其他方式弄虚作假，骗取中标。”

（二）以他人名义投标的中标无效，合同亦无效

《民法典》第一百四十八条规定：“一方以欺诈手段，使对方在违背真实意思的情况下实施的民事法律行为，受欺诈方有权请求人民法院或者仲裁机构予以撤销。”第一百五十五条规定：“无效的或者被撤销的民事法律行为自始没有法律约束力。”《招标投标法》第五十四条规定：“投标人以他人名义投标或者以其他方式弄虚作假，骗取中标的，中标无效，给招标人造成损失的，依法承担赔偿责任；构成犯罪的，依法追究刑事责任……”《招标投标法实施条例》第六十八条进一步规定：“投标人以他人名义投标或者以其他方式弄虚作假骗取中标的，中标无效；构成犯罪的，依法追究刑事责任；尚不构成犯罪的，依照招标投标法第五十四条的规定处罚……”《民法典》第一百五十三条规定：“违反法律、行政法规的强制性规定的民事法律行为无效。但是，该强制性规定不导致该民事法律行为无效的除外。违背公序良俗的民事法律行为无效。”《最高人民法院关于审理建设工程施工合同纠纷案件适用法律问题的解释（一）》（法释〔2020〕25号）第一条规定：“建设工程施工合同具有下列情形之一的，应当依据民法典第一百五十三条第一款的规定，认定无效：……（二）没有资质的实际施工人借

用有资质的建筑施工企业名义的……”综上，以他人名义投标行为因违反法律的强制性规定自始无效，此后的中标及签订的合同亦均无效。依据《民法典》第一百五十七条规定，合同无效、被撤销或者确定不发生效力后，行为人因该行为取得的财产，应当予以返还；不能返还或者没有必要返还的，应当折价补偿。有过错的一方应当赔偿对方由此所受到的损失；各方都有过错的，应当各自承担相应的责任。因此，虚假投标骗取中标的，中标无效。因弄虚作假的行为违反《招标投标法》的强制性规定，根据《民法典》第一百五十三条第一款规定，所签合同亦无效。

相关案例 3-34　以他人名义投标的中标无效①

污水治理公司对某污水处理工程矩形沉淀池刮泥机及附属设备招标。装备公司参与了投标，中标后双方签订了《设备采购合同》。履约中，装备公司出具《委托书》给成套公司，载明“污水治理公司污水处理工程中约定的 A、B 公司提供的矩形沉淀池刮泥机及附属设备，委托成套公司代为采购和签订合同并办理验货手续”。据此，成套公司以自己名义分别与外企 A、B 公司签订《设备采购合同》。后因合同设备延误发生纠纷，污水治理公司遂诉至法院请求判决确认双方签订的《设备采购合同》无效。污水治理公司主张涉案工程合同虽由装备公司签订，但合同的实际履行方是成套公司。装备公司与污水治理公司往来联络的电子邮件署名是陈某，《购标书登记表》中的联系人、签收设备采购合同的人员以及参加涉案工程会议的《会议签到表》填写的到会人员均为陈某；装备公司投标文件中写明陈某是其项目经理。装备公司承认陈某是成套公司职员，但辩称成套公司具有货物进出口贸易的资格和经验，委托该公司协助采购设备符合市场规律，没有违反法律规定。

法院认为，本案中以装备公司名义购买招标文件、签收送达往来合同函

① 本案例素材来源于中国裁判文书网，（2013）粤高法审监民提字第 175 号民事判决书。

件、出席会议及联系合同事宜的人员均是成套公司人员。装备公司告知污水处理公司上述人员是其项目经理，隐瞒其真实身份，明显是弄虚作假的行为。而且成套公司以自己的名义与设备供应商订立买卖合同并支付货款。本案合同价款2200万元，经济利益巨大。成套公司为何愿意代签合同、代付货款、代办验货，承担巨大的商业风险，而目的仅为装备公司降低商事活动的成本？装备公司的辩称无法令人信服。装备公司隐瞒事实弄虚作假的行为不仅违反合同约定，而且违反《招标投标法》第三十三条“投标人不得以低于成本的报价竞标，也不得以他人名义投标或者以其他方式弄虚作假，骗取中标”的规定。根据该法第五十四条规定，由于装备公司的行为违反法律强制性规定，双方签订的《设备采购合同》因此归于无效。污水处理公司请求判决确认《设备采购合同》无效，法院予以支持。

本案中，投标人虽然是装备公司，但是购标、投标、签约、履约实际由成套公司工作人员办理，购买、交付设备等买卖合同主义务均由成套公司完成，法院据此认为装备公司存在为他人代为投标和履行的弄虚作假行为。

三、资格证明文件造假

招标人根据国家法律规定和招标项目实际，一般会在资格预审文件或招标文件中规定“投标资格条件”，通常包括国家规定的市场准入条件以及人员配备、技术装备、生产能力、管理措施、业绩经验、资信条件等资格条件。招标人还会要求投标人提交能够证明其符合前述资格条件的证明文件，并在资格审查办法或者评标办法中设立相应的评审因素和标准，以证明自身具备“承担招标项目的能力”。投标人必须在其资格预审申请文件或投标文件中就是否满足要求的资格条件逐项作出响应，并出具相关证明文件（如合同、中标通知书、资质证书、从业资格证书、实验报告、关键技术人员劳动合同、代理证书、授权委托书、银行资信证明、产品生产许可证等）。资格证明文件原件有造假的可能，仅要求提交复印件为造假提供了更大机会。一些投标人为获得投标资格、谋取中标，就会根据评审办法，有针对性地虚构其财务状况、业绩等资格条件，伪造、变造资格证明文件弄虚作假。

（一）资格证明文件弄虚作假情形的认定

《招标投标法》第五十四条明确禁止投标人弄虚作假，《招标投标法实施条例》第四十二条第二款详细规定了认定资格证明文件弄虚作假的几种常见情形，即（1）使用伪造、变造的许可证件，也就是假造实际从未获取过的许可证件（如营业执照、建筑业企业资质、安全生产许可证、专业人员注册执业资格证书、安全生产许可证、工业产品生产或制造许可证、特种设备安全监察许可、强制认证等），或者篡改获取的许可证件的许可范围、等级或有效期限等以欺瞒招标人；（2）提供虚假的财务状况或者业绩，财务状况和业绩情况是考核投标人履约能力的重要指标；（3）提供虚假的项目负责人或者主要技术人员简历、劳动关系证明，项目负责人或者主要技术人员是完成项目的重要人力资源保障；（4）提供虚假的信用状况，信用状况指标主要反映投标人是否受到行政处罚、违约以及安全责任事故等情况。

招标采购实践中弄虚作假行为层出不穷，不可能一一列举。实践中，经常碰到如业绩合同、资质证书、实验报告、劳动合同、营业执照等资格证明文件造假事件，基本上凡是能决定投标资格，影响评标因素的文件资料，都可能被造假。投标人其他虚假投标行为还有：（1）伪造印鉴投标；（2）提供虚假的剩余生产能力、试验报告；（3）提供虚假的知识产权、设备配备等信息，虚构技术实力；（4）提供虚假的人力资源配备信息；（5）提供虚假、引人误解的其他信息。只要是投标人隐瞒真实情况，提供虚假信息以证明其达到投标资格条件、谋取中标的行为，都可认定为弄虚作假行为。招标文件可在《招标投标法实施条例》第四十二条第二款规定的情形之外，针对项目实际提出更为完善具体的认定情形先予告知。

相关案例 3-35　　资格证明文件造假遭重罚

某火车站项目招标资格预审公告具体要求：近五年内具有铁路建设项目铁路客服系统关键设备（窗口售票、自动售票、自动检票、补票等票务系统设备，旅客服务集成管理平台，网络和安全设备）的应用、供货业绩，且无不良反映；具有有效的安全生产许可证，安全质量状况稳定，有良好的企业社会信誉；申请人拟派项目经理要求：须具备信息及相关专业一级注册建造师执业资格和有效的安全生产考核合格证书，职称高级以上，5 年以上铁路大中型或类似项目管理工作经验，具有 3 年以上的铁路营业线施工管理经验，3 年以上项目经理工作经验，良好的职业道德，且未在其他在建工程项目任职。后，根据举报，中国铁路总公司查实：某计算机股份有限公司资格预审文件所提供部分铁路业绩及项目经理铁路营业线施工管理业绩系伪造，存在弄虚作假、骗取中标行为，违背了《招标投标法》规定的公开、公平、公正和诚实信用的原则，取消该公司的中标资格；招标人在一年内暂停接受该公司所有铁路建设项目投标活动。

在社会诚信体系尚不完善的情况下，投标人为了追求经济利益，在自身资格条件不合格或者在投标竞争中不具有优势的情况下，容易伪造、变造资格证明文件，弄虚作假，以达到提高投标竞争优势，谋取中标的目的。本案中，投标人弄虚作假骗取中标情节严重，被取消中标资格及今后一段时间的中标资格实乃咎由自取。

（二）核实虚假资格证明文件的途径

资格预审和评标是核实虚假资格证明文件的主要环节，但往往因手段有限、时间受限，难以完全核实清楚。在招标投标活动其他环节，招标人也有相应手段核实，即使是评标结束甚至在下发中标通知书、签订合同之后，招标人仍有认定虚假资格证明文件和处理的途径。

一是实行资格预审的，招标人可要求资格预审申请人提交相关资格证明文件原件，或者在资格预审过程中要求补充提供原件进行审查。资格预审合格后，方可发出资格预审结果通知书。未通过资格预审的申请人不具有投标资格。

二是在招标文件中可要求投标人在投标截止时间之前，提交相关资格证明文件原件，由招标人或招标代理机构与其投标文件一一核对无误后退还原件。但其工作量较大，占用时间长，影响效率，适合于投标人数量较少的招标项目。发现提交虚假资格证明文件的，书面记录后提交评标委员会评审。

三是在评标过程中，评标委员会应当认真审查投标资格，对于资格证明文件真伪存疑的，可要求投标人澄清、说明或提交原件核实。资格证明文件弄虚作假的，否决其投标。

四是根据《招标投标法实施条例》第五十六条规定，招标人发现中标候选人存在提供虚假材料，可能影响其履约能力的，可以在发出中标通知书前，组织原评标委员会按照招标文件规定的标准和方法重新核实，审查确认。查实存在弄虚作假行为的，可取消其中标资格。

五是根据《招标投标法实施条例》第五十四条规定，对于依法必须进行招标的项目在中标候选人公示期间，投标人或者其他利害关系人对评标结果有异议，招标人应当对该异议反映的问题进行核实并作出答复。查实排名第一的中标候选人提供虚假材料，影响中标结果的，取消其中标资格，可以依次确定其他中标候选人为中标人，也可以重新招标。

六是投标人向招标投标行政监督部门投诉其他投标人或中标候选人有虚假投标行为，经调查确实存在违法行为的，可作出中标无效决定。

七是招标人可进行现场资格业绩核实，或者采取书面外调、网上信息查询、第三方协查等途径调查核实。根据《招标投标法实施条例》第四十八条规定，资格业绩核实、外调结果可作为招标人向评标委员会提供的评标所必需的信息作为评审依据。

八是中标通知书下发之后，发现存在弄虚作假行为的，招标人还可以向招标投标行政监督部门反映要求查处。

在前述各个阶段，鉴于一些资格证明文件的核实具有一定的专业性，仅靠招标人、招标投标行政监督部门工作人员或评标专家的能力和技术条件难以准确判定，此时可以要求投标人提交的资格证明文件必须经过公证，也可以请求第三方机构或专业技术人员配合核实。例如，联系投标文件载明的相关项目业主单位协查，对业绩证明文件真伪出具证明；联系资质证书、生产许可证、试验报告等出具单位，对证书、报告的真实性予以鉴别；与发证单位联网，实行信息共享机制，防止资质证件、试验报告等造假。

九是投标人弄虚作假、骗取中标的，根据《招标投标法》第五十四条、《民法典》第一百五十三条、《最高人民法院关于审理建设工程施工合同纠纷案件适用法律问题的解释（一）》（法释〔2020〕25号）第一条第一款第（三）项规定，中标无效，合同亦无效。因此，在合同签订之后，招标人如发现弄虚作假骗取中标的，可请求人民法院或仲裁机构确认合同无效。

四、对于弄虚作假投标行为的法律处理

结合《招标投标法》和《招标投标法实施条例》规定，认定弄虚作假的主体包括资格审查委员会、评标委员会、行政监督部门以及司法机关和仲裁机构，都有权认定弄虚作假行为并依据招标投标法或招标文件规定作出处理。

（一）招标人对虚假投标行为的法律处理

资格预审申请人弄虚作假骗取投标资格的，根据《招标投标法实施条例》第十九条规定，招标人可作出不予通过资格预审的决定。

在评标过程中，评标委员会发现投标人弄虚作假的，根据《评标委员会和评标方法暂行规定》第二十条、《招标投标法实施条例》第五十一条规定，应当否决其投标。

在中标候选人公示期间查实投标人弄虚作假的，招标人可以根据《招标投标法实施条例》第五十四条规定，取消其中标资格。

在中标通知书下发、合同签订之后，可以根据《招标投标法》第五十四条、《民法典》第一百五十三条、《最高人民法院关于审理建设工程施工合同纠纷案件

适用法律问题的解释（一）》（法释〔2020〕25号）第一条第一款第三项规定，请求人民法院或者仲裁机构确认合同无效。造成损失的，招标人可以依法追究其赔偿责任。

相关案例 3-36　虚假投标的中标无效合同亦无效[①]

科技公司在招标文件中要求投标人提供投标货物的有关生产许可证和产品鉴定证书（复印件）等资格证明文件。工程公司中标并签订了《采购合同》。工程公司履行了供货义务，科技公司支付了货款。后双方因合同义务的履行发生分歧，诉至法院。

某货物采购招标，法院查实投标人工程公司投标文件所附的资格证明文件存在如下问题：（1）住房和城乡建设部办公厅就《工程设计证书》复函法院称系伪造；（2）省科学技术厅就《新产品新技术鉴定验收证书》出具证明：省科学技术厅负责组织全省科技成果鉴定，印章为省科学技术厅"成果鉴定专用章"，而非省科学技术厅"技术开发成果鉴定专用章"；（3）科学技术部火炬高技术产业开发中心就《重点高新技术企业证书》复函法院称：经核实，《重点高新技术企业证书》（复印件）载明批准文件不涉及国家火炬计划重点高新技术企业，当年国家火炬计划重点高新技术企业名单中没有工程公司；（4）全国工业产品生产许可证审查中心就《全国工业产品生产许可证》复函法院：经查，该编号的证书为XBF公司所有，获证产品电线电缆；（5）中国工程咨询协会就《工程咨询资格证书》复函法院：发证机关从未颁发过该证书，所载编号的《工程咨询资格证书》的真实单位名称是SC公司。

法院认为，工程公司不具备科技公司招标文件中对投标人资格条件的规定，违背诚实信用原则，在其投标文件中使用伪造、变造的有关生产许可证和产品鉴定证书等方式弄虚作假，骗取中标，导致中标无效。双方签订的《采购合同》是

① 本案例素材来源于中国裁判文书网，（2014）焦民二终字第00010号民事判决书。

基于中标而签订的，工程公司违反《招标投标法》《招标投标法实施条例》规定弄虚作假，骗取中标，故该《采购合同》无效。

法院判决，科技公司与工程公司签订的《采购合同》无效；工程公司返还科技公司设备款298万元；科技公司返还工程公司自动化控制系统等9类设备各4套。

另外，招标文件通常会规定："投标人串通投标、弄虚作假、以他人名义投标、行贿或有其他违法行为的，其投标将被否决（或该投标人参与本次投标的所有标段将被否决），且招标人不退还投标保证金，招标人还将有权拒绝该投标人在今后一段时间内的任何投标"，这些条款是招标人对失信行为自主决定的一种制约措施。招标文件有此规定的，如投标人弄虚作假，招标人即可按照规定否决该投标人的投标，不退还投标保证金；情节严重的，还可根据失信行为处理办法，取消该投标人一定时间（通常为1—3年）的投标资格。

（二）招标投标行政监督部门对虚假投标行为的法律处理

投标人弄虚作假，骗取中标的，招标投标行政监督部门可以决定中标无效，处以罚款，没收违法所得；情节严重的，取消其1年至3年内参加依法必须进行招标的项目的投标资格，直至由市场监督管理机关吊销营业执照。对于弄虚作假违法行为作出的行政处理决定，还可按照《招标投标违法行为记录公告暂行办法》规定予以公告。

《招标投标法》第五十四条规定："投标人以他人名义投标或者以其他方式弄虚作假，骗取中标的，中标无效，给招标人造成损失的，依法承担赔偿责任；构成犯罪的，依法追究刑事责任。依法必须进行招标的项目的投标人有前款所列行为尚未构成犯罪的，处中标项目金额千分之五以上千分之十以下的罚款，对单位直接负责的主管人员和其他直接责任人员处单位罚款数额百分之五以上百分之十以下的罚款；有违法所得的，并处没收违法所得；情节严重的，取消其一年至三年内参加依法必须进行招标的项目的投标资格并予以公告，直至由工商行政管理机关吊销营业执照。”

《招标投标法实施条例》第六十八条规定：“投标人以他人名义投标或者以其他方式弄虚作假骗取中标的，中标无效；构成犯罪的，依法追究刑事责任；尚不构成犯罪的，依照招标投标法第五十四条的规定处罚。依法必须进行招标的项目的投标人未中标的，对单位的罚款金额按照招标项目合同金额依照招标投标法规定的比例计算。投标人有下列行为之一的，属于招标投标法第五十四条规定的情节严重行为，由有关行政监督部门取消其1年至3年内参加依法必须进行招标的项目的投标资格：（一）伪造、变造资格、资质证书或者其他许可证件骗取中标；（二）3年内2次以上使用他人名义投标；（三）弄虚作假骗取中标给招标人造成直接经济损失30万元以上；（四）其他弄虚作假骗取中标情节严重的行为。投标人自本条第二款规定的处罚执行期限届满之日起3年内又有该款所列违法行为之一的，或者弄虚作假骗取中标情节特别严重的，由工商行政管理机关吊销营业执照。”

（三）司法机关对虚假投标行为的法律处理

投标人弄虚作假的行为，可能构成《刑法》第二百二十四条规定的合同诈骗罪。合同诈骗罪是指以非法占有为目的，在签订、履行合同过程中，采取虚构事实或者隐瞒真相等欺骗手段，骗取对方当事人的财物，数额较大的行为。《刑法》第二百二十四条规定：“有下列情形之一，以非法占有为目的，在签订、履行合同过程中，骗取对方当事人财物，数额较大的，处三年以下有期徒刑或者拘役，并处或者单处罚金；数额巨大或者有其他严重情节的，处三年以上十年以下有期徒刑，并处罚金；数额特别巨大或者有其他特别严重情节的，处十年以上有期徒刑或者无期徒刑，并处罚金或者没收财产：（一）以虚构的单位或者冒用他人名义签订合同的；（二）以伪造、变造、作废的票据或者其他虚假的产权证明作担保的；（三）没有实际履行能力，以先履行小额合同或者部分履行合同的方法，诱骗对方当事人继续签订和履行合同的；（四）收受对方当事人给付的货物、货款、预付款或者担保财产后逃匿的；（五）以其他方法骗取对方当事人财物的。”这里所说的“其他方法”，包括投标人明知没有履行合同的能力，却使用伪造、变造或者无效的证明文件等欺骗手段与他人签订合同，骗取财物的行为。根据《最高人民检察院、公安部关于公安机关管辖的刑事案件立案追诉标准的规定（二）》（2022年修订）第六十九条规定，以非法占有为目的，在签订、履行合同过程中，骗取对方当事人财物，数额在二万元以上的，应予立案追诉。投标人弄虚作假涉嫌合同诈骗罪的，包括招标人、其他投标人在内的任何单位和个人都有权向公安机关举报，要求追究其刑事责任。

治理招标投标弄虚作假行为，净化招标投标市场，有待于进一步完善立法，推动建立招标投标诚信体系和失信惩罚机制，建立完善的追责、查处制度，推行电子招标投标，在招标文件中制定合理的投标资格条件和审查规则，执法部门、司法机关认真查处，形成合力，使招标人不能、不敢伪造、变造资格证明文件弄虚作假投标。

4

第四章

开标阶段法律实务

开标是招标投标过程中的一个重要环节，它是投标与评标过程中的重要衔接阶段，发挥着承前启后的作用，而且主要体现为一系列的程序性行为，以程序的规范、公开体现招标投标法规定的公开原则。开标就是根据招标文件规定的时间和地点将各投标人的投标文件正式开启的行为，要如实公布和记录开标过程以及投标文件的唱标内容，以加强招标人和投标人之间以及投标人相互之间的监督。规范的开标制度是招标投标活动成功的重要保证。

第一节　开标活动

一、关于开标的法律规定

在开标活动中，常见以下不规范行为：一是开标过程基本上由招标人或招标代理机构全权负责，投标人参与程度和开标程序的公开程度不够，开标程序混乱。二是没有按照事前通知的开标地点和时间开标，开标时间与投标截止时间不一致，开标地点与投标地点不一致，容易导致投标人失去投标机会。三是招标人对开标过程中出现的意外情况处理不妥当，容易引起投标人的质疑和投诉。四是开标记录内容不全，一旦投标人投诉或者提出异议时，就无法提供齐全的开标记录作为证据来保护招标人自身合法权益。

为规范开标活动，确保招标投标活动的公开，《招标投标法》第三十四条规定："开标应当在招标文件确定的提交投标文件截止时间的同一时间公开进行；开标地点应当为招标文件中预先确定的地点。"第三十五条规定："开标由招标人主持，邀请所有投标人参加。"第三十六条规定："开标时，由投标人或者其推选的代表检查投标文件的密封情况，也可以由招标人委托的公证机构检查并公证；经确认无误后，由工作人员当众拆封，宣读投标人名称、投标价格和投标文件的其他主要内容。招标人在招标文件要求提交投标文件的截止时间前收到的所有投标文件，开标时都应当当众予以拆封、宣读。开标过程应当记录，并存档备查。"

《招标投标法实施条例》第四十四条也规定："招标人应当按照招标文件规定的时间、地点开标。投标人少于3个的，不得开标；招标人应当重新招标。投标人对开标有异议的，应当在开标现场提出，招标人应当当场作出答复，并制作记录。"

显然，这些法条对开标活动的时间和地点、参加人以及程序作出明确规定，是招标人组织开标活动的基本遵循，是实现公开原则的基本保障。

二、开标时间、地点

坚持即时开标制度。开标应当在招标文件确定的投标截止时间的同一时间进行，开标地点应当与递交投标文件的地点一致，这有利于防止作弊者利用投标截止时间之后与开标之间的时间差，暗中开启投标文件进行违法修改、泄露投标文件或暗箱操作，以提高招标透明度和公开性。

开标时间与地点必须事先在招标文件中规定，开标应该按照招标文件规定的时间和地点进行。开标时间一般应当具体到某年某月某日几点几分。开标地点一般应具体到××市××区（县）××街道××号××楼××层××号房间，以便投标人准确把握详细具体的时间地点，准确地递交投标文件。开标时间和地点作为招标文件的重要内容，关系到投标人能否顺利投标，这是不能随意改变的。

相关案例4–1 临时决定推迟开标时间存风险

某货物招标项目购买招标文件的潜在投标人共有A、B、C三家，开标时间为上午10:00时。在招标文件规定的投标截止时间前，A、B两家均递交了投标文件。上午9:30时，招标代理机构工作人员接到C投标人代表电话，说由于大雾飞机晚点，其无法在规定时间内赶到，要求推迟1小时开标。招标代理机构与招标人协商后，认为工程进度比较紧张，重新招标时间来不及，希望与A、B两家投标人协商推迟开标时间。经协商，A、B两家投标人代表均表示同意推迟1小时开标，并且同时写下承诺书：同意将开标时间推迟至11:00时。于是，招标人现场宣布将开标时间推迟，在延迟后的时间内，C投标人及时赶到递交了投标文件。

开标后，C投标人以综合评分最高成为排名第一的中标候选人。A、B两家投标人得知消息后均反悔，认为当初不了解法律法规，错误地认为招标人有权延迟开标，经咨询专业律师后，才知道招标人延迟开标的做法违法，于是，向招标人发出书面质疑文件，要求取消C投标人的中标候选人资格，依法重新招标。

招标人如果基于合理原因需要在其后变更开标时间和地点的，应该按照《招标投标法》关于修改招标文件的规定办理并及时通知所有投标人。如果变更开标时间和地点，影响投标人编制投标文件的（如提前开标时间），应在投标截止时间之前15天修改招标文件并书面通知所有购买招标文件的潜在投标人；如果属于延后开标时间、对开标地点变更的，一般不会影响投标人编制投标文件的时间，可不受前述提前15天的限制。

相关案例4-2　变更开标地点未及时通知

某单位通过招标方式采购一批设备，2015年3月27日为投标截止时间，投标单位按招标文件要求，按时将投标文件交到了指定地点。招标单位做好了投标文件接收工作，核对了投标文件密封情况，做了接收时间的记录并出具回执。招标文件规定开标地点为A处（递交投标文件地点），招标人2015年3月28日上午9点在B处准时开标。在开标过程中，当正在唱第一个子项目投标报价时，会场门口传来一阵嚷嚷声，是一位晚到的投标商代表，声称："昨天你们怎么不通知更改了开标地点，我还以为还是在A处开标，害得我折腾了半天。"按招标文件规定，在开标截止时间后送达的投标文件，将不予受理。经商量并征得领导同意后，主持人同意受理该投标文件。

《招标投标法》第三十四条规定：开标应当在招标文件确定的提交投标文件截止时间的同一时间公开进行。本案中，投标截止时间为3月27日，开标时间为3月28日，明显不符合规定。

本案中的招标文件规定开标地点为A处，招标人却临时改在B处，且未通知所有投标人，其行为违反了《招标投标法》第三十四条规定：开标地点应当为招标文件中预先确定的地点。即便有合理理由变更开标地点的，也应提前书面通知所有投标文件接收人。

本案中接收迟到的投标文件的做法也是错误的。按《招标投标法实施条例》第三十六条的规定，在投标截止时间后送达的投标文件，招标人应当拒收。

三、开标的主持人与参加人

（一）开标的主持人

开标会议通常由招标人主持召开，会议应邀请所有投标人或其委托代理人（通常须是授权代表）参加。为保证开标结果的公正、合法，重大招标项目的开标仪式还可以邀请公证机关参加，对开标活动的合法性予以公证。

相关案例 4-3　　未按规定递交投标保证金

某设备招标项目开标活动由评标委员会主持，在宣读投标保证金时，发现有一位投标人未按招标文件规定的方式提交投标保证金，主持人委婉地说：投标保证金是否有效，有待评标专家在评审中认定。后投标人申辩说：我们搞错了，我们马上按招标文件要求换一种方式。主持人在征求领导意见后同意。

开标由评标委员会成员主持违反了《招标投标法》规定的开标应由招标人主持的规定，而且违反了在中标结果发布前对评标委员会成员名单保密的规定。

提交的保证金不符合要求的，其投标应无效。投标人未按招标文件规定的方式递交投标保证金，应视为非响应性投标，应当交由评标委员会在评标过程中认定并予以拒绝。

（二）开标的参加人

招标人（包括招标代理机构）应邀请所有投标人参加开标仪式，也应允许所有投标人参与开标仪式，不得拒绝，以监督开标仪式是否按法定程序进行。为了保证开标的公开性和公正性，还可以委托公证机构监标或建立监标专家库从中随机抽取监标人，邀请政府管理部门代表或新闻媒体代表等其他人员参与开标仪式，增强开标程序的公开透明度，当然同时也会增加额外的费用。

应注意的是：

第一，法律关于参加开标仪式的规定，只是为了保证所有投标人参与开标仪式的权利，如果投标人不参加开标仪式，并不影响其投标。因为《招标投标法》第三十五条的规定只是要求招标人须邀请所有投标人参加开标会，招标人有邀请所有投标人参加开标会的义务，《工程建设项目货物招标投标办法》第四十条第二款也规定："投标人或其授权代表有权出席开标会，也可以自主决定不参加开标会。"可见，只要投标人在投标截止前按招标文件的规定提交了投标保证金和投标文件，而无论是否参加或派谁参加（是否有授权书）开标会，其投标都是有效的，也就是说投标人有放弃参加开标会的权利。投标人出席情况应当记载于开标记录中。因此，个别招标文件关于"投标人代表必须参加开标仪式（或另加'须持有效投标授权到场'之条件），否则其投标无效"的规定是无效的。另外，招标人不得拒绝投标人参加开标仪式。

投标人为了了解投标竞争情况，及时行使其开标现场异议的权利，监督招标投标活动规范开展，应派代表积极参加开标活动。根据《招标投标法实施条例》第四十四条和第六十条规定，投标人应当尽可能委派代表出席开标会，以便在对开标结果有意见时能当场提出异议，招标人不及时纠正的，可以根据《招标投标法实施条例》第六十条规定及时向有关行政监督部门投诉。如果投标人未参加开标的，视同认可开标结果，其也就无从在开标现场提起异议。对于电子招标投标项目，参加开标时投标人的义务是应当参加开标仪式，并配合做好投标文件解密工作。

相关案例 4-4　对自己如此不负责任的投标人

某单位招标采购一批项目设备、材料，数量多、品种多、投标单位多、资质要求多、业绩要求多。递交投标文件截止时间和开标时间均为上午10点整。有16个投标人代表出席，共递交137份投标文件，其中有一个出席者同时代表两个投标人。业主通知此人，他只能投一份投标文件而应撤回另一份投标文件。因为投标文件太多，投标文件（报价、保函在开标现场递交）递交地点与开标地点不一致，这在招标文件中写得很清楚。开标会议开始前，投标人递交报价、保函，并在开标会议报到册上签到。

10点整开标会议宣布开始后，招标人首先请几位投标单位代表上主席台共同监督，确认投标文件的密封完整性。唱标顺序按各投标单位报送投标文件时间先后的逆顺序进行。当众宣读有效标书的投标单位名称、报价及修改通知（声明）、投标保证金以及招标单位认为有必要的其他重要内容。这其中出现了不少问题，大多属于投标人对自己不负责任造成的：有投标单位忘了在投标文件封口处加盖公章；有投标函忘了盖公章、签名的；有投标保证金没有达到投标总价的2%金额要求的；有的投标单位没有按要求在报价单上盖章、签名；有的投标保证金没有按招标文件规定的电汇和转账方式支付；有中途赶到开标会场的；有中途修改招标文件或撤回招标文件的；还有的在中途提交折扣声明，等等。

对本案中的上述问题，应按照如下思路处理：

1. 投标单位投标文件没有密封，忘了在投标文件封口处加盖公章，不符合招标文件要求的投标文件，招标人应予当场拒绝。

2. 投标文件无单位盖章也无法定代表人或法定代表人授权的代理人签字或盖章，属于实质上没有响应招标文件要求的，提交评标委员会评审可以否决投标。

3. 投标保证金没有达到投标总价的2%金额要求的，或投标保证金没有按招标文件规定的以电汇和转账的方式支付的，属于没有实质性响应招标文件的规定。

4. 对有开标中途赶到开标会场的投标商，其提交的投标文件应予以拒绝。

5. 投标人在提交投标文件后可对其投标文件进行修改或撤销，但投标截止日期后不得修改投标文件，投标人也不得在投标截止之日至规定的投标文件有效期满前撤销投标文件，否则招标代理机构将按规定没收其投标保证金，故本案中不得中途修改和撤销投标文件。

6. 在同一项目中同一人代表两家投标，涉嫌串通投标。

7. 在预定递交投标文件截止期及开标时间已过的情况下，不论由于何种原因，业主可以拒绝迟交的投标文件。理由是，开标时间已到，部分投标文件的内容可能已宣读，迟交投标文件的投标人就有可能作有利于自己的修改。这样，对已在开标前递交投标文件的投标人不公平。《招标投标法》第二十八条明文规定：在招标文件要求提交投标文件的截止时间后送达的投标文件，招标人应当拒收。

第二，《评标委员会和评标方法暂行规定》第八条规定，“评标委员会成员名单一般应于开标前确定。评标委员会成员名单在中标结果确定前应当保密”，因此不得邀请评标专家出席开标会议，这样容易暴露评标专家身份，达不到保密的要求。

相关案例 4-5　开标与评标地点相同

某单位采购一批设备，估算价格 30 万元，其招标文件规定：招标人于 6 月 30 日在 ×× 酒店会议室召开开标评标定标会，会议在投标人的法定代表人或授权代表在场的情况下进行，投标人代表签名报到，以证明其出席开标会。投标人的法定代表人或授权代表未能按时参加开标会议的视为自行弃权。

本案例中，不能把开标会与评标、定标会在一个会上先后进行，因为开标是公开进行的，而评标和定标是在保密的条件下进行的。另外，邀请投标人参加开标仪式，是为了增强开标的透明度和公正性，如果投标人不参加开标仪式，并不影响其投标。上述内容有歧义，建议修改为“投标人代表未参加开标会议的视为自行放弃参加开标的权利，但不影响其投标”。

四、开标程序

开标必须遵循法定的程序。《招标投标法》第三十六条第一款规定："开标时，由投标人或者其推选的代表检查投标文件的密封情况，也可以由招标人委托的公证机构检查并公证；经确认无误后，由工作人员当众拆封，宣读投标人名称、投标价格和投标文件的其他主要内容。"

第一，开标仪式由招标人或委托招标代理机构主持，首先宣布开标纪律，公布在投标截止时间前递交投标文件的投标人名称，宣布开标人、唱标人、记录人、监标人等有关人员姓名，做好开标前的准备工作。

第二，由投标人或者其推选代表检查投标文件密封情况，也可以由招标人委托公证机构检查并予以公证；设有标底的，公布标底。在这里注意，投标文件的密封性只能由投标人或公证机关予以检查，有利于投标人对招标人进行监督，也有利于投标人之间的相互监督。实践中，招标人或招标代理机构自行检查的做法都是错误的。开标时，如果发现投标文件密封存在问题的，应当记录在开标记录中，留待事后核实处理。

第三，经检查确认无误后，宣布投标文件开标顺序并当众拆封在投标截止时间前收到的所有投标文件，或者按照招标文件载明的开标顺序直接拆封。

第四，招标人按照开标顺序公开当众宣读所有被开启的投标文件的主要内容，如投标人名称、所投标段名称、投标保证金的递交情况、投标报价、优惠条件、备注项等主要内容，并记录在案。

开标顺序在招标文件中有规定的从其规定，常用有现场抽签法，按购买招标文件或递交投标文件的正 / 逆顺序法或者按投标人英文名称的排序法，前者只适用于投标人较少的情况，为保持开标仪式的严肃性，宜采用后两种形式。

第五，投标人代表、招标人代表、监标人、记录人等有关人员在开标记录上签字确认，开标仪式随之结束。

开标记录应完整如实记录以下内容：（1）开标时间、地点；（2）招标项目及标段 / 标包名称；（3）投标人名称；（4）密封检查情况；（5）投标报价；（6）标底或最高投标限价（如有）;（7）异议及答复情况;（8）开标过程需要说明的其他问题。

招标项目如果允许投标人以外币报价而且多个投标人都以不同币种报价的，应当以开标当日的银行挂牌汇率换算成人民币或者其他统一的币种，这样才具有可比性。

投标截止时停止接收投标文件，如果在投标截止时间之后收到投标文件的（如邮寄送达的），按照无效投标处理，不予开封并退回，更不能在开标仪式上公布其投标文件，其法律意义在于没有开封或开标时没有被宣读的投标均不在之后的评标阶段予以考虑。

相关案例 4–6　无效投标反中标

某设备订货招标项目开标仪式上，D公司没有提交投标保证金，在唱标过程中被当场宣布依据招标文件明文规定因无投标保证金而投标无效。当时D公司参与投标的人在下面出示了银行卡，而后于当日下午（开标之后）给招标公司发来了银行汇票凭证传真。之后，评标委员会认为D公司已经补充提交投标保证金，对招标人而言没有什么风险，遂决定对其投标文件也予以评审，最终结果是D公司中标。其他投标人对这次招标的公正性纷纷表示怀疑，追问招标人应为无效投标人反而中标，必有“猫腻”。

本案中，D公司提交的投标文件因未附投标保证金是应予拒绝的。按照惯例和我国《招标投标法》的有关规定，招标人在招标文件要求提交投标文件的截止时间前收到的所有投标文件，开标时都应当当众予以拆封、宣读，因此招标人可以开启、宣读，其中说明无投标保证金并当场公布也是正确的，但其投标无效应由评标委员会作出判定。该企业投标无效，无资格入围下一阶段的评标，就更谈不上中标了，后续的做法确实违反法律规定，招标人应当取消其中标决定，重新定标，否则行政监督部门也有权查处，责令改正。

开标过程应当记录。投标人应在开标记录上签字确认以存档备查。如果投标人没有出席开标仪式，是否有权获得开标记录，法律没有规定，但为了提高公开程度，招标人应投标人请求可以提供开标记录。

五、开标现场异常情况的处理

开标仪式主要是公开宣布投标文件中的主要内容，确认投标文件的效力，开标过程中发现投标文件中的问题和瑕疵多种多样，招标人应依据招标投标法律法规和招标文件规定，对不符合要求的投标文件按照不同情况区别处理。

1. 对投标文件密封不合格的处理。《招标投标法》第三十六条规定，开标时，由投标人或者其推选的代表检查投标文件的密封情况或由招标人委托的公证机构检查并公证且经确认无误后，由工作人员当众拆封、唱标，言下之意是只有密封的投标文件才存在开标问题，但是如在开标时才发现投标文件未按招标文件的规定密封、未密封或已经被开启的，只要投标人的报价未泄密，开标应继续进行，绝不能把未密封好的投标文件作为无效投标或否决投标，因为密封好坏不是实质性偏差，不会影响投标人的投标质量，除非招标文件明确规定密封不合格的为无效投标时，否则不得开标，应当原封不动退还投标人。如果投标人的投标报价可能泄露，此时不得开标，应查明原因追究责任人的责任。因招标人或招标代理机构保存不当和泄密的，投标人有权投诉，追究其责任。

因此，招标人及招标代理机构、投标人都应当注意递交投标文件时的密封性，投标文件接收人要注意检查密封情况，对不符合要求的坚决拒绝接收；接受密封合格的投标文件时，招标人必须履行完备的签收、登记和备案手续，向投标人出具收据，并做好投标文件的保管、保密工作。签收人要记录投标文件递交的日期和地点以及密封状况，签收人签名后应将所有递交的投标文件放置在保密安全的地方，任何人不得开启投标文件。

相关案例 4-7　**投标文件没按要求密封**

某设备采购项目公开招标。开标会前3分钟，招标公司发现A公司投标文件没有按要求密封，决定退回该投标文件。A公司请求立即重新密封，参与开标，但招标公司认为开标即将开始，已经来不及密封。A公司认为投标文件是否合格，应在开标后由投标人代表检查后决定，其公司有权参加开标会。最后同意A公司参与投标，但在开标中被判了无效标。另外，宣读报价时，发现B公司没有报价单，该公司解释其报价单与投标文件密封在一起，招标公司当即表示，招标文件已规定报价单要单独密封，B公司未响应该要求，且有其他投标人反对，遂当场宣布B公司投标无效，该公司提出招标文件并没有规定报价单没有单独密封就要视为无效标。

对投标文件密封的符合性检查应在投标时间截止之前最迟在开标时，对于投标截止时间之前密封不合格的投标文件，招标人有权拒收，已经收取的应予退回，如果重新密封后未超过投标截止时间的，可以再收取。如果在开标时才发现密封不合格，可以如实记录在开标记录上，交由评标委员会决定。本案例中，A公司的投标文件不能在投标截止时间之前重新密封的可以拒收。报价单未单独密封，只要没有泄密或者影响评标，就不能认定为重大偏差，B公司投标有效，但如果招标文件已经将报价单单独密封作为实质性内容或者规定如未单独密封投标无效，则将B公司投标认定为无效标的做法是正确的。但是投标有效与否，应由评标委员会判定。

2. 开标工作人员包括监督人员不应在开标现场对投标文件作出有效或者无效的判断处理。例如，在开标中发现投标文件未加盖单位公章及法定代表人或委托代理人印鉴，未按招标文件格式要求编制投标文件等偏差情形，应在开标记录上详细注明留待评标委员会处理，如果评标委员会认定构成重大偏差（如投标报价函、投标授权书未加盖印章或未签字，报价方式不符合招标文件要求），则按照无效投标处理，如仅属于“含义不明确”或有笔误的情况，应允许投标人予以澄清、说明和补正，如投标报价大小写不一致、单价与总价不一致，投标文件没有根据要求按照标段分开包装，投标人或者所投标段内容与名称个别文字表述错误，都属于细微偏差，可以与投标文件核对或要求澄清、说明和补正即可。

相关案例 4-8　　报价函中漏打“万”单位

某工程招标中，某投标人的报价函载明的报价为376元，但在投标文件中报价均是376万元。开标发现问题后，招标人作了核对，当场将报价宣读为376万元，但监督部门以“同一投标文件中出现两个报价，且未书面申明以哪个报价为准”为由，宣布投标无效。

监督部门做法不正确，不能未经澄清、说明就轻易作出否决投标的处理，而且投标无效的决定权在评标委员会。本案例中明显属于漏字的简单错误，可以要求投标人澄清调整，如果投标人不同意变动，则按照投标无效处理。属于实质性偏差的，不允许澄清，但如果属于漏字、标段写错或者信封装错等非实质性偏差，应允许澄清、补正。

根据《招标投标法》第二十八条“投标人少于三个的，招标人应当依照本法重新招标”以及《招标投标法实施条例》第四十四条第二款“投标人少于3个的，不得开标；招标人应当重新招标”的规定，如果在投标截止时间已届满，但投标人少于三个，此时不得开标，应当依法重新招标，但如果投标截止时间届满时，投标人达到三个及以上的，可以开标，如果在开标过程中发现有的投标文件因投标文件不齐全、密封不合格、报价有误应被认定为无效标等情形时，开标应继续进行，至于能否认定无效投标应留待评标时解决。

相关案例 4-9　开标后出现有效标不足三个

在项目开标活动中，截至投标截止时间共有三名投标人递交了投标文件，经检查有一名投标人的投标文件密封不符合招标文件要求。在这种情形下，对是否应当重新招标，招标人内部意见有两种观点：(1) 根据《工程建设项目施工招标投标办法》第五十条关于投标文件未按招标文件要求密封的，招标人不予受理的规定，招标人应当拒收密封不符合要求的投标文件，这样投标人不足三家，根据《招标投标法》第二十八条"投标人少于三个的，招标人应当依照本法重新招标"的规定，应当重新招标。(2) 根据《招标投标法》第三十六条第二款"招标人在招标文件要求提交投标文件的截止时间前收到的所有投标文件，开标时都应当当众予以拆封、宣读"的规定，在投标截止时间以前，招标人收到的所有投标文件是三份，因此虽然有一份投标文件密封不符合要求，但是在明确后还是要开封宣读，密封不符合要求的投标文件作为无效投标文件不进入评审。

笔者认为，《招标投标法》第二十八条规定："投标人少于三个的，招标人应当依照本法重新招标"，其本意是认为如果实际投标的投标人不足三家的，不能构成有效竞争，失去招标的意义，应重新招标。本案例中，投标人确有三家，符合法定要求，所以可以开标。其中一投标人因其投标文件的密封不合格被认定为无效投标后，有效的投标人不足三家，则可以根据《评标委员会和评标办法暂行规定》第二十七条"因有效投标不足三个使得投标明显缺乏竞争的，评标委员会可以否决全部投标"的规定，由评标委员会对剩下的两名投标人进行评审，如果具备竞争性则推荐中标候选人或确定中标人，没有竞争性则可以否决全部投标，由招标人组织重新招标。

3. 开标仪式只负责如实宣读开标内容，对投标文件的评审，包括澄清工作由评标委员会负责。因此在开标仪式上唱标时，如果发现投标文件中的内容有相互矛盾的情况时，允许投标人当场说明情况，但不能修改，应交由评标委员会在评标阶段处理。开标仪式上，如果唱标时报出的价格与投标文件载明的投标报价不一致，投标人也未提出异议，应以投标文件中载明的实际报价为准，这是投标人真实的意思表示，不能以唱标的价格为准，不能将开标人唱标错误的责任转嫁给投标人承担。也不排除唱标错误的价格对于该投标人更为有利，此时更应按照其实际投标报价予以纠正，否则对其他投标人不公平。

相关案例 4-10

开标为何中断数小时①

某招标项目有8家供应商按时递交了投标文件。开标时，招标代理公司工作人员当场检查发现有5家供应商材料提供不全，遂告知其因此被认定为无效标。但在随后唱标时又拿出了所有投标人包括5家被判无效标的公司的价格标材料。5家被判无效标的供应商当场提出既然他们已被判无效标，就不应该拿出这些材料，以免公司秘密外泄。招标代理公司工作人员解释他们按照程序应该唱标。被判无效标的供应商认为招标过程违反程序，纷纷表示抗议。开标会也就此中断2个小时。

按照《招标投标法》第三十六条规定，招标人在招标文件要求提交投标文件的截止时间前收到的所有投标文件，开标时都应当当众予以拆封、宣读。因此，不论投标文件是否有效或者是否齐全，只要是在投标截止时间之前接收的，都应当公开拆封、宣读。对于投标文件存在的如资料不全、包装不合格、报价有误等瑕疵问题如何处理，应交由评标委员会认定。本案例中，投标文件不全的，可以开标，但应当将此情况记入开标记录，招标代理机构无权判定是否为无效标。当然，被判无效标的公司若对招标投标过程有质疑，可向有关部门进行投诉或申诉，但不能阻扰招标投标活动的进行。

4. 对投标文件内容缺失的处理。开标时如果发现投标文件中无报价表、投标保证金等文件时，在投标文件其他部分中查找，如查找到应继续宣读投标文件，因为招标投标法律法规并未明确规定报价表、投标保证金必须区别于投标文件的

① 案例素材来自聂蕊著:《开标为何中断数小时》，载《政府采购信息报》2007年8月21日。

技术部分或商务部分单独提交，因此除非招标文件有强制性规定，无论报价表、投标保证金在投标文件中的任何地方被发现，均应视为有效。如投标文件其他部分仍未发现，或者招标文件明确规定报价表、投标保证金未包含在投标文件中的为否决投标条件的，可向投标人说明情况，在开标记录上注明并交由评标委员会处理。

相关案例 4-11　开标后调报价征得同意合理不合法

某建设工程招标项目开标会上，B公司发现其所投标5与标8的报价报反了，于是提出“撤回投标文件、重报价”的请求，招标公司在征得在场全体投标方的同意后，让其将报价互换调整。评标结束，B公司被推荐为标3、标5、标8的预中标人，有心拿下这几个标段的H公司开始后悔当初同意B公司调整报价的决定，向招标公司提出质疑，招标公司认为这纯属嫉妒，不予理会，H公司索性选择投诉。

根据《招标投标法》的规定，投标截止时间后，投标人不得补充、修改或者撤回已提交的投标文件，而且在确定中标人前，也不得与招标人就实质性内容进行谈判。本案例中，招标公司在开标后，确定中标人前还允许B公司撤回投标文件调整报价的做法显然违反上述规定。

六、电子开标

（一）关于电子开标的法律规定

实行电子开标的，根据《电子招标投标办法》第二十九条至第三十二条规定，电子开标应当按照招标文件确定的时间，在电子招标投标交易平台上公开进行，所有投标人均应当通过互联网在线签到，准时在线参加开标。

开标时，电子招标投标交易平台自动提取所有投标文件，提示招标人和投标人按招标文件规定方式按时在线解密。解密全部完成后，应当向所有投标人同时展示招标项目名称、投标人名称、投标报价和招标文件规定的其他开标内容。因投标人原因造成投标文件未解密的，视为撤销其投标文件；因投标人之外的原因造成投标文件未解密的，视为撤回其投标文件，投标人有权要求责任方赔偿因此遭受的直接损失。部分投标文件未解密的，其他投标文件的开标可以继续进行。招标人可以在招标文件中明确投标文件解密失败的补救方案，投标文件应按照招标文件的要求作出响应。

开标记录由电子招标投标交易平台自动生成，投标人代表可以通过互联网在线通过电子签名确认，之后向所有投标人和社会公众发布，但依法应当保密的除外。

（二）电子投标文件上传不成功的风险防范

《电子招标投标办法》第二十七条第一款规定："投标人应当在投标截止时间前完成投标文件的传输递交，并可以补充、修改或者撤回投标文件。投标截止时间前未完成投标文件传输的，视为撤回投标文件。投标截止时间后送达的投标文件，电子招标投标交易平台应当拒收。"这是执行《招标投标法》第二十九条及《招标投标法实施条例》第三十五条关于在电子招标投标环境下递交投标文件的具体规定。

从合同上讲，投标文件是投标人提出的要约，投标人向招标投标交易平台传输投标文件相当于递交了纸质投标文件。《民法典》第四百七十四条规定："要约生效的时间适用本法第一百三十七条的规定。"该法第一百三十七条规定："以对话方式作出的意思表示，相对人知道其内容时生效。以非对话方式作出的意思表示，到达相对人时生效。以非对话方式作出的采用数据电文形式的意思表示，相对人指定特定系统接收数据电文的，该数据电文进入该特定系统时生效；未指定特定系统的，相对人知道或者应当知道该数据电文进入其系统时生效。当事人对采用数据电文形式的意思表示的生效时间另有约定的，按照其约定。"《电子签名法》第十一条与此规定基本一致。电子投标文件成功上传至招标人指定的招标投标交易平台时，视为递交了投标文件。

在投标时间截止时，因投标人未传输、主动停止传输或因技术等原因传输未完成的，一概视为“撤回”，也就是“弃标”。投标截止时间后电子招标投标交易平台拒收投标文件，投标人就无法进行投标文件上传操作。对于电子投标文件传输是否成功的判定，应以加密的投标文件是否在投标截止时间前存在于电子招标投标交易平台服务器为准。至于上传不成功的原因，可另行查究，但不影响招标投标程序的继续进行。

投标文件传输不成功可能是投标人自身原因、网络原因或者招标投标交易平台技术因素造成的。招标人和电子招标投标交易平台的运营机构应加强事前培训，保障投标人能熟悉和掌握系统操作，开标前做好运维热线服务，随时解答投标人的技术问题，尤其对投标数量大的投标人、第一次参加投标的新投标人，应有针对性地做好培训和业务指导，减少上传不成功的技术风险。投标人应加强技术措施，防范电子投标信息被截获的风险。投标业务的执行过程必须在安全的环境中进行，敏感数据的传输必须经过加密。

（三）投标文件解密失败的后续处理

《招标投标法实施条例》第三十五条规定，“投标人撤回已提交的投标文件，应当在投标截止时间前书面通知招标人”，“投标截止后投标人撤销投标文件的，招标人可以不退还投标保证金”，即以投标截止时间作为分辨撤销、撤回的依据，而且撤回投标文件和撤销投标文件的法律后果是不同的。投标文件不允许撤销；投标人撤销投标文件的，将可能失去其投标保证金。

在电子招标投标过程中，投标文件虽然传输至招标投标交易平台，但因公网问题、平台问题、CA 证书问题、操作人员技术问题等因素存在不能解密的风险，对此《电子招标投标办法》第三十一条规定了处理原则，即“因投标人原因造成投标文件未解密的，视为撤销其投标文件；因投标人之外的原因造成投标文件未解密的，视为撤回其投标文件，投标人有权要求责任方赔偿因此遭受的直接损失。部分投标文件未解密的，其他投标文件的开标可以继续进行。招标人可以在招标文件中明确投标文件解密失败的补救方案，投标文件应按照招标文件的要求作出响应”。

因此，在电子招标投标过程中，因网络阻塞、断电或交易平台的技术障碍等非投标人原因导致投标文件不能解密的，视为投标人撤回投标文件，投标保证金将不会被扣留，此时投标人有权要求责任方赔偿其直接损失，一般应承担缔约过失责任，但现有规定对解密不成功的责任主体、程序和认定标准等没有作出规定，需要在实践基础上完善立法解决。由于投标人自身的原因导致投标文件不能解密的，视为撤销其投标文件，投标人将承担撤销招标文件的责任，招标人有权不退还投标保证金。

为了防范电子投标文件解密不成功带来的效率损失和法律风险，从技术上而言，应选用合适的解密方法，全面应用杀毒和反间谍软件工具，加强物理隔离、技术防范等措施。招标人可事前在招标文件中规定解密失败补救方案，如允许以用光盘输入或者调取公共服务平台备份的报价文件或纸质投标文件进行补录。还应简化解密判定规则，应仅从形式上进行判断和认定而不问原因，凡在当众公示的开标一览表中不显示、显示为空白或乱码的投标文件，一律判定为解密失败，以不影响招标投标程序的正常进行，事后再查明原因。

相关案例 4-12　电子投标文件解密失败的补救方案①

南通市某设计院有限公司与南通市通州区行政审批局、南通市通州区人民政府等行政批准、行政合同纠纷案时，就南通某设计院公司质疑的南通勘察公司以及案外人上海某建设公司在城东佳苑项目招投标过程中因未体现联合体协议书而未通过资格审查后，启用未加密的光盘文件，并被允许进入技术标评审阶段的合法性问题，南通市中级人民法院审理认为，《招标投标法》第十九条第一款规定："招标人应当根据招标项目的特点和需要编制招标文件。招标文件应当包括招标项目的技术要求、对投标人资格审查的标准、投标报价要求和评标标准等所有实质性要求和条件以及拟签订合同的主要条款。"城东佳苑项目招标文件第 24 条"特别提醒"规定了该项目招标文件和投标文件必须使用经测试过的专用工具软

① 本案例素材来源于裁判文书网，（2020）苏 06 行终 170 号行政判决书。

件编制，并通过网上招投标平台完成投标过程。南通某设计院公司、南通勘察公司以及案外人上海某建设公司等投标人均系根据招标文件的要求，通过统一平台上传投标文件。各投标人亦均按招标文件要求在制作电子投标文件时生成了用于上传到网上的加密投标文件与刻录到空白光盘上的不加密 NJSTF 格式文件。

本案最大的争议在于南通勘察公司及上海某建设公司的加密投标文件在系统显示“解密成功”的情况之下，未能体现必须提交的联合体协议书时，能否启用不加密的光盘文件。招标文件第 24 条“特别提醒”第(2)项明确“因投标人自身原因投标文件现场解密失败，视为投标人撤销其投标文件；因网上招投标平台发生故障的系统原因无法完成投标文件解密的，可以使用备用电子光盘进行现场导入评标系统，如投标人备用光盘未提供或无法导入上传时，视为投标人撤销其投标文件”。南通勘察公司以及上海某建设公司的投标文件未能显示联合体协议书是否可以归类为“招投标平台发生故障的系统原因”，该事实认定问题可以从以下几个方面进行分析：1. 从南通勘察公司以及上海某建设公司是否存在过错层面看，南通勘察公司以及上海某建设公司均系按照招标文件的要求，在统一使用的平台上依托新点公司制作的软件系统上传了投标文件。在评标现场，评标委员会以上述两家投标人缺少联合体协议为由宣布废标后，两家投标人均在现场立即提出了异议，评标委员会亦是在现场启用上述两家公司未加密的光盘文件进行查看，认定两家投标人确实提供了联合体协议书，可见南通勘察公司等投标人实际上传了联合体协议在评标当日即已经得到证实。后续在案涉招投标软件系统更新后，评标委员会成员也查实南通勘察公司等投标人的联合体协议书客观存在。因此，南通勘察公司、上海某建设公司对于未能显示联合体协议并不存在过错；2. 从案涉招投标系统在客观上是否存在问题层面看，城东佳苑项目评标现场，南通勘察公司、上海某建设公司被宣布废标后，现场即提出异议，招标代理即与新某公司取得了联系，新某公司反馈系因系统节点问题造成联合体协议书无法显示。新某公司也于 2018 年 7 月 26 日、8 月 17 日两次出具书面情况说明，对于联合体协议书节点未在评标系统中展示的情况进行了说明，并明确节点参数调整已经于 7 月 27 日推送更新。新某公司的工作人员在接受通州公管办调查时亦对 2018 年 7 月 24 日城东佳苑项目评标现场，招标代理公司工作人员、通州交易中心工作人员为南通勘察公司、上海某建设公司的联合体协议书未能显示提出的异议与其电话联系的情况作了陈述，对于节点参数未能被评标系统识别作了说明。在新某公司明确南通勘察公司等投标人的联合体协议书未能被系统识别展示系因系统参数原因的情况下，若由投标人承担不利后果，显然不合理；3. 从公平原则的层面看，招投标本质属于民事活动，招标人、投标人均应以社会正义、公平的观念作为指导原则，做到公正地衡平各方当事人的利益。根据新点公司的反馈，上传到“联合体协议书”节点内的文件都不能显示，但若将联合体协议书上传至其他节点，则可以正常显示。故能否正常显示取决于联合体投标人是否将联合体协议书上传至其他节点，但南通勘察公司、上海某建设公司将联合体协议书上传至系统内的“联合体协议书”节点本身并无不当，不能要求投标人对其合理行为承担不利责任。在招投标系统软件系统存在问题的情况下，是否产生后果也系概率性事件，系统显示“解密成功”也并不代表系统已将投标人的投标文件全部内容识别成功，南通设计院公司认为系统存在问题就应当发生所有投标人均不能正常显示投标文件的后果，该观点有失偏颇。当概率性消极事件发生于小部分投标人身上时，若要求该部分投标人承担由此产生的消极后果，显然有违公平原则；4.《电子招标投标办法》第三十一条规定：“因投标人原因造成投标文件未解密的，视为撤销其投标文件；因投标人之外的原因造成投标文件未解密的，视为撤回其投标文件，投标人有权要求责任方赔偿因此遭受的直接损失。部分投标文件未解密的，其他投标文件的开标可以继续进行。招标人可以在招标文件中明确投标文件解密失败的补救方案，投标文件应按照招标文件的要求作出响应。”南通设计院公司主张本案应适用该条款的规定，南通勘察公司的投标应当视为废标，并向新某公司主张赔偿损失。《电子招标投标办法》属于部门规章，在行政诉讼中可以参照适用，该条款规定的“招标人可以在招标文件中明确投标文件解密失败的补救方案，投标文件应按照招标文件的要求作出响应”，赋予了招标人在招标文件中对于文件解密失败另行制定补救措施的权利。本案中，城东佳苑项目招标文件中已明确要求投标人在使用工具制作电子投标文件时生成一个加密投标文件以及一个不加密的刻录到空白光盘上的 NJSTF 格式文件，在平台系统发生故障时启用备份文件。说明招标人针对平台可能发生故障导致投标文件无法解密的情况规定了相应的补救措施，各投标人实际按招标文件的规定提交加密投标文件与不加密光盘文件的行为，即系对应招标文件要求而作出的响应。南通勘察公司的投标文件未能被平台完整识别时，招标人、评标委员会决定根据招标文件启用备用光盘文件的行为并不违反《电子招标投标办法》的规定。综上分析，南通勘察公司以及上海某建设公司在评标现场未能展示“联合体协议书”确因平台系统原因导致，评标委员会经审核后撤销上述两家资格审查不通过的决定并无不当。

电子招标投标交易平台的运营机构还应当通过电子招标投标交易平台即时告知投标人，并同时查明原因，收集证据，应对可能产生的纠纷。发现有数据被盗等网络犯罪行为的，应立即向公安机关报案。对于解密不成功的，以退还投标保证金为宜。因为在电子招标投标情形下，投标文件解密不成功多为意外的技术因素引起，不是投标人有意为之，此时投标保证金应以退还为妥。

（四）投标不足三家的认定

《招标投标法实施条例》第四十四条第二款规定：“投标人少于 3 个的，不得开标；招标人应当重新招标。”《电子招标投标办法》第三十条规定：“开标时，电子招标投标交易平台自动提取所有投标文件，提示招标人和投标人按招标文件规定方式按时在线解密。解密全部完成后，应当向所有投标人公布投标人名称、投标价格和招标文件规定的其他内容。”也就是说，只要在开标前，将投标文件上传至招标投标交易平台的投标人足够 3 家即可开标，少于 3 家的不得开标，招标失败。

在电子招标投标情形下，投标人的数量不能以解密成功的投标文件数量来判定，而应以投标截止时间前通过网络传输送达至招标投标交易平台所在的服务器是否达到三家为准。需要注意的是，因此时的投标文件处于未解密的状态，仅需查清该项目成功上传投标文件的家数即可，而无须关注该文件是否能够解密成功。与纸质形式的招标投标类似，在拆开密封信封前检查递交信封的投标人满足三家即可开标，而无须考虑信封里的具体内容，即便投标文件内容不全，只要形式上满足三家及以上投标即可。

对于电子招标投标而言，在投标截止时，存在于电子招标投标交易平台服务器的投标文件在三家及以上的，即可开标，此时这些文件仍是未解密（等同于未拆封）的状态。由于解密失败，造成某标包内最终公示的投标人少于三家，但具有竞争性的，应继续开标、评标；如果该标包解密成功的投标人不足三家，评标委员会对其“竞争性”进行判定后，认为投标明显缺乏竞争的，如继续评标，则对招标人不利，达不到招标投标的最佳效果，应允许评标委员会根据《评标委员会和评标方法暂行规定》第二十七条规定否决全部投标，招标人在分析招标失败的原因并采取相应措施后，应当重新招标或者采用其他采购方式。

电子招标投标刚刚起步，必然还存在一些技术上或法律上的未知问题需要继续探索和解决。我们在推行电子招标投标的同时，还要按照最新法律规定不断地完善招标投标交易平台的功能，向技术上更加安全可靠的方向发展优化，并实现与公共服务平台、监督平台的数据对接，同时做好电子招标投标法律制度细化完善，保障电子招标投标制度普遍应用推行。

第二节　开标现场异议

《招标投标法实施条例》第四十四条第三款规定，“投标人对开标有异议的，应当在开标现场提出，招标人应当当场作出答复，并制作记录”，确立了开标现场异议制度。异议成立的，招标人应当及时纠正，或者提交评标委员会评审确认；异议不成立的，招标人应当当场给予解释说明。

一、投标人有权对开标提出异议

对于资格预审文件、招标文件的异议以及对评标结果的异议，对招标投标活动提出异议的主体，应为与招标投标活动有直接利害关系的人，包括投标人和其他利害关系人。但是对于开标活动而言，异议主体只能是投标人，也就是响应招标、实际参加投标竞争的法人、其他组织或者自然人（科技项目招标时允许）。

开标现场可能出现对投标文件提交、截标时间、开标程序、投标文件密封检查和开封、唱标内容、标底价格的合理性、开标记录、唱标次序等的争议，以及投标人和招标人或者投标人相互之间是否存在《招标投标法实施条例》第三十四条规定的利益冲突的情形，这些争议和问题如不及时加以解决，将影响招投标的有效性以及后续评标工作，事后纠正存在困难或者无法纠正。通过设置异议制度，投标人认为开标不符合有关规定的，应当在开标现场提出异议，招标人必须当场作出答复，以便及时解决争议，确保招投标工作效率。

受理异议的主体是招标人，开标活动在很多情况下委托招标代理机构主持进行，由于招标代理机构是招标人的代理人，根据代理人在代理权限范围内的行为应由被代理人承担行为结果的民事代理原理，招标代理机构所进行的招标活动均应由招标人承担其后果，因此招标代理机构也可以代招标人接受异议，进行答复。

二、招标人应当场答复异议

提出异议和答复异议均有很强的时效性，《招标投标法实施条例》第四十四条第三款规定，“投标人对开标有异议的，应当在开标现场提出，招标人应当当场作出答复，并制作记录”，一个“现场”一个“当场”，明确规定了投标人对开标活动提出异议的时间以及招标人答复该异议的时间。

对于开标活动，招标人提出异议或招标人的答复异议，都应当严格遵守其时效性，违反该时效规定即不能发生相应的法律后果。也就是说，只有在开标活动现场当即提出异议，招标人才有义务接受并答复；开标活动结束后，投标人若再提出异议，即为迟到的异议，不能发生应有的法律效果，招标人可不予接受，并可不予答复。同理，如果招标人对于开标的异议没有当场作出答复，则异议人有权立即向招标投标行政监督管理部门进行投诉。

只要投标人提出异议，招投标活动即应暂停进行，直至招标人对异议作出答复。招标人须在规定时间内对异议作出答复并通知异议人。无论投标人提出的异议是否成立，招标人均有在规定时间内答复的义务，须向异议人明示其异议是否成立。异议成立的，招标人应当及时采取纠正措施予以弥补，不能弥补的应重新招标，或者直接提交评标委员会评审确认；如果招标人认为投标人异议不成立的，招标人应当当场给予解释说明，招标投标活动也继续进行。异议和答复应记入开标会记录或者制作专门记录以备查。

相关案例 4-13　对价格提出异议直接答复否决投标不妥当

在某设备采购项目的开标仪式上，当招标代理机构开标人员宣读了某设备制造公司的投标报价之后，另一投标人当场提出异议，称："前面宣读的某设备制造公司提交了两份不同的报价，应当按照无效投标对待，否决其投标，不应当对其投标文件进行评审。"招标代理机构立即决定暂停开标活动，组织人员进行核实，实际情况是，招标文件允许投标人在提交主选方案的同时可以再提交一份备选方案。某设备制造公司提交了主选、备选方案各一份，但由于工作疏忽，在投标函中未注明哪个是主选方案报价，哪个是备选方案报价，按照招标文件规定应当否决投标。于是，招标代理机构开标人员当场宣布：经过核实，投标人异议有道理，某设备制造公司投标无效。

招标人对投标人提出的开标异议应当在开标现场当场答复，但不一定必须是实质性答复，也不保证异议人对答复表示满意。一般，对于开标程序方面的异议，如推迟或延长开标时间、密封检查、开标顺序的问题，招标人或招标代理机构完全可以立即予以实质性的答复，但是对于涉及投标是否有效、投标人资格条件是否合规、投标人是否存在违法行为等方面实体性的问题，都应当由评标委员会评审决定，招标人或招标代理机构无权作出评价，对此答复异议人"对此异议问题已经如实记录在案，将提交评标委员会评审后作出结论"即可，无须作出实质性的答复。在本案中，开标人员当场对某制造公司的投标判定为无效的做法为越权行为。

三、开标异议是投诉的前置条件

如果招标人在接受投标人提出的异议之后，未在开标现场当场答复或者对于该答复不满意的，则投标人有权在10日内进行投诉，而且投标人提出异议是进行投诉的前置程序。

《招标投标法实施条例》第六十条规定："投标人或者其他利害关系人认为招标投标活动不符合法律、行政法规规定的，可以自知道或者应当知道之日起10日内向有关行政监督部门投诉。投诉应当有明确的请求和必要的证明材料。就本条例第二十二条、第四十四条、第五十四条规定事项投诉的，应当先向招标人提出异议，异议答复期间不计算在前款规定的期限内。"

如果投标人在对开标活动进行投诉前没有对上述事项向招标人提出过异议，则行政监督管理部门对于该项投诉不予受理。招标人不按照规定对异议作出答复而继续进行招投标活动的，依据《招标投标法实施条例》第七十七条的规定，在招标人不按照规定对异议作出答复而继续进行招标投标活动的情况下，招标人将面临不利法律后果，一是由有关行政监督部门责令改正，二是拒不改正或者不能改正并影响中标结果的，依法重新招标或重新评标。

5

第五章

评标阶段法律实务

评标是招标活动的核心环节，评标由招标人依法组建的评标委员会负责。评标委员会主导评标过程，依照法律规定组建，对招标人负责，享有独立评审地位，其行为也受法律的规制。评标程序也有法律的明确规范，其目的在于所有接收的投标文件都应当得到公正对待、客观评审，确保将最符合招标人意愿、符合招标项目需求的投标遴选出来，为招标人从中择优选择中标人提供专家意见和建议方案。

第一节　评标委员会

评标委员会是由招标人依法组建的，负责按照招标文件规定的评标标准和方法对投标文件进行评审和比较，向招标人推荐中标候选人或者根据招标人的授权直接确定中标人的工作组[①]。评标委员会承担着评审投标文件、推荐中标候选人以及受托定标的重任。组建公道正派、业务素质高的评标委员会并客观公正地评标，对招标人选拔最优中标人至关重要。实践中，常出现评标委员会组建不合规、履职不规范、评标不公正等问题，影响了招标投标活动的公平、公正性。

一、评标委员会的组建

（一）评标委员会成员的来源

招标人应当严格依据法律规定选取评标专家，组建评标委员会。依据《评标委员会和评标方法暂行规定》第八条规定，评标委员会应由招标人负责组建，招标人也可授权招标代理机构负责组建评标委员会。评标委员会成员由两部分组成：一是招标人代表或其委托的招标代理机构熟悉相关业务的代表，二是有关技术、经济等方面的专家。招标代理机构工作人员可以作为“招标人代表”参加评标委

① 中国招标投标协会推荐性行业标准 ZBTB/T A01—2016《招标采购代理规范（2016 年版）》第 2.1.6 项。

员会，但根据《政府采购货物和服务招标投标管理办法》第四十七条规定，采购代理机构工作人员不得参加由本机构代理的政府采购项目的评标。

《评标委员会和评标方法暂行规定》第二条规定："本规定适用于依法必须招标项目的评标活动"，第十条第一款规定："评标委员会的专家成员应当从依法组建的专家库内的相关专家名单中确定。"因此，依法必须进行招标项目的评标专家应当从省级以上人民政府有关部门的专家名册或者招标代理机构的专家库中确定，不能从招标人自行组建的评标专家库中选择。但非依法必须进行招标项目的评标专家，同时可以从招标人自行组建的评标专家库中抽取。

在招投标实践中，由于评标专家库建设滞后，评标委员会的组建比较困难，选取的专家不适应评标工作要求，有的项目选取的专家因专业所限未必就能胜任评标工作甚至本身就是外行，直接影响最终评审效果，使评标工作有失客观公正。因此，建立专业划分科学合理、覆盖面广的专家库尤为重要。《招标投标法实施条例》第四十五条规定省级人民政府和国务院有关部门应当组建综合评标专家库，为各行业各领域的招标活动提供专家资源服务。建立综合评标专家库是评标专家库制度的发展方向。今后评标专家也可以从国家综合评标专家库或者省级人民政府建立的综合评标专家库中选取，这有助于解决评标专家类别和数量有限、能力水平良莠不齐、重大和技术复杂项目评标专家资源匮乏的实际问题，满足招标人对评标专家的多元需求，也有利于提高评标专业技能和综合素质，减少不当干扰和违规违纪评标行为。

招标人和招标代理机构应根据法律法规的规定和招标项目的规模、性质、专业等条件选择合适的专家库，一些特殊项目还要注意选择符合特定条件的专家库。例如，按照《评标专家和评标专家库管理暂行办法》第五条规定"政府投资项目的评标专家，必须从政府或者政府有关部门组建的评标专家库中抽取"。评标专家库选择不合规定，将影响评标的质量和公正性，甚至导致评标无效。《评标专家和评标专家库管理暂行办法》第十七条规定，招标人或其委托的招标代理机构不从依法组建的评标专家库中抽取专家的，评标无效；情节严重的，由有关行政监督部门依法给予警告。

至于招标人代表，招标投标法律法规未对招标人代表评委的资格条件及其产生办法作出规定，则可由招标人自行决定，并未规定必须与评标专家具备相同的资格条件。当然，如果参照评标专家的资格条件和抽选办法选派代表，也是可以的，直接指定任何一个人也未尝不可，并没有特别的限制性条件和要求，但其应当有能力履行评标职责。

（二）评标委员会成员的选择方式

评标委员会成员中的招标人代表由招标人直接指定，不受评标专家资格条件的限制；评标委员会中的专家成员的选定，不但要考虑其资格水平、专业技术、成员结构，还必须注意其产生程序，特别是不能由少数人推荐或变相指定，而只能从有关部门的专家库内采取标前随机抽取方法选定专家，如果专家库内的相关专家不能满足评标要求的，才可以采用直接指定方式。根据现行法律规定，有关技术、经济等方面的专家应严格按如下规定程序产生：

1. 随机抽取。《招标投标法实施条例》第四十六条第一款规定："除招标投标法第三十七条第三款规定的特殊招标项目外，依法必须进行招标的项目，其评标委员会的专家成员应当从评标专家库内相关专业的专家名单中以随机抽取方式确定。任何单位和个人不得以明示、暗示等任何方式指定或者变相指定参加评标委员会的专家成员。"对于一般性项目的评标，其评标专家可以采取随机抽取方式确定。

2. 直接指定。根据《招标投标法》第三十七条和《招标投标法实施条例》第四十七条的规定，对依法必须招标的特殊招标项目（指技术复杂、专业性强或者国家有特殊要求，采取随机抽取方式确定的专家难以保证胜任评标工作的项目），采取随机抽取方式确定的专家难以胜任的，可以由招标人直接确定评标专家。在实践中，要防止招标人利用该方法规避随机抽取评标专家的规定，否则行政监督部门对于招标人应当采取随机抽取方式却采用直接确定方式，使评标委员会的组建及人员组成不符合法定要求的行为，有权按照有关规定处理，认定评标无效，责令依法重新评标或者重新招标。

相关案例 5-1　　评审专家的选择性“抽取”

某设备安装工程公开招标项目定标后，投标人F投诉称该项目存在串通投标行为，中标结果应取消。经调查，原来中标人H曾与投标人F合谋串标，又拉拢了招标人，并与其商定选择专家，将与之串通好的专家全部选入评标委员会，最终由H中标，中标后H再将C、D两个标段的工程转包给F。但因H中标后，以投标文件中没有言明要将C、D标段工程转包为由，未将工程转包给F，F一气之下揭发了上述串标行为。

再好的制度一旦被人恶意利用就失去应有价值。本来在评标委员会的产生方式中，随机抽取是最为公平、公正的一种方式，但本案例中，表面合法，但实质上就是串标者利用抽取专家这一手段，串通招标人和评标专家暗箱操作，串通投标。

招标人及招标代理机构不得无故废弃随机抽取、选定的专家，抽取、选定的专家因客观原因不能参加评标的，应当重新随机抽取或指定。

机电产品国际招标项目评标专家的产生程序有其特殊之处。《机电产品国际招标投标实施办法（试行）》第五十一条规定：“依法必须进行招标的项目，机电产品国际招标评标所需专家原则上由招标人或招标机构在招标网上从国家、地方两级专家库内相关专业类别中采用随机抽取的方式产生。任何单位和个人不得以明示、暗示等任何方式指定或者变相指定参加评标委员会的专家成员。但技术复杂、专业性强或者国家有特殊要求，采取随机抽取方式确定的专家难以保证其胜任评标工作的特殊招标项目，报相应主管部门后，可以由招标人直接确定评标专家。抽取评标所需的评标专家的时间不得早于开标时间3个工作日；同一项目包评标中，来自同一法人单位的评标专家不得超过评标委员会总人数的1/3。随机抽取专家人数为实际所需专家人数。一次招标金额在1000万美元以上的国际招标项目包，所需专家的1/2以上应当从国家级专家库中抽取。抽取工作应当使用招标网评标专家随机抽取自动通知系统。除专家不能参加和应当回避的情形外，不得废弃随机抽取的专家……”

另，《政府采购货物和服务招标投标管理办法》第四十八条规定：“采购人或者采购代理机构应当从省级以上财政部门设立的政府采购评审专家库中，通过随机方式抽取评审专家。对技术复杂、专业性强的采购项目，通过随机方式难以确定合适评审专家的，经主管预算单位同意，采购人可以自行选定相应专业领域的评审专家。”

相关案例 5-2　组建的评标委员会不合法将导致评标结果无效[①]

区教育局委托工程咨询公司就区学生校服生产企业入围资格采购项目进行公开招标。开标前，工程咨询公司在随机抽取评标专家时，由其工作人员陈某一个人自行抽取。2014 年 10 月 15 日，工程咨询公司在中国政府采购网发布了中标公告，公布入围供应商为体育用品公司和另一家公司。

后，参与本次投标的实业公司向区教育局提出“评标委员会组成不合法，要求重新评标定标”的投诉。区政府调查后作出《调查报告》，指出工程咨询公司在抽取评标委员会成员时既没有通知有关行政监督部门到场监督，也未能提供随机抽取确定评标委员会专家的文字记录和视频资料证明其确定评标委员会成员的方式是合法的，违反了《招标投标法实施条例》第七十条的规定，建议将评审结论作无效处理，然后重新启动招标程序。

2015 年 1 月 15 日，区教育局向工程咨询公司发出重新进行招标的书面通知。2015 年 1 月 20 日，工程咨询公司根据区教育局的上述“通知”向参与投标该项目的投标单位发出《重新进行招标的通知》，通知原评标委员会作出的评审结论无效，现决定重新进行招标。体育用品公司未参与第二次投标。同年 5 月 29 日，工程咨询公司及区教育局共同向入围供应商发出《中标通知书》。

体育用品公司认为区教育局单方确认其取得的《中标通知书》失效，改变了

① 本案例素材来源于中国裁判文书网，（2016）桂 12 民终 580 号民事判决书。

中标结果，遂起诉请求法院确认该公司已取得的《中标通知书》合法有效，责令区教育局与其订立校服供货合同。

法院认为，区教育局公开招标的“区学生校服生产企业入围资格采购项目”应为一般招标项目。工程咨询公司作为采购代理机构，其所组建的评标委员会并未依法进行，表现在其工作人员一人自行抽取并确定评审专家，并未邀请监督员在场参与随机抽取评审专家的过程，同时其也无法提供现场随机抽取评审专家的视频资料及其他书面资料记载，其行为违反了《政府采购法实施条例》第三十九条、《政府采购货物和服务招标投标管理办法》第四十八条中关于应当随机抽取专家的规定。根据《招标投标法实施条例》第八十二条、《政府采购法实施条例》第六十八条之规定，因本案工程咨询公司在开标前抽取评审专家的程序违反了《招标投标法》的规定，故区教育局宣布第一次中标无效，并进行重新招标符合法律规定。因中标无效，向体育用品公司发出的《中标通知书》亦应当无效，则体育用品公司诉请区教育局在30日内与其签订合同也无事实和法律依据。

综上，法院判决驳回体育用品公司的诉讼请求。

（三）评标委员会的成员结构

招标的目的，不仅要保证招标项目达到应有的技术要求，而且其实施成本还必须最低，同时也必须兼顾服务承诺等，这就要求必须从商务条件、技术指标、报价的合理性等不同角度去评审，因而评标就必须具有不同专业的专家成员参与，而不能仅仅局限于某一个方面。

《招标投标法》第三十七条第二款规定，“依法必须进行招标的项目，其评标委员会由招标人的代表和有关技术、经济等方面的专家组成，成员人数为五人以上单数，其中技术、经济等方面的专家不得少于成员总数的三分之二”，从中可知，评标委员会中招标人代表不得超过总人数的三分之一。非依法必须进行招标的项目则不受该规定限制。

评标委员会一般由下列人员组成：第一，招标人的代表，侧重于与其他评委沟通，并对评标的全过程实施必要的监督。《评标委员会和评标方法暂行规定》第九条规定，评标委员会成员还可包括招标人委托的招标代理机构熟悉相关业务的代表。因此，招标代理机构熟悉相关业务的代表可以作为“招标人的代表”纳入评标委员会成员。第二，技术方面的专家，侧重于对投标方案技术上的可行性、合理性、先进性等技术指标进行评审比较。第三，经济方面的专家，侧重于对投标文件的商务条款进行评审比较。第四，其他方面的专家[①]。这样的专家结构较为合理，有利于充分提高其综合评审效果，保证评标活动更加客观公正。评标委员会总人数根据项目复杂程度、专业要求决定，须为5人以上单数（包括5人），但也不宜过多，否则会影响评审效率。

相关案例 5-3 **组建评标委员会不合法**

某公司招标采购一批工程建设项目所需要的设备，价值300多万元。在组成评标机构时，该公司招标办公室直接从本单位相关职能部门以及本公司下属单位工作人员中挑选了13个人组成评标委员会。开标时，主持人隆重介绍了到场的评标委员会成员，之后开完标即进入评标程序。

1. 评标委员会组成不合法。根据《招标投标法》规定，评标委员会由招标人或其委托的招标代理机构熟悉相关业务的代表，以及有关技术、经济等方面的专家组成，成员人数为5人以上单数，且评标委员会的专家成员应当从省级以上人民政府有关部门提供的专家名册或者招标代理机构的专家库内的相关专家名单中确定。除技术特别复杂外，一般应从专家库中随机抽取。很明显，本案例中，招标人直接从其工作人员中选择评委不符合规定，这样容易直接操控评标结果。而且，投标人某下属单位人员依法也不得担任评标委员会成员，他与投标人有经济利益关系，可能影响对所有投标文件公正评审，应当回避。

2. 评委名单泄密违法。评标委员会成员名单在中标结果确定前应当保密，以

① 欧阳光、肖琦著：《招标投标法律实务》，法律出版社2007年版，第131页。

确保评审工作客观公正，杜绝暗箱操作。本案中，开标时，主持人隆重介绍了到场的评标委员会成员，导致评委名单泄密，违反了相关保密规定。

对于政府采购货物和服务招标项目的评标委员会组成，《政府采购货物和服务招标投标管理办法》第四十七条规定："评标委员会由采购人代表和评审专家组成，成员人数应当为5人以上单数，其中评审专家不得少于成员总数的三分之二。采购项目符合下列情形之一的，评标委员会成员人数应当为7人以上单数：（一）采购预算金额在1000万元以上；（二）技术复杂；（三）社会影响较大。评审专家对本单位的采购项目只能作为采购人代表参与评标，本办法第四十八条第二款规定情形除外。采购代理机构工作人员不得参加由本机构代理的政府采购项目的评标。评标委员会成员名单在评标结果公告前应当保密。"

评标委员会可以不分组，有的评标委员会还细分为由商务组和技术组组成，但招标投标法律法规对两个组分别应有多少人参加未作强制性规定，因此商务组和技术组的人员组成及数量由招标人自行确定，保证评标委员会总人数须为5人以上单数（包括5人），但也不宜过多，否则会影响评审效率。

相关案例5-4　　备用评标专家解了燃眉之急

某设备采购招标项目，招标人共抽取了5名评标专家。评标工作开始不久，一名评标专家突然生病住院，此时评委为4人达不到法定人数要求，如果中止评标，重新组建评标委员会将耽误时间。此时，招标人员突然想到还多抽取了两名专家未邀请，于是立即请示招标领导小组补充专家以便继续评标，招标领导小组考虑到节省采购时间和成本，同意即时补充专家。随后距离较近的一名专家在半小时内赶到评标现场，评标很快恢复进行。

实践中，经常发生部分评标专家因故临时决定不能参加评标或者因各种原因未能按时赶到评标现场参加评标，或者在评标时才发现应当回避而导致评标专家人数不足的，应当立即补足人数。可采取的措施是：第一，在抽取专家时就应当留有备选专家，一旦缺员可以立即补足，绝对不能由招标人或评标委员会自行决定找几个专家补足；第二，如果已经到位的评标专家是双数，可以适当减员以符合法律规定的专家必须是单数的要求，但不能少于5人且必须满足项目复杂程度的需要；第三，如果缺员较多，可以重新抽取专家组成评标委员会。本案例中，多抽取候补评标专家以备不时之需，及时解决了评标专家人数不足的难题，确保评标工作正常开展。

根据《招标投标法实施条例》第四十六条的规定，行政监督部门的工作人员不得担任本部门负责监督项目的评标委员会成员。

（四）评标委员会的组成时间

评标委员会成员名单一般应于开标前确定，当然也不排除在开标后确定，而且评标委员会成员名单在中标结果确定前应当保密。为了确保评审工作客观公正，杜绝暗箱操作和腐败行为，评标委员会产生的最佳时间最好选在临近开标前一两天，或者开标前几个小时，这样有利于保密，防止有人通过评标专家干扰招标投标活动。如果未能做好保密工作，导致泄密，泄密者应当承担相应的法律责任。对于机电产品国际招标项目，抽取评标所需的评标专家的时间不得早于开标时间3个工作日。对于政府采购项目，抽取评审专家的开始时间不得早于评审活动开始前2个工作日。

二、评标委员会成员的调整

根据《招标投标法实施条例》第四十八条规定，评标委员会成员有回避事由、擅离职守或者因健康等原因不能继续评标的，应当及时更换，以确保招标投标活动按计划有序推进。

可更换评标委员会成员的情形主要有：

一是有回避事由。招标人对抽取到的专家和选派的代表就与投标人有无亲属关系、隶属关系、经济利益关系以及其他利害关系作必要审查，如有则予以更换，不得进入评标委员会。根据《评标委员会和评标方法暂行规定》第十二条规定，有下列情形之一的，不得担任评标委员会成员：（1）投标人或者投标人主要负责人的近亲属；（2）项目主管部门或者行政监督部门的人员；（3）与投标人有经济利益关系，可能影响对投标公正评审的；（4）曾因在招标、评标以及其他与招标投标有关活动中从事违法行为而受过行政处罚或刑事处罚的。

评标委员会成员本人应当主动提出回避。因为招标项目牵涉面广、评标委员会成员也来自社会各个方面，招标人和招标代理机构很难发现有回避情形，又不能告知投标人评标委员会成员名单请其提出回避要求，这种情况下，评标委员会成员的主动回避显得十分重要，尤其要加强评标人员这方面法律知识的宣传和培训。

相关案例 5-5　评委没有严格实行回避制度并收受好处应受到处理

某依法必须招标的土建工程招标，评标委员会成员由建设单位工作人员和从专家库中指定专家共 5 人组成。评标结束，排名第二的投标人 A 在中标结果公示期间投诉评标委员会成员与排名第一的投标人 B 存在利害关系，有 4 名评委应执行回避制度，其中建设单位两代表近期多次接受 B 的吃请和娱乐安排，并提供相关证据；在评标的第一天晚上，B 的负责人与评标组组长在某茶吧内接触长达一个半小时，商谈内容不详，估计与评标有关系。上述投诉经查属实，评标组组长也承认 B 与其商谈过评标事宜且赠送其礼物。

本案例中，评标委员会的组成明显违反《招标投标法》第三十七条关于评标专家抽选和评标专家回避制度的规定。5 个人组成的评标委员会竟有 3 人与中标候选人存在利害关系，应该回避评标而不回避，并且有收受好处、与投标人串通的事实，应按照《招标投标法》第五十六条规定追究法律责任。

二是擅离职守、工作不认真，不能胜任评标工作或违规违纪，被招标人取消评标资格。例如，评标委员会成员违反工作纪律，私下接触投标人，收受他人的财物或者其他好处，透露对投标文件的评审和比较中标候选人的推荐情况以及与评标有关的其他情况，招标人查实后可以取消其评标资格。

三是评标委员会成员生病或其他个人原因（如家庭或单位有重要事情必须亲自办理），不能继续评标。

因上述原因，评标专家人数减少后，需要调整评标委员会成员的，一般有以下方法：一是自然减员，直接减少应更换的专家，不再补充，但必须保证剩余评标委员会成员达到人数为 5 人以上单数，其中技术、经济等方面的专家不得少于成员总数的 2/3 的要求，且与评标工作量相符，保证能按期完成评标工作。二是补选，依据法律规定的抽取评标专家的方法重新抽取，或者从以前抽取的备用专家里面补充，但需做好保密工作。目前有些规章对此也有明确规定可供参考，如《政府采购评审专家管理办法》第二十条第一款规定："每次抽取所需评审专家时，应当根据情况多抽取两名以上候补评标专家，并按先后顺序排列递补。"评标专家调整人数众多（如超过原有成员数一半）的，以重新抽选评标专家组成新的评标委员会为宜。招标人代表（含招标代理机构人员）需要更换的，由招标人重新选派人员。

需注意的是，第一，重新抽取的专家也是按照《招标投标法》第三十七条和《招标投标法实施条例》第四十六条规定的方式随机抽取的，退出的专家不得指定其他人员代替其参加评标。第二，评标委员会成员被更换的，其已完成的部分评标意见无效。《招标投标法实施条例》第四十八条规定，"被更换的评标委员会成员作出的评审结论无效，由更换后的评标委员会成员重新进行评审"。

相关案例 5–6　更换评标专家不合法其评标结果也无效

某工程设备采购项目属于依法必须招标项目，在开标前通过随机抽取的方式确定 7 位评标专家。在评标中，评标委员会发现评标专家打分出现异常，个别专家有徇私舞弊现象，于是招标人另行指派了本单位的技术人员为复核专家对该设备的评分进行复核。复核后，复核专家出具评标意见。该设备的评标报告中含有该项目评标委员会成员的评分与复核专家意见。本案中评标委员会的处理方法是否符合法律规定?

本案中，招标人没有采用随机抽取的方式重新确定更换专家，而是由招标人直接指定复核专家的行为不符合《招标投标法实施条例》第四十六条和第四十八条的规定。据此，本案中的复核专家不是该设备招标项目的评标专家，无权改变原评标专家的打分情况，其评审意见不能作为定标的依据。针对本案，可根据《招标投标法实施条例》第四十六条和第四十八条的规定，评标委员会应当及时更换存在问题的评标专家，招标人通过随机抽取的方式确定更换专家，被更换的评标委员会成员作出的评审结论无效，由更换后的评标委员会成员重新进行评审。情况严重的，招标人可以重新组织招标，成立新的评标委员会。

对于政府采购项目，采购人员及相关人员（含评标委员会组成人员）与供应商有下列利害关系之一的，应当回避:（1）参加采购活动前 3 年内与供应商存在劳动关系;（2）参加采购活动前 3 年内担任供应商的董事、监事;（3）参加采购活动前 3 年内是供应商的控股股东或者实际控制人;（4）与供应商的法定代表人或者负责人有夫妻、直系血亲、三代以内旁系血亲或者近姻亲关系;（5）与供应商有其他可能影响政府采购活动公平、公正进行的关系。评标中因评标委员会成员缺席、回避或者健康等特殊原因导致评标委员会组成不合法的，采购人或者采购代理机构应当依法补足后继续评标。被更换的评标委员会成员所作出的评标意见无效。无法及时补足评标委员会成员的，采购人或者采购代理机构应当停止评标活动，封存所有投标文件和开标、评标资料，依法重新组建评标委员会进行评标。原评标委员会所作出的评标意见无效。采购人或者采购代理机构应当将变更、重新组建评标委员会的情况予以记录，并随采购文件一并存档。

三、评标委员会的权利与职责

根据《招标投标法》第四十条、《评标委员会和评标方法暂行规定》第七条规定，评标委员会负责评标，根据招标文件规定的评标标准和方法对投标文件进行系统的评审和比较，向招标人提出书面评标报告并推荐中标候选人。评标委员会在招标人授权的情况下也可以直接确定中标人。应当说，评标委员会责任重大，其独立公正履行职责，是确保招标投标成功的关键环节之一。上述因素也决定了对评标专家的职业道德和纪律应当提出严格要求。

（一）评标活动中常见违规行为

一是评标委员会成员违法违规问题比较突出，如收受贿赂、违纪评标，评委在评标过程中不遵守评标纪律，无正当理由私自离开评标现场或拒不参加评标活动、私下接触投标人、收受利害关系人的财物或者其他好处、向他人透露标底以及对投标文件的评审和比较、中标候选人的推荐以及与评标有关的其他情况泄露等违法违纪行为；评标过程中，评委间有倾向性现象，不能客观公正履行职责，误导和干扰其他评标专家的客观评价，如为暗助某个投标人，就采取过分夸奖其优势，同时有意地避开其缺点或不足之处，以变相地为该投标人提升竞争力；或为贬低某个投标人，尽量淡化和回避其优势技术条件和竞争实力，却夸大和突出其缺点与问题，削弱其竞争力，损害招标人或投标人的利益。

二是招标人直接干预评标。例如，招标人代表出任的评标委员会成员片面强调自己熟悉的品牌，以别的品牌影响生产、不配套、难度大等为由干预其他评委；招标人的领导或者评标专家的上级领导对评标委员会成员实施干预，影响评标委员会行使独立评标的权利。

（二）招标人应保障评标委员会独立评标的权利

评标委员会独立评标的权利体现在以下几个方面：（1）评标结果非经法定程序，招标人或任何单位和个人都不得改变。招标人不得在评标委员会推荐的中标候选人之外，另行确定中标人。（2）评标委员会可以独立对所有投标人进行资格审查，认为投标人不符合资格要求的，可作否决投标处理，并不受招标人资格预审的限制。（3）评标委员会可以依据评标办法和标准，认为投标文件没有实质性响应招标文件的，作否决投标处理。（4）评标过程中，对有串通投标、骗取中标行为的，由评标委员会负责认定。（5）否决部分投标后，发生有效投标不足3个缺乏竞争性时，评标委员会具有否决全部投标的权利。在独立评标权利基础上还派生出了有对投标文件评审和比较的权利、要求对投标文件澄清和说明的权利、评标报告提出权、中标候选人推荐权、在授权时中标人的确定权以及拒绝所有投标的权利[①]。

相关案例 5-7　　评标委员会有独立评标的权利[②]

供热公司的县城南区集中供热热源厂烟气治理工程系县财政全额配套资金工程。该工程公开招标，环保设备公司与其他6家公司共同参与投标。在专家评审过程中，评标委员会认为环保设备公司未将法定代表人身份证（正、反面复印件）或者法人授权函（原件）及法定授权人身份证（正、反面复印件）附加在投标文件中，不符合《招标文件》的规定，遂对环保设备公司招标进行了否决投标处理，环保设备公司不服，向县财政局进行了投诉，县财政局作出投诉处理决定书，决定驳回环保设备公司的投诉，环保设备公司向法院提起行政诉讼，要求依法撤销县财政局作出的投诉处理决定书，责令供热公司重新组织招标。

法院认为，《招标投标法》第三十七条第一款规定，“评标由招标人依法组建的评标委员会负责”，第四十四条第一款规定：“评标委员会成员应当客观、公正地履行职务，遵守职业道德，对所提出的评审意见承担个人责任。”本案招标过程中，因环保设备公司未将法定代表人身份证（正、反面复印件）或者法人授权函（原件）及法定授权人身份证（正、反面复印件）附加在投标文件中，不符合《招标文件》第三条关于供应商资格条件的规定，评标委员会根据《招标文件》规定，按否决投标处理，并且不允许投标人通过修改或撤销其部分和要求的差异，使之成为具有响应性的投标。上述行为系评标委员会独立行使评审权，任何单位和个人不得非法干预、影响评标的过程和结果。县财政局对环保设备公司

① 曹富国著:《中国招标投标原理与适用》，机械工业出版社2002年版，第242页。

② 本案例素材来源于中国裁判文书网，（2016）甘1091行初36号行政判决书。

的投诉作出的投诉处理书合法且合程序。因此，法院判决驳回环保设备公司的诉讼请求。

根据《政府采购货物和服务招标投标管理办法》第四十六条规定，评标委员会负责具体评标事务，并独立履行下列职责:（1）审查、评价投标文件是否符合招标文件的商务、技术等实质性要求;（2）要求投标人对投标文件有关事项作出澄清或者说明;（3）对投标文件进行比较和评价;（4）确定中标候选人名单，以及根据采购人委托直接确定中标人;（5）向采购人、采购代理机构或者有关部门报告评标中发现的违法行为。

1. 评标委员会成员应独立、客观进行评审

评标委员会成员应依据评标办法和标准评标，独立对所有投标人进行资格审查，有权决定否决投标，有权认定并处理串通投标、骗取中标等违法行为。

评标委员会在评标过程中有权要求投标人对投标文件澄清和说明、提出评标报告、推荐中标候选人、在授权时确定中标人，客观、独立、公正地行使评标权利，充分发表自己的见解。招标人应保证评标委员会独立评标权利的实现，不干预评标委员会依法自主、独立评标。

相关案例 5-8　诱导性干预评委独立评标①

某企业办公楼施工招标，该项目评标委员会主任介绍其他投标人时非常简略，而在介绍某投标单位时强调这家单位曾经跟某企业合作过，在工程管理和人员配备上都有很大优势，与业主配合得也很好，如果让其承包工程最合适不过，请评委充分考虑。最后中标人就是其重点提到的那家单位。

实践中，招标人或评标专家影响干扰其他评标专家独立评标，误导和干扰其他评标专家的客观评价的现象较为普遍。这个案例即反映了个别人主导、干预评

① 曹玉斌著:《工程招投标十大不规范揭秘》，载《广东建设信息》2005 年第 3 期。

标的问题，症结在于如何保障评委的独立性以及公正性：一是要保证评标委员会组建的充分随机性；二是强调评标专家的职责与评标纪律；三是合理设置评标程序，规范评标。

在评标过程中，评标专家行使审核、比对投标文件，选择最优投标方案，推荐中标候选人，受托定标之重任，其应依法、客观、独立、公正、审慎地行使评标权利，充分发表自己的见解和主张，公平、公正地对待每一份投标文件，坚持统一的认定原则和评标标准认真评审，不得厚此薄彼，这是其基本的职业规范，也是确保招标结果公平公正的重要基础。《政府采购法实施条例》第四十一条第一款中规定："评标委员会、竞争性谈判小组或者询价小组成员应当按照客观、公正、审慎的原则，根据采购文件规定的评审程序、评审方法和评审标准进行独立评审……"《政府采购评审专家管理办法》第二十五条也规定："评审专家应以科学、公正的态度参加政府采购的评审工作，在评审过程中不受任何干扰，独立、负责地提出评审意见，并对自己的评审意见承担责任。"独立，要求评审专家独自评审，并依据自己的认识和判断提出评审意见，不受他人干扰与影响。客观，要求评审专家严格依据招标文件规定的评标方法和评标标准对投标文件进行审查、比较，并作出分析评价。公正，要求评审专家坚持按照统一的评审标准、统一的衡量尺度进行评审，宽严一致、不偏不倚，简言之就是对同类问题、同样情形要作同等处理。审慎，要求评审专家在评审投标文件分析问题、提出评审意见时必须考虑严谨周密，作出投标无效等决定时必须慎重周全。如违反这些基本的职业规范，可能导致评标结果有失公允。

为了保证评标结果的客观公正，评标委员会成员应当按照招标文件规定的评标方法和评标标准客观公正地履行评审职责，独立对投标文件进行评审判断，并对所提出的评审意见承担个人责任。对于其法律责任，《政府采购法实施条例》第七十五条规定得比较详尽，即"政府采购评审专家未按照采购文件规定的评审程序、评审方法和评审标准进行独立评审或者泄露评审文件、评审情况的，由财政部门给予警告，并处2000元以上2万元以下的罚款；影响中标、成交结果的，处2万元以上5万元以下的罚款，禁止其参加政府采购评审活动。政府采购评审专家与供应商存在利害关系未回避的，处2万元以上5万元以下的罚款，禁止其参加政府采购评审活动。政府采购评审专家收受采购人、采购代理机构、供应商贿赂或者获取其他不正当利益，构成犯罪的，依法追究刑事责任；尚不构成犯罪的，处2万元以上5万元以下的罚款，禁止其参加政府采购评审活动。政府采购评审专家有上述违法行为的，其评审意见无效，不得获取评审费；有违法所得的，没收违法所得；给他人造成损失的，依法承担民事责任”。

在评标工作实践中，有的招标项目投标文件多，为了提高评标效率，对评委进行分工，每个评委只就评标因素的一项或者其中几项评审打分而不是对所有评审因素评审打分，或者每个评委只负责阅读一个或者其中几个投标人的投标文件，之后各个评委其负责阅读的投标文件的评审意见互相交流，之后在了解全部评审意见基础上自行打分或者参考其他评委的意见打分。这种做法虽然有一定合理性，但是违反了评委独立评审的规定。而且，在这种分工的情况下，一旦个别评委对其中某些投标人有倾向性，就会造成评标的不公正，容易滋生腐败。因此，为了确保评标工作合规，在投标文件量大的情况下，要通过增加评标专家数量、延长评标时间来确保评标质量和效率。

2. 评标委员会成员恪守职业道德，严格遵守评标纪律，不从事法律法规禁止的行为，并对所提出的评审意见承担个人责任

《招标投标法实施条例》第四十九条规定：“评标委员会成员应当依照招标投标法和本条例的规定，按照招标文件规定的评标标准和方法，客观、公正地对投标文件提出评审意见。招标文件没有规定的评标标准和方法不得作为评标的依据。评标委员会成员不得私下接触投标人，不得收受投标人给予的财物或者其他好处，不得向招标人征询确定中标人的意向，不得接受任何单位或者个人明示或者暗示提出的倾向或者排斥特定投标人的要求，不得有其他不客观、不公正履行职务的行为。”

《评标专家和评标专家库管理暂行办法》也规定了评标专家的禁止性行为，如不透露对投标文件的评审和比较、中标候选人的推荐情况以及与评标有关的其他情况，不把自己的意愿强加给其他评标人员，不干扰和影响其他评标人员独立

工作，不相互串通一气或通谋作弊。

评标专家在评标过程中不得擅离职守而影响评标程序正常进行，招标人也要加大对评委名单和评标工作的保密以及对评标专家的监督力度，严格落实责任制，规范和约束评标专家的评标行为，凡有评标能力低不能胜任评标工作，不能遵守工作纪律向外界泄露评审情况，与投标人有恶意串通或不正当竞争行为，不如实提供真实、可靠的评审意见等违法违纪行为的，都必须追究其相应的责任，直到取消其评审专家资格；涉嫌犯罪的，要追究刑事责任。

相关案例 5-9

9 名评标专家因严重失职被取消评标资格[①]

2003 年 5 月某工程公开招标。经评标，中标人的中标价低于标底价 33.6%，明显失常，被裁定为否决投标。6 月 10 日第二次评标评出的中标人的报价仍低于标底价 31%，受到业主质疑。6 月 27 日组织第三次评标，发现中标人的投标文件和某建筑公司的投标文件从封面到内容大量雷同，串通投标证据确凿。经调查取证后，行政管理部门对串通投标的两家公司处以罚款。同时取消了参与评标的 3 名经济专家和 6 名技术专家的评标专家资格，今后不再录用。

评标人员不良履职问题在实务中相当普通，危害比较大。本案就反映了这个问题。

评标专家评标不公、违规违纪可能造成的招标无效、评标无效等法律后果及给投标人带来的损失，由招标人承担。《工程建设项目勘察设计招标投标办法》《工程建设项目施工招标投标办法》等规章规定，评标专家如使用招标文件没有确定的评标标准和方法评标，应当回避担任评标委员会成员的人参与评标，评标委员会的组建及人员组成不符合法定要求的，或者评标委员会及其成员在评标过程中有违法行为且影响评标结果的，评标无效，应当依法重新进行评标或者重新进行招标。由于招标人和投标人是招标投标活动双方当事人，投标人因招标中的违规行为造成的损失可以向招标人主张权利。

① 该案例素材来自林善谋著：《招标投标法适用与案例评析》，机械工业出版社 2004 年版，第 121 页。

相关案例 5-10　评标不负责任导致中标无效

某金具采购项目定标结果公布后，其中一投标人反映中标人某厂供货业绩没有达到招标文件要求注册资金没有达到1000万元，不具备投标资格，中标无效。招标人立即调阅有关文件资料核实，在确认属实基础上，要求评标委员会复议。经过复议，发现招标文件对投标人资格条件明确规定："投标人所投产品供货业绩必须达到1000万元人民币及以上"，而某厂成立时间不长，虽然提供的合同业绩超出1000万元，但是投标产品的合同业绩仅为800万元，根据招标文件第四条"投标人不具备招标文件规定资格要求的，按无效投标处理"的规定，评标委员会认定中标无效，应重新评审推荐中标候选人。

本案例反映出评标专家在评标过程中不负责任，业务不熟，在评标中未掌握招标文件主要内容，不能客观公正评标。对于评标委员会成员不能胜任评标工作的，可以取消其评标资格，重新组建评标委员会评标，或补抽专家充实评标委员会继续评标。招标人应加强评标专家管理，选拔高素质评标专家，不仅要注重学历与职称、专业知识、工作经历，还要考虑其敬业心、责任心、工作态度、原则性等，并强化对评标专家工作态度和业务水平的考核奖惩机制。

《政府采购货物和服务招标投标管理办法》第六十二条也明确规定："评标委员会及其成员不得有下列行为：(一) 确定参与评标至评标结束前私自接触投标人；(二) 接受投标人提出的与投标文件不一致的澄清或者说明，本办法第五十一条规定的情形除外；(三) 违反评标纪律发表倾向性意见或者征询采购人的倾向性意见；(四) 对需要专业判断的主观评审因素协商评分；(五) 在评标过程中擅离职守，影响评标程序正常进行的；(六) 记录、复制或者带走任何评标资料；(七) 其他不遵守评标纪律的行为。评标委员会成员有前款第一至五项行为之一的，其评审意见无效，并不得获取评审劳务报酬和报销异地评审差旅费。"

3. 评标委员会成员有权发表不同意见并在评标报告上拒绝签字

《招标投标法实施条例》第五十三条第二款规定："评标报告应当由评标委员

会全体成员签字。对评标结果有不同意见的评标委员会成员应当以书面形式说明其不同意见和理由，评标报告应当注明该不同意见。评标委员会成员拒绝在评标报告上签字又不书面说明其不同意见和理由的，视为同意评标结果。"《评标委员会和评标方法暂行规定》第四十三条也有类似规定，并增加“评标委员会应当对此作出书面说明并记录在案”的条款。因此，评标委员会成员有不同意见时可以拒绝在评标报告上签字，但必须以书面形式说明原因；拒绝在评标报告上签字且不说明意见和理由的，视为同意评标报告的意见，即与评标委员会其他成员一同承担责任。

四、评标委员会的法律责任承担

评标委员会为临时性组织，不是法人，没有组织机构和独立的财产，也就是非实体性组织，也无自身利益，因此不能也不应独立地承担法律责任。评标委员会由招标人负责组建，工作任务是按照招标人事前制定的规则评标并推荐中标候选人，类似于受托人完成委托人的委托事项，故评标委员会和招标人为委托关系，根据《民法典》关于民事代理的规定，评标委员会评标行为产生的法律后果自然应由招标人承担，如果因其行为不当给投标人造成损失的，也应由招标人负责。

相关案例 5-11　　评标委员会错误否决投标招标人应担责[①]

某林科所道路工程施工招标，建筑集团向林科所出具介绍信及法定代表人授权委托书，委托刘某以公司的名义参加投标活动。投标当天，建筑集团的代表李某和刘某在开标会签到簿上签到，投标文件中有两份建筑集团的授权委托书，代表人分别为刘某与李某。评标委员会进行资格审查时提出：建筑集团的代理人更

① 案例素材来自《看案例快速解决招标投标中的赔偿问题——招标投标民事责任、法律适用与案例评析》，机械工业出版社 2014 年版，第 46 页。

换了，到场的代理人李某事前没有备案，作出初审报告内容为：在对建筑集团的投标文件进行审查时，建筑集团擅自变更法人委托人，依据《工程建设项目施工招标投标办法》《评标委员会和评标方法暂行规定》之规定，评标委员会对其投标按否决投标处理。建筑集团不服该决定，遂向法院提起诉讼。

法院审理认为，虽然《招标投标法》第三十七条第一款规定“评标由招标人依法组建的评标委员会负责”，但不能保证评标行为都是正确的。本案中，评标委员会以建筑集团擅自变更法定代表人委托人为由否决投标，但依据的《工程建设项目施工招标投标办法》及《评标委员会和评标方法暂行规定》均没有规定投标人擅自变更委托人可予以否决投标。因此，评标委员会作出否决投标决定属错误理解法律法规，违背了合同缔约过程中的诚实信用原则。评标委员会虽以独立于招标人的意志进行评标，但其工作任务在于确定招标人提出的招标项目的中标人，类似于受托人完成委托人的委托事项。故评标委员会与招标人可界定为委托关系，评标委员会行为的法律后果由招标人承担。因此，本案对建筑集团造成的损失应由评标委员会的委托人即招标人林科所承担。本案适用缔约过失责任，赔偿范围不能包括预期利益损失，但需赔偿建筑集团投标及处理投标纠纷的差旅费、标书制作费等直接损失。

评标委员会成员和评标委员会不是一个概念，评标委员会成员是自然人，必须对自己的违法行为承担法律责任。《招标投标法》第四十四条第一款规定：“评标委员会成员应当客观、公正地履行职务，遵守职业道德，对所提出的评审意见承担个人责任。”《招标投标法》第五十六条对评标委员会成员的法律责任规定得更为明确：“评标委员会成员收受投标人的财物或者其他好处的，评标委员会成员或者参加评标的有关工作人员向他人透露对投标文件的评审和比较、中标候选人的推荐以及与评标有关的其他情况的，给予警告，没收收受的财物，可以并处三千元以上五万元以下的罚款，对有所列违法行为的评标委员会成员取消担任评标委员会成员的资格，不得再参加任何依法必须进行招标的项目的评标；构成犯罪的，依法追究刑事责任。”

《政府采购评审专家管理办法》对评审专家的违规违纪行为也作出了详细的规定，其第三十二条还规定："由于评审专家个人的违规行为给有关单位造成经济损失的，相关评审专家应当承担经济赔偿责任；构成犯罪的，将移送司法机关追究其刑事责任。"

相关案例 5-12 评审专家违规评标应担责

2016 年 11 月 23 日《政府采购信息报》报道了一起某省财政厅对在政府采购评审活动中存在违法行为的 5 名评审专家进行行政处罚的案件，基本案情如下。

刘某某、林某某、晁某某、赵某某、詹某某 5 名评审专家作为"某学院南区体育馆 LED 灯光设备采购项目"评审委员会成员，在该次政府采购评审活动中主要存在以下四项违法行为：

一是招标文件规定"照抄或复印招标文件技术及商务要求的、手写的、未按规定签署的投标文件将导致不被接受"。A 公司投标文件"技术规格和商务条款偏差表"技术部分照抄招标文件要求。对此，5 名评审专家没有按照招标文件规定给予该公司无效投标处理。

二是 A 公司投标产品型号、"规格书 / 检测报告"产品型号、投标文件所附彩页产品型号、样品彩页产品型号相互之间不一致，但对上述情况 5 名评审专家没有审慎处理，虽然对照样品满分 20 分扣 6 分，但没有就此签署评审意见。

三是招标文件 5 种产品均要求"灯具均需提供厂家出具的灯具参数检测报告，并加盖厂家公章，参数报告应显示灯具功率、显示指数、功率因数、色温、光效"。但 A 公司提供的是制造商自己出具的检测报告，其中有两款与投标产品无对应型号的检测报告。按招标文件 * 号偏差打分规定，一项应扣 4 分，共 5 处，应扣 20 分但未扣。

四是招标文件第六章设备配置及技术要求"*10.1LED 泛光灯须提供芯片原厂商的授权书"。A 公司投标文件中提供的授权书（第 7.11.4 项）是 B 公司授权给 C 公司的，没有针对投标产品制造商使用芯片的授权书，投标产品制造商也没有所使用芯片来源的证明材料。按招标文件*号偏差打分规定，一项应扣4分，共5处，应扣20分但未扣。

针对上述问题，5名评审专家仍给A公司技术参数部分打了满分（满分35分）。

某省财政厅先后对5名评审专家发送了《行政处罚事先告知书》。其中，刘某某提交的陈述书对以上违法评审行为的说明与辩解，省财政厅不予认可，陈述书中关于专家评审行为与询问笔录中“评审专家没有分块打分、协商打分”的情况也自相矛盾，对没有依法评审还存在错误认识；林某某在规定日期内提交了陈述书，没有否定违法事实，陈述书中关于专家评审行为与询问笔录中“评审专家没有分块打分、协商打分”的情况也自相矛盾，对没有依法评审还存在错误认识；晁某某逾期未提交陈述书；赵某某在规定日期内提交了陈述书，没有否定违法事实，承认了作为商务专家在评审方面出现的失误，说明了技术部分及样品打分限于专业问题是依照技术专家的意见，没有推荐A公司为中标候选人；詹某某在规定日期内提交了陈述书，没有否定违法事实，虽然没有推荐A公司为中标候选人，但承认大家有分工协作，作为业主代表是按照分工重点负责审核售后服务与承诺，在商务与技术方面听从商务专家与技术专家的意见和建议打分，没有履行独立评审职责。

根据5名评审专家在该项目评审活动中的违法行为及态度，省财政厅作出如下处理决定：评审意见无效；退还招标公司所发评审费；对刘某某罚款10000元，林某某罚款10000元，晁某某罚款10000元，赵某某罚款2000元，詹某某罚款1000元。

五、评标委员会的解散

评标委员会是临时机构，评标委员会的组建时间在评标开始前，但是并不是在其对投标文件按照法定程序评审，向招标人提交书面评标报告和建议后即告解散，应在发出中标通知书之时解散。因为公示中标候选人后，还需要评标委员会核实投诉；投标人履约能力发生变更的，也需要评标委员会进行履约能力审查。《招标投标法实施条例》第五十六条规定：“中标候选人的经营、财务状况发生较大变化或者存在违法行为，招标人认为可能影响其履约能力的，应当在发出中标通知书前由原评标委员会按照招标文件规定的标准和方法审查确认”，其意就在于提交评标报告以后，中标通知书发出之前，评标委员会还有可能重新审查投标文件，评标委员会的职责使命在发出中标通知书后方能完成。

第二节　评标方法和评标标准

评标办法是招标文件的必要组成部分，主要包括评标方法和评标标准。评标方法有综合评估法、经评审的最低投标价法或者法律、行政法规允许的其他评标方法（如性价比法）。在评标中为了细化评标办法，统一评审规则，增强可操作性，还要制定评标标准。评标标准和方法通常包括以下内容：评标方法、评标纪律、评标委员会组成及来源、评标程序、评审因素及其评标标准、确定中标候选人原则等内容。评标方法和评标标准都直接影响评标结果，关系到招标工作的成败，招标人和投标人都很重视。选择合适的评标办法以及制定具有操作性的评标标准至关重要。

一、评标方法

（一）《招标投标法》规定的常用的评标方法

1. 经评审的最低投标价法和综合评估法

经评审的最低投标价法，是指在招标文件中规定了强制标准条款，即规定了关键的商务和技术条款，如果关键条款有一项偏离将导致投标无效，关键条款均满足将确定为符合招标文件的投标，然后对非价格因素，如对一些非关键的技术、商务条款的偏离等按一定比例折算后计算所得称作评标价，从中选择符合条件且报价最低的投标单位作为中标单位。

综合评估法，是将招标项目质量、技术措施、工期、投标报价、业绩、服务承诺等各项指标量化，设定不同权重，赋予相应分值或折算价格并分别对投标人的价格、技术、商务等条款进行综合评价和打分或价格折算，按照得分或评标价高低推荐中标候选人，可以分为综合评分法和综合评价法，实践中多采用对各种评审因素打分的综合评分法。

不同的评标方法，都有各自的优点和适用范围。实践中常出现选择的评标方法不合理，导致最终评审结果可能与实际情况有一定差距的问题。有些招标人还超越法律规定独创了其他一些评标办法，这是不允许的。招标人应综合考虑各种评标办法的优劣，选择适当的评标方法。

（1）采用经评审的最低投标价法，需要完全按照招标文件的规定计算评标价，评委评标的灵活性和自主性得以限制，招标人可以以最低的价格获得最优的服务，能够最大限度地降低项目投资成本，提高投资效益，也有利于投标人加强管理，采用先进技术，有效降低成本，有利于建立优胜劣汰的竞争机制。但实行经评审的最低投标价法，需要对投标人资格进行严格审查，确保投标人都有能力完成招标项目，要求招标文件内容精确细致、要有投标担保措施。

采用经评审的最低投标价法的缺点在于，由于强调“低价”，容易造成恶性竞争以及低价谋取中标后，寻找各种理由和借口拖延合同的履行，迫使招标人提高合同价格或以次充好、降低成本，项目质量难以保证，或者无法完工而形成“半拉子工程”等问题。另外，采用此方法评标时，对于低于成本价的投标将予以拒绝，但是成本价难以准确评判；而且一旦评委评定其投标报价低于成本予以拒绝，就容易引发投标人提出质疑和投诉，严重影响和干扰评标工作。

（2）综合评估法的优点是：综合考虑了投标报价、质量、工期、业绩、信誉、优惠条件、安全生产、技术措施、文明施工、服务承诺、项目计划安排等，兼顾价格技术等方面因素，能客观反映招标项目的要求，全面评估投标单位的总体实力；业主可根据工程的实际情况，调节评审项目及分值、价格权重，有利于招标项目的顺利实施。

主要缺点有：评审标准中某些项目的量化不科学；评标时间太短，评标专家对投标文件中的资料不能全面核实；综合评估法给评委更大的自主打分（或折算价格）的空间和灵活性，受评委的主观影响相比较大，易出现不公正的评标等。

2. 选择合适的评标方法

首先应对现行评标方法的适用条件及应用情况进行研究，充分了解其利弊所在，才能根据招标项目实际情况理性选择评标方法。

针对经评审的最低投标价法授予合同的条件是“能够满足招标文件的实质性要求，并且经评审的投标价格最低；但是投标价格低于成本的除外”。一般情况下，对于具有通用技术、性能标准或者招标人对其技术、性能没有特殊要求的招标项目技术上没有特殊要求，招标文件内容详尽、准确，招标人对其技术、性能没有特殊要求的招标项目，可采用经评审的最低投标价法，在满足招标文件实质性要求的投标人中评审出投标报价最低的投标人（低于其成本价的除外）。适用此方法，招标人可获得最为经济的投标。

综合评估法授予的合同条件是“能够最大限度地满足招标文件中规定的各项综合评价标准”。一般不适用“经评审的最低评标价法”的招标项目，采用此法，也就是说，当招标项目技术、性能标准复杂或有特殊要求技术、性能有特殊要求，或项目管理水平不高，招标文件不细致，宜采用综合评估法，经济上只是其重要条件之一，但不是首要考虑的决定性因素。

对规模较小，技术、工艺简单或其他情况的招标项目，可采用法律、行政法规允许的其他评标方法，如最低价法、性价比法等。性价比法，是指按要求对投标文件进行评审后，计算出每个有效投标人除价格的其他各项评分因素（包括技术和实施能力、财务状况、信誉、业绩、服务、合同条件的响应程度）的汇总得分，并除以该投标人的投标报价，以商数最高的投标人中标的评标办法。

相关案例 5-13　　电脑采购采用评议法评标

在一次电脑招标采购中，业主在吸取前几次招标经验基础上，改用评议办法评标。即由专家根据招标人采购要求，对投标人提供的产品进行综合评议，最后专家进行投票，得票最多者中标，采购达到了很好的效果。

由于采购标的的多样性，经评审的最低投标价法和综合评标法在实践中运用得比较广泛，但是并不一定适用所有采购项目。本案中，考虑到电脑的品牌繁杂，档次参差不齐，参数各不相同，加上电脑升级换代很快，对于诸多品牌的各种机型，在质量、性能方面并没有权威的测评结果可作为评标依据，电脑的质量性能优劣往往只能通过专家的知识和经验来判断，因而采用评议法显得更为合适。

（二）机电产品国际招标项目的评标方法

对于机电产品国际招标项目，应当按照《机电产品国际招标投标实施办法（试行）》规定的最低评标价法和综合评价法评标。

根据《机电产品国际招标投标实施办法（试行）》第二十条、第二十一条规定，机电产品国际招标的评标一般采用最低评标价法。技术含量高、工艺或技术方案复杂的大型或成套设备招标项目可采用综合评价法进行评标。

最低评标价法，是指在投标满足招标文件商务、技术等实质性要求的前提下，按照招标文件中规定的价格评价因素和方法进行评价，确定各投标人的评标价格，并按投标人评标价格由低到高的顺序确定中标候选人的评标方法。采用最低评标价法评标的，评标依据中应当包括：一般商务和技术条款（参数）在允许偏离范围和条款数内进行评标价格调整的计算方法，每个一般技术条款（参数）的偏离加价一般为该设备投标价格的 0.5%，最高不得超过该设备投标价格的 1%，投标文件中没有单独列出该设备分项报价的，评标价格调整时按投标总价计算；交货期、付款条件等商务条款的偏离加价计算方法在招标文件中可以另行规定。

综合评价法，是指在投标满足招标文件实质性要求的前提下，按照招标文件中规定的各项评价因素和方法对投标进行综合评价后，按投标人综合评价的结果由优到劣的顺序确定中标候选人的评标方法。综合评价法应当由评价内容、评价标准、评价程序及推荐中标候选人原则等组成。综合评价法应当根据招标项目的具体需求，设定商务、技术、价格、服务及其他评价内容的标准，并对每一项评价内容赋予相应的权重。招标文件应当集中列明招标文件中所有加注星号（"*"）的重要条款（参数）。

（三）政府采购货物和服务招标项目的评标方法

根据《政府采购法实施条例》第三十四条、《政府采购货物和服务招标投标管理办法》第五十四条、第五十五条规定，评标方法分为最低评标价法和综合评分法。

最低评标价法，是指投标文件满足招标文件全部实质性要求且投标报价最低的供应商为中标候选人的评标方法。采用最低评标价法评标时，除算术修正和落实政府采购政策需进行的价格扣除外，不能对投标人的投标价格进行任何调整。技术、服务等标准统一的货物和服务项目，应当采用最低评标价法。

综合评分法，是指投标文件满足招标文件全部实质性要求且按照评审因素的量化指标评审得分最高的供应商为中标候选人的评标方法。评审因素的设定应当与投标人所提供货物服务的质量相关，包括投标报价、技术或者服务水平、履约能力、售后服务等。资格条件不得作为评审因素。评审因素应当细化和量化，且与相应的商务条件和采购需求对应。商务条件和采购需求指标有区间规定的，评审因素应当量化到相应区间，并设置各区间对应的不同分值。评标时，评标委员会各成员应当独立对每个投标人的投标文件进行评价，并汇总每个投标人的得分。货物项目的价格分值占总分值的比重不得低于30%；服务项目的价格分值占总分值的比重不得低于10%。执行国家统一定价标准和采用固定价格采购的项目，其价格不列为评审因素。价格分应当采用低价优先法计算，即满足招标文件要求且投标价格最低的投标报价为评标基准价，其价格分为满分。其他投标人的价格分统一按照下列公式计算：

投标报价得分＝（评标基准价／投标报价）×100

评标总得分＝$F1 \times A1 + F2 \times A2 + \cdots\cdots + Fn \times An$

F1、F2……Fn 分别为各项评审因素的得分；

A1、A2……An 分别为各项评审因素所占的权重（$A1 + A2 + \cdots\cdots + An = 1$）。

评标过程中，不得去掉报价中的最高报价和最低报价。因落实政府采购政策进行价格调整的，以调整后的价格计算评标基准价和投标报价。

不论是采用经评审的最低投标价法、综合评估法选择中标人，还是采用最低评标价法、综合评价（分）法评标，这些方法都是仅有一个投标人最符合中标条件，一个标段或者不划分标段的一个招标项目只能有一个中标人。

另外，在评标形式上，还可尝试采用暗标评标方法，即将投标文件分为明标商务标和暗标技术标（只在包装袋上署名，拆封后编号识别）分别进行评审，具有以下优势：一是暗标评标能有效地消除明标评标过程中评委的人为打分倾向；二是消除了投标人采用违规手段谋取中标的心理；三是增强了技术标评标的保密性，提高了竞标质量，保密程序更加严谨。

相关案例 5-14　暗标评审项目投标文件泄露投标人信息应否决投标

某工程建设项目施工招标，采用暗标评审方式。招标文件规定："投标文件技术标部分（暗标）单独装订成册实行暗标评审，此部分单独装订成册，正本封面采用'投标文件格式'中所提供的格式；副本为暗标评审部分，暗标封皮采用规定型号的纸张，副本封皮为空白纸，不得做副本等任何标注。封底使用 A4 白色复印纸；正本与副本内容须完全一致。技术标暗标部分，封面、封底、侧封及所有正文中均不得出现可识别投标人身份的任何字符、徽标（包括文字、符号、图案、标识、标志、人员姓名、企业名称、以往工程名称、投标人独有的标准名称或编号等），也不得出现其他具有标识性作用的符号、图案等。如有违反，按无效标处理。"评标时，评标专家发现某投标人的投标文件中出现了投标人单位名称。

暗标评审，是指将投标人的投标文件分为明标商务标和暗标技术标两部分进行分别评审的一种评标方法。在投标文件编制形式上，一般采用统一格式、统一封面、统一排版、统一装订方式；在编制内容上，一般技术文件不得出现单位名称、公章、法定代表人或其授权委托代理人姓名，不得有暗示本单位的说明性文字或标识，不得有所投工程名称以外的其他工程名称等。技术文件随机编号，评标专家在完全没有投标人其他信息的情况下，只根据其技术条件进行公正、公平地评审，不受外在因素影响。一旦发现技术文件违背上述形式、内容要求，则可能透露投标人信息，视为未实质性响应招标文件要求，作否决投标处理。本案例中，投标文件中出现了投标人单位名称，违背了招标文件要求，按照规定应当否决该投标。

二、评标标准

评标方法一般只是作原则性规定，具体的评标标准，还需根据行业惯例和项目情况等，紧扣招标文件内容，由招标代理机构和招标人加以细化。招标文件中未作要求的事项，不能作为评分考虑的关键内容。

（一）关于评标标准的常见问题

一是招标人在招标文件中公布不完整的评标标准和方法，只公布评审因素和指标，而不公布评审权重和评分方法。评标标准过于笼统、宽泛，导致在评标时难以遵从执行或者自由裁量权限过大。招标人为了考虑自己的利益，也往往对评标指标和量化分值隐含了倾向性的意见。

二是评审因素及各因素的评审标准设置不合理，脱离招标项目实际或者脱离预期采购目标。如果评标办法、评标标准编制不合理或者内容不科学、明晰，注定要加大评标难度，甚至导致招标结果不公正。

三是在评标过程中，也存在评标委员会不严格按照招标文件规定的评标方法评审而是按照自己的规则进行，或者在评标过程中随意变更评标方法和评标标准，其中必然有倾向性或者不合理之处，影响结果公正性。

（二）制定科学的评标标准

招标人应当在确定评标方法之后，根据招标项目的特点制定详细具体、科学的评标标准。

评标标准一般包括价格标准和价格标准以外的其他标准（又称非价格标准）。非价格标准应尽可能客观和量化，并按货币额表示或规定相对的权重（“系数”或“得分”）。通常在货物评标时，非价格标准主要有运费、付款计划、交货期、货物的配套性、零配件和服务的供给能力、相关的培训、安全性等；在工程项目招标评标时，非价格标准主要有工期、质量、施工组织设计和设备安排、施工人员和管理人员的素质、以往的经验等；在服务招标评标时，非价格标准主要有投标人及参与提供服务的人员的资格、经验、信誉、可靠性、专业和管理能力等①。

评标标准应尽量详细，有利于投标人了解和掌握项目的侧重点，编制出符合招标文件要求的投标文件，提高投标文件的响应性，也有利于评标委员会评审，减少其违规操作空间。另外，评标标准一旦设置好，不允许再次修改。

相关案例 5-15　售后服务评标标准不明确不能作为评标依据

某设备采购招标中，招标文件提出了售后服务是一种评标因素，但没有解释怎样判断服务的质量，让评委自行衡量。于是在评标中，评委打分各不相同，差别都很大。

本案中“服务质量”的评标标准不明确，评审时不具有可操作性，评标的公正性也就难以保证，应对售后服务制定客观判断的标准，如备品备件的价格、具有特定规模或能力的维修设施、所要求的服务的详细情况，等等。

实践中遇到的一个实际问题是，在货物招标中，由于投标人技术装备的差异（选用进口部件的程度不同），或者进口产品和国产产品同台竞争，往往投标报价差异巨大，不能在同一层次上进行竞争，如何评标为好？采用综合评估法评审，一般按商务、技术、价格三部分打分。国外设备、原材料因报价高，所以得

① 王俊安著:《招标投标案例分析》，中国建材工业出版社 2005 年版，第 219 页。

分少，但是在技术评审时，由于其技术先进性、可靠性等因素，又可以得到较高的分数。由于国产设备、原材料与国外设备、原材料在价格上存在着很大差异，如果设置评分权重不合适，就可能导致采购结果不能令招标人满意。所以关键是在评标办法中对商务、技术、价格三个方面的权重要科学设定。从实践来看，如果商务分20%、技术分50%、价格分30%，因技术分占比大，可以覆盖30%的价格分，往往质量可靠、技术先进的产品占有较大优势。如果对产品质量、先进性要求并不严，这时评分标准的比重设定为商务分20%、技术分30%、价格分50%，则质量一般、报价较低的产品就可能在评审中占上风甚至中标①。

三、按照招标文件确定的评标方法和评标标准评标

评标标准和方法是规定评标委员会评标的依据。合法、科学、具有可操作性的评标标准和方法，既有利于评标委员会按照统一的标准和方法进行评标，也有利于对评标委员会的自由裁量权进行合理约束，确保评标结果的公平、公正和科学。

（一）招标文件应规定评标方法和评标标准

评标方法和评标标准作为招标文件的必备内容应当在招标文件中明确规定，不得随意变更。评标标准和方法必须在招标文件中载明，是《招标投标法》公开原则的具体体现，有利于投标人了解招标人的招标目的，有效引导投标人投标，编制出高质量的投标文件；有利于加强利害关系人和社会监督，提高招标投标的透明度，防止暗箱操作。潜在投标人对于评标方法和评标标准认为违反法律规定或者不符合招标项目实际的，对此内容有异议的，可以按照《招标投标法实施条例》第二十一条的规定提出异议，要求招标人对此澄清、修改。

招标人如果在投标截止时间前发现招标文件缺失评标标准或者存有错误遗漏的，应当修改；如果在投标截止时间之后才发现的，应当在修改招标文件后重新招标。在评标过程中，不得随意增加、删减评审因素，也不得调整每个评审因

① 朱建元主编：《招标师实务操作问答精选》，知识产权出版社2010年版，第152页。

素的评审标准和权重。招标人自己发现招标文件存在违法、遗漏、错误、相互矛盾、含义不清或需要调整一些要求等情形，或者潜在投标人提出招标文件存在上述问题要求招标人进行修改完善时，招标人可以通过修改、澄清方式进行修正补救。对此，《招标投标法实施条例》第二十一条规定："招标人可以对已发出的资格预审文件或者招标文件进行必要的澄清或者修改。澄清或者修改的内容可能影响资格预审申请文件或者投标文件编制的，招标人应当在提交资格预审申请文件截止时间至少 3 日前，或者投标截止时间至少 15 日前，以书面形式通知所有获取资格预审文件或者招标文件的潜在投标人；不足 3 日或者 15 日的，招标人应当顺延提交资格预审申请文件或者投标文件的截止时间。"

在招标文件发出之后，如果修改评标方法和评标标准的相应内容，应当按照招标文件修改的相关法律规定执行，除文字性修改外，一般这些内容属于较为重要的实质性内容，将影响到投标文件的编制。因此，应当至少在投标截止时间之前 15 天对此进行修改，并将修改后的内容通知到每一位购买招标文件的潜在投标人。评标方法和评标标准的制定主体只能是招标人或其委托的招标代理机构，制定时间必须是在投标截止时间之前。因此，在招标文件发出之后，评标过程中，任何人都不得修改招标文件，不得变更、补充评标方法和评标标准。

相关案例 5-16　　开标后修改评标办法

某招标项目，招标人在开标后修改了评标标准和方法，为此某投标人拒绝继续参加招标投标活动，并向法院起诉要求重新招标，法院审理认为虽然发出招标文件是要约邀请而非要约，在法律上要约邀请无约束力，但《招标投标法》规定开标后不得修改招标文件，招标文件不得含有歧视、排斥潜在投标人的内容，基于招标文件作为要约邀请的特殊性考虑，判决该投标人胜诉。

评标标准和方法为招标文件的实质性内容，如果不符合招标项目实际，应在投标截止日期前 15 日修改，如果距投标截止时间不足 15 日进行修改的，应相应推迟开标时间，但开标之后，不得修改招标文件。

也有个别情况需要注意：

一是在评标过程中才发现没有规定评标标准、评标方法或者规定的评标标准违反法律规定或者存在错误导致评标工作无法继续进行，此时评标委员会不得自行变更、修改之后继续进行评审，而是应当停止评审，向招标人提出，由招标人决定终止本次招标活动，修改招标文件之后重新组织招标。招标人此时也不得直接修改文件中关于评标标准、评标方法的相关内容之后组织继续评标。

二是有的招标人为了防止投标人紧紧围绕评标标准对号入座“做标”，将投标文件做得天衣无缝但与实际不符，故在招标文件中规定两套及以上评标标准，规定在开标时公开确定其中一套评标标准或者在评标时由评标委员会自行选择其中一套评标标准，这种做法也违反了《招标投标法》事前应在招标文件中明确评标方法和评标标准的规定。

相关案例 5-17　　招标文件缺少评标标准怎么办

某 2 万吨级码头散装物料中转库建设及装卸作业项目招标，有 5 家公司投标。在投标之后，招标人才发现缺少评标标准，招标人经讨论，决定不开标，并通知各投标人：因招标文件并未设定评标标准，故本项目不开标，待修改招标文件后重新组织招标。

本案中，根据《招标投标法》第十九条“招标文件应当包括招标项目的技术要求、对投标人资格审查的标准、投标报价要求和评标标准等所有实质性要求和条件以及拟签订合同的主要条款”的规定，“评标标准”是招标文件必备的实质性内容，关系到依据何种评审依据进行公正评审，关系到招标人选择交易对象的衡量标准，不可或缺。但恰恰招标文件未设定评标标准，如在投标截止前发现尚可通过修改招标文件弥补，但遗憾的是在投标截止之后才发现，只能宣布终止当次招标活动，在修改招标文件后再重新发布，重新组织招标，先后成为独立不同的两次招标活动。

（二）严格按照评标方法和标准评标

事先列明的评标方法和标准在评标时能否真正得到采用，是衡量评标是否公正、公平的标尺。首先要制定详细的评标方法，评标标准尽量要客观，评标方法和评标标准都应当公开，评分细则要细化。在评标之前，应安排评标委员会集体熟悉、掌握评标方法和评标标准。

为了保证评标的公正和公平性，评标还必须严格按照招标文件事先规定的评标标准和方法进行，不得采用招标文件未列明的任何标准和方法，也不得在评标过程中改变招标文件确定的评标标准和方法，这些都不符合法律规定。为保证招标投标活动符合公开、公平和公正的原则，评标委员会对各投标竞争者提交的投标文件进行评审、比较的唯一标准和评审方法，只能是在事先已提供给每一个投标人的招标文件中载明的评标标准和方法。

招标人或评标委员会都不能在评标过程中对评标标准和方法加以修改。招标文件以外的评标标准和方法不能作为评标的依据。《招标投标法》第四十条中规定，“评标委员会应当按照招标文件确定的评标标准和方法，对投标文件进行评审和比较”，《招标投标法实施条例》第四十九条第一款规定：“评标委员会成员应当依照招标投标法和本条例的规定，按照招标文件规定的评标标准和方法，客观、公正地对投标文件提出评审意见。招标文件没有规定的评标标准和方法不得作为评标的依据。”

相关案例 5–18　　评标会上修改评标办法

据建筑公司知情人士透露：其公司在某单位承包过多项工程，合作得非常愉快。故此某单位要建培训中心，仍希望该公司中标，但评标的结果是该公司名列第三名。由于业主的评标办法没有在招标文件中公布，于是业主更改评标办法后，又重新将评标的评委组织起来，再次进行评议，最终使得其内定的建筑公司中标。

本案例中，业主未事先公布评标办法，在评标过程中又有针对性地修改评标办法，带有明显倾向性，这些做法都是错误的。

评标委员会成员应当客观公正地对投标文件提出评审意见。客观，就是要求评标委员会成员作出的评审结论建立在事实基础上，实事求是，不偏不倚。具体讲，在评审投标文件时，要按照招标文件确定的标准和方法对投标文件进行审查、比较，作出客观分析评价。公正，就是要求评标委员会成员评审标准统一，不能畸轻畸重、宽严不一、厚此薄彼。对同类问题、同类情形要作同等处理，“同案同判”。例如，甲、乙投标人提供的服务条件相同，同一评标委员会成员在评审该因素时，评审的结果应一致。

第三节　投标文件的评审

一、招标人提供评标必需的信息

为增强评标的针对性、科学性，保证评标委员会顺利完成评标，招标人应当为评标提供一定的条件，包括提供评标所需的信息，确保合理的评标时间。对此，《招标投标法实施条例》第四十八条第一款、第二款规定：“招标人应当向评标委员会提供评标所必需的信息，但不得明示或者暗示其倾向或者排斥特定投标人。招标人应当根据项目规模和技术复杂程度等因素合理确定评标时间。超过三分之一的评标委员会成员认为评标时间不够的，招标人应当适当延长。”

招标人应当提供的评标所必需的信息，一般是指招标人基于招标项目的实际情况，向评标委员会提供招标文件没有载明或者已经载明但短时间内评标委员会成员不容易准确把握理解的，且为准确评标所必需的客观真实信息，主要包括：一是招标项目的范围、性质和特殊性。应评标委员会要求，招标人可以就招标文件中的一些重要信息和数据，包括招标范围、技术标准和要求、投标报价要求、评标标准和方法、合同主要条款等内容进行解释或说明。二是招标项目的质量、价格、进度等需求目标和实施要点。三是招标文件中规定的主要技术标准和要求、商务条款。四是招标文件规定的评标方法、评标因素及标准，以及设置评审因素及标准的主要考虑。五是开标记录。六是投标文件。七是采用资格预审的，还应包括资格预审文件和资格预审申请文件。但是，招标人在提供上述有关信息和数据时，不得以明示或者暗示的方式倾向或者排斥特定投标人。例如，招标人在介绍招标项目特殊要求时，特意提到某个投标单位的技术标准最符合该招标项目的特殊需要，就构成以暗示的方式倾向特定投标人。

对于政府采购货物和服务招标项目，《政府采购货物和服务招标投标管理办法》第四十五条详细规定了采购人或者采购代理机构组织评标的工作职责（包括提供评标必需的信息），即（一）核对评审专家身份和采购人代表授权函，对评审专家在政府采购活动中的职责履行情况予以记录，并及时将有关违法违规行为向财政部门报告；（二）宣布评标纪律；（三）公布投标人名单，告知评审专家应当回避的情形；（四）组织评标委员会推选评标组长，采购人代表不得担任组长；（五）在评标期间采取必要的通讯管理措施，保证评标活动不受外界干扰；（六）根据评标委员会的要求介绍政府采购相关政策法规、招标文件；（七）维护评标秩序，监督评标委员会依照招标文件规定的评标程序、方法和标准进行独立评审，及时制止和纠正采购人代表、评审专家的倾向性言论或者违法违规行为；（八）核对评标结果，有本办法第六十四条规定情形的，要求评标委员会复核或者书面说明理由，评标委员会拒绝的，应予记录并向本级财政部门报告；（九）评审工作完成后，按照规定向评审专家支付劳务报酬和异地评审差旅费，不得向评审专家以外的其他人员支付评审劳务报酬；（十）处理与评标有关的其他事项。采购人可以在评标前说明项目背景和采购需求，说明内容不得含有歧视性、倾向性意见，不得超出招标文件所述范围。说明应当提交书面材料，并随采购文件一并存档。

二、评标时间

评标工作一般当开标结束时，随即进入评标程序。《机电产品国际招标投标实施办法（试行）》第五十五条对此有明确规定："评标委员会应当在开标当日开始进行评标。有特殊原因当天不能评标的，应当将投标文件封存，并在开标后48小时内开始进行评标……"

招标人应当合理确定评标所需的时间。合理的评标时间是评标委员会成员公正客观地履行评标职责的重要保障。如果评标时间过短，将直接影响评标质量，因此应根据招标项目规模合理确定，为详细审核投标文件留有足够时间，不能过短或者走过场。由于招标项目的性质、规模大小、复杂程度、评审因素、投标人数量的不同，评标委员会完成评标所需时间也不同，这就需要由招标人根据招标项目的具体情况合理确定。

招标人确定评标所需时间考虑的主要因素有：一是招标项目的规模和技术复杂程度；二是投标人的数量；三是评标委员会成员的数量；四是评标因素及各因素评审方法；五是投标文件的编制情况；六是是否采用电子辅助评标等手段。由于种种原因，当前很多招标项目的评标时间过短，影响了评标质量。

根据实际情况，如果招标人原定的评标时间不足以完成评标工作的，评标委员会只要有超过三分之一的成员同意，就可以要求延长评标时间，以保证评标工作进度和质量，此时招标人应当延长，不得拒绝，这对招标人也是有利的。

如果在原定投标有效期内不能按时完成评标而导致定标迟延的，可以要求投标人延长投标有效期，并相应延长投标保证金的有效期；拒绝延长的，原投标有效期届满时其投标失效，应退还其投标保证金。

三、主要评审程序

评标工作人员多、程序复杂，招标人或招标代理机构必须事前设定好科学合理完备的评标程序，以便评标工作在规范有序的环境下按照预定的目标期限完成。评标工作应当按照严格的程序来进行。

实践中也存在评标程序混乱、评标质量和最终采购目标难以保证的情形，主要表现在：招标人未严格按照评标程序、评标标准和评标方法或事先未制定评标标准，草率敷衍评标，包括简化评标程序、随意变更评标原则或评分标准、设置的评标时间过短等，不能保证评标工作质量，直接影响着评标过程的公正性，也难以确保招标人能选择出最优的供应商。

招标人应依法完善评审程序，规范评标。评标委员会应当审查每一投标文件是否对招标文件提出的所有实质性要求和条件作出响应。未能在实质上响应的投标，应作否决投标处理。评标一般经过初步评审（剔除不合格投标，选出合格投标）和详细评审（对合格投标进行评审比较并推荐中标候选人）两个阶段，也可以细分为完整性审查、算术性修正、商务评审、技术评审和投标报价合理性评审五个环节。

（一）投标文件的完整性判断

一是审查是否缴纳了招标文件规定的投标保证金；二是审查是否正确签署了投标文件；三是审查是否提交了法定代表人身份证明或受托人的授权委托书；四是审查是否出具了要求的合格证明、资质等级证书等；五是审查是否提交了投标人的财务、业绩、技术等相关资料。具备上述条件，可进入下一步的评审，否则作为无效投标文件处理而不再进入下一阶段的评审。

2016年5月19日，住房和城乡建设部办公厅印发了《关于规范使用建筑业企业资质证书的通知》（建办市函〔2016〕462号），载明："每套新版建筑业企业资质证书包括1个正本和1个副本，每本证书上均印制二维码标识。为切实减轻企业负担，各有关部门和单位在对企业跨地区承揽业务监督管理、招标活动中，不得要求企业提供建筑业企业资质证书原件，企业资质情况可通过扫描建筑业企业资质证书复印件的二维码查询。"因此，对于资质证书，甚至包括其他认证证书、实验证书等政府部门、事业单位、认证机构等颁发的各类证书，只要通过公开网站能够查询的，都可以只要求投标人提交复印件、打印件或网址，甚至不要求提供，评标委员会在评审过程中依据复印件刊载的二维码或者直接登录相关官方网站自行查询即可，既减轻投标人负担，也杜绝投标人在纸质证明文件上造假，还减轻了评标委员会核实的工作量，提高了准确率。

（二）算术性修正

招标人应审查报价的算术性错误及其他错误，按招标文件规定进行修正。招标文件一般规定数字错误改正的要求为：投标文件中的大写金额和小写金额不一致的，以大写金额为准；总价金额与单价金额不一致的，以单价金额为准，但单价金额小数点有明显错误的除外；当各细目的合计价累计不等于总价时，应以各细目合计价累计数为准，修正总价；对不同文字文本投标文件的解释发生异议的，以中文文本为准。投标人必须接受这种算术性修正，如投标人拒绝改正诸如书写性或算术性的细微偏差错误，招标人可以按照招标文件的规定拒绝其投标文件，不退还投标保证金。

相关案例 5–19　投标文件计算错误的改正

某招标项目采购 100 套设备，评标委员会在评审时发现投标文件中存在如下数字性错误，其中甲的报价：单价为 4000 元（大写肆仟元），总价 40000 元；乙的报价：单价为 390000 元（大写叁拾玖万元），总价 390000 元；丙的报价：单价为 3500 元（大写叁万伍仟元），总价 350000 元。该项目标底单价为 3800 元，总价 380000 元。

笔者认为，本案例中，甲的报价总价计算错误，根据数字错误改正原则，其总价应改为 400000 元。对照标底，乙的报价单价书写错误，应将单价改为 3900 元（大写叁仟玖佰元）。丙的报价单价项用数字表示的金额与文字表示的金额不同，而用数字表示的单价与数量相乘等于总价，依据招标文件数字错误改正原则，应以文字表示的单价为准，改正以数字表示的单价，这样其总价应改为 3500000 元，但对照标底，可以判断明显属于用文字表示的单价错误，依据算术性修正，却没有充分理由将用文字表示的单价错误修正掉。此时不必机械地照搬招标文件规则，最好要求投标人进行澄清，判断其真实报价意图，因文字表示的单价书写错误，丙所报单价应调整为3500元。

对于政府采购货物和服务招标项目而言，根据《政府采购货物和服务招标投标管理办法》第五十九条的规定，投标文件报价出现前后不一致的，除招标文件另有规定外，按照下列规定修正：1.投标文件中开标一览表（报价表）内容与投标文件中相应内容不一致的，以开标一览表（报价表）为准；2.大写金额和小写金额不一致的，以大写金额为准；3.单价金额小数点或者百分比有明显错位的，以开标一览表的总价为准，并修改单价；4.总价金额与按单价汇总金额不一致的，以单价金额计算结果为准。同时出现两种以上不一致的，按照前款规定的顺序修正。修正后的报价按照本办法第五十一条第二款的规定经投标人确认（投标人的澄清、说明或者补正应当采用书面形式，并加盖公章，或者由法定代表人或其授权的代表签字）后产生约束力，投标人不确认的，其投标无效。

（三）商务的实质性响应评审

商务性审查内容包括投标人的合格性、投标的有效性、投标有效期、投标保证金、资格证明文件、质量保证期、付款条件和方式等。侧重审查以下内容：

一是审查投标人的授权代表是否具有有效的投标授权委托书（复代理人是否持有有效的投标转授权委托书），投标事宜是否在授权范围内，是否投标人授权代表正确签署了投标文件、报价一览表。

二是审查投标人是否达到了规定的投标资格条件。

三是审查投标有效期是否符合招标文件规定。

四是审查是否有能力满足工期（供货期）要求。

五是审查投标人及其相关的供货商是否符合招标文件中规定的履约能力。

六是审查是否提交了商务实质性响应的支持性文件，尤其是要着重审查投标人的资质和业绩是否符合招标文件要求。评标时发现有的投标人使用其他公司的资质业绩（投标人本身无招标文件要求的资质业绩），即使取得了其他投标人的书面同意，但由于该投标人不符合招标文件要求的资格条件，而且资质业绩也不允许转让，应认定该投标文件存在重大偏差，否决该投标人的投标。

商务审查时，还应对投标人提交的“商务条款偏离表”响应情况进行审查，主要商务条款不得出现偏离，发生偏离即作无效标处理。

投标文件如果不符合上述要求或投标文件附有限制性条件，未能对招标文件作出实质性响应，属重大偏差，应作否决投标处理。例如，投标人没有按照招标文件要求提供合格的投标担保、投标文件没有投标人的法定代表人或授权代表签字和加盖公章、投标人业绩不满足要求，投标文件载明的招标项目完成期限超过招标文件规定的期限、投标有效期不符合要求、投标文件附有招标人不能接受的条件等，该投标应被否决。

实践中往往投诉较多的就是招标人与投标人对实质性条款的理解不一致，而且确实有些内容仅靠理论上的理解本身就很难判断是否是实质性偏差，因此最好在招标文件中直接将实质性条款与非实质性条款的内容明确规定下来，以便于实际操作，减少争议和投诉，也可以减少评标专家评标判断的随意性。

相关案例 5-20　资格审查后只有两家合格的投标人

一个工程施工招标项目，采用资格后审方式对投标人的资格进行审查，投标人有 4 家，但资格后审后只有两家合格的投标人，此时如何处理，评标委员会成员分歧很大。

因为这两家是在不知有两家资格不合格，且有竞争的条件下投的标，具有一定竞争性，可以继续评标。如果否决全部投标，对实质性响应招标文件要求的这两家是不公平的，因为这两家投标报价已经公开，再重新投标，将使这两家处于极其不利的竞争地位。当然，根据招标项目实际判断，评标委员会经评审认为如果剩余两家的投标不具有竞争性的，按照《评标委员会和评标办法暂行规定》第二十七条的规定，也可以否决全部投标，并依法重新招标。

（四）技术的实质性响应评审

评审重点：

一是审查是否按招标文件规定的工程规模、技术标准、设计方案、标段进行投标。

二是审查是否符合技术规范、技术标准的要求。例如，招标文件在技术规范中指定特定商标产品且明确为实质性要求，因招标文件中的这项要求违反了《工程建设项目货物招标投标办法》等法律法规中关于招标文件中不得要求或标明某一特定的专利技术、商标、名称、设计、原产地或供应者等的强行性规定，应视为无效条款，投标人的投标应按有效投标处理，不能因投标文件未响应招标文件的无效条款而判作未实质性响应拒绝该投标。

相关案例 5-21　评审时应严格区分重大偏差和细微偏差[①]

2015 年 3 月，某县公共资源交易中心（简称交易中心）受县中医院的委托，公开招标采购彩色多普勒超声诊断仪，招标文件第二篇为“设备技术要求”有八项内容，其中第八项是“产科自动测量功能（可对胎儿的头围、股骨长、肱骨长等自动测量）”；第四篇为“评标方法”要求：“投标文件对招标文件第二篇规定的内容全部作出响应；就质量技术参数，要满足招标文件的技术参数和功能要求。”

2015 年 4 月 3 日，交易中心公示医疗器械公司为成交供应商，某科技公司就此提出质疑，要求取消医疗器械公司的中标候选人资格。县中医院、交易中心组织评标委员会复核，发现医疗器械公司对前七项技术要求进行无差异的响应，但未对第八项“产科自动测量功能”要求作出应答，评审委员会认为该项属细微偏差，故作出不予支持科技公司诉求的质疑答复。

科技公司不服质疑答复，向县财政局投诉。县财政局认为医疗器械公司的投

① 本案例素材来源于中国裁判文书网，（2016）渝 02 行终 481 号行政判决书。

标文件未按招标文件的要求和条件对“产科自动测量功能”这一项作出实质性响应，故作出“采购活动违法，责令县中医院重新采购”的投诉处理决定。医疗器械公司不服提起行政诉讼。

法院认为，本案中，招标文件“设备技术要求”部分的八项内容在排列上是以断行方式列举，应属并列关系，且对第八项内容单独列明，更能体现出采购人对该项技术要求的特定需求。采购人对产品技术方面的要求，直接涉及其核心权益，关乎能否实现其采购目的，故对招标文件的这八项技术性要求，投标人必须作出实质性响应。但医疗器械公司的投标文件仅就前七项作了无差异的应答，对第八项“产科自动测量功能”未作出响应，故其投标在符合性检查时应按无效投标处理。医疗器械公司认为其未对该项要求作出响应属于细微偏差的理由不能成立。医疗器械公司并未对该项技术要求作出响应，根本不符合招标文件的要求，更谈不上细微偏差问题。

综上，法院认定县财政局作出的《政府采购投诉处理决定书》和市财政局作出的《行政复议决定书》认定事实清楚，适用法律正确，判决驳回医疗器械公司的诉讼请求。

三是审查关键人员能否满足规定资历的要求，并能否胜任拟任岗位的工作。

四是审查是否符合招标文件规定的安全、质量及技术服务方面的要求。

若不能达到上述各项要求，如投标文件不满足主要技术条款要求或主要技术条款无技术资料支持、投标文件技术规格与事实不符或虚假投标、投标文件符合招标文件中规定无效标的其他技术条款的，则属重大偏差，该投标应被拒绝。

实践中经常遇到投标文件中缺少招标文件规定的投标产品的型式试验报告，是否为重大偏差不无疑问，应当根据相关法律法规和招标文件规定来判断。如果招标文件规定该型式试验报告为实质性要求和条件的，或者根据相关法律法规规定投标产品无型式试验报告不得投运的，应作否决投标处理；否则，可以要求投标人进行澄清或者按规定在评标时作出对投标人不利的评价。

相关案例 5-22　投标文件瑕疵的处理

某通信传输网项目，评标委员会对8家公司所投投标文件进行评审时，发现A公司的投标文件未经法人代表签署，也未能提供法人授权书，并且只在外包装信封加盖单位公章但投标文件并未加盖；B公司投标文件的交货期为“合同签订后150天”（招标文件规定“交货期为合同签订后3个月”）；C公司所投设备有一项重要参数与招标文件要求不符。评标委员会对上述3家的投标文件全部认定为无效投标文件。

评标的主要目的就是审查投标文件是否对招标文件提出的所有实质性要求和条件作出响应。投标文件存在重大偏差，未能对招标文件作出实质性响应的，将作为否决投标处理。本案中评标委员会的做法是正确的。

（五）报价的合理性评价

评审重点：

一是审查报价是否低于投标人的个别成本价。

二是审查报价是否实质性平衡。

招标人应对投标人提供的工程量清单（供货、服务项目范围）和单价以及分项报价进行全面的价格分析，判定这些价格是否与投标文件载明的实施方案具有内在的一致性，是否与其他投标人的报价有可比性，如其报价明显不合理，其投标应被拒绝，否则将为后续的签约、履约带来很多不确定因素，投标人可能会利用不平衡报价在中标后要求增加合同价款，提高项目成本。

相关案例 5-23　不平衡的投标报价

某工程项目，评标委员会建议将合同授予评标价次低的投标人，因为评标价最低的报价只稍低一点点（不到1%），且该投标人对于挖掘工程报价太低，最终可能出现承包商不能按合同完成工程的风险。

不平衡报价，是指与正常的估算相比较，有些分项的投标报价明显过高，而有些则报价过低。投标人采用不平衡的报价的目的一般是通过调整内部各个项目的报价，以期既不提高总报价、不影响中标，又能在结算时增加提高工程款或达到其他目的。采用不平衡报价，一般是投标人另有意图而采用的投标策略，有投机嫌疑。如果出现“不平衡”情况，业主就应要求投标人澄清，以便确定其理由是否正当，防止今后承包商违约时业主在经济上蒙受更多的损失。

对于投标报价的评审，还要注意以下两个问题：

（1）关于评标价的设置。为了评标有一个明确的尺度，可以设置评标价，以此为标准判断各个投标报价的评标得分。实践中，往往以所有投标报价的平均价或者以最低报价，或者以一个价格下浮一定百分点，或者招标人自行测算一个价格为最佳得分点（报价“靶心”）作为评标价，投标报价越靠近的评审得分就越高，这就要求设定的评标价必须科学、合理。

（2）关于投标报价有缺漏项的处理。对于报价有缺漏项的问题，《机电产品国际招标投标实施办法（试行）》第六十三条给出了解决答案，即“投标人应当根据招标文件要求和产品技术要求列出供货产品清单和分项报价。投标人投标报价缺漏项超出招标文件允许的范围或比重的，为实质性偏离招标文件要求，评标委员会应当否决其投标。缺漏项在招标文件允许的范围或比重内的，评标时应当要求投标人确认缺漏项是否包含在投标价中，确认包含的，将其他有效投标中该项的最高价计入其评标总价，并依据此评标总价对其一般商务和技术条款（参数）偏离进行价格调整；确认不包含的，评标委员会应当否决其投标；签订合同时以投标价为准”。对于其他招标项目，可参考此规定在招标文件中作出约定，以防范合同履行中产生纠纷。

对于机电产品国际招标项目的评标程序，《机电产品国际招标投标实施办法（试行）》第六十条规定：“采用最低评标价法评标的，价格评议按下列原则进行：（一）按招标文件中的评标依据进行评标。计算评标价格时，对需要进行价格调整的部分，要依据招标文件和投标文件的内容加以调整并说明。投标总价中包含的招标文件要求以外的产品或服务，在评标时不予核减；（二）除国外贷款、援助资金项目外，计算评标总价时，以货物到达招标人指定到货地点为依据；（三）招标文件允许以多种货币投标的，在进行价格评标时，应当以开标当日中国银行总行首次发布的外币对人民币的现汇卖出价进行投标货币对评标货币的转换以计算评标价格。”

《机电产品国际招标投标实施办法（试行）》第六十一条规定：“采用综合评价法评标时，按下列原则进行：（一）评标办法应当充分考虑每个评价指标所有可能的投标响应，且每一种可能的投标响应应当对应一个明确的评价值，不得对应多个评价值或评价值区间，采用两步评价方法的除外。对于总体设计、总体方案等难以量化比较的评价内容，可以采取两步评价方法：第一步，评标委员会成员独立确定投标人该项评价内容的优劣等级，根据优劣等级对应的评价值算术平均后确定该投标人该项评价内容的平均等级；第二步，评标委员会成员根据投标人的平均等级，在对应的分值区间内给出评价值。（二）价格评价应当符合低价优先、经济节约的原则，并明确规定评议价格最低的有效投标人将获得价格评价的最高评价值，价格评价的最大可能评价值和最小可能评价值应当分别为价格最高评价值和零评价值。（三）评标委员会应当根据综合评价值对各投标人进行排名。综合评价值相同的，依照价格、技术、商务、服务及其他评价内容的优先次序，根据分项评价值进行排名。”

四、评标中对偏差的处理

实际上，在招标投标过程中，投标文件中的投标报价单、商务部分和技术部分总会出现各种各样的偏差，这是难免的。作为评标委员会就应依据招标投标法律法规和招标文件规定判断该项属于实质性偏差还是非实质性偏差，进而依据法定规则作出处理。

第一，如果该偏差属于招标文件或法律规定的实质性偏差，属于否决投标情形的，对投标文件应作否决处理。

第二，如果该偏差不属于否决投标情形，但招标文件规定作为评标因素的，评标时对该偏差作出不利于投标人的评价。

第三，对于属于否决投标情况的偏差或列为评标因素的偏差，投标人修改或撤回这类偏差将造成对其他投标人的不公平，因此不予修改或撤回这类偏差。

第四，对于不属于否决投标情况且招标文件也未要求进行评价的偏差，因投标人撤回或修改，不会对评标结果造成影响，因此可以允许投标人撤回或修改，但这并不是法律强制规定的投标人义务，也就是说投标人也有权不予撤回，除这种情况外，招标人不得要求投标人修改或撤回偏差。

第五，投标文件与招标文件不一致的，如果属于实质性偏差，应否决投标，但如果招标人予以认可或者因疏忽未发现此偏差的，则视为同意投标人提出的条件；如果属于非实质性偏差，除非招标人明确表示不接受，该偏差对招标人有效，否则以投标文件为准确定合同内容。

五、投标人讲标、答辩

实践中，一些工程设计、施工、监理项目或技术研发、管理咨询等服务项目，设置在投标之后、正式评标之前或者在澄清阶段，由投标人讲标、现场答辩、现场演示的环节，如组织项目经理、总监理工程师、总设计师进行答辩、述标，讲解技术路线、关键问题解决方案等，以便招标人和评标委员会更加准确、全面地了解掌握投标人的投标方案、思路和承诺，准确评判投标人的竞争实力和项目管理能力，减少项目实施风险。现行法律对此并未作出禁止性规定，而且也有现实需要。

讲标、答辩过程中一定要遵循“评标委员会成员名单在中标结果确定前应当保密”的规定，投标人不得在评标现场讲解、演示，应采取物理隔离等保密措施，通过语音系统对话，而不让投标人和评委面对面接触，也不能让投标人通过对话“听出”谁是评委，避免泄露评标委员会成员名单，防止评标委员会成员和投标人代表私下接触。而且，投标在讲解、演示时，不得提出对投标文件进行实质性修改的内容，招标人也不得接受对该实质性内容的修改。

六、电子评标

根据《电子招标投标办法》第三十三条、第三十四条的规定，电子评标应当在有效监控和保密的环境下在线进行。重点把握以下几点：

第一，应当进入依法设立的招标投标交易场所的招标项目，评标委员会成员应当在依法设立的招标投标交易场所登录招标项目所使用的电子招标投标交易平台进行评标。

第二，评标中需要投标人对投标文件澄清或者说明的，招标人和投标人应当通过电子招标投标交易平台交换数据电文。

第三，评标委员会完成评标后，应当通过电子招标投标交易平台向招标人提交数据电文形式的评标报告。

七、对备选投标的评审

“一标一投”是基本原则，但在个别情况下，招标人允许投标人在递交主投标方案的同时，也允许另外提交一套投标方案作为备选投标方案，只有在主投标方案中标的情况下，其备选投标方案才有可能被采纳。招标人明确不接受投标人提交备选投标方案的，投标人不得提供两套或以上投标方案，否则将因提交两份报价而被否决投标。在实践中，招标人往往对于备选投标的评审具有一定的随意性或适用多重标准，主要是因为提供备选投标方案后，评审和比较备选标的标准不好确定，导致所有投标难以在同一基础上得到评审和比较，最终评审结果也就不一定合理，对其他投标人失去公正性。因此，应依法对备选投标进行评审。

（一）在招标项目中，可以允许投标人投备选标

经招标人同意，投标人提交备选标的，该备选标也应实质性响应招标文件要求。如果招标文件中未规定提交备选投标方案，而投标人提交两种方案时，若投标人列明主选方案（基础方案）和备选方案的，招标人可以接受，不能以投标人

提交了两个报价为由作为无效投标处理，但评标时仅对主选方案进行评审而不考虑备选方案；若投标人未列明主选方案和备选方案，或未声明以哪个方案的报价为最终报价的，应作否决投标处理。

如果招标文件要求投标人可提交备选方案但投标人只提交一种投标方案的，则不宜强制投标人提交备选方案，也不能作为非实质性响应按照否决投标处理。但如果投标人只提交了备选方案，没有提交主选方案的，由于无法进行评审比较，只能对其投标予以否决。

相关案例 5-24　　可选报价

某公司外网平台网络设备采购及系统集成项目进行公开招标，有 20 多家供应商参与角逐。开标时，某数码公司因在投标文件中提供了两个报价而被当场作无效标处理。该公司不服，提出招标文件也没规定不接收两个报价的投标文件，法律也没规定不可以，其投标应有效。

根据《评标委员会和评标方法暂行规定》第三十八条“根据招标文件的规定，允许投标人投备选标的，评标委员会可以对中标人所投的备选标进行评审，以决定是否采纳备选标”的规定，只要招标文件允许，投标人投标时可以提供两个报价。但是如果招标文件中未规定是否可以提交两个报价方案而投标人提交了两个报价方案时，若已列明主选报价方案，可以不否决其投标，仅对主选报价方案进行评审，否则因无法评审，予以否决投标。

（二）招标人应结合项目实际情况做好备选投标的评审

第一，投标人提交备选投标的，应当获得招标文件的预先授权，即只有在招标文件允许的情况下才能投备选标。而且，备选投标报价应该在开标时被唱出。如招标文件未作规定，投标人不得提交备选投标方案，否则招标人不予考虑。

第二，招标文件应当明确规定备选标的评审办法，评审时以主投标方案为准进行评审，对于投标人提交的优越于招标文件中技术标准的备选投标方案所产生的附加收益，不得考虑进评标价中，这样才能确保所有投标文件在同一标准和平台上进行评审和比较。只有主投标方案中标的，才可以考虑是否接收其备选投标方案，不符合中标条件的投标人所提交的备选投标，不予考虑。这是为了防范投标人投低价正选标，高价备选标等不规范操作。

第三，对中标人所提交的备选投标，评标委员会可以进行评审以对备选投标进行技术上的分析，但不影响主投标方案的评审得分，这样可以为定标后是否采纳中标人的备选投标方案提供参考依据。

第四，如提交备选投标，商务部分包括合同条件一般均不能做出更改，主要是在技术方案及相应报价上与主投标方案有所区别。

相关案例 5-25　在一个投标文件有两个报价

某设备招标项目，业主在招标文件中明确规定，不接收备选方案，任何出现两种以上选择性报价的投标方案将被拒绝。A公司在仔细研究业主提供的招标文件后，发现业主提供的设备从技术参数角度来看，在我国属三年前较流行的技术，目前已采用新的技术标准。为此A公司在提供了主报价的同时，附上了替代方案和报价。业主拒绝了A公司的投标，理由是A公司在其投标文件中出现了两个主报价。

A公司的做法属没有实质性响应招标文件的情况，在未经业主同意的情况下，自作主张提供两套方案，投备选标，不符合招标文件的要求，依照招标文件规定只能作否决投标处理。实际上，投标人如果发现招标文件中的技术要求已经过时，应当在投标截止时间之前向招标人提出。

八、针对两阶段招标的评标工作

对应两阶段招标项目，也需要进行两阶段评标。在第一个阶段，先进行技术招标，即招标文件中只有招标项目的要求，没有技术要求。招标人需要向至少3家以上供应商征求技术方案建议，投标人编报技术方案提交给招标人，招标人邀请专家对所有投标人的技术方案进行研究比较，或者与投标人充分研讨，从中选出一个满足招标人要求的技术方案或者集合各种技术方案，协商确定招标项目技术标准和要求，完成包含技术标准和要求在内的完整的招标文件①。这个阶段实际上就是邀请潜在投标人共同参与编制招标文件的技术部分。在评审技术方案过程中，也允许招标人、技术专家和投标人进行充分的技术交流，没有严格的保密要求，也没有保密的必要性。

在第二个阶段，投标人按照招标文件的要求编制投标文件，提出投标报价，正常地开展投标、开标、评标、定标等活动。评标工作由评标委员会按照综合评估法或者经评审的最低投标价法等法律允许的评标方法独立评审，从中选择合适的中标人，不允许招标人非法干涉评标工作，评标委员会成员和投标人也不得接触，要遵守评标保密工作纪律。

九、评标过程中发现招标文件错误的处理

根据《招标投标法实施条例》第二十一条的规定，招标人在投标截止日前发现招标文件有重大错误疏漏的，可以对招标文件进行澄清、修改。但是在投标截止时间之后，才发现招标文件存在实质性内容的疏漏错误，导致无法继续评标，或者即使继续评标可能导致评标结果不符合招标人采购要求（如采购数量、关键技术参数错误）的，可行之策就是终止当次招标程序，在修改招标文件后重新组织招标。不宜在评标过程中修改招标文件后通过澄清程序要求投标人对其进行响应，也不得留待定标后与中标人协商根据正确的采购条件变更中标人的中标结果，否则违反了《招标投标法》的禁止性规定。

① 参考唐广庆编著:《工程建设项目招标投标与合同管理实践1000问》，机械工业出版社2011年版，第140页。

相关案例 5-26 招标文件主要技术参数错误应当修改、补正[①]

某项目招标，5 家公司投标。在评标过程中才发现主要技术参数错误，如果按照此技术参数定标，则中标方案不能满足本招标项目实际需要，评标委员会向招标人提出问题所在，招标人决定本项目停止评标，修改招标文件再重新组织招标。第二次招标，招标人重新发布招标文件并履行完毕招标投标程序，决定了中标人。投标人之一的某贸易公司得知自己未中标后诉至法院，要求确认涉案招标项目招标程序违法，评标结果无效。

法院认为：本案招标人因第一次招标时招标文件中主要技术参数错误而终止第一次招标活动，之后对招标文件进行完善后重新发布并组织新的招标活动，已经完全取代第一次招标活动，两次招标活动各自独立存在，第二次招标活动并非第一次招标活动的延续和组成部分，第一次招标活动过程中存在的瑕疵不能影响第二次招标活动过程与结果的公平、公正。故确认第二次招标程序合法，为有效招标。根据《最高人民法院关于民事诉讼证据的若干规定》第二条的规定，当事人对自己提出的主张，有责任提供证据，否则将承担不利后果。贸易公司提供的证据不足以证明本案存在招标程序违法、评标结果无效的行为，应承担举证不能的不利后果，故对贸易公司要求确认涉案招标项目招标程序违法、评标结果无效的诉讼请求，法院不予支持。综上，法院判决驳回贸易公司的诉讼请求。

《政府采购货物和服务招标投标管理办法》第六十五条对评标过程中发现招标文件有重大错误如何处理有明确的规定，即评标委员会发现招标文件存在歧义、重大缺陷导致评标工作无法进行，或者招标文件内容违反国家有关强制性规定的，应当停止评标工作，与采购人或者采购代理机构沟通并作书面记录。采购人或者采购代理机构确认后，应当修改招标文件，重新组织采购活动。

① 本案例素材来源于中国裁判文书网，(2014) 海中法民三初字第 110 号民事判决书。

十、对评标差错的纠正

评标过程中，因评标委员会认识偏差、能力有限或工作疏忽，难免会出现评标差错（如评分计算错误、有应否决投标情形而未否决投标），如果将错就错，必然影响招标的公正性，所以应当及时纠正。但《招标投标法》及其配套规定都没有设置纠错程序。实践中，在评标过程中或者评标结束后，评标委员会或招标人如发现评标确有差错，一般召集评标委员会成员对评标结论进行复议作出新的结论，并将该过程记录在评标报告中。

对此问题，《政府采购货物和服务招标投标管理办法》第六十四条有明确的规定，即评标结果汇总完成后，下列情形下可以修改评标结果：（一）分值汇总计算错误的；（二）分项评分超出评分标准范围的；（三）评标委员会成员对客观评审因素评分不一致的；（四）经评标委员会认定评分畸高、畸低的。评标报告签署前，经复核发现存在以上情形之一的，评标委员会应当当场修改评标结果，并在评标报告中记载；评标报告签署后，招标人发现存在以上情形之一的，应当组织原评标委员会进行重新评审，重新评审改变评标结果的，书面报告本级财政部门。或投标人对上述情形提出质疑的，招标人可以组织原评标委员会进行重新评审，重新评审改变评标结果的，应当书面报告本级财政部门。

招标人可以参考借鉴《政府采购货物和服务招标投标管理办法》第六十四条的规定，在招标文件中规定纠错程序，弥补立法漏洞，解决实际问题。

第四节　标底和投标限价

一、标底

标底是招标人组织专业人员，按照招标项目实际需求和招标文件规定的招标范围等条件，结合有关规定、市场要素价格水平以及合理可行的技术经济方案，综合考虑市场供求状况，进行科学测算的预期价格，是评标委员会评价分析投标报价竞争性、合理性的参考依据[①]。一般工程招标项目需要编制标底。

（一）招标人自行决定是否编制标底

招标人可以根据招标项目的特点需要自主决定是否编制，以及如何编制标底，有关部门不应当干预。《招标投标法实施条例》第二十七条第一款、第二款规定："招标人可以自行决定是否编制标底。一个招标项目只能有一个标底。标底必须保密。接受委托编制标底的中介机构不得参加受托编制标底项目的投标，也不得为该项目的投标人编制投标文件或者提供咨询。"强调招标人可以自行决定是否编制标底，标底必须唯一和保密，这是为了使标底不影响和误导投标人的公平竞争，因此标底在开标前仍然应当保密。

标底体现了招标人准备选择的一个技术方案及其可以接受的一个市场预期价格，也是分析衡量投标报价的一个参考指标，所以一个招标项目只能有一个标底。

另外，受委托编制标底的中介机构负有避免利益冲突的义务，因其获知了其他投标人不易获知的有关招标项目的信息，为了保证招标竞争的公平公正，预防串通投标或者取得不正当的竞争优势，故其不得参加该项目的投标，也不得为该项目的投标人编制投标文件或者提供咨询。

（二）评标中应淡化标底的作用

标底是招标人可以接受的预期市场价格，对投标报价没有强制约束力，仅作为评标参考。实践中，存在评标过程中过分强调标底的作用的现象，错误地将标底作为限制报价的措施和决定否决投标的直接依据。由于标底往往不准确，容易与市场造价水平相脱节，以失真的标底去衡量投标报价是否有效明显不合理，也

① 国家发展改革委法规司、国务院法制办公室财金司、监察部执法监察司编著：《中华人民共和国招标投标法实施条例释义》，中国计划出版社 2012 年版，第 72 页。

极有可能导致投标竞争变成单纯围绕标底的投标策略活动，违背招标投标的宗旨。另外，标底难以保密，投标人总是想方设法通过各种途径获得，并采取围绕标底投标的策略，破坏竞争秩序，提高项目成本，这不但使标底作用丧失殆尽，反而会给招标投标活动带来副作用。因此，评标中应淡化标底作用直至取消标底，废止将标底作为决定否决投标直接依据的做法，杜绝因标底不准确、泄密带来的负面影响，防止投标人围绕标底投标带来的风险。

《招标投标法》允许设置标底，标底只能作为防止串通投标、哄抬标价和分析报价是否合理等情况的参考，可以防止投标报价低于企业个别成本报价，恶意低价抢标。

《招标投标法实施条例》第五十条规定："招标项目设有标底的，招标人应当在开标时公布。标底只能作为评标的参考，不得以投标报价是否接近标底作为中标条件，也不得以投标报价超过标底上下浮动范围作为否决投标的条件。"因此，有些招标投标活动中招标人将投标报价接近标底作为中标条件或者以投标报价超过标底上下浮动范围作为否决投标的条件的做法都是错误的，应当禁止以标底及其上下限范围作为判定投标报价是否入围、有效和合理的直接依据。

实务中，应全面推行无标底招标，标底仅作为评标时的参考，对于衡量投标报价仍然具有一定的参考作用，通过使用标底，可以为评标时分析判断投标报价的竞争性、可靠性、平衡性、合理性，以及投标报价是否低于成本价或是否存在差错、疏漏、串标等提供参考性评价依据，这样也有利于提高招标透明度，防止暗箱操作。

相关案例 5-27　　标底的作用

有一工程项目采用公开招标方式，开标过程中发现 3 家投标人的投标报价与业主标底相差较大，业主标底为 4870 万元，投标人的最高报价比标底高出 200 多万元，投标人最低报价也比标底高出 60 多万元，并且 3 家投标人的各自报价也相差较大，评标委员会认为业主与投标人的预算编制标准不一致，决定否决全部投标，将重新组织开标。

评标委员会以3家投标价都高于标底，业主与投标人的预算编制标准不一致为由否定所有投标违反《招标投标法》的规定。第一，标底不能作为评标的标准，虽然投标报价都高于标底也不一定就不合理，不能用标底作为最高限价和授予合同的标准，也不能将业主投资成本都转嫁给承包人。第二，标底仅供评标参考，所有投标人的投标价格高于标底或概算也很正常，只要没有证据证明是串通投标、哄抬物价，就不能否决所有投标，如无其他理由，评标委员会应继续评审。如果项目概算比投标报价低得太多，应申请增加概算或由招标人自行解决。如果投标价格高得过多，导致投标人确实无法承受，才可以宣布重新招标。

二、最高投标限价

为了防止投标人报价过分高于市场价，尤其在竞争不充分、财务预算受限等情形下为了控制价格，招标人可以在招标文件中设置最高投标限价，并声明投标人的报价必须在此限价之下。招标人可以在招标文件中就声明本招标项目将设最高投标限价，投标人的报价必须在此限价之下，否则按照否决投标处理。该限价应该参照标底或者预算价，以完成招标项目的通常条件和必须成本为基础，综合考虑技术要求、工期（供货期）、质量要求、市场供求状况、合同实施风险、不可预见事件等各种因素，科学、合理设定。

（一）招标人可以自主决定设置最高投标限价

招投标实践中逐渐形成了设置“拦标价”“控制价”的经验做法，在潜在投标人不多、投标竞争不充分或容易引起串标的招标项目中对防止投标人串通抬标起到了重要的抑制作用，也逐渐为立法所认可。《招标投标法实施条例》第二十七条第三款规定：“招标人设有最高投标限价的，应当在招标文件中明确最高投标限价或者最高投标限价的计算方法。招标人不得规定最低投标限价。”

《政府采购货物和服务招标投标管理办法》第十二条也规定："采购人根据价格测算情况，可以在采购预算额度内合理设定最高限价，但不得设定最低限价。"《建筑工程施工发包与承包计价管理办法》（中华人民共和国住房和城乡建设部令第 16 号）第六条第二款规定："国有资金投资的建筑工程招标的，应当设有最高投标限价；非国有资金投资的建筑工程招标的，可以设有最高投标限价或者招标标底。"

最高投标限价，是指招标人根据招标文件规定的招标范围，结合有关规定、项目概预算、投资计划、市场要素价格水平以及合理可行的技术经济实施方案，通过科学测算并在招标文件中公布的可以接受的最高投标价格或最高投标价格的计算方法[①]。最高投标限价是招标人可以承受的最高价格，也是投标报价的上限，应当在招标文件中公布，作为招标文件的实质性内容，对投标报价的有效性具有强制约束力，投标人必须响应。

在招标文件中公布最高投标限价，即向潜在投标人明示了招标人的承受能力，投标人在明知不可能中标的情况下仍以超过最高投标限价的价格进行投标，如果不予否决必然影响中标价格的合理性。通常在潜在投标人不多、投标竞争不充分或容易引起串标的招标项目中使用，可以防止投标人串通抬标。如果超过最高投标限价的投标中标，也就是超出了招标人的承受能力，客观上导致该项目不一定能顺利实施，同时投标人未响应招标人的实质性要求，属于重大偏差，应当被否决。《招标投标法实施条例》第五十一条规定，"有下列情形之一的，评标委员会应当否决其投标：……（五）投标报价低于成本或者高于招标文件设定的最高投标限价……"，这是否决投标的法定情形之一。对于政府采购货物和服务项目，如果其中一个或多个投标人的投标报价超过最高投标限价的，在符合性审查时可以将该投标作无效投标处理。

（二）招标人不得规定最低投标限价，投标人也不得低于成本价投标

投标报价是企业参与投标竞争的重要竞争因素，在某些项目甚至是决定性因

① 国家发展改革委法规司、国务院法制办公室财金司、监察部执法监察司编著：《中华人民共和国招标投标法实施条例释义》，中国计划出版社 2012 年版，第 73 页。

素。投标人以低于社会平均成本、低于其他竞争对手的合理的价格投标，有利于发挥竞争机制作用，发现合理的市场价格，客观上也促成投标人挖掘内部潜力，提高管理水平。

同时，也要防止投标企业为了谋取中标，以低于自身成本的价格作为投标报价参与市场竞争，以排挤其他竞争对手，这样的行为是扰乱市场秩序的不正当竞争行为。投标人的投标报价低于成本，不仅不具有可持续性，影响项目质量，也会导致不公平竞争。因此，《招标投标法》第三十三条予以明确禁止，该条规定，“投标人不得以低于成本的报价竞标”。此处的成本应指企业个别成本，而不是社会平均成本，也不是行业平均成本。投标人以低于社会平均成本但不低于其个别成本的价格投标，是应该允许和鼓励的，有利于促使投标人挖掘内部潜力，改善经营管理，提高管理水平。

为了防止投标人以低于成本的报价竞争，可以通过对投标价格的分析论证来判断其是否低于成本，包括参考标底、其他投标人的报价，以及投标人的证明材料等，而不能统一设定最低投标限价。因为投标人的竞争能力和完成招标项目的个别成本具有很大差异，为了保证充分竞争，促进技术管理进步，节省采购成本，《招标投标法实施条例》第二十七条第三款明确规定招标人不得设置最低投标限价，即不允许作出“低于最低限价的投标报价为无效投标”等规定。

相关案例 5-28

“0 元中标”不可取

2017 年 5 月 16 日，采购代理机构水电工程顾问公司受采购人某省人力资源和社会保障厅委托，就某省机关事业单位工资管理信息系统采购项目（采购预算：230 万元）实行公开招标，有 5 家供应商参与投标，A 软件公司综合评分最高，被推荐为第一中标供应商，其报价为 0 元，随后被确定为中标人。6 月 13 日，发布中标公告。

6 月 16 日，B 软件公司向采购代理水电工程顾问公司提出书面质疑。3 天后，水电工程顾问公司作出书面质疑答复。B 软件公司对答复不满意，向省财政厅投诉称：1. 中标第一候选人 A 软件公司以明显低于成本价竞标；2. 本次采购，《公开招标文件》规定的最高限价是 230 万元，其他供应商的报价均在 0 元以上。《公开招标文件》规定的最高限价建立在市场调查基础上，其他供应商的报价也是根据其各自的成本和利润需求自主确定的价格，在一定程度上反映了市场竞争的价格格局。被投诉人的报价与以上价格相差巨大，存在明显异常，就其报价是否低于成本价，被投诉人没有给出合理解释。请求：1. 废除其 A 软件公司的投标报价。2. 对投诉事项给出合理解释。

省财政厅经过审理，做出政府采购投诉处理决定书，载明：

一、《政府采购法》第二条第四款规定，“本法所称采购，是指以合同方式有偿取得货物、工程和服务的行为”。因此，“有偿取得”是政府采购成立的基础，本项目中 A 软件公司投标报价为 0 元，采购人并不支出财政性资金，即为“无偿取得”，违反了《政府采购法》的上述规定。

二、《政府采购法实施条例》第十一条第二款规定：“采购人不得向供应商索要或者接受其给予的赠品、回扣或者与采购无关的其他商品、服务。”本项目中，A 软件公司 0 元报价实质上是一种赠与行为，采购人确定 A 软件公司为中标供应商，违反了《政府采购法实施条例》的上述规定。

三、本项目中 A 软件公司的 0 元报价，没有反映出采购价格与采购标的在数量、质量等影响成本因素上严格的对价关系，在项目实施过程中有可能影响商品服务的质量和不能诚信履约，违反了政府采购公平和公正原则。

综上，投诉人的投诉事项成立。根据《政府采购法》第五十六条及《政府采购供应商投诉处理办法》第十九条第一款第（一）项之规定，决定：该项目采购行为违法，责令重新开展采购活动。（2017 年 12 月 26 日起，本案应按照《政府采购质疑和投诉办法》第三十二条处理。）

当然，对于国有土地使用权出让、经营性资产招租、商业用房出租、商品出售等出让、出租型招标项目，招标人希望投标人的报价越高越好，此时如果设置最高投标限价而限制投标人的报价，报价越低越好，价低者得，显然是不合常理的，此时可根据项目实际允许在招标文件中，根据资产评估价、市场上公允的价格等标准，设置最低投标限价，低于最低投标限价的投标报价无效。

（三）投标人的投标报价低于成本或者高于最高投标限价，都应当否决其投标

《招标投标法实施条例》第五十一条规定，“有下列情形之一的，评标委员会应当否决其投标：……（五）投标报价低于成本或者高于招标文件设定的最高投标限价”。如前所述，最高投标限价应明确价格或者计算方法（如按照所有投标报价的平均价上浮 10% 作为最高投标限价），作为实质性条款在招标文件中已经作出明确规定，在评标时仅需进行价格比对，如果发现某一投标报价超过投标文件规定的最高投标限价，视为未实质性响应，直接否决其投标。但是对于“投标报价低于成本”的认定则较为困难。

评标过程中，如果评标委员会发现投标人的报价明显低于其他投标报价或者在设有标底时明显低于标底，使得可能低于其个别成本的，应当启动澄清程序，要求该投标人作出书面说明并提供相关证明材料。投标人不能合理说明或者不能提供相关证明材料的，评标委员会应当认定该投标人以低于成本报价竞标，否决其投标。对于政府采购项目，《政府采购货物和服务招标投标管理办法》第六十条也有类似规定，即评标委员会认为投标人的报价明显低于其他通过符合性审查投标人的报价，有可能影响产品质量或者不能诚信履约的，应当要求其在评标现场合理的时间内提供书面说明，必要时提交相关证明材料；投标人不能证明其报价合理性的，评标委员会应当将其作为无效投标处理。

相关案例 5–29　中标人认为其投标报价低于成本而拒绝签约

某公司兴建办公楼招标，某建筑公司最终以最低的报价和最优质的条件中标，某公司按时发出中标通知，并催促建筑公司签订施工合同，但建筑公司事后经过认真计算又认为自己的报价低于成本，难以按期保质完成该工程，于是拒绝

与发包人签订施工合同。发包人某公司向法院提起诉讼。

法院认为，建筑公司提交投标文件即为要约。发包人某公司通知建筑公司中标即为承诺，建筑公司有义务按照中标通知书和其投标文件签订合同。建筑公司提出其报价低于成本故拒绝签订合同，违反诚实信用原则，其应当承担因此给某公司造成的赔偿责任。

第五节 评标中的澄清

完美的投标文件是投标人的追求，但因工作疏忽、认识偏差、决策失误等原因，投标文件总会存在各种不足。评标委员会在对投标人的投标文件进行评审和比较时，遇到投标文件中所载事项内容不清楚、不明确的地方，可以要求投标人对此予以澄清、说明，以便客观地对投标文件进行审查和比较，准确地了解投标人的真实意思表示。投标人应当如实加以澄清或者说明。澄清的质量直接影响着评标质量。

一、澄清的必要性

评标委员会发现投标文件中不明确、有错误的内容应要求澄清但未要求纠正和澄清，一旦中标，可能在签约时也难以解决，导致无法签约或者投标人作出让步，最终影响正常履约，也易引发纠纷。如果评标委员会不考虑有关澄清程序的规定，采用面对面或者电话形式要求投标人澄清，质疑提出的问题范围太广，超出招标文件的范围，或者对于投标文件提出带有暗示性或诱导性的质疑，或修改投标文件的实质性内容，则会严重影响招标投标活动的公正性。

相关案例 5-30　　未要求澄清带来的问题

有一工程需要购买三柱式隔离开关，某投标单位投标时投成双柱式隔离开关。该投标单位中标且与招标人签订了合同。在履行过程中，招标人才发现此错误，这不符合设计文件要求，遂通知中标单位更正，否则就解除合同，但中标单位不同意。

本案中，首先，评标委员会评标时不细心，投标文件改变了招标项目的技术要求，但评委却未发现，这是招标人的严重失误，也对其他未中标的投标人不公平。这样的失误本应在评标中通过澄清进行纠正，但因没有及时发现导致给合同执行造成困难。处理办法是：看合同中规定的合同各组成部分的解释顺序如何，招标文件的合同解释顺序中如有“投标文件与招标文件相矛盾以招标文件为准”的意思表述的，就可以要求投标人按招标文件供货。否则，视为招标人接受投标人提出的变更条件，协商予以补偿后变更合同。

综上，投标人对投标文件给予必要的澄清、说明是评标委员会在评标过程中与投标人进行必要互动的唯一途径，一方面有利于评标委员会准确地理解投标文件的内容，把握投标人的真实意思表示，从而对投标文件作出更为公正客观的评价；另一方面也有助于消除评标委员会和投标人对招标文件和投标文件理解上的偏差，避免招标人和中标人在合同履行过程中出现不必要的争议。澄清作为招标投标的一个法定程序，绝对不容许随意省略，也不能马虎从事。

评标委员会在对投标人的投标文件进行评审和比较时，遇到投标文件中所载事项内容不清楚、不明确的地方，可以要求投标人对此予以说明，以便客观地对投标文件进行审查和比较，准确地了解投标人真实的意思表示，这就是评标过程中“澄清”程序的价值所在。

如果投标文件中有含义不明确、对同类问题表述不一致或者有明显文字和计算错误的内容，且影响招标人实际利益的，应及时提出质疑，要求投标人作出必要的澄清、说明或者补正，以免为签约、履约留下风险隐患。评委必须认识到澄清的重要性，只有把投标文件中存在的问题澄清了，才能进入下一个评审程序，这样既对投标人负责，也对招标人自己负责。

二、可以澄清、说明的法定情形

《招标投标法》第三十九条规定：“评标委员会可以要求投标人对投标文件中含义不明确的内容作必要的澄清或者说明，但是澄清或者说明不得超出投标文件的范围或者改变投标文件的实质性内容。”《招标投标法实施条例》第五十二条规定：“投标文件中有含义不明确的内容、明显文字或者计算错误，评标委员会认为需要投标人作出必要澄清、说明的，应当书面通知该投标人。投标人的澄清、说明应当采用书面形式，并不得超出投标文件的范围或者改变投标文件的实质性内容。评标委员会不得暗示或者诱导投标人作出澄清、说明，不得接受投标人主动提出的澄清、说明。”《评标委员会和评标方法暂行规定》第十九条第一款也规定：“评标委员会可以书面方式要求投标人对投标文件中含义不明确、对同类问题表述不一致或者有明显文字和计算错误的内容作必要的澄清、说明或者纠正。澄清、说明或者补正应以书面方式进行并不得超出投标文件的范围或者改变投标文件的实质性内容。”这些规定对于澄清的事由、形式以及澄清事项范围均作出明确的规定，其他情形下不允许澄清。

澄清内容只能在法定范围内进行，“不得超出投标文件的范围或者改变投标文件的实质性内容”是投标人作出澄清时首先必须坚持的原则。“实质性内容”，包括投标文件中记载的投标报价、主要技术参数、交货或竣工日期等主要内容。也就是说，澄清只限于对投标文件中含义不明确、同类问题表述不一致或者有明显文字和计算错误的内容三类情形，而不能超出投标文件的范围，更不可更改投标价格或投标文件中的实质性内容，不会对其他投标人造成不公平的结果，招标人也不得为自己利益考虑，要求投标人变更报价或在其他方面实行优惠。

对于投标文件中意思表示明确或者根据投标文件的上下文能够准确判断其含义的内容，评标委员会不得要求投标人再作出解释、澄清、说明，不得以任何明示或暗示的方式要求某些投标人以澄清或说明为借口，表达与其投标文件原意不同的新意见，以确保评标的公平和公正。

相关案例 5-31　　缺失内容需要澄清

在一次网络系统项目评标会上，评标专家发现A公司的投标文件没有明确投标有效期，该文件关于投标有效期如此规定："本次投标有效期为____日历天。"于是专家们便把该份投标文件认定为无效投标文件，没有继续评审。另一次采购液晶显示屏，发现B公司在报价一览表中提及了液晶显示屏的报价，但在供货明细表中却没有再提及这一项内容。专家们经商议，一致认为有必要让该投标人对此项内容进行澄清，投标人答复是其疏忽漏填造成的，本应包含液晶显示屏。

评标委员会可以要求投标人对其投标文件中含义不明确，可能会产生歧义、容易造成误解的内容进行澄清，但不允许投标人对投标价格等实质性内容作任何更改。招标文件规定为无效标的投标文件，不能进行澄清。本案例中，A公司漏填投标有效期，从投标文件其余部分也不能弥补该内容，因此对这一实质性内容不能澄清解决；B公司投标文件就配置液晶显示屏的问题存在明显笔误，报价一览表和供货明细表可互为补充，其内容不一致可以澄清解决。

三、澄清、说明不得改变投标文件的实质性内容

根据前述规定可知，评标委员会不得要求投标人对超出投标文件范围的内容进行澄清，其澄清内容不得涉及投标价格、投标方案等投标文件的实质性内容，不得向投标人提出带有暗示性或诱导性的质疑和问题，不得暗示或者诱导投标人作出澄清、说明，不得向投标人指明投标文件中的遗漏和错误，对投标文件中的漏项和错误不得要求澄清，不得利用澄清机会对这些实质性内容进行修改或变相修改，不得通过澄清机会改变招标文件的内容后要求投标人进行响应，不接受投

标人主动提出的澄清或者超出招标人要求进行的澄清（即使条件更为优厚）。

投标人也不得利用评标过程中澄清、说明的机会对其投标文件内容不完整、有错误进行补充、修改，不得在没有招标人澄清要求时主动对其投标文件的实质性内容进行澄清和说明。如果允许投标人超出投标文件的范围或者改变投标文件的实质内容对其投标文件进行澄清、说明或修改，实际上是补充或修改自己的投标文件，则违反了《招标投标法》第二十九条投标人只能在提交投标文件的截止时间前才可以对投标文件进行补充或修改的规定。作出这些规定，其目的就在于防范招标人和投标人串通改变竞争格局、破坏竞争秩序，确保招标投标活动的公平公正。

相关案例 5-32　评标委员会不得要求投标人澄清实质性内容

某依法必须进行招标的工程建设项目，因建设该项目需要采购某主设备。经过初评，评标委员会经认为投标人之一A设备制造公司为该类设备最大的制造商，其投标的设备各项技术参数都满足或者优于招标文件要求，但其价格也相应高于其他企业。评标委员会向该投标人发出澄清函，要求其对下列事项承诺：确保现有投标产品型号规格和其他合同条件不变更的情况下，能否在现有的投标报价基础上再下浮1.5%。该投标人及时进行了回复，承诺如果中标，愿意在原投标报价的基础上下浮1.5%。招标人对该投标人A的回复比较满意，由于其在价格、技术参数、售后服务等方面的承诺条件都令招标人满意，经综合评审，其得分最高，评标委员会推荐该公司为第一中标候选人。评标委员会的做法是否符合规定？

根据《招标投标法》第三十九条、《招标投标法实施条例》第五十二条以及《评标委员会和评标方法暂行规定》第十九条等规定，澄清或者说明不得改变投标文件的实质性内容。在本案中，招标人通过评标委员会向投标人发出澄清内容，要求个别投标人在现有的报价基础上可否再下浮1.5%，已经涉及实质性内容，倾向、偏袒部分投标人，是违法行为。

四、澄清的程序要求

澄清工作应在初评或资格性审查和符合性审查结束后，实质性评审之前进行，不宜边澄清边评审致使评标工作无序，严重影响评标结果的公正性和评标工作效率、质量。澄清的启动主体只能是评标委员会，投标人只能根据评标委员会的书面通知给予澄清或者说明，评标委员会不得接受投标人主动提出的澄清、说明，以保证招投标活动的公正和公平。

在评标委员会要求投标人就投标文件的非实质性内容进行解释、说明时，澄清的程序应是先由评标专家提出需要投标人说明解释的问题，然后由投标人在限定的时间内针对这些问题进行澄清、说明或者补正。澄清时，必须避免评标委员会和投标人直接接触，不得当面要求投标人澄清或探讨投标文件。

从澄清的形式看，投标人应评标委员会要求所作的澄清回复、说明是投标文件的组成部分，对投标人有约束力，也是评标委员会进行评标以及招标人以后与中标人订立合同的依据，对其要求应等同于投标文件，故应采用书面形式（不能是电话形式），也可保证评标的严谨性，避免引起争议。

澄清函应当以与招标文件同样的方式（如通过传真纸质澄清函或电子系统发送）向投标人发出，投标人的澄清、说明或者补正也应以书面形式进行回复，并不得超出投标文件的范围或者改变投标文件的实质性内容，不得借机修改其投标文件的实质性遗漏或错误。澄清和确认的问题需经投标人的法定代表人或授权代理人签字，作为投标文件的组成部分。原则上招标人和投标人应以书面形式传递澄清内容，但为了更有利于对疑难问题当面解释清楚，也可以采用会议的形式当面澄清。此时，招标应当将需要澄清的内容以书面形式通知投标人，投标人在澄清会议上对这些问题当面进行澄清说明后，还需将所澄清的结果形成文字，以书面形式提交给招标人。采取会议形式澄清的，还需要做好保密工作，避免招标人一方在澄清过程中泄露对投标文件评审的相关信息，同时，应当采用一对一的会议方式，避免不同的多个投标人在同一现场同时进行澄清说明，以防止澄清信息的泄露[①]。

有时可能就同一问题向多个或全部投标人发出澄清函，可能涉及对个别投标文件内容的描述，此时要注意保密，澄清过程中要充分尊重投标人的合法权益，注意保护投标人的商业秘密，既要把模糊的问题澄清，也不可将投标人的商业秘密、技术秘密公之于众。评标时，投标人拒不按照要求对投标文件进行澄清、说明或者补正的，或不在招标人规定时间内澄清的，根据《评标委员会和评标方法暂行规定》第二十二条的规定，评标委员会可以否决其投标。

第六节 否决投标

“否决投标”，一般是指评标委员会对违反法律规定或者未对招标文件提出的实质性要求和条件作出响应的投标文件，不再予以进一步评审，投标人失去中标资格的决定[②]。实质性要求和条件，是指招标人按照项目特点和合同履约需要，在招标文件中载明的要求投标人必须响应的要求和条件[③]。要求一个投标文件完全满足招标文件的要求，没有任何疏漏是难以做到的。在招标投标中，某些投标文件往往因在密封、格式、签字或者内容等方面出现重大差错而被招标人按无效投标处理，不再进入后续评审程序。否决投标是评标过程中对不具有承担招标项目能力的投标的否定和废弃。

① 刘营著：《中华人民共和国招标投标法实施条例实务指南与操作技巧》，法律出版社 2013 年版，第 159 页。

② 国家发展改革委法规司、国务院法制办公室财金司、监察部执法监察司编著：《中华人民共和国招标投标法实施条例释义》，中国计划出版社 2012 年版，第 128 页。

③ 毛林繁、李帅锋编著：《招标投标法条文辨析及案例分析》，中国建筑工业出版社 2013 年版，第 81 页。

一、否决投标常见法律风险

一是否决投标依据不足。评标委员会在否决投标时没有法律依据，招标文件中也缺乏相应的规定，或者招标文件的否决投标条款也明显地具有较为含糊的引申含义，如“未按招标文件投标书规定的格式填写的”等，这些条款解释起来有很大的灵活性，界定否决投标因此没有明确的底线，导致评标委员会碰到一些具体的问题无所适从，否决投标认定难度大或者错误地适用相关规定。

二是否决投标的界定标准尺度把握不统一。在作出否决投标决定时不谨慎，尺度把握不严，有时候太随意或者工作疏忽大意，应该否决投标的不敢否决或者因担心否决投标后由于剩下的有效投标不足 3 家时将会使评标程序终止再重新招标而不否决，也有不该否决投标的仅仅因为一些细小的瑕疵（如投标文件中仅有几页未逐页小签、个别不重要的技术指标不满足要求）而予以否决投标（特别是在投标人过多时常常采用），还有多份投标文件出现相同的差错，但由于有目的地偏袒或歧视某些投标人而未一视同仁，有的否决投标有的不否决投标，有失公允。

相关案例 5-33　　**应按投标无效处理**①

A 电梯公司参加某电梯更新改造工程的招标并成功中标。中标通知书载明中标金额包含电梯的采购价和设备安装价。但 A 公司认为其所含内容仅为电梯设备报价，便发函提出异议，业主不同意并回复 A 公司必须于 14 天内签订合同，逾期则认为自动放弃中标权，其投标保证金将不予退回。A 公司不服上述处理结果，遂向政府监督部门申请处理招标争议。本案例的关键就在于 A 公司所投递标书是否包含招标文件中所要求报价的安装设备部分。经查实，A 公司所投标文件仅含设备采购部分，并无设备安装内容。

---

① 徐瑛著:《利用无效标维权案例》，载安徽招标咨询网，http://www.ahbc.com.cn/knowledge_display.asp?keyno=6813，最后访问时间 2022 年 5 月 6 日。

报价范围不全，为实质性偏差，A公司所投标文件应视为无效标，然而评标委员会在评标过程中并没有将其标书宣布无效，反而以最低价宣告其中标，此种做法欠妥，招标人应立即采取补救措施，通过协商解决或给予补偿后撤回中标通知书另选他人。

上述问题的存在，一般是因为招标人员、评标委员会成员的业务素质和法律意识不强造成的，也可能是评标委员会部分成员工作疏忽、违规操作导致的，都将直接影响最终的招标结果的公正性，损害其他投标人或者招标人合法权益，也容易引起投标人的质疑和投诉，严重的将会推翻招标结果，重新招标。

二、否决投标的时间限制

否决投标有其阶段性。从开标后到评标前，出现投标文件逾期送达或者未送达指定地点、未按招标文件要求密封或者投标人未按招标文件要求提交相关证件或证件不全等情形时，招标人可根据《招标投标法》第二十八条和招标文件等规定拒绝接收其投标文件，也就是拒绝其投标，但并不属于作出否决投标决定。决定否决投标只能发生在评标过程之中，且由评标委员会行使。

开标过程不具有评审否决投标与否的功能，且招标人并不具有评审的职权，唱标人不具有评审的资格，如在开标过程中发现投标文件存在投标无效、应当否决的情形，都如实记录，由评标委员会评审后作否决投标处理，不能由招标人或唱标人确定否决投标。如果投标人未完全响应招标文件要求应当否决投标而未否决，最终中标的，应视为招标人接受投标人提出的偏差，一般签订合同时以该偏差的内容为准。

相关案例5-34　开标仪式上的“否决投标”

某项目开标仪式上，招标人在组织唱标时发现某投标人提交的支票（投标保证金）上的收款人与账号不符，属于无效票据，开标人当场宣布该投标人的投标为否决投标。开标完毕，该投标人拒绝在开标记录上签字，并即刻提交现金，要求以现金作为投标保证金，双方发生争议。

开标是对投标人的基本情况予以公示的一个程序，唱标的目的仅是公开投标人提交的基本投标信息，而不是对投标文件进行评审，开标人并不具备判断否决投标与否的资格和权限。投标人递交的支票是否为无效票据，其后来补交的投标保证金是否有效，其投标是否应作为否决投标处理，以及开标中出现的其他意外情况涉及可能否决投标的，都应当由评标委员会作出决定。

三、否决投标的条件

（一）评标委员会应从严掌握否决投标条件，慎重地作出否决投标决定

实践中，常有投标人资格条件不合格但因工作疏忽或过于慎重难以决断而未否决投标，“应否不否”导致不符合资格条件的投标人中标招致异议、投诉或严重影响签约履约，埋下合同风险隐患，也经常会碰到评标委员会对投标人的文件过于草率轻易就判定否决投标，尤其是投标人较多时，仅仅因为小签、盖章或相关证件不全等细小偏差就直接否决投标，对否决投标情形把握不严，一旦处理不好就容易导致投标人的投诉，因此我们必须严格依照法律和招标文件的否决投标条款慎重决策。

一般情况下，否决投标条件和标准，都会在招标文件中详细列明，作为招标文件必备内容，便于投标人对照参考，也作为评标委员会评审的依据。

招投标法律法规规定的关于否决投标的法定情形条款，应载入招标文件，招标人和投标人都应遵守，可以起到提醒投标人的作用。即使没有载入招标文件，在评标时亦可作为评标依据。如《招标投标法实施条例》第五十一条规定的否决投标的情形：1. 投标文件未经投标单位盖章和单位负责人签字；2. 投标联合体没有提交共同投标协议；3. 投标人不符合国家或者招标文件规定的资格条件；4. 同

一投标人提交两个以上不同的投标文件或者投标报价，但招标文件要求提交备选投标的除外；5. 投标报价低于成本或者高于招标文件设定的最高投标限价；6. 投标文件没有对招标文件的实质性要求和条件作出响应；7. 投标人有串通投标、弄虚作假、行贿等违法行为。这些情形具体认定标准，也有赖于在招标文件中作出具体的规定。同时，法律也允许在不违反法律法规强制性规定的前提下，在招标文件中自行规定可以否决投标的约定情形（称“约定否决投标条款”），弥补法律空白。

实体上，只有符合法定或约定否决投标条件的，才可以否决投标。

否决投标条件对于投标有效与否至关重要，招标文件中设置否决投标条件应当用醒目的方式标注出来，提醒投标人注意。不得在招标文件中提出不合理的否决投标条件；不得将因招标人自身过错导致的后果转嫁给投标人；招标人决定拒绝全部投标时要考虑对没有过错的投标人进行补偿，不允许单纯为了得到更低的价格而拒绝全部投标。

另外，如前所述，法律法规对否决投标的条件和范围有明确规定，同时也允许招标人在招标文件中为弥补法律空白而依法制定一些约定条款，在评标时，评标委员会必须按照上述条款作出否决投标决定，不属于法定否决投标情形和约定否决投标情形范围内的，不得否决投标。

如果投标文件中存在重大错误对招标文件的实质性条款没有响应，那么，该投标文件应认定为非响应性投标而应予否决投标；相反，如果投标文件的偏差是轻微的，评标委员会应当认定其为响应性的有效投标。《评标委员会和评标方法暂行规定》第二十六条规定：“细微偏差是指投标文件在实质上响应招标文件要求，但在个别地方存在漏项或者提供了不完整的技术信息和数据等情况，并且补正这些遗漏或者不完整不会对其他投标人造成不公平的结果。细微偏差不影响投标文件的有效性……”一般而言，如果是指投标文件形式上的而不涉及实质性内容的非实质性缺陷，不影响投标报价、质量、工程量（供货范围）、工期（供货期）、双方权利义务等合同主要条款，不会对投标文件的法律效力构成影响，可以对该缺陷进行更正或者同意该缺陷不影响其他投标人的投标，也并未使自身投标地位发生改变的缺陷，属于细微偏差，不影响投标文件的效力。如属于修改投标文件实质性内容，影响合同主要条款或投标文件效力，或者增强自身竞争优势，损害其他投标人利益的偏差，则均属于重大偏差，应予否决投标，《招标投标法》及相关配套规章详细列举了大量的否决投标情形，招标人也可在招标文件中依法设定一些否决投标条件（关于常见的否决投标情形详见本节下一部分）。

对于机电产品国际招标项目而言，其法定否决投标条件又明确划分为商务否决条件和技术否决投标条件。《机电产品国际招标投标实施办法（试行）》第五十七条规定了商务否决条件：（1）投标人或其制造商与招标人有利害关系可能影响招标公正性的；（2）投标人参与项目前期咨询或招标文件编制的；（3）不同投标人单位负责人为同一人或者存在控股、管理关系的；（4）投标文件未按招标文件的要求签署的；（5）投标联合体没有提交共同投标协议的；（6）投标人的投标书、资格证明材料未提供，或不符合国家规定或者招标文件要求的；（7）同一投标人提交两个以上不同的投标方案或者投标报价的，但招标文件要求提交备选方案的除外；（8）投标人未按招标文件要求提交投标保证金或保证金金额不足、保函有效期不足、投标保证金形式或出具投标保函的银行不符合招标文件要求的；（9）投标文件不满足招标文件加注星号（“*”）的重要商务条款要求的；（10）投标报价高于招标文件设定的最高投标限价的；（11）投标有效期不足的；（12）投标人有串通投标、弄虚作假、行贿等违法行为的；（13）存在招标文件中规定的否决投标的其他商务条款的。前款所列材料在开标后不得澄清、后补；招标文件要求提供原件的，应当提供原件，否则将否决其投标。第五十八条还规定，对经资格预审合格，且商务评议合格的投标人不能再因其资格不合格否决其投标，但在招标周期内该投标人的资格发生了实质性变化不再满足原有资格要求的除外。

《机电产品国际招标投标实施办法（试行）》第五十九条规定了技术否决投标条件：①投标文件不满足招标文件技术规格中加注星号（“*”）的重要条款（参数）要求，或加注星号（“*”）的重要条款（参数）无符合招标文件要求的技术资料支持的；②投标文件技术规格中一般参数超出允许偏离的最大范围或最多项数的；③投标文件技术规格中的响应与事实不符或虚假投标的；④投标人复制招标文件的技术规格相关部分内容作为其投标文件中一部分的；⑤存在招标文件中规定的否决投标的其他技术条款的。

需要说明的是，《政府采购法》没有使用“否决投标”的说法，但是规定了“投标无效”的情形，判定“投标无效”的投标文件也就没有中标资格，实则与“否决投标”效果一致。如《政府采购货物和服务招标投标管理办法》第六十三条规定投标人存在下列情况之一的，投标无效：a. 未按照招标文件的规定提交投标保证金的；b. 投标文件未按招标文件要求签署、盖章的；c. 不具备招标文件中规定的资格要求的；d. 报价超过招标文件中规定的预算金额或者最高限价的；e. 投标文件含有采购人不能接受的附加条件的；f. 法律、法规和招标文件规定的其他无效情形。

树立否决投标不是显示权利工具的意识，尽量不要随便“否决投标”，要坚持“澄清从宽、否决从严”原则，依据招标投标法律法规规定的法定否决投标条件和招标文件规定的约定否决投标条件客观、公正地作出决策。当然，应当否决投标的必须坚持原则坚决否决投标，否则会对其他投标人不公，也可能会干扰后续的评标、定标工作。

相关案例 5-35　　评标过程中的一些违规操作

某招标项目开标后，发现价格差距很大，其原因是价格高的厂家没有按照招标文件中的要求的配置和数量报价，按常理应该直接否决投标，但是澄清过程中，招标人却擅自让价格比较低的厂家，按照价格高的厂家的标准，来更改招标配置和数量，并进行二次报价，以求达到与价格高的相接近的价格标准。

本案例中开标后既改变投标方案又改变投标价格，该行为违反规定。改变招标范围，没有按照招标文件要求报价的，没有按照招标文件中要求的配置和数量进行投标的，都属于实质性偏离，应成为无效标。可以从有效投标中选择中标人，然后在商签合同时增加招标人需要的配置及其数量，或者在合同实施时要求承包人增加配置及其数量，同时给予补偿。如果变更招标范围，可以重新招标。

（二）实践中否决投标应注意的几个问题

第一，虽然招标文件没有明确列为否决投标条件，但是如果投标人违反《招标投标法》等法律强制性、禁止性规定的，招标人仍然可以依据法律规定否决其投标，如投标人在投标文件中提交虚假材料，或者投标人以他人的名义投标、串通投标、以行贿手段谋取中标或者以其他弄虚作假方式投标的，对这些行为，即使招标文件中没有规定为否决投标条件，该投标仍然是可以被拒绝的。

第二，投标文件只有在违反招标文件实质性要求，或出现法定的或招标文件中规定的否决投标条件时，才可以否决投标。投标报价超过概算、预算、标底、市场价等不属于法定否决投标条件。投标人的报价超过概算、预算、标底、市场价时，如在招标文件中参考上述价格设定了最高投标限价并且将超出该限价作为否决投标条件的，可以否决投标，否则不能以此为由否决投标。

第三，评标过程中，评标委员会发现投标人的报价明显低于其他投标报价或者在设有标底时明显低于标底，使得其投标报价可能低于其个别成本的，评标委员会应根据《评标委员会和评标方法暂行规定》第二十一条的规定，要求该投标人作出书面说明并提供相关证明材料，投标人不能合理说明或者不能提供相关证明材料的，由评标委员会认定该投标人以低于成本价竞标，其投标应作否决投标处理。

第四，在评标过程中，如通过初步评审作出否决投标决定后，即便只剩下一家或者两家但还有竞争性的投标人，同样可以继续评标、定标，如果随意否决投标，对其他合格的投标人不公平，因为已经资格预审合格，购买招标文件，编制报价，踏勘现场，编制投标文件，参加投标、开标、评标，如果直接“否决投标”则不负责任，而且价格已经公开，对竞争者都不利。

第五，否决投标决定由评标委员会集体作出，这就要求评标委员会成员必须对相关招标投标法律法规熟练掌握，并能对投标人可能出现的各种错误和投标文件的各种瑕疵是否为重大偏差或细微偏差作出准确判断。但面对花样翻新的各种投标偏差，要求评标专家在短时间内作出决断，过于苛刻。加之评标专家都是临时抽取，很难有充分时间熟悉招标文件，评标专家仅在其专业领域内擅长，就否决投标界定这一内容则并非全是“专家”，如果再受招标人左右或其他专家影响，否决投标结论就有可能有失公允。因此，为了确保否决投标的公正性，必须加强评标委员会对否决投标界定的权威性，在制作招标文件时就应详细约定各种否决投标条件，明确规定实质性不响应招标文件的内容，而且在评标之前召集评标专家集中学习、理解否决投标条件，统一评审尺度，严格操作。

相关案例 5-36　　未提交投标保证金为重大偏差

某工程建设项目招标，在众多投标单位中，有一家系该公司的下属施工单位，其在投标时未按要求提交投标保证金，某公司让其会后补足就行了，再没有追究。

下属单位进入详评违法。根据《评标委员会和评标方法暂行规定》第二十五条的规定，某单位没有按照招标文件要求在投标截止时间之前提供足额投标担保，属于重大偏差，为实质性不响应招标文件要求，其投标无效，在初评阶段就应否决投标，更不应进入详评。

四、否决投标的常见情形①

否决投标应根据《招标投标法》及配套法规、规章或招标文件规定的否决投标条件来评判。实践中，从投标人主体资格和投标文件合格性两个维度，可将否决投标的条件划分为投标人资格不合格、投标文件格式不合格、投标文件内容有重大偏差及投标人违法四大类。

① 关于否决投标的常见情形，可参见白如银主编：《为何“废”了我的标——否决投标与投标无效 200 例》一书，机械工业出版社 2021 年版。

（一）因投标人的资格条件不合格否决投标的具体条件

根据《招标投标法》第二十五条、第二十六条的规定，投标人必须是依法成立的法人或者其他组织（依法招标的科研项目允许个人参加投标），且应当具备承担招标项目的能力（通常包括国家规定的市场准入条件，招标文件规定的人员、资金、设备、管理等合同履约能力以及资信、工作经验与业绩）；国家有关规定对投标人资格条件或者招标文件对投标人资格条件有规定的，投标人还应当具备规定的资格条件，否则其不具有签约资格或履约能力。实行资格预审，投标申请人的资格条件不符合国家有关规定和资格预审文件要求的，根据《招标投标法实施条例》第十九条的规定，申请人不具有投标资格；在评标阶段，投标人的资格条件不符合国家有关规定和招标文件要求的，根据《评标委员会和评标方法暂行规定》第二十二条的规定，评标委员会可以否决其投标。

1. 投标人不具备独立订立合同的资格

（1）依法必须招标的项目不允许自然人参加投标（科研项目允许个人参加投标的除外）。

（2）没有营业执照（事业单位法人证书）的单位或者其证书被吊销、注销的，不属于合法的民事法律主体，不具备投标人资格。领取营业执照的法人所属分支机构，在招标文件允许分支机构投标的情况下，可以参与投标。依法必须招标的项目不得限制投标人的所有制形式或者组织形式。对同一招标项目，同一法人的若干分支机构中只能有一个参加投标，法人也不得与其分支机构同时参加投标。

2. 投标人之间或与招标人有关联关系可能影响招标公正性

（1）与招标人存在利害关系可能影响招标公正性的法人、其他组织或者个人，不得参加投标；单位负责人为同一人或者存在控股、管理关系的不同单位，不得参加同一标段投标或者未划分标段的同一招标项目投标。违反前述规定的，相关投标均无效，应予否决。

（2）《工程建设项目施工招标投标办法》第三十五条规定，“招标人的任何不具独立法人资格的附属机构（单位），或者为招标项目的前期准备或者监理工作提供设计、咨询服务的任何法人及其任何附属机构（单位），都无资格参加该招标项目的投标”。《标准施工招标文件》《标准设备采购招标文件》《标准材料采购招标文件》《标准勘察招标文件》《标准设计招标文件》《标准监理招标文件》等标准招标文件都规定了投标人与招标人有关联关系的具体认定情形。

3. 代理商或经销商投标资格受限或者不满足要求

（1）招标文件可以规定不允许代理商或经销商投标。

（2）接受代理商投标的，根据《工程建设项目货物招标投标办法》第三十二条的规定，“一个制造商对同一品牌同一型号的货物，仅能委托一个代理商参加投标”，如两个及以上代理商投标，或者代理商与生产商同时投标，其投标均无效。

（3）代理商未按照招标文件要求提供制造商出具的代理证书、代理证书载明的代理商与投标人不一致、代理证书过期、代理项目或代理范围不涵盖本次招标项目等，其投标无效。

4. 营业执照、质量体系认证证书等资格证明文件未提交或者不合格

（1）投标人未按照招标文件要求提交营业执照、质量体系认证证书等相关资格证明文件，或借用他人资格证明文件投标。

（2）投标人提供的资格证明文件无效，如超过有效期或其涵盖范围不包含本招标项目等。

5. 投标人不具备承担招标项目的资格、能力

（1）招标文件规定投标人自身应具备相应生产能力（如生产投标产品所需的必要生产场地、生产设备、检测能力等），但其不具备的，即视为不具备承担招标项目的能力。

（2）投标人的施工能力（服务能力）不满足要求，如其主要工装条件、施工机具设备等未达到招标文件要求，即视为不具备承担招标项目的能力。

（3）资质认证是国家强制推行的一种行政许可制度。投标人必须具备相应资质方可参加投标，如《建筑法》第十三条规定建筑施工企业、勘察单位、设计单位和工程监理单位必须在其资质等级许可的范围内从事建筑活动。服务类项目也有一些资质资格要求，如保安服务公司应取得《保安服务许可证》，测绘专业作业

需要测绘资质（分为甲、乙、丙、丁四级）。投标人未提交法律法规规定的资质等级证书或者资质证书载明的资质等级与本招标项目要求不符的，其投标无效。

（4）国家对压力锅、燃气热水器等列入国家统一监督管理产品目录中的重要工业产品，实行生产许可制度；对汽车、摩托车等涉及人类健康和安全、动植物生命和健康以及环境保护和公共安全的产品，实行强制性认证制度，通称 3C 认证；对涉及生产安全、危险性较大的锅炉、压力容器、压力管道、电梯、起重机械、客运索道、大型游乐设施等列入《特种设备目录》的产品实行安全监察制度。投标产品不具备国家规定的生产许可证或认证证书，生产许可证或认证证书过期或者与本招标项目的产品型号规格不对应，不涵盖本招标项目的，该投标应予否决。

（5）投标人未提供供货业绩或者承接工程、服务项目的业绩，或者其所提供业绩数量或运行时间达不到招标文件的要求，其投标无效。

（6）投标人处于被责令停业，财产被接管、冻结，破产状态，履约能力不满足要求，其投标无效。

（7）投标人的投标资格已被有关行政主管部门暂停或取消，其投标无效。

6. 资格预审通过后投标人发生变化

（1）通过资格预审后的投标人发生合并、分立、破产等重大变化，不再具备资格预审文件、招标文件规定的资格条件或者其投标影响招标公正性的，其投标无效；

（2）联合体通过资格预审后联合体增减、更换成员的，其投标无效。

7. 联合体投标违反法律或招标文件的规定

（1）招标文件明确规定不接受联合体投标时有联合体投标的，该投标无效。

（2）联合体不具备招标文件要求的资格条件。《招标投标法》第三十一条规定，“联合体各方均应当具备承担招标项目的相应能力；国家有关规定或者招标文件对投标人资格条件有规定的，联合体各方均应当具备规定的相应资格条件。由同一专业的单位组成的联合体，按照资质等级较低的单位确定资质等级”。需要两个以上专业的供应商联合才能承揽同一招标项目的，各专业供应商都必须具备本专业资格要求。不能满足上述要求的，应否决其投标。

（3）联合体投标未附共同投标协议的，该投标应被否决。

（4）联合体各方在同一招标项目中以自己名义单独投标或者参加其他联合体投标的，相关投标均无效。

（二）因投标文件格式不合格否决投标的具体条件

《招标投标法》第二十七条规定投标人应当按照招标文件的要求编制投标文件，主要要求按照招标文件规定的格式编制投标文件、按照其规定的内容要求作出响应，按照要求签字盖章，否则影响评标或者投标文件无效，应予否决。

1. 授权委托书不合格

投标人的法定代表人（负责人）委托他人签字的，应提交有效的授权委托书。如未提交投标人的法定代表人签署的有效授权委托书，授权委托书无效（超出代理期限、授权范围不涵盖该投标项目），或者联合体投标但未提交所有联合体成员法定代表人签署的授权委托书的，导致投标文件的法律效力不确定，对其投标可以否决。

2. 投标文件格式不合格

投标文件未按招标文件规定的格式填写，如投标人自行制作投标文件格式，与招标文件规定的格式不一致，增加或者减少招标文件要求的项目，或者从中无法辨别按照招标文件评审所需要的信息，影响评标判断的，该投标文件无效。

3. 投标文件内容不全

投标人未按招标文件规定的内容要求编制投标文件，其内容不全（如缺少投标报价表、实验报告、银行资信证明、营业执照、资质证书、产品生产许可证、业绩证明材料等重要资料）或者关键字迹模糊，无法辨认，影响评标的，该投标文件无效。如果投标文件有外文资料未按照招标文件要求提供中文译本的，也应予否决。

4. 签字盖章不合格

投标文件无投标人单位盖章且无其法定代表人或法定代表人授权的代理人签字的，应予否决。

5. 未经允许提交两份报价

同一投标人提交两个以上不同的投标文件或者投标报价的，应当否决其投标，但招标文件要求提交备选投标的除外。

6. 投标截止后投标人补充、修改或撤销投标文件

在提交投标文件截止时间后到招标文件规定的投标有效期届满之前，投标人不得补充、修改、替代或者撤销其投标文件，若投标人主动要求补充、修改或撤回其投标文件的，因该行为违反禁止性规定，其投标应予否决。

相关案例 5–37　投标人资格审查与否决投标

某工程项目施工招标，该项目要求投标人必须有成功完成两个及以上同类规模工程的施工经验，而且为了控制工程造价，根据项目概算编制了最高限价，规定超过最高限价的按照否决投标处理。该项目共分为 7 个标段，吸引了 18 家施工企业投标。招标人组织了由 17 人组成的评标委员会封闭式评标。在评标过程中，发现有以下情况：（1）A 公司所投标报价最低，工期也符合要求，但经详评后发现其所提出的工程技术方案在技术上不实际；而且如按其提出的工作计划能否按期完成工作有很大风险。（2）B 公司目前正在承建两项重要工程，工程量很大，任务很重，而且前不久刚因为类似工程项目招标的建设单位认为其施工能力和人力财力资源不足，不能同时承担其他工程而未通过资格预审。（3）C 公司的投标文件未经法人代表签署，也未能提供法人授权书。（4）D 公司投标文件的工期为“合同签订后 260 天”（招标文件规定“工期为合同签订后 8 个月”）。（5）E 公司的投标文件同时提出，如评标及授予合同通知能在 60 天内完成，愿意减价 1%，原因是在附近的一项工程即将完工，可以直接过来施工减少设备运费和人员调动成本。另外，E 公司只提交了 25 万元的银行保函作为投标保证金，没有达到必须提交 40 万元的要求。（6）F 公司的投标文件未按要求在每一页上签字。（7）G 公司声明工程保修期 12 个月，而招标文件要求为“工程正式投运后 12 个月”。（8）H 公司只有一个符合要求的业绩，还有一个项目正在建设中，也即将

竣工，但该投标人经建设单位同意，参加了投标，并且顺利通过了资格预审。对于前七种情况，评标委员会部分成员认为应当否决投标，而对于第八种情况，认为招标人已经组织了资格审查，就不能出尔反尔再对其资格进行审查。

否决投标与否，应判断投标文件与招标文件的差距是否是重大的实质性偏差。

1. 对A公司的投标文件应认定为否决投标。工程项目招标，通过技术评审的主要条件一般是：工期合理，能满足招标文件要求；机械设备齐全，配置合理；组织机构和专业技术力量能满足施工需要；施工组织设计合理可行；工程质量保证措施可靠。A公司投标文件技术上是不可行的，因此应予拒绝。D公司对工期进行了修改，为重大偏差，应当否决投标。但对于G公司工程保修期为12个月，与招标文件要求的“工程正式投运后12个月”有出入，属于表述不明确，不应视为重大偏差，可以要求其澄清。

2. 施工能力是施工招标评审的一个重要因素，直接决定着施工企业的履约能力。B公司同时实施几项合同工程施工，其能力必然减弱，但不能直接得出无法履行本项工程合同的结论，因此应当要求其解释、澄清，如果投标人澄清中经严密分析后能证明且坚持有能力同时承包多项工程，而按评审标准，招标人认可，同时又认为同意由他承担有一定风险，在这种情况下，可以考虑增加其履约保证金。如果投标人不能证明或者分析结论和施工计划不合理的，应当否决投标。

3. 商务标主要评审的是投标人的主体资格、资质、履约能力、财务状况、报价等因素。C公司的投标文件未经法人代表签署，也未能提供法人授权书，属于重大偏差，否决投标是妥当的。F公司的投标文件未按要求签字，但是如果投标文件未签字的页面不是在非签字不可的重要页面，而是一般性的忽略，则不应拒绝。如果是重要页面，载有涉及合同实质性内容的，如报价表、投标授权书、商务差异表必须要签字，否则其投标文件无效。

4. 尽管E公司在形式上只递交了一份投标文件，但他实际上是投了两个标，一个标的有效期为60天，另一个为90天，且未指明以哪一份投标为主，可以否决投标。另外，在招标投标活动中，不论什么原因，投标人没有按照招标文件的要求提交投标保证金或者提交的保证金有瑕疵的，应视为未对招标文件提出的实质性要求和条件作出响应，应当作否决投标处理。因此，E公司的投标也应否决投标。

5.资格审查应贯穿于招标投标的全过程。招标人不仅可以进行资格预审，还可以进行资格后审。因此对于H公司仅能提供一项类似招标项目建设的施工的成功经验，不符合招标文件要求，因此不具备投标资格，招标人让其通过资格预审是不符合规定的。评标委员会可以重新审查并决定否决投标。

（三）因投标文件存在重大偏差否决投标的具体条件

《招标投标法》第二十七条规定，“投标文件应当对招标文件提出的实质性要求和条件作出响应”，未对招标文件实质性要求和条件作出响应的，构成“重大偏差”。根据《评标委员会和评标方法暂行规定》第二十三条的规定，评标委员会应当审查每一投标文件是否对招标文件提出的所有实质性要求和条件作出响应，未能在实质上响应的投标，为重大偏差，应当予以否决。

1.投标保证金不合格

（1）投标人未按时提交投标保证金，或投标保证金金额不足，或投标保证金有效期短于投标有效期的，其投标无效。

（2）投标保证金形式不符合招标文件要求，如要求提交现金或者银行保函但投标人提交银行汇票的。

（3）出具投标保函的银行不符合招标文件要求（如招标文件要求地市级分行以上银行）的，其投标将被否决。

（4）投标保函必须是无条件的，担保人不得对招标人的支付要求进行抗辩或提出不合理的限制性条件（如对兑现地域进行不合理限制），否则其投标无效。

（5）依法必须进行招标的项目的境内投标单位，以现金或者支票形式提交的投标保证金未从其基本账户转出的，其投标无效。

2.合同主要条件存在重大偏差

（1）投标文件载明的招标项目完成期限（如供货期、竣工日期、服务完成日期等）严重超过招标文件规定的期限，即可否决投标。严重与否根据招标项目情况判断，招标文件对该期限有规定的，从其规定。

（2）投标文件载明的货物包装方式、检验标准和方法等不符合法律法规、技术标准和招标文件的要求，为重大偏差。

（3）修改招标文件中合同条件的主要条款，如对合同的标的、价款、质量、履行期限、当事人的权利义务、违约责任、争议解决方式等条款作出限制或擅自增加其他条款，提出不利于招标人的条件的，为重大偏差。

（4）投标报价低于成本或者高于招标文件设定的最高投标限价的，其投标应予否决。另，《评标委员会和评标方法暂行规定》第二十一条规定，评标委员会发现投标人的报价明显低于其他投标报价或者在设有标底时明显低于标底，使得其投标报价可能低于其个别成本的，应当要求该投标人作出书面说明并提供相关证明材料。投标人不能合理说明或者不能提供相关证明材料的，由评标委员会认定该投标人以低于成本报价竞标，其投标应予否决。《政府采购货物和服务招标投标管理办法》第六十条也规定："评标委员会认为投标人的报价明显低于其他通过符合性审查投标人的报价，有可能影响产品质量或者不能诚信履约的，应当要求其在评标现场合理的时间内提供书面说明，必要时提交相关证明材料；投标人不能证明其报价合理性的，评标委员会应当将其作为无效投标处理。"也就是说，报价过低并不一定必然导致投标无效，应当要求投标人提供书面说明和证明材料进行解释，只要能证明其报价有合理性，投标人有履约能力，就应当认定该投标有效。

（5）投标文件的供货范围（工程范围、服务范围）与招标文件要求存在实质性偏差，擅自改变采购项目范围或工程量（包括漏项、增项）的，其投标无效。

（6）投标文件中承诺的交货地点、服务地点不满足招标人要求的，为重大偏差。

（7）技术方案（如产品技术协议、施工组织设计、勘察设计方案、监理大纲等）与招标文件要求不符，经评审认为不能实现招标项目目的的，为重大偏差。

3. 投标有效期不满足招标文件要求

投标文件载明的投标有效期短于招标文件明确要求的期限，即意味着该投标文件具有法律约束力的期限不满足投标文件要求，为重大偏差。

4. 转包、违法分包

《建筑法》第二十八条、第二十九条禁止承包单位转包或者违法分包工程，违反该禁止性规定的投标文件无效。转包、违法分包主要有：

（1）投标人在投标文件中提出要将工程项目转包或者肢解工程后分包给他人；

（2）将主体工程或者关键性工作分包给他人，或者未经招标人允许分包；

（3）投标人选定的分包人的资格条件不满足招标文件要求。

5. 技术响应不符合招标文件的技术要求

（1）投标文件不满足招标文件规定的主要技术参数、技术标准的要求；如为机电产品国际招标项目，投标文件不满足招标文件技术规格中加注星号（"*"）的主要参数要求或加注星号（"*"）的主要参数无技术资料支持；

（2）投标文件技术规格中一般参数超出允许偏离的最大范围或最高项数；

（3）投标文件技术规格中的响应与事实情况不符或虚假投标；

（4）投标人复制招标文件的技术规格相关部分内容作为其投标文件中一部分。

6. 技术支持文件未提交或者不能证明其响应的主要技术参数

（1）未提交招标文件要求的技术证明文件（如实验报告、型式试验报告、产品鉴定证书），或提交的技术证明文件与所投产品的规格型号不一致，不能证明有资格或技术能力生产招标产品；

（2）提交的技术证明文件能够证明的技术参数与招标文件要求的主要技术参数不对应，或达不到招标文件要求的主要参数值；

（3）实验报告内容有缺项，不能完全涵盖招标文件对实验内容的要求；

（4）出具实验报告的试验机构未经国家认定或授权，超出承检项目范围开展实验、测试并出具报告；

（5）技术证明文件过期，实验报告缺乏有效签字、盖章。

7. 附有招标人不能接受的条件

投标文件作出保留声明或对商务、技术条件要求不响应，附有招标人不能接受的其他商务或技术性条件，或者对招标文件的其他实质性要求未完全响应，影响投标文件效力、限制招标人权利、给招标人额外增加负担或投标人违法违规增加自身竞争优势，可能对其他投标人造成不公平的结果的，都构成“重大偏差”，应否决其投标。

8. 投标人拒绝澄清

根据《评标委员会和评标方法暂行规定》第二十二条的规定，投标人拒不按照要求对投标文件进行澄清、说明或者补正的，评标委员会可以否决其投标。

相关案例 5-38

投标中的偏差①

在某次评标活动中碰到以下问题：

1. A 公司投标授权委托书中载明“……，全权代表我公司参加……工程的投标活动”，所填写的工程名称与招标文件不一致（缺漏字）。

2. B 公司在提交投标文件后另递交了一张降价函，降价函中标注的时间为 2017 年 1 月 13 日，投标文件中标注的时间为 2017 年 1 月 15 日。

3. C 公司提交的技术标书装订成上下两册，而招标文件要求将技术标书装订成一册。

4. D 公司在报价函中声明投标报价为本招标项目最高限价的 90%，而其他投标报价均为一确定的金额。

5. E 公司由于董事长（法定代表人）出国考察，便由总经理签署了所有投标文件。

6. F 公司投标文件提供的财会报告的数据比招标文件要求的早一个月。

7. G 公司投标文件未写“三材”用料，而招标文件要求必须列明该项。

评标委员会针对存在上述问题是否否决投标展开激烈讨论。

上述偏差是投标文件中经常出现的问题，关键在于判断是不是实质性偏差后，才可以决定投标是否有效。（1）投标项目的工程名称部分缺漏字，不属于实

① 该案例素材来自林善谋著：《招标投标法适用与案例评析》，机械工业出版社 2004 年版，第 132 页。

质性的偏离和保留，不应否决其投标，可要求投标人澄清。（2）投标人临时递交降价函，这是投标人的投标技巧，并不违法，而投标人因疏忽造成签字时间先后顺序矛盾，这不是重要的偏离，应追求本意，按照降价后的投标价格评标。（3）投标文件未按招标文件要求装订为一册，不是实质性的偏差。（4）投标报价未按照招标文件要求标明具体的投标金额（除非招标文件同意报一个比例，如在保险招标、物资代理招标和招标代理服务项目招标中经常采用），招标人无法评标，而且投标人有投机取巧之嫌，此为实质性偏差，应予否决投标。（5）招标文件及投标授权书等应由法定代表人签署，他人代签的应予否决投标，但法定代表人授权签署的除外。（6）投标文件提供的财会报告的数据比招标文件要求的早一个月，不是实质性的偏差，故不能作无效标处理，可以要求澄清。（7）未写主要材料用料，影响评标，应予否决投标。

（四）因投标人有违法违规行为否决投标的具体条件

投标人以他人的名义投标、串通投标、以行贿手段谋取中标或者以其他弄虚作假方式投标的行为，都严重破坏公平竞争，违反诚实信用原则，《招标投标法》《招标投标法实施条例》及《评标委员会和评标方法暂行规定》等部门规章都无一例外地规定其“投标无效”或应予否决投标，这是对诚信缺失、违法乱纪的供应商进行的法律否定评价与制裁。根据《民法典》第一百四十三条的规定，行为人具有相应的民事行为能力，意思表示真实，且不违反法律、行政法规的强制性规定，不违背公序良俗，为民事法律行为的必备条件，缺其一就属于无效的民事法律行为，从这一点来讲，投标人的前述违法投标行为无效，应予否决，而且招投标行政监督管理部门也可以依法作出行政处罚，构成犯罪的，还可能被追究刑事责任（如行贿罪、串通投标罪等）。

1. 以他人的名义投标

（1）使用通过受让或者租借等方式获取的资格、资质证书投标；

（2）投标人挂靠其他单位投标；

（3）项目负责人或者主要技术人员不是本单位人员，投标人不能按照招标文件要求提供项目负责人、主要技术人员的劳动合同、社会保险等劳动关系证明材料；

（4）由其他单位及其法定代表人在自己编制的投标文件上加盖印章和签字等行为。

2. 串通投标

（1）投标人之间协商投标报价等投标文件的实质性内容；

（2）投标人之间约定中标人；

（3）投标人之间约定部分投标人放弃投标或者中标；

（4）属于同一集团、协会、商会等组织成员的投标人按照该组织要求协同投标；

（5）投标人之间为谋取中标或者排斥特定投标人而采取的其他联合行动。

（6）不同投标人的投标文件由同一单位或者个人编制；

（7）不同投标人委托同一单位或者个人办理投标事宜；

（8）不同投标人的投标文件载明的项目管理成员为同一人；

（9）不同投标人的投标文件异常一致或者投标报价呈规律性差异；

（10）不同投标人的投标文件相互混装；

（11）不同投标人的投标保证金从同一单位或者个人的账户转出。

3. 以行贿手段谋取中标

投标人以谋取中标为目的，给予招标人（包括其工作人员）或者评标委员会成员财物（包括有形财物和其他好处）的行为，破坏了公平竞争的市场法则，损害了其他投标人利益或者国家利益、社会公共利益，为法律所禁止，其投标应予否决。

4. 虚假投标

（1）使用伪造、变造的许可证件；

（2）提供虚假的财务状况或者业绩；

（3）提供虚假的项目负责人或者主要技术人员简历、劳动关系证明；

（4）提供虚假的信用状况；

（5）提供虚假的资格证明文件、剩余生产能力表、试验报告等；

（6）在投标文件中修改招标文件要求，然后以原要求或者更高要求响应投标。

除前述四类违法行为外，投标人如有其他违反法律强制性规定（具有“应当”“必须”字眼的条款）、禁止性规定（具有“不得”“禁止”字眼的条款）的违法行为的，其投标均应予否决。

不同的招标项目，应考虑其项目背景分别设置否决投标条件，但应注意严格遵循公平、公正原则，不得以不合理的条件限制或者排斥潜在投标人。建议在招标文件中对否决投标条件予以详细列明，便于评标委员会统一尺度、准确判定。

五、否决投标的程序

否决投标相当于给投标人判“死刑”，使其还未经详细评审即已经被评标委员会淘汰出局，该处理决定应当履行严格规范的程序，并且由评标委员会集体作出。在程序上，否决投标的决定主体只能是评标委员会。如出现否决投标情形时，应由评标委员会成员提出，经评标委员会集体讨论取得一致意见后可以作出否决投标的决定，当评标委员会成员对是否否决投标有不一致意见时，可以按照“少数服从多数”原则作出决定，这里，是超过半数的简单多数决定还是超过三分之二的绝大多数决定，建议在招标文件中的评标办法的相关内容中提前作出规定。如没有，按照“简单多数”原则处理。当然，对于少数人的意见最好也能记录在案。

另外，还需强调的一点是，评标委员会应当尽职尽责履行评标之责，对于符合否决投标条件的应当作否决投标处理，以免不合格的投标人中标给项目实施留下隐患。

相关案例 5-39 由于疏忽应当否决投标而未否决并中标[①]

某大型企业对物业服务项目实行对外承包公开招标。中标通知书发出后，发现中标人甲公司根本不具备中标条件：其投标书中的物业项目未能覆盖所有招标项目，投标报价显然低于成本。查明原因是，招标代理机构人员由于专业性差，不熟悉该企业物业项目情况，编制标书时，擅自修改了招标内容，导致甲公司对招标项目理解模糊，投标前曾向招标代理机构询问但未得到答复，于是就按少于实际招标项目的理解进行了不同于其他投标人的投标。评标委员会的专家也未能发现甲公司投标不能响应招标文件的情况，虽然采用的是综合评分法评标，但由于甲公司报价低，因此报价项的评分高，根据综合评分的结果，甲公司中标。甲公司一再要求签署合同，并承诺在报价不变的情况下仍承担所有物业项目的服务，但该企业认为甲公司在报价范围内不可能完成所有物业项目的服务，拒绝与甲公司签署物业承包合同。甲公司起诉到法院，要求招标人赔偿标书制作费用和投标服务费用，并要求招标人赔偿违约损失即物业服务的预期收益。

法院认为，第一，中标通知书发出后发现投标人不该中标，是否必须签订合同？按《招标投标法》第四十六条的规定：招标人和中标人应当自中标通知书发出之日起30日内，按照招标文件和中标人的投标文件订立书面合同。但本案由于招标方的过失，未能及时发现甲公司的问题，将本应“否决投标”的投标人误评为中标人，而发出中标通知书。《招标投标法》第二十七条规定：投标人应当按照招标文件的要求编制投标文件。投标文件应当对招标文件提出的实质性要求和条件作出响应。未响应招标文件实质性要求和条件的投标，按照《评标委员会和评标方法暂行规定》规定，评标委员会应当审查每一投标文件是否对招标文件提出的所有实质性要求和条件作出响应，未能在实质上响应的投标，应作否决标处理，不得参与实质评审，不具有参与实质评审的资格，更谈不上中标。因此，本案本来应作为“否决投标”的投标人中标，中标通知书应无效，招标人有权不

---

① 案例素材来自《看案例快速解决招标投标中的赔偿问题——招标投标民事责任、法律适用与案例评析》，机械工业出版社 2014 年版，第 62 页。

签订合同。

第二，本案招标人和招标代理机构是否应承担责任？甲公司对于招标文件模糊的地方曾要求招标代理公司澄清但未得到答复，如果及时澄清，则甲公司就不会出现投标无效的情形。招标人以其他投标人投标符合招标文件实质性要求，证明招标文件规定明确，过错完全在于甲公司理解错误为由进行抗辩，不应得到采纳。因为对于投标人有关招标内容的询问进行澄清和解答，是招标人或其委托的招标代理人应履行的义务，而不应以上述抗辩为由转移过错及相关责任给投标人。基于此，招标人所承担的责任适用于缔约过失责任，而非违约责任。判令投标人承担自身投标支付的费用损失，招标人承担应当发现而未发现投标无效而产生的自身招标费用损失以及《中标通知书》发出后对方信赖利益的损失。根据《民法总则》和《合同法》(《民法典》) 有关民事代理的规定，本案招标代理机构编制标书时擅自修改了招标单位有关物业项目招标内容，导致招标项目内容不明确，甲公司投标前曾向招标代理机构询问但又未得到答复，属于未善尽代理职责的违约行为。招标人向投标人赔偿后，可以要求招标代理人承担违约和赔偿责任。另外，至于评标委员会给出的评标结果，出现严重错误，由于评标委员会仅是招标人组建的临时性组织，评标结束后自行解散。法律未赋予法定的民事主体的地位，其无法自行承担民事责任。

六、处理好否决投标的后续事宜

一是出现否决投标情形，确因招标方式不适宜招标项目而应取消招标活动改用其他采购方式的，应经政府主管部门审核批准后终结招标投标活动，尽快按照规定的程序和重新确定的采购方式开展采购活动，程序要合法化。

二是否决投标并不意味着招标方式有问题，有可能是规定的投标人资格条件过于苛刻，或者采购标准过高，还有可能是信息披露不充分造成投标人数量不够等。因此，招标人应当根据否决投标的具体原因，调整投标人的资格条件，或者调整采购需求后重新制定招标文件，重新组织招标。

三是否决投标势必增加招标人的采购成本和投标人的投标成本，延误工期，因此要采取有效措施尽量降低否决投标率。表面上看造成否决投标的原因多是投标人原因造成的，其实因招标人责任导致否决投标的也不在少数，双方都应采取措施从源头上预防否决投标的发生。

第一，招标人及投标人都要着力提高业务技能，招标人要力求制定内容完善、要求合理的招标文件，特别是要详细规定否决投标情形，用词要准确，语言要规范，免生歧义。

第二，资格审查项目要清楚，审查条件要严谨，审查工作要细致，确保讲信誉、守承诺、质量好、服务优的供应商进入市场开展公平竞争，净化招标采购市场，减少评标压力。

第三，投标人要认真研究招标文件，熟悉具体规定，对招标文件要求应作出“一对一”的实质性响应，合理报价，努力提高投标文件质量，准时投标，减少失误，确保投标的有效性。

第四，把好现场评标关，评审专家要严格依据法律规定和招标文件要求从严把握认定标准，严肃评标纪律，保守评标秘密，依法评标。加强评标现场监督，保证评标依法依规进行，杜绝违法违纪行为，防止人为舞弊性否决投标现象发生。

七、否决所有投标

评标委员会经过评审，认为所有投标都不符合招标文件要求，或者排除无效投标和否决投标后剩余有效投标不足三家且缺乏竞争的，可以否决所有投标。全部投标被否决则意味着没有符合条件的投标人，以至于招标失败。依法必须进行招标项目的所有投标被否决的，招标人应当依法重新招标；其他招标项目采购人可以重新招标，也可以自主选择其他采购方式。

实践中存在招标人对法律法规的理解存在偏差，或者滥用权利随意否决全部投标，终止招标投标程序；否决全部投标后不是依法重新组织招标，而是未经审批直接与投标人或另选他人进行谈判采购，属规避招标行为，这些都是违反法律规定的。

（一）否决所有投标的情形

《招标投标法》第四十二条规定："评标委员会经评审，认为所有投标都不符合招标文件要求的，可以否决所有投标。依法必须进行招标的项目的所有投标被否决的，招标人应当依照本法重新招标。"《评标委员会和评标方法暂行规定》第二十七条规定："评标委员会根据本规定第二十条、第二十一条、第二十二条、第二十三条、第二十五条的规定否决不合格投标后，因有效投标不足三个使得投标明显缺乏竞争的，评标委员会可以否决全部投标。投标人少于三个或者所有投标被否决的，招标人在分析招标失败的原因并采取相应措施后，应当依法重新招标。"当有效投标不足3个时，由评标委员会判定是否具备一定的竞争能力或者是否满足招标需求，确定是否终止招标。

《政府采购法》第三十六条规定了"废标"，是指将整个标段或者不划分标段的整个招标项目的所有投标作废不再评审，本次招标失败，其效果相当于《招标投标法》所规定的"否决所有投标"，但适用情形不同。政府采购货物和服务招标项目具有下列情形之一的，应予废标：（1）符合专业条件的供应商或者对招标文件作实质响应的供应商不足3家的；（2）出现影响采购公正的违法、违规行为的；（3）投标人的报价均超过了采购预算，采购人不能支付的；（4）因重大变故，采购任务取消的。废标后，采购人应当将废标理由通知所有投标人。废标后，采购人应当将废标理由通知所有投标人。根据《政府采购法》第三十七条的规定，废标后，除采购任务取消情形外，应当重新组织招标；需要采取其他方式采购的，应当在采购活动开始前获得设区的市、自治州以上人民政府采购监督管理部门或者政府有关部门批准。

（二）严格行使"否决所有投标"的权利

1. 否决全部投标不只是对投标人，对于招标人的影响也是巨大的，因此必须要慎重，要严格依据法律规定的允许否决全部投标的法定情形，行使该权利。

一是评标委员会经评审，认为所有投标都不符合招标文件要求的，可以否决所有投标，即将所有投标都作为否决投标处理。

所有投标文件都不符合招标文件的要求，通常有以下几种情况：（1）最低评标价大大超过标底或合同估价，招标人无力接受投标；（2）所有投标人在实质上均未响应招标文件的要求；（3）投标人过少，没有达到预期的竞争性，即“不具有竞争性”，如有串标可能，价格差异较大或者畸高、畸低，技术响应太差；（4）出现影响招标公正的违法、违规行为；（5）投标人的报价均超出了预算，招标人无力支付；（6）出现重大变故，致使招标项目不得不取消；等等。在招标文件中应对否决所有投标的情形作出明确的规定。

对于政府采购货物和服务招标项目，根据《政府采购货物和服务招标投标管理办法》第四十三条的规定，公开招标数额标准以上的采购项目，投标截止后投标人不足3家或者通过资格审查或符合性审查的投标人不足3家的，除采购任务取消情形外，按照以下方式处理：①招标文件存在不合理条款或者招标程序不符合规定的，采购人、采购代理机构改正后依法重新招标；②招标文件没有不合理条款、招标程序符合规定，需要采用其他采购方式采购的，采购人应当依法报财政部门批准。公开招标采购项目开标结束后，采购人或者采购代理机构应当依法对投标人的资格进行审查。合格投标人不足3家的，不得评标。

二是评标中如果出现违法投标、投标人不配合评标、所有投标文件在重要技术或商务条件方面不符合要求或是缺乏有效竞争的，评标委员会否决不合格投标或按否决投标处理后，因有效投标不足三家使得投标明显缺乏竞争的，评标委员会也可以决定否决全部投标，其中“使得投标明显缺乏竞争”的认定标准现行法律并未给出答案，而是授权评标委员会根据不同招标项目背景及原因确定。但不能简单地认为有效投标不足3家就是“缺乏竞争”，要看剩余两家的投标是否合理，报价能否接受。如果技术、商务等承诺以及报价，招标人都能接受，则应当被认定为具有竞争性的投标文件，继续评标；如果评标委员会认为剩余的投标不具有竞争性，则有权否决全部投标。

相关案例 5-40 **超出预算的投标**

某公司以公开招标方式采购一批计算机设备。开标后，6 家供应商的投标报价分别为 78.77 万元、69.42 万元、81.67 万元、91.79 万元、80.66 万元、84.73 万元。经否决投标后，剩下的有效投标只有两家。评标委员会发现：供应商有违法违规行为，且所有投标报价都超过了采购预算，于是建议否决全部投标。该公司同意当场宣布否决全部投标。

如果评标委员会否决不合格投标后，因剩下的有效投标不足三个且投标报价均超过采购预算，认为投标明显缺乏竞争的，评标委员会可以建议否决全部投标，但是采购预算必须要符合采购项目实际。

2. 依法必须进行招标项目的所有投标被否决后，为了选择最佳的合同对方，实现法律规定强制招标的目的，招标人应当依照《招标投标法》规定的程序重新招标，而不能出于简便、节约成本等考虑，在所有投标被评标委员会否决后再从落选的投标中进行挑选，或者找另外的人进行一对一的谈判，从中确定中标人。否则的话，招标将流于形式，不能实现招标投标制度的价值，也违反强制招标制度规定。当然，如属原招标条件规定不当的，招标人应当在重新修改招标文件后再重新进行招标。如确因时间紧急来不及重新招标或确有其他特殊情况不宜再进行招标的，经批准，也可采用其他采购方式。但对于自愿招标项目，招标人有权决定重新招标还是采取直接采购、竞争性谈判采购等方式。

相关案例 5-41 **否决投标后能否当场变更采购方式**[①]

某公司以公开招标方式采购办公设施，为了控制成本，招标文件规定“投标报价超过采购人预算（最高投标限价）的按无效标处理”，有 3 家供应商投标。

① 宋晓杰著:《一起设计单位倾向性选择供应商案例》，载 2006 年 8 月 17 日《政府采购信息报》。

该项目预算价格为 84 万元，但其中两家供应商的投标报价均在 84.5 万元左右，超过预算价格，另一家报价为 83.5 万元。评标专家分析，虽然 3 位投标人的资格条件与技术标均符合招标文件要求，但按综合性价比分析，价格高的两个投标供应商略胜一筹，因其产品质量和售后服务都优于价格低的一家，所以建议最好改用竞争性谈判方式采购，这样可以采购到性价比最优的产品。

如果招标文件有投标人的报价超过采购预算（将其作为最高投标限价）即可按照投标无效处理的规定，则可以否决投标。如果招标文件未作规定，则只能将预算作为一项评分参考依据，因此本案例中可以按照否决投标处理，之后有效投标不足 3 家且缺乏竞争性的，可以否决全部投标，之后根据实际采取其他采购方式。

（三）招标人要防止滥用“拒绝所有投标”的权利

实践中，部分招标文件规定，“招标人在发出中标通知书前任何时候均有权接受或拒绝任何投标和宣布招标无效或否绝全部投标的权利，并对由此引起的对投标人的影响不承担任何责任，也无须将这样做的理由通知受影响的投标人”，也就是说，招标人有拒绝所有投标的权利，《招标投标法》并没有明确招标人有这样的权利。

赋予招标人“拒绝所有投标”的权利，属于国际惯例。《世界银行贷款采购指南》第 2.59 款规定，“招标文件中通常规定借款人可拒绝所有投标。拒绝所有投标只有在缺乏有效的竞争，或所有投标文件都未对招标文件作出实质性响应的情况下才是正当的。但是，缺乏竞争性不应仅仅以投标人的数量来确定。如拒绝了所有投标，在重新招标之前，借款人应当审议拒标的原因，并考虑对合同条款、设计和规格、合同范围，或所有这些作出修改”。“不允许单纯为了获得更低的价格而拒绝所有投标，并以同样的招标和合同文件重新招标。”

一定意义上，招标人行使“否决所有投标”的权利，达到了拒绝所有投标的目的，这实际上就是“拒绝所有投标”的一种表现形式，但“拒绝所有投标”除了可以否决所有投标，也包含着在招标过程中自行决定终止招标的权利，对招标人有利，但对于投标人过于苛刻。招标人可以在招标文件中保留此项权利，但应当事先公布行使该权利的各项事由，如出现不可抗力导致招标项目没有实施的可能性。如果投标人不接受这个条件，可以拒绝投标，即不参加该项目的投标。如果招标人的决定明显不具有合理性或有违法行为（如因偏袒倾向个别投标人而行使拒绝所有投标权），则投标人可以向行政监督部门投诉。

基于招标投标是一种程序性很强、交易成本很高的缔约活动的考虑，招标投标当事人必须尽注意义务，防止因过失行为导致招标失败或者违规操作，否则就要承担赔偿责任。

相关案例 5-42　　因招标人失误终止招标纠纷

被告项目招标，在评标过程中发现招标文件中要求的供货范围与实际不符合，经研究决定停止评标。之后，重新开标、评标，原告参加了竞标。最后，原告在未中标的情况下向法院提起诉讼要求赔偿其第一次参加投标但因被告原因导致招标终止引起的损失。

这是一起因招标人的失误引起的招标纠纷案。招标人在发现招标文件有误的情况下，可以终止招标程序，但由此给投标人带来一定成本损失的，应予赔偿。如果是投标人错误理解招标文件或自身投标策略失误，由此产生的责任由投标人自负。

第七节　评标报告

提交评标报告是评标委员会的重要职责。评标委员会完成评标后，应当向招标人提出书面评标报告，并推荐合格的中标候选人，招标人将根据评标委员会的书面评标报告和推荐的中标候选人确定中标人。评标报告是评标委员会在评审阶段的综合性结论报告，是评标委员会根据全体评标委员会成员签字的原始评标记录和评标结果编写的，全面反映评标情况的书面报告[①]，既可以作为招标人定标的依据，也可以作为档案资料备查。评标报告应对评标情况作出说明，提出中标候选人推荐意见并附理由。

一、评标报告的格式与内容

评标报告作为整个招标采购活动的核心资料之一，招标人必须高度重视评标报告的规范化管理，维护其严肃性。

1. 评标委员会完成评标后，应当结合工程、货物、服务招标项目的特点，本着实用、细致、全面的原则，分类编制相应的评标报告，并向招标人提交书面评标报告

评标报告应当如实记载包括但不限于以下内容：（1）招标项目基本情况，如招标公告刊登的媒体名称、开标日期和地点、购买招标文件的投标人名单等；（2）评标委员会成员名单；（3）开标记录；（4）符合要求的投标一览表；（5）否决投标情况说明；（6）评标标准、评标方法或者评标因素一览表；（7）经评审的价格或者评分比较一览表；（8）对投标人的商务、技术方案评价，技术、经济风险分析；（9）对投标人技术力量、竞争地位评价；（10）经评审的投标人排序；（11）推荐的中标候选人名单与签订合同前要处理的事宜；（12）澄清、说明、补正事项纪要。

评标报告重点是必须要详细地说明每位评委对每份投标文件的评价意见以及最终的综合性评审结果，要把所推荐的中标候选人的优势和各落选投标文件的缺点与不足阐述清楚，反映评标工作的严肃谨慎和客观公正。

《政府采购货物和服务招标投标管理办法》第五十八条规定了政府采购货物和服务招标项目的评标报告应当包括以下内容：①招标公告刊登的媒体名称、开

① 国家发展改革委法规司、国务院法制办公室财金司、监察部执法监察司编著：《中华人民共和国招标投标法实施条例释义》，中国计划出版社2012年版，第135页。

标日期和地点；②投标人名单和评标委员会成员名单；③评标方法和标准；④开标记录和评标情况及说明，包括无效投标人名单及原因；⑤评标结果，确定的中标候选人名单或者经采购人委托直接确定的中标人；⑥其他需要说明的情况，包括评标过程中投标人根据评标委员会要求进行的澄清、说明或者补正，评标委员会成员的更换等。

2. 把评标报告填写情况作为对评标专家工作态度、业务水平的考核依据

评标报告不能有过多的主观判断，只能客观、公正地阐述评标专家的意见和评标过程，防止有倾向性而影响定标结果。对于同一投标人的评审意见应前后一致，评审意见应与评审得分一致，不能评价很高但得分很低，前后矛盾，难以自圆其说。

3. 评标报告应由评标委员会成员签字

《招标投标法实施条例》第五十三条有明确规定："评标完成后，评标委员会应当向招标人提交书面评标报告和中标候选人名单。中标候选人应当不超过3个，并标明排序。评标报告应当由评标委员会全体成员签字。对评标结果有不同意见的评标委员会成员应当以书面形式说明其不同意见和理由，评标报告应当注明该不同意见。评标委员会成员拒绝在评标报告上签字又不书面说明其不同意见和理由的，视为同意评标结果。"《政府采购货物和服务招标投标管理办法》第六十一条也规定："评标委员会成员对需要共同认定的事项存在争议的，应当按照少数服从多数的原则作出结论。持不同意见的评标委员会成员应当在评标报告上签署不同意见及理由，否则视为同意评标报告。"

独立评审是对评标委员会的基本要求，但对于投标是否有效的判定等事项，就应当要求评标委员会全体成员来共同认定，不能取得一致意见的，就应当按照多数成员的表决意见来处理。也就是说，评标报告应当由评标委员会全体成员签字后，方可提交招标人。有不同意见的专家可以在评标报告中将其意见注明，也可以书面方式阐述其不同意见和理由，以免持不同意见的专家承担其他责任。评标报告是评标委员会的集体意见，评标委员会成员签字既是参与评标的证明，也是明确评标责任的证明。评标委员会成员拒绝在评标报告上签字且不陈述其不同意见和理由的，视为同意评标结论，评标委员会应当对此作出书面说明并记录在案。

相关案例 5-43　　无效的评标报告

某招标项目评标委员会由五人组成，其中业主代表一人担任评委会主任。在评标过程中对一投标人商务投标文件进行符合性审查时，评委意见产生分歧，抽取的四名专家同意审查通过，业主代表认为不通过。后四位评委继续对其进行详细评审，业主代表弃权。最终评标结果恰恰是该投标人中标，四位专家在评标报告上签字，业主代表未签字。

根据《招标投标法》第三十七条的规定，评标委员会成员人数为五人以上单数，但本案例中，业主代表弃权，只有四位评委继续进行详细评审，也就是说，最终评委总人数是四人，不符合上述规定，所以评标报告无效。另外，根据《评标委员会和评标方法暂行规定》的规定，评委具有同等表决权，如评委不阐述意见，拒绝签字的，视为同意评标结果；多数评委通过，评标报告就有效。招标项目应按多数评委的意见编写评标报告和推荐中标候选人，不同意的评委可以不在评标报告上签字。

二、推荐中标候选人

推荐中标候选人是评标工作的主要任务，是评标报告中的必备内容。评标委员会完成评标后，应当推荐中标候选人，以便招标人从中确定中标人。推荐中标候选人的数量不超过 3 个，可为招标人提供一定选择余地。根据《招标投标法》第四十条的规定，招标人根据评标委员会的书面评标报告和推荐的中标候选人确定中标人，招标人也可以授权评标委员会直接确定中标人。《招标投标法实施条例》第五十三条第一款也明确规定："评标完成后，评标委员会应当向招标人提交书面评标报告和中标候选人名单。中标候选人应当不超过 3 个，并标明排序。"因此，评标结束后，评标委员会应提交评标报告，提出中标候选人名单交招标人定标。

1. 评标委员会的权力是确定中标候选人，但不能确定中标人（受托定标的除外）

评标委员会应当对中标候选人进行排序。如果招标人授权评标委员会直接确定中标人，则评标委员会的工作除了评标以外，还有直接确定中标人的权利；如果招标人没有授权评标委员会直接确定中标人，则评标委员会只负责向采购人推荐中标候选人。

对于政府采购货物和服务招标项目，在推荐中标候选人时，必须对中标候选人进行排序。评标委员会通过对投标人的信誉、业绩、能力、技术条件、报价等方面详细评审后，应对投标人进行评价，指出每个投标人的优劣点，并按照最终评审得分排序，从中推荐中标候选人，供招标人在定标选择时参考。推荐中标候选人的方法是：采用最低评标价法的，评标结果按投标报价由低到高顺序排列。投标报价相同的并列。投标文件满足招标文件全部实质性要求且投标报价最低的投标人为排名第一的中标候选人。采用综合评分法的，评标结果按评审后得分由高到低顺序排列。得分相同的，按投标报价由低到高顺序排列。得分且投标报价相同的并列。投标文件满足招标文件全部实质性要求，且按照评审因素的量化指标评审得分最高的投标人为排名第一的中标候选人。

相关案例 5-44　评标委员会修改评分标准和方法

某招标项目评标过程中，评委会认为原定评分标准和方法不利于自己有意向的投标单位，遂更改相应分值、权重以及否决投标条件，导致投标人有的分数偏低，有的由于细微偏差按否决投标处理。由于一家合资企业综合实力太强且价格最低，无论如何修改评分标准和办法，该意向中标单位的打分最高仅排名第二。在推荐中标候选人时，为使该意向中标单位中标，产生了多种不同处理意见，一是直接确定排名第二的意向中标单位中标；二是以投标单位报价高于标底为名作否决投标处理，导致有效投标不足三家而招标失败，从而变更采购方式为直接与该意向中标单位一对一谈判采购；三是以合资企业未向该公司供应过该类设备的业绩为由，将合资企业投标按否决投标处理，进而使该意向中标单位排名第一；四是不采取打分形式评标，直接由各评委投标表决排名；五是要求该合资企业按最低价打折，使其无法承受而主动放弃。

在本案中，存在以下违法行为：（1）修改评分标准和办法违法。依据《招标投标法》的规定，招标人对招标文件进行必要的澄清或者修改的，应当在招标文件中要求提交投标文件截止时间至少十五日前，以书面形式通知所有投标人。评标委员会应当根据招标文件规定的评标标准和方法，对投标文件进行系统的评审和比较。招标文件中没有规定的标准和方法不得作为评标的依据。因此，在开标后不允许再修改招标文件，特别是不能随意修改已经公布的评分标准和办法。（2）对细微偏差按否决投标处理违法。只有未实质性响应招标文件规定的条件和要求的重大偏差，才能按否决投标处理，如没有按照招标文件要求提供投标担保或者所提供的投标担保有瑕疵，明显不符合技术规格、技术标准的要求，投标文件附有招标人不能接受的条件，等等。细微偏差属可澄清、补正的范围，不属于否决投标的情形，如投标报价表中单价与总价不符，投标文件中个别页码未小签，等等。（3）案例最后讨论推荐中标候选人的几种处理意见均违法。第一种处理意见在缺乏充分事实和法律依据的情况下，直接确定排名第二的单位中标，违反了定标原则。第二种处理意见将标底作为评标标准，违反了标底仅供评标参考的相关规定，且即使一次招标失败，也不允许变更采购方式。根据规定，二次招标失败并经行政监督部门批准方可采用非招标的方式采购。第三种处理意见将没有向该公司供货的业绩作为限制条件，显然不合理排斥了合格的投标人。第四种处理意见违反了评标原则。第五种处理意见违反了《招标投标法》关于“在确定中标人之前，招标人不得与投标人就投标价格、投标方案等实质性内容进行谈判，招标人和中标人不得再行订立背离合同实质性的其他协议”的规定。本案例中，评标委员会应当严格遵守职业道德和评标纪律，客观、公正地履行评标职责，依法推荐排名第一的投标人合资企业为中标候选人。

评审时，评标委员会应按照招标文件规定的数量来推荐中标候选人。如果招标文件没有对中标候选人的数量作出明确规定，则可以根据实际情况自行确定

1—3名中标候选人。如果评标委员会认为除了排名第一的中标候选人之外，其他投标人的投标方案均不可接受，可以只推荐一名中标候选人。

招标采购实践中，推荐2—3名中标候选人的好处是，当第一名中标候选人不能履约时，采购人还有选择的余地，不必耗费大量的人力、物力和时间去重新组织招标，也不会因为招标采购程序时限的制约而使项目周期无端延长。

2. 评标委员会推荐的中标候选人应当限定在1—3人，以推荐2—3名为宜，并标明排列顺序，以便于招标人从中选择一名最符合其要求的投标人作为中标人

《机电产品国际招标投标实施办法（试行）》第五十六条规定："采用最低评标价法评标的，在商务、技术条款均实质性满足招标文件要求时，评标价格最低者为排名第一的中标候选人；采用综合评价法评标的，在商务、技术条款均实质性满足招标文件要求时，综合评价最优者为排名第一的中标候选人。"这些规定也对招标人定标的权利有了约束，不是完全的自由裁量权，而是必须在推荐意见中决策，必须依据评标结果判断。

还有，资格审查贯穿于招标投标整个过程，所以在推荐中标候选人时如发现个别投标人的投标资格不符合要求的，招标人有权拒绝其投标，此时如果影响推荐顺序的，应调整推荐顺序，由下一顺位的投标人补足。

相关案例 5-45　不对中标候选供应商进行排序

某市创新了政府采购工程货物评标办法，规定："所有招标采购项目，在评标时只确定一名中标供应商，不再按顺序排列中标候选供应商。如果中标供应商不能履约就废标，重新组织招标。"没想到，该评标办法推出后不久，很多采购人即提出异议，认为评标时"直接确定一名中标供应商，一旦该供应商无法履约，即重新组织招标"的做法，剥夺了采购人从其他供应商中选择合适人选的可能，且会造成时间的延误，不利于项目的实施。

不对中标候选供应商进行排序的做法不合法。《政府采购货物和服务招标投标管理办法》第六十八条第二款规定："采购人应当自收到评标报告之日起5个工

作日内，在评标报告确定的中标候选人名单中按顺序确定中标人。中标候选人并列的，由采购人或者采购人委托评标委员会按照招标文件规定的方式确定中标人；招标文件未规定的，采取随机抽取的方式确定。”在法律规范中，带有“应当”一词的法条为强制性规范，不得违反。如果不对中标候选人进行排序，则招标人无从在中标候选人名单中按顺序确定中标人。因此，不对中标候选人进行排序是一种违法行为。

评标时只推荐唯一一名中标候选供应商的做法也不合理。中标候选供应商数量应当根据采购需要确定，《政府采购货物和服务招标投标管理办法》并没有限定只能推荐一名中标候选供应商。因此，针对某一特定的采购项目而言，根据项目特点只推荐一名中标候选供应商一定程度上是可行的，但如果不区分项目特点整齐划一统一规定所有项目在“评标时只确定唯一一名中标供应商”则不合适。

3. 多个投标人在同一招标项目中或同一标段中的评分并列第一的情况也时有发生，而中标人只能有一个，如何对中标候选人进行排序以便于招标人定标也是一个棘手的问题

对于这个问题，招标人首先应当在招标文件中事前规定解决的规则。如果没有作出规定，则按照现有法律规定办理。对于机电产品国际招标项目，根据《机电产品国际招标投标实施办法（试行）》第五十四条的规定，必须按顺序排列中标候选供应商：一是采用最低评标价法的，按投标报价由低到高顺序排列；投标报价相同的，按技术指标优劣顺序排列。二是采用综合评分法的，按评审后得分由高到低顺序排列。得分相同的，按投标报价由低到高顺序排列；得分且投标报价相同的，按技术指标优劣顺序排列。三是采用性价比法的，按商数得分由高到低顺序排列；商数得分相同的，按投标报价由低到高顺序排列；商数得分且投标报价相同的，按技术指标优劣顺序排列。

对于政府采购货物和服务招标项目，根据《政府采购货物和服务招标投标管理办法》第五十六条、第五十七条的规定，采用最低评标价法的，评标结果按

投标报价由低到高顺序排列；投标报价相同的并列，投标文件满足招标文件全部实质性要求且投标报价最低的投标人为排名第一的中标候选人。采用综合评分法的，评标结果按评审后得分由高到低顺序排列；得分相同的，按投标报价由低到高顺序排列；得分且投标报价相同的并列。投标文件满足招标文件全部实质性要求，且按照评审因素的量化指标评审得分最高的投标人为排名第一的中标候选人。

如果招标文件未作出具体规定且也没有相适应的法律规定，则招标人可授权评标委员会从并列第一的两个投标人中确定投标价格低的中标人为招标人或中标候选人。

第八节　中标候选人公示

《招标投标法实施条例》第五十四条规定："依法必须进行招标的项目，招标人应当自收到评标报告之日起 3 日内公示中标候选人，公示期不得少于 3 日。投标人或者其他利害关系人对依法必须进行招标的项目的评标结果有异议的，应当在中标候选人公示期间提出。招标人应当自收到异议之日起 3 日内作出答复；作出答复前，应当暂停招标投标活动。"该条款确立了中标候选人公示制度，适用于强制招标项目，对于非强制招标项目也可以选择适用。《政府采购法》没有公示中标候选人的规定。

一、公示中标候选人的必要性

如同发出中标结果一样，在评标结束之后公示中标候选人，有利于充分体现"公开"原则，激励各利益相关方和社会各界对评标活动进行监督，以便及时发现招标投标以及评标活动中的违法违纪问题和不规范现象，督促招标投标活动依法规范进行，实现招投标结果的公平公正性。

招标人对投标人主要通过评标委员会评审投标文件而间接地去了解投标人，

这种了解是片面的，有些还直接依据招标文件中充斥着的虚假信息进行错判误判，依据此评标结果可能存在与事实不完全相符的风险。

为了规避这种风险，有必要设置中标候选人公示程序，给予投标人或其他利益相关方对该评标结果进行评价、提出质疑，以此了解招标人与中标人相互违反招标程序，或者对中标人存在异议，认为不公平的，可以向招标人提出异议、向相关部门提出投诉，以确保其公平性，协助招标人作出正确的定标决策。中标候选人公示以牺牲一定的程序效率为代价，强制招标项目必须适用该程序。

二、中标候选人公示要求

《招标投标法实施条例》第五十四条规定了强制招标项目的评标结果公示程序。《招标公告和公示信息发布管理办法》第二条、第三条规定，依法必须招标项目的资格预审公告、招标公告、中标候选人公示、中标结果公示等招标公告和公示信息，除依法需要保密或者涉及商业秘密的内容外，应当按照公益服务、公开透明、高效便捷、集中共享的原则，依法向社会公开。《电子招标投标办法》第三十五条也规定，依法必须进行招标的项目中标候选人和中标结果应当在电子招标投标交易平台进行公示和公布。公示中标候选人的项目范围限于依法必须进行招标的项目，对于其他招标项目而言，是否公示中标候选人由招标人自主决定。

（一）中标候选人应当全部公示

依据《招标投标法实施条例》第五十四条的规定，依法必须进行招标的项目，招标人应当自收到评标报告之日起 3 日内公示中标候选人；但对于非强制招标项目，招标人也可以参照该规定公示中标候选人。投标人可以借公示机会监督招标人是否公开、公平、公正举行招标投标活动，招标人也可以借投标人监督检举中标候选人的机会，更准确地评判中标候选人是否具有承担招标项目的能力，这对招标人是有利的。

而且，本条文隐含之义是，中标人不但要从中标候选人中选出，而且必须要经过中标候选人的公示，要在阳光之下“晒”一下，经得起其他投标人的监督，方可服众胜出当选“中标人”。因此，只要是经评标推荐的中标候选人，不管为几人，都应公示。

评标委员会推荐的全部中标候选人均应当公示，除非因异议、投诉等改变了中标候选人名单或者排名次序，全部中标候选人同时公示而不是只公示排名第一的中标候选人或其中部分中标候选人，这样可以避免出现投标人或者利害关系人对依次公示的中标候选人逐个提出异议导致多次公示，影响招标工作效率，也有利于投标人和其他利害关系人对全部中标候选人提出异议和投诉，从而进行全面监督，增强公正性。

如果评标委员会推荐了两到三名中标候选人，但招标人仅公示了第一中标候选人，这样是与法律规定不相符的。相应地，投标人和其他利害关系人对评标结果有异议的，其异议应当针对全部中标候选人，而不能仅针对排名第一的中标候选人，否则将可能丧失针对排名第二和第三的中标候选人提出异议和投诉的权利。

（二）中标候选人公示媒介及期限

第一，《招标公告和公示信息发布管理办法》第八条对中标候选人公示的媒介有明确的规定，即依法必须招标项目的招标公告和公示信息应当在“中国招标投标公共服务平台”或者项目所在地省级电子招标投标公共服务平台发布。

对于非依法必须招标项目，如果招标文件规定要公示中标候选人的，公示的媒介由招标人自主决定，公开范围以便于投标人和其他利害关系人可以与招标公告相同的条件得悉中标候选人知情范围即可。

第二，招标人收到评标报告时中标候选人已经确定，即已具备公示的条件。公示的起始时间为收到评标报告之日起 3 日内，招标人应当在评标结束后 3 日内将评标委员会推荐的中标候选人名单在发布招标公告的指定媒介上公示，以接受投标人、利害关系人和社会各界的监督，非依法必须进行招标的项目也可以参照上述规定履行中标候选人公示程序。

第三，公示期限为 3 日及以上，不得少于 3 日，为自然日，即便是休息日、节假日也不影响（但最好避开节假日），3 日内因公示未结束，招标人暂不能发出中标通知书，因为公示中标候选人仅属于定标的前置程序，但不能据此认为已经确定为中标人。

第四，在公示期间无异议、投诉或者投诉、异议不成立的，招标人应当在公示期结束后，按照招标文件规定的定标规则确定中标人，并发出中标通知书。

（三）中标候选人公示的内容

根据《招标公告和公示信息发布管理办法》第六条的规定，依法必须招标项目的中标候选人公示应当载明以下内容:（1）中标候选人排序、名称、投标报价、质量、工期（交货期），以及评标情况;（2）中标候选人按照招标文件要求承诺的项目负责人姓名及其相关证书名称和编号;（3）中标候选人响应招标文件要求的资格能力条件;（4）提出异议的渠道和方式;（5）招标文件规定公示的其他内容。依法必须招标项目的中标结果公示应当载明中标人名称。其他招标项目公示中标候选人的，可以参照该规定执行。

三、评标结果异议

公示中标候选人的目的就是将评标结果向社会公开，接受投标人、利害关系人和社会各界的监督。投标人或者其他利害关系人可以根据招标文件规定的评标标准和方法、开标情况等，作出评标结果是否符合有关规定的判断，如评标结论是否符合招标文件规定的标准和方法等，认为评标结果不公正的，可以对该评标结果提出异议。

在程序上注意以下几点：

第一，为了控制招投标活动程序时长，确保一定的招投标效率，《招标投标法实施条例》第五十四条规定中标人对依法必须进行招标项目的评标结果的异议应当在中标候选人公示期间提出，以便招标人及时采取措施予以纠正。

第二，招标人应当自收到异议之日起 3 日内作出答复。招标人对异议作出答复前应当暂停招投标活动。招标人拒绝自行纠正或者无法自行纠正的，投标人或者其他利害关系人均可根据《招标投标法实施条例》第六十条的规定向有关行政监督部门提出投诉，以维护自己的合法权益。

第三，在中标候选人公示期间有关评标结果的异议成立的，招标人应当组织原评标委员会对有关的问题予以纠正，招标人无法组织原评标委员会予以纠正或者评标委员会无法自行予以纠正的，招标人应当报告行政监督部门，由有关行政监督部门依法作出处理，问题纠正后再公示中标候选人。

第四，依法必须进行招标项目的招标人授权评标委员会直接确定中标人的，也应先行履行中标候选人公示程序后再定标。

第五，招标人对投标人和其他利害关系人提出的异议作出答复后，投标人和其他利害关系人对答复不满意的，应当根据《招标投标法实施条例》第六十条规定向有关行政监督部门投诉，不应当就同样的问题反复提出异议，以提高工作效率。

第六，招标人处理投标人或者其他利害关系人不服评标结果提出的异议时，可以组织调查复核。招标人在处理异议过程中，可以组织原评标委员会对异议涉及的事项按照招标文件规定的评标标准和方法复核确认。此举可以通过专家审核方式查清事实，坚持实事求是，客观准确地作出处理决定。

第九节　履约能力审查

中标候选人的经营资格、资质不符合规定、履约能力不足、财务状况等事项都有可能发生较大变化，从而导致可能不能满足招标文件的实质性要求，如影响其履约能力仍然令其中标承担招标项目，履约风险增大，也可能难以顺利完成，或者事后招标人才发现存在中标候选人存在违法行为（如虚假投标、串通投标），其履约能力也可能受影响的情况下，应当赋予招标人一定的权利纠正该不合格的行为，这就是《招标投标法实施条例》第五十六条规定的履约能力审查制度。

一、招标人的履约能力审查权

在招投标过程中，不仅投标人的经营状况、财务状况可能会发生较大变化，投标人也可能因违法而受到停产停业整顿、吊销营业执照等处罚，或者被采取查封冻结财产和账户等强制措施。以上情况，均可能影响投标人的履约能力。虽然《招标投标法实施条例》第三十八条规定了投标人对其重大变化的告知义务，但在评标结束到中标通知书发出前这一段时间里，投标人履行告知义务后又发生上述情况的该如何处理，或者投标人虽未告知但招标人发现投标人存在上述情况的该如何处理，在程序设计上有必要加以考虑，避免出现合同履行不能的结果。为此，《招标投标法实施条例》第五十六条规定："中标候选人的经营、财务状况发生较大变化或者存在违法行为，招标人认为可能影响其履约能力的，应当在发出中标通知书前由原评标委员会按照招标文件规定的标准和方法审查确认。"该条赋予招标人在发现中标候选人履约能力不满足要求时的事前救济权利。

二、履约能力审查的条件

（一）履约能力审查权利主体

行使对中标候选人履约能力的审查权利归属于招标人。招标人不论是自身发现线索质疑中标候选人的履约能力，还是接到他人异议、投诉或举报，都可以启动履约能力审查程序，这是主动作为、自我保护的手段，无须行政监督部门批准或认定。

（二）履约能力审查的对象

履约能力审查的对象是中标候选人，包括评标委员会推荐的所有中标候选人，而不仅仅限于第一名中标候选人。

（三）履约能力审查的对象

履约能力审查的起因必须是中标候选人的经营状况、财务状况发生较大变化或者存在违法行为，且招标人认为可能影响其履约能力的。经营状况发生较大变化既包括因为市场行情改变、管理不善，或者经营决策失误而导致的经营困难，也包括所承担业务已超出经营能力，或者主要技术人员离职、不再满足招标文件规定的资格条件等情形。财务状况发生较大变化，通常指资不抵债、流动资金紧张等情形。所指违法行为，不限于本次招标活动中发生的，只要发生违法行为的后果对本次招标的评标结果和合同的履行产生影响，也应包括在内，如存在串通投标、弄虚作假、行贿或因违法而被责令停产停业、查封冻结财产等。

（四）履约能力审查的期限

履约能力审查的期限必须是在评标结束后中标通知书发出之前。如果在中标通知书发出之后查实履约能力不满足要求的，可以不签约或者签约后申请解除合同。

（五）履约能力审查的主体

履约能力审查的主体只能是原评标委员会。实践中存在招标人在评标结束对中标候选人进行实地考察、资格复审等措施，都是不适当的，对评标委员会独立评审存在质疑，挑战了招投标制度的严肃性，个别情况下还给滥用权利否决评标结果甚至以权谋私带来可乘之机。

（六）履约能力审查的依据

履约能力审查的依据上只能是招标文件规定的评标标准和方法，不能绕开招标文件规定另定规则，量身定做、“看人下菜”，杜绝随意性。

经过履约能力审查，如果确实有足够证据证明中标候选人的履约能力不足以承担本招标项目，可以取消其中标资格；影响招标人定标的，可从其他中标候选人中选择中标人，也可以重新招标。

相关案例 5–46　招标人发现问题后启动履约能力审查程序

某工程公司公开招标采购一批工程材料，评标委员会推荐的中标候选人1—3名分别为A公司、B公司、C公司。房地产公司在查阅投标文件后，发现A公司涉及一起重大诉讼案件，C公司未响应付款方式，于是组织评标委员会重新审查核实。评标委员会经过复议，认定A公司确实因合同纠纷被其他公司起诉，法院判决要求其支付大额违约金，已经进入强制执行阶段，会对该公司经营产生重大不利影响，其履约能力受到质疑；C公司未响应付款方式，根据评标办法应否决其投标。最后对剩余B公司投标是否具有竞争性进行表决，多数评委认为不具备竞争性，按照少数服从多数原则，决定否决全部投标，建议某工程公司重新招标。后，某工程公司发布招标公告重新招标。A公司获知重新招标信息后，向市发改委投诉，要求确认原评标结果合法有效，依据原中标候选人公示宣布A公司为中标人。市发改委经审查作出投诉处理决定，认为某工程公司的重新招标的决定合法，A公司的投诉请求缺乏事实和法律依据，决定驳回A公司的投诉。

本案中，招标人发现招投标活动中存在问题组织评标委员会评审复议是自我救济的有效做法，《招标投标法实施条例》第五十六条赋予招标人事后发现中标候选人履约能力存在问题时可以组织重新审查的权利，《评标委员会和评标方法暂行规定》第二十七条也允许评标委员会否决不合格投标后，因有效投标不足三个使得投标明显缺乏竞争时可以否决全部投标。某工程公司组织原评标委员会复核查实情况并决定否决全部投标重新招标的做法，符合招标投标法的基本要求。

6

第六章

定标阶段法律实务

第一节 定标

定标是招标人确定中标人的意思表示，是对投标人的投标要约作出承诺的法律行为，是招标人根据评标委员会的评标报告和中标候选人的推荐意见决定中标人，并向中标人发出中标通知书授予合同的行为。

一、定标环节的主要法律风险

在定标环节，常见越权定标、迟延定标和违规定标三类违法违规行为，都直接影响招标结果的公正性和招标投标活动的有效性。

（一）越权定标

未经招标人授权，评标委员会擅自定标，导致定标结果效力不确定。一般来说，评标委员会根据招标人的授权从事评标活动，其与招标人之间系委托代理关系。《招标投标法》第四十条第二款规定招标人可以授权评标委员会直接确定中标人，也就是说，评标委员会有无定标权，根据招标文件中的规定或者招标人的单独授权来判定。《民法典》第一百七十一条第一款规定，行为人没有代理权、超越代理权或者代理权终止后，仍然实施代理行为，未经被代理人追认的，对被代理人不发生效力。因此，未经招标人授权，评标委员越俎代庖越权直接定标的行为，如果招标人事后不予追认，则其定标行为无效。

（二）定标迟延

招标文件对投标有效期提出要求，投标文件也都会对投标有效期进行承诺。该投标有效期是判定投标文件也就是投标人提出的要约受法律约束的期限，相当于投标人提出了一项附承诺期限要求的要约。根据《评标委员会和评标方法暂行规定》第四十条的规定，在投标有效期内，招标人应当完成评标、定标以及签署合同等工作。《民法典》第四百八十一条、第四百八十六条规定，承诺应当在要约确定的期限内到达要约人；受要约人超过承诺期限发出承诺，按照通常情形不能及时到达要约人的，为新要约。因此，招标人超过投标有效期（承诺期限）定标的，投标人可以接受招标人作出的该中标通知，则该中标承诺有效；如果拒绝接受中标通知，则其要约已经自动失效，招标人迟到的中标通知行为只能认为是提出了新的要约而非“承诺”。

（三）违规定标

没有严格按照评标委员会推荐的中标候选人顺序定标且无充足理由，在评标委员会推荐的中标候选人范围以外确定其他投标人中标，甚至选择被评标委员会剔除的未响应招标文件的投标人中标，或者在所有投标被否决后自行确定中标人，影响招标工作的公正性，使招标流于形式，如果是依法必须招标项目，则中标无效。对此类行为，根据《招标投标法》第五十七条、《招标投标法实施条例》第七十三条的规定，行政监督部门有权责令改正并可处以罚款、对责任者给予处分。

相关案例 6-1

招标人认定评标价第三的投标应中标[①]

某公司通过竞争性招标采购一台设备，招标文件规定了相应的评标标准，并规定评标价最低者中标。评标委员会严格按照招标文件确定的办法对 4 份均符合要求的投标文件进行了技术分析和评标价计算，结果如下：A 公司评标价第三低、B 公司评标价次低、C 公司评标价最低，但 A 公司有几项技术性能参数最好，且稍微便宜一些。因此，该公司决定将合同授予评标价第三低的 A 公司，而不授予评标价最低的 C 公司。

招标文件中的评标标准不得任意改动。从本案例来看，A 公司的几项技术性

① 该案例素材来自王俊安著:《招标投标案例分析》，中国建材工业出版社 2005 年版，第 189 页。

能参数确实优于C公司，但这并不能成为将合同授予评标价第三低的A公司的充足理由。首先，评标及其排序工作已经由评标委员会严格按照招标文件确定的办法作出，完全符合预先的规定，也不违反相关强制性规定，是合理合法的。在招标文件中规定的评标标准中，对商务条件或技术规格优越的投标并无其他奖励规定，在评标中不能临时增加。其次，评标是招标人确定的评标委员会的职责，招标人不能再另立新的标准进行评标。招标人无权推翻评标委员会的评标结果。对于招标文件规定的评标标准，不论是招标人的原因还是投标人的原因，都不能因评标时情况变更而随便放弃或改变。因此，本案例中C公司完全符合招标文件的技术要求，评标价最低，合同即应授予C公司，这也是招标人在招标文件中的承诺。

二、定标主体

（一）招标人行使定标权

《招标投标法》第四十条第二款规定，“招标人根据评标委员会提出的书面评标报告和推荐的中标候选人确定中标人。招标人也可以授权评标委员会直接确定中标人”。定标权原则上应由招标人行使，但评标委员会在招标人授权的情况下，也可以直接确定中标人。对于规模较小、技术要求简单的招标项目，也可以授权评标委员会直接确定中标人。评标委员会直接确定中标人，必须有招标人的授权。未经招标人授权，评标委员会无权直接确定中标人。

相关案例6–2　　**未经招标人同意定标无效**[①]

某建筑公司参与某药业公司建设工程招标投标活动，经评标委员会评议被

① 该案例素材来自《看案例快速解决招标投标中的赔偿问题——招标投标民事责任、法律适用与案例评析》，机械工业出版社2014年版，第60页。

确定为中标单位。某市建设工程招标投标办公室给某建筑公司出具了《中标通知书》。招标单位药业公司不同意确定某建筑公司为中标人，拒绝与其签订书面合同。某建筑公司起诉称：原告中标后，被告某药业公司却拒不与原告签订书面合同，有违诚实信用原则，请求法院判令被告赔偿因缔约过失给原告造成的损失8000元。某药业公司辩称：经评标委员会评议后被确定为中标单位，以及招标投标办公室给原告出具的《中标通知书》，均未经招标人（被告）同意，故建筑公司实际并未中标，要求驳回原告某建筑公司的诉讼请求。

法院认为，本案例中原、被告之间的招标投标活动应属于合同订立过程，即缔约阶段。招标投标办公室给原告核发的《中标通知书》因未经招标人同意，招标人也未授权评标委员会直接确定中标人，故该《中标通知书》不符合《招标投标法》第四十五条关于《中标通知书》应由招标人核发的规定。所以，原告某建筑公司不是被告确定的中标人。原告某建筑公司未中标即表明合同尚未成立，双方纠纷应根据《合同法》第四十二条（现《民法典》第五百条）关于缔约过失责任的规定处理。因原告某建筑公司要求被告承担缔约过失责任的理由不充分，证据不足。遂判决：驳回原告某建筑公司要求被告某药业公司承担缔约过失责任并赔偿损失8000元的诉讼请求。

（二）只有经招标人授权，评标委员会才可以行使定标权

经招标人授权，评标委员会定标的行为，依据民事代理的原理，视为招标人自行作出，其法律后果由招标人承担。招标人可以授权评标委员会直接确定中标人，但是否委托评标委员会直接确定中标人，这是招标人的权利，应该由招标人自主决定，任何部门都无权强迫招标人委托评标委员会直接确定中标人，更无权在招标人没有授权的情况下，强制由评标委员会直接确定中标人。

一般在下列情况下，招标人可以授权评标委员会直接确定中标人：第一，招标人对评标委员会和评标委员会所有成员完全信任；第二，招标人对招标项目不熟悉；第三，任何投标人中标都可以接受；第四，需要让评标委员会担当一些风

险；第五，招标人内部意见不统一，有较大分歧。

另外，受托定标时，评标委员会也应依据评标报告和定标规则，在中标候选人名单中或从评审打分排名在前的投标人中确定中标人。

相关案例 6-3　　无效的中标通知书

甲公司拟采购一批设备，委托一家招标公司进行招标。A 公司参加投标，评标委员会经评议后确定其为中标单位，并以评标委员会名义给 A 公司出具了中标通知书。但甲公司经过现场考察后，不同意确定 A 公司为中标人，并拒绝与 A 公司签订书面合同，双方发生纠纷，A 公司诉至法院。法院经审理查明，招标文件中并没有评标委员会可以直接定标的内容，当事人也没有提出关于评标委员会定标权的相关证据，据此判决驳回了 A 公司的诉讼请求。

本案例中，没有证据证实甲公司授权评标委员会可以直接确定中标人，评标委员会确定中标人并发出中标通知书超出了甲公司给予评标委员会的授权范围。再者，评标委员会以自己的名义发出中标通知书也不符合规定，中标通知书一般由招标人发出或授权招标代理机构发出。因此，该中标通知书不应视为甲公司的承诺通知，甲公司无义务与 A 公司签约。法院的判决是正确的。

三、定标依据

（一）招标人必须以评标委员会出具的评标报告为依据定标

招标人在定标时，应根据评标委员会提交的评标报告和中标候选人的推荐意见确定中标人，确定的中标人必须能够最大限度地满足招标文件中规定的各项综合评价标准和实质性要求。

相关案例 6-4　　修改标底改变中标结果

某国有公司办公楼系20世纪70年代建筑，年久失修，已不能满足正常办公需要，经上级批准立项，拟投资3000万元修建一座现代化办公大楼，该公司以公开招标方式确定工程承包人。评标委员会根据招标文件确立合理低价中标原则和招标标底，经过评审合议，确定了三家中标候选单位，第一位：A省建一公司，报价2760万元；第二位：B市建二公司，报价2830万元；第三位：C建筑工程有限公司，报价2920万元。

由于B市建二公司的法定代表人李某与某公司分管基建工程的领导张某是老同学，很想中标，但根据评标委员会的评标报告和招标文件确定的评标原则，B市建二公司很可能不会中标。于是李某找到张某，并向其许诺，若中标，待完工结算后，按照本工程利润的5%给予其回报。张某在定标会上介绍说，由于计算标底时有疏忽，本工程的最低标底应该是2790万元，故评标结果有误，其排位顺序应是B市建二公司为第一。另外，B市建二公司在咱们公司也承建了不少工程，合作一向很好，质量也没出现过问题，让其承揽该工程比较放心。于是某公司招标领导小组决定，鉴于A省建一公司的报价高于标底，应该作为否决投标处理，作出了由B市建二公司中标的决定。

A省建一公司事后知悉了该信息，遂向有关行政机关举报，经调查核实，作出了该招标无效、重新招标的决定。

这是一起因个人违反招标纪律而导致招标无效的典型案例，将标底作为否决投标的一项条件本身就不符合规定，定标时为了达到排斥部分投标人的非法目的临时修改标底，更是违反法律规定。张某为了贪图私利，通过修改标底的方式，推翻了评标委员会的推荐意见，来主导定标结果使其利害关系人中标，属于严重违法行为甚至涉嫌犯罪。同时，招标单位也因招标无效，重新招标而蒙受巨大的损失。

招标人不得绕开评标委员会的推荐意见从其推荐的中标候选人名单之外自行确定中标人。招标人的定标意见与评标委员会推荐意见不一致的，应提出充足、合理的理由。被评标委员会剔除的未响应招标文件的投标人，不应该进入详细评审阶段，不得被推荐为中标候选人，更不得中标。在所有投标被否决后，招标失败，招标项目应该依法重新招标或者依法改采其他采购方式，更不能进入定标阶段。

相关案例 6-5 **定标不当导致招标活动无效**

某工程建设项目由国有资金投资，并属公共设施，所需设备采购费用约 400 万元左右，依据《招标投标法》采取公开招标方式。评标委员会经评审，推荐了 3 家中标候选人，第一位：上海 A 公司，报价 386 万元；第二位：广州 F 公司，报价 392 万元；第三位：苏州 B 公司，报价 410 万元。招标人最终作出了由未经评标委员会推荐的投标人德国 E 公司中标的定标决定。上海 A 公司接到未中标通知书后，很是不解，遂向招标人询问原因。招标人答复说，德国 E 公司的产品在省内其他城市使用过，且反响比较好，出故障的概率比较低，信誉较好，虽然上海 A 公司的报价最低，但省内其他城市基本上都没有使用，因此从保障工程安全的角度出发，选定了德国 E 公司。

上海 A 公司不服答复，遂向当地政府招标主管机关投诉，请求确认该招标活动无效，重新实施招标，并要求招标人赔偿其受到的经济损失。主管机关调查后作出了招标活动无效，重新实施招标，处以罚款 2000 元的决定，并责令招标人赔偿投标人所受的经济损失。

根据《招标投标法实施条例》第五十五条的规定，对使用国有资金投资或者国家融资的项目，招标人只能在推荐的 1 ～ 3 个中标候选人中依次选择，不能随意直接选择第二名或第三名，更不能从评标委员会推荐的中标候选人名单之外自行确定中标人。本案例中，为了保障工程安全，采用质量优、业绩好的产品本无可厚非，但招标人在中标候选人之外确定中标人的理由，却难以令人信服。招标人以本省业绩差为由拒绝其中标，属于歧视性做法，违反“三公”和诚实信用原则，也与招标文件确定的评标方法和定标原则相违背，使招标活动失去存在的意义。

（二）招标人应当按照法律规定和招标文件规定的定标规则定标

1. 中标人具有唯一性

一个标段（标包）或者不划分标段的一个招标项目，只能有一个投标人中标。对于同一个招标项目考虑技术路线对比、供货能力、工期等因素，如果有必要同时需要选择两个或以上中标人的，可以划分为两个或以上标段，在此基础上也可以规定不论投标人投几个标段，但只能在一个标段中中标，并允许该投标人优选意向中标标段。

2. 原则上应当选择排名第一的中标候选人为中标人

一般情况下，招标人必须且只能从推荐的中标候选人中确定中标人，而且应当选择排名第一的中标候选人为中标人，不可以在推荐的 3 个候选人中直接确定第二名或第三名为中标人。

《招标投标法实施条例》第五十五条规定："国有资金占控股或者主导地位的依法必须进行招标的项目，招标人应当确定排名第一的中标候选人为中标人。排名第一的中标候选人放弃中标、因不可抗力不能履行合同、不按照招标文件要求提交履约保证金，或者被查实存在影响中标结果的违法行为等情形，不符合中标条件的，招标人可以按照评标委员会提出的中标候选人名单排序依次确定其他中标候选人为中标人，也可以重新招标。"这样规定可以防止受决策者个人主观倾向或非法交易的影响，避免招标投标活动因随意确定中标人而失去规范性、严肃性和公信力。《评标委员会和评标办法暂行规定》《工程建设项目施工招标投标办法》《工程建设项目勘察设计招标投标办法》和《工程建设项目货物招标投标办法》都有类似规定。

对于非国有资金占控股或者主导地位的依法必须进行招标的项目以及自愿招标的项目，现行法律规定并未限定招标人必须确定排名第一的中标候选人为中标人，也未设定相应的法律责任，就意味着招标人可以在中标候选人推荐名单内任意选择。因此，招标人可以参照《招标投标法实施条例》第五十五条规定执行，也可以在评标委员会推荐的名单内确定非第一中标候选人中标，赋予招标人一定的经营自主权。

对于政府采购货物和服务招标项目、机电产品国际招标项目而言，招标人应当确定排名第一的中标候选人为中标人。

相关案例 6-6　　招标人拒不依法定标[①]

某公司一重要工程设备采购进行公开招标，经过开标、评标，宣布S公司以标价716万元成为第一中标候选单位。同时，某公司电传S公司，称其投标价远远高出预算价，希望能对投标价作出修改，否则视为其放弃中标候选单位资格，S公司立即答复某公司其行为违法。某公司遂决定退回S公司的投标保证金，改向第二中标候选单位发出中标通知书。随后S公司起诉，法院经审理认为评标委员会确定S公司为第一中标候选单位，依照规定某公司应确定S公司为中标人并发出中标通知书，但因某公司没有发出中标通知书，双方亦未订立合同，故双方合同关系尚未成立。依照《招标投标法》第六十条规定的精神，判决某公司退回投标保证金并承担缔约过失责任，赔偿S公司基于对某公司的信任而遭受的经济损失。

在确定中标人之前，招标人不得与投标人就投标价格、投标方案等实质性内容进行谈判，招标人和中标人不得再行订立背离合同实质性内容的其他协议。因此，本案例中，某公司不依据有关法律规定定标，而要求S公司降低报价未获同意后将项目交给他人承做，应当赔偿给S公司造成的损失。另外，某公司未依据《评标委员会和评标方法暂行规定》第四十八条的规定确定第一中标候选人为中标人，直接确定排名第二名的中标候选人为中标人的做法违反法律规定。

如果联合体中的牵头人或者其他成员之一要求放弃中标，其他成员方同意中标，都意味着对投标文件的修改，招标人不能接受，应作为无效投标处理，并扣留其投标保证金。

① 案例素材来自曾凡新：《招标人拒不依法定标如何担责》，载 http://hicourt.gov.cn.homepage/show_index.asp?id=6593&h_name=lawyerzeng。

相关案例 6–7　　未依法确定第一中标候选人为中标人违法

甲大型国有公司采购一批工程建设项目设备，招标文件规定评标价最低的中标。A、B、C 三个公司参与投标，评标委员会按照招标文件的要求进行了认真的评选，推荐 A 为第一中标候选人，B 为第二中标候选人，C 为第三中标候选人。甲公司认为，虽然 A 公司评标价最低，但 C 公司设备质量最优，性能和技术参数最好。因此，甲公司决定确定 C 公司为中标人。

本案例中，甲公司没有按照评标委员会的推荐顺序定标，改变了招标文件中的定标原则。另外，甲公司采购资金来源为国有资金，按照《招标投标法实施条例》第五十五条的规定，应当确定排名第一的中标候选人为中标人。因此，虽然 C 公司设备质量最优，性能和技术参数最好，但选择其为中标人不符合法律规定和定标原则，甲公司的做法是错误的。依法必须招标的项目的招标人不按照规定确定中标人（未按评标委员会推荐的中标人候选顺序定标或在中标候选人以外定标）的，根据《招标投标法实施条例》第七十三条的规定，由有关行政监督部门责令改正，可以处中标项目金额 10‰ 以下的罚款；给他人造成损失的，依法承担赔偿责任；对单位直接负责的主管人员和其他直接责任人员依法给予处分。

3. 对于国有资金占控股或者主导地位的依法必须进行招标的项目，排名第一的中标候选人不符合中标条件的，可以另行确定中标人

当排名第一的中标候选人放弃中标、因不可抗力不能履行合同、不按照招标文件要求提交履约保证金，或者被查实存在影响中标结果的违法行为等情形，不符合中标条件的，招标人可以按照评标委员会提出的中标候选人名单排序依次确定其他中标候选人为中标人，也可以重新招标。对于此种情形下“重新招标”的条件，《评标委员会和评标方法暂行规定》等规章规定，“依次确定其他中标候选人与招标人预期差距较大，或者对招标人明显不利的，招标人可以重新招标”，其判定权在招标人。

相关案例 6-8　　重新招标还是重新确定中标人由招标人选择[①]

房地产公司发布了住宅小区前期物业服务招标文件，约定的定标原则为："1. 根据投标企业价格标、商务标、技术标、现场答辩四项总分之和，从高到低排序，由评标委员会推荐标明顺序的第 1 名为中标候选人。2. 若确定中标的中标候选人放弃中标或者因不可抗力提出不能履行合同的，招标人可以依序确定其他中标候选人为中标人。3. 在投标过程中有违反招标文件规定，提出虚假资料或采取不正当竞争手段的，招标人有权取消中标人的中标资格。"

评标结果为 L 物业公司评分第一，K 物业公司评分第二。K 物业公司举报 L 物业公司在投标中存在违规行为。后经相关部门查实 L 物业公司提供的部分资料不实，取消了 L 物业公司中标资格。K 物业公司认为取消 L 物业公司的投标资格后，其应当为中标人，但房地产公司另行组织招标确定了中标人，因此诉至法院请求判令房地产公司按照缴纳的保证金一倍赔偿 5 万元。

法院认为：根据房地产公司招标文件中约定的定标原则，规定中标候选人仅为一人，且规定当中标的中标候选人放弃中标或者因不可抗力提出不能履行合同的，招标人可以依序确定其他中标候选人为中标人，并没有规定当中标候选人被取消中标资格后，招标人必须依序确定其他中标人。因此当 L 物业公司被取消中标资格后，房地产公司重新招标并没有违反招标文件的规定。K 物业公司以房地产公司不按照规定确定中标人为由，要求房地产公司赔偿 5 万元，没有依据。此外，K 物业公司与房地产公司之间也不存在《合同法》第四十二条（现《民法典》第五百条）规定的缔约过失情形。综上，法院判决驳回 K 物业公司的诉讼请求。

4. 一个投标人在同一个工程项目或同一批次集中采购的多个标包中均排名第一的，允许招标人按照招标文件规定的规则只授予其中若干标包

如果招标文件未限定可中标包数量的，招标人应该将相关标包均授予该投标

① 本案例素材来源于中国裁判文书网，（2014）盐商终字第 0320 号民事判决书。

人（投标人自行声明只能承担其中部分标包项目的除外）；招标文件对其定标原则有特殊规定的，从其规定。

对于集中招标项目，由于一次性采购量巨大，少数投标人在一定期限内同时承担多个标包项目确有困难。对此，招标人可以考虑该行业内潜在投标人普遍的履约能力以及技术、工期、产能等因素后，在招标文件中设定合理的可中标包数量，并应允许投标人自选中标优选顺序，作为定标的依据。例如，可在招标文件中规定："若投标人所投的多个标包同时得分最高，招标人可以根据其列明的优选顺序授予投标人标包，另外的标包将授予综合排序次之的中标候选人；若投标人多个标包具备中标条件但未明确优选顺序的，由招标人自行决定所授予的标包"或"招标人按照投标人可能中标的标包的金额由大到小授标"。

相关案例 6-9　根据实际情况可约定投多个标段时只可中一个标段

某项目招标文件规定："一个投标人可以投两个标段，但只能中一个标段。"甲公司投了两个标段并且都被推荐为第一中标候选人。甲公司提出，其两个标段的投标均排名第一，就应两个标段都中标，招标文件规定不合理。

部分招标项目，考虑到投标人的供货生产能力或施工能力，一般将招标项目划分为多个标段且规定允许投标人投多个标段但只能中一个或其中若干标段，可能出现某一投标人在多个标段中均排名第一的情况，此时必须事先详细约定定标原则和具体办法，可允许投标人选择优选中标标段，供招标人定标参考，有利于避免定标中的争议。如果没有事先限定可中标段数量也没有其他法定事由（如招标人有充足理由证明投标人不具备同时承担两个以上项目的能力），则投标人可以在同一项目多个标段中同时中标。因此，本案例中，甲公司的说法不能成立，招标文件已经事先约定多标段投标办法和定标办法，对所有投标人是公平、公正的。

四、定标时间

招标人应在规定的时间内确定中标人。《评标委员会和评标方法暂行规定》第四十条规定:“评标和定标应当在投标有效期结束日 30 个工作日前完成。不能在投标有效期完成评标和定标的，招标人应当通知所有投标人延长投标有效期。拒绝延长投标有效期的，投标人有权收回投标保证金……”因此，中标候选人公示期满没有收到异议，经查明异议不成立，或者异议解决后，招标人即应依法进行定标，向中标人发出中标通知书。

定标工作一般应在投标有效期结束前 30 日完成。《评标委员会和评标方法暂行规定》第四十九条规定:“中标人确定后，招标人应当向中标人发出中标通知书，同时通知未中标人，并与中标人在 30 个工作日之内签订合同。”因此招标人还要在投标有效期届满之前给予签订合同一个合理的时间（如 30 日）。当然，突破提前 30 天的限制签订的合同也是有效的，但是必须确保投标有效期截止时间之前完成定标及签约工作，否则中标人的投标承诺因投标有效期届满而失效，中标人有权拒绝签约。

《政府采购货物和服务招标投标管理办法》第六十八条对政府采购货物和服务招标项目的定标时间有详细规定:“采购代理机构应当在评标结束后 2 个工作日内将评标报告送采购人。采购人应当自收到评标报告之日起 5 个工作日内，在评标报告确定的中标候选人名单中按顺序确定中标人。中标候选人并列的，由采购人或者采购人委托评标委员会按照招标文件规定的方式确定中标人；招标文件未规定的，采取随机抽取的方式确定。采购人自行组织招标的，应当在评标结束后 5 个工作日内确定中标人。采购人在收到评标报告 5 个工作日内未按评标报告推荐的中标候选人顺序确定中标人，又不能说明合法理由的，视同按评标报告推荐的顺序确定排名第一的中标候选人为中标人。”

如确实不能在投标有效期内完成评标、定标的，招标人应当通知所有投标人延长投标有效期，确保有足够的时间完成定标工作。

五、定标前禁止实质性谈判

《招标投标法》第四十三条明确规定："在确定中标人前，招标人不得与投标人就投标价格、投标方案等实质性内容进行谈判。"实践中，在定标阶段，常有招标人与投标人进行谈判的情况发生，如招标人向投标人提出带有附加条件的中标承诺，或投标人为中标而向招标人进一步提出优惠条件。

合同的标的、价款、质量、履行期限等主要条款都属于实质性条款，这些附加条件或优惠条件均可能改变招投标文件实质性内容，在中标人确定之前，招标人不得与投标人就上述内容进行谈判；即使是在定标以后，也不得变更这些内容或者提出额外的条件与中标人订立合同。当然，就履行合同中的一些非实质性内容进行协商、确定和细化是允许的。

相关案例 6-10　　定标前要求下浮投标报价

某工程建设项目货物采购，招标人在定标过程中，细致审查了评标报告中推荐的三名中标候选人的投标文件，发现其在产品成熟度、社会信誉以及中标后的优惠条件等方面存在较大差异。其中：第一中标候选人产品的成熟度较高，有8年的生产历史，市场占有率4%左右，同时有较好的社会信誉，投标报价最高，没有承诺提供额外优惠条件；第二中标候选人产品成熟度不如第一中标候选人，有4年左右的生产历史，市场占有率1.5%左右，投标报价最低，也没有承诺提供额外优惠条件；第三中标候选人产品投放市场不足两年，投标报价居中，但其有很好的优惠承诺，即中标后免费提供三年易损件，为招标人免费培训3名操作人员等。

招标人认为第一中标候选人的产品最理想，但价格高且没有额外的优惠。于是向第一中标候选人发出通知，要求该投标人在现有报价基础上，下浮2%，免费提供三年易损件，免费培训3名操作人员。第一中标候选人在复函中仅同意为招标人免费培训 3 名操作人员，其他条件不接受。招标人又向第一中标候选人发出一份通知，称如不答应招标人的条件，将不采购其提供的产品。这次第一中标候选人作了些让步，同意免费提供三年易损件，但仍不同意下浮其投标报价，并认为招标人的做法违反了《招标投标法》。

《招标投标法》第四十三条和第五十五条明确禁止招标人在确定中标人之前与投标人就投标价格、投标方案等实质性内容进行谈判。本案中，评标委员会已完成了对投标文件评审，招标人也已确认评标报告符合相关规定后，则不应再违规向中标候选人提出额外条件，应根据评标委员会评标报告，确定排名第一的中标候选人为中标人。

第二节　中标通知

《招标投标法》第四十五条第一款规定："中标人确定后，招标人应当向中标人发出中标通知书，并同时将中标结果通知所有未中标的投标人。"当招标人定标后，应及时向中标人发出中标通知书。中标通知书就是招标人向中标的投标人发出的告知其中标的书面通知文件。中标通知书的发出，意味着招标投标阶段的结束，合同签订阶段的开始。中标通知书对招标人和中标人所具有的法律效力，就是招标人和中标人不得擅自毁标，不得改变中标结果或者放弃中标项目，而应当履行按招标文件和投标文件订立书面合同的义务，否则应当依法承担法律责任。

一、中标通知书的法律性质分析

招标人经过开标、评标，最终发出中标通知书，确定中标人，实际上是对所有投标人的投标文件进行评审比较，最终选择与具有最优交易条件的投标人交易。因此，投标人投标属于要约，招标人最终确定中标人、发出中标通知书的行为，应是对中标人的投标行为的承诺，是招标人同意投标人提出的要约并愿意与之签订合同的意思表示。招标人向投标人发出中标通知书，就是同意投标文件包括合同条件的内容。

根据《民法典》第一百三十七条、第四百八十四条的规定，一般承诺自承诺通知到达要约人时生效，依循此理，本应中标通知书到达中标人时生效。但是，值得注意的是，由于招标投标程序的特殊性，《招标投标法》对中标通知书的生效采用发出主义，即中标通知书一经发出，承诺即发生法律效力，招标人和投标人都有义务按照招标文件和中标人的投标文件签订书面合同。

二、中标通知书的发出主体

一般情况下，中标通知书由招标人自行发出；招标人在招标文件中明确授权招标代理机构有权以其名义发出中标通知书的，也可由招标代理机构代为发出。

《招标投标法》第四十五条第一款规定："中标人确定后，招标人应当向中标人发出中标通知书，并同时将中标结果通知所有未中标的投标人。"《电子招标投标办法》第三十六条第一款也规定："招标人确定中标人后，应当通过电子招标投标交易平台以数据电文形式向中标人发出中标通知书，并向未中标人发出中标结果通知书。"可见，一般情况下，中标通知书发出主体应为招标人。同时，《工程建设项目货物招标投标办法》第五十条第二款规定："中标通知书由招标人发出，也可以委托其招标代理机构发出。"因此，在招标人明确授权的情况下，招标代理机构也可以发出中标通知书，视同招标人自己发出，这符合《民法典》关于委托代理的规定。

如果招标人在招标文件中明确授权招标代理机构有权以其名义发出的，方可由招标代理机构单独发出。未经招标人授权，招标代理机构无权自行发出中标通知书。实践中，更为常见的是中标通知书由招标人和招标代理机构联合署名发出。

相关案例 6-11　　中标通知书应由招标人签发

A 公司依法采购一批设备，经评标委员会评议，最终 B 公司被确定为中标单位。招标代理机构给 B 公司出具了中标通知书。但 A 公司通过认真考察后，不同意确定 B 公司为中标人，并拒绝与 B 公司签订合同，称:"招标代理机构发中标通知书的行为并未经过我们同意，因此他们发出的中标通知书对我们不产生法律效力。"双方因而涉诉。

中标通知书的签发主体应是招标人，除非招标人有明确的授权，否则招标代理机构发出的中标通知书无效，不构成承诺，合同未成立。要厘清本案中标通知书是否对采购人 A 公司具有约束力，首先得弄清中标通知书的"发出者"是否得到了 A 公司授权或者事后 A 公司是否追认。如果 A 公司已经授权招标代理机构向中标人发出中标通知书，或者是在未授权的情况下，根据《合同法》(现《民法典》)的规定对中标结果进行了事后追认，那么 A 公司就应该受到该中标通知书的约束。反之，如果招标代理机构发中标通知书的行为未经授权，事后 A 公司也未追认，那么 A 公司就不受此通知书约束。

三、发出中标通知书的时限

发出中标通知书的时间是计算签订合同的起算时间，也是确定招标人作出承诺的生效时间。《评标委员会和评标方法暂行规定》第四十条规定，"评标和定标应当在投标有效期内完成"。《招标投标法》第四十六条规定，"招标人和中标人应当自中标通知书发出之日起三十日内，按照招标文件和中标人的投标文件订立书面合同"。《工程建设项目施工招标投标办法》第六十二条、《工程建设项目货物招标投标办法》第五十一条、《工程建设项目勘察设计招标投标办法》第四十二条等进一步规定，"招标人和中标人应当在投标有效期内并在自中标通知书发出之日起三十日内，按照招标文件和中标人的投标文件订立书面合同"。因此，考虑签约时间因素，招标人应当在投标有效期届满前30日确定中标人并发出中标通知书。

实践中，可以突破前述提前30天的限制，但是必须确保投标有效期届满之前发出中标通知书并完成签约工作，否则依据《民法典》第四百七十八条的规定，要约（投标文件）确定的承诺期限（投标有效期）届满，受要约人（招标人）未作出承诺（发出中标通知书）的，要约（投标文件）失效，双方签约失去法律依据。也就是说，招标人原则上应在投标有效期届满之前30日完成定标发出中标通知书，至迟中标通知书必须在投标有效期内发出。

由于某种原因，不能在投标有效期内定标发出中标通知书的，招标人应向所有投标人发出延长投标有效期的通知，告知延长的时间（如30天）。否则，投标有效期届满后再发出中标通知书的，对中标人没有约束力。根据《民法典》第四百八十六条的规定，招标人超过投标有效期发出的中标通知书，除中标人接受外，为新要约，中标人有权拒绝，而且也不能扣留其投标保证金，由此给投标人造成的经济损失，招标人还应给予补偿。

相关案例6-12　因不满意报价而不发中标通知书

在一次招标活动中，编制招标文件、发布招标公告、开标、评标、定标，都是按照法律程序办理。但是，业主对所有投标方的投标报价都不满意，在定标后又认为投标报价高于预算，不予认可。这样，中标通知书迟迟未发，合同自然也无法签。

本案例中，业主违反《招标投标法》和招标文件的规定。在投标有效期内仍未发出中标通知书，投标人由此造成的经济损失应由招标人补偿，主要包括：购买招标文件的费用、编制投标文件成本费（含有工作人员的差旅费）、投标保证金的利息等所有损失。

四、中标通知的形式

招标投标这种签约的特殊形式，要求其过程性的文件应当采用书面形式。根据《民法典》第四百六十九条的规定，书面形式是合同书、信件、电报、电传、传真等可以有形地表现所载内容的形式；以电子数据交换、电子邮件等方式能够有形地表现所载内容，并可以随时调取查用的数据电文，视为书面形式。因此，以数据电文形式发出的中标通知书也属于书面形式。《电子招标投标办法》第三十六条规定："招标人确定中标人后，应当通过电子招标投标交易平台以数据电文形式向中标人发出中标通知书，并向未中标人发出中标结果通知书。招标人应当通过电子招标投标交易平台，以数据电文形式与中标人签订合同。"《电子签名法》第十一条第一款规定："数据电文进入发件人控制之外的某个信息系统的时间，视为该数据电文的发送时间。"由于中标通知书的送达适用"发出主义"而不是"到达主义"，因此招标人通过电子招标投标交易平台以数据电文形式向中标人发出中标通知书的，自通过该系统生成中标通知书并点击发出指令该中标通知书进入中标人控制的信息系统可被其获知时，即视为投标人中标通知书已发出，作出的中标决定生效。

参照《标准施工招标文件》提供的《中标通知书》格式，中标通知书的内容一般包括招标项目名称、中标人名称、投标被接受的条件及签订合同的时间、地点，这些内容是中标通知中不可缺少的。以中标通知发出时间为准，中标通知书对招标人和中标人具有法律约束力，双方应当在投标有效期内且在中标通知书发出后30日内签订合同。

五、中标结果公示与通知

（一）中标结果公示制度

《招标公告和公示信息发布管理办法》建立了中标结果公示制度，第二条规定："本办法所称招标公告和公示信息，是指招标项目的资格预审公告、招标公告、中标候选人公示、中标结果公示等信息。”第三条规定：“依法必须招标项目的招标公告和公示信息，除依法需要保密或者涉及商业秘密的内容外，应当按照公益服务、公开透明、高效便捷、集中共享的原则，依法向社会公开。”第六条第二款规定：“依法必须招标项目的中标结果公示应当载明中标人名称。”第八条规定：“依法必须招标项目的招标公告和公示信息应当在‘中国招标投标公共服务平台’或者项目所在地省级电子招标投标公共服务平台（以下统一简称‘发布媒介’）发布。”

也就是说，依法必须招标项目的中标结果必须在国家或地方政府规定的发布媒介公示，接受社会的监督。对于非依法必须招标项目，是否公示、在何处公示由招标人自主决定，不作强制性规定。

（二）招标人应将中标结果通知所有未中标的投标人

在向中标人发出中标通知书的同时，应将中标结果通知所有未中标的投标人，这也是招标投标公开原则的必然要求，既履行了告知义务，也有利于接受投标人和社会公众的监督。并且，根据《招标投标法实施条例》第五十七条的规定，招标人应在与中标人签订合同之后的5个工作日内向所有未中标的投标人退还投标保证金及其银行存款利息。

在工程建设项目设计招标中，招标人同意给予未中标人投标补偿或者采用未中标人投标文件中的技术方案的，应当征得未中标人的书面同意，并支付合理的费用。例如，《工程建设项目勘察设计招标投标办法》第四十四条第一款规定：“招标人与中标人签订合同后五日内，应当向中标人和未中标人一次性退还投标保证金及银行同期存款利息。招标文件中规定给予未中标人经济补偿的，也应在此期限内一并给付。”第四十五条规定：“招标人或者中标人采用其他未中标人投标文件中技术方案的，应当征得未中标人的书面同意，并支付合理的使用费。”

《建筑工程设计招标投标管理办法》第二十六条规定：“招标人、中标人使用未中标方案的，应当征得提交方案的投标人同意并付给使用费。”

《建筑工程方案设计招标投标管理办法》第三十八条规定：“对于达到设计招

标文件要求但未中标的设计方案，招标人应给予不同程度的补偿。（一）采用公开招标，招标人应在招标文件中明确其补偿标准。若投标人数量过多，招标人可在招标文件中明确对一定数量的投标人进行补偿。（二）采用邀请招标，招标人应给予每个未中标的投标人经济补偿，并在投标邀请函中明确补偿标准。招标人可根据情况设置不同档次的补偿标准，以便对评标委员会评选出的优秀设计方案给予适当鼓励。”第四十条第三款规定：“招标人或者中标人使用其他未中标人投标文件中的技术成果或技术方案的，应当事先征得该投标人的书面同意，并按规定支付使用费。未经相关投标人书面许可，招标人或者中标人不得擅自使用其他投标人投标文件中的技术成果或技术方案。”

对于政府采购货物和服务招标项目而言，招标人或者采购代理机构当自中标人确定之日起2个工作日内，在省级以上财政部门指定的媒体上公告中标结果，招标文件应当随中标结果同时公告。中标结果公告内容应当包括招标人及其委托的采购代理机构的名称、地址、联系方式，项目名称和项目编号，中标人名称、地址和中标金额，主要中标标的的名称、规格型号、数量、单价、服务要求，中标公告期限以及评审专家名单。中标公告期限为1个工作日。邀请招标采购人采用书面推荐方式产生符合资格条件的潜在投标人的，还应当将所有被推荐供应商名单和推荐理由随中标结果同时公告。在公告中标结果的同时，采购人或者采购代理机构应当向中标人发出中标通知书；对未通过资格审查的投标人，应当告知其未通过的原因；采用综合评分法评审的，还应当告知未中标人本人的评审得分与排序。可见，政府采购货物和服务招标项目的中标公告内容更为详细全面，而且公告中标结果也实现了将招标结果告知未中标的投标人的目的，因此《政府采购法》没有像《招标投标法》一样规定招标人应将中标结果通知所有未中标的投标人。

招标结束，是否应当退还未中标的投标文件，目前没有法律规定，应当依照招标文件的约定执行。如果招标人在招标文件中约定了不退还，则不予退还。如果约定了退还，则应当按照约定的内容予以退还。《标准施工招标文件》设计了“是否退还投标文件”的选项由招标人选择。如果不退还投标文件，则招标人、招标代理机构有责任保管和妥善处理好未中标的投标文件，以免投标人的相关商业信息泄露给其带来不利影响，待投诉期过后可以按照保密件予以销毁。

六、中标通知书内容有误的纠正

招标人在发出中标通知书时必须认真核对，确保中标通知书内容不出差错并且顺利送达中标人。

第一，中标人内容有误的，应以定标决定的内容为准，依据招标文件和中标人的投标文件与中标人协商及时更正，协商不成的，可根据《民法典》第一百四十七条的规定以其对中标通知书内容有重大误解为由请求人民法院或者仲裁机构予以撤销。

第二，中标通知书载明的“中标人”与定标决定的中标人不一致的，根据《民法典》第一百四十七条的规定，招标人因自己的错误，使中标通知书载明的“中标人”与实际意思相悖与评标结果不符，对自身将造成较大损失，对其他投标人也不公正，可以认定为“重大误解”。招标人可以与《中标通知书》载明的“中标人”协商撤销《中标通知书》后，向实际的中标人发出中标通知书；协商不成的，招标人可请求人民法院撤销该中标通知书。同时，招标人应当赔偿对方因此所受的损失。

第三，中标通知书发给错误的接收对象，中标人未收到中标通知书的，及时补发即可。

相关案例 6-13　中标通知书发出后业主发现不符合要求

某公司组织采购一批笔记本电脑，其中有一项“S-VIDEO 端口”的要求，某投标人投标并经评委评定中标。招标人发出中标通知书，但在与中标人签订合同之前，发现中标的电脑不具有“S-VIDEO 端口”，不满足采购要求，因此暂未签订合同。招标人召集评委等相关人员进行讨论，一致认为，中标人的中标电脑型号不符合要求，准备否决投标，经与中标人协商，中标人不同意否决投标，并提出其已在投标文件中提出中标产品不合该项要求的偏差，既然中标，意味着招标人接受了这个偏差。中标人认为，根据《招标投标法》的规定，招标人与中标人无正当理由要在一个月内签订合同，现在迟迟不签订合同，准备起诉招标人。

因评标委员会成员（包括招标人派出的代表）水平、责任心等问题造成的评标失误经常发生。从本案例来看，关于端口的技术要求属于实质性条款，不得有偏差。如果中标人在《技术偏离表》中已说明无该接口的偏离，视为招标人接受这一偏差，原本应与中标人签订合同，但考虑到不满足采购技术要求，招标人可与中标人协商是否可以增加该接口（相应调整价格），如果协商不成，可以给该中标人补偿并获得该中标人同意后重新招标。如果中标人在《技术偏离表》中未说明无该接口的偏离，那么就应当按照招标文件要求签订合同，中标人拒签的，招标人可以收回《中标通知书》后重新评标或重新招标，并追究该中标人毁标的责任。

7

第七章

合同订立与履行阶段法律实务

招标投标的目的就是达成交易、订立合同。自中标通知书发出之日起三十日内，招标人和中标人应当按照招标文件和投标文件订立书面合同，将招标文件、投标文件的条件和条款以书面形式固定下来，不得再行订立背离合同实质性内容的其他协议，不得对招标投标文件的主要条款作实质性修改，保持合同与招标投标文件的协调一致。招标后合同签订、履行有着与《民法典》不同的要求。如果定标后招标投标任何一方拒绝签订合同、做出重大变更或者未实际履行，都将使招标投标活动目的落空。

第一节　合同谈判

在发出中标通知书之后，招标人和中标人对于招标文件和投标文件未明确的合同事项可以进行谈判，但是仅限于需要明确合同细节、方便合同履行之目的的合同非实质性内容；对于合同价格、主要技术参数、合同标的等实质性内容，不得进行谈判。

一、禁止招标人和中标人进行实质性谈判

在中标通知书发出之后，招标人与中标人往往要为签订正式的合同进行谈判，在谈判过程中，招标人有时会为了降低造价、提高质量或者其他要求，而与投标人就合同的实质性内容进行谈判，投标人在中标以后也可能基于各种因素要求提高价格、延长工期、修改付款方式等，而这些要求一般都涉及合同实质性内容的变更。

根据《招标投标法》第二十七条的规定，投标人应当按照招标文件的要求编制投标文件，投标文件应当对招标文件提出的实质性要求和条件作出响应。也就是说，投标文件应反映招标项目的实质性内容和拟签订的合同的主要条款。投标文件是投标人意思表示的载体，是对特定的招标人发出的，并且其内容具体明

确，是投标人向招标人作出的希望与招标人订立合同的意思表示，对投标人具有法律约束力。招标人确定中标人并发出中标通知书，即对中标人所提交的投标文件内容的认可，属于民法上的“承诺”，要约（中标人的投标文件，含合同）与承诺（中标通知书）内容应是一致的。

《招标投标法》第四十六条规定招标人和中标人应当自中标通知书发出之日起三十日内，按照招标文件和中标人的投标文件订立书面合同；招标人和中标人不得再行订立背离合同实质性内容的其他协议。因此，定标以后，招标人、中标人都不得通过谈判变更合同的实质性内容。

所谓“合同实质性内容”，是指影响或决定当事人基本权利义务的条款，目前就其范围尚没有明确的法律界定，具体到建设工程领域，一般是指合同约定的工程价款、工程质量和工程期限①。《最高人民法院关于审理建设工程施工合同纠纷案件适用法律问题的解释（一）》（法释〔2020〕25号）也将工程范围、建设工期、工程质量、工程价款等列举为建设工程施工合同的实质性内容。根据《招标投标法实施条例》第五十七条的规定，“合同实质性内容”一般包括合同的标的、价款、质量、履行期限、技术标准、设备配置等对招标人或者中标人利益产生重大影响的内容。《招标采购代理规范（2016年版）》第2.13.2项规定为“合同标的、数量、质量、价款或者报酬、履行期限、履行地点和方式、违约责任和解决争议方法等内容”。为了确保对中标人和未中标的投标人公平对待，笔者赞同后面较为宽泛一些的界定。为了防范争议，招标人可在招标文件中对“合同实质性内容”事前作出约定。

二、变更合同实质性内容的风险及对策

（一）变更合同实质性内容的风险

在中标通知书发出之后，招标人为了降低造价、提高质量或者提出其他要求，与投标人进行涉及实质性内容的谈判，容易出现所谓的“拍卖”方式，即招

① 如最高人民法院（2016）民终602号民事判决书、（2017）民终437号民事判决书均持此观点。

标人利用一个投标人提交的投标对另一个投标人施加压力，迫使其降低报价或者在其他方面做出更有利的投标，投标人也都不愿意参加这样的投标。

相关案例 7-1　　签约中改变合同主要条款

某公司采购设备招标，A、B 等四公司前来投标。后 A 公司中标，某公司向 A 发出中标通知书，限其一周内与其签订采购合同。但某公司在签约过程中，增加了一些与招标文件实质性内容相违背的合同条款，导致 A 公司拒绝签订合同，后某公司将采购项目交给备选人 B 公司。A 公司不服，认为某公司违约，应向其赔偿，遂起诉至法院。

本案例中，招标人在签约过程中又与中标人实行涉及实质性内容的谈判，没有法律依据，A 公司有权拒签合同，并可要求招标人承担赔偿责任。

投标人在中标后也可能因各种因素提出与招标人进行谈判，要求提高价格、延长工期（供货期）、调整付款方式等，极有可能因此无法达成协议或者经过谈判变更了招标结果，损害另一方利益。

上述这两种行为都是被《招标投标法》所禁止的行为。由于合同实质性内容与合同当事人的利益密切相关，招标文件和投标文件中所涉及的合同实质性内容是招标人、投标人经过慎重决策而提出的交易条件，中标通知书发出后，合同实质性内容即确定。因此，结合《招标投标法》第四十六条和《招标投标法实施条例》第五十七条规定，中标通知书发出以后，招标人和中标人签订书面合同的，合同的实质性内容应当与招标文件和中标人的投标文件的内容一致。否则，依据《招标投标法》第五十九条的规定，招标人与中标人不按照招标文件和中标人的投标文件订立合同的，或者招标人、中标人订立背离合同实质性内容的协议的，责令改正；可以处中标项目金额千分之五以上千分之十以下的罚款。

《招标投标法实施条例》第七十四条也规定："中标人无正当理由不与招标人订立合同，在签订合同时向招标人提出附加条件，或者不按照招标文件要求提交履约保证金的，取消其中标资格，投标保证金不予退还。对依法必须进行招标的项目的中标人，由有关行政监督部门责令改正，可以处中标项目金额10‰以下的罚款。”第七十五条规定：“招标人和中标人不按照招标文件和中标人的投标文件订立合同，合同的主要条款与招标文件、中标人的投标文件的内容不一致，或者招标人、中标人订立背离合同实质性内容的协议的，由有关行政监督部门责令改正，可以处中标项目金额5‰以上10‰以下的罚款。”

中标通知书发出以后，招标人或者中标人任何一方都无权要求改变合同实质性内容，如果中标人要求改变合同实质性内容，因招标人行使拒绝权从而导致无法签订书面合同的，招标人可以取消其中标资格，并不退还其投标保证金，对于招标人所遭受的超过投标保证金的损失，中标人对超过的部分还应承担赔偿责任；如果招标人要求改变合同实质性内容，中标人也有权拒绝，由此给自己造成损失的，有权要求招标人赔偿损失。

（二）禁止变更合同实质性内容

对于招标人而言，为避免在确定中标人以后再行提出变更合同实质性内容而引发风险，其在编制招标文件时要认真、细致，对于涉及招标项目的实质性要求和内容在作出决策时要十分慎重，对于比较确定的交易条件和交易内容在招标文件中应明确提出，对于无法完全确定的交易条件和交易内容，可以设置幅度条款或者设定变更的条件和方式。

招标人在确定中标人之前禁止与投标人就投标价格、投标方案、合同主要条款等实质性内容进行谈判。但往往需要就某些非实质性问题，如具体支付方式的安排、调试安装人员的确定、技术服务及培训实施计划的具体安排、某一技术措施的细微调整等，与投标人交换看法并进行澄清，不在禁止之列。如果试图通过谈判进一步压迫中标人降低价格或做出其他优惠，这是不允许的。从长远来看，投标人会采取应对措施（如提高报价待谈判后再降至正常价），招标人不一定总能得到低价的利益。

因此，在确定中标人和授予合同之前禁止进行实质性谈判，已成为一项基本原则，即不得要求投标人承担招标文件以外的责任或修改原提交的投标文件作为授予合同的条件，禁止在开标后和授予合同前同投标人进行谈判，其目的也是防止向投标人施加额外的条件或者实行虚假招标之后签订与招标结果不符的合同来规避法律规定。

相关案例 7-2　**变更付款方式**

某计算机网络系统工程，国内一知名的信息系统集成商中标，但双方对付款方式争执不下。招标文件规定：所有设备运达甲方指定地点，并验收合格后，首付合同总价款的 50%，安装调试成功、试运行三个月并验收合格后再支付合同总价款的 30%；无重大质量问题，余款待三年质保期满付清。中标人认为太苛刻，经与招标人协商在合同中约定：合同签订后，预付工程总价款的 30%，乙方货到现场并经验收合格，再支付总价款的 20%，工程安装调试结束并通过验收再付总价款的 40%，余款 10% 作为质量保证金自系统通过验收之日起 1 年内付清，同时中标人同意合同总价款降 10 万元。

在中标人确定后，招标人不得与中标人就设备配置、付款方式等招标文件规定的实质性条款再协商谈判，也不容更改。如果允许招标人与中标人再通过谈判，改变合同实质性条款或签订其他实质上改变合同内容的协议，就表明已经有新的要约和承诺提出，应重新适用《招标投标法》的招标采购程序，否则就有可能对其他投标人不公，违反《招标投标法》的原则。

对于投标人而言，应当严格按照招标文件的要求制作投标文件，对于招标文件中所涉及的招标项目的实质性要求和内容，同样也要审慎地作出回应。对于那种为了提高中标率，故意降低自己的交易条件，在中标以后又提出变更合同实质性内容的，招标人不仅有权拒绝还可要求赔偿损失，招投标活动监督机关有权予以处罚，以维持公平竞争的交易秩序。

投标人未响应招标文件实质性条款的，在评标阶段可以否决该投标。但实践中也经常发生评标委员会因工作疏忽未发现该实质性偏差导致其中标，评标已经结束，中标通知书发出以后，招标人才发现中标人的投标文件有未响应招标文件实质性条款的内容，此时应如何处理？招标人可以在签订合同协议书之前的合同谈判时，要求投标人改正其实质性的偏离和保留。如不同意改正，则招标人可以可以向法院或仲裁机构申请解除合同，并可以重新招标。

第二节　合同签订

招标投标是招标人采用竞争机制选择交易对象的一种特殊交易方式。招标投标的过程，实际上就是合同谈判、磋商、签订的过程。招标人通过招标、投标、开标、评标、定标等程序，最终确定交易对象（中标人），目的就是达成交易，签订合同。中标通知书发出后，招标人和中标人应当依法签订书面合同。如果不签订合同，或者不按照规定签订合同的，都将使招标失去意义。

一、签约主体

（一）签约主体应当是参加招标投标活动的中标人

《招标投标法》第四十六条规定，“招标人和中标人应当自中标通知书发出之日起三十日内，按照招标文件和中标人的投标文件订立书面合同”。据此可知，参加招标投标是成为合同当事人的必要条件，只有投标人成为中标通知书载明的中标人后，才有资格成为合同当事人，不得由他人代签。未参加之前的招标投标环节的其他法人或其他组织（如招标人的关联企业、分支机构或者中标人的分公司等），不得在定标之后直接成为合同当事人，否则违反法律规定。

有时出现生产企业中标后交由其销售公司或者其他关联企业签署合同，这样是不允许的，因为不同企业的履约能力和信用是不同的。

如果法律、法规不限制法人的分支机构投标，则中标人所属的领取了营业执照或办理了法定登记手续的分支机构（如分公司）在中标人明确授权的情况下，可以签订合同。

考虑IT产品、汽车等在销售模式上的特殊性，如果招标文件事前约定了允许其生产商中标后可委托代理商签订合同且生产商对其履约承担连带责任的，则代理商在生产商授予的代理权范围内可签订合同。

对于政府采购货物和服务项目而言，招标人可以委托采购代理机构代表其与中标人签订政府采购合同。由采购代理机构以招标人名义签订合同的，应当提交采购人的授权委托书，作为合同附件。

（二）企业改制后签约主体资格的承继

在招投标过程中会发生招标人或投标人因改制发生变更，造成签约主体与招标投标时的名称不一致，可能签约者与投标人并非同一人的情况，这涉及法律主体的承继问题。不管是招标人还是投标人，如果仅仅是变更名称、股东、组织形式，并不影响其主体资格，只要把变更的原因告知对方并附相关的合法证明材料即可。

第一，如果发生合并情形，合并后法人或非法人组织承继合并前的招标人或者投标人的主体资格。

第二，如果发生分立情形，需要重新审核其履约能力，履约能力不受影响的，分立后的法人或者非法人组织承继原法律主体资格，履约能力不足的，可以不承认对方的法律主体资格。

第三，如果招标人在招标投标过程中，将其招标项目转让给他人的，投资主体发生变化，类似《民法典》上的合同权利义务一并转让的情形，参照《合同法》第八十条（现《民法典》第五百四十六条）“债权人转让权利的，应当通知债务人”的规定，应通知投标人，投标人认可的，现行已经完成的招标投标程序或者先前通过招投标确定的施工、设计、监理单位的结果，可以延续、承继；投标人因不承认新的招标人的履约能力等原因不认可的，可以退出招标投标活动。但是由于《招标投标法》禁止转包，则投标人无权将其中标项目转让给他人。

此外，还有其他各类情形，需要针对不同情况分别处理。

（三）分公司或者分支机构签约时其法律责任由法人承担

在招投标实践中，往往存在投标人、招标人是分公司或者某个法人的分支机构的现象。在签订招标项目合同时，合同一方或双方当事人也为分公司或者某个法人的分支机构。《民法典》第七十四条规定："法人可以依法设立分支机构。法律、行政法规规定分支机构应当登记的，依照其规定。分支机构以自己的名义从事民事活动，产生的民事责任由法人承担；也可以先以该分支机构管理的财产承担，不足以承担的，由法人承担。"《公司法》第十四条规定公司可以设立分公司；分公司不具有法人资格，其民事责任由公司承担。《企业法人登记管理条例》第三十五条规定企业法人设立不能独立承担民事责任的分支机构，由该企业法人申请登记，经登记主管机关核准，领取《营业执照》，在核准登记的经营范围内从事经营活动。

结合《最高人民法院关于适用〈中华人民共和国民事诉讼法〉的解释》第五十二条第（五）项规定，分公司或者法人的分支机构，只要是依法设立且有一定的组织机构和财产，并领取了营业执照的，就应属于"其他组织"。由此可见，经登记领取《营业执照》的分公司或者法人的分支机构，只要招标项目属于其经营范围，其依法可以独立参与招标或者投标，也有权以自己的名义签订合同。分公司或者法人的分支机构由于不具有独立的法律主体资格，不能独立承担民事责任，最终由法人承担，其参加招标投标对外需要承担法律责任的，首先以自己的资产承担责任，自己的资产不足以对外承担责任的，由设立分公司的总公司或者设立分支机构的法人承担。

对于非依法设立的，没有登记领取营业执照的分公司、分支机构，由于其不符合"其他组织"的条件，不具有适格的法律主体资格，因而也就没有资格以自己的名义对外进行招标投标，对外擅自以自己的名义所签订的合同应属无效。招标人或者投标人在从事招投标活动过程中，应注意审查对方的主体资格，确定对方是否能以自己的名义从事招投标，并且是否具有签约的资格和能力。

二、合同的订立时间与形式

（一）合同的订立时间

《招标投标法》第四十六条规定："招标人和中标人应当自中标通知书发出之日起三十日内，按照招标文件和中标人的投标文件订立书面合同。招标人和中标人不得再行订立背离合同实质性内容的其他协议。招标文件要求中标人提交履约保证金的，中标人应当提交。"对于政府采购项目，《政府采购法》第四十六条也要求招标人与中标人应当在中标通知书发出之日起30日内，按照采购文件确定的事项签订政府采购合同。因此，招标人与中标人应当在中标通知书发出后30日内签订书面合同，这是一项强制性规定，双方都应遵守该规定。

投标有效期过后，招标人可继续向中标人发出中标通知书，双方也可签订合同。如果中标人同意按中标通知书的要求签订合同的，其投标报价仍然有效。如果中标人拒绝按中标通知书的要求签订合同，招标人应当宣布招标失败并重新招标。

招标人与中标人未能在投标有效期内签订合同的，招标人与中标人可继续根据招标文件、投标文件及中标通知书签订合同，无须重新招标，但如果因招标人原因未能及时签署合同，中标人有权拒绝签订合同，并且可以要求招标人承担赔偿责任。

相关案例7-3　中标通知书发出之日起30日后签订的合同有效①

某市发改委批复同意本市电影公司新建影视城。经招标，电影公司向中标人某建设公司发出了《中标通知书》，但双方因故并未签订承包合同。直到17个月之后双方才正式签订了一份《建设工程施工合同》。建设公司按照合同约定施工，最终影视城按照合同约定竣工验收合格，交付使用。但双方因工程价款支付事宜

① 本案例素材来源于中国裁判文书网，（2009）浙民终字第45号民事判决书。

产生纠纷，建筑公司诉至法院要求电影公司支付拖欠的工程款，并支付利息。电影公司主张之一是施工合同无效，不存在违约问题。

就本案施工合同的效力问题，法院认为:《招标投标法》第四十六条“招标人和中标人应当自中标通知书发出之日起三十日内，按照招标文件和中标人的投标文件订立书面合同。招标人和中标人不得再行订立背离合同实质性内容的其他协议”的规定，主要价值取向是规范招标投标活动，保证项目质量，维护国家利益与社会公共利益，目的也仅仅是限定一定时间约束当事人尽快订立合同，并未规定在限定时间内未签订书面合同而导致合同无效的法律后果。因此，并不能仅因双方当事人根据招标文件和中标人的投标文件内容签订的合同超过了该规定时间即认定无效。因此，法院认定本案双方当事人签订的施工合同有效。

招标人或者中标人未在中标通知书发出之日起30日内订立书面合同的，即为逾期签约。如果招标文件中规定了投标有效期的，一方逾期签约，则存在着法律风险。

对于招标人而言，如果招标人在招标文件中规定了投标有效期的，招标人应在投标有效期内完成评标和与中标人签订合同；逾期要求与中标人签订合同的，因投标文件对中标人不再具有法律约束力，中标人有权拒绝签订合同并无须承担责任。

对于中标人而言，招标人在招标文件中规定了投标有效期的，如果招标人没有在投标有效期内完成评标和与中标人签订合同，投标文件失去法律效力，中标人也无权要求招标人再行签订合同。

（二）合同的形式

《招标投标法》第四十六条规定双方签订合同时必须采用书面形式，也就是说中标合同必须是要式合同。《政府采购法》第四十四条也要求政府采购合同应当采用书面形式。考虑到招标项目一般规模比较大、合同金额比较高、履行期限比较长，为固定证明、明确各方当事人权利义务及责任之需要，也应当采用书面形式较为妥当，不宜采用口头形式。实行电子招标投标的，招标人应当通过电子招标投标交易平台，以数据电文形式与中标人签订合同。

三、合同的内容

《招标投标法实施条例》第五十七条规定："招标人和中标人应当依照招标投标法和本条例的规定签订书面合同，合同的标的、价款、质量、履行期限等主要条款应当与招标文件和中标人的投标文件的内容一致。招标人和中标人不得再行订立背离合同实质性内容的其他协议。招标人最迟应当在书面合同签订后5日内向中标人和未中标的投标人退还投标保证金及银行同期存款利息。"这些规定都赋予招标人和中标人依法签订书面合同的义务。招标人和中标人不得再行订立背离合同实质性内容的其他协议。

相关案例 7-4　　阴阳合同①

某公司新建综合楼工程施工项目，根据该市规定必须实行招标。为了应付市主管部门的检查，某公司按照市招标办的程序及要求发招标公告、出售招标文件，组织投标、开标、评标。在签订合同的时候，中标人与某公司磋商提高了招标投标文件中的工程价款，并签订了合同。某公司清楚这样一份内容与招标投标文件不同的合同在主管部门那里一定审核不过，于是为了应付检查，又和中标人签订一份与投标文件内容一致的合同，但是双方约定以前面签订的合同为准。

实践中，当事人往往采取规避法律的手段，以逃避监督检查。一方面，招标人和中标人按招标投标文件签订一份合同，报有关部门备案；另一方面，招标人又和中标人私下签订一份背离合同实质性内容的"君子协定"，实际履行，制造"阴阳合同""黑白合同"，违反《招标投标法》规定。

① 该案例选自曹玉斌著：《工程招投标十大不规范揭秘》，载《广东建设信息》2005年第3期。

合同应当根据招标投标文件来签订，应当是招标投标文件的承继，二者是一致的，这种一致既是主体的一致，更是造价、工期、质量等内容的一致。遵照这一要求操作的结果，必然是合同和招标文件的高度重合。招标文件包含了拟签订合同的主要条款，中标人的投标文件也必然对招标文件的实质性内容作出响应，包含了中标后订立书面合同的内容。招标文件和投标文件是签订合同的依据，招标人与中标人双方订立的合同，只能将招标文件（含澄清、修改内容）、投标文件（含所有补充、修改及非实质性内容的澄清或说明）的规定、条件、条款以书面合同固定下来，不得要求中标人承担招标文件以外的任务或修改投标文件的实质性内容（如投标价格、投标方案、技术和质量要求等内容），更不能背离合同实质性内容另外签订协议。《最高人民法院关于审理建设工程施工合同纠纷案件适用法律问题的解释（一）》第二条规定："招标人和中标人另行签订的建设工程施工合同约定的工程范围、建设工期、工程质量、工程价款等实质性内容，与中标合同不一致，一方当事人请求按照中标合同确定权利义务的，人民法院应予支持。招标人和中标人在中标合同之外就明显高于市场价格购买承建房产、无偿建设住房配套设施、让利、向建设单位捐赠财物等另行签订合同，变相降低工程价款，一方当事人以该合同背离中标合同实质性内容为由请求确认无效的，人民法院应予支持。"根据该条，"合同实质性内容"，一般是指影响或者决定当事人基本权利义务的条款，因不同类型合同内容不同、当事人利益关注点和基本权利义务不同，故尚需要区分不同合同类型，根据不同合同项目性质来认定该类合同的实质性内容，根据上述规定，工程范围、建设工期、工程质量、工程价款等即为建设工程施工合同的实质性内容，不得擅自变更，即使是中标人自愿主动降价让利也不符合法律规定。

相关案例 7–5　中标之后再让利降价属于修改合同实质性内容①

在 A 房地产开发有限公司与 B 集团有限公司建设工程施工合同纠纷一案中，

① 本案例素材来源于中国裁判文书网，（2015）民申字第 3575 号民事裁定书。

就是否允许中标人在中标后降价让利的问题，最高人民法院认为，本案再审审查的焦点问题是：双方当事人签订备案的建设工程施工合同后，又签订补充协议约定了让利条款，让利条款能否作为结算的依据。《招标投标法》第四十六条第一款规定："招标人和中标人应当自中标通知书发出之日起三十日内，按照招标文件和中标人的投标文件订立书面合同。招标人和中标人不得再行订立背离合同实质性内容的其他协议。"《最高人民法院关于审理建设工程施工合同纠纷案件适用法律问题的解释》[现参见《最高人民法院关于审理建设工程施工合同纠纷案件适用法律问题的解释（一）》]第二十一条规定："当事人就同一建设工程另行订立的建设工程施工合同与经过备案的中标合同实质性内容不一致的，应当以备案的中标合同作为结算工程价款的根据。"根据本案查明的事实，双方在签订了备案的建设工程施工合同之后，又签订了两份补充协议，对工程价款约定了8%、4%的让利。一、二审判决认为，工程价款属于影响合同当事人基本权利义务的实质性内容，双方在备案合同之外的两份补充协议中，对工程价款约定了8%、4%的让利，属于对备案合同实质性内容作了重大变更，并非一般的合同内容变更或其他条款的修改，该认定并无不当。故一、二审判决依据《最高人民法院关于审理建设工程施工合同纠纷适用法律问题的解释》第二十一条的规定，以备案的中标合同作为结算工程价款的依据，未计算让利条款约定的部分并无不当。

背离合同实质性内容另外签订协议，违背了招标投标的目的和初衷，规避了《招标投标法》的禁止性规定，应属无效合同，当事人有权请求法院或者仲裁机构确认合同无效。《招标投标法》第四十七条规定，招标人应当自确定中标人之日起15日内，向有关行政监督部门提交招标投标情况的书面报告，赋予了行政监督部门对招标人和中标人订立合同行使监督检查权，对于招标人和中标人再行订立的违背合同实质性内容的其他协议，行政监督部门有权责令改正，并给予相应的行政处罚。

相关案例 7-6 **采购数量的变更**

某公司通过公开招标采购一批设备，经评标委员会评审，某供应商以定价 6.5 折的优惠价被推荐为第一中标候选人。该采购项目负责人在翻阅评标报告时发现他们需要 310 套设备，但招标文件数量搞错了，只有 270 套，随即与预中标供应商联系，要求对设备数量进行调整，但预中标供应商提出："调整可以，但调整后的折扣价只能是 8 折。因为我们用来投标的设备是去年剩下的，数量刚好够，调整后我们不得不赶时间生产……"最终，双方协商不成，也没有签订合同。

双方没有签订合同的原因是因为招标文件错误引起的，责任在招标人。在双方不能达成协议时，应按原结果签订合同，剩余部分签订补充协议或者另行采购，这样既能保证依据招标投标结果签约，又能解决实际采购需求。

如果投标文件与招标文件不一致，投标文件对招标文件所作的变更属于实质性变更，则此时投标文件因不响应招标文件而应否决投标，招标投标人之间也就根本不可能成立合同关系。

如果投标文件对招标文件所作的变更属于非实质性变更，除非招标人及时表示反对或要约中明确表示不得作任何变更，否则该变更有效，应以投标文件为准。

上述两种情况下，投标文件改变了招标文件内容，如招标人未予否决投标反而决定其中标的，则视为招标人接受该要约，应以此为据签订合同。

相关案例 7-7 **合同谈判不成，双方未签订合同**①

某办公楼施工招标，经过评标，B 公司中标。双方因对招标投标文件和合同文本的部分条款理解、认识不同，导致合同未签订。双方争执的焦点为：（1）A

---

① 该案例素材来自王俊安著：《招标投标案例分析》，中国建材工业出版社 2005 年版，第 144 页。

公司提出为保证工程质量，工程所需主要材料，B公司必须向A公司下属的物资公司采购，B公司不同意，认为A公司所属物资公司的供货价格远高于市场价格，工程要亏损；(2) A公司提出，招标文件中明确提出“工程必须建成优良工程”，而B公司投标书提出质量标准为优质工程（应另外增加优质工程奖），因此，工程建成验收如被评为优良工程，不应给予奖励，B公司不同意；(3) A公司提出更换投标文件中提出的部分材料，提高质量档次，B公司声明可以变更但需要增加工程款，A公司不同意。由于对上述问题久拖不决，A公司决定扣留B公司投标保证金并另找其他施工企业承包该工程。B公司不服，遂向法院起诉。

本案例中，中标通知书发出后，A公司不得与B公司进行背离合同实质性内容的谈判，任何一方也都无权提出背离招标文件、投标文件实质性内容的条款，否则对方有权拒绝。(1) A公司提出主要材料由其下属物资公司提供，名为保证质量，可能根本目的是保护自己的企业为其创收，同时擅自改变招标内容，加重中标人的责任，提出要提高主要材料的质量档次，必然增加工程费用但不增加工程款显失公平，B公司有权拒绝。(2) 双方可以在合同中约定工程质量标准为“优良工程”，若实际工程质量达到“优质工程”，建设单位给予一定的优质奖励，这样既可以保证市场的公平竞争，也可以实现优质优价，更何况B公司投标时提出质量标准为优质工程（应另外增加优质工程奖），且A公司在评标时未提出质疑，视为同意B公司这一条件。(3) A公司与B公司未达成协议的主要原因是A公司在发出中标通知书后加重B公司义务，修改实质性内容，因而没有办法订立正式合同，谈判中B公司没有提出违背合同实质性内容的条款，所以A公司以B公司拒签合同为由扣留其投标保证金是没有道理的。综上，招标人改变中标结果或投标人放弃中标项目的，都应承担赔偿责任。《评标委员会和评标方法暂行规定》也规定，招标人无正当理由不与中标人签订合同的，给予警告，根据情节可处一万元以下的罚款；造成中标人损失的，并应当赔偿损失。本案中，因A公司原因导致未签订合同，其应赔偿B公司损失。

有时也可能出现合同与招标文件不一致的情形，一般有三种可能：一是招标文件有而合同没有的内容，此时应以招标文件中的有关内容为准。二是招标文件没有而合同有的内容，如果该内容严重违背了招标文件，依据《招标投标法》第四十六条的规定，该内容应确定为无效；如果该内容没有违背招标文件，则该内容应确定为有效。三是合同与招标文件都有的内容但不甚一致，处理方法类似于第二种情况看是否违背招标文件规定。

《最高人民法院关于审理建设工程施工合同纠纷案件适用法律问题的解释一）》（法释〔2020〕25号）第二十二条规定："当事人签订的建设工程施工合同与招标文件、投标文件、中标通知书载明的工程范围、建设工期、工程质量、工程价款不一致，一方当事人请求将招标文件、投标文件、中标通知书作为结算工程价款的依据的，人民法院应予支持。"根据该条规定，当事人签订的合同与招投标文件不一致时应将招投标文件作为结算工程价款的根据。也就是说，招标人发出中标通知书后，即产生在招标人、中标人之间成立书面合同的效力。招投标文件以及中标通知书已经在招标人、中标人之间成立合同，该合同对招标人、中标人具有法律约束力。根据《招标投标法》的规定，招标人、中标人应当根据招标文件、中标文件订立书面合同，该书面合同一般是指合同书，也称为中标合同。原则上，中标合同应与招投标文件保持一致，特别是在合同的实质性条款包括工期、工程范围、工程质量、工程价款方面不能背离招投标文件，否则不能产生法律效力，应以招投标文件为准。"①

相关案例 7-8 中标合同约定的供货范围与投标文件不一致时依据投标文件履行②

某市建设局与某制造有限公司招标投标买卖合同纠纷一案中，争议双方就订立的合同与中标人的投标文件承诺的履行期限、供货范围不一致时，应当依据中标合同履行合同义务还是依据招标文件和中标人的投标文件为依据履行合同义务产生分歧，就此问题，某市中级人民法院经审理认为，投标人根据招标文件提出的实质性要求和条件向招标人发出投标文件，招标人评标后选定投标人并发出中

① 转引自白如银编著:《招标投标法注释书》，中国民主法制出版社 2021 年版，第 405 页。

② 本案例素材来源于中国裁判文书网，（2014）嘉民二终字第 4 号民事判决书。

标通知书，该通知书自发出之时即对双方当事人发生法律效力。根据《招标投标法》的规定，招标人和投标人应当依照招、投标文件签订采购合同，而合同主要条款应当与招、投标文件一致，否则合同条款因违反法律的强制性规定而无效。本案争议的两个焦点履行期限及合同标的均为合同主要条款。双方签订的合同既约定由被上诉人提前20天书面通知供货，同时又约定必须在招标文件要求时间内送到被上诉人指定的地点，被上诉人不接受上诉人任何延期交货的理由，该约定相互矛盾，故双方应按照招、投标文件约定的2011年6月16日前交货。上诉人主张已按约履行交货义务，不构成违约的上诉理由不能成立，不予支持；虽然采购合同并未约定交付两套备品备件，但上诉人在投标文件中明确表示免费提供两套备品备件，且该备品备件不计入投标总价。而招标文件、投标文件、中标通知书等均为签订合同的依据，双方不得签订背离合同实质性内容的其他协议，据此，上诉人理应以投标文件的内容履行备品备件的供货义务，其以采购合同未载明备品备件拒绝履行供货义务的上诉理由不予支持；因被上诉人主张的违约损失过高，原审法院根据合同履行情况酌情予以判处，符合法律规定。综上，原审认定事实清楚，适用法律正确，程序合法，判处并无不当，上诉人的上诉理由均不能成立，本院不予支持。

签订合同时应在合同文件的组成中明确加上“招标文件”一项，其顺序应放在投标文件之后、合同专用条款之前，有利于根据合同文件解释顺序解决招标文件与合同内容出现歧义的矛盾。例如，《标准施工招标文件》所附“通用合同条款”之“1.4　合同文件的优先顺序”规定：“组成合同的各项文件应互相解释，互为说明。除专用合同条款另有约定外，解释合同文件的优先顺序如下：(1) 合同协议书；(2) 中标通知书；(3) 投标函及投标函附录；(4) 专用合同条款；(5) 通用合同条款；(6) 技术标准和要求；(7) 图纸；(8) 已标价工程量清单；(9) 其他合同文件。”

相关案例 7-9　　中标通知书发出后发现投标人弄虚作假

某公司欲采购一批科研设备，经过公开招标之后，评标委员会确定了A公司为中标人。中标通知书发出之后的第二天，该公司突然到A公司实地考察，发现A公司的实际生产情况与投标文件承诺严重不符，其生产能力达不到招标文件的要求，将直接影响设备质量，于是随即作出了不与A公司签订合同的决定，A公司提出某公司应承担其损失。

尽管《招标投标法》规定中标通知书对招标人和中标人均具有法律效力，但是在发出中标通知书后，中标人有重大瑕疵，弄虚作假的，中标无效，招标人的承诺也随即失效，可另选中标人。

四、合同的生效

“根据《招标投标法》第四十五条的规定，中标人确定后，招标人应当向中标人发出中标通知书。中标通知书对招标人和中标人具有法律效力。从合同订立的角度讲，中标通知书是招标人对中标人作出的承诺。根据《民法典》第四百八十三条、第五百零二条的规定，自承诺生效时合同成立，依法成立的合同，自成立时即生效；依照法律、行政法规的规定，合同应当办理批准等手续的，依照其规定。如果按照“承诺生效时合同成立”的一般规则，中标通知书一经发出，即产生法律效力，招标人与中标人之间的招标项目合同即应成立并且生效（法律、行政法规要求办理批准、登记手续生效的除外）。但《民法典》第四百九十条也规定：“当事人采用合同书形式订立合同的，自当事人均签名、盖章或者按指印时合同成立……”，《招标投标法》第四十六条、《招标投标法实施条例》第五十七条也同时规定中标通知书发出后招标人与中标人还要签订书面合同。上述规定的不衔接，直接带来疑惑，招标采购合同的生效时间是发出中标通知书之时承诺生效的时间，还是招标人和中标人订立书面合同的时间，或者是其他时点，历来有争论。

围绕《招标投标法》第四十六条的规定，理论界及实务界对中标通知书发出后合同的成立生效时间产生了巨大争议。主要存在以下四种观点:（1）发出中标通知书时合同尚未成立，需要在招标人和中标人签署书面合同之后，合同才成立并同时生效;（2）中标通知书发出后合同成立但未生效，招标人、中标人签订书面合同后合同生效，合同书是合同关系成立的有效证据;（3）通过招标投标以及发出中标通知书，招标人和投标人在要约和承诺方面已经达成一致，书面合同成立并生效;（4）发出中标通知书后，招标人和投标人之间已经成立合同并生效，但双方成立的是预约合同，违反合同应承担预约合同的违约责任。

最高人民法院倾向于认为，招标人发出中标通知书后，即产生在招标人、中标人之间成立书面合同的效力。理由在于:（1）招标投标过程符合《民法典》关于通过要约、承诺方式成立合同的基本理论;（2）合同未成立说、合同成立未生效说都有其自身缺陷，合同未成立说的缺陷自不待言，合同成立未生效说将招标投标过程视为效力待定的合同，完全没有法律依据;（3）招标投标过程究竟是成立本约合同还是预约合同是目前最具争议的问题。预约合同理论确实可以在很大程度上解决《招标投标法》第四十六条给理论和实践中造成的困惑，但其代价是将当事人之间通过严肃的招投标程序订立合同的行为解释为约定订立合同的合同，从而使招投标程序给予当事人的约束力大为下降。按照预约合同理论，在预约合同具备本约合同主要条款时，一方不履行订立合同义务的，另一方可以诉请强制执行，也即当事人必须先通过诉讼确认双方成立本约合同，然后才能根据本约合同要求对方进一步履行本约的合同义务。这种复杂的法律结构无疑使得当事人之间的交易成本大为增加，也极大地增加了当事人之间的交易风险。任何一方当事人均可以在中标通知书发出后拒绝订约，其后果最多是构成预约合同的违约，而非本约合同的违约，这绝非《招标投标法》的立法原意。实践中，中标通知书发出后，招标人、中标人未签订书面合同，中标人经招标人同意便会开始进场履行义务，如果认为当事人之间只是构成预约合同，那么中标人完全没有必要进场，因为其义务也不过是按照招标文件、投标文件订立合同而已。在深化审批制度改革、取消施工合同备案的大背景下，招标过程中确定当事人权利义务依据最重要的文件是招标文件、投标文件和中标通知书，而非备案合同。中标通知书发出后，确定当事人权利义务依据的应当是招标文件、投标文件以及中标通知书，这些文件即构成当事人之间的书面合同，而《招标投标法》第四十六条规定的书面合同只是对招投标文件以及中标通知书的进一步确认、明确和规范化。招标人、中标人通过招投标过程成立并生效的合同与《招标投标法》第四十六条规定的书面合同可以并行，二者从《招标投标法》的立法意旨上并不矛盾，且《招标投标法》亦未要求后者与招标文件、投标文件完全保持一致。《招标投标法》只是规定招标人、中标人不得再行订立背离合同实质性内容的其他协议，当事人就同一工程成立多个合同，在实践中有其现实需要，在法律法规中亦无禁止性规定。《最高人民法院关于审理建设工程施工合同纠纷案件适用法律问题的解释（一）》第二十二条规范的正是招标人、中标人签订的合同与招投标文件不一致时如何结算工程价款的问题，如果将招投标过程理解为成立预约合同，则合同与招投标文件不一致时，合同因欠缺合法有效的内容而无法在当事人之间产生权利义务关系，又不能依据招投标文件确定合同内容，那么对于当事人权利义务的保护是极为不利的。而将招投标过程认定为在当事人之间成立本约，则一旦合同与招投标文件相背离，完全可以根据招投标文件确定当事人之间的权利义务关系，当事人之间的权利义务就不会存在真空地带。①

综上，按照最高人民法院的观点，自发出中标通知书之时，如无特别约定，招标采购合同成立且生效，依照法律、行政法规的规定应当办理批准等手续的，合同自办妥该手续生效。当然，希望《招标投标法》修订后能就招标采购合同的成立、生效作出明确规定。

相关案例 7-10　　中标通知书发出后合同成立②

在审理A集团资产经营管理有限公司长岭分公司、A集团资产经营管理有

① 最高人民法院民事审判第一庭编著：《最高人民法院新建设工程施工合同司法解释（一）理解与适用》，人民法院出版社2021年版，第223-227页。

② 本案例素材来源于中国裁判文书网，（2019）最高法民申2241号民事裁定书。

限公司合资、合作开发房地产合同纠纷一案时，案件双方当事人就合同是否成立产生争议，就此问题，最高人民法院经审理认为：招投标活动是招标人与投标人为缔结合同而进行的活动。招标人发出招标通告或投标邀请书是一种要约邀请，投标人进行投标是一种要约，而招标人确定中标人的行为则是承诺。承诺生效时合同成立，因此，在招标活动中，当中标人确定，中标通知书到达中标人时，招标人与中标人之间以招标文件和中标人的投标文件为内容的合同已经成立。《招标投标法》第四十六条和涉案招标文件、投标文件要求双方按照招标文件和投标文件订立书面合同的规定和约定，是招标人和中标人继中标通知书到达中标人之后，也就是涉案合同成立之后，应再履行的法定义务和合同义务，该义务没有履行并不影响涉案合同经过招投标程序而已成立的事实。因此，签订书面合同，只是对招标人与中标人之间的业已成立的合同关系的一种书面细化和确认，其目的是履约的方便以及对招投标进行行政管理的方便，不是合同成立的实质要件。一审法院适用《中华人民共和国合同法》第二十五条［现参见《最高人民法院关于审理建设工程施工合同纠纷案件适用法律问题的解释（一）》］，二审法院适用《最高人民法院关于适用〈中华人民共和国合同法〉若干问题的解释（二）》（现已废止）第一条，认定涉案合同成立并无不当，本院予以维持。

五、拒绝签约

（一）拒绝签约的表现形式

招标人在中标通知书发出后改变中标结果，无正当理由不与中标人签订合同，或者在签订合同时提出附加条件或者更改合同实质性内容，迫使中标人接受改变招标项目组成、技术标准、合同价款或合同主要内容的条件以及拒不完全按招标投标文件签订合同或不及时签订合同等违规现象，将使得招标采购的目的无法实现，侵害当事人一方的利益。

中标人也经常在中标后发现无利可图而放弃中标项目、拒绝签订合同，在签订合同时向招标人提出附加条件或者更改合同实质性内容，或者拒不提交所要求的履约保证金，尤其是采用最低评标价中标的方法和规则时，低价抢标而中标后不愿签订合同，即使签订合同也不如实履约或者违法分包，侵害招标人的利益。

（二）拒绝签约者的法律责任

1. 对于毁标行为，可以要求对方承担赔偿责任

招标人改变中标结果、拒绝签署合同或中标人放弃中标项目的毁标行为，意味着无法实现合同目的，违反诚实信用原则，将会给一方当事人造成经济损失。如前所述，发出中标通知书，一般情况下合同成立且生效，应承担赔偿责任。如果双方约定必须以订立书面合同作为合同成立的要件，当发出中标通知书但一方拒绝签署书面合同的，此时合同尚未成立，则应按照《民法典》第五百条规定承担缔约过失责任，赔偿对方信赖利益损失，损害赔偿的范围限定在一方当事人为缔约所支付的各种费用和遭受的直接经济损失。

那么，当招标人、中标人任何一方毁标，拒不签订书面合同时，对方能否根据《招标投标法》第四十六条的规定诉请毁标方签订书面合同？笔者认为，任何一方毁标的，即表明其已经放弃签订书面合同、放弃中标项目，丧失履行合同的诚意。强制要求毁标的一方签订书面合同，已经完全失去意义，而且很多从操作层面来看也难以实现。再者，招标项目合同的履行，依赖于招标人、中标人的相互信任、相互协作，缺乏任何一方的协作、配合，合同的履行几乎不可能。因此，在一方毁标、拒绝签订合同的情况下，对方仍要求其承担继续履行、采取补救措施的违约责任，一般是没有现实可能的。正如根据《民法典》第五百八十条规定生效合同必须具有履行的可能（如法律上或者事实上能履行、债务的标的适于强制履行或者履行费用合理，而且债权人在合理期限内要求履行）时才会判令继续履行合同，否则只能要求赔偿损失、支付违约金一个道理。由此，招标人、中标人任何一方毁标，拒不签订书面合同的，非毁标方可以要求毁标方承担损害赔偿责任，可以要求对方承担为从事招标或者参与投标、为准备履行合同等所支出的合理费用。拒绝签约的，即使强令签订合同，将来的履行也是障碍丛生，故要求继续签订合同实无必要性和可行性。

中标人毁标的，招标人可取消其中标资格后确定第二或第三中标候选人为中

标人，并不退还投标保证金；给招标人造成的经济损失（如招标活动成本）超过投标保证金数额的，中标人应当对超过部分予以赔偿；没有提交投标保证金的，可以要求中标人承担全部损失赔偿责任。

招标人毁标的，中标人也有权要求招标人赔偿其投标费用等损失。

相关案例 7-11　　中标后拒绝签约纠纷

被告甲公司进行工程招标，原告乙公司和另外三家建筑公司参加投标，原告乙公司中标。被告于 2013 年 12 月 14 日向原告发出中标通知书，载明：中标价人民币 8000 万元，要求在同年 12 月 25 日前签订工程承包合同，12 月 28 日正式开工。同年 12 月 28 日，还未签订工程合同，原告即开工。此后，双方因合同条款发生矛盾，几经交涉，被告于 2014 年 4 月 6 日明确函告原告："将另行选择施工队伍。"原告首先向政府主管部门投诉无果，遂以要求被告继续履行中标通知书为由，起诉至法院。在法院主持下，双方达成一致意见，原告同意在被告予以赔偿各项损失共计 234 万元、承担诉讼费的前提下解除中标通知书，并申请撤诉。

本案被告在发出中标通知后未在规定期限内与原告而与他人签订承包合同，属于单方毁标，应予适当赔偿。

2. 毁标拒绝签订合同的招标人或中标人，除承担民事责任外，还应承担相应行政法律责任

《招标投标法实施条例》第七十三条规定了招标人不签订合同的责任，即"依法必须进行招标的项目的招标人有下列情形之一的，由有关行政监督部门责令改正，可以处中标项目金额 10‰以下的罚款；给他人造成损失的，依法承担赔偿责任；对单位直接负责的主管人员和其他直接责任人员依法给予处分：（一）无正当理由不发出中标通知书；（二）不按照规定确定中标人；（三）中标通知书发出后无正当理由改变中标结果；（四）无正当理由不与中标人订立合同；（五）在订立合同时向中标人提出附加条件。"

《招标投标法实施条例》第七十四条规定了中标人不签订合同的责任，即“中标人无正当理由不与招标人订立合同，在签订合同时向招标人提出附加条件，或者不按照招标文件要求提交履约保证金的，取消其中标资格，投标保证金不予退还。对依法必须进行招标的项目的中标人，由有关行政监督部门责令改正，可以处中标项目金额10‰以下的罚款。”

《招标投标法实施条例》第七十五条规定了因招标人和中标人双方原因违法签订合同的责任，即“招标人和中标人不按照招标文件和中标人的投标文件订立合同，合同的主要条款与招标文件、中标人的投标文件的内容不一致，或者招标人、中标人订立背离合同实质性内容的协议的，由有关行政监督部门责令改正，可以处中标项目金额5‰以上10‰以下的罚款。”

3. 中标人拒绝签约投标保证金的处理

根据《招标投标法实施条例》第七十四条的规定，中标人无正当理由不与招标人订立合同，招标人有权取消其中标资格，投标保证金不予退还。中标通知书发出后，中标人无正当理由拒不签订书面合同的，要承担损害赔偿的法律责任，此时应如何处理中标人的损害赔偿责任与招标人不予退还投标保证金之间的关系？根据《招标投标法实施条例》第七十四条、《工程建设项目施工招标投标办法》第八十一条第二款或者《工程建设项目货物招标投标办法》第五十八条第二款的规定，如果因中标人拒绝签订合同给招标人造成的损失额低于其提交的投标保证金的，招标人不予退还投标保证金，中标人也无须另行支付赔偿，对于中标人而言，此时的投标保证金带有一定的惩罚性质；如果中标人拒绝签订合同给招标人造成的损失额高于其提交的投标保证金的，招标人不仅有权不退还保证金，还有权要求中标人对超过的部分另行支付，此时的投标保证金被抵作损害赔偿金。

相关案例 7-12　中标候选人有正当理由主动放弃中标资格不承担责任[①]

2012 年 4 月 26 日，某高速公路 2012 年养护部分路段路面微裂缝治理工程施

① 本案例素材来源于中国裁判文书网，（2013）石民三初字第 00207 号民事判决书。

工预中标公示显示，某公路工程公司以6024万元投标价，被确定为第一中标候选人，某路桥公司以6957万元的投标价，被确定为第二中标候选人。预中标公示当天，某公路工程公司向某高速公路管理处致说明函："由于4月24日晚我公司在S105养护项目突遭强降雨，山洪及泥石流造成路基坍塌，致使我公司铣刨机和摊铺机等主要设备严重损坏，经济损失严重，我公司无力承担贵处高速2012年养护部分路段路面微裂缝治理工程，因此我公司不便中标，请另选合适中标候选人。"某高速公路管理处曾就此给某公路工程公司书面答复。2012年8月10日，某高速公路管理处报经省交通运输厅备案，确定第二中标候选人某路桥公司为中标人并与之签署《合同协议书》。

某高速公路管理处认为某公路工程公司弃标行为给其带来中标差价损失达933万元。尽管根据有关法律规定和该工程招标文件对该公司所缴投标保证金150万元不予退还，仍不足以弥补其弃标行为带来的损失（扣除投标保证金后损失额为783万元）。故起诉至法院，请求判令某公路工程公司赔偿损失783万元。

法院认为：某公路工程公司因自然灾害造成主要设备严重损坏，无力承担高速公路2012年养护部分路段路面微裂缝治理工程，在预中标公示期间向某高速公路管理处发出不便中标的说明函，该行为属要约的撤销。后，某高速公路管理处与第二中标候选人某路桥公司签署《合同协议书》，该行为应视为某高速公路管理处对某公路工程公司要约撤销的同意。某公路工程公司要约撤销具有客观理由，本案不适用《合同法》第四十二条（现《民法典》第五百条）关于缔约过失责任的规定。据此，法院判决驳回某高速公路管理处的诉讼请求。

（三）防范中标人毁标的合同风险

在投标有效期内，投标人若随意撤销其投标文件，不仅可能使招标人因此失去选择合理较低报价的机会而造成损失，甚至可能导致整个招标失败。因此，招标人应采取措施，避免和化解毁标的合同风险，可在招标文件投标须知中规定严格的不良履约行为惩戒制裁措施，适度提高投标担保额度，加大投标担保对投标人的约束力度；规范评标行为，严格选拔信誉好、履约能力强、业绩优的投标人为中标候选人；通过评标后确定的中标候选人一般不应少于两名，以防止一名中标候选人万一出现撤标情况后还有替补候选人，从而提高对投标人撤标风险的可控性。

第三节 履约保证金

在合同履行期间，中标人若违约拒绝或不正确履行合同，将可能给招标人造成巨大损失。因此在招标文件中，一方面应当针对中标人不同情形的违约行为在合同中约定相应额度的违约金，以保证招标人因中标人违约造成经济损失时能得到适当的经济补偿。另一方面就是要求提供履约保证金，适度提高中标人履约担保额度，加大履约担保对中标人的约束力度。这就是招标投标法中的履约保证金制度。履约保证金属于中标人向招标人提供的在合同签订后的履行阶段用以保障其履行合同义务的担保①，用于保障中标合同的履行，防范中标人违约的风险，也有利于预防和遏制招投标活动中弄虚作假行为和低于成本报价的恶性竞争。

一、招标人可自主约定履约保证金条款

所谓履约保证金，是指招标人要求投标人在接到中标通知后，提交的其保证履行合同各项义务的担保。中标人不履行合同义务的，招标人将按照合同约定扣除其全部或部分履约保证金，或由担保人承担担保责任。如果中标人违约给招标人造成的损失超过履约保证金的，还应该依法赔偿超过部分的损失。

《招标投标法》第四十六条第二款规定："招标文件要求中标人提交履约保证

---

① 国家发展改革委法规司、国务院法制办公室财金司、监察部执法监察司编著：《中华人民共和国招标投标法实施条例释义》，中国计划出版社 2012 年版，第 145 页。

金的，中标人应当提交。”《招标投标法实施条例》第五十八条规定：“招标文件要求中标人提交履约保证金的，中标人应当按照招标文件的要求提交。履约保证金不得超过中标合同金额的10%。”《政府采购法实施条例》第四十八条也规定：“采购文件要求中标或者成交供应商提交履约保证金的，供应商应当以支票、汇票、本票或者金融机构、担保机构出具的保函等非现金形式提交。履约保证金的数额不得超过政府采购合同金额的10%。”上述立法规定了履约保证金制度。

第一，履约保证金并不是强制性的。招标人可以根据招标项目的实际需要，决定中标人是否提交履约保证金，包括规定是否要求中标人在中标后交纳履约保证金以及履约保证金的金额、形式（一般有现钞、银行保函、银行汇票、银行电汇、支票、专业担保公司的履约担保书等，招标人应当允许多种履约保证金形式，方便中标人选择）、交纳时间和不交纳履约保证金的法律后果，都由招标人自主决定，并在招标文件中明确规定。

相关案例 7–13　**联合体中标后的履约保函问题**

A公司与B公司组建联合体进行投标，中标后按业主要求必须以联合体的名义递交合同价10%的履约保函，与银行交涉后不能开出，与业主沟通后，业主接受由联合体双方分别开具，但两家的额度必须都要达到10%，联合体双方认为双方对该项目负有连带责任，两家的保函之和达到要求的额度即可。

按照惯例，联合体的银行履约保函应由牵头单位或任一成员单独提供10%的保函，而不是由联合体两家各自开具各50%或100%额度的银行履约保函，所以联合体应通过联合体协议明确提交履约保函的责任方，由其提供履约保函，并代表联合体与业主联系协商有关问题，履行合同约定的责任。

第二，如果决定收取履约保证金的，应在招标文件中约定履约保证金条款，将履约保证金作为合同订立的条件。在签订合同前，中标人应按招标文件规定的金额、担保形式向招标人提交履约保证金（可规定履约保函格式）。中标人不能按要求提交履约保证金的，招标人将取消其中标资格，其投标保证金不予退还。在此情况下，招标人可将合同授予排名在后的中标候选人，或重新招标。中标人的投标保证金可转为履约保证金。如果招标人允许中标人在签订合同之后一定时间内提交履约保证金的，应将提交履约保证金作为合同生效的先决条件，根据《民法典》第一百五十八条的规定，中标人提交履约保证金时合同生效。

第三，履约保证金的金额取决于招标项目的类型与规模，但大体上应能保证中标人违约时招标人所受损失能得到补偿，足以督促中标人履行合同，否则过高会加重中标人负担，过少又达不到制约中标人的目的，其上限为中标合同金额的10%，尽量减轻中标人的负担，防止垫资或者借此排斥投标人等。

第四，招标人应当在招标文件中规定提交履约保证金的时间要求，一般要求中标人在接到中标通知书后一定的天数内提供。在整个合同履行期限内，履约担保都应当有效，如果是施工合同，不但施工期内有效而且质保期内也有效。如果是以出具保函的方式提供担保，则保函必须是无条件的，担保人不得对招标人的支付要求进行抗辩或提出限制性条件。

相关案例 7-14　可约定领取中标通知书前交纳履约保证金

2015 年 4 月 29 日，某县公共资源交易服务中心（以下简称交易中心）在省政府采购网发布义务教育阶段学生作业本公开招标采购文件，载明：中标人应在领取中标通知书之前交纳招标文件规定数额的履约保证金。如果中标人未按要求交纳履约保证金，且又无正当理由的，将视为放弃中标，其交纳的投标保证金将不予退还。该项目印刷公司中标，该公司到交易中心领取《中标通知书》时，交易中心告知“应先交履约保证金才发中标通知书”，但印刷公司认为应在签订采购合同时交纳履约保证金。

2015 年 8 月 22 日，县财政局作出《行政处罚决定书》，以印刷公司存在中标后无正当理由拒不与采购人签订政府采购合同的违法事实，依据《政府采购法实施条例》第七十二条的规定，决定取消印刷公司中标资格，列入不良行为记录名单，从处罚决定书送达之日起1年内禁止其参加政府采购活动，并予以通报。印刷公司对处罚决定不服，向市财政局申请复议。市财政局作出《行政复议决定书》，认为印刷公司未按招标文件规定交纳履约保证金，只是应承担视为放弃中标以及不能退还投标保证金的法律后果，县财政局作出的行政处罚决定属于适用法律依据错误，决定撤销县财政局作出的《行政处罚决定书》。

第五，如果中标人拒绝提交履约保证金，则视为放弃中标项目，其投标保证金将可能被扣留，还应当承担赔偿责任。在这种情况下，招标人可以取消其中标资格，并根据《招标投标法实施条例》第五十五条的规定，可以按照评标委员会推荐的中标候选人名单排序依次确定其他中标候选人为中标人，也可以重新招标。招标人应当尽量采用这种方式维护自己的合法权益。

二、中标人拒绝交纳履约保证金将承担不利后果

招标文件中如果规定中标人应交纳履约保证金的，中标人应当按照招标文件中的规定以适当的格式和金额采用履约担保书或者银行保函等形式按时足额交纳履约保证金，这是合同签订或者合同生效的前提条件，如果拒绝交纳履约保证金，将失去签订合同的资格并失去其投标保证金，有的可能会被列入不良供应商名录予以制裁。

《招标投标法实施条例》第七十四条规定了中标人拒绝交纳履约保证金的责任，即“中标人无正当理由不与招标人订立合同，在签订合同时向招标人提出附加条件，或者不按照招标文件要求提交履约保证金的，取消其中标资格，投标保证金不予退还。对依法必须进行招标的项目的中标人，由有关行政监督部门责令改正，可以处中标项目金额10‰以下的罚款。”因此，在招投标实践中，通常会在招标文件中将履约保证金作为合同订立的条件，并要求在合同签订前提交，中标人拒绝交纳履约保证金的，招标人不予退还中标人提交的投标保证金并取消其中标资格，中标人也就失去其投标保证金及中标资格。

相关案例 7–15　　不交纳履约保证金将丧失中标资格

某路桥公司高速公路工程土方施工分包项目进行招标。招标文件规定："投标人交投标保证金 50 万元；合同签订时间：中标人收到中标通知书后 10 天；中标人在收到中标通知书后 7 天内，并在签订合同协议前，向招标人提交履约保证金 100 万元；中标人中标后投标保证金转为履约保证金。"劳务公司参加投标并交纳 50 万元投标保证金，后中标。路桥公司通知劳务公司交 50 万元履约保证金，之后签订土方施工劳务分包合同。但劳务公司未交纳此款，路桥公司遂通知劳务公司中标无效，不退还投标保证金。劳务公司提起诉讼，请求法院判令路桥公司作出的劳务分包中标无效，并责令路桥公司与劳务公司签订《劳务分包合同》。

法院认为：根据《招标投标法》第四十六条"招标文件要求中标人提交履约保证金的，中标人应当提交"及招标文件的规定，路桥公司有权不与劳务公司签订《劳务分包合同》并不退还其 50 万元投标保证金，判决驳回劳务公司的诉讼请求。

三、履约保证金的退还

履约保证金的有效期自合同生效之日起至合同约定的中标人的合同义务履行完毕时止。中标人合同主要义务履行完毕，招标人应按合同约定及时退还履约保证金，履约担保函将自行失效。履约保证金使用现金等形式的，可以根据需要约定利息计取办法，招标人不得将履约保证金挪作他用。

目前，法律、法规对于履约保证金的退还时间没有规定，可根据双方招标项目的实际情况以及当事人的需求自行约定合理的退还时间，如《标准施工招标文件》中"通用合同条款"第 4.2 款规定："承包人应保证其履约担保在发包人颁发工程接收证书前一直有效。发包人应在工程接收证书颁发后 28 天内把履约担保退还给承包人。"如果招标人不按时退还履约保证金的，应承担违约责任，如按照同期银行贷款基准利率支付资金占用费。

相关案例 7-16 **不按期归还履约保证金纠纷**

某建筑工程经过招标，房地产公司与建筑公司签订了施工合同，合同约定了履约保证金条款，约定由建筑公司向房地产公司支付300万元作为履约保证金，期限为1年。合同签订后，建筑公司也按照合同约定向房地产公司支付了300万元履约保证金。工程竣工1年期满后，房地产公司未按约如期退还履约保证金。建筑公司遂向法院起诉，要求法院判令房地产公司返还履约保证金及银行同期利息。

本案经法院调解，双方达成一致意见签订调解协议，房地产公司全额返还履约保证金并给予适当补偿。

第四节 合同的履行

招标项目合同的履行，应按照《民法典》的规定执行。《民法典》第五百零九条第一款规定："当事人应当按照约定全面履行自己的义务。"中标人应当遵循诚实信用原则，全面履行合同约定的义务，完成中标项目，这是其基本义务。当然，招标人也同样应当按照合同的约定履行其义务。同时，基于合同项目是通过招标投标方式确定的，同时也要适用《招标投标法》中的特殊规定，如不得转包、违法分包中标项目或不当变更合同。

一、招标项目合同履行中常见的法律问题

一是中标人在获取招标项目后将其承包的全部工程项目转包给第三人，或者将其承包的全部工程项目支解以后以分包的名义分别转包给第三人，将使招标失去实质意义，而且转包行为具有很大的危害性，易形成"层层转包、层层扒

皮”的现象，滋长不良风气，既催生工程项目质量、安全隐患，也增加工程管理难度。

二是中标人并未事先在投标文件中载明分包情况也未经招标人同意就擅自决定将部分招标项目进行分包、超越招标文件或招标人同意范围进行分包，甚至分包给资质不符合要求的单位或个人，或者自行将招标项目的主体、关键性工作分包给他人完成，损害招标人的利益。

三是招标人自行放松法律对分包问题的限制性要求，与中标人达成默契允许中标人转包或者强行让承包人将中标项目分包给其指定的分包人，以切割中标人通过竞争所获得的利益。

对于上述转包、违法分包的行为，根据《民法典》和《最高人民法院关于审理建设工程施工合同纠纷案件适用法律问题的解释（一）》等规定，转包合同和分包合同无效，招标人可以追究中标人的违约责任，请求人民法院或仲裁机构解除合同。另外，《招标投标法》第五十八条规定，中标人将中标项目转让给他人的，将中标项目肢解后分别转让给他人的，将中标项目的部分主体、关键性工作分包给他人的，或者分包人再次分包的，转让、分包无效，行政监督管理部门可处以罚款；有违法所得的，并处没收违法所得，还可以责令停业整顿；情节严重的，由工商行政管理机关吊销营业执照。

四是合同履行过程中变更合同实质性内容（如变更价款）缺少合法理由，这种变更招标结果的行为，一些属于以合同变更为手段规避招标或虚假招标的违法行为，如不防治，将诱使投标人千方百计搞幕后交易，不择手段谋取中标，在中标后变更合同，实现其不当利益。

相关案例 7-17　　合同履行过程中擅自变更合同价款

某工程施工项目公开招标，A 公司和 B 公司均参加投标，且两家的投标均低于标底，最后 B 公司因是业主的关联企业并且报价最低而中标，并签订了总价包死的施工合同。在合同履行过程中，在合同内容不变的情况下，通过签订补充协议形式对合同结算价格作了变更。工程竣工后，业主与B公司实际结算款超出中标价40%。A公司得知此事后，认为业主未按中标价履约，而是以低价中标在履约中调增价款，有弄虚作假行为，遂四处投诉。

本案例中，招标人与中标人擅自变更合同价款的行为，涉嫌实质上剥夺了其他投标人公平竞价的权利并可能存在招标人与投标人之间串通投标。

五是招标人或中标人在履约过程中有拒不履行、部分履行、迟延履行等违约行为，损害对方当事人利益。

二、禁止转包

《招标投标法》第四十八条第一款规定："中标人应当按照合同约定履行义务，完成中标项目。中标人不得向他人转让中标项目，也不得将中标项目肢解后分别向他人转让。"即禁止中标人将合同转包给他人，无论这种转包是以整体形式，还是以分割形式，这一规定承接《民法典》中关于合同转让的规定。《民法典》第五百四十五条第一款规定："债权人可以将债权的全部或者部分转让给第三人，但是有下列情形之一的除外：（一）根据债权性质不得转让；（二）按照当事人约定不得转让；（三）依照法律规定不得转让。"合同债务的全部或者部分也可以转让给第三人，但须经债权人同意，合同当事人还可以将合同的债权债务概括转移。可见，作为合同意思自治的结果，合同当事人可以对合同进行转让或变更。但是基于招标采购的特点，《招标投标法》《建筑法》等法律对招标后合同的转让问题作出了禁止或限制的规定。

《民法典》第七百九十一条规定："发包人可以与总承包人订立建设工程合同，也可以分别与勘察人、设计人、施工人订立勘察、设计、施工承包合同。发包人不得将应当由一个承包人完成的建设工程支解成若干部分发包给数个承包人。总承包人或者勘察、设计、施工承包人经发包人同意，可以将自己承包的部分工作交由第三人完成。第三人就其完成的工作成果与总承包人或者勘察、设计、施工承包人向发包人承担连带责任。承包人不得将其承包的全部建设工程转包给第三人或者将其承包的全部建设工程支解以后以分包的名义分别转包给第三人。禁止承包人将工程分包给不具备相应资质条件的单位。禁止分包单位将其承包的工程再分包。建设工程主体结构的施工必须由承包人自行完成。"

《建筑法》第二十八条规定："禁止承包单位将其承包的全部建筑工程转包给他人，禁止承包单位将其承包的全部建筑工程肢解以后以分包的名义分别转包给他人。"

对于转包行为的认定，可以参考住房和城乡建设部印发的《建筑工程施工发包与承包违法行为认定查处管理办法》（建市规〔2019〕1号）第七条、第八条规定，该办法解释"转包"，是指承包单位承包工程后，不履行合同约定的责任和义务，将其承包的全部工程或者将其承包的全部工程支解后以分包的名义分别转给其他单位或个人施工的行为。存在下列情形之一的，应当认定为转包，但有证据证明属于挂靠或者其他违法行为的除外：（一）承包单位将其承包的全部工程转给其他单位（包括母公司承接建筑工程后将所承接工程交由具有独立法人资格的子公司施工的情形）或个人施工的；（二）承包单位将其承包的全部工程支解以后，以分包的名义分别转给其他单位或个人施工的；（三）施工总承包单位或专业承包单位未派驻项目负责人、技术负责人、质量管理负责人、安全管理负责人等主要管理人员，或派驻的项目负责人、技术负责人、质量管理负责人、安全管理负责人中一人及以上与施工单位没有订立劳动合同且没有建立劳动工资和社会养老保险关系，或派驻的项目负责人未对该工程的施工活动进行组织管理，又不能进行合理解释并提供相应证明的；（四）合同约定由承包单位负责采购的主要建筑材料、构配件及工程设备或租赁的施工机械设备，由其他单位或个人采购、租赁，或施工单位不能提供有关采购、租赁合同及发票等证明，又不能进行合理解释并提供相应证明的；（五）专业作业承包人承包的范围是承包单位承包的全部工程，专业作业承包人计取的是除上缴给承包单位"管理费"之外的全部工程价款的；（六）承包单位通过采取合作、联营、个人承包等形式或名义，直接或变相将其承包的全部工程转给其他单位或个人施工的；（七）专业工程的发包单位不是该工程的施工总承包或专业承包单位的，但建设单位依约作为发包单位的除外；

（八）专业作业的发包单位不是该工程承包单位的；（九）施工合同主体之间没有工程款收付关系，或者承包单位收到款项后又将款项转拨给其他单位和个人，又不能进行合理解释并提供材料证明的。两个以上的单位组成联合体承包工程，在联合体分工协议中约定或者在项目实际实施过程中，联合体一方不进行施工也未对施工活动进行组织管理的，并且向联合体其他方收取管理费或者其他类似费用的，视为联合体一方将承包的工程转包给联合体其他方。

上述法律明确禁止承包单位将其承包的全部工程转包给他人或者支解以后以分包的名义分别转包给他人。对于货物或者服务采购项目而言，也不得将中标合同转让给他人，否则会有变相的虚假招标，侵害招标投标制度，损害市场公平竞争。因此，中标人不得转包，招标人也不得同意中标人转包。

三、严格限制分包

《招标投标法》第四十八条第二款规定："中标人按照合同约定或者经招标人同意，可以将中标项目的部分非主体、非关键性工作分包给他人完成。接受分包的人应当具备相应的资格条件，并不得再次分包。"

《建筑法》第二十九条也确立了限制分包制度，即"建筑工程总承包单位可以将承包工程中的部分工程发包给具有相应资质条件的分包单位；但是，除总承包合同中约定的分包外，必须经建设单位认可。施工总承包的，建筑工程主体结构的施工必须由总承包单位自行完成。建筑工程总承包单位按照总承包合同的约定对建设单位负责；分包单位按照分包合同的约定对总承包单位负责。总承包单位和分包单位就分包工程对建设单位承担连带责任。禁止总承包单位将工程分包给不具备相应资质条件的单位。禁止分包单位将其承包的工程再分包。"

（一）允许分包的情形

中标人只能在以下两种情况下分包：（1）中标人可以在投标文件中载明分包情况，并在中标后根据合同约定进行分包。（2）中标人可以在授予合同后根据招标人同意而分包，这主要是为了适应投标人没有在投标文件中说明分包情况，但基于招标项目的性质，在合同授予后又需要进行分包的情形。分包属于招标人自主行为，招标人不得强制分包或者指定分包人。

相关案例 7-18　　建设单位指定分包单位

2001年5月，某公司新办公大楼施工招标，要求投标人施工资质不得低于二级。在评标结束、定标前，建设单位想让一家与其有关系、施工资质只有三级的乙企业也参加承包工程。建设单位便要求列为中标人候选人的甲企业与乙企业联合承包工程，将部分工程分给乙企业承包，否则将标授给他人。甲企业无奈只好同意了这一要求。随后甲企业与建设单位签订了施工合同，甲企业与乙企业之间也签订了联合承包工程的协议。在工程施工过程中，建设单位的工程款首先拨付给甲企业，然后由甲企业根据乙企业的施工进度和工程量拨付给乙企业。由于甲乙双方在工程中矛盾不断，特别是乙企业自恃与建设单位有关系而对甲企业的管理置若罔闻，致使双方关系破裂，工程竣工后，甲企业拒绝向乙企业支付分包工程的施工费，随之业主单位某公司也以拒付工程款为手段约束甲企业。该情况被未中标的一家企业得悉后向省招标办进行举报。

招标人的行为性质实际上属非法要求中标人分包工程。违法分包行为表现在三个方面:（1）招标人非法为中标人指定分包人。《建设工程项目施工招标投标办法》第六十六条规定:“招标人不得直接指定分包人。”本案中招标人以其优势地位，以中标条件进行要挟，向中标候选人提出不合理的要求，违法为其直接指定分包人。（2）指定的分包人不符合招标文件对工程施工资格的要求。接受分包的人必须具有完成分包任务的相应资格条件，本案中乙企业不具有承揽所分包工程的资质。（3）分包的工程不是非主体、非关键性工程，违反了《招标投标法》关于分包工程只能是“中标项目的部分非主体、非关键性工作”的限制性规定。违法分包行为使不具有相应资质的企业承揽工程，留下质量隐患，并扰乱施工市场竞争秩序，故为法律所禁止。根据《民法典》和《最高人民法院关于审理建设工程施工合同纠纷案件适用法律问题的解释（一）》等规定，违法分包的，分包合同无效。因此，对于本案中招标人非法为中标人指定分包人的行为，应根据《招标投标法》第五十八条的规定认定分包合同无效，并依法追究有关人员的法律责任。另外，《民法典》第七百九十三条第一款也规定："建设工程施工合同无效，但是建设工程经验收合格的，可以参照合同关于工程价款的约定折价补偿承包人。"本案例中，根据合同相对性原理，甲公司与乙公司之间因分包工程款产生纠纷，业主单位某公司不得直接干涉，甲公司应当向乙公司支付分包工程款。

（二）分包事项仅限于非主体、非关键性工作

中标人无论在何种情况下进行分包，都只能仅将非主体、非关键性工作分包给他人完成，项目的整体合同或关键性工作必须由中标人亲自完成。招标项目的主体部分和关键性工作，是指一个整体项目中，影响其主要功能的或者独立发挥其功能的装置、设备、建筑物主体结构的部分及相关的工作。投标人在投标时对于非主体、非关键性工作的分包，必须在投标文件中载明。在签订合同之前，中标人应与分包人签订分包合同，并报招标人备案，否则不得分包。

相关案例 7-19　"一人投标、联合施工"涉嫌恶意串通、违法分包[①]

2016 年 2 月，某公路建设局向社会公开发布了某高速公路路面工程施工招标文件，该招标文件规定：通过多个合同段资格预审的投标人最多只允许中 1 个标；投标人应独家参与投标，本项目拒绝联合体投标，禁止转包和违规分包。2016 年 4 月 19 日，某交通建设集团与某公路工程公司签订《合作投标协议书》，约定：双方共同投标某高速公路，以交通建设集团名义参加投标，如工程中标则交通建设集团为中标工程总承包方，与业主签订"承包主合同"；在交通建设集团监督

① 本案例素材来源于中国裁判文书网，（2009）辽民一终字第 70 号民事判决书。

管理的原则下，双方根据“主合同”文件的精神签订《联合施工协议书》，并将全部中标工程的49%交由某公路工程公司实施；某公路工程公司同意向交通建设集团交纳其施工项目总金额的1%作为项目管理费；某公路工程公司应将1400万元汇入某交通建设集团账户内，供其作为上述项目的投标保证金使用；若工程中标后，某交通建设集团因其原因未能与某公路工程公司签订《联合施工协议书》的，应向公路工程公司支付中标总金额10%的违约金。当日，某公路工程公司汇入某交通建设集团账户1400万元，某交通建设集团汇入业主账户用作投标保证金。

2016年5月22日，某公路建设局发出中标通知书，某交通建设集团为第一合同段中标人，中标金额21081万元。2016年6月1日，某交通建设集团与某公路建设局签订《工程承包合同》。但某交通建设集团未与某公路工程公司签订《联合施工协议书》，亦未将工程49%交给该公司施工，仅退还1400万元。某公路工程公司诉至法院，请求判令某交通建设集团给付某公路工程公司违约金956.4877万元。

法院认为：本案焦点是《合作投标协议书》是否合法有效。某交通建设集团和某公路工程公司对招标文件中规定的“通过多个合同段资格预审的投标人最多只允许中1个标及投标人应独家参与投标，本项目拒绝联合体投标，本项目禁止转包和违规分包”的内容是清楚的。为了规避招标文件的规定，双方在《合作投标协议书》中约定：以某交通建设集团名义参加投标，如工程中标则某交通建设集团为中标工程总承包方，与公路建设局签订“承包主合同”，某交通建设集团根据“主合同”与某公路工程公司签订《联合施工协议书》，并将全部中标工程的49%交由某公路工程公司实施，其行为和协议书内容有损害公路建设局合法利益的主观故意，是恶意串通、违法分包行为，违反《招标投标法》第四十八条、《建筑法》第二十八条等规定，根据《合同法》第五十二条（现《民法典》第一百五十三条、第一百五十四条）及《最高人民法院关于审理建设工程施工合同纠纷案件适用法律问题的解释》第四条［现《最高人民法院关于审理建设工程施工合同纠纷案件适用法律问题的解释（一）》第一条第二款］的规定，该《合作投标协议书》无效。公路工程公司依据无效的协议请求交通建设集团支付违约金于法无据。鉴于某公路工程公司已向某交通建设集团提供1400万元，某交通建设集团也实际用作投标保证金，故某交通建设集团应赔偿使用该投标保证金期间的利息。

综上，法院判决：某交通建设集团按中国人民银行规定的同期同类贷款利率赔偿某公路工程公司1400万元的利息。

（三）分包人应当具备相应资格条件，并禁止再次分包

法律未规定分包人资格的审查主体，既然分包是主承包商（中标人）的行为，那么主承包商就有义务保证分包人的资格符合合同要求，并保证分包人对采购项目不得再次分包，招标人对此有权监督。对于不具备分包条件或者不符合分包规定的，招标人有权在签订合同或者中标人提出分包要求时予以拒绝。发现中标人转包或违法分包时，可要求其改正；拒不改正的，可终止合同，并报请有关行政监督部门查处。

相关案例7-20　分包工程招标时的投标资格审查

A单位正在进行办公楼建设，根据总包合同约定，幕墙工程必须实行专业分包。因此总包人采取了邀请招标方式进行分包工程招标，中标人是总包人的控股公司，总包人的法人代表与中标人的法人代表是同一个人，且中标人也是分包幕墙工程的设计单位（总包人委托）。A单位认为这样不合适，而且分包人不具备相应资质，要求总包人取消中标人的中标资格。总包人不同意而引起纠纷。

在本案例中，总包合同允许部分项目分包，但是总包人与分包人的法定代表人为同一人，这样进行招标投标既不合理也不合法。而且，分包人也无相应资质。对此发包人有权监督，要求总包人取消中标人中标资格的，必须要在发出中标通知书之前或者在签订合同协议书之前处理完毕。

（四）违法分包行为

对于违法分包行为的认定，可以参考住房和城乡建设部印发的《建筑工程施

工发包与承包违法行为认定查处管理办法》（建市规〔2019〕1号）第十一条、第十二条规定，该办法解释“违法分包”，是指承包单位承包工程后违反法律法规规定，把单位工程或分部分项工程分包给其他单位或个人施工的行为。存在下列情形之一的，属于违法分包：（一）承包单位将其承包的工程分包给个人的；（二）施工总承包单位或专业承包单位将工程分包给不具备相应资质单位的；（三）施工总承包单位将施工总承包合同范围内工程主体结构的施工分包给其他单位的，钢结构工程除外；（四）专业分包单位将其承包的专业工程中非劳务作业部分再分包的；（五）专业作业承包人将其承包的劳务再分包的；（六）专业作业承包人除计取劳务作业费用外，还计取主要建筑材料款和大中型施工机械设备、主要周转材料费用的。

（五）中标人应当就分包项目向招标人负责，分包人就分包项目承担连带责任

《招标投标法》对招标人、中标人和分包人之间的关系作出特别规定，尤其强化了分包人对招标人的责任。依据《民法典》的规定，存在主承包合同与分包合同的情况下，招标人只与主承包商存在合同关系，并不与分包人存在直接的合同关系，分包人就分包合同的履行仅向主承包商负责，并不直接向招标人承担责任。《工程建设项目施工招标投标办法》第六十六条规定：“招标人不得直接指定分包人。”所以非主体工程或非关键项目的分包人，应由承包人自行选择。但是基于招标采购的特点，《招标投标法》突破了合同的相对性原理，要求分包人就分包项目的履行直接向招标人承担责任，而且主承包商与分包人承担连带责任，更加有利于保障招标人的利益。《政府采购法》第四十八条也规定：“经采购人同意，中标、成交供应商可以依法采取分包方式履行合同。政府采购合同分包履行的，中标、成交供应商就采购项目和分包项目向采购人负责，分包供应商就分包项目承担责任。”

相关案例 7-21　分包人应与中标人一并向招标人承担连带责任[①]

锅炉厂组织冷渣器采购招标，设备公司中标，双方签订的买卖合同约定："质量标准按双方签订的电厂工程技术协议要求生产，如出卖人所提供的产品达不到买卖合同约定的质量标准，买受人有权要求出卖人退货或换货。"后，设备公司和另一家企业机械公司向锅炉厂交付了冷渣器设备，由机械公司进行安装指导。

冷渣器设备投入运行后，出现排渣出力不足以及存在漏渣、冒灰等严重质量问题。锅炉厂被迫两次对冷渣器设备进行改造，但均宣告失败，遂通知设备公司解除买卖合同遭拒绝。锅炉厂提起诉讼，请求解除案涉合同；设备公司向其返还已支付的货款 350 万元，并赔偿其经济损失 428 万元；机械公司对此承担连带责任。

法院认为：（一）案涉买卖合同约定了合同解除条件之一是冷渣器质量达不到买卖合同约定质量标准要求，买受人有权要求出卖人退货或换货。设备公司和机械公司提供的冷渣器设备在运行中出现严重质量问题，故根据《合同法》第九十三条（现《民法典》第五百六十二条）的规定，"当事人可以约定一方解除合同的条件。解除合同的条件成就时，解除权人可以解除合同"，案涉买卖合同约定的合同解除条件已成就，锅炉厂关于解除案涉《买卖合同》的请求成立。设备公司应将已收取的 350 万元货款返还给锅炉厂。锅炉厂应将冷渣器设备返还设备公司。（二）锅炉厂另行购买设备所支付的价款不属于设备公司在订立合同时应当预见到的其违约可能造成的损失，故根据《合同法》第一百一十三条（现《民法典》第五百八十四条）的规定，锅炉厂关于设备公司应赔偿其向案外人另行采购设备多支付 428 万元的诉讼请求，不予支持。（三）锅炉厂提供的证据足以证明机械公司参与了诉争冷渣器设备的生产、安装指导及维修、改造，设备公司将合同的主体、关键性工作分包给机械公司完成，机械公司履行了合同的主要义务，故依据《招标投标法》第四十八条的规定，机械公司应对设备公司产品质量不符合合约约定承担连带赔偿责任。

综上，法院判决：解除锅炉厂与设备公司签订的《买卖合同》；设备公司返

① 本案例素材来源于中国裁判文书网，（2014）黑高商终字第 51 号民事判决书。

还锅炉厂货款350万元，机械公司对此承担连带清偿责任；在返还货款的同时，锅炉厂将冷渣器设备返还设备公司。

有些招标项目，同一承包商不可能对所有专业项目都能高质量地完成，总存在薄弱环节。招标人应根据以往经验或者市场情况，预测能胜任同一项目所有任务和工作量的潜在投标人为数过少的，可考虑划分标段或者采取联合体投标方式，也可以考虑允许未来的中标人将非主体工程项目、非关键性工作采用分包形式，这样对招标人是有利的。为了防止合同谈判中对分包事项产生争议，宜在招标公告中即明确可分包的工作内容；投标人也应在投标文件中载明拟在中标后将中标项目的非主体、非关键性工作分包的内容。

相关案例 7-22　将维护任务分包给当地企业

某公司为提高办公效率，推进办公自动化，计划投资建设办公网络，向社会公开招标承包商。结果，外地某软件公司中标，为了确保工程项目良好运行，为招标人提供及时周到的维护服务，经招标人同意，中标方选择了该公司所在地一家公司作为分包商，负责建成后的维护服务。

实务中，有的业主以售后服务难以保证，要求在本地范围内招标或不进行招标，这种要求显然不成立。事实上，借鉴本案做法，可以在招标文件中规定，把维护工任务分包给当地企业（不能指定具体企业），这样便可实现业主提出的本地化服务要求，解决外地企业投标带来的维护不便问题。

四、合同的变更

《民法典》允许合同双方在履约过程中经协商一致就可以变更合同，但基于招标采购的特殊性，经过招标程序签订的合同的变更应更为严格，其理由是：

变更合同，可能是由于履约过程中情势发生变化，确需变更合同内容，如不变更，将导致合同双方当事人利益失衡，显失公平，但也可能存在招标人与投标人事前串通，先以低价或很高的技术要求中标，之后双方再通过合同变更手段达到变更招标结果的目的，这实质上就是一种变相的规避招标或虚假招标行为，应被禁止。

招标人和中标人都应当依法签约、诚信履约，防范不规范的变更。如果合同本身并不完善，那么大量的合同变更在所难免，为此招标人必须要提高招标组织水平，编制出高质量的招标文件，采用完善的合同条件，细化评标办法，严格评审，加强合同管理，减少和规范合同变更行为。

对于投标人而言，要仔细研究招标文件，如有疑惑应要求招标人答疑，认真制作投标文件，为减少合同变更风险打好基础。在履约过程中，因合同履行背景、条件发生变化而且合同约定允许双方变更的，方可依法变更合同；对于对方提出的变更合同不具有合法事由的，坚决予以拒绝，维护合同的法律效力。

招标人和中标人都不能在合同签订之后，没有合法合理的理由，擅自变更合同内容，杜绝弄虚作假、以合同变更之名行变更招标结果之实的违法行为。

相关案例 7-23　**中标合同可以变更**①

2013 年，建设集团经招投标成为食品集团“物流中心工程项目”的中标单位，双方签订《工程施工合同》约定：工程质量标准为合格，合同价款为 1408 万元。之后，签订了《补充合同》，约定：工程质量标准为一次性达到国家施工验收规范合格标准，合同价款为固定总价。2014 年，建设集团再次经招投标成为食品集团“冷库工程项目”的中标单位，双方签订《工程施工合同》约定：合同价款为 6500 万元，付款时间：开工预付合同总价的 10%，每月按实际完成工程量的 80% 支付，工程竣工验收合格交付使用后付至 97% 工程款，余下 3% 作为工程保修押金。之后，签订一份《施工补充协议》，约定：合同价款为暂定 5000 万

① 本案例素材来源于中国裁判文书网，（2013）民一终字第 67 号民事判决书。

元（以决算为准）；付款时间：结构封顶后付40%，竣工验收合格后付30%，余30%工程款一年后付清。两项工程均竣工验收合格并移交使用，因食品集团未支付完工程款，建设集团起诉，请求法院判令食品集团支付工程款及违约金。

法院认为，食品集团与建设集团签订并经备案的两份《工程施工合同》不违反法律、行政法规的强制性规定，合法有效。在合同履行中签订的物流中心工程《施工补充合同》，虽然对中标合同进行了部分变更，但在合同的实质性内容，即工程价款、工程质量、工程期限三个方面并不存在与中标合同相背离的情形，因此，该补充合同不违反法律、行政法规的强制性规定，亦为有效。但冷库工程《施工补充协议》，对中标合同的工程价款进行了重大变更，属于背离中标合同实质性内容的协议，违反《招标投标法》第四十六条之强制性规定，应认定无效。《最高人民法院关于审理建设工程施工合同纠纷案件适用法律问题的解释》第二十一条［现《最高人民法院关于审理建设工程施工合同纠纷案件适用法律问题的解释（一）》第二十四条］明确规定："当事人就同一建设工程另行订立的建设工程施工合同与经过备案的中标合同实质性内容不一致的，应当以备案的中标合同作为结算工程价款的根据。"因此，欠付的工程款与违约金的计算应当以上述有效合同为依据。

《最高人民法院关于审理建设工程施工合同纠纷案件适用法律问题的解释（一）》第二条规定："招标人和中标人另行签订的建设工程施工合同约定的工程范围、建设工期、工程质量、工程价款等实质性内容，与中标合同不一致，一方当事人请求按照中标合同确定权利义务的，人民法院应予支持。招标人和中标人在中标合同之外就明显高于市场价格购买承建房产、无偿建设住房配套设施、让利、向建设单位捐赠财物等另行签订合同，变相降低工程价款，一方当事人以该合同背离中标合同实质性内容为由请求确认无效的，人民法院应予支持。"第二十三条还规定："发包人将依法不属于必须招标的建设工程进行招标后，与承包人另行订立的建设工程施工合同背离中标合同的实质性内容，当事人请求以中标合同作为结算建设工程价款依据的，人民法院应予支持，但发包人与承包人因

客观情况发生了在招标投标时难以预见的变化而另行订立建设工程施工合同的除外。”因此，在合同履行过程中，对于合同非实质性内容，双方当事人可以变更；但对于工程价款、工程质量、工程期限等合同实质性内容，原则上不得变更，除非合同事前约定符合因客观原因导致工程设计重大变更等因素可以修改、变更合同，才可以对合同内容作出与原内容不一致的变更。

实践中出现投标人中标后合同价（投标价）仍能变动的情形，实际上并未变更招标、投标文件实质性内容，一般都是因为设计变更和工程量的核定引起的合同总价的变动，而且合同中也已经明确因设计变更或暂估工程量核定后的价款变更原则，但合同单价和总价计算方法并没有变更，如单价合同中单价不能变，但由于招标时工程量清单中的工程量只是参考工程量，在合同实施时由于工程量（按合同约定的计量方法核定的）的增减，乘以中标的单价，即为调整后的合同结算价。

另外，由于设计原因合同是可以变更的，这些变化都是依据合同条款本身的约定，也即是单价合同性质所决定的，并不是修改合同条款。但是总价承包合同一般不予变动，除非合同中约定发生设计变更方可变动。如果采用固定总价承包合同，设计变化也一般是不调整合同价格的，除非属于重大设计变更引起合同金额变化较大。

相关案例 7-24　**设计变更是否要重新招标**

某工程按照国家法规要求邀请招标，开标、评标及合同谈判符合要求，在最后快要签订合同时，因为设计发生重大变更，即增加招标工程量的25%，现在业主要求重新招标。

一般有下列情形之一的，招标人应当依法重新招标：（一）资格预审合格的潜在投标人不足3个的；（二）在投标截止时，实际投标人少于3个的；（三）所有投标均被否决投标处理或被否决的；（四）评标委员会界定为不合格标或否决投标后，因有效投标不足3个使得投标明显缺乏竞争，评标委员会决定否决全部投标的;（五）同意延长投标有效期的投标人少于3个的，但没有重大设计变更而必须重新招标的规定。本案中，设计有重大变更也无须重新招标，在合同实施过程中完全可以通过合同变更的方式解决。

如果招标人与中标人签订合同时因招标内容、配置、数量等发生变动，应通过与中标人谈判协商，确定变动的价格，然后在签订的合同协议书中载明签约合同价（中标价）及通过谈判变动的实际合同价格。如果在谈判签约阶段通过协商不能取得一致时，也可以在合同执行期通过合同变更的方式解决。

五、合同的履行

合同签订后，招标人、中标人都应当按照合同约定亲自、全面、如实履行自己的义务，这是中标合同履行的基本原则。

招标人和中标人在履约过程中，不履行、部分履行、迟延履行或具有其他不当履行行为，构成违约行为，应依据《民法典》的规定追究其违约责任；中标人提供了履约保证金的，招标人有权没收其履约保证金用于弥补其损失。

如果在合同履行阶段，合同尚未履行完毕，中标人在执行合同一半后失去履约能力或者依法解除合同的，需要重新确定合同对方当事人。此时是直接选定还是需要重新招标确定？对此问题，尚没有法律规定。此时，不能依据原评标结果从中选择新的中标人，因为原招标已选定中标人，签约后已把未中标的投标保证金退回，并已过投标有效期。但依据招标投标法的立法目的，终止合同后应重新招标（不是重新选择中标人）确定项目承担者。如果剩余项目比例不大或者工期较紧的，报项目主管部门批准后可不招标。

根据《民法典》的规定，合同履行过程中，招标人、中标人的违约行为大致可以分为以下几类:（1）不履行，中标人能够实际履行而不履行或合同履行期届满中标人未能实际履行两种情况;（2）不完全履行，包括给付有缺陷或加害履行;（3）迟延履行，即中标人不能按期完成招标项目。

中标人在上述情形下应承担以下违约责任：第一，合同具有履行可能的，应招标人要求应当继续履行。《民法典》第五百八十条规定："当事人一方不履行非金钱债务或者履行非金钱债务不符合约定的，对方可以请求履行，但是有下列情形之一的除外：（一）法律上或者事实上不能履行；（二）债务的标的不适于强制履行或者履行费用过高；（三）债权人在合理期限内未请求履行。有前款规定的除外情形之一，致使不能实现合同目的的，人民法院或者仲裁机构可以根据当事人的请求终止合同权利义务关系，但是不影响违约责任的承担。"

第二，如提交履约保证金的，不予退还履约保证金，不管中标人的违约行为是否给招标人造成损害，只要其不履行合同即可。

第三，赔偿损失，中标人赔偿的范围包括招标人所遭受的直接损失和间接损失，但不应当超过当事人订立合同时预见到或应当预见到因违反合同可能造成的损失。交纳的履约保证金应当抵作损害赔偿金的一部分。履约保证金的数额超过因违约造成的损失的，中标人对于该损失不再赔偿。相反，履约保证金数额低于因违约造成的损失的，中标人还应当对超出部分予以赔偿。

此外，招标人可依据合同约定要求支付违约金。如果中标人的违约行为造成的损失重大的，有关行政监督部门可以取消其二年至五年内参加依法必须招标项目的投标资格并予以公告，但法律未规定招标人是否也可以决定取消其一定年限的投标资格，招标人可以在招标文件中规定投标人有不良履约行为的，对投标人今后参与投标的资格条件予以限制。

同样，招标人违约的，也应当承担继续履行、赔偿损失、支付违约金等违约责任，《民法典》对违约责任有具体的规定。

8

第八章

招标投标中的异议、质疑和投诉

招标投标中的异议、质疑和投诉是招标投标当事人化解矛盾、解决争议的自我救济、维权手段。《招标投标法》第六十五条规定："投标人和其他利害关系人认为招标投标活动不符合本法有关规定的，有权向招标人提出异议或者依法向有关行政监督部门投诉。"该条确立了异议和投诉制度。与此类似，《政府采购法》也确立了质疑和投诉程序。

第一节　异议

异议，是"不对的和反对的议论"。《招标投标法》中的异议制度，也就是投标人或其他利害关系人对于招标人的行为持有不同意见，向招标人提出来要求解释、说明或纠正。设立异议制度，有利于促进招标人和投标人（潜在投标人）及其他利害关系人建立直接有效的协商沟通渠道，及时答疑解惑、弥合分歧、达成共识，友好、高效地尽快解决争议，促进招标人及时纠正错误，避免矛盾激化，确保招标采购效率，也有助于当事人之间相互监督、依法维权。

一、异议的主体

对于招标活动持有异议的，必然是参与招标投标活动或者招标投标活动对其权利产生实质性影响的人，包括潜在投标人（实行资格预审的项目包含资格预审申请人）、投标人和其他利害关系人。可以提起异议的"其他利害关系人"是指投标人以外的，与招标项目或者招标活动有直接或者间接利益关系的法人、其他组织和自然人。主要有：一是有意参加资格预审或者投标的潜在投标人，二是投标人如果中标将与其共同分享利益的分包人或供应商，三是受投标人中标与否影响其个人收益或职业发展的投标项目负责人。

异议可以向招标人提出，也可以向招标代理机构提出，此时视为向招标人提出。招标活动有些是招标人亲自处理的，也有些是委托招标代理机构处理的，评标工作也是委托评标委员会完成的，根据民事代理的原理，其最终结果都由招标人承受，异议的受理者、答复者也应当是招标人。

二、异议事项

异议事项，就是可以对招标投标活动中的哪些程序或法律文件提起异议，要求招标人纠错。根据《招标投标法实施条例》第二十二条、第四十四条、第五十四条的规定，投标人（潜在投标人）或者其他利害关系人对资格预审文件和招标文件内容、开标及评标结果有异议的，可以向招标人提出异议要求答复解决，而且该异议作为投诉前置程序。这里就容易产生一种观点，异议事项仅限于上述三种情形，对除此之外的事项，投标人和其他利害关系人都无权提出异议。

另有一种观点，异议事项不限于上述三种情形。只要潜在投标人、投标人和其他利害关系人自认为招标投标活动中的任一行为（发售招标文件、现场踏勘、接收投标文件、开标程序、评标委员会选择、澄清、否决投标、招标候选人公示、中标通知、履约能力审查、合同谈判等）、任一法律文件（资格预审公告、招标公告、资格预审文件、招标文件、中标通知书等）存在遗漏错误、不具有合理性或违反法律规定，已经或可能侵害其合法权益的，均有权向招标人提出"异议"，要求招标人解释、纠正。这种泛指的异议事项符合《招标投标法》第六十五条并未将异议限定于前述三种情形的原则。笔者赞同这种观点。

《招标投标法实施条例》第二十二条、第四十四条、第五十四条特别规定了针对三种事项可提起的异议，可以视作狭义的"异议"，是法律有重点地予以特殊规范的异议事项，与泛指的"异议"不同之处在于，针对这三种事项所提起的异议，异议人必须在限定时间内提出，招标人也必须在限定的时间内答复；而对其他对象的异议，异议、答复的时间和形式均未作特别限制，招标人可以不答复，即使答复，其答复也不一定就要采取书面形式；而且，异议程序作为投诉的前置条件，而对其他对象，不论是否提起异议，都可以直接投诉，不影响投诉权利的行使。

下面仅针对《招标投标法实施条例》明确并特别规定的三种异议事项进行详细阐述。

三、异议时间和答复时间

（一）对资格预审文件和招标文件的异议

《招标投标法实施条例》第二十二条规定："潜在投标人或者其他利害关系人对资格预审文件有异议的，应当在提交资格预审申请文件截止时间2日前提出；对招标文件有异议的，应当在投标截止时间10日前提出。招标人应当自收到异议之日起3日内作出答复；作出答复前，应当暂停招标投标活动。"也就是说，潜在投标人或者其他利害关系人认为资格预审文件、招标文件中有含混不清、自相矛盾或遗漏的问题，或存在"倾向性"，限制、排斥潜在投标人或实行歧视待遇，或对资格预审文件、招标文件内容有不同意见或者异议的，可以向招标人提出异议，异议提出时间是提交资格预审申请文件截止时间2日前或投标截止时间10日前；异议答复期限是收到异议之日起3日内。

（二）对开标的异议

《招标投标法实施条例》第四十四条第三款规定："投标人对开标有异议的，应当在开标现场提出，招标人应当当场作出答复，并制作记录。"对于开标的异议，异议人只能是参加开标仪式的投标人，而不能是其他人，提出异议的时间和答复时间都是在开标现场当场。

（三）对评标结果的异议

《招标投标法实施条例》第五十四条规定："依法必须进行招标的项目，招标人应当自收到评标报告之日起3日内公示中标候选人，公示期不得少于3日。投标人或者其他利害关系人对依法必须进行招标的项目的评标结果有异议的，应当在中标候选人公示期间提出。招标人应当自收到异议之日起3日内作出答复；作出答复前，应当暂停招投标活动。"投标人或者其他利害关系人对依法必须进行招标的项目的评标结果有异议的，应当在中标候选人公示期间提出。招标人应当自收到异议之日起 3 日内作出答复。

四、异议是投诉的前置程序

《招标投标法实施条例》第六十条规定："投标人或者其他利害关系人认为招标投标活动不符合法律、行政法规规定的，可以自知道或者应当知道之日起 10 日内向有关行政监督部门投诉。投诉应当有明确的请求和必要的证明材料。就本条例第二十二条、第四十四条、第五十四条规定事项投诉的，应当先向招标人提出异议，异议答复期间不计算在前款规定的期限内。"

"法律不保护沉睡着的权利"。投标人或者其他利害关系人认为招标投标活动违法要投诉的，应当自知道或者应当知道之日起 10 日内提出，但是对于资格预审文件和招标文件、开标以及评标结果进行投诉的，应当先向招标人提出异议，对异议处理结果不满意或者招标人在规定时间内未答复的，才可以向行政监督部门投诉。这就是针对资格预审文件、招标文件、开标活动和评标结果的投诉，确立了异议前置程序。不得就上述三类事项越过异议程序直接投诉，否则该投诉不予受理。例如，《工程建设项目招标投标活动投诉处理办法》第十二条规定："有下列情形之一的投诉，不予受理：……（六）投诉事项应先提出异议没有提出异议、已进入行政复议或行政诉讼程序的。"但对于其他事项的投诉，不受此限制。

第二节　质疑

《政府采购法》中与《招标投标法》的异议制度相对应的是质疑，即指政府采购项目供应商认为采购文件、采购过程、中标和成交结果使自己的合法权益受到损害的，应当首先向采购人提出质疑，通过与采购人直接沟通协商快速便捷解决争议的方式。

一、质疑的主体和答复主体

《政府采购法》第五十一条规定:“供应商对政府采购活动事项有疑问的，可以向采购人提出询问，采购人应当及时作出答复，但答复的内容不得涉及商业秘密。”《政府采购法》第五十二条规定:“供应商认为采购文件、采购过程和中标、成交结果使自己的权益受到损害的，可以在知道或者应知其权益受到损害之日起七个工作日内，以书面形式向采购人提出质疑。”也就是说，政府采购项目的供应商对于政府采购活动有疑惑需要采购人予以解释说明的，可以询问采购人，这属于咨询性质的，但是如果认为政府采购活动违反法律规定侵害其合法权益的，有权提出质疑。而且，有权提出质疑的供应商应当是参与所质疑项目采购活动的供应商。潜在供应商已依法获取其可质疑的招标文件的，可以对该文件提出质疑，如果其没有购买或领取招标文件，其就无权对招标文件提出质疑。

答复询问和质疑的主体是采购人或者采购代理机构。采购人或者采购代理机构应当在 3 个工作日内对供应商依法提出的询问作出答复。

二、质疑的事项

根据《政府采购法》第五十二条的规定，供应商可以对采购文件、采购过程和中标、成交结果提出质疑。根据《政府采购法》第四十二条的规定，采购文件包括“采购活动记录、采购预算、招标文件、投标文件、评标标准、评估报告、定标文件、合同文本、验收证明、质疑答复、投诉处理决定及其他有关文件、资料”，但是并不是对所有的采购文件都可以提出质疑，而应仅限于“可以质疑的采购文件”。其中的采购活动记录、定标文件、质疑答复、投诉处理决定、投标文件和评估报告等一般属于不可质疑的文件，招标文件、评标标准、合同文本等属于可质疑的文件[①]。

① 李显冬、魏昕编著:《〈政府采购法实施条例〉条文理解与案例适用》，电子工业出版社 2016 年版，第 164 页。

供应商提出质疑应当提交质疑函和必要的证明材料。2018 年 2 月 1 日，财政部发布了《政府采购供应商质疑函范本》和《政府采购供应商投诉书范本》，全国政府采购项目涉及供应商质疑和投诉的均应采用这两个范本，对供应商进行质疑和投诉进行了规范，同时也提高了各方当事人的效率。其中《政府采购供应商质疑函范本》包括四大类内容，即质疑供应商基本信息、质疑项目基本情况、质疑事项具体内容、与质疑事项相关的质疑请求。为了更好地指导供应商制作质疑函，范本当中还特意归纳了“质疑函制作说明”:（1）供应商提出质疑时，应提交质疑函和必要的证明材料。（2）质疑供应商若委托代理人进行质疑的，质疑函应按要求列明“授权代表”的有关内容，并在附件中提交由质疑供应商签署的授权委托书。授权委托书应载明代理人的姓名或者名称、代理事项、具体权限、期限和相关事项。（3）质疑供应商若对项目的某一分包进行质疑，质疑函中应列明具体分包号。（4）质疑函的质疑事项应具体、明确，并有必要的事实依据和法律依据。（5）质疑函的质疑请求应与质疑事项相关。（6）质疑供应商为自然人的，质疑函应由本人签字；质疑供应商为法人或者其他组织的，质疑函应由法定代表人、主要负责人，或者其授权代表签字或者盖章，并加盖公章。

三、质疑的时间和答复时间

政府采购活动需要连续不断进行，确保一定效率，故对每个环节都必然要有一定的时间限制，以督促政府采购各方当事人及时行使其权利。对于质疑和答复的时间也应有所限制，以便及时纠正政府采购活动中可能存在的错误，尽快解决争议，确保政府采购活动免受过长时间的迟延。根据《政府采购法》第五十二条的规定，供应商提出质疑的时间是“在知道或者应知其权益受到损害之日起七个工作日内”。对于提出质疑的起算时间的“供应商应知其权益受到损害之日”，《政府采购法实施条例》第五十三条对此作出具体解释，即指:（1）对可以质疑的采购文件提出质疑的，为收到采购文件之日或者采购文件公告期限届满之日；（2）对采购过程提出质疑的，为各采购程序环节结束之日；（3）对中标或者成交结果提出质疑的，为中标或者成交结果公告期限届满之日。超出上述时间提起质疑的，采购人有权不予受理。

相关案例 8-1　对超过质疑期的质疑可不予受理[①]

2012 年 12 月 6 日，招标公司受省医院委托就采购口服药自动配药机项目发布招标公告，同时对招标文件进行网上公示，由供应商自行下载，公示期为 12 月 6 日至 12 月 12 日共五个工作日。经评审，中标人为药业公司。同年 12 月 25 日，医疗科技公司提交《异议书》，对招标文件中的技术参数提出质疑，招标公司认为该质疑已过质疑有效期，未予答复。2013 年 1 月 2 日，医疗科技公司再次邮寄《异议书》，要求招标公司解释《中标公告》中“综合评分法中标候选供应商排序表”中各投标人各项得分的依据。2013 年 1 月 10 日，招标公司对第二次质疑予以书面回复。后，医疗科技公司向省财政厅邮寄了《投诉书》，认为招标文件内容不合法，要求省财政厅处理。

2013 年 3 月 29 日，省财政厅作出《投诉处理决定书》，认为：(一) 医疗科技公司第一次质疑超过质疑有效期，属于无效质疑，故对该公司的投诉事项不予支持。(二) 招标文件第五部分“用户需求书”的技术参数要求虽然标注了“▲”条款，但只作为评标委员会打分的重要参考指标，不属于实质性要求和条件，因此招标文件并没有明确标明实质性要求和条件，违反了《政府采购货物和服务招标投标管理办法》的规定，影响或可能影响中标、成交结果。由于采购合同已签订并已履行，根据《政府采购供应商投诉处理办法》第十九条第 (三) 项的规定，决定：省医院口服药自动配药机招标项目的采购活动违法，给采购人、投诉人造成损失的，由相关责任人承担赔偿责任。医疗科技公司和招标公司均不服诉至法院。医疗科技公司请求法院责令省财政厅重新作出处理决定，招标公司请求法院撤销《投诉处理决定书》。

① 本案例素材来源于中国裁判文书网，(2014) 粤高法行终字第 210 号行政判决书。

法院认为，一、关于招标公司未对医疗科技公司第一次质疑作出回复的问题。招标公司于2012年12月6日公示招标文件，公示期至12月12日共五个工作日，医疗科技公司于2012年12月25日才对招标文件提出质疑，已超过质疑有效期，该质疑不影响招标活动的进行。因此，根据《政府采购法》第五十二条、第五十四条的规定，省财政厅对于医疗科技公司的该项投诉事项不予支持亦无不当。

二、关于招标文件技术参数的设置问题。本案中，招标文件中"用户需求书"的技术参数要求表中，有数项带"▲"的技术参数要求，但在后注中明确表明"本招标文件第五部分《用户需求书》中所有带'▲'号项目为评标委员会打分时的重要参考指标，不作为投标无效条件"。因此，招标文件中没有明确实质性要求和条件，违反了《政府采购货物和服务招标投标管理办法》第十八条（注：该法条指原财政部18号令内容，现已修改为财政部87号令第二十条）的规定。由于采购合同已经签订并已履行，省财政厅经审查认定涉案招标文件影响或者可能影响中标、成交结果，根据《政府采购供应商投诉处理办法》第十九条的规定，作出涉案采购活动违法，给采购人、投诉人造成损失的，由相关责任人承担赔偿责任的决定符合上述法律规定（注：自2018年3月1日起，按照财政部令第94号《政府采购质疑和投诉办法》第三十一条、第三十二条执行）。

综上，法院判决驳回医疗科技公司和招标公司的诉讼请求。

根据《政府采购法》第五十三条、第五十四条以及《政府采购质疑和投诉办法》的规定，采购人、采购代理机构不得拒收质疑供应商在法定质疑期内发出的质疑函，应当在收到质疑函后7个工作日内作出答复，并以书面形式通知质疑供应商和其他有关供应商，但答复的内容不得涉及商业秘密。质疑事项可能影响中标、成交结果的，采购人应当暂停签订合同，已经签订合同的，应当中止履行合同。

供应商可以对政府采购中出现的问题提出质疑，依法维护合法权益，公平参与市场竞争。但质疑的权利不得滥用，供应商提出质疑应当就其提出的质疑所依据的“事实”提供相关证据材料或者明确的证据线索，实事求是、客观反映问题，不得捕风捉影、臆造夸大甚至捏造、虚构事实，不得采用不正当竞争手段。如虚构事实、无中生有、伪造证据提起质疑，恶意诋毁其他供应商，损害竞争对手的商业信誉、商品声誉，将涉嫌构成不正当竞争行为。

相关案例 8-2　通过质疑商业诋毁竞争对手构成不正当竞争行为[①]

招标公司在某市政府采购网刊登了《××工程项目拟采购的设备的采购结果公示》，确定某研究所（其机构类型为其他事业单位）为该项目招标人。公示期间，某设备公司提交了《质疑书》，反映某研究所存在以下问题：(1) 在参加A学院靶场项目投标中，提供虚假证明材料，被某省财政厅确定招标活动违法；(2) 在参加B学校射击训练馆招标项目时，大量提供虚假、伪造的技术和用户证明等材料，后被取消中标资格；(3) 多年无照经营，巨额偷逃国家税收，现某市公安局已正式立案侦查；(4) 设备质量和服务低劣，提供的招标文件技术指标中陷阱众多，许多安装了的设备用户单位根本无法使用；(5) 在招标中多次出现串标等违法行为。

某研究所认为某设备公司提出的上述质疑内容属捏造事实，构成了对其产品和信誉的恶意中伤和贬损，并增加了其投标成本，遂以商业诋毁为由，向法院起诉，要求判令某设备公司停止侵犯其商业信誉和商品信誉的违法行为，在本市日报上登报道歉，消除影响，赔偿其经济损失50万元。

经审理，法院确认上述质疑内容均不属实。

法院认为：第一，某设备公司在《质疑书》中，对涉及某研究所采用了“在参加A学院靶场项目投标中提供虚假证明材料”“在参加B学校射击训练馆招标项目时大量提供虚假、伪造的技术和用户证明等材料”“因巨额偷逃国家税收，现某市公安局已正式立案侦查”“设备质量和服务低劣”“在招标中多次出现串标等违法行为”等描述，但其没有提供出充分有效的证据证明存在上述事实。某设

---

① 本案例素材来源于中国裁判文书网，(2009)苏民三终字第0199号民事判决书。

备公司的上述陈述内容以恶意商业竞争为目的，其文字内容极力贬低了某研究所的商业信誉和商品声誉，客观上会造成公众的误导，依法应认定为商业诋毁，构成侵权。某设备公司应当承担及时停止侵权、赔礼道歉、消除影响并赔偿损失的民事侵权责任。

第二，对于赔偿数额的认定，因某研究所未提交证据证明其因商业信誉受损而遭受的实际利益损失的数额，法院将综合考虑某设备公司的主观过错程度、侵权范围、侵权情节等因素，结合因其行为与某研究所由此被取消单一来源供应商资格之间相互关联程度及此后某研究所重新公开竞标的事实等一并予以酌情确定。另，赔礼道歉以及消除影响的范围应当与被诉侵权行为所及的范围相当。鉴于本案某设备公司散布异议书的范围仅限于特定的招标单位，影响范围有限，故应以某设备公司直接向某研究所具结书面声明以赔礼道歉、消除影响为宜。

综上，法院判决：某设备公司立即停止损害某研究所商业信誉、商品声誉的不正当竞争行为，向某研究所出具书面声明以赔礼道歉、消除影响，并赔偿某研究所经济损失5万元。

四、质疑的答复结果

采购人、采购代理机构应对供应商提出的质疑予以核实并正式作出书面的答复意见。供应商对评审过程、中标结果提出质疑的，采购人、采购代理机构可以组织原评标委员会协助答复质疑。

质疑答复应当包括下列内容：（1）质疑供应商的姓名或者名称；（2）收到质疑函的日期、质疑项目名称及编号；（3）质疑事项、质疑答复的具体内容、事实依据和法律依据；（4）告知质疑供应商依法投诉的权利；（5）质疑答复人名称；（6）答复质疑的日期。质疑答复的内容不得涉及商业秘密。

采购人、采购代理机构认为供应商质疑不成立，或者成立但未对中标、成交结果构成影响的，继续开展采购活动；认为供应商质疑成立且影响或者可能影响中标、成交结果的，按照下列情况处理：（1）对采购文件提出的质疑，依法通过澄清或者修改可以继续开展采购活动的，澄清或者修改采购文件后继续开展采购活动；否则应当修改采购文件后重新开展采购活动。（2）对采购过程、中标或者成交结果提出的质疑，合格供应商符合法定数量时，可以从合格的中标或者成交候选人中另行确定中标、成交供应商的，应当依法另行确定中标、成交供应商；否则应当重新开展采购活动。质疑答复导致中标、成交结果改变的，采购人或者采购代理机构应当将有关情况书面报告本级财政部门。

五、质疑是投诉的前置程序

实行质疑前置原则，投诉之前必须先行提起质疑，供应商只有在提起质疑之后不满意其结果或者采购人逾期不予答复时才可以提起投诉。供应商未经质疑就提起投诉，财政部门不予受理。《政府采购质疑和投诉办法》第十条规定："供应商认为采购文件、采购过程、中标或者成交结果使自己的权益受到损害的，可以在知道或者应知其权益受到损害之日起 7 个工作日内，以书面形式向采购人、采购代理机构提出质疑。采购文件可以要求供应商在法定质疑期内一次性提出针对同一采购程序环节的质疑。"第十七条规定："质疑供应商对采购人、采购代理机构的答复不满意，或者采购人、采购代理机构未在规定时间内作出答复的，可以在答复期满后 15 个工作日内向本办法第六条规定的财政部门提起投诉。"

投诉事项应不超出质疑事项范围。如果超出质疑范围提起投诉，则为无效投诉事项，财政部门有权不予受理。《政府采购法实施条例》第五十五条规定："供应商质疑、投诉应当有明确的请求和必要的证明材料。供应商投诉的事项不得超出已质疑事项的范围。"根据《财政部关于加强政府采购供应商投诉受理审查工作的通知》（财库〔2007〕1 号）的规定，财政部门经审查，供应商投诉事项与质疑事项不一致的，超出质疑事项的投诉事项应当认定为无效投诉事项。也就是说，供应商投诉事项应与质疑事项一致；财政部门对政府采购供应商投诉的审查不应超出供应商在质疑阶段所提出的质疑事项范畴。

第三节　投诉

一、投诉主体

投诉人必须具有合格的投诉主体资格。《招标投标法》第六十五条规定：“投标人和其他利害关系人认为招标投标活动不符合本法有关规定的，有权向招标人提出异议或者依法向有关行政监督部门投诉。”对招标投标活动进行投诉的主体，限于与该项招标投标活动有直接利害关系的人，本条规定了招投标投诉主体包括投标人和其他利害关系人两类，他们属于已经或者可能因招标投标活动违反招标投标法规定的规则和程序导致其利益受到直接损害的人，有权向有关行政监督部门投诉维权以保护自身的合法权益。

“投标人”即《招标投标法》第二十五条所规定的已对该项招标作出响应，提交了投标文件，参加投标竞争的法人或者其他组织，以及参加依法招标的科研项目的投标的个人。

“其他利害关系人”，是指除了投标人以外的，与招标项目或者招标活动有直接或者间接利益关系的自然人、法人或者非法人组织，实践中常见的情形有：招标项目的使用人、有意参加资格预审或者投标的潜在投标人、资格预审申请文件或者投标文件中列明的拟用于招标项目的项目负责人、分包人和货物供应商，以及资格审查委员会或者评标委员会成员等①。

投诉主体与异议主体的区别在于，投诉主体应当包括招标人。招标人是招标投标活动的主要当事人，是招标项目毫无争议的利害关系人，当然可以就招标投

① 李显冬主编：《〈中华人民共和国招标投标法实施条例〉条文理解与案例适用》，中国法制出版社 2013 年版，第 251 页。

标活动中的违法行为向行政监督部门提起投诉[①]。招标人投诉的问题，主要是招标人不能自行处理，需要通过行政救济途径才能够解决的问题。例如，招标人在评标过程中发现投标人存在相互串通投标、弄虚作假骗取中标、行贿评标委员会成员谋取中标等违法行为的，除了由评标委员会对其作否决投标处理以外，招标人还可以向行政监督部门投诉，要求取消投标人一定期限内参加必须招标项目投标的资格，作出行政处罚[②]。

当然，投诉人可以自己直接投诉，也可以委托代理人办理投诉事务。代理人办理投诉事务时，应将授权委托书连同投诉书一并提交给行政监督部门。授权委托书应当明确有关委托代理权限和事项。

《工程建设项目招标投标活动处理办法》第三条第二款对“其他利害关系人”的范围进行了界定：“是指投标人以外的，与招标项目或者招标活动有直接和间接利益关系的法人、其他组织和个人”。同时也规定“投诉人不是所投诉招标投标活动的参与者，或者与投诉项目无任何利害关系”的，行政机关不予受理。

至于与该项招标投标活动无直接利害关系的其他人，不属于招标投标法规定的可以投诉的主体，不能向行政监督部门投诉，但是可以对招标投标中的违法行为进行揭发、检举。与异议、投诉相比，检举有以下不同之处：一是潜在投标人、投标人和其他利害关系人以及无直接利害关系的其他人都可以举报；二是举报人可以随时对违法情形进行举报，并没有时间限定；三是举报人举报时只需提供相关违法线索即可，不以受到损害为前提条件；四是受举报的受理机构可以是招标人，也可以是行政监督部门，还可以是纪检监察部门或相应的司法机关。五是对举报的处理时限，法律没有作出限定，也是出于鼓励举报违法行为的考虑。

政府采购招标项目的投诉主体只能是“质疑供应商”，也就是在投诉之前已经依法提起质疑的投标人，而且是参与所投诉政府采购活动的供应商。也就是说，政府采购投诉人是指那些意在成为政府采购合同的签约人，并参与了特定政

① 国家发展改革委法规司、国务院法制办公室财金司、监察部执法监察司编著：《中华人民共和国招标投标法实施条例释义》P149，中国计划出版社 2012 年 6 月第 1 版。

② 刘营著：《中华人民共和国招标投标法实施条例实务指南与操作技巧》，法律出版社 2013 年版，第 183 页。

府采购合同竞争，且自认为因采购人（或采购代理机构）的违规行为而利益受损的供应商。进一步来说，实际投标的供应商依法对于招标过程、评标结果、招标文件都有权提出质疑和投诉，但如果未购买招标文件，就不得对招标投标活动提出质疑、投诉。如果只是购买招标文件，但未实际投标的，仅可以依法对招标文件的内容提出质疑和投诉，但对投标截止时间之后的招标活动及评标结果无权提出质疑和投诉。

相关案例 8-3　只有参与政府采购活动的供应商才有权提出质疑和投诉①

招标代理公司受市中医院委托公开招标采购医疗设备，招标公告明确："符合资格的供应商应在2016年9月14日至2016年9月21日（办公时间内，法定节假日除外）购买招标文件。"贸易公司于2016年9月21日下午购买标书时，被告知"已超过5点，该项目购买标书已截止"，并告知该公司下班时间为5点。

2016年9月28日，贸易公司提交《质疑函》，提出："本项目购买标书的时间中的'办公时间内'表述不明确，不完整。请求标明办公时间段为几点至几点。采购内容序号2遥测多参数监护仪系统项目指向G医疗仪器公司、序号3除颤监护仪项目指向S生物医疗电子公司，有明显的倾向性、排斥性。请求依法修改采购文件中的技术要求。"

2016年10月12日，招标代理公司作出《质疑答复函》，答复如下："（一）我单位办公时间就是上午9点30分到下午5点整，国家没有硬性规定下班时间必须到17点30分。且售卖标书的时间为2016年9月14日起至2016年9月21日止，并未少于五个工作日。（二）遥测多参数监护仪系统项目技术参数中并没有★号条款参数，不存在排斥性。（三）本次的除颤仪参数在市场上有三个以上品牌的参数能够满足，不存在以单一品牌特有的技术指标作为技术要求。"

2016年10月25日，贸易公司对质疑答复不满意向市财政局递交《投诉书》。市财政局经审理作出《政府采购投诉不予受理告知书》。贸易公司不服，向省财

① 本案例素材来源于中国裁判文书网，（2017）粤02行终55号行政判决书。

政厅申请行政复议。省财政厅作出《行政复议决定书》，维持投诉处理决定。贸易公司又提起行政诉讼，请求法院撤销市财政局作出的《政府采购投诉不予受理告知书》及省财政局作出的《行政复议决定书》。

法院认为：贸易公司认为“涉案政府采购活动的采购文件表述不明确，不完整，除颤监护仪的招标参数要求存在倾向性、排斥性”遂向财政部门投诉，但贸易公司并非参与其投诉的政府采购活动的供应商，不符合《政府采购法》第五十二条、第五十五条及《政府采购供应商投诉处理办法》第十条（注：自2018年3月1日起，按照财政部令第94号《政府采购质疑和投诉办法》第十九条执行）规定中提起投诉的条件，不能以采购文件使自己的权益受到损害为由向财政部门投诉。市财政局收到贸易公司的投诉书后，书面告知了贸易公司对其投诉不予受理，并说明了理由，符合法律规定。因此，市财政局作出的《政府采购投诉不予受理告知书》，适用法律正确，程序合法。省财政厅受理贸易公司的复议申请后，根据《行政复议法》第二十八条“行政复议机关……按照下列规定作出行政复议决定:（一）具体行政行为认定事实清楚，适用依据正确，程序合法，内容适当的，决定维持……”的规定，作出《行政复议决定书》，维持了市财政局作出的《政府采购投诉不予受理告知书》，适用法律正确，符合法定程序。

综上，法院判决驳回贸易公司的诉讼请求。

二、投诉受理主体

投诉受理主体是有权受理招标投标投诉事项并依法作出处理的行政机关。根据《招标投标法》第六十五条的规定，投诉受理主体是“有关行政监督部门”。

对此，《国务院办公厅关于印发国务院有关部门实施招标投标活动行政监督的职责分工的意见的通知》（国办发〔2000〕34号）第三条对国务院各部门有明确的职责分工，规定，“对于招投标过程（包括招标、投标、开标、评标、中标）中泄露保密资料、泄露标底、串通招标、串通投标、歧视排斥投标等违法活动的监督执法，按现行的职责分工，分别由有关行政主管部门负责并受理投标人和其他利害关系人的投诉”。

《招标投标法实施条例》第四条也规定：“国务院发展改革部门指导和协调全国招标投标工作，对国家重大建设项目的工程招标投标活动实施监督检查。国务院工业和信息化、住房和城乡建设、交通运输、铁道、水利、商务等部门，按照规定的职责分工对有关招标投标活动实施监督。县级以上地方人民政府发展改革部门指导和协调本行政区域的招标投标工作。县级以上地方人民政府有关部门按照规定的职责分工，对招标投标活动实施监督，依法查处招标投标活动中的违法行为。县级以上地方人民政府对其所属部门有关招标投标活动的监督职责分工另有规定的，从其规定。财政部门依法对实行招标投标的政府采购工程建设项目的预算执行情况和政府采购政策执行情况实施监督。监察机关依法对与招标投标活动有关的监察对象实施监察。”各地方政府也有类似职责分工。

投诉人应当根据上述规定确定有管辖权的行政监督部门并向其提出投诉。例如，各类房屋建筑及其附属设施的建造和与其配套的线路、管道、设备的安装项目和市政工程项目的招投标活动的监督执法，就由各地住房和城乡建设行政主管部门负责；进口机电设备采购项目招投标活动的监督执法，就由各级商务主管部门负责。

投诉人就同一事项向两个以上有权受理的行政监督部门投诉的，根据《招标投标法实施条例》第六十一条第一款的规定，由最先收到投诉的行政监督部门负责处理。

根据《政府采购法》第五十五条的规定，政府采购项目的投诉受理主体是“同级政府采购监督管理部门”，也就是财政部和地方各级人民政府财政部门。根据《政府采购质疑和投诉办法》第六条的规定，供应商投诉按照采购人所属预算级次，由本级财政部门处理。跨区域联合采购项目的投诉，采购人所属预算级次相同的，由采购文件事先约定的财政部门负责处理，事先未约定的，由最先收到投诉的财政部门负责处理；采购人所属预算级次不同的，由预算级次最高的财政部门负责处理。以联合体形式参加政府采购活动的，其投诉应当由组成联合体的所有供应商共同提出。

行政监督部门在履行招投标监督职责中，其权力是受到限制的，尤其要注意评标、定标是招标人的职责，行政监督部门不能越俎代庖代为评标、定标，侵犯民事主体的经营自主权。招标人自主组织招标、投标、开标、评标、定标等活动，自主制定招标文件、决定中标人、发出中标通知书并签订合同，并接受行政监督部门依法实施的行政监督，但不受行政监督部门的非法干预。评标委员会依法享有独立评标的权利，除非出现了法定的情形，行政监督部门在作出处理决定时一般不能否定评标委员会的评标结果，或者代替评标委员会对某个投标人的投标效力直接进行判定等。招标投标是招标人和投标人通过要约邀请—要约—承诺的方式达成交易的民事活动，相关权利义务应由双方当事人享有、行使，包括定标权也应由招标人自主行使。

相关案例 8–4　行政监督部门无权代替评标、定标①

招标人县种植业管理局就县田间工程建设项目公开招标。经评审，公示第1～3名中标候选人依次为建设公司、工程公司、安装公司。后，县招标局接到对第一、第二中标候选人的投诉，经调查核实建设公司提供不实证明材料，工程公司的投标不符合招标文件实质性要求，因此发布“中标结果公告”载明“中标人：安装公司”。

中标结果公告后，工程公司提出异议，县招标局复函：招标文件中明确规定，注册建造师的养老保险须是投标单位为其购买的上年度末养老保险个人账户对账单或证明，工程公司投标文件载明的建造师李某2013年度末并不在该公司参保，而是2014年4月开始在该公司参保，不符合招标文件前述实质性条款规定。

工程公司认为其拟派的建造师李某的养老保险符合招标文件要求，第一候选人建设公司提供不实证明材料，不符合中标条件，招标人就应当按照候选人顺序确定第二候选人工程公司为中标人，为此成讼，请求法院判决撤销县招标局作出的中标结果公告，确认工程公司为中标人。

法院认为：根据《招标投标法》第四十条、第四十五条、《招标投标法实施

① 本案例素材来源于中国裁判文书网，（2015）枞行初字第00001号行政判决书。

条例》第五十五条的规定，确定中标人、发出中标通知书等是招标人应尽的职责和义务。县招标局发布中标结果公告，直接确定安装公司为中标人，明显与法律、法规规定不符，该处理决定属于《行政诉讼法》规定的超越职权的行政行为，依法应予撤销。工程公司起诉要求法院确认其为该工程项目中标人，也不符合相关法律规定，不予支持。

综上，法院判决：撤销县招标局作出的中标结果公告中“工程公司提供的相关证明材料未响应招标文件的实质性要求”及“中标人为安装公司”的行政处理部分。

行政监督部门的行政监督权必须“依法实施”，不能成为变相的行政干预。对不属于行政监督管理范围内，而应由招标投标活动当事人自主决定的事项，行政监督部门不得凭借其行政权力代为作出决定或违法进行干预，否则就是越权或滥用职权。行政监督部门有权受理投诉，发现存在违法行为时有权要求当事人纠正并可作出行政处罚，但是如果代替招标人决定中标人、发布中标结果公告，属于《行政诉讼法》规定的超越职权的行政行为，依法应予撤销。对该行政行为，当事人可以依照申请行政复议或者提起行政诉讼。

相关案例 8-5　　行政监督机关依法处理投诉

投诉人的投标文件不符合招标文件规定的装订要求，但评标委员会未根据招标文件规定的要求对该投标文件进行形式审查，而直接进行评标。行政监督机关经调查认定投标文件不符合招标文件规定的装订条件，属于违反招标文件规定的实质性条件，而评标委员会未使用招标文件规定的条件进行形式审查，因此，认定评标委员会使用了招标文件没有规定的评标标准进行评标，根据《工程建设项目货物招标投标办法》第五十七条的规定，作出了重新评标的处理决定。而投诉人认为，该项目应当重新招标而非重新评标，并以此为由提起行政复议。该案实际上有两个争议焦点，第一，行政监督机关能否否定评标委员会的评标结果；第二，若否定了评标委员会部分结果，应当重新招标还是重新评标。

评析：行政监督部门在该案的认定上符合法律规定，行政监督部门不能任意地否定评标委员会的结果，但若评标委员会在评标时违反招标文件规定的程序，或者未按照招标文件规定的实质性条件进行评审时，行政监督部门有权否定部分评审结果，以体现行政监督部门的监督者身份。而评审结果被否定后，行政监督部门有权提出处理意见，根据《工程建设项目货物招标投标办法》的相关规定，在该种情形下，重新评标和重新招标均符合法律规定，行政监督部门在作出处理意见时，享有自由裁量权。因此，笔者认为该案中投诉人的复议请求没有法律依据。

三、投诉期限

投诉应当在投诉期限内提出。《招标投标法实施条例》第六十条第一款规定了投诉时间，即“投标人或者其他利害关系人认为招标投标活动不符合法律、行政法规规定的，可以自知道或者应当知道之日起10日内向有关行政监督部门投诉。投诉应当有明确的请求和必要的证明材料。”这是基于效率考虑，也是为了督促当事人尽快行使权利，促进法律关系的稳定性，要求必须自知道或者应当知道违法行为发生之日起10日内提出投诉，权利人在此期间内不行使相应的投诉权利，则在该法定期间届满时，当事人即失去投诉的权利，行政监督部门也不予受理。如果投诉人未在规定期限内进行投诉，超过投诉时效，行政监督部门有权拒绝受理，这是为了督促投诉人及时行使投诉的权利。

相关案例 8-6　　超过投诉期限的投诉无效①

国际工程公司代理某公司高压煤浆泵采购项目国际招标，第一中标候选人为矿业公司。2015年6月28日，泵业公司对此在招标网上提出异议，认为矿业公

① 本案例素材来源于中国裁判文书网，（2015）二中行终字第738号民事判决书。

司以虚假泵型、业绩投标。同日，国际工程公司在招标网“异议答复”项中录入“我们正在核实贵公司提出的异议问题，将尽快作出异议处理”，此后双方多次通过电子邮件沟通。2015 年 7 月 30 日，国际工程公司书面答复：“对招标文件中提出的关键技术及业绩要求，矿业公司均响应且满足。”

2016 年 4 月 28 日，泵业公司向市商委提交投诉书，认为招标机构对其异议没有作出令人信服的答复，招标网显示截至 2016 年 4 月 26 日，该项目异议处理结果尚未作出，仍处于异议答复期间，要求确定泵业公司自动成为中标人。市商委以投诉超过投诉期限为由，作出不予受理告知书。泵业公司不服，申请行政复议，商务部维持不予受理决定。泵业公司遂起诉，请求法院撤销市商委的不予受理告知书，判令受理其投诉并重新作出处理意见。

法院认为：本案争议焦点是泵业公司的投诉是否超过法定期限。泵业公司于 2015 年 6 月 28 日提出的异议系在公示期内提出的有效异议，招标机构应在 3 日内，即 2015 年 7 月 1 日前作出答复。“我们正在核实贵公司提出的异议问题，将尽快作出异议处理”的意见，是招标网异议答复栏内的内容，投标人如果对其不认可，应在该答复作出之日起 10 日内向主管部门投诉；如果认为该答复没有实质内容，属于无效答复或者视同未答复，应当在答复期满之日（2015 年 7 月 1 日）起 10 日内向主管部门投诉。因而，对于 2015 年 6 月 28 日提出异议的投诉期，最长至 2015 年 7 月 11 日止。同时，考虑到招标机构曾于 2015 年 7 月 30 日作出书面答复，即使按照该时间计算期限，泵业公司最迟也应在该日期后的 10 日内投诉。泵业公司未及时行使投诉权，而是与招标机构反复沟通，最终导致其投诉超过法定期限。

市商委接收投诉材料，在认定泵业公司已超过投诉期限的情况下，依据《机电产品国际招标投标实施办法（试行）》第八十五条第（七）项之规定，对其投诉不予受理，适用法律正确。

综上，法院判决驳回泵业公司的诉讼请求。

对于政府采购项目，根据《政府采购法》第五十五条的规定，提起质疑的投标人对招标人、采购代理机构的答复不满意或者招标人、采购代理机构未在规定的时间内作出答复的，可以在答复期满后15个工作日内向同级政府采购监督管理部门投诉。

相关案例 8-7　质疑、投诉都应当在法定时限内提出①

省政府采购中心受某医科大学委托，就旋转通风笼具采购项目进行公开招标。2013年11月21日，评标结果为因投标人不足三家而废标，并于当日公示中标信息的内容为："废标，投标人不足三家。"2014年3月10日，某科技公司向省政府采购中心提交《对中标结果的质疑书》，提出如下质疑：1. 要求公开评标委员会评委的工作单位；2. 采购项目为何开标并与科技公司洽谈后再废标；3. 竞标只有两家供应商，废标是由于另一家供应商未提供样品，按照招标文件将被扣除20分，评标委员会明显是袒护另一家供应商。

2014年3月20日，省政府采购中心作出回复：1. 评标委员会评委的工作单位不属于《政府采购信息公告管理办法》规定的应当公告的内容；2. 对采购活动的质疑时间已超出法定的质疑期限，对该质疑事项不予受理；3. 本采购项目两个分包的投标人均不足三家，评标委员会因此按废标处理，符合《政府采购法》第三十六条的规定。

2014年4月14日，某科技公司对省政府采购中心的答复不满意，就上述问题向省财政厅提起投诉。省财政厅作出《投诉处理决定书》载明：1. 省政府采购中心在招标结束后，未向投标供应商公开评标委员会评委的工作单位，未违反政府采购法律、法规和招标文件的相关规定；2. 投诉人对采购项目的投诉，已超过了法定期限；3. 省政府采购中心在开标后，发现投标供应商不足三家而予以废标，符合《政府采购法》第三十六条规定。综上，决定驳回投诉。某科技公司不服提起诉讼，请求法院判令撤销省财政厅作出的《投诉处理决定书》，重新审核处理。

法院认为，《政府采购信息公告办法》未将评标委员会成员的工作单位规定为必须公开的内容，某科技公司要求公开无法律依据。《政府采购法》第五十二

① 本案例素材来源于中国裁判文书网，(2015）苏行终字第00031号行政判决书。

条、第五十三条规定了政府采购供应商质疑及投诉的期限。某科技公司于2014年3月才提出对采购项目的质疑，因该采购项目因投标人不足三家而废标，结果已于2013年11月21日公示，故某科技公司对该采购项目的质疑已超过供应商可以提出质疑的法定期限。某科技公司对于招标文件的质疑书于2014年3月10日首次提交，根据上述法律规定，省政府采购中心的答复期满日为2014年3月19日，某科技公司若对省政府采购中心的回复不服或省政府采购中心未作出答复的，某科技公司最迟应于2014年4月9日向同级财政部门提起投诉，而某科技公司却于2014年4月14日向省财政厅递交投诉书，故已超出供应商可以提起投诉的法定期限，省财政厅据此认为对采购项目招标文件质疑答复的投诉已超过了法定期限并无不当。《政府采购法》第三十六条规定，在招标采购中符合专业条件的供应商或者对招标文件作实质响应的供应商不足三家的应予废标，某科技公司认可只有两家供应商参加，故按废标处理并无不当。某科技公司认为省政府采购中心以供应商不足三家而废标实际是为偏袒对方，故意不开标，但省政府采购中心的做法符合《政府采购法》的规定，某科技公司的该项投诉内容没有事实依据。因此，省财政厅驳回某科技公司的投诉符合法律规定。

综上，法院判决驳回某科技公司的诉讼请求。

四、投诉的受理条件

投诉的受理必须具备一定的形式和内容要件方可受理，不符合条件的不予受理。

（一）投诉人必须提交投诉书和必要的证明材料

《招标投标法实施条例》第六十条第一款中明确要求“投诉应当有明确的请求和必要的证明材料”。《政府采购法实施条例》第五十五条明确规定：“供应商质疑、投诉应当有明确的请求和必要的证明材料。供应商投诉的事项不得超出已质疑事项的范围。”也就是要求投诉人应当提交投诉书，书面的投诉书必须载明投诉人和被投诉人的基本信息、投诉事项的基本事实、相关请求及主张以及有效线索和相关证明材料。这样可以防止投诉人滥用投诉权、规范投诉人的投诉行为。如果投诉人属于自然人，在特殊情况下（如丧失书写能力）也可允许投诉人口述，受理投诉部门予以记录在案。

一些部门规章明确规定了投诉书的内容及签字盖章等形式要求。例如，《工程建设项目招标投标活动投诉处理办法》第七条规定："投诉人投诉时，应当提交投诉书。投诉书应当包括下列内容:（一）投诉人的名称、地址及有效联系方式;（二）被投诉人的名称、地址及有效联系方式;（三）投诉事项的基本事实;（四）相关请求及主张;（五）有效线索和相关证明材料。对招标投标法实施条例规定应先提出异议的事项进行投诉的，应当附提出异议的证明文件。已向有关行政监督部门投诉的，应当一并说明。投诉人是法人的，投诉书必须由其法定代表人或者授权代表签字并盖章；其他组织或者自然人投诉的，投诉书必须由其主要负责人或者投诉人本人签字，并附有效身份证明复印件。投诉书有关材料是外文的，投诉人应当同时提供其中文译本。"

《机电产品国际招标投标实施办法（试行）》第八十三条也明确规定："投诉人应当于投诉期内在招标网上填写《投诉书》（见附件 4）（就异议事项进行投诉的，应当提供异议和异议答复情况及相关证明材料），并将由投诉人单位负责人或单位负责人授权的人签字并盖章的《投诉书》、单位负责人证明文件及相关材料在投诉期内送达相应的主管部门。境外投诉人所在企业无印章的，以单位负责人或单位负责人授权的人签字为准。投诉应当有明确的请求和必要的证明材料。投诉有关材料是外文的，投诉人应当同时提供其中文译本，并以中文译本为准。投诉人应保证其提出投诉内容及相应证明材料的真实性及来源的合法性，并承担相应的法律责任。"

《政府采购质疑和投诉办法》第十八条规定："投诉人投诉时，应当提交投诉书和必要的证明材料，并按照被投诉采购人、采购代理机构（以下简称被投诉人）和与投诉事项有关的供应商数量提供投诉书的副本。投诉书应当包括下列内容:（一）投诉人和被投诉人的姓名或者名称、通讯地址、邮编、联系人及联系电话;（二）质疑和质疑答复情况说明及相关证明材料;（三）具体、明确的投诉事项和与投诉事项相关的投诉请求；（四）事实依据；（五）法律依据；（六）提起投诉的日期。投诉人为自然人的，应当由本人签字；投诉人为法人或者其他组织的，应当由法定代表人、主要负责人，或者其授权代表签字或者盖章，并加盖公章。”

投诉书的内容应符合上述规定，而且应当同时提供投诉事项的证明材料或线索、履行异议、质疑前置程序的证明材料等，上述证明材料应当由投诉人按照上述规定签字盖章。行政监督部门面对大量招投标活动，很难主动发现某个项目存在违法行为，故其发现、查处违法行为在很大程度上依赖于投诉人的投诉及其所提供的线索。

还要注意的是，投标人行使投诉权必须依法有据，不能仅因为投诉人认为招标投标活动不符合有关规定即可无条件启动投诉，还必须有明确的请求并附必要的证明材料，需要履行最基本的举证责任。例如，投诉人捏造事实、伪造材料或者以非法手段取得证明材料进行投诉，法律不予支持。《招标投标法实施条例》第六十一条第三款进一步规定：“投诉人捏造事实、伪造材料或者以非法手段取得证明材料进行投诉的，行政监督部门应当予以驳回。”《工程建设项目招标投标活动投诉处理办法》第二十条第（一）项亦规定：行政监督部门认为投诉缺乏事实根据或者法律依据的，应当驳回投诉。第二十六条进一步规定：“投诉人故意捏造事实、伪造证明材料或者以非法手段取得证明材料进行投诉，给他人造成损失的，依法承担赔偿责任。”《机电产品国际招标投标实施办法（试行）》第九十条规定：“主管部门经审查，对投诉事项可作出下列处理决定：……（二）投诉缺乏事实根据或者法律依据的，以及投诉人捏造事实、伪造材料或者以非法手段取得证明材料进行投诉的，驳回投诉；……”《政府采购质疑和投诉办法》第二十九条规定：“投诉处理过程中，有下列情形之一的，财政部门应当驳回投诉：……（三）投诉人捏造事实或者提供虚假材料；（四）投诉人以非法手段取得证明材料。证据来源的合法性存在明显疑问，投诉人无法证明其取得方式合法的，视为以非法手段取得证明材料。”也就是说，投诉必须坚持实事求是原则，提供相应的证明材料而非臆想杜撰，如果缺乏相应证据或者没有事实依据的，其投诉将不予受理或被驳回。

因此，投诉人在向行政监督部门投诉时，应当说明其投诉材料的合法来源。如果确实难以取得证明材料的，可以提供线索，要求主管部门查实处理。如果投诉事项不具体，且未提供有效线索，投诉受理机关有权要求其补正。

《工程建设项目招标投标活动投诉处理办法》第十二条、《机电产品国际招标投标实施办法（试行）》第八十五条也都规定，《投诉书》未按规定签字或盖章，未在规定期限内将投诉书及相关证明材料送达行政监督部门，投诉事项不具体且未提供有效线索而难以查证，或者投诉信息来源不合法的，该投诉不予受理。

相关案例 8-8　　对招标投标活动投诉信息来源要合法[①]

2014 年 4 月 28 日，N 消防公司向市住建委投诉，诉称在招标人 Z 建筑公司进行的数据机房等五项消防工程招标投标过程中，A 消防公司等众多投标人涉嫌存在项目经理职业资格证书、职称证书、学历及技术负责人的职称证书和学历造假等情况，要求市住建委调查处理。

2014 年 5 月 4 日，市住建委向 N 消防公司发出《关于请补充投诉材料的函》，要求 N 消防公司补充提交有关资格预审结果的信息来源说明和其他投标人资格预审申请文件中内容的信息来源说明。N 消防公司向市住建委回复，认为市住建委要求其提交补充材料没有法律依据，并要求市住建委立即依法履行调查监督职责。同年 5 月 26 日，市住建委认为，根据《招标投标法》第二十二条第一款的规定，在投标截止日期之前，已获取招标文件的潜在投标人的名称、数量等均应保密。根据《招标投标法》第四十四条第三款的规定，各潜在投标人的资格预审申请文件内容、资格预审评分的打分情况、评审结果和入围情况不应被投诉人知悉。因此，根据《工程建设项目招标投标活动投诉处理办法》第二十条的规定，驳回 N 消防公司的投诉。N 消防公司不服，向法院提起行政诉讼，请求撤销投诉处理决定。

---

① 本案例素材来源于中国裁判文书网，（2015）一中行终字第 112 号行政判决书。

法院认为：本案中，市住建委收到N消防公司的投诉书和投诉材料后，要求N消防公司提交投诉材料中有关招标投标信息的来源说明，以证明其投诉材料的合法来源，但N消防公司未予提供；市住建委依据《招标投标法实施条例》第六十一条的规定，认定N消防公司的“投诉缺乏事实根据或者法律依据的，或者投诉人捏造事实、伪造材料或者以非法手段取得证明材料进行投诉……”据此驳回了N消防公司的投诉并无不当。而且，市住建委于2014年4月28日收到N消防公司的投诉后，于2014年5月26日作出本案投诉处理决定并予以送达，符合《招标投标法实施条例》第六十一条第二款、《工程建设项目招标投标活动投诉处理决定》第二十一条第一款关于投诉处理期限及作出书面处理决定并通知当事人的规定。因此，市住建委作出的投诉处理决定认定事实清楚，适用法律、法规正确，履行了法定程序。N消防公司的诉讼请求缺乏事实和法律依据，不予支持。

综上，法院判决驳回N消防公司的诉讼请求。

对于政府采购项目，《政府采购法实施条例》第五十五条也规定：“供应商质疑、投诉应当有明确的请求和必要的证明材料。供应商投诉的事项不得超出已质疑事项的范围。”根据《政府采购质疑和投诉办法》第十九条、第二十条的规定，投诉人提起投诉应当符合下列条件：（1）提起投诉前已依法进行质疑；（2）投诉书内容符合本办法的规定；（3）在投诉有效期限内提起投诉；（4）同一投诉事项未经财政部门投诉处理；（5）财政部规定的其他条件。供应商投诉的事项不得超出已质疑事项的范围，但基于质疑答复内容提出的投诉事项除外。2018年2月1日，财政部发布的《政府采购供应商投诉书范本》包括五大类内容，增加了质疑的基本情况介绍，即投诉相关主体基本情况、投诉项目基本情况、质疑基本情况、投诉事项具体内容、与投诉事项相关的投诉请求。还规定了投诉书制作说明：（1）投诉人提起投诉时，应当提交投诉书和必要的证明材料，并按照被投诉人和与投诉事项有关的供应商数量提供投诉书副本。（2）投诉人若委托代理人进行投诉的，投诉书应按照要求列明“授权代表”的有关内容，并在附件中提交由投诉人签署的授权委托书。授权委托书应当载明代理人的姓名或者名称、代理事项、

具体权限、期限和相关事项。（3）投诉人若对项目的某一分包进行投诉，投诉书应列明具体分包号。（4）投诉书应简要列明质疑事项，质疑函、质疑答复等作为附件材料提供。（5）投诉书的投诉事项应具体、明确，并有必要的事实依据和法律依据。（6）投诉书的投诉请求应与投诉事项相关。（7）投诉人为自然人的，投诉书应当由本人签字；投诉人为法人或者其他组织的，投诉书应当由法定代表人、主要负责人，或者其授权代表签字或者盖章，并加盖公章。

（二）投诉的受理

行政监督部门收到投诉后应当进行初步审查，决定投诉是否符合受理条件，并根据审查情况在3个工作日内作出受理或者不予受理的决定。投诉处理机关将对投诉书进行初步审查、决定是否受理。对此，《招标投标法实施条例》第六十一条第二款规定："行政监督部门应当自收到投诉之日起3个工作日内决定是否受理投诉……"符合前述规定的内容和形式要求的，投诉处理机关决定予以受理。《工程建设项目招标投标活动投诉处理办法》第十一条也有规定："行政监督部门收到投诉书后，应当在三个工作日内进行审查，视情况分别做出以下处理决定：（一）不符合投诉处理条件的，决定不予受理，并将不予受理的理由书面告知投诉人；（二）对符合投诉处理条件，但不属于本部门受理的投诉，书面告知投诉人向其他行政监督部门提出投诉；对于符合投诉处理条件并决定受理的，收到投诉书之日即为正式受理。"

（三）投诉的不予受理

也有一些投诉请求因不满足形式和内容要件，投诉处理机关有权作出书面不予受理的决定。《机电产品国际招标投标实施办法（试行）》第八十五条规定："有下列情形之一的投诉，不予受理：（一）就本办法第三十六条、第四十八条、第六十九条规定事项投诉，其投诉内容在提起投诉前未按照本办法的规定提出异议的；（二）投诉人不是投标人或者其他利害关系人的；（三）《投诉书》未按本办法有关规定签字或盖章，或者未提供单位负责人证明文件的；（四）没有明确请求的，或者未按本办法提供相应证明材料的；（五）涉及招标评标过程具体细节、其他投标人的商业秘密或其他投标人的投标文件具体内容但未能说明内容真实性和来源合法性的;（六）未在规定期限内在招标网上提出的;（七）未在规定期限内将投诉书及相关证明材料送达相应主管部门的。”

《工程建设项目招标投标活动投诉处理办法》第十二条规定:“有下列情形之一的投诉，不予受理:（一）投诉人不是所投诉招标投标活动的参与者，或者与投诉项目无任何利害关系;（二）投诉事项不具体，且未提供有效线索，难以查证的;（三）投诉书未署具投诉人真实姓名、签字和有效联系方式的；以法人名义投诉的，投诉书未经法定代表人签字并加盖公章的;（四）超过投诉时效的;（五）已经作出处理决定，并且投诉人没有提出新的证据的;（六）投诉事项应先提出异议没有提出异议、已进入行政复议或行政诉讼程序的。”

对投诉人的投诉书形式设置要求，这是防止投诉人滥用投诉权利的合理、必要举措。很多投诉人在投诉时往往忽略了形式要求，导致其投诉未被行政监督部门受理。投诉人应在投诉时对其予以足够的重视，以避免因此而错失行使自身权利的时机。

对于政府采购项目而言,《政府采购质疑和投诉办法》第二十一条规定:“财政部门收到投诉书后，应当在5个工作日内进行审查，审查后按照下列情况处理:（一）投诉书内容不符合本办法第十八条规定的，应当在收到投诉书5个工作日内一次性书面通知投诉人补正。补正通知应当载明需要补正的事项和合理的补正期限。未按照补正期限进行补正或者补正后仍不符合规定的，不予受理。（二）投诉不符合本办法第十九条规定条件的，应当在3个工作日内书面告知投诉人不予受理，并说明理由。（三）投诉不属于本部门管辖的，应当在3个工作日内书面告知投诉人向有管辖权的部门提起投诉。（四）投诉符合本办法第十八条、第十九条规定的，自收到投诉书之日起即为受理，并在收到投诉后8个工作日内向被投诉人和其他与投诉事项有关的当事人发出投诉答复通知书及投诉书副本。”

五、投诉处理法定时限

《招标投标法实施条例》第六十一条第二款规定:“行政监督部门应当自收到

投诉之日起3个工作日内决定是否受理投诉，并自受理投诉之日起30个工作日内作出书面处理决定；需要检验、检测、鉴定、专家评审的，所需时间不计算在内。”

行政监督部门应在法定时限内作出投诉处理决定。行政监督部门对符合投诉受理条件并决定受理的投诉事项，应自收到投诉书之日即为受理之日，从此日起计算投诉处理时限，并且应在该时限内作出投诉处理决定，以保证足够的行政效率，及时给予投诉人以权利救济。对此，《招标投标法实施条例》第六十一条要求行政监督部门应当自受理投诉之日起30个工作日内作出书面处理决定。由于投诉案件调查处理过程中可能需要进行必要的检验、检测、鉴定、专家评审，不进行检验、检测、鉴定、专家评审就无法查清投诉事项正确作出投诉处理决定，而该类工作需要委托有专业资格或者技能的单位完成，其所需时间有长有短，并非行政监督部门所能控制的，因此对这些程序所需时间不应计算在投诉处理期限内。

行政监督部门受理投诉后，应当调取、查阅有关文件，调查、核实有关情况。行政监督部门调查取证时，应当由两名以上行政执法人员进行，并做笔录，交被调查人签字确认。在投诉处理过程中，行政监督部门应当听取被投诉人的陈述和申辩，必要时可通知投诉人和被投诉人进行质证。行政监督部门处理投诉，有权查阅、复制有关文件、资料，调查有关情况，相关单位和人员应当予以配合。

未中标人有向相关行政监督部门投诉的权利，但是没有权利要求招标人提供中标人的技术参数等投标有关情况。中标人的投标文件除相关行政监督部门外，对其他人是保密的，这也是招标人和招标代理机构的义务。

行政监督部门接到投诉，可以向招标人或招标代理机构调取投标文件了解情况。必要时，行政监督部门可以责令暂停招标投标活动。对行政监督部门依法进行的调查，投诉人、被投诉人以及评标委员会成员等与投诉事项有关的当事人应当予以配合，如实提供有关资料及情况，不得拒绝、隐匿或者伪报。只有经过周密的调查取证，行政监督部门才能查清事实，依法作出正确的投诉处理决定。

对于政府采购招标项目，财政部门应当在收到投诉后30个工作日内，对投诉事项作出处理决定，并以书面形式通知投诉人和与投诉事项有关的当事人。财政部门处理投诉事项采用书面审查的方式，必要时可以进行调查取证或者组织质证。对财政部门依法进行的调查取证，投诉人和与投诉事项有关的当事人应当如实反映情况，并提供相关材料。政府采购监督管理部门在处理投诉事项期间，可以视具体情况书面通知采购人暂停采购活动，但暂停时间最长不得超过 30 日。

六、投诉的撤回

投诉是投标人或其他利害关系人的权利，权利可以放弃，可以不投诉；在投诉之后也可以主动提出撤回投诉请求，行政监督部门原则上应当允许。

《工程建设项目招标投标活动投诉处理办法》第十九条规定："投诉处理决定做出前，投诉人要求撤回投诉的，应当以书面形式提出并说明理由，由行政监督部门视以下情况，决定是否准予撤回：（一）已经查实有明显违法行为的，应当不准撤回，并继续调查直至做出处理决定；（二）撤回投诉不损害国家利益、社会公共利益或者其他当事人合法权益的，应当准予撤回，投诉处理过程终止。投诉人不得以同一事实和理由再提出投诉"。

《机电产品国际招标投标实施办法（试行）》第八十九条规定："投诉处理决定作出前，经主管部门同意，投诉人可以撤回投诉。投诉人申请撤回投诉的，应当以书面形式提交给主管部门，并同时在网上提出撤回投诉申请。已经查实投诉内容成立的，投诉人撤回投诉的行为不影响投诉处理决定。投诉人撤回投诉的，不得以同一的事实和理由再次进行投诉。"

《政府采购质疑和投诉办法》第三十条也规定："财政部门受理投诉后，投诉人书面申请撤回投诉的，财政部门应当终止投诉处理程序，并书面告知相关当事人。"

七、禁止虚假、恶意投诉

投诉人应当依法行使其投诉权，不得以投诉为名排挤竞争对手，不得进行虚假、恶意投诉，不得捏造事实、伪造材料或者以非法手段（如收买招标代理工作人员）通过非正当途径取得证明材料进行投诉。如果投诉人捏造事实、伪造材料或者以非法手段取得证明材料进行投诉的，行政监督部门应驳回投诉，如给他人造成损失的，还应依法承担赔偿责任，以维护正常的招投标秩序，净化市场竞争环境。

《工程建设项目招标投标活动投诉处理办法》第二十条规定：“行政监督部门应当根据调查和取证情况，对投诉事项进行审查，按照下列规定做出处理决定：（一）投诉缺乏事实根据或者法律依据的，或者投诉人捏造事实、伪造材料或者以非法手段取得证明材料进行投诉的，驳回投诉；……”第二十六条规定：“投诉人故意捏造事实、伪造证明材料或者以非法手段取得证明材料进行投诉，给他人造成损失的，依法承担赔偿责任。”

《机电产品国际招标投标实施办法（试行）》第九十条规定：“主管部门经审查，对投诉事项可作出下列处理决定：（一）投诉内容未经查实前，投诉人撤回投诉的，终止投诉处理；（二）投诉缺乏事实根据或者法律依据的，以及投诉人捏造事实、伪造材料或者以非法手段取得证明材料进行投诉的，驳回投诉；（三）投诉情况属实，招标投标活动确实存在不符合法律、行政法规和本办法规定的，依法作出招标无效、投标无效、中标无效、修改资格预审文件或者招标文件等决定。”第九十七条规定：“投标人有下列行为之一的，当次投标无效，并给予警告，并处3万元以下罚款：……（四）在投诉处理过程中，提供虚假证明材料的；……有前款所列行为的投标人不得参与该项目的重新招标。”

《政府采购法实施条例》第五十七条也明确规定：“投诉人捏造事实、提供虚假材料或者以非法手段取得证明材料进行投诉的，财政部门应当予以驳回。财政部门受理投诉后，投诉人书面申请撤回投诉的，财政部门应当终止投诉处理程序。”第七十三条进一步规定：“供应商捏造事实、提供虚假材料或者以非法手段取得证明材料进行投诉的，由财政部门列入不良行为记录名单，禁止其1至3年内参加政府采购活动。”

八、投诉处理决定书

《招标投标法实施条例》第六十一条要求行政监督部门必须作出书面的投诉处理决定，《政府采购法实施条例》第五十八条也要求财政部门作出书面的投诉处理决定书并应当在省级以上人民政府财政部门指定的媒体上公告。用书面形式有利于规范投诉处理程序，也有利于投诉人合法权益的保护，当其对投诉处理决定不满意或者投诉处理机关逾期不作出处理决定时，可以进一步采取救济措施。

对于投诉处理决定，相关部门规章有具体规定。《工程建设项目招标投标活动投诉处理办法》第二十条规定："行政监督部门应当根据调查和取证情况，对投诉事项进行审查，按照下列规定做出处理决定：（一）投诉缺乏事实根据或者法律依据的，或者投诉人捏造事实、伪造材料或者以非法手段取得证明材料进行投诉的，驳回投诉；（二）投诉情况属实，招标投标活动确实存在违法行为的，依据《中华人民共和国招标投标法》、《中华人民共和国招标投标法实施条例》及其他有关法规、规章做出处罚。"第二十二条规定："投诉处理决定应当包括下列主要内容：（一）投诉人和被投诉人的名称、住址；（二）投诉人的投诉事项及主张；（三）被投诉人的答辩及请求；（四）调查认定的基本事实；（五）行政监督部门的处理意见及依据。"

相关案例 8-9　财政部门受理投诉后应正式作出投诉处理决定书①

2016 年 6 月 27 日，某区公共资源交易中心（以下简称区交易中心）发出《公开招标公告》，就某区第一中学食堂公开招租。中标人为餐饮管理公司。餐饮服务公司向区交易中心提交书面质疑函，反映餐饮管理公司不具备 ISO22000 食品安全管理体系与 ISO19001 质量管理体系的认证资格。区交易中心作出《质疑答复函》，主要内容为："根据评分细则内容：'提供食品质量体系认证书、食品安

① 本案例素材来源于中国裁判文书网，（2017）粤 02 行终 31 号行政判决书。

全管理体系证书（ISO质量体系认证及相关食品安全证书），且证书必须在有效期内的，每提供一个得2分。满分为4分。无证、证书过期得0分。提供证书复印件，否则本项不得分’，其中并未指定认证体系必须为投标人本身所拥有的资质，评审小组认为提供了合作供应商的食品质量体系认证书、食品安全管理体系证书符合得分条件，并且该投标人同时提供了与食品质量体系认证书、食品安全管理体系证书的合作方的采购合同，因此评审小组认为餐饮管理公司符合该项目的得分条件。”

餐饮服务公司对质疑答复函不服，向某区财政局投诉。某区财政局作出《投诉回复函》，主要内容为：“本项目不属于政府采购项目，对该项目的有关投诉不属于本部门受理范围。”餐饮服务公司不服，向法院提起行政诉讼。

法院认为，某区财政局有负责本级行政事业单位国有资产监管的职责，对涉及国有资产经营的招标投标活动有实施监督的职责。餐饮服务公司向该局投诉，该局以《投诉回复函》的形式回复，不符合《招标投标法实施条例》第六十一条第二款“行政监督部门应当自收到投诉之日起3个工作日内决定是否受理投诉，并自受理投诉之日起30个工作日内作出书面处理决定”的规定，餐饮服务公司要求撤销某区财政局作出的《投诉回复函》，责令其对该公司的投诉作出处理的诉讼请求，依法应予支持。判决：撤销某区财政局作出的《投诉回复函》，限某区财政局对餐饮服务公司的投诉作出处理。

《机电产品国际招标投标实施办法（试行）》第九十条规定：“主管部门经审查，对投诉事项可作出下列处理决定：（一）投诉内容未经查实前，投诉人撤回投诉的，终止投诉处理；（二）投诉缺乏事实根据或者法律依据的，以及投诉人捏造事实、伪造材料或者以非法手段取得证明材料进行投诉的，驳回投诉；（三）投诉情况属实，招标投标活动确实存在不符合法律、行政法规和本办法规定的，依法作出招标无效、投标无效、中标无效、修改资格预审文件或者招标文件等决定。”

《政府采购质疑和投诉办法》第二十九条规定：“投诉处理过程中，有下列情形之一的，财政部门应当驳回投诉：（一）受理后发现投诉不符合法定受理条件；

（二）投诉事项缺乏事实依据，投诉事项不成立;（三）投诉人捏造事实或者提供虚假材料;（四）投诉人以非法手段取得证明材料。证据来源的合法性存在明显疑问，投诉人无法证明其取得方式合法的，视为以非法手段取得证明材料。”第三十一条规定:“投诉人对采购文件提起的投诉事项，财政部门经查证属实的，应当认定投诉事项成立。经认定成立的投诉事项不影响采购结果的，继续开展采购活动；影响或者可能影响采购结果的，财政部门按照下列情况处理:（一）未确定中标或者成交供应商的，责令重新开展采购活动。（二）已确定中标或者成交供应商但尚未签订政府采购合同的，认定中标或者成交结果无效，责令重新开展采购活动。（三）政府采购合同已经签订但尚未履行的，撤销合同，责令重新开展采购活动。（四）政府采购合同已经履行，给他人造成损失的，相关当事人可依法提起诉讼，由责任人承担赔偿责任。”第三十二条规定:“投诉人对采购过程或者采购结果提起的投诉事项，财政部门经查证属实的，应当认定投诉事项成立。经认定成立的投诉事项不影响采购结果的，继续开展采购活动；影响或者可能影响采购结果的，财政部门按照下列情况处理:（一）未确定中标或者成交供应商的，责令重新开展采购活动。（二）已确定中标或者成交供应商但尚未签订政府采购合同的，认定中标或者成交结果无效。合格供应商符合法定数量时，可以从合格的中标或者成交候选人中另行确定中标或者成交供应商的，应当要求采购人依法另行确定中标、成交供应商；否则责令重新开展采购活动。（三）政府采购合同已经签订但尚未履行的，撤销合同。合格供应商符合法定数量时，可以从合格的中标或者成交候选人中另行确定中标或者成交供应商的，应当要求采购人依法另行确定中标、成交供应商；否则责令重新开展采购活动。（四）政府采购合同已经履行，给他人造成损失的，相关当事人可依法提起诉讼，由责任人承担赔偿责任。投诉人对废标行为提起的投诉事项成立的，财政部门应当认定废标行为无效。”第三十三条规定:“财政部门作出处理决定，应当制作投诉处理决定书，并加盖公章。投诉处理决定书应当包括下列内容:（一）投诉人和被投诉人的姓名或者名称、通讯地址等;（二）处理决定查明的事实和相关依据，具体处理决定和法律依据;（三）告知相关当事人申请行政复议的权利、行政复议机关和行政复议申请期限，以及提起行政诉讼的权利和起诉期限;（四）作出处理决定的日期。”

第三十四条规定:“财政部门应当将投诉处理决定书送达投诉人和与投诉事项有关的当事人，并及时将投诉处理结果在省级以上财政部门指定的政府采购信息发布媒体上公告。投诉处理决定书的送达，参照《中华人民共和国民事诉讼法》关于送达的规定执行。”

也就是说，财政部门作出投诉处理决定的具体行政行为，必须满足以下要求，一是必须作出书面的投诉处理决定书，其内容必须符合法定要求；二是将该处理决定书送达投诉人、被投诉人及其他与投诉处理结果有利害关系的政府采购当事人；三是还应当将投诉处理结果在省级以上财政部门指定的政府采购信息发布媒体上公告。

相关案例 8–10　政府采购供应商投诉处理决定应当公告[①]

2016 年 1 月 18 日，某农垦管理局受理科技公司对建设管理公司受某畜牧局委托进行的采购项目招标提出的投诉。其间，该项目评标委员会经审查认为，符合具备经营危险化学品许可的专业条件的供应商不足三家，故依据《政府采购法》第三十六条第一款的规定，于 2016 年 2 月 18 日作出废标决定，并于同年 2 月 26 日在政府采购网予以公告。2016 年 2 月 21 日，某农垦管理局作出《关于对科技公司投诉的答复》，答复告知了该项目的废标理由，并对评标委员会作出的废标决定予以肯定。现科技公司起诉请求法院撤销投诉答复及废标决定，更正中标供应商为科技公司，责令某农垦管理局赔偿投标、质疑、投诉、起诉等损失合计 53 万元，追究某农垦管理局、建设管理公司、某畜牧局、评标专家的行政、刑事及赔偿责任。

法院认为，《政府采购法实施条例》第五十八条第二款规定“财政部门对投诉事项作出的处理决定，应当在省级以上人民政府财政部门指定的媒体上公告”。某农垦管理局就科技公司的投诉作出《关于对科技公司投诉的答复》，应视为对

① 本案例素材来源于中国裁判文书网，(2017) 黑 81 行终 14 号行政判决书。

投诉作出的处理决定，且某县财政局自认。答复未载明投诉人享有的行政复议申请权和诉讼权利，未依法向被投诉人及其他供应商送达，未依法在省级以上财政部门指定的政府采购信息发布媒体上公告，均违反法定程序，该行政行为依法应予撤销。科技公司未就赔偿请求提供相关证据，赔偿请求应予驳回。关于科技公司提出撤销废标决定，更正其为中标供应商等其他请求，不属于本案审查范围，科技公司可依法另行寻求救济途径。

综上，法院判决撤销农垦管理局作出《关于对科技公司投诉的答复》的行政行为；驳回科技公司的其他诉讼请求。

上述明确具体的规定，有利于督促行政监督部门依法行政，防止不作为、乱作为，保护行政相对人的合法权益。行政监督部门作出投诉处理决定的行为属于具体行政行为，投诉人对行政监督部门的投诉处理决定不服或者行政监督部门逾期未作处理的，可以依法申请行政复议或者向人民法院提起行政诉讼，分别按照《行政复议法》《行政诉讼法》规定的程序办理。

9

第九章

招标投标中的法律责任

招标投标行为，既是一项市场主体平等参与市场竞争的复杂的民事法律行为，同时又是一种受政府部门监督和行政性法律规范调整的特殊的民事法律行为。招标人、投标人、招标代理机构、评标委员会成员以及行政监督机关工作人员都参与其中，享有一定权利（权力），承担一定义务，如果违反《招标投标法》的规定，就可能接受法律的否定性评价，承担其违法行为的不利后果，强制履行义务、赔偿他人损失或者接受法律的惩罚，也就是要承担一定的法律责任。法律责任就是由违法行为所引起的不利法律后果[①]，分为民事法律责任、行政法律责任和刑事法律责任。

第一节　招标投标中的民事责任

一、民事责任主体

招标投标民事责任主体，是指依照法律规定参与招标投标民事法律活动，享有民事权利并承担民事义务的当事人。招标投标活动的参与人有招标人、投标人、招标代理机构。

第一，招标投标活动是市场主体按特定的程序订立合同的一种特殊方式，是一种公开的、有组织、遵循法定程序的交易行为。招标人和投标人都必须严格按照《招标投标法》的规定履行自己的义务，否则将承担相应的法律责任。因此，招标人和投标人是当然的民事责任主体。

第二，招标代理机构与招标人之间是一种委托代理关系，而且在招投标活动中要承担与招标人相同的义务，如果违反了《招标投标法》《民法典》以及委托代理合同，应承担相应的法律责任，也属于民事责任主体。

第三，评标委员会是招标人为了特定的招标项目依法组建的，并在招标投标

① 张文显主编:《法理学（第四版）》，高等教育出版社、北京大学出版社 2011 年版，第 122 页。

项目结束后自动解散的临时机构，不能成为招标投标民事法律关系的主体，但其成员都以独立的身份参与评标活动，应独立地承担相应的法律责任，但这种法律责任不包括民事法律责任，只能是行政法律责任或刑事法律责任。

二、招标投标中的缔约过失责任

招标投标是一种特殊的缔约方式。招标结束合同成立后发生的违约行为，责任者应承担合同违约责任。但在发出招标公告之后合同成立之前这一其间，如一方违背了基于诚实信用原则而必须信守的义务，损害对方信赖利益，由于合同并未成立，责任者应依法承担缔约过失责任，赔偿对方的损失。

（一）招标投标中缔约过失责任的发生阶段

根据《民法典》的规定，缔约过失责任发生于要约发出之后承诺生效之前。但在招标投标过程中，投标截止时要约才生效，如果以此时间作为缔约过失责任发生的起始时间，则意味着招标人在发布招标公告、发出招标文件（包括资格预审文件）后投标截止时间前可以随时终止招标，随意修改、废止招标文件，而不用承担责任。为此，《招标投标法》考虑到招标投标的特殊性，招标人发布招标公告、发出招标文件虽然是要约邀请，但对招标人亦有约束力，遂规定从这一阶段开始招标人应当承担缔约过失责任。《政府采购货物和服务招标投标管理办法》第二十九条也规定，“采购人、采购代理机构在发布招标公告、资格预审公告或者发出投标邀请书后，除因重大变故采购任务取消情况外，不得擅自终止招标活动”。终止招标是指在招标投标活动进行过程中，人为地宣布招标活动停止并不再进行。采购中发生的重大变故，一般是指由于采购人单位工作任务和工作计划的改变，导致原定的采购项目发生改变或取消[①]。除非发生重大变故，否则招标人不得擅自终止招标。

《工程建设项目施工招标投标办法》第十五条、第七十二条也规定，招标人

---

① 岳小川著:《〈政府采购货物和服务招标投标管理办法〉解读》，经济科学出版社 2018 年版，第 67 页。

在发布招标公告、发出投标邀请书后，或者售出招标文件或资格预审文件后不得擅自终止招标，如果擅自终止招标的，除有正当理由外，有关行政监督部门给予警告，根据情节可处三万元以下的罚款；给潜在投标人或者投标人造成损失的，并应当赔偿损失。这里承担的就是缔约过失责任，这说明缔约过失责任在发布招标公告后即存在。

招标投标中的缔约过失责任截止时间为招标人与中标人合同成立之时。招标人与中标人合同成立之后，中标人不按照合同履行义务，或者将中标项目非法转包、分包的，则按照违约责任处理。

综上，招标投标中的缔约过失责任始于招标公告发出或投标邀请书发出之后，止于招标人与中标人合同成立之时。

（二）招标投标中缔约过失的具体情形

招标投标活动中订约方为招标人、投标人，因此缔约过失责任只发生在招标人与投标人之间，不发生在投标人之间，也不发生在招标代理机构与投标人之间。投标人之间、招标代理机构与投标人之间主张赔偿损失，只能依侵权法律关系处理。

根据《招标投标法》及有关配套规定，招标投标中缔约过失的具体情形至少包括如下 14 种：

（1）招标人在发布招标公告，发出投标邀请书后或者售出招标文件、资格预审文件后擅自终止招标，给潜在投标人造成损失。

（2）招标人、投标人、招标代理机构之间串通，导致中标无效，给无过错的招标人或投标人造成损失。

（3）投标人以他人名义投标或者以其他方式弄虚作假，骗取中标，导致中标无效，给招标人造成损失。

（4）招标人迟迟不确定中标人，或者不按规定期限确定中标人，给中标人造成损失。

（5）中标通知书发出后，招标人改变中标结果，给投标人造成损失。

（6）招标人故意开拆、修改、毁坏投标文件，造成投标人不能继续参加投标竞争，失去中标机会。

（7）招标项目未具备招标条件或应当批准而未经批准擅自招标，导致招标失败或合同无效，给投标人造成损失。

（8）投标人在投标截止时间后，撤销投标文件。

（9）招标人内定中标人，搞虚假招标。

（10）招标人泄露招标情况或者标底影响中标结果，导致中标无效。

（11）弄虚作假、隐瞒招标项目真实情况，给投标人造成损失。

相关案例 9-1　　擅自终止招标应承担赔偿责任①

某村民委员会受委托对某安置区项目工程施工进行国内公开招标。建筑安装公司购买了招标文件，缴纳了投标保证金40万元，并按照招标文件要求聘请了专业人员进行了两次预算编制，制作了投标文件并在投标截止日之前提交给某村委会。但在开标之前，某村委会发布了工程施工招标终止公告，退回了建筑安装公司的投标保证金。为此，建筑安装公司起诉到法院要求赔偿各项损失。

法院认为：招标人进行招标，投标人参加投标，直到最后中标人确定前，整个招标投标活动都处于合同的缔约阶段。缔约过程中的赔偿责任应适用《合同法》第四十二条（现《民法典》第五百条）关于缔约过失责任的规定。某村委会对某安置区项目工程施工进行公开招标，建筑安装公司按照招标文件规定缴纳了竞标保证金，在规定期限内向招标人递交投标文件，其基于对某村民委员会的信任，在投标中进行了大量的工作，投入了人力物力，而某村民委员会却未在合理的开标时间内开标，并终止招投标，其行为理应承担缔约过失责任，并承担给建筑安装公司造成损失的赔偿责任。据此，法院判决某村民委员会返还建筑安装公司招标文件费1000元，赔偿预算编制标书费用、制作标书材料费等直接损失117960元，支付投标保证金40万元的利息（利率按中国人民银行同期存款利率计算）。

① 本案例素材来源于裁判文书网，（2016）豫12民终658号民事判决书。

（三）招标投标中缔约过失责任赔偿的范围

在招标投标活动中，缔约过失责任以赔偿实际损失、不超过履行利益为限为原则，只赔偿信赖利益损失，赔偿范围为招标人的招标费用或投标人的投标费用，前者包括招标活动组织费用、招标代理服务费用、评标费用等，不包括项目延误的损失；后者包括组织投标费用、投标文件编制费、投标保证金利息等，不包括合同成立后的履行利益。

另外，招标投标缔约过失责任中可以适用减轻损失规则和过失相抵规则。招标投标一方已经知道对方存在缔约过失，仍然不采取积极措施以避免其依赖利益受损害，或者致使损害扩大的，不得就该部分损失请求赔偿。

招标投标过程中的侵权行为很重要的一类是投标人的不正当竞争行为。投标人采取不正当的手段获取中标，违反了竞争规则和公认的商业道德，损害其他投标人或招标人的合法权益，扰乱社会经济秩序。

招标投标活动中常见的不正当竞争行为主要有：（1）行贿或者账外给付回扣（投标人在投标文件中明示给予业主折扣或优惠数额的除外）。

（2）为达到能参加投标或者中标的目的，采用伪造获奖证书、编造业绩和资质证书、虚报企业资质等级等方式，弄虚作假、隐瞒自身真实情况。

（3）招标投标中的串通行为。一是串通投标，就是投标人秘密接触，并就投标价格达成协议、哄抬投标价格或者故意压低投标报价，以达到排挤其他投标人的目的。二是投标人与招标人串通（特别是关联企业之间，如主业单位与多经企业之间），搞假招标，损害国家或其他投标人的利益。主要情形有：招标人泄露他人投标方案或标底给内定的投标人；招标人在评标时对不同投标人差别对待；在招标文件中暗含倾向性内容，等等。

（4）诋毁竞争对手。投标人通过口头、匿名信、公开信等形式，故意捏造和散布有损竞争对手商业信誉的虚假信息，诋毁其法定代表人或者其主要经营管理者人格，使其无法参加投标或者使其在竞标中处于劣势。

相关案例 9-2　**弄虚作假投标**

被告招标采购设备。原告参加投标，经评标其报价最低，但中标结果并不是原告。原告提出质疑，被告对原告的设备进行质量检测，结论为原告提供的样机不符合招标文件及国家相关标准的要求。原告认为，被告在招标投标过程中存在违法行为，侵犯其合法权益，遂向法院起诉，请求判令被告赔偿其经济损失。经法院查明，涉案设备生产制造许可证是由其他型号设备的生产许可证变造而来的，未得到有关部门认可，原告不具备生产制造该设备的资格，不符合投标条件。鉴于原告的弄虚作假行为，法院判决原告败诉，维持定标结果。

当前招标投标活动中弄虚作假的不正当竞争行为十分普遍，严重干扰了招标投标市场秩序。本案中原告采取弄虚作假的方式参加投标，其不但不能中标，而且还应承担《招标投标法》第五十四条规定的法律责任，即投标人以他人名义投标或者以其他方式弄虚作假，骗取中标的，中标无效，给招标人造成损失的，依法承担赔偿责任；构成犯罪的，依法追究刑事责任。

根据《民法典》第一百七十九条的规定，承担民事责任的方式主要有停止侵害，排除妨碍，消除危险，返还财产，恢复原状，修理、重作、更换，继续履行，赔偿损失，支付违约金，消除影响、恢复名誉，赔礼道歉。

赔偿损失是主要形式，一般来说，赔偿责任应当限于财产损失，而不包括精神损害。赔偿范围既包括直接损失也包括间接损失，主要有：（1）受害人因不正当竞争行为所造成的财产损失，如投标所发生的费用等；（2）受害人因调查不正当竞争行为所发生的合理费用；（3）受害人依法可得利益的损失（受害人通过承包招标项目后可获得的利润）。

三、招标投标中的违约责任

违约责任是合同双方当事人因违反合同约定的义务而应承担的法律责任，包括继续履行合同和赔偿损失等责任形式。招标投标活动中违约责任发生于存有合同关系的招标人与招标代理机构之间，如招标代理机构的泄密行为导致中标无效，给招标人造成损失的；招标代理机构与投标人串通损害招标人合法权益的；招标人或者招标代理机构不完全履行招标代理合同的，在招标人与招标代理机构二者之间因违反了招标代理合同中的约定义务，负有向对方承担赔偿损失等违约责任。

当然，招标活动结束，招标人与中标人合同成立后一方违约的，应按照《民法典》的规定追究违约责任，主要是继续履行、赔偿损失、支付违约金。

招标投标侵权责任与违约责任、侵权责任与缔约过失责任也存在着竞合现象。例如，前面列举的缔约过失行为情形，同时也是侵权行为情形，两者存在竞合现象。而招标投标活动中侵权责任与违约责任竞合现象只发生于招标人与招标代理机构之间。招标投标侵权责任与缔约过失责任、违约责任发生竞合时，由受害人选择追究加害人的何种责任，而不能同时要求加害人承担两种责任。选择追究何种责任，对于受害人来说意义重大，因为侵权责任与缔约过失责任、违约责任在责任构成、责任形式、责任范围、诉讼时效、诉讼管辖、举证责任等方面均有差异，受害人选择不同的责任形式会产生不同的法律后果。

第二节　招标投标中的行政责任

对于招标投标过程中出现的违法或不规范行为，行政监督部门有权查处，招标投标当事人应当接受依法实施的监督和处罚。《招标投标法》中规定的行政法律责任形式有：

一、责令限期改正

责令改正的处罚决定，可以对部分实施的招标投标过程中的有关违法行为责令改正，也可以将已实施的或已有中标结果的招标投标推倒重来，其目的在于要求违法的当事人将不法的状态恢复为合法状态，消除违法行为引起的不良影响和不利后果。所以，招标人要依法规范开展招标投标活动，不得有侥幸心理，防止已实施的招标投标活动被行政监督部门否决，减少违法违规成本。

对于招标人而言，主要有以下四种情形，行政监督部门有权责令改正：第一，违法不招标或规避招标，即招标人违反法律规定，对必须进行的招标项目不招标，将必须进行的招标项目化整为零或者以其他任何方式规避招标；第二，违法限制投标，即招标人以不合理条件限制或者排斥潜在投标人，对潜在投标人实行歧视待遇，强制要求投标人组成联合体共同投标，或者限制投标人之间的竞争；第三，中标后改变投标实质性内容，即招标人与中标人不按照招标文件和投标文件订立合同，或者招标人、中标人订立背离合同实质性内容的协议。

此外，《招标投标法》还规定，如其他单位违反法律规定，限制或者排斥本地区、本系统以外法人或者其他组织参加投标，为招标人指定招标代理机构，强制招标人委托招标代理机构办理招标事宜，或者以其他方式干涉招标投标活动的，行政监督部门也可以责令改正。对此，如第三人违法干涉招标活动，招标投标当事人可以向行政监督部门举报要求纠正，以维护自身的合法权益。

二、罚款

罚款是行政处罚中的一种经济处罚，是对犯有一般违法行为的单位或者个人的一种经济上的制裁方法，具体表现为依法责令违法单位或者个人缴纳一定数额的金钱。行政执法机关有权根据责任单位的违法行为的情节轻重、所涉及的项目的大小等情况，决定是否处以罚款。

根据《招标投标法》的规定，有下列情形的，行政执法机关可以处以不同额度的罚款:（1）必须进行招标的项目而不招标的，将必须进行招标的项目化整为零，或者以其他任何方式规避招标。

（2）招标代理机构泄露应当保密的与招标投标活动有关的情况和资料，或者与招标人、投标人串通损害国家利益、社会公共利益或者他人的合法权益。

（3）招标人以不合理的条件限制或者排斥潜在投标人，对潜在投标人实行歧视待遇，强制要求投标人组成联合体共同投标，或者限制投标人之间的竞争。

（4）招标人向他人透露已获取招标文件的潜在投标人的名称、数量或者可能影响公平竞争的有关招标投标的其他情况，或者泄露标底。

（5）投标人相互串通投标或者与招标人串通投标，投标人以向招标人或者评标委员会成员行贿的手段谋取中标。

（6）投标人以他人的名义投标或者以其他方式弄虚作假，骗取中标。

（7）评标委员会成员收受投标人的财物或者其他好处，评标委员会成员或者参加评标的有关工作人员向他人透露评标情况。

（8）招标人在评标委员会依法推荐的中标候选人以外确定中标人，依法必须进行招标的项目在所有投标被评标委员会否决后自行确定中标人。

（9）中标人将中标项目转让给他人，将中标项目支解后分别转让给他人，违法将中标项目的部分主体、关键性工作分包给他人，或者分包人再次分包。

（10）招标人与中标人不按照招标文件和中标人的投标文件订立合同，或者招标人、中标人订立背离合同实质性内容的协议。

三、暂停项目执行或者暂停资金拨付

对于规避招标的，如果该项目全部或者部分使用国有资金，有关行政执法机关可以暂停项目执行或者暂停资金拨付，待该单位改正其行为后再恢复执行或再予拨款，其目的在于促使项目单位纠正其违法行为。

四、行政处分

行政处分的对象是项目单位直接负责招标投标的主管人员和其他直接责任人员。行政处分的形式主要有警告、记过、记大过、降级、撤职、留用察看、开除等。

下列行为，行政机关有权给予行政处分：

（1）规避招标。

（2）招标人向他人透露可能影响公平竞争的有关招标投标的情况或者泄露标底。

（3）依法必须进行招标的项目，招标人违法与投标人就投标价格、投标方案等实质性内容进行谈判。

（4）招标人在评标委员会依法推荐的中标候选人以外确定中标人，依法必须进行招标的项目在所有投标被评标委员会否决后自行确定中标人。

（5）限制或者排斥本地区、本系统以外的法人或者其他组织参加投标，为招标人指定招标代理机构，强制招标人委托招标代理机构办理招标事宜，或者以其他方式干涉招标投标活动。

（6）对招标工作负有行政监督职责的国家机关工作人员徇私舞弊、滥用职权或者玩忽职守。

另外，依法必须进行招标的项目的招标人向他人透露已获取招标文件的潜在投标人的名称、数量或者可能影响公平竞争的有关招标投标的其他情况，或者泄露标底；依法必须进行招标的项目，招标人违反规定，与投标人就投标价格、投标方案等实质性内容进行谈判的以及评标委员会成员收受投标人的财物或者其他好处，评标委员会成员或者参加评标的有关工作人员向他人透露对投标文件的评审和比较、中标候选人的推荐以及与评标有关的其他情况的，都可以给予警告。

五、没收违法所得

下列情形下，行政机关有权没收违法所得：

（1）招标代理机构因泄密或者因与招标人、投标人串通而获得违法收入；

（2）投标人以他人的名义投标或者以其他方式弄虚作假，骗取中标有违法所得；

（3）中标人将中标项目转让给他人，将中标项目支解后分别转让给他人，违反规定将中标项目的部分主体、关键性工作分包给他人的，或者分包人再次分包，有违法所得。

六、其他形式

（1）招标代理机构违法泄密或者与招标人、投标人串通，情节严重的，暂停直至取消招标代理资格。

（2）对中标人相互串通投标或者中标人与招标人串通投标、投标人以他人的名义投标或者以其他方式弄虚作假骗取中标、中标人或分包人转包或违法分包中标项目，中标人不履行与招标人订立的合同等行为，均规定市场监督管理机关可以吊销营业执照的行政处罚。对于前两种行为，还可以取消其一年至二年或三年内参加依法必须招标的项目的投标资格并予以公告；对最后一种行为，还可以责令停业整顿。

（3）评标委员会成员收受投标人的财物或者其他好处，评标委员会成员或者参加评标的有关工作人员向他人透露对投标文件的评审和比较、中标候选人的推荐以及与评标有关的其他情况的，对有所列违法行为的评标委员会成员取消担任评标委员会成员的资格，不得再参加任何依法必须进行招标项目的评标。

第三节　招标投标中的刑事责任

刑事责任，是指由刑法规定的，对触犯刑法构成犯罪的人适用的并由国家强制力保障实施的刑事制裁措施。承担刑事责任的前提是行为人的行为触犯刑法规定，构成了犯罪。犯罪具有一定的社会危害性、刑事违法性和应受刑罚惩罚性。刑事责任的形式主要有：管制、拘役、有期徒刑、无期徒刑、死刑以及罚金、剥夺政治权利和没收财产。

一、串通投标罪

串通投标罪是招标投标活动特有的罪名。

串通投标罪，是指投标人相互串通投标报价，损害招标人或者其他投标人利益，或者招标人与投标人串通投标，损害国家、集体、公民的合法权益，扰乱市场经济秩序，情节严重的行为。《刑法》第二百二十三条规定："投标人相互串通投标报价，损害招标人或者其他投标人利益，情节严重的，处三年以下有期徒刑或者拘役，并处或者单处罚金。投标人与招标人串通投标，损害国家、集体、公民的合法利益的，依照前款的规定处罚。"据此分析，串通投标罪的构成要件是：

（1）客体要件。本罪侵犯的是正常的市场竞争秩序以及招标人和其他投标人、国家、集体或公民个人的合法权益。

（2）客观要件。在客观方面表现为串通投标行为，主要包括投标人互相串通投标报价以及招标人与投标人串通投标两种类型，常见表现形式如前所述。串通投标将造成招标人无法达到最佳的竞标结果或者其他投标人无法在公平竞争的条件下参与投标竞争而受到损害，这种损害必须达到"情节严重"才构成本罪。

"情节严重"的认定，可依据《最高人民检察院、公安部关于公安机关管辖的刑事案件立案追诉标准的规定（二）》（公通字〔2022〕12号）第六十八条认定，串通投标案的立案追诉标准，一是损害招标人、投标人或者国家、集体、公民的合法利益，造成直接经济损失数额在五十万元以上；二是违法所得数额在二十万元以上；三是中标项目金额在四百万元以上；四是采取威胁、欺骗或者贿赂等非法手段；五是虽未达到上述数额标准，但二年内因串通投标受过二次以上行政处罚，又串通投标；六是其他情节严重的情形。

（3）主体要件。本案犯罪主体是特殊主体，限于招标人和投标人；涉及串通投标的招标代理机构、评标委员会与参与串通行为的招标人、投标人构成共同犯罪，也可成为本罪的犯罪主体。自然人和单位均可构成本罪的主体。目前，关于招标代理机构能否单独成为串通投标罪的主体，存在争论。

（4）主观要件。在主观方面表现为直接故意，即串通投标行为人以排挤竞争对手为目的积极采取不正当的串通投标行为，且明知该行为将损害招标人、其他投标人或者国家、集体的合法权益，过失不构成本罪。

串通投标行为同时具备上述四要件的，构成串通投标罪。

相关案例 9-3　串通投标情节严重的构成串通投标罪[①]

某行政村搬迁安置房工程向社会公开招标。被告人邓某得知后，寻找了7家建筑企业挂靠准备参与投标。同时，被告人陈某、周某也在寻找挂靠企业准备参与投标。邓某得知后，遂与周某、陈某协商，约定合伙参与投标，如中标，邓某占65%股份，周某、陈某占35%股份，并商定以邓某事先找好挂靠的市建筑公司等7家单位的名义参与投标。随后，三被告人议定在工程预算价下浮13.5%～14%之间设定投标报价，由周某委托他人计算出7个几乎成等差排列且仅相差10000余元的标价，并由邓某通知各制作投标书的人，7家挂靠单位根据邓某等人设定的投标价进行投标。市建筑公司以9129.2796万元的报价中标。邓某、陈某、周某利用挂靠的市建筑公司取得某行政村搬迁安置房工程。后因邓某、周某在工程建设过程中发生纠纷，周某控告而案发。检察院指控被告人邓某、周某、陈某的行为已构成串通投标罪。

法院认为：被告人邓某、周某、陈某串通投标，损害招标人利益，情节严重，其行为均已触犯刑律，构成串通投标罪。串通投标的实质在于数个投标人通过谋划，形成统一的意志，形式上的数个投标人成为事实上的一个投标人，限制或者失去了招投标的竞争性。被告人邓某、周某、陈某相互串通，通过谋划，形成了统一的意志，虽以7家单位的名义进行投标，其实7家投标人为事实上的一个投标人，失去了招标投标的竞争性，其行为符合串通投标罪的构成。法院依照《刑法》第二百二十三条等规定，判决被告人邓某、周某、陈某犯串通投标罪，分别判处有期徒刑一年，有期徒刑六个月、缓刑一年和拘役三个月、缓刑六个月，并处罚金不等。

本案中犯罪人相互串通制定等差数列式的投标报价，并统一策划组织名义上的7家单位投标，其实质上是一个投标人投标，其行为是比较典型的串通投标行为。

① 本案例素材来源于中国裁判文书网，（2014）浙温刑终字第709号刑事判决书。

二、其他罪名

根据《招标投标法》和《刑法》的规定，招标投标活动中的下列行为也可能构成犯罪：

（1）招标代理机构泄露应当保密的与招标投标活动有关的情况和资料，或者招标代理机构与招标人、投标人串通损害国家利益、社会公共利益或者他人合法权益的，可能构成侵犯商业秘密罪①。

（2）依法必须进行招标的项目的招标人向他人透露已获取招标文件的潜在投标人的名称、数量或者可能影响公平竞争的有关招标投标的其他情况，或者泄露标底的，可能构成侵犯商业秘密罪。

（3）投标人以他人的名义投标或者以其他方式弄虚作假，骗取中标的，可能构成合同诈骗罪②。

（4）评标委员会成员收受投标人的财物或者其他好处，评标委员会成员或者参加评标的有关工作人员向他人透露对投标文件的评审和比较、中标候选人的推荐以及与评标有关的其他情况的，可能构成侵犯商业秘密罪。

---

①《刑法》第二百一十九条规定："有下列侵犯商业秘密行为之一，情节严重的，处三年以下有期徒刑或者拘役，并处或者单处罚金；造成特别严重后果的，处三年以上七年以下有期徒刑，并处罚金：（一）以盗窃、利诱、胁迫或者其他不正当手段获取权利人的商业秘密的；（二）披露、使用或者允许他人使用以前项手段获取的权利人的商业秘密的；（三）违反约定或者违反权利人有关保守商业秘密的要求，披露、使用或者允许他人使用其所掌握的商业秘密的。明知或者应知前款所列行为，获取、使用或者披露他人的商业秘密的，以侵犯商业秘密论。本条所称权利人，是指商业秘密的所有人和经商业秘密所有人许可的商业秘密使用人。"

②《刑法》第二百二十四条规定："有下列情形之一，以非法占有为目的，在签订、履行合同过程中，骗取对方当事人财物，数额较大的，处三年以下有期徒刑或者拘役，并处或者单处罚金；数额巨大或者有其他严重情节的，处三年以上十年以下有期徒刑，并处罚金；数额特别巨大或者有其他特别严重情节的，处十年以上有期徒刑或者无期徒刑，并处罚金或者没收财产：（一）以虚构的单位或者冒用他人名义签订合同的；（二）以伪造、变造、作废的票据或者其他虚假的产权证明作担保的；（三）没有实际履行能力，以先履行小额合同或者部分履行合同的方法，诱骗对方当事人继续签订和履行合同的；（四）收受对方当事人给付的货物、货款、预付款或者担保财产后逃匿的；（五）以其他方法骗取对方当事人财物的。"

（5）对招标投标活动依法负有行政监督职责的国家机关工作人员有徇私舞弊、滥用职权或者玩忽职守的行为的，可能构成徇私舞弊罪、滥用职权罪或者玩忽职守罪[①]。

此外，也有可能涉及行贿罪、受贿罪等罪名，具体量刑标准按照《刑法》相关规定执行。

第四节　招标投标中的违法行为

根据《招标投标法》《招标投标法实施条例》等法律、法规，对招标人、投标人、中标人、评标委员会成员、招标代理机构和行政监督部门等招标投标活动中六类参与者的主要常见违法行为进行梳理如下。

一、招标人的主要违法行为

（1）规避招标。必须进行招标的项目而不招标的，将必须进行招标的项目化整为零或者以其他任何方式规避招标。

（2）违法招标行为。依法应当公开招标而采用邀请招标；招标文件、资格预审文件的发售、澄清、修改的时限，或者确定的提交资格预审申请文件、投标文件的时限不符合法律规定；接受未通过资格预审的单位或者个人参加投标；接受应当拒收的投标文件。

（3）限制或排斥潜在投标人。以不合理的条件限制或者排斥潜在投标人，对潜在投标人实行歧视待遇，强制要求投标人组成联合体共同投标，或者限制投标

①《刑法》第三百九十七条规定："国家机关工作人员滥用职权或者玩忽职守，致使公共财产、国家和人民利益遭受重大损失的，处三年以下有期徒刑或者拘役；情节特别严重的，处三年以上七年以下有期徒刑。本法另有规定的，依照规定。国家机关工作人员徇私舞弊，犯前款罪的，处五年以下有期徒刑或者拘役；情节特别严重的，处五年以上十年以下有期徒刑。本法另有规定的，依照规定。"

人之间竞争。

（4）违法发布公告。依法应当公开招标的项目不按照规定在指定媒介发布资格预审公告或者招标公告；在不同媒介发布的同一招标项目的资格预审公告或者招标公告的内容不一致，影响潜在投标人申请资格预审或者投标。依法必须进行招标的项目的招标人不按照规定发布资格预审公告或者招标公告。

（5）违规收取和退还保证金。超过法律规定的比例收取投标保证金、履约保证金或者不按照规定退还投标保证金及银行同期存款利息。

（6）泄露秘密。依法必须进行招标的项目的招标人向他人透露已获取招标文件的潜在投标人的名称、数量或者可能影响公平竞争的有关招标投标的其他情况，或者泄露标底。

（7）违法定标。在评标委员会依法推荐的中标候选人以外确定中标人，依法必须进行招标的项目在所有投标被评标委员会否决后自行确定中标人。对于依法必须进行招标的项目，无正当理由不发出中标通知书，不按照规定确定中标人，中标通知书发出后无正当理由改变中标结果，无正当理由不与中标人订立合同或者在订立合同时向中标人提出附加条件。

（8）违规谈判。依法必须进行招标的项目，招标人违法与投标人就投标价格、投标方案等实质性内容进行谈判。

（9）违法签订合同。招标人和中标人不按照招标文件和中标人的投标文件订立合同，合同的主要条款与招标文件、中标人的投标文件的内容不一致，或者招标人、中标人订立背离合同实质性内容的协议。

二、投标人的主要违法行为

（1）串通投标。投标人相互串通投标或者与招标人串通投标。

（2）弄虚作假。投标人以他人的名义投标或者以其他方式弄虚作假，骗取中标。

（3）行贿。投标人向招标人或者评标委员会成员行贿谋取中标。

（4）违法投诉。投标人或者其他利害关系人捏造事实、伪造材料或者以非法手段取得证明材料进行投诉。

三、中标人的主要违法行为

（1）不按照招投标文件订立合同。招标人与中标人不按照招标文件和中标人的投标文件订立合同的，或者招标人、中标人订立背离合同实质性内容的协议。

（2）不签订合同。无正当理由不与招标人订立合同，在签订合同时向招标人提出附加条件，或者不按照招标文件要求提交履约保证金。

（3）不履行合同义务。不履行与招标人订立的合同，不按照与招标人订立的合同履行义务。

（4）违法转包、分包。将中标项目转让给他人，将中标项目支解后分别转让给他人，违法将中标项目的部分主体、关键性工作分包给他人，或者分包人再次分包。

四、评标委员会成员的主要违法行为

（1）违法评标。评标委员会成员收受投标人的财物或者其他好处的，评标委员会成员或者参加评标的有关工作人员向他人透露对投标文件的评审和比较、中标候选人的推荐以及与评标有关的其他情况。

（2）违规违纪。应当回避而不回避，擅离职守，不按照招标文件规定的评标标准和方法评标，私下接触投标人，向招标人征询确定中标人的意向或者接受任何单位或者个人明示或者暗示提出的倾向或者排斥特定投标人的要求，对依法应当否决的投标不提出否决意见，暗示或者诱导投标人作出澄清、说明或者接受投标人主动提出的澄清、说明，其他不客观、不公正履行职务的行为。

五、招标代理机构的主要违法行为

（1）泄密和串通。泄露应当保密的与招标投标活动有关的情况和资料，或者与招标人、投标人串通损害国家利益、社会公共利益或者他人的合法权益。

（2）违法代理。在所代理的招标项目中投标、代理投标或者向该项目投标人提供咨询，接受委托编制标底的中介机构参加受托编制标底项目的投标或者为该项目的投标人编制投标文件、提供咨询。

六、行政监督部门的主要违法行为

（1）非法干涉。违法限制或者排斥本地区、本系统以外的法人或者其他组织参加投标，为招标人指定招标代理机构，强制招标人委托招标代理机构办理招标事宜，或者利用职务便利，以直接或者间接、明示或者暗示等任何方式非法干涉招标投标：一是要求对依法必须进行招标的项目不招标，或者要求对依法应当公开招标的项目不公开招标；二是要求评标委员会成员或者招标人以其指定的投标人作为中标候选人或者中标人，或者以其他方式非法干涉评标活动，影响中标结果；三是以其他方式非法干涉招标投标活动。

（2）不依法履行职责。徇私舞弊、滥用职权或者玩忽职守，对不依法审批、核准项目招标范围、招标方式、招标组织形式违法行为不依法查处，或者不按照规定处理投诉、不依法公告对招标投标当事人违法行为的行政处理决定。

对上述违法行为的具体法律责任，可按照《招标投标法》《政府采购法》等具体规定处理。另外，《电子招标投标办法》基于电子招标投标的特性，对招标人、投标人、行政监督部门以及电子招标投标系统运营机构、电子招标投标交易平台运营机构的违法行为和法律责任也作出规定。

第五节　招标投标中的无效行为

招标投标活动是缔结合同的民事行为，根据《民法典》的规定，违反法律、行政法规强制性规定的民事行为无效。《招标投标法实施条例》第八十一条规定："依法必须进行招标的项目的招标投标活动违反招标投标法和本条例的规定，对中标结果造成实质性影响，且不能采取补救措施予以纠正的，招标、投标、中标无效，应当依法重新招标或者评标。”也就是说，在招标投标活动中不同阶段的行为可能因其违反法律、行政法规的强制性规定而导致该行为无效的法律后果。梳理《招标投标法》和《招标投标法实施条例》，这些无效行为有招标无效、投标无效、评标无效和中标无效，在认定无效的同时还会追究其法律责任。

一、招标无效

招标人的一些招标行为违反《招标投标法》及其实施条例的强制性规定，如对中标造成实质性影响，且不能采取补救措施予以纠正的，应当判定招标无效，此时本次招标活动就失去法律效力。如在投标截止时间之前发现，尚可以改正，继续招投标活动；如在投标截止时间之后发现，因已经开标，招投标程序不能回复，且对中标结果造成实质性影响的，其招标无效。

所谓招标无效，是指招标人从事的招标活动因违反法律规定而失去法律约束力。构成招标无效的行为一般是在发出招标公告至投标截止时间前这一阶段，对该招标活动，投标人可以要求行政监督部门认定招标无效。

（一）招标无效的常见情形

一是招标方式违法。依法应当公开招标项目未经审批擅自邀请招标。

二是招标程序违法。例如，强制招标项目未在国家指定媒介发布资格预审公告或招标公告；招标文件、资格预审文件的发售、澄清、修改的时限，或提交资格预审申请文件、投标文件的时限不符合法律规定。

三是招标行为违法。例如，在不同媒介发布的同一招标项目的资格预审公告或招标公告内容不一致；不按照资格预审文件载明的标准和方法进行资格预审，或者未依法组建资格审查委员会；依法必须进行招标的项目的招标人不按照规定组建评标委员会，或者确定、更换评标委员会成员违反招标投标法；招标人以不合理的条件限制或者排斥潜在投标人，对潜在投标人实行歧视待遇，强制要求投标人组成联合体共同投标，或者限制投标人之间竞争；招标人或招标代理机构限制排斥潜在投标人；招标人或招标代理机构与投标人串通。

上述违法行为如在投标截止时间之前发现，尚可以改正；如在投标截止时间之后发现，且对中标结果造成实质性影响的，招标无效。

《机电产品国际招标投标实施办法（试行）》对于招标无效情形规定得比较详细，第九十五条规定："招标人有下列行为之一的，给予警告，并处3万元以下罚款；该行为影响到评标结果的公正性的，当次招标无效：（一）与投标人相互串通、虚假招标投标的；（二）以不正当手段干扰招标投标活动的；（三）不履行与中标人订立的合同的；（四）除本办法第九十四条第十二项所列行为外，其他泄漏应当保密的与招标投标活动有关的情况、材料或信息的；（五）对主管部门的投诉处理决定拒不执行的；（六）其他违反招标投标法、招标投标法实施条例和本办法的行为。"第一百条规定："招标机构有下列行为之一的，给予警告，并处3万元以下罚款；该行为影响到整个招标公正性的，当次招标无效：（一）与招标人、投标人相互串通、搞虚假招标投标的；（二）在进行机电产品国际招标机构登记时填写虚假信息或提供虚假证明材料的；（三）无故废弃随机抽取的评审专家的；（四）不按照规定及时向主管部门报送材料或者向主管部门提供虚假材料的；（五）未在规定的时间内将招标投标情况及其相关数据上传招标网，或者在招标网上发布、公示或存档的内容与招标公告、招标文件、投标文件、评标报告等相应书面内容存在实质性不符的；（六）不按照本办法规定对异议作出答复的，或者在投诉处理的过程中未按照主管部门要求予以配合的；（七）因招标机构的过失，投诉处理结果为招标无效或中标无效，6个月内累计2次，或一年内累计3次的；（八）不按照本办法规定发出中标通知书或者擅自变更中标结果的；（九）其他违反招标投标法、招标投标法实施条例和本办法的行为。"另外，该办法第八十六条还规定，在评标结果投诉处理过程中，发现招标文件重要商务或技术条款（参数）出现内容错误、前后矛盾或与国家相关法律、法规不一致的情形，影响评标结果公正性的，当次招标无效，主管部门将在招标网上予以公布。

（二）招标无效的法律后果

根据《招标投标法》《招标投标法实施条例》等规定，招标无效的直接法律后果就是被认定招标无效的，有关行政监督部门有权根据情节处以罚款，并责令招标人限期改正，也就是从事的招标投标活动推倒重来，重新招标；给投标人造成损失的，还应当赔偿对方因此所受的损失。

二、投标无效

“投标无效”是因投标人的资格条件不满足招标投标法的规定或者存在违法投标行为，其投标被判定无效，在评标过程中应当否决投标。表现形式有：

（1）利害关系人投标无效。与招标人存在利害关系可能影响招标公正性的法人、其他组织或者个人，不得参加投标。单位负责人为同一人或者存在控股、管理关系的不同单位，不得参加同一标段投标或者未划分标段的同一招标项目投标。违反前两款规定的，相关投标均无效。

（2）联合体资格预审后增减成员和单独或参加其他联合体投标无效。资格预审后联合体增减、更换成员的，其投标无效。联合体各方在同一招标项目中以自己的名义单独投标或参加其他联合体投标的，相关投标均无效。

（3）投标人变化后资格条件不合格的投标无效。投标人发生合并、分立、破产等重大变化的，应当及时书面告知招标人。投标人不再具备资格预审文件、招标文件规定的资格条件或者其投标影响招标公正性的，其投标无效。除了合并、分立、破产等常见情形之外，影响资格条件的重大变化还有：投标人的重大财务变化、项目经理等主要人员的变化、被责令关闭、被吊销营业执照、一定期限内被禁止参加依法必须招标项目的投标等情形，一旦发生，投标人也应依照规定履行通知招标人的义务[①]。

（4）投标行为违法导致投标无效。串通投标、以他人的名义投标或弄虚作假投标、向招标人或者评标委员会成员行贿等。

《机电产品国际招标投标实施办法（试行）》对投标无效情形有比较详细的规

① 国家发展改革委法规司、国务院法制办公室财金司、监察部执法监察司编著：《中华人民共和国招标投标法实施条例释义》，中国计划出版社 2012 年版，第 101 页。

定，该办法第九十七条规定："投标人有下列行为之一的，当次投标无效，并给予警告，并处3万元以下罚款：(一) 虚假招标投标的；(二) 以不正当手段干扰招标、评标工作的；(三) 投标文件及澄清资料与事实不符，弄虚作假的；(四) 在投诉处理过程中，提供虚假证明材料的；(五) 中标通知书发出之前与招标人签订合同的；(六) 中标的投标人不按照其投标文件和招标文件与招标人签订合同的或提供的产品不符合投标文件的；(七) 其他违反招标投标法、招标投标法实施条例和本办法的行为。有前款所列行为的投标人不得参与该项目的重新招标。"

根据《政府采购法实施条例》第十八条、第三十三条的规定，单位负责人为同一人或者存在直接控股、管理关系的不同供应商，不得参加同一合同项下的政府采购活动。为采购项目提供整体设计、规范编制或者项目管理、监理、检测等服务的供应商，不得再参加该采购项目的招标活动。如出现上述情形，相关投标均无效。投标人未按照招标文件要求提交投标保证金的，投标无效。根据《政府采购货物和服务招标投标管理办法》第三十一条、第三十六条、第三十七条、第五十九条、第六十三条的规定，以下投标无效：(1) 采用最低评标价法的采购项目，提供相同品牌产品的不同投标人参加同一合同项下投标的，以其中通过资格审查、符合性审查且报价最低的参加评标；报价相同的，由采购人或者采购人委托评标委员会按照招标文件规定的方式确定一个参加评标的投标人，招标文件未规定的采取随机抽取方式确定，其他投标无效。(2) 在评标过程中发现投标人有违反公平竞争的原则，恶意串通，妨碍其他投标人的竞争行为，损害采购人或者其他投标人的合法权益的情形的，评标委员会应当认定其投标无效。(3) 投标人串通投标的，其投标无效。(4) 投标文件报价出现前后不一致的，评标委员会按照法律规定或招标文件规定进行修正，但投标人不确认的，其投标无效。(5) 投标人存在下列情况之一的，投标无效：一是未按照招标文件的规定提交投标保证金；二是投标文件未按招标文件要求签署、盖章；三是不具备招标文件中规定的资格要求；四是报价超过招标文件中规定的预算金额或者最高限价；五是投标文件含有采购人不能接受的附加条件的；六是法律、法规和招标文件规定的其他无效情形。

三、评标无效

评标无效，就是招标人违法组成评标委员会，或在评标过程中评标委员会违法违规评标的行为导致评审结论失去法律约束力。

（一）认定评标无效的情形

根据《招标投标法》的规定，评标委员会成员收受投标人的财物或者其他好处的，评标委员会成员或者参加评标的有关工作人员向他人透露对投标文件的评审和比较、中标候选人的推荐以及与评标有关的其他情况的，取消担任评标委员会成员的资格。评标委员会成员资格被取消，其评审结论自然无效，应重新评审。

根据《招标投标法实施条例》的规定，第一，评标过程中，评标委员会成员有回避事由、擅离职守或者因健康等原因不能继续评标的，应当及时更换。被更换的评标委员会成员作出的评审结论无效，由更换后的评标委员会成员重新进行评审。第二，依法必须进行招标的项目的招标人不按照规定组建评标委员会，或者确定、更换评标委员会成员违反招标投标法和本条例规定的，违法确定或者更换的评标委员会成员作出的评审结论无效，依法重新进行评审。第三，评标委员会成员收受投标人的财物或者其他好处的，没收收受的财物，处3000元以上5万元以下的罚款，取消担任评标委员会成员的资格。取消评标委员会成员资格的评审结论自然取消，应重新评审。

根据《工程建设项目施工招标投标办法》《工程建设项目货物招标投标办法》《评标专家和评标专家库管理暂行办法》等规定，评标过程有下列情况之一的，评标无效：a. 招标人或其委托的招标代理机构不从依法组建的评标专家库中抽取专家的；b. 使用招标文件没有确定的评标标准和方法的；c. 评标标准和方法含有倾向或者排斥投标人的内容，妨碍或者限制投标人之间竞争，且影响评标结果的；d. 应当回避担任评标委员会成员的人参与评标；e. 评标委员会的组建及人员组成不符合法定要求的；f. 评标委员会及其成员在评标过程中有违法行为（如应当回避而不回避、不按照招标文件规定的评标标准和方法评标、私下接触投标人、向招标人征询确定中标人的意向或者接受任何单位或者个人明示或者暗示提出的倾向或者排斥特定投标人的要求、对依法应当否决的投标不提出否决意见、暗示或者诱导投标人作出澄清说明或者接受投标人主动提出的澄清说明以及其他不客观、不公正履行职务的行为），且影响评标结果。

《政府采购货物和服务招标投标管理办法》第六十二条、第六十七条也规定了一些评标委员会及其成员违法行为导致的评标无效情形：（一）确定参与评标至评标结束前私自接触投标人；（二）接受投标人提出的与投标文件不一致的澄清或者说明，本办法第五十一条规定的情形除外；（三）违反评标纪律发表倾向性意见或者征询采购人的倾向性意见；（四）对需要专业判断的主观评审因素协商评分；（五）在评标过程中擅离职守，影响评标程序正常进行；（六）评标委员会组成不符合本办法规定；（七）评标委员会及其成员独立评标受到非法干预；（八）未按照采购文件规定的评审程序、评审方法和评审标准进行独立评审或者泄露评审文件、评审情况；（九）政府采购评审专家与供应商存在利害关系未回避；（十）收受采购人、采购代理机构、供应商贿赂或者获取其他不正当利益。还规定评标无效后，应重新评标，但有违法违规行为的原评标委员会成员不得参加重新组建的评标委员会。

（二）评标无效的法律后果

根据《招标投标法》等有关规定，违法组建评标委员会或违法评标，情节严重的，评标无效，有关行政监督部门可视情节处以罚款，并责令招标人依法重新进行评标或者重新进行招标；给投标人造成损失的，还应当赔偿对方因此所受的损失。

四、中标无效

所谓中标无效，是指招标人确定的中标结果失去法律效力。中标是招标人对招标结果的承诺，也是签订正式合同的前提和依据，招标投标双方就招标投标过程中的行为发生争议要求确认中标无效的，必须具有法定事由，且须由人民法院确认。

（一）认定中标无效的情形

中标无效因不同的民事主体，可分为因招标人的行为无效、因投标人的行为无效、因招标代理机构的行为无效、因招标代理机构和招标人、投标人的共同行为无效，以及因招标人和投标人的共同行为无效。

（1）因招标人的行为导致中标无效的情形。依法必须进行招标的项目的招标人向他人透露已获取招标文件的潜在投标人的名称、数量或者可能影响公平竞争的有关招标投标的其他情况，或者透露标底，影响中标结果；招标人与投标人就投标价格、投标方案等实质性内容进行谈判，影响中标结果；招标人在评标委员会依法推荐的中标候选人以外确定中标人，或依法必须进行招标的项目在所有投标被评标委员会否决后自行确定中标人的，中标无效。

（2）因投标人的行为导致中标无效的情形。投标人相互串通投标的；投标人以向招标人或评标委员会成员行贿或者提供其他不正当利益的手段谋取中标；投标人以他人的名义投标或者以其他方式弄虚作假，骗取中标。中标人无正当理由不与招标人订立合同，在签订合同时向招标人提出附加条件，或者不按照招标文件要求提交履约保证金的，取消其中标资格，投标保证金不予退还。

（3）因招标代理机构的行为导致中标无效的情形。招标代理机构泄露应当保密的与招标投标活动有关的情况和资料，影响中标结果的，中标无效。

（4）因招标代理机构和招标人、投标人的共同行为导致中标无效的情形。招标代理机构与招标人、投标人串通损害国家利益、社会公共利益或者他人合法权益，影响中标结果的。

（5）因招标人和投标人的共同行为导致中标无效的情形。招标人和投标人串通投标。

对于机电产品国际招标项目，《机电产品国际招标投标实施办法（试行）》第一百零二条规定："评标委员会成员有下列行为之一的，将被从专家库名单中除名，同时在招标网上予以公告：（一）弄虚作假，谋取私利的；（二）在评标时拒绝出具明确书面意见的；（三）除本办法第一百零一条第八项所列行为外，其他泄漏应当保密的与招标投标活动有关的情况和资料的；（四）与投标人、招标人、招标机构串通的;（五）专家1年内2次被评价为不称职的;（六）专家无正当理由拒绝参加评标的;（七）其他不客观公正地履行职责的行为，或违反招标投标法、招标投标法实施条例和本办法的行为。前款所列行为影响中标结果的，中标无效。”

（二）中标无效的法律后果

如果发生符合中标无效的法定情形（如投标人相互串通投标或招标人和投标人串通投标、招标人透露标底、招标人与投标人在定标前进行实质性谈判等情形），认定中标无效后，中标通知书尽管已经发生效力，但因不具备合法性，此时依法必须进行招标项目的中标将被判定为无效，合同因中标失效也不能有效成立，也就是说发出的中标通知书和签订的合同自始没有法律约束力，此时不发生违约责任问题，可根据导致中标无效的原因追究责任方的缔约过失责任。而且在投标有效期限内的，招标人可以重新发出中标通知书并签订合同；超过投标有效期的，应重新组织招标或者经过审批采用其他采购方式。

根据《招标投标法》第六十四条的规定，依法必须进行招标的项目违反法律规定而中标无效的，应当依照法律规定的中标条件从其余投标人中重新确定中标人；如果违法行为涉及所有的投标人或者投标人中根本没有符合中标条件的，招标人应当重新进行招标。中标无效后，招标人与中标人不再签订合同或者签订的合同无效。根据《民法典》的规定，合同无效后，因该合同取得的财产，应当予以返还；不能返还或者没有必要返还的，应当折价补偿。有过错的一方当事人还应当赔偿对方因此所受的损失；双方都有过错的，应当各自承担相应的责任。如属多人共同侵权行为造成他人损害的，应当按照《民法典》的规定，由共同侵权人承担连带责任。

对于政府采购项目，根据《政府采购法实施条例》第七十一条的规定，认定中标无效后，依照下列规定处理:（一）未确定中标或者成交供应商的，终止本次政府采购活动，重新开展政府采购活动;（二）已确定中标或者成交供应商但尚未签订政府采购合同的，中标或者成交结果无效，从合格的中标或者成交候选人中另行确定中标或者成交供应商；没有合格的中标或者成交候选人的，重新开展政府采购活动；（三）政府采购合同已签订但尚未履行的，撤销合同，从合格的中标或者成交候选人中另行确定中标或者成交供应商；没有合格的中标或者成交候选人的，重新开展政府采购活动；（四）政府采购合同已经履行，给采购人、供应商造成损失的，由责任人承担赔偿责任。政府采购当事人有其他违反政府采购法或者本条例规定的行为，经改正后仍然影响或者可能影响中标、成交结果或者依法被认定为中标、成交无效的，依照前款规定处理。

相关案例 9-4　**评标委员会违法评标的中标无效**①

2015 年 9 月，贸易公司获悉幼师学校琴房钢琴设备采购项目的招标公告后，先向 A、B 两家公司订货，并递交了投标文件。经评标，钢琴公司、贸易公司和电子公司列中标候选供应商前三名。中标公告确定中标供应商为钢琴公司。

2015 年 9 月 30 日，市财政局收到反映采购项目在评审过程中存在违法行为的举报，经调查认定评标委员会成员吴某未独立评审，其评审打分结论是参考苏某的评审打分结论；其他评标委员会成员对参与投标的贸易公司、电子公司等存在凭印象扣分、违反招标文件要求扣分的情形，故作出行政处理决定，认定此次招标项目中标结果无效。

2015 年 11 月 20 日，贸易公司向幼师学校递交报告要求确定其为新的中标人，后又向 A、B 公司分别支付定金及保证金。2016 年 1 月 19 日，贸易公司向市财政局递交《关于要求幼师学校履行采购义务的报告》，市财政局回复称："一、认定本次招标项目中标结果无效后，应当由幼师学校依照《政府采购法实施条例》第七十一条第一款第（二）项作出选择；二、已对参加评标的采购人代表吴某、苏某给予了行政警告处分。"同年 4 月 22 日，贸易公司再次发函给幼师学校要求确定其为中标人。后，A、B 公司分别函告贸易公司要求其在限定的时间内支付剩余货款并提货，否则视为违约并对定金与保证金不退。2016 年 5 月 31 日，幼师学校通知各投标单位："我校认为此次采购活动没有合格的中标候选

① 本案例素材来源于中国裁判文书网，（2017）湘 01 民终 1191 号民事判决书。

人，现依据《政府采购法实施条例》第七十一条第一款第（二）项之规定，决定重新开展政府采购活动。”

贸易公司认为，其为满足投标要求订购了钢琴、支付了定金和预付款，并被评定为第一替补中标供应商，在市财政局明确认定本次招标项目中标结果无效后，幼师学校明确拒绝确定贸易公司为新的中标人，侵犯了其合法权益，故诉至法院，请求判令幼师学校赔偿贸易公司503769元及可预期的收益损失649460元。

法院认为，（一）关于贸易公司是否应被确认为中标供应商。本案中，评标委员会七名成员中五名评委存在凭印象扣分、违反招标文件要求扣分等违法评标行为，不仅影响贸易公司的评标得分，同样也影响其他投标人的评标得分，其作出的评审意见依照《政府采购法实施条例》的规定应被认定无效。在中标候选供应商中再行选取中标供应商是显失公平的行为，将损害其他投标人的合法权益。故，本次中标公告公示的中标候选供应商以及中标供应商的中标结果均应无效。因此，贸易公司不能被确定为排名第二的中标候选供应商以及第一替补中标供应商，也就不能被确定为中标供应商，幼师学校重新开展政府采购活动并无不当。

（二）关于幼师学校是否应当赔偿贸易公司的经济损失以及可预期收益损失。贸易公司在本次政府采购项目中标公告公示之前已经与A、B公司签订买卖合同。据此可知，贸易公司并非因本次中标结果而与案外其他公司签订买卖合同。因其自身缔约行为产生的损失，应由其自身承担，幼师学校对此不承担赔偿责任。关于贸易公司的可预期收益损失，因该公司不能被确定为中标供应商且幼师学校重新开展政府采购活动并无不当，故对贸易公司的此项诉讼请求亦不予支持。

综上，法院判决驳回贸易公司的诉讼请求。

附录

一、招标投标常用法律法规名录

（一）综合

1.《中华人民共和国招标投标法》

（1999年8月30日第九届全国人民代表大会常务委员会第十一次会议通过，根据2017年12月27日第十二届全国人民代表大会常务委员会第三十一次会议《关于修改〈中华人民共和国招标投标法〉、〈中华人民共和国计量法〉的决定》修正）

2.《中华人民共和国招标投标法实施条例》

（2011年12月20日国务院令第613号公布，根据2017年3月1日国务院令第676号《关于修改和废止部分行政法规的决定》的修订，根据2018年3月19日国务院令第698号《关于修改和废止部分行政法规的决定》第二次修订，根据2019年3月2日国务院令第709号《国务院关于修改部分行政法规的决定》第三次修订）

3.《中华人民共和国政府采购法》

（2002年6月29日第九届全国人民代表大会常务委员会第二十八次会议通过，根据2014年8月31日第十二届全国人民代表大会常务委员会第十次会议《关于修改〈中华人民共和国保险法〉等五部法律的决定》修正）

4.《中华人民共和国政府采购法实施条例》

（2015 年 1 月 30 日国务院令第 658 号公布）

5.《必须招标的工程项目规定》

（2018 年 3 月 8 日国务院国函〔2018〕56 号批准，2018 年 3 月 27 日国家发展改革委令第 16 号公布）

6.《必须招标的基础设施和公用事业项目范围规定》

（发改法规规〔2018〕843 号，2018 年 6 月 6 日国家发展改革委发布）

7. 国家发展改革委办公厅关于进一步做好《必须招标的工程项目规定》和《必须招标的基础设施和公用事业项目范围规定》实施工作的通知

（发改办法规〔2020〕770 号，2020 年 10 月 19 日国家发展改革委办公厅发布）

8.《工程建设项目申报材料增加招标内容和核准招标事项暂行规定》

（2001 年 6 月 18 日国家发展计划委员会令第 9 号公布，根据 2013 年 3 月 11 日国家发展改革委等九部委令第 23 号修正）

9.《招标公告和公示信息发布管理办法》

（2017 年 11 月 23 日国家发展改革委令第 10 号公布）

10.《工程建设项目自行招标试行办法》

（2000 年 7 月 1 日国家发展计划委员会令第 5 号公布，根据 2013 年 3 月 11 日国家发展改革委等九部委令第 23 号修正）

11.《评标委员会和评标方法暂行规定》

（2001 年 7 月 5 日国家发展计划委员会、国家经济贸易委员会、建设部、铁道部、交通部、信息产业部、水利部令第 12 号公布，根据 2013 年 3 月 11 日国家发展改革委等九部委令第 23 号修正）

12.《评标专家和评标专家库管理暂行办法》

（2003 年 2 月 22 日国家发展计划委员会令第 29 号公布，根据 2013 年 3 月 11 日国家发展改革委等九部委令第 23 号修正）

13.《电子招标投标办法》

（2013 年 2 月 4 日国家发展改革委、工业和信息化部、监察部、住房和城乡建设部、交通运输部、铁道部、水利部、商务部令第 20 号公布）

14.《公平竞争审查制度实施细则》

（国市监反垄规〔2021〕2 号，2021 年 6 月 29 日市场监管总局、国家发展改革委、财政部、商务部、司法部发布）

（二）工程建设项目招标

15.《工程建设项目勘察设计招标投标办法》

（2003 年 6 月 12 日国家发展改革委、建设部、铁道部、交通部、信息产业部、水利部、中国民用航空总局、国家广播电影电视总局令第 2 号公布，根据 2013 年 3 月 11 日国家发展改革委等九部委令 23 号修正）

16.《工程建设项目施工招标投标办法》

（2003 年 3 月 8 日国家发展计划委员会、建设部、铁道部、交通部、信息产业部、水利部、中国民用航空总局令第 30 号公布，根据 2013 年 3 月 11 日国家发展改革委等九部委令第 23 号修正）

17.《标准施工招标资格预审文件》和《标准施工招标文件》暂行规定

（2007 年 11 月 1 日国家发展改革委、财政部、建设部、铁道部、交通部、信息产业部、水利部、中国民用航空总局、广播电影电视总局令第 56 号公布，根据 2013 年 3 月 11 日国家发展改革委等九部委令第 23 号修正）

18.《工程建设项目货物招标投标办法》

（2005 年 1 月 18 日国家发展改革委员会、建设部、铁道部、交通部、信息产业部、水利部、中国民用航空总局令第 27 号公布，根据 2013 年 3 月 11 日国家发展改革委等九部委令第 23 号修正）

1. 建筑工程招标

19.《建筑工程设计招标投标管理办法》

（2017 年 1 月 24 日住房和城乡建设部令第 33 号公布）

20.《建筑工程方案设计招标投标管理办法》

（建市〔2008〕63号，2008年3月21日住房和城乡建设部发布）

21.《房屋建筑和市政基础设施工程施工招标投标管理办法》

（2001年6月1日建设部令第89号公布，根据2018年9月28日住房和城乡建设部令第43号修正）

22.《房屋建筑和市政基础设施项目工程总承包管理办法》

（建市规〔2019〕12号，2019年12月23日住房和城乡建设部、国家发展和改革委员会发布）

2. 水利工程招标

23.《水利工程建设项目招标投标管理规定》

（2001年10月29日水利部令第14号公布）

24.《水利工程建设项目监理招标投标管理办法》

（水建管〔2002〕587号，2002年12月25日水利部发布）

25.《水利工程建设项目重要设备材料采购招标投标管理办法》

（水建管〔2002〕585号，2002年12月25日水利部发布）

3. 交通运输工程招标

26. 铁路工程建设项目招标投标管理办法

（2018年8月31日交通运输部令2018年第13号公布）

27.《公路工程建设项目招标投标管理办法》

（2015年12月8日交通运输部令2015年第24号公布）

28.《经营性公路建设项目投资人招标投标管理规定》

（2007年10月16日交通部发布，根据2015年6月24日交通运输部令2015年第13号《关于修改〈经营性公路建设项目投资人招标投标管理规定〉的决定》修订）

29.《公路养护工程施工招标投标管理暂时规定》

（交公路发〔2003〕89号，2003年3月21日交通部发布）

30.《民航专业工程建设项目招标投标管理办法》

（AP-158-CA-2018-01-R3，2018 年 1 月 8 日中国民用航空总局发布，根据 2019 年 9 月 9 日民航局机场司《〈民航专业工程建设项目招标投标管理办法〉（第一修订案）》修订）

31.《水运工程建设项目招标投标管理办法》

（2012 年 12 月 20 日交通运输部令 2012 年第 11 号公布）

4. 其他工程招标

32.《通信工程建设项目招标投标管理办法》

（2014 年 5 月 4 日工业和信息化部令第 27 号公布）

（三）机电产品国际招标

33.《机电产品国际招标投标实施办法（试行）》

（2014 年 2 月 21 日商务部令 2014 年第 1 号公布）

34.《进一步规范机电产品国际招标投标活动有关规定》

（商产发〔2007〕395 号，2007 年 10 月 10 日商务部发布）

35.《机电产品国际招标综合评价法实施规范（试行）》

（商产发〔2008〕311 号，2008 年 8 月 15 日商务部发布）

36.《重大装备自主化依托工程设备招标采购活动的有关规定》

（商产发〔2007〕331 号，2007 年 8 月 14 日商务部发布）

37.《机电产品国际招标代理机构监督管理办法（试行）》

（2016 年 11 月 16 日商务部令 2016 年第 5 号公布）

38.《机电产品国际招标投标"双随机一公开"监管工作细则》

（商办贸函〔2017〕345 号，2017 年 8 月 17 日商务部办公厅发布）

（四）政府采购

39.《政府采购货物和服务招标投标管理办法》

（2017 年 7 月 11 日财政部令第 87 号公布）

40.《政府采购非招标采购方式管理办法》

（2013 年 12 月 19 日财政部令第 74 号公布）

41.《政府采购促进中小企业发展管理办法》

（财库〔2020〕46 号，2020 年 12 月 18 日财政部、工业和信息化部发布）

42.《政府采购进口产品管理办法》

（财库〔2007〕119 号，2007 年 12 月 27 日财政部发布）

43.《政府购买服务管理办法》

（2020 年 1 月 3 日财政部令第 102 号公布）

44.《政府采购竞争性磋商采购方式管理暂行办法》

（财库〔2014〕214 号，2014 年 12 月 31 日财政部发布）

45.《政府和社会资本合作项目政府采购管理办法》

（财库〔2014〕215 号，2014 年 12 月 31 日财政部发布）

46. 政务信息系统政府采购管理暂行办法

（财库〔2017〕210 号，2017 年 12 月 26 日财政部发布）

47.《政府采购评审专家管理办法》

（财库〔2016〕198 号，2016 年 11 月 18 日财政部发布）

48.《政府采购信息发布管理办法》

（2019 年 11 月 27 日财政部令第 101 号公布）

49.《政府采购质疑和投诉办法》

（2017 年 12 月 26 日财政部令第 94 号公布）

50.《政府采购代理机构管理暂行办法》

（财库〔2018〕2 号，2018 年 1 月 4 日财政部发布）

51.《政府采购框架协议采购方式管理暂行办法》

（2022 年 1 月 14 日财政部令第 110 号公布）

52.《政府采购需求管理办法》

（财库〔2021〕22 号，2021 年 4 月 30 日财政部发布）

（五）其他项目招标

53.《招标拍卖挂牌出让国有建设用地使用权规定》

（2007 年 9 月 28 日国土资源部令第 39 号公布）

54.《前期物业管理招标投标管理暂行办法》

（建住房〔2003〕130 号，2003 年 6 月 26 日建设部发布）

55.《委托会计师事务所审计招标规范》

（财会〔2006〕2 号，2006 年 1 月 26 日财政部发布）

56.《道路旅客运输班线经营权招标投标办法》

（2008 年 7 月 22 日交通运输部令 2008 年第 8 号公布）

57.《探矿权采矿权招标拍卖挂牌管理办法（试行）》

（国土资发〔2003〕197 号，2003 年 6 月 11 日国土资源部发布）

58.《国有金融企业集中采购管理暂行规定》

（财金〔2018〕9 号，2018 年 2 月 5 日财政部发布）

59.《医疗机构药品集中采购工作规范》

（卫规财发〔2010〕64 号 2010 年 7 月 7 日卫生部、国务院纠风办、发展改革委、监察部、财政部、工商总局、食品药品监管局发布）

（六）招标监督管理

60.《工程建设项目招标投标活动投诉处理办法》

（2004 年 6 月 21 日国家发展改革委员会、建设部、铁道部、交通部、信息产业部、水利部、中国民用航空总局令第 11 号公布，根据 2013 年 3 月 11 日国家发展改革委等九部委令第 23 号修正）

61.《招标投标违法行为记录公告暂行办法》

（发改法规〔2008〕1531 号，2008 年 6 月 18 日国家发展改革委、工业和信息化部、监察部、财政部、住房城乡建设部、交通运输部、铁道部、水利部、商务部、国务院法制办发布）

62.《铁路建设工程招标投标监管暂行办法》

（国铁工程监〔2016〕8 号，2016 年 2 月 25 日国家铁路局发布）

63.《关于在招标投标活动中对失信被执行人实施联合惩戒的通知》

（法〔2016〕285 号，2016 年 8 月 30 日最高人民法院、国家发展改革委、工业和信息化部、住房和城乡建设部、交通运输部、水利部、商务部、国家铁路局、中国民用航空局发布）

64.《关于在政府采购活动中查询及使用信用记录有关问题的通知》

（财库〔2016〕125 号，2016 年 8 月 1 日财政部发布）

二、标准资格预审文件和招标文件名录

《标准施工招标资格预审文件（2013 年版）》

（国家发展改革委、财政部、建设部、铁道部、交通部、信息产业部、水利部、民用航空总局、广播电影电视总局令第 56 号发布，根据 2013 年 3 月 11 日国家发展改革委等九部委令第 23 号修正）

《标准施工招标文件（2013 年版）》

（国家发展改革委、财政部、建设部、铁道部、交通部、信息产业部、水利部、民用航空总局、广播电影电视总局令第 56 号发布，根据 2013 年 3 月 11 日国家发展改革委等九部委令第 23 号修正）

《简明标准施工招标文件（2011 年版）》

（发改法规〔2011〕3018 号）

《标准设计施工总承包招标文件（2011 年版）》

（发改法规〔2011〕3018 号）

《标准设备采购招标文件（2017 年版）》

（发改法规〔2017〕1606 号）

《标准材料采购招标文件（2017 年版）》

（发改法规〔2017〕1606 号）

《标准勘察招标文件（2017 年版）》

（发改法规〔2017〕1606 号）

《标准设计招标文件（2017 年版）》

（发改法规〔2017〕1606 号）

《标准监理招标文件（2017 年版）》

（发改法规〔2017〕1606 号）

《房屋建筑和市政工程标准施工招标资格预审文件》

（建市〔2010〕88 号）

《房屋建筑和市政工程标准施工招标文件》

（建市〔2010〕88 号）

《公路工程标准施工招标资格预审文件》

（交通运输部公告 2017 年第 51 号）

《公路工程标准施工招标文件》

（交通运输部公告 2017 年第 51 号）

《公路工程标准施工监理招标资格预审文件》

（交通运输部公告 2018 年第 25 号）

《公路工程标准施工监理招标文件》

（交通运输部公告 2018 年第 25 号）

《公路工程标准勘察设计招标资格预审文件》

（交通运输部公告 2018 年第 26 号）

《公路工程标准勘察设计招标文件》

（交通运输部公告 2018 年第 26 号）

《水利水电工程标准施工招标资格预审文件》

（水建管〔2009〕629 号）

《水利水电工程标准施工招标文件》

（水建管〔2009〕629 号）

《民航专业工程标准施工招标资格预审文件》

（民航发〔2010〕73 号）

《民航专业工程标准施工招标文件》

（民航发〔2010〕73 号，民航发〔2016〕7 号发布第一修订案）

《水运工程标准施工监理招标文件》

（交通运输部公告 2012 年第 68 号）

《水利工程施工监理招标文件示范文本》

（水建管〔2007〕165 号）

《国际金融组织项目国内竞争性招标文件范本》

（财际〔2012〕67 号）

三、建设工程合同示范文本名录

GF-2017-0201 建设工程施工合同

GF-2012-0202 建设工程监理合同

GF-2016-0203 建设工程勘察合同

GF-1996-0205 建筑装饰工程施工合同（甲种本）

GF-1996-0206 建筑装饰工程施工合同（乙种本）

GF-2015-0209 建设工程设计合同示范文本（房屋建筑工程）

GF-2015-0210 建设工程设计合同示范文本（专业建设工程）

GF-2015-0212 建设工程造价咨询合同

GF-2003-0213 建设工程施工专业分包合同

GF-2003-0214 建设工程施工劳务分包合同

GF-2005-0215 工程建设项目招标代理合同

GF-2020-0216 建设项目工程总承包合同（试行）

《铁路工程标准施工招标资格预审文件》

（国铁工程监〔2020〕50 号）

《铁路工程标准施工招标文件》

（国铁工程监〔2020〕50 号）

四、工程保函示范文本

《投标保函示范文本（独立保函）》
（建市〔2021〕11号）
《投标保函示范文本（非独立保函）》
（建市〔2021〕11号）
《预付款保函示范文本（独立保函）》
（建市〔2021〕11号）
《预付款保函示范文本（非独立保函）》
（建市〔2021〕11号）
《支付保函示范文本（独立保函）》
（建市〔2021〕11号）
《支付保函示范文本（非独立保函）》
（建市〔2021〕11号）
《履约保函示范文本（独立保函）》
（建市〔2021〕11号）
《履约保函示范文本（非独立保函）》
（建市〔2021〕11号）

跋

招标投标是利用竞争机制缔约的一种交易方式，法律风险伴随其间。招标投标法律条文又比较简洁、原则，如何准确理解、适用法条，解决形形色色的实务问题，有效防控法律风险，圆满实现招标采购目标，考验着每一位招投标从业者、参与者和监管者。实践中，对《招标投标法》的同一法条有不同理解，则实务中的同一问题就有不同答案。基于此，有必要坚持“问题导向”，聚焦实务操作中的常见、典型问题，将重点法条解读、实践问题解决与实务经验总结“三位一体”相结合，为招标投标各方主体提供一本法律实务操作指南，帮助读者准确把握、运用法条解决实践问题，依法合规开展招标投标活动，有效管控招标采购法律风险。由此，笔者结合多年来的学习体会、研究心得和实践经验，编写了这本书，同时开通了“白话招标”微信公众号。

本书坚持“问题导向”，紧紧围绕《招标投标法》《政府采购法》《民法典》《招标投标法实施条例》《政府采购法实施条例》等法律、行政法规、司法解释、部门规章和规范性文件，吸纳有代表性的案例、观点，分 9 章 47 节 194 个专项 201 个案例评析，通过条文阐释 + 实务经验 + 案例评析形式，力求向读者深入阐释招标投标法重点条文内涵、招标投标重点环节操作要点、法律风险及其防范对策，力求体现理论性、实务性、可操作性。“附录”部分收集了现行招标投标常用法律法规名录、国家相关部门颁布的资格预审文件和招标文件标准文本名录以及常用合同示范文本名录，方便在招标投标工作实务中查阅参考。

《招标投标法》和《政府采购法》及与各自配套的行政法规、司法解释、部门规章、地方立法和规范性文件分别形成了招标投标法体系和政府采购法体系，二者都规定了招标投标法律制度，其内容各有侧重，并不完全一致，也有二法“打架、冲突”之说，但二者内容“同根同源”，细究起来并无本质区别，且新近立法渐有趋同、靠近之势，在对“工程”的定义、“串通投标”认定、投标保证金、履约保证金等制度设计上逐渐“二法融合”，共识越来越多，分歧越来越少。鉴于此，本书以《招标投标法》为主干详尽细致阐述，并尽可能将《政府采购法》下关于招标投标的不同规定一一列明，便于读者比较研究和工作参考。本书对法律法规的引用，主要参考了《招标投标法注释书》《招标投标常用法律法规便查手册》二书和国家发展改革委、财政部等相关部委官方网站公布的法律文件。

编写本书，借鉴了相关专著、论文和研究课题的观点，得到了业内相关法律和招投标专家、朋友的无私帮助，得到了中国法制出版社和赵燕编辑的鼓励鞭策，得到了家人的理解和支持，借此机会一并致谢。尤其感谢业内专家、好友张志军对本书提出多处修改意见并拨冗作序，感谢中国政法大学博士生导师李显冬教授，山西省原机械设备成套局总工程师、教授级高工陈川生老师，天津工业大学法学院副院长付大学老师和天津城建大学李德华老师热心推荐本书。

笔者学识和经验有限，书中错漏难免，敬请批评指正。意见和建议可联系QQ：449076137或发E-mail：449076137@qq.com，不胜感激。

2019年1月

图书在版编目（CIP）数据

招标投标法律解读与风险防范实务 / 白如银著 . —
2 版 . —北京：中国法制出版社，2022.9
ISBN 978-7-5216-2862-3

Ⅰ . ①招… Ⅱ . ①白… Ⅲ . ①招标投标法—法律解释
—中国 Ⅳ . ① D922.297.5

中国版本图书馆 CIP 数据核字（2022）第 162822 号

责任编辑：赵 燕 封面设计：周黎明

招标投标法律解读与风险防范实务

ZHAOBIAO TOUBIAO FALV JIEDU YU FENGXIAN FANGFAN SHIWU

作者 / 白如银

经销 / 新华书店

印刷 / 河北华商印刷有限公司

开本 / 710 毫米 ×1000 毫米 16 开 印张 / 41.25 字数 / 472 千

版次 / 2022 年 9 月第 2 版 2022 年 9 月第 1 次印刷

中国法制出版社出版

书号 ISBN 978-7-5216-2862-3 定价：139.00 元

北京市西城区西便门西里甲 16 号西便门办公区

邮政编码：100053 传真：010-63141600

网址：http://www. zgfzs. com **编辑部电话：010-63141669**

市场营销部电话：010-66033393 **印务部电话：010-63141606**

（如有印装质量问题，请与本社印务部联系。）